ANPD e LGPD

ANPD e LGPD

DESAFIOS E PERSPECTIVAS

2021

Cíntia Rosa Pereira de Lima
Coordenadora

ALMEDINA

ANPD E LGPD
DESAFIOS E PERSPECTIVAS

COORDENADORA: Cíntia Rosa Pereira de Lima

DIRETOR ALMEDINA BRASIL: Rodrigo Mentz
EDITORA JURÍDICA: Manuella Santos de Castro
EDITOR DE DESENVOLVIMENTO: Aurélio Cesar Nogueira
ASSISTENTES EDITORIAIS: Isabela Leite e Larissa Nogueira

TRADUÇÃO: Kelvin Peroli
DIAGRAMAÇÃO: Almedina
DESIGN DE CAPA: FBA

ISBN: 9786556272368
Junho, 2021

Dados Internacionais de Catalogação na Publicação (CIP)
(Câmara Brasileira do Livro, SP, Brasil)

ANPD e LGPD : desafios e perspectivas / coordenação Cíntia Rosa Pereira de Lima.
-- 1. ed. -- São Paulo : Almedina, 2021.

Bibliografia.
9786556272368

Índice:
1. Direito à privacidade 2. Direito à privacidade - Brasil
3. Proteção de dados - Leis e legislação
4. Proteção de dados pessoais I. Lima, Cíntia Rosa Pereira de.

21-62095 CDU-342.721(81)

Índices para catálogo sistemático:
1. Proteção de dados pessoais : Direito 342.721
Maria Alice Ferreira - Bibliotecária - CRB-8/7964

Este livro segue as regras do novo Acordo Ortográfico da Língua Portuguesa (1990).

EDITORA: Almedina Brasil
Rua José Maria Lisboa, 860, Conj.131 e 132, Jardim Paulista | 01423-001 São Paulo | Brasil
editora@almedina.com.br
www.almedina.com.br

Há seres humanos que, pela grandeza de que se revestem e pela importância da obra que realizam, transcendem o tempo que lhes é dado viver, de modo que sua partida precoce nos deixa um sentimento de desamparo impossível de ser mensurado.

Na homenagem que prestamos, compartilhamos o luto pelo falecimento do Prof. Dr. Zaiden Geraige Neto, que, em extensa trajetória acadêmica e profissional, reverbera o sentimento de orgulho pela pessoa especial que foi, e o de vazio, pela sua ausência.

Consola-nos a certeza de que sua partida não impede que continue vivo em nossa lembrança, seja pelo seu legado acadêmico, permeado por incontáveis obras e escritos, seja pela imagem que permanecerá intacta em nossa memória.

Ao Prof. Dr. Zaiden Geraige Neto o nosso muito obrigado, por tudo.

SOBRE A COORDENADORA

Cíntia Rosa Pereira de Lima

Professora de Direito Civil da Faculdade de Direito da USP Ribeirão Preto – FDRP. Doutora em Direito Civil pela Faculdade de Direito da USP com estágio na *Ottawa University* (Canadá) com bolsa CAPES. Livre-docente em Direito Civil Existencial e Patrimonial pela FDRP (USP). Pós Doutora em Direito Civil na *Fordham Law School* e *Università degli Studi di Camerino* (Itália) com fomento FAPESP e CAPES. Líder e Coordenadora dos Grupos de Pesquisa "Observatório da LGPD" e "Observatório do Marco Civil da Internet", cadastrados no Diretório de Grupos de Pesquisa do CNPq. Associada Titular do IBERC – Instituto Brasileiro de Responsabilidade Civil. Associada Fundadora e Presidente do IAPD – Instituto Avançado de Proteção de Dados. Pesquisadora Ano Sabático do IEA/USP – Polo Ribeirão Preto (2020). Advogada.

SOBRE OS AUTORES

Adalberto Simão Filho
Mestre e Doutor em Direito das Relações Sociais pela PUC/SP. Pós-Doutor em Direito pela Universidade de Coimbra. Professor Titular dos programas de Mestrado e Doutorado em Direitos Coletivos e Cidadania da Universidade de Ribeirão Preto – São Paulo. Advogado empresarialista e Associado Fundador do Instituto Avançado de Proteção de Dados – IAPD.

Afonso Fratti Penna Ríspoli
Bacharel em Direito pela Faculdade de Direito de Ribeirão Preto da Universidade de São Paulo (FDRP/USP). Graduando em Ciências Contábeis pela FIPECAFI. Membro dos Grupos de Pesquisa "Observatório da LGPD" e "Observatório do Marco Civil da Internet" na FDRP/USP, cadastrados no Diretório de Grupos de Pesquisa do CNPq.

Alexandre Celioto Contin
Mestrando em Direitos Coletivos e Cidadania pela Universidade de Ribeirão Preto – UNAERP. Bolsista PROSUP/CAPES. Especialista em Direito Penal e Processo Penal pela Pontifícia Universidade Católica de Minas Gerais. Advogado.

Ana Beatriz Benincasa Possi
Advogada. Especialista em Direito Civil pela Faculdade de Direito de Ribeirão Preto da Universidade de São Paulo (FDRP/USP). Especialista em Direito Tributário e em Ciências Penais pela Universidade do Sul de Santa Catarina (UNISUL). Membro dos Grupos de Pesquisa "Observatório da LGPD" e "Observatório do Marco Civil da Internet" FDRP/USP, cadastrados no Diretório de Grupos de Pesquisa do CNPq.

Ana Brian Nougrères
Doctor en Derecho y Ciencias Sociales por la Facultad de Derecho, Universidad de la República Oriental del Uruguay (desde 1985). Docente en la Cátedra de Informática Jurídica, Facultad de Derecho, Universidad de la República (desde 2001) y en la Cátedra de Derecho Telemático, Facultad de Ingeniería, Universidad de Montevideo (desde 2014). Asesor letrado en el Parlamento de la República, Cámara de Senadores y Cámara de Representantes (desde 1992). Integra la Red Iberoamericana de Protección de Datos Personales desde su creación (2003) y el Capítulo Uruguay de FIADI (desde 2006). Miembro del International Working Group on Data Protection in Telecommunications (Grupo de Berlín, desde 2004) y de la International Association of Privacy Professionals (desde 2007). Embajadora de Privacy by Design (2011) y miembro de la Mesa Directiva de la Red Académica Internacional de Protección de Datos de Nuevo León (2011).

Ana Carolina Benincasa Possi
Advogada. Especialista em Direito Civil pela Faculdade de Direito de Ribeirão Preto da Universidade de São Paulo (FDRP/USP). Especialista em Direito Tributário e em Ciências Penais pela Universidade do Sul de Santa Catarina (UNISUL). Membro dos Grupos de Pesquisa "Observatório da LGPD" e "Observatório do Marco Civil da Internet" na FDRP/USP, cadastrados no Diretório de Grupos de Pesquisa do CNPq.

André Luís Vedovato Amato
Mestre em Ciências pelo Programa de Desenvolvimento no Estado Democrático de Direito da Faculdade de Direito de Ribeirão Preto da Universidade de São Paulo (FDRP/USP). Advogado, graduado em Direito pela Faculdade de Direito de Ribeirão Preto da Universidade de São Paulo (FDRP/USP).

Andrea Elizabeth Slane
Associate Professor of *Faculty of Social Science and Humanities, Ontario Tech University*, Ontario, Canada.

Antoine Guilmain
Antoine Guilmain is a lawyer in the field of data protection and privacy. He holds a PhD in information technology law from the *Université de Mon-*

tréal and the *Université Paris 1 Panthéon-Sorbonne.* He has published a monograph as well as numerous articles, frequently gives lectures and teaches at several universities, including the *Université de Montréal* and the *Université de Sherbrooke.*

Clarissa Lindenberg Badke
Advogada contratualista e empresarialista.

Cristina Godoy Bernardo de Oliveira
Professora Doutora de Filosofia do Direito na Faculdade de Direito de Ribeirão Preto da Universidade de São Paulo – FDRP/USP. Doutora em Filosofia do Direito pela Faculdade de Direito da Universidade de São Paulo. Pós-doutora pela *Université Paris I Panthéon-Sorbonne. Academic Visitor* pela *University of Oxford.* Graduada pela Faculdade de Direito da Universidade de São Paulo. Líder do Grupo de Pesquisa *"Ética, Direito e Inteligência Artificial"* e Pesquisadora Ano Sabático do Instituto de Estudos Avançados – IEA/RP (2021). Associada Fundadora do Instituto Avançado de Proteção de Dados – IAPD.

Emanuele Pezati Franco de Moraes
Mestre em Direito pela Faculdade de Direito de Ribeirão Preto da Universidade de São Paulo (FDRP/USP). *LL.M.* em Direito Civil pela Faculdade de Direito de Ribeirão Preto da Universidade de São Paulo (FDRP/USP). Graduada em Direito pelo Centro Universitário de Rio Preto. Membro dos Grupos de Pesquisa "Observatório da LGPD" e "Observatório do Marco Civil da Internet", cadastrados no Diretório de Grupos de Pesquisa do CNPq. Associada Fundadora do Instituto Avançado de Proteção de Dados – IAPD. Advogada e sócia fundadora do escritório Advocacia Especializada Pezati Parceiros.

Evandro Eduardo Seron Ruiz
Bacharel em Ciências de Computação pelo ICMSC (atual ICMC), Universidade de São Paulo – USP (1985), mestre pela Faculdade de Engenharia Elétrica da Universidade Estadual de Campinas – UNICAMP (1989), *Ph.D.* em *Electronic Engineering* pela *University of Kent at Canterbury,* Reino Unido (1996), Professor Livre-Docente pela USP (2006) e Pós-Doutorado pela *Columbia University,* NYC (2007-2008). Professor Associado do Departa-

mento de Computação e Matemática (FFCLRP/USP), onde é docente em dedicação exclusiva desde 1989. Atua como orientador no Programa de Pós-Graduação em Computação Aplicada do DCM-FFCLRP/USP. Tem experiência na área de Ciência da Computação e trabalha principalmente nas áreas de aplicações de processamento de linguagem natural e mineração de textos. Associado Fundador do Instituto Avançado de Proteção de Dados – IAPD.

Federica Resta
Oficiala dirigente na Autoridade de Proteção de Dados Pessoais da Itália, atualmente em serviço à Presidência.

Francisco Pereira Coutinho
Professor da Faculdade de Direito da Universidade Nova de Lisboa e Investigador do CEDIS. Licenciado (2002) e Doutor (2009) em Direito pela Faculdade de Direito da Universidade Nova de Lisboa, onde leciona as disciplinas de Direito Internacional Público e Direito da União Europeia. Foi assessor jurídico no Instituto Diplomático do Ministério dos Negócios Estrangeiros (2005-2011) e na Secretaria de Estado da Presidência do Conselho de Ministros (2003-2004). Coordenador do Observatório de Proteção de Dados Pessoais da Nova/CEDIS.

Gabriel Lochagin
Professor Doutor da Faculdade de Direito de Ribeirão Preto da Universidade de São Paulo (FDRP/USP). Mestre e Doutor em Direito Econômico-Financeiro pela Faculdade de Direito da Universidade de São Paulo (FD/USP). Pesquisador-visitante da *Humboldt Universität*, em Berlim (2014-2015).

Guilherme Magalhães Martins
Promotor de Justiça titular da 5ª Promotoria de Tutela Coletiva do Consumidor da Capital, do Ministério Público do Estado do Rio de Janeiro – MPRJ. Professor Associado de Direito Civil da Faculdade Nacional de Direito da Universidade Federal do Rio de Janeiro – UFRJ. Professor permanente do Doutorado em Direito, Instituições e Negócios da Universidade Federal Fluminense – UFF. Doutor e Mestre em Direito Civil pela Faculdade de Direito da Universidade do Estado do Rio de Janeiro – UERJ.

Ex-professor visitante do Mestrado em Direito da Faculdade de Direito da UERJ. Membro honorário do Instituto dos Advogados Brasileiros, junto à Comissão de Direito do Consumidor. Professor adjunto (licenciado) de Direito Civil da Universidade Cândido Mendes – Centro. Professor dos cursos de pós-graduação *lato sensu* da UERJ, PUC-RIO, EMERJ, INSPER, Damásio de Jesus, Universidade Cândido Mendes, UFRGS e UFJF. Vice-Presidente do Instituto Brasileiro de Política e Direito do Consumidor – BRASILCON e Diretor do IBERC.

Hebert Fabricio Tortorelli Quadrado
Mestre em Direito pela Faculdade de Direito de Ribeirão Preto da Universidade de São Paulo (FDRP/USP). Pós-graduado em *"Direito Civil – Novos Paradigmas Hermenêuticos nas Relações Privadas"* pela FDRP/USP. Pós-graduado em Processo Civil pela PUC/SP. Membro dos Grupos de Pesquisa "Observatório da LGPD" e "Observatório do Marco Civil da Internet" na FDRP/USP, cadastrados no Diretório de Grupos de Pesquisa do CNPq.

Janaina de Souza Cunha Rodrigues
Advogada com mais de vinte anos de experiência em jurídico de empresas e escritórios de advocacia. Advogada Sênior do De Vivo, Castro, Cunha e Whitaker Advogados, atuante nas áreas de Direito Contratual e Direito Digital. Pesquisadora em proteção de dados pessoais e privacidade. Associada Fundadora do IAPD – Instituto Avançado de Proteção de Dados.

Jean-Sylvestre Bergé
Law professor at the University Côte-d'Azur (CNRS, GREDEG, France), member of the French University Institute (IUF).

João Victor Rozatti Longhi
Defensor Público no Estado do Paraná. Professor substituto da Universidade Estadual do Oeste do Paraná (Unioeste) e visitante do PPGD da Universidade Estadual do Norte do Paraná – UENP. Pós-Doutor em Direito pela Universidade Estadual do Norte do Paraná – UENP. Doutor em Direito Público pela Faculdade de Direito da Universidade de São Paulo – FD/USP. Mestre em Direito Civil pela Faculdade de Direito da Universidade do Estado do Rio de Janeiro – UERJ. Associado do Instituto Avançado de Proteção de Dados – IAPD.

José Luiz de Moura Faleiros Júnior
Doutorando em Direito Civil pela Faculdade de Direito da Universidade de São Paulo (FD/USP). Mestre em Direito pela Universidade Federal de Uberlândia (UFU). Especialista em Direito Processual Civil, Direito Civil e Empresarial, Direito Digital e *Compliance*. Membro do Instituto Avançado de Proteção de Dados – IAPD. Associado do Instituto Brasileiro de Estudos de Responsabilidade Civil – IBERC. Autor de obras e artigos dedicados ao estudo do direito e às suas interações com a tecnologia. Advogado.

Julie Uzan-Naulin
A member of the Paris and Montréal bars with a PhD in law, Julie Uzan Naulin, lawyer at Fasken's law firm, is specialized in the General Data Protection Regulation (GDPR) and in Canadian privacy laws and more generally in the field of regulated sectors and personal data protection, including the use of cookies. She has written several articles related to GDPR issues.

Kelvin Peroli
Bacharel em Direito pela Faculdade de Direito de Ribeirão Preto da Universidade de São Paulo (FDRP/USP), com experiência acadêmica na *Seconda Università degli Studi di Napoli* (Itália). Membro dos Grupos de Pesquisa "Observatório da LGPD" e "Observatório do Marco Civil da Internet", cadastrados no Diretório de Pesquisa do CNPq. Integrante do Grupo de Estudos "*Tech Law*", do Instituto de Estudos Avançados da USP. Associado Fundador do Instituto Avançado de Proteção de Dados – IAPD. Membro do IBDCONT – Instituto Brasileiro de Direito Contratual. Autor de livro e artigos sobre Direito Digital.

Lucas Bossoni Saikali
Mestre em Direito pela Pontifícia Universidade Católica do Paraná (PUCPR). Bacharel em Direito pela Universidade Federal do Paraná (UFPR). Membro do Núcleo de Pesquisas em Políticas Públicas e Desenvolvimento Humano (NUPED) e da Rede de Pesquisa em Direito Administrativo Social (REDAS). Membro da Comissão de Inovação e Gestão da OAB/PR. Advogado.

Luciano Galmarini
Abogado, Especialista en Derecho de la Alta Tecnología, Universidad Católica Argentina (UCA). Profesor Adjunto del Departamento de Derecho de la Facultad de Ciencias Jurídicas y Sociales de la Fundación UADE e Investigador del Instituto de Ciencias Sociales y Disciplinas Proyectuales de la Fundación UADE, Asesor en el Honorable Senado de la Nación Argentina en las Comisiones de Ciencia y Tecnología, y Sistemas, Medios de Comunicación y Libertad de Expresión.

Lukas Gundermann
LL.M. (Edinburgh). Advisor at the Federal Ministry of Justice and for Consumer Protection, Germany.

Maitê Stelluti
Bacharela em Direito pela Faculdade de Direito de Ribeirão Preto da Universidade de São Paulo (FDRP/USP). Membro dos Grupos de Pesquisa "Observatório da LGPD" e "Observatório do Marco Civil da Internet", cadastrados no Diretório de Grupos de Pesquisa do CNPq. Advogada.

Marcelo Augusto Fattori
Advogado com atuação em Direito Digital e Empresarial. *LL.M.* em Direito Civil pela Faculdade de Direito de Ribeirão Preto da Universidade de São Paulo (FDRP/USP), com extensão prática de Proteção de Dados na Europa no IFE *by Abilways* (Portugal). Especialista em Direito Societário pela FGV-SP.

Maria Eduarda Sousa Sampaio
Pós-Graduanda em Direito Digital pelo Instituto de Tecnologia e Sociedade do Rio de Janeiro (ITS Rio), em parceria com a Universidade Estadual do Rio de Janeiro (UERJ). Bacharela em Direito pela Faculdade de Direito de Ribeirão Preto da Universidade de São Paulo (FDRP/USP). Integrante dos Grupos de Pesquisa "Observatório da LGPD" e "Observatório do Marco Civil da Internet", cadastrados no Diretório de Grupos de Pesquisa do CNPq. Integrante do Grupo de Pesquisa "Tech Law", do Instituto de Estudos Avançados (IEA/USP). Associada Fundadora e Pesquisadora do Instituto Avançado de Proteção de Dados – IAPD. Bolsista FAPESP em Iniciação Científica (Disseminação de informações falaciosas referentes

ao processo eleitoral presidencial brasileiro de 2018: análise casuística e perspectivas de regulação), orientado por Cíntia Rosa Pereira de Lima.

Marilia Ostini Ayello Alves de Lima
Advogada e Professora Universitária. *LL.M.* em Direito Civil pela Faculdade de Direito de Ribeirão Preto da Universidade de São Paulo (FDRP/USP). Membro dos Grupos de Pesquisa "Observatório da LGPD" e "Observatório do Marco Civil da Internet". Associada Fundadora do Instituto Avançado de Proteção de Dados – IAPD.

Marta Rodrigues Maffeis
Bacharela em Direito pela Faculdade de Direito da Universidade de São Paulo (FD/USP – 1996). Doutora em Direito pela Faculdade de Direito da Universidade de São Paulo (FD/USP – 2004). Livre-docente pela Faculdade de Direito de Ribeirão Preto da Universidade de São Paulo (FDR/USP – 2015). Professora visitante do *Leopold-Wenger Institut* da Faculdade de Direito de Munique, Alemanha (2003). Professora visitante do *Institut für Deutsches, Europäisches und Internationales Medizinrecht, Gesundheitsrecht und Bioethik der Universitäten Heidelberg und Mannheim* (Instituto de Direito Médico, Direito à Saúde e Bioética alemão, europeu e internacional das Universidades de Heidelberg e Mannheim, Alemanha – 2015). Professora Visitante do Instituto de Direito Biomédico da Faculdade de Direito da Universidade de Coimbra, Portugal (2017). Professora Associada da Faculdade de Direito de Ribeirão Preto da Universidade de São Paulo (FDRP/USP) e Juíza de Direito do Tribunal de Justiça de São Paulo (TJ/SP). Tem experiência nas áreas de Direito Civil, atuando principalmente nos seguintes temas: Direito Médico, Bioética, Direito à Saúde, Responsabilidade Civil, Direito do Consumidor, Conciliação e Mediação e todas as demais áreas do Direito Civil.

Newton De Lucca
Mestre, Doutor, Livre-Docente, Adjunto e Titular pela Faculdade de Direito da Universidade de São Paulo. Professor do Corpo Permanente da Pós-Graduação Stricto Sensu da UNINOVE. Desembargador Federal do Tribunal Regional Federal da 3ª Região (Presidente no biênio 2012/2014). Membro da Academia Paulista dos Magistrados. Membro da Academia Paulista de Direito Membro da Academia Paulista de Letras Jurídicas. Integrante dos Grupos de Pesquisa "Observatório da LGPD" e "Observa-

tório do Marco Civil da Internet". Associado Fundador e Vice-Presidente do Instituto Avançado de Proteção de Dados – IAPD.

Oniye Nashara Siqueira
Mestranda em Direitos Coletivos e Cidadania pela Universidade de Ribeirão Preto – UNAERP. Bolsista PROSUP/CAPES. Especialista em Processo Civil pela Universidade de São Paulo – USP. Graduada em Direito pela Universidade de Ribeirão Preto – UNAERP.

Rafael Almeida Oliveira Reis
Pós-graduado em Direito Digital e *Compliance* pelo IBMEC e *Certified Information Privacy Professional/Europe* (IAPP). Graduado em Direito pela Faculdade de Direito de Curitiba (Unicuritiba). É Empresário e Advogado especialista em Proteção de Dados. Secretário Geral e Diretor Financeiro do Instituto Nacional de Proteção de Dados – INPD. *Head* de Tecnologia e Inovação Digital no Becker Direito Empresarial. Membro da Comissão de Inovação e Gestão da OAB/PR.

Rafael Meira Silva
Doutor pela Faculdade de Direito da Universidade de São Paulo (FD/USP). Doutorado-sanduíche pela *Université Paris I Panthéon-Sorbonne*. Graduado pela Faculdade de Direito da Universidade de São Paulo (FD/USP). Advogado. Associado Fundador do Instituto Avançado de Proteção de Dados – IAPD.

Renato Britto Barufi
Mestrando em Direito pela Universidade de Ribeirão Preto – UNAERP. Especialista em Direito e Processo do Trabalho pela Pontifícia Universidade Católica de Minas Gerais – PUC Minas. Especialista em Processo Civil e Empresarial pela Faculdade de Direito de Franca – FDF. Professor de Direito do Trabalho. Advogado.

Renata Mota Maciel
Professora do Programa de Doutorado e Mestrado em Direito da Universidade Nove de Julho – UNINOVE. Doutora em Direito Comercial pela Universidade de São Paulo. Juíza de Direito Titular da 2ª Vara Empresarial e de Conflitos Relacionados à Arbitragem da Capital do Estado de São Paulo.

Ricardo Luis Lorenzetti
Presidente de la Corte Suprema de Justicia de la Nación Argentina (2007-2018). Ministro de la Corte Suprema de Justicia de la Nación Argentina (2004-2018). Doctor en Ciencias Jurídicas y Sociales expedido por la Facultad de Ciencias Jurídicas y Sociales de la Universidad Nacional del Litoral de Santa Fe. Abogado.

Rogério Alessandre de Oliveira Castro
Graduado em Direito pela Pontifícia Universidade Católica de Campinas – PUCCAMP e Pós-Graduação (*lato sensu*) em Comércio Exterior pela Fundação Getúlio Vargas (FGV) e em Economia e Direito pela UNICAMP. Possui também mestrado em Educação, Administração e Comunicação pela Universidade São Marcos – UNIMARCOS. Doutor em Integração da América Latina pela Universidade de São Paulo – PROLAM/USP. Professor de Direito Comercial da Faculdade de Direito de Ribeirão Preto da Universidade de São Paulo (FDRP/USP). Advogado.

Rubens Beçak
Professor de Graduação e Pós-Graduação da Faculdade de Direito de Ribeirão Preto da Universidade de São Paulo (FDRP/USP). Mestre e Doutor em Direito Constitucional e Livre-docente em Teoria Geral do Estado pela Universidade de São Paulo. Foi Secretário Geral da Universidade de São Paulo. Professor visitante da *Universidad de Salamanca* no curso *Master en Estudios Brasileños.*

Salvador Morales Ferrer
Doctor en Derecho por el programa de Estudios Jurídicos, Ciencia Política y Criminología de la Universidad de Valencia, con la calificación Apto *Cum Laude.* Certificado-Diploma de Estudios Avanzados tercer Ciclo – Doctorado por la Universidad Cardenal Herrera CEU de Valencia. Máster Propio en Mediación y Gestión Eficiente de Conflictos por la Universidad Cardenal Herrera-Ceu (Valencia). Certificado de Aptitud Pedagógica por la Universidad de Valencia. Certificado de Aptitud Profesional realizado en la Escuela de Práctica Jurídica del Ilustre Colegio de abogados de Alzira. Abogado Colegiado en el Ilustre Colegio de Abogados de Alzira. Letrado Especialista para actuar en la Jurisdicción de Menores. Miembro investigador del Ilustre Colegio de Abogados de Alzira.

Silvia Toscano
Abogada por la Universidad de Buenos Aires, especialista en Derecho y Tecnología, Magister en Administración Pública por la Universidad de Buenos Aires, Decana de la Facultad de Ciencias Jurídicas y Sociales de la Universidad Argentina de la Empresa (UADE), miembro del Instituto de Filosofía Política e Historia de las Ideas Políticas de la Academia de Ciencias Morales y Políticas, miembro del Grupo de Trabajo de Ciberseguridad y Políticas Digitales del Consejo Argentino para las Relaciones Internacionales, profesora de grado y posgrado en Derecho Informático e investigadora del Instituto de Ciencias Sociales y Disciplinas Proyectuales de la Fundación UADE.

Tathiane Módolo Martins Guedes
Advogada. Especialista em Direito Processual Civil pela Faculdade de Direito de Ribeirão Preto da Universidade de São Paulo (FDRP/USP).

Thiago Alessandre Aguiar Castro
Possui Graduação em Direito pela Pontifícia Universidade Católica de Campinas (PUCCAMP) e Pós-Graduação (*lato sensu*) em Direito Contratual e Responsabilidade Civil pelo Centro Universitário de Araras (UNAR). *LL.M.* em Direito Civil e Especialização em Ética Empresarial pela Faculdade de Direito de Ribeirão Preto da Universidade de São Paulo (FDRP/USP). Advogado.

Verônica do Nascimento Marques
Bacharela em Direito pela Faculdade de Direito de Ribeirão Preto da Universidade de São Paulo (FDRP/USP) e membro dos Grupos de Pesquisa "Observatório da LGPD" e "Observatório do Marco Civil da Internet" da FDRP/USP.

Vitória Mattos Gonçalves
Bacharela em Direito pela Faculdade de Direito de Ribeirão Preto da Universidade de São Paulo (FDRP/USP) e membro dos Grupos de Pesquisa "Observatório da LGPD" e "Observatório do Marco Civil da Internet" da FDRP/USP.

Zaiden Geraige Neto
Doutor e mestre em Direito pela PUC/SP. Foi Professor de Direito do Mestrado e Doutorado da Universidade de Ribeirão Preto – UNAERP. Professor convidado do curso presencial de pós-graduação "*lato sensu*" em Direito Processual Civil da Faculdade de Direito de Ribeirão Preto da Universidade de São Paulo (FDRP/USP). MBA Executivo pela FGV. Membro Efetivo e Diretor de Relações Institucionais do IASP. Membro Efetivo do IAB (Instituto dos Advogados Brasileiros). Parecerista e consultor da revista do Conselho da Justiça Federal. Advogado.

APRESENTAÇÃO

O sistema de proteção de dados pessoais é colocado à prova constantemente. Não há suficiência em uma norma de proteção de dados. Para além dela, é imprescindível a preocupação com o seu *enforcement*. Nesse contexto, desde a Convenção sobre a Proteção de Dados Pessoais (*Convenção 108*), de 28 de janeiro de 1981 (revisada em 2001), tornou-se evidente a importância de um órgão independente para fiscalizar o correto cumprimento dos sistemas protetivos à proteção de dados, tendo poderes de fiscalização, regulação e de aplicação de sanções, no caso da constatação de violações. Este órgão seria uma Autoridade Nacional de Proteção de Dados, conhecida pela expressão inglesa *Data Protection Authority (DPA)*.

No Brasil, a Lei Geral de Proteção de Dados Pessoais (Lei n. 13.709, de 14 de agosto de 2018), como aprovada pela Câmara dos Deputados e pelo Senado Federal, previu, de imediato, a criação da Autoridade Nacional de Proteção de Dados – ANPD. Todavia, temendo um vício de forma, em que somente o Poder Executivo poderia propor a criação de um órgão de tal natureza, todos os artigos que faziam referência à ANPD foram vetados pelo então Presidente da República, Michel Temer.

Foram, após isso, reinseridos pela Medida Provisória n. 869, de 27 de dezembro de 2018, ato do Presidente da República, sanando, portanto, a exigência constitucional prevista no art. 61, § 1º, inc. II, *"e"*, cumulado com o art. 37, inc. XIX da Constituição.

Em seu turno, a MP foi convertida na Lei n. 13.853, de 08 de julho de 2019, criando, então, a Autoridade Nacional de Proteção de Dados (ANPD), mas como órgão vinculado à administração pública direta – à Presidência da República. Posteriormente, o Decreto n. 10.474, de 26 de agosto de 2020, dispôs sobre a Estrutura Regimental e o Quadro Demonstrativo dos Cargos em Comissão e das Funções de Confiança da ANPD, bem como remanejou e transformou cargos em comissão e funções de confiança para a recém-criada Autoridade – possibilitando, a partir de então, o seu efetivo funcionamento.

Como destacado, a experiência internacional demonstra a importância deste órgão para a efetividade de um sistema de proteção de dados pessoais. Por isso, esta obra, intitulada *"ANPD – Autoridade Nacional de Proteção de Dados: desafios e perspectivas"* (fruto da realização, na Universidade de São Paulo, do Congresso Internacional *"Desafios e Perspectivas das Autoridades Nacionais de Proteção de Dados Pessoais e Privacidade"*, em novembro de 2019), traz a lume, dentre outros assuntos, os principais desafios, debatidos por renomados juristas internacionais, que as outras Autoridades de Proteção de Dados enfrentaram e ainda enfrentam para o *enforcement* de seus respectivos sistemas de proteção de dados (a obra conta, por essa razão, com artigos nas línguas portuguesa, inglesa, espanhola e italiana (esta, com tradução à língua portuguesa).

Dentre esses desafios, uma importante perspectiva alça-se à ANPD: no cenário da circulação transfronteiriça de dados pessoais, a necessária cooperação entre Autoridades de Proteção de Dados, de diversos países. Sobre isso, *v.g.*, a LGPD faz menção expressa, em seu art. 55-J, inciso IX: *"promover ações de cooperação com autoridades de proteção de dados pessoais de outros países, de natureza internacional ou transnacional"*.

É levantando desafios e traçando perspectivas, como essas, que esta obra é dedicada aos temas mais afetos à ANPD, trazidos pelo sistema de proteção de dados pessoais brasileiro, assim como pela experiência internacional (nomeadamente, dos sistemas de Argentina, Uruguai, Canadá, EUA, Portugal, Espanha, França, Itália, Alemanha e também da União Europeia), a fim de oferecer à sociedade brasileira robustos subsídios para a concretização do sistema protetivo em nosso país.

Ribeirão Preto, 20 de fevereiro de 2021.

CÍNTIA ROSA PEREIRA DE LIMA
Coordenadora
Professora de Direito Civil da FDRP/USP
Associada Fundadora e Presidente do Instituto Avançado de Proteção de Dados (IAPD)
Líder dos Grupos de Pesquisa "Observatório da LGPD" e "Observatório do Marco Civil da Internet" (CNPq e FDRP/USP)
Vice Coordenadora do Grupo de Estudo TechLaw do Instituto de Estudos Avançados (IEA-RP)

LISTA DE SIGLAS E ABREVIATURAS

AEPD – *Agencia Española de Protección de Datos*
ANPD – Autoridade Nacional (brasileira) de Proteção de Dados
APEC – *Asia-Pacific Economic Cooperation*
APL/PD – Anteprojeto de Lei de Proteção de Dados
ARPA – *Advanced Research Projects Agency*
ARPANET – *Advanced Research Projects Agency Network*
ADCT – Ato das Disposições Constitucionais Transitórias
BGB – *Bürgerliches Gesetzbuch* (Código Civil da Alemanha)
CADE – Conselho Administrativo de Defesa Econômica
Câm. – Câmara
Cap(s). – Capítulo(s)
c/c – Combinado com
CC/02 – Código Civil brasileiro de 2002 – Lei n. 10.406, de 10/01/2002
CC/16 – Código Civil brasileiro de 1916 – Lei n. 3.071, de 01/01/1916
CDC – Código de Defesa do Consumidor brasileiro – Lei n. 8.078, de 11/09/1990
CDC/US – *Centers for Disease Control and Prevention* (EUA)
CE – Comunidade Europeia
CEE – Comunidade Econômica Europeia
CEJ – Corte Europeia de Justiça
CERN – *Conseil Européen pour la Recherché Nucléaire*
CF/88 – Constituição da República Federativa do Brasil, de 05/10/1988
CGI.br – Comitê Gestor da internet no Brasil
CJE – Centro de Estudos Judiciários do Conselho da Justiça Federal
CONAR – Conselho Nacional de Autorregulamentação Publicitária
CNIL – *Commission Nationale de l'Informatique et des Libertés* (França)
CNJ – Conselho Nacional de Justiça
CNMP – Conselho Nacional do Ministério Público
CONTEL – Conselho Nacional de Telecomunicações
COPA – *Children's Online Privacy Protection Act* (EUA)
CPC/1973 – Código de Processo Civil de 1973 – Lei n. 5.869, de 11/01/1973
CPC/2015 – Código de Processo Civil de 2015 – Lei n. 13.105, de 16/03/2015

Des. – Desembargador
Dir. – Diretiva
DNPDP – *Dirección Nacional de Protección de Datos Personales* (Argentina)
EC – *European Commission* (Comissão Europeia)
ECA – Estatuto da Criança e do Adolescente – Lei n. 8.069, de 13/07/1990
Ed. – Edição
e.g. – *Exempli gratia*
ePrivacy Directive – Diretiva 2002/58/CE
EU – *European Union* (vide UE)
FERPA – *Family Educational Rights and Privacy Act* de 1974 (EUA)
FIPPs – *Fair Information Practice Principles* (EUA)
FIPs – *Fair Information Practices* (EUA)
FTC – *Federal Trade Commission* (EUA)
GDPR – *General Data Protection Regulation* – Regulation 2016/679 (União Europeia)
GPEN – *Action Plan for the Global Privacy Enforcement Network*
G.U. – *Gazzetta Ufficiale della Republica italiana*
HIPAA – *Health Information Portability and Accountability Act* de 1996 (EUA)
IaaS – *Infraestructure as a Service*
ICTs – *Information and Communications Technologies*
i.e. – *Id est*
IMP – *Interface Message Processor*
IP – *Internet Protocol* (Protocolo de Internet ou Protocolo de Interconexão)
IPTO – *Information Processing Techniques Office*
j. – data do julgamento
LAI – Lei de Acesso à Informação – Lei n. 12.527, de 18/11/2011
LICRA – *Ligue Contre La Racisme Et L'Antisémitisme*
LINDB – Lei de Introdução às Normas de Direito Brasileiro – Decreto-Lei n. 4.657/1942, com a redação dada pela Lei n. 12.376, de 30/12/2010
LEPD – *Ley nº 1581 de 2012 – Ley Estatutaria de Protección de Datos Personales* (Colômbia)
LGPD – Lei Geral de Proteção de Dados – Lei n. 13.709, de 14/08/2018
LOPD – *Ley Orgánica de Protección de Datos de Carácter Personal – Ley Orgánica n. 15*, de 13/12/1999 (Espanha)
LORTAD – *Ley Orgánica de Regulación del Tratamiento Automatizado de Datos de Caráter Personal – Ley Orgánica n. 5*, de 29/10/1992 (Espanha)
MCI – Marco Civil da Internet – Lei n. 12.965, de 23/04/2014
MIT – *Massachusetts Institute of Technology*
MJ – Ministério da Justiça
NIST – *National Institute of Standards and Technology* (EUA)
NSA – *National Security Agency* (EUA)
OCDE – Organização para a Cooperação e Desenvolvimento Econômico
OCSE – *Organizzazione per la Cooperazione e lo Sviluppo Economico*
OECD – *Organisation for Economic Co-operation and Development*

Op. cit. – *Opus citatum* (obra citada)
PaaS – *Plataform as a Service*
PC – *Personal computer* (computador pessoal)
PIPEDA – *Personal Information Protection and Electronic Documents Act* (Lei sobre Proteção da Informação Pessoal e dos Documentos Eletrônicos do Canadá)
RE – Recurso Extraordinário
Rel. – Relator
REsp – Recurso Especial
RFID – Identificação por radiofrequência
SaaS – *Software as a Service*
SENACON – Secretaria Nacional do Consumidor
STF – Supremo Tribunal Federal
STJ – Superior Tribunal de Justiça
T. – Tomo
TCP – *Transmission Control Protocol* (Protocolo de Controle de Transmissão)
TJ/SP – Tribunal de Justiça do Estado de São Paulo
UCLA – *University of California, Los Angeles* (EUA)
UE – União Europeia (vide *EU*)
UEJF – *Union des Étudiants Juif de France*
URCDP – *Unidad Reguladora y de Control de Datos Personales* (Uruguai)
US – *United States of America* (Estados Unidos da América – EUA)
U.S.C. – *United States Code* (Código dos EUA)
USP – Universidade de São Paulo
v.g. – *Verbi gratia*
Vol. – Volume
WP 29 – *Working Party article 29*
www – *World Wide Web*

SUMÁRIO

CAPÍTULO 3
PERSPECTIVAS REGULATÓRIAS DA AUTORIDADE NACIONAL DE PROTEÇÃO DE DADOS

PARTICIPAÇÃO ESPECIAL

Comercio Electrónico

Ricardo Luis Lorenzetti

1. El nuevo derecho según el "paradigma digital"

La posición "ontológica" sostiene que estamos ante un mundo "virtual" diferente del mundo físico: hay un mundo digital, un nuevo modo de pensar dentro de él que sigue "paradigmas digitales", un nuevo lenguaje, un espacio y un tiempo diferentes. Sobre esta base, el derecho ha debido ajustar muchos de sus paradigmas tradicionales, como, en lo concreto, la regulación para adaptar sus previsiones *a las nuevas tecnologías* con las que hoy se expresan gran parte de los comportamientos individuales y sociales[1].

2. Principios jurídicos aplicables en el mundo virtual

El impulso de las nuevas tecnologías ha obligado a precisar el *marco ético-jurídico* dentro del cual debe desarrollarse la actividad en el mundo virtual y, en particular, en el ámbito del comercio electrónico. Entre otros principios, se reconocen actualmente los siguientes: el de la libertad de expresión; el de la libertad de comercio; el de no discriminación del medio digital; el principio protectorio de la parte débil de la relación; el principio de protección de la privacidad; el principio de la libertad de información; el principio de autodeterminación y el de responsabilidad[2].

[1] Lorenzetti, Ricardo L. *Comercio electrónico.* Buenos Aires: Abeledo-Perrot, 2001.

[2] Whitaker, Reg. *The end of privacy.* New York Press, 1999. Etcheverry, Raúl; Illescas Ortiz, Rafael. *Comercio electrónico. Estructura operativa y jurídica.* Buenos Aires: Hammurabi, 2010.

3. Concepto de comercio electrónico

Se puede definir al comercio electrónico como la actividad de intercambio comercial de bienes o servicios efectuados, en parte o en su totalidad, por medio o a través de sistemas electrónicos de procesamiento y transmisión de información, especialmente, el intercambio de datos e información a través de internet.

En primer lugar, se trata de una actividad caracterizada por el medio tecnológico. Existe esta actividad siempre que: a) se utilicen medios digitales para la comunicación, incluyendo internet u otras tecnologías similares; b) se intercambien bienes o servicios digitales. En segundo lugar, se trata de relaciones jurídicas que pueden o no ser comerciales. Por eso, conviene recurrir a la noción de "relaciones jurídicas por medios electrónicos", que comprenden las relaciones de derecho público y las relaciones de derecho privado, entre empresas (business to business), entre empresas y particulares (business to consumer) o entre particulares.

4. Comercio electrónico y tutela efectiva del consumidor [3]

La contratación electrónica presenta grandes desafíos para el derecho del consumidor, que abarca temas muy diversos, como el consentimiento, la publicidad, las cláusulas abusivas, la protección de la dignidad y/o privacidad, entre otros [4].

En el contexto internacional, las Directrices aprobadas por la *Asamblea General de la Organización de las Naciones Unidas en 1985, resolución 39/248, ampliadas en 1999,* enumeran expresamente cuáles son los derechos de los consumidores y usuarios, la obligación de proveer a la protección de ellos por parte de las autoridades, propiciando legislación que los reconozca y permita su intervención para esos fines. Así, se establecen: a) la protec-

[3] Lorenzetti, Ricardo L. *Consumidores,* 2ª edición actualizada. Buenos Aires: Rubinzal-Culzoni, 2009. Parellada, Carlos A. El comercio electrónico. Perspectiva desde el derecho de consumo. *In:* Picasso, Sebastián (director). *Ley de Defensa del Consumidor: Comentada y Anotada.* Vollumen 3. Buenos Aires: La Ley, 2009. Stiglitz, Gabriel A. Los principios del derecho del consumidor y los derechos fundamentales. *In:* Stiglitz, Gabriel A.; Hernandez, Carlos A. (directores). *Tratado de Derecho del Consumidor.* Volumen 1. Buenos Aires: La Ley, 2015, pág. 309 y ss. Sahian, José. *Dimensión constitucional de la tutela a los consumidores. Diálogo con los derechos humanos.* Buenos Aires: La Ley, 2017. Japaze, María Belén. *Sobreendeudamiento del consumidor. Remedios preventivos y de saneamiento.* Tucumán: Bibliotex, 2017.

[4] Lorenzetti, Ricardo L.*Comercio electrónico y defensa del consumidor.* Buenos Aires: La Ley, 2000-D, pág. 1003 y ss.

ción de los consumidores frente a los riesgos para su salud y su seguridad; b) la promoción y protección de los intereses económicos de los consumidores; c) el acceso de los consumidores a una información adecuada, que les permita hacer elecciones bien fundadas, conforme a sus necesidades; d) la educación del consumidor; e) la posibilidad de compensación efectiva al consumidor; f) la libertad de constituir grupos u otras organizaciones de consumidores y la oportunidad para esas organizaciones de hacer oir sus opiniones en los procesos de adopción de decisiones que las afecten.

Desde ese entonces, el comercio electrónico ha evolucionado. El 24 de marzo de 2016, el Consejo de la OCDE revisó este instrumento y la Recomendación del Consejo sobre Protección del Consumidor en Comercio Electrónico ("la Recomendación revisada") aborda ahora las nuevas y emergentes tendencias y desafíos que enfrentan los consumidores en el dinámico mercado actual del comercio electrónico en materia de: transacciones no monetarias, productos de contenido digital, consumidores activos, dispositivos móviles, riesgos de privacidad y seguridad, protección de pago y seguridad de productos, entre otros.

Dentro de dicho contexto, en el Código Civil y Comercial argentino, en vigencia desde el año 2015, se disponen diversas normas tendientes a una "*tutela efectiva*" del consentimiento negocial aplicables expresamente al comercio electrónico.

La contratación, según el Código, se halla sujeta a los siguientes principios aplicables por cierto a la contratación electrónica:

a) *Trato digno*: la dignidad de la persona debe ser respetada conforme a los criterios generales que surgen de los tratados de derechos humanos. Los proveedores deben abstenerse de desplegar conductas que coloquen a los consumidores en situaciones vergonzantes, vejatorias o intimidatorias.
b) *Trato equitativo y no discriminatorio*. Los proveedores deben dar a los consumidores un trato equitativo y no discriminatorio. No pueden establecer diferencias basadas en pautas contrarias a la garantía constitucional de igualdad, en especial, la de la nacionalidad de los consumidores.
c) *Libertad de contratación*. Están prohibidas las prácticas que limitan la libertad de contratar del consumidor, en especial, las que subordinan la provisión de productos o servicios a la adquisición simultánea de otros y otras similares que persigan el mismo objetivo.

d) *Condiciones generales de contratación claras.* Las cláusulas generales predispuestas deben ser comprensibles y autosuficientes. La redacción debe ser clara, completa y fácilmente legible. Se tienen por no convenidas aquellas cláusulas que efectúan un reenvío a textos o documentos que no se facilitan a la contraparte del predisponente, previa o simultáneamente a la conclusión del contrato.
e) *Deber de información.* El proveedor está obligado a suministrar información al consumidor en forma cierta y detallada, respecto de todo lo relacionado con las características esenciales de los bienes y servicios que provee, las condiciones de su comercialización y toda otra circunstancia relevante para el contrato. La información debe ser siempre gratuita para el consumidor y debe ser proporcionada con la claridad necesaria que permita su comprensión.
f) *Publicidad.* Está prohibida toda publicidad que: contenga indicaciones falsas o de tal naturaleza que induzcan o puedan inducir a error al consumidor, cuando recaigan sobre elementos esenciales del producto o servicio; efectúe comparaciones de bienes o servicios cuando sean de naturaleza tal que conduzcan a error al consumidor; sea abusiva, discriminatoria o induzca al consumidor a comportarse de forma perjudicial.
g) *Protección de la confianza.* La confianza es un bien jurídico protegido en el ordenamiento, lo cual es bien conocido. La frustración de la confianza en las negociaciones precontractuales da lugar al resarcimiento del interés negativo o de confianza.
h) *La oferta como apariencia y la aceptación basada en la confianza.* En el ámbito del comercio electrónico cabe considerar que existen asignaciones de efectos jurídicos que no están conectadas con una declaración de voluntad directa, sino con comportamientos objetivos a los que el ordenamiento les adjudica consecuencias. Desde el punto de vista del oferente, este sujeto no resulta obligado por su voluntad, sino por la apariencia jurídica creada; se trata de un fenómeno imputativo de efectos negociales en base a la regla de lo declarado por sobre las intenciones. Desde el punto de vista del aceptante, no interesa tanto su voluntad, como la confianza que prestó para aceptar. La confianza remodela la declaración de voluntad del aceptante, según el significado que el receptor podía y debía conferirle

en miras a todas las circunstancias, en el sentido de que la buena fe puede razonablemente darle[5].

5. El documento electrónico

Se ha caracterizado al documento como una cosa que lleva en sí la virtud de hacer conocer. Así, el documento es una cosa que sirve para representar a otra.

Todo instrumento, a su vez, supone un soporte sobre el cual se escribe; por ello, a través de la historia, podemos advertir instrumentos en los cuales la voluntad humana pudo plasmarse sobre piedra, papiros, etcétera. En todo instrumento se pueden distinguir dos elementos: a) la capacidad de incorporar o transmitir una declaración, como, por ejemplo, los signos de la escritura y b) el soporte que permite que esos signos se materialicen.

Hay consenso a nivel internacional, que la expresión escrita puede tener lugar por *instrumentos públicos* o por *instrumentos particulares firmados o no firmados*, y que puede hacerse constar en cualquier soporte, siempre que su contenido sea representado con texto inteligible, aunque su lectura exija medios técnicos.

La firma prueba la autoría de la declaración de voluntad expresada en el texto de un documento. En ***los instrumentos generados por medios electrónicos***, el requisito de la firma de una persona queda satisfecho si se utiliza una firma digital, que asegure indubitablemente la autoría e integridad del instrumento (art. 288, del CCyC argentino).

La ley argentina (n° 25.506) define a la "firma digital" como el resultado de aplicar a un documento digital un procedimiento matemático que requiere información de exclusivo conocimiento del firmante, encontrándose éste bajo su absoluto control. La misma ley equipara los efectos de la firma digital a los de la firma manuscrita. La aplicación del concepto de firma digital permite agregar al efecto propio de la firma ológrafa (la autoría del documento) otro no menor: la integridad del contenido. Cabe señalar que la definición de firma digital contenida en la ley incluye como carácter distintivo que la verificación de la firma permita detectar cualquier alteración del documento posterior a su firma. En caso de controversia respecto de un documento emitido en papel, resulta necesario probar

[5] Lorenzetti, Ricardo L. *La oferta como apariencia y la aceptación basada en la confianza*. Buenos Aires: La Ley, 2000-D, pág. 1155 y ss.

la autoría, lo que se realizará mediante pericia de la firma, pero, si fuera materia de discusión, también habrá que demostrar que el documento no ha sufrido alteraciones, es decir, si el texto que se exhibe coincide exactamente con aquel debajo del cual el autor estampó su firma. En materia de documento electrónico con firma digital, la utilización de este procedimiento excluye esta duda, ya que la utilización de la clave respectiva implica aplicar al texto la técnica criptográfica que mediante la combinación de dos claves, la privada y la pública, permitirá al receptor comprobar la inalterabilidad del documento.

6. Contratos celebrados a distancia

Los "contratos celebrados a distancia" son aquellos concluidos entre un proveedor y un consumidor con el uso exclusivo de medios de comunicación a distancia, entendiéndose por tales los que pueden ser utilizados sin la presencia física simultánea de las partes contratantes. En especial, se consideran los medios postales, electrónicos, telecomunicaciones, así como los servicios de radio, televisión o prensa.

En el régimen del Código Civil y Comercial argentino, esta modalidad de contratación se halla sujeta a reglas y principios imperativos.

a) En líneas generales, una de las cuestiones más elementales en la tutela efectiva del consumidor en la contratación electrónica consiste en la información del proveedor sobre los medios electrónicos. En ese orden, si las partes se valen de técnicas de comunicación electrónica o similares para la celebración de un contrato de consumo a distancia, el proveedor *debe informar al consumidor*, además del contenido mínimo del contrato y la facultad de revocar, todos los datos necesarios para utilizar correctamente el medio elegido, para comprender los riesgos derivados de su empleo y para tener absolutamente claro quién asume esos riesgos.
b) Las ofertas de contratación por medios electrónicos o similares deben tener vigencia durante el período que fije el oferente o, en su defecto, durante todo el tiempo que permanezcan accesibles al destinatario. El oferente debe confirmar por vía electrónica y sin demora la llegada de la aceptación.
c) En los contratos celebrados distancia y con utilización de medios electrónicos o similares, se considera lugar de cumplimiento aquel en el que el consumidor recibió o debió recibir la prestación. Este

lugar fija la jurisdicción aplicable a los conflictos derivados del contrato. La cláusula de prórroga de jurisdicción se tiene por no escrita.

d) En los contratos celebrados a distancia, el consumidor tiene el derecho irrenunciable de *revocar la aceptación* dentro de los diez días computados a partir de la celebración del contrato. Si la aceptación es posterior a la entrega del bien, el plazo debe comenzar a correr desde que esta última se produce. Si el plazo vence en día inhábil, se prorroga hasta el primer día hábil siguiente. Las cláusulas, pactos o cualquier modalidad aceptada por el consumidor durante este período que tengan por resultado la imposibilidad de ejercer el derecho de revocación, se tienen por no escritos. Asimismo, el proveedor debe informar al consumidor sobre la facultad de revocación mediante su inclusión en caracteres destacados en todo documento que presenta al consumidor en la etapa de negociaciones o en el documento que instrumenta el contrato concluido, información que debe ser ubicada como disposición inmediatamente anterior a la firma del consumidor o usuario. El derecho de revocación no se extingue si el consumidor no ha sido informado debidamente sobre su derecho.

Por regla general, y excepto pacto en contrario, el derecho de revocar no es aplicable a los siguientes contratos: a.- los referidos a productos confeccionados conforme a las especificaciones suministradas por el consumidor o claramente personalizados o que, por su naturaleza, no pueden ser devueltos o puedan deteriorarse con rapidez; b.- los de suministro de grabaciones sonoras o de video, de discos y de programas informáticos que han sido decodificados por el consumidor, así como de ficheros informáticos, suministrados por vía electrónica, susceptibles de ser descargados o reproducidos con carácter inmediato para su uso permanente y c.- los de suministro de prensa diaria, publicaciones periódicas y revistas.

7. Los contratos inteligentes (*smart contracts*)[6]

Tradicionalmente, se considera que la declaración de voluntad emitida por medio de la computadora, aunque esté programada para actuar por

[6] Ruffolo, Ugo. *Intelligenza articiale e responsabilitá*. Milán: Giuffré, 2017, pág. 1 y ss.. Calo, Ryan. Robotics and the lessons of cyberlaw. *California Law Review*, June, 2015, pág. 514 y ss.

sí misma, no es un sujeto independiente. Tanto el hardware como el software cumplen una función instrumental.

Sin embargo, en los últimos tiempos, han comenzado a generarse los denominados *contratos inteligentes* que constituyen un fenómeno que aún se halla es una fase de evolución y expansión, contando, por el momento, con marcado protagonismo en el ámbito financiero.

En líneas generales, se alude con esta denominación a aquellos acuerdos productores de efectos jurídicos que tienen como característica esencial que son "autoejetutables", de un modo tal que la producción del contenido negocial no depende de la voluntad de las partes, sino que tiene lugar de manera autónoma, una vez que se dan las condiciones prestablecidas por aquellças [7].

Los "*smart contracts*" están, por lo tanto, en condiciones de gestionar, por sí mismos, el riesgo contractual, y pueden hacerlo, con una asimetría nunca antes conocida; no solo porque el proveedor conoce todo sobre lo que oferta, sino porque además conoce todo de su contratante, incluso –y este es el punto– paradojalmente, más de cuánto este sabe de sí mismo. Como es evidente, este fenómeno tiende a alterar las reglas habituales en materia de imputabilidad y responsabilidad contractual.

Estas circunstancias, entre otras, ha llevado recientemente al dictado de la Resolución del Parlamento Europeo, del 16 de febrero de 2017, con recomendaciones destinadas a la Comisión sobre normas de Derecho civil sobre robótica (2015/2103(INL)), en el sentido de que debido a las deficiencias del marco jurídico vigente en el ámbito de la responsabilidad contractual, ya que la existencia de máquinas concebidas para elegir a sus contrapartes, negociar cláusulas contractuales, celebrar contratos y decidir sobre su aplicación hace inaplicables las normas tradicionales; se hace necesario adoptar nuevas normas eficientes y actualizadas, acordes con los avances tecnológicos y las innovaciones recientemente aparecidas y utilizadas en el mercado.

8. Las nuevas tecnologías, el comercio electrónico y la manifestación de la voluntad en la contratación electrónica

El Código Civil y Comercial argentino consagra, en diferentes normas, una verdadera *apertura a las nuevas tecnologías*. Tal es el caso de la manifestación de la voluntad a través de medios electrónicos:

[7] Di Sabato, Daniela. Gli Smart contracts robot che gestiscono il rischio contrattuale. *Contratto e Impresa*, Cedam, Padova, 2017, pág. 378.

a) La expresión escrita puede tener lugar por instrumentos públicos, o por instrumentos particulares firmados o no firmados, excepto en los casos en que determinada instrumentación sea impuesta. Puede hacerse constar en cualquier soporte, siempre que su contenido sea representado con texto inteligible, aunque su lectura exija medios técnicos (art. 286, del CCyC).
b) Se regula lo atinente a la categoría de los instrumentos particulares no firmados que comprende todo escrito no firmado, entre otros, los impresos, los registros visuales o auditivos de cosas o hechos y, cualquiera que sea el medio empleado, los registros de la palabra y de información (art. 287, Cód. citado).
c) En materia de firma, se dispone que en los instrumentos generados por medios electrónicos, el requisito de la firma de una persona queda satisfecho si se utiliza una firma digital, que asegure indubitablemente la autoría e integridad del instrumento (art. 288, Cód. cit.).
d) Se regula, además, que la correspondencia, cualquiera sea el medio empleado para crearla o transmitirla, puede presentarse como prueba por el destinatario (art. 318, Cód. cit.).
e) Con relación a los instrumentos particulares, se establece que el valor probatorio debe ser apreciado por el juez, ponderando, entre otras pautas, la congruencia entre lo sucedido y narrado, la precisión y claridad técnica del texto, los usos y prácticas del tráfico, las relaciones precedentes y la confiabilidad de los soportes utilizados y de los procedimientos técnicos que se apliquen.
f) Se consagra una regla general conforme a la cual, siempre que en el Código o en leyes especiales se exija que el contrato conste por escrito, este requisito se debe entenderse satisfecho si el contrato con el consumidor o usuario contiene un soporte electrónico u otra tecnología similar (art. 1106, Cód. cit.).

9. Disposiciones de derecho internacional privado

Es menester señalar que, de acuerdo al art. 2651 del Cód. Civ. y Com. argentino, los contratos se rigen, en principio, por el derecho elegido por los contratantes. En defecto de elección por las partes, se aplica la ley del lugar de cumplimiento o, de no poder determinarse este, la del lugar de celebración del contrato (art. 2652, Cód. cit.).

En materia de *contrato de consumo*, las demandas que versen sobre relaciones de consumo pueden interponerse, a elección del consumidor, ante los jueces del lugar de celebración del contrato, del cumplimiento de la prestación del servicio, de la entrega de bienes, del cumplimiento de la obligación de garantía, del domicilio del demandado o del lugar donde el consumidor realiza actos necesarios para la celebración del contrato. También son competentes los jueces del Estado donde el demandado tiene sucursal, agencia o cualquier forma de representación comercial, cuando estas hayan intervenido en la celebración del contrato o cuando el demandado las haya mencionado a los efectos del cumplimiento de una garantía contractual.

La acción entablada contra el consumidor por la otra parte contratante sólo puede interponerse ante los jueces del Estado del domicilio del consumidor. En esta materia no se admite el acuerdo de elección de foro.

En cuanto al *derecho aplicable*, los contratos de consumo se rigen por el derecho del Estado del domicilio del consumidor en los siguientes casos:

a) Si la conclusión del contrato fue precedida de una oferta o de una publicidad o actividad realizada en el Estado del domicilio del consumidor y este ha cumplido en él los actos necesarios para la conclusión del contrato.
b) Si el proveedor ha recibido el pedido en el Estado del domicilio del consumidor.
c) Si el consumidor fue inducido por su proveedor a desplazarse a un Estado extranjero a los fines de efectuar en él su pedido.
d) Si los contratos de viaje, por un precio global, comprenden prestaciones combinadas de transporte y alojamiento.

En su defecto, los contratos de consumo se rigen por el derecho del país del lugar de cumplimiento. En caso de no poder determinarse el lugar de cumplimiento, el contrato se rige por el derecho del lugar de celebración.

10. Bibliografia

CALO, Ryan. Robotics and the lessons of cyberlaw. *California Law Review*, June, 2015, pág. 514 y ss.

DI SABATO, Daniela. Gli Smart contracts robot che gestiscono il rischio contrattuale. *Contratto e Impresa*, Cedam, Padova, 2017, pág. 378.

ETCHEVERRY, Raúl; ILLESCAS ORTIZ, Rafael. *Comercio electrónico. Estructura operativa y jurídica*. Buenos Aires: Hammurabi, 2010.

JAPAZE, María Belén. *Sobreendeudamiento del consumidor. Remedios preventivos y de saneamiento.* Tucumán: Bibliotex, 2017.

LORENZETTI, Ricardo L. *Comercio electrónico.* Buenos Aires: Abeledo-Perrot, 2001.

______. *Consumidores,* 2ª edición actualizada. Buenos Aires: Rubinzal-Culzoni, 2009;

______. *La oferta como apariencia y la aceptación basada en la confianza.* Buenos Aires: La Ley, 2000-D, pág. 1155 y ss.

______.*Comercio electrónico y defensa del consumidor.* Buenos Aires: La Ley, 2000-D, pág. 1003 y ss.

PARELLADA, Carlos A. El comercio electrónico. Perspectiva desde el derecho de consumo. *In:* PICASSO, Sebastián (director). *Ley de Defensa del Consumidor: Comentada y Anotada.* Vollumen 3. Buenos Aires: La Ley, 2009.

RUFFOLO, Ugo. *Intelligenza articiale e responsabilitá.* Milán: Giuffré, 2017, pág. 1 y ss.;

SAHIAN, José. *Dimensión constitucional de la tutela a los consumidores. Diálogo con los derechos humanos.* Buenos Aires: La Ley, 2017.

STIGLITZ, Gabriel A. Los principios del derecho del consumidor y los derechos fundamentales. *In:* STIGLITZ, Gabriel A.; HERNANDEZ, Carlos A. (directores). *Tratado de Derecho del Consumidor.* Volumen 1. Buenos Aires: La Ley, 2015, pág. 309 y ss.

WHITAKER, Reg. *The end of privacy.* New York Press, 1999.

CAPÍTULO 1
DESAFIOS À PROTEÇÃO DOS DADOS PESSOAIS SENSÍVEIS

A Proteção dos Dados Pessoais Sensíveis: Questões Jurídicas e Éticas

Cristina Godoy Bernardo de Oliveira
Rafael Meira Silva

Introdução

O tema referente à proteção de dados pessoais sensíveis pode ser abordado de diversas formas, sendo que optamos trabalhar com a questão conceitual e ética que circunda o assunto, para que se tenha uma visão geral dos desafios que serão enfrentados pelos juristas e aplicadores do direito.

Desse modo, em um instante inicial, será analisado o conceito de dado pessoal e, em seguida, de dado pessoal sensível. A definição será tratada da seguinte maneira: primeiramente, analisaremos como dado pessoal é conceituado pela Lei Geral de Proteção de Dados Pessoais (LGPD – Lei n. 13.709/18) e pelo Regulamento Geral sobre a Proteção de Dados (Regulamento (EU) 2016/679 do Parlamento Europeu e do Conselho).

Posteriormente, será analisada a diferença entre dado, informação, conhecimento e saber, pois, observou-se que a LGPD não diferenciou com precisão dado e informação. Além disso, será estudada a hipótese de combinação de dados pessoais não sensíveis que nos levam a informações sensíveis. Será exposto o porquê de não considerarmos que a combinação de dados pessoais não sensíveis integra o conceito de dados pessoais sensíveis.

Neste sentido, tornou-se relevante traçar um paralelo quanto às hipóteses de tratamento de dados pessoais e dados pessoais sensíveis, notando-se restrições mais rigorosas para os dados pessoais sensíveis, já que podem afetar de forma mais contundente as garantias e liberdades fundamentais. Não obstante o quadro comparativo concernente ao tratamento de dados pessoais não sensíveis e sensíveis seja esclarecedor, também se considerou importante mencionar as hipóteses de tratamento de dados pessoais sensíveis no Regulamento Geral sobre a Proteção de Dados da União Europeia (RGPD), sendo que os dados sensíveis são chamados de categorias especiais de dados. A relevância de se analisar os considerandos do RGPD deve-se ao fato de existirem explicações que poderão nos auxiliar na interpretação da LGPD, como, por exemplo, na hipótese das fotos, visto que a disciplina relativa a dados pessoais na lei pátria é muito semelhante à normativa europeia.

Por fim, cumpre-se mencionar que será exposta a relevância da proteção de dados para que a justiça seja efetivada, já que, sem a realização da liberdade, o direito não consegue atingir o seu principal objetivo: garantir que todos os cidadãos se autodeterminem. Dessa forma, será analisado, sob a óptica do idealismo germânico, como a ética relaciona-se à temática tratada no presente estudo, verificando-se a importância da preservação da privacidade dos indivíduos na era da informação.

1. Compreendendo o conceito de dados pessoais sensíveis

Ao se discutir questões conceituais, deve-se, primeiramente, analisar o que é dado pessoal e o que é dado pessoal sensível conforme a Lei n. 13.709/2018. Assim, cumpre-se analisar, detidamente, o artigo 5º da LGPD, o qual disciplina as definições que serão empregadas na Lei.

De acordo com o art. 5º, inc. I, da LGPD, dado pessoal refere-se *à "informação relacionada a pessoa natural identificada ou identificável"*. Já o art. 5º, inc. II, dispõe que os dados pessoais sensíveis correspondem aos "*dados pessoais concernentes à origem racial ou étnica, convicção religiosa, opinião pública, filiação a sindicato ou a organização de caráter religioso, filosófico ou político, dado referente à saúde ou à vida sexual, dado genético ou biométrico, quando vinculado a uma pessoa natural"*.

Ao se observar o texto do art. 5º, inc. II, da LGPD, nota-se que existe uma elevada semelhança à definição dada a categorias especiais de dados pessoais pelo Regulamento Geral de Proteção de Dados (RGPD) da EU, em seu art. 9º, inc. I: "*É proibido o tratamento de dados pessoais que revelem a origem racial ou étnica, as opiniões políticas, as convicções religiosas ou filosóficas, ou a filiação sindical, bem como o tratamento de dados genéticos, dados biométricos para identificar uma pessoa de forma inequívoca, dados relativos à saúde ou dados relativos à vida sexual ou orientação sexual de uma pessoa*".

Cumpre-se também mencionar que, de acordo com o texto do Considerando 30 da RGPD, as pessoas singulares poderão se associar a identificadores via eletrônica, fornecidos pelos aparelhos, aplicativos, ferramentas e protocolos (*v.g.*, IP), sendo que os identificadores poderão deixar lastros que, ao serem combinados com identificadores únicos e outras informações recebidas pelos servidores, poderão ser utilizados para a definição de perfis e a identificação de pessoas singulares.

Assim, conforme é possível verificar na exposição do Considerando 30, os dados pessoais não sensíveis poderão ser combinados a identificadores que permitirão levar a informações pessoais sensíveis de seus titulares. Exemplo desta combinação de dados pessoais não sensíveis com dados pessoais sensíveis[1]: prenomes, sobrenomes, lugar de nascimento, língua materna, dentre outros, que são dados pessoais não sensíveis, ao serem combinados, podem levar à identificação étnica do indivíduo, ou seja, a uma informação pessoal sensível. Desse modo, **é possível existir diversas combinações entre dados pessoais não sensíveis que levem a informações pessoais sensíveis, devendo-se ter cautela quanto ao tratamento fornecido a estes dados**.

Apesar de reconhecermos que existem diversas combinações de dados pessoais não sensíveis que possam nos levar a uma informação pessoal sensível, não concordamos com propostas que afirmam ser sensíveis "*todos os dados que permitem que se chegue, como resultado final, a informações sensíveis a respeito das pessoas*"[2].

Esta proposta de conceituação gera diversas confusões jurídicas em razão de não seguir a lógica de estruturação de um conceito, pois o conceito deve individualizar e determinar algo, permitindo a sua identificação, sendo que, na definição acima apresentada, não se determina o que é sensível, já que se deve recorrer ao art. 5º, inc. II, da LGPD para dar conteúdo ao que significa o termo "sensível". Assim, trata-se de uma proposta

[1] Bussche, Axel von dem; Voigt, Paul. *The EU General Data Protection Regulation (GDPR):* A practical Guide. New York: Springer, 2017. DOI 10.1007/978-3-319-57959-7_6.

[2] Frazão, Ana. Nova LGPD: o tratamento dos dados pessoais sensíveis. *JOTA*. Brasília, 26 set. 2018. Disponível em: https://www.jota.info/opiniao-e-analise/colunas/constituicao-empresa-e-mercado/nova-lgpd-o-tratamento-dos-dados-pessoais-sensiveis-26092018#sdfootnote2sym. Acesso em: 27 ago. 2019.

de equiparação da combinação de dados pessoais não sensíveis que levem a informações sensíveis a dados pessoais sensíveis. Dessa maneira, conforme a nossa análise, o conceito trazido pelo art. 5º, inc. II, da LGPD permanece intacto e pleno, não necessitando de definições complementares para se obter a integralidade da definição.

Cumpre-se destacar que a combinação de dados pessoais não sensíveis não leva a um dado pessoal sensível, mas a uma informação pessoal sensível, pois a informação exige a combinação de dados que são conectados por alguém para formar uma unidade de sentido. Desse modo, cumpre-se ressaltar que a Lei de Acesso à Informação (LAI), no seu art. 4º, inc. I, dispõe que informação corresponde a "*dados, processados ou não, que podem ser utilizados para produção e transmissão de conhecimento, contidos em qualquer meio, suporte ou formato*", ou seja, a informação é constituída por 2 ou mais dados. Assim, não é possível seguir a proposta de que os dados pessoais sensíveis são todos os dados que permitem que se chegue a informações sensíveis, já que se estaria confundindo dado com informação.

Tendo em vista o que fora acima articulado, deve-se salientar que a confusão entre dado e informação é verificável no art. 5º, inc. I, da LGPD, pois, neste citado artigo, assevera-se que dado pessoal é a "*informação relacionada a pessoa natural identificada ou identificável*", ou seja, dado é informação conforme mencionado dispositivo legal, gerando grande confusão terminológica. Assim, cumpre-se mencionar que dado pode ser conceituado como "*elemento de informação ou representação de fatos ou instruções, em forma apropriada para armazenamento, processamento ou transmissão por meios automáticos*"[3].

Desse modo, o legislador deveria ter conceituado dado pessoal como elemento de informação relacionada à pessoa natural identificada ou identificável. Se houvesse precisão no emprego do termo "dado", não haveria discussão quanto à cominação de dados pessoais não sensíveis levarem a dados pessoais sensíveis, visto que se saberia que a combinação de dados apenas pode gerar informações.

Neste sentido, nota-se que a LGPD não seguiu os conceitos trazidos pela LAI, não diferenciando o conceito de dado e informação como se observa que fora realizada a distinção de forma adequada na Lei nº 12.527 de 2011 (LAI). Consequentemente, considera-se que muitos problemas

[3] FERREIRA, A.B.H.; ANJOS, M.; FERREIRA, M.B. *Novo Aurélio, Século XXI:* o dicionário da língua portuguesa. 3ª ed. Rio de Janeiro: Nova Fronteira, 1999.

serão gerados, futuramente, em virtude da imprecisão nas definições trazidas pelo art. 5º da LGPD.

Neste diapasão, podemos afirmar que os dados são elementos de informação que são pesquisados, coletados, descobertos ou criados. A partir do processo de conexão, organização, articulação, os dados passam a formar a informação. Com a informação apresentada, constrói-se uma narrativa realizada em ambientes em que há diálogos entre indivíduos, formando-se o conhecimento. Com o conhecimento formado, é necessário entendê-lo a partir de um processo cognitivo individual, formando-se o saber por meio da avaliação, interpretação e reflexão[4].

Vejamos uma esquematização gráfica deste processo de formação do saber:

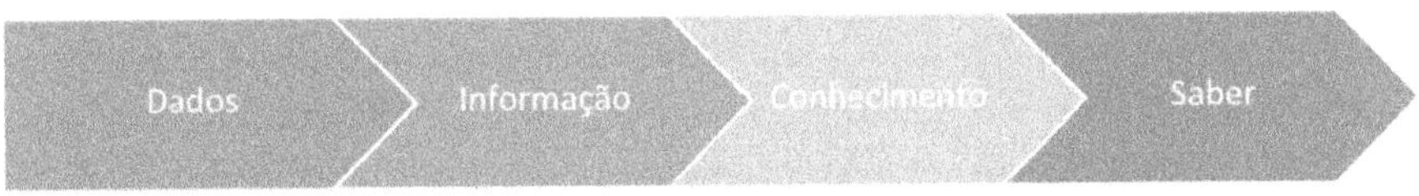

Dessa forma, pode-se entender que a informação corresponde ao *"significado que um ser humano atribui a dados, por meio de convenções usadas em sua representação"*[5], em outros dizeres, os dados apenas integram o mundo semântico ao se tornarem informação, sendo que é inviável falar em combinação de dados que levam a outros dados, pois a conexão entre diversos dados gera a informação, já que é necessário ligar os dados e fornecer um sentido ao conjunto deles.

Corroborando com a afirmação acima apresentada, cumpre-se lembrar que, para a teoria matemática da informação, a informação constitui-se como sendo *"a medida de uma possibilidade de escolha, na seleção de uma mensagem"*[6], ou seja, existem diversas possibilidades de se realizar as combinações de dados, devendo-se existir uma escolha, para que a mensagem seja formada, logo, não é possível verificar todas as possibilidades de conexões de dados não sensíveis para se formar uma informação sensível, devendo-se analisar a conduta no caso concreto, já que a tentativa de coibi-la, abstratamente, geraria um impacto negativo ao princípio da transparência,

[4] SHEDROFF, Nathan. *Information Interaction Design:* a Unified Field Theory. [*S.l.: s.n.*], *1994.* Disponível em: http://www.nomads.usp.br/documentos/textos/design_ interfaces_computacionais/info_interac_design_unified_nathan.pdf. Acesso em: 26 ago. 2019.

[5] RABAÇA, C. A.; BARBOSA, G. *Dicionário de comunicação.* 2ª ed. São Paulo: Ática, 1995.

[6] Ibidem.

visto que os dados a serem disponibilizados pelos entes privado e estatais seriam limitados para se evitar a responsabilidade decorrente do risco de se fornecer tratamento inadequado aos dados pessoais.

Em razão do que fora acima mencionado, nota-se que se deve possuir cautela ao se analisar o sentido de dado pessoal, pois não é sinônimo de informação. Além disso, deve-se ressaltar que a combinação de dados forma a informação, mas não levam a um dado sensível.

Por fim, necessário analisar as questões concernentes ao tratamento de dados sensíveis, sendo que se deve recorrer ao bom senso e à boa-fé em casos de combinações de dados não sensíveis que ocasionem a identificação de informações sensíveis para avaliar as condutas praticadas. Desse modo, o conceito de dados sensíveis apresentado no art. 5º, inc. II, da LGPD deve ser analisado para avaliar dados individualizados, verificando-se a existência de violação do exercício de atividade de tratamento de dados pessoais sensíveis. Já a combinação de dados pessoais não sensíveis que levem a informações sensíveis, deve ser avaliada no contexto em que ocorreu, pois não é possível prever todas as possibilidades de combinações de dados pessoais não sensíveis, logo, nesta hipótese de combinação de dados, será necessário aguardar a construção jurisprudencial que avaliará o caso concreto. Vejamos, no próximo tópico, a questão do tratamento de dados pessoais.

2. Tratamento de Dados Pessoais Sensíveis

Devido à semelhança de definição de dado pessoal sensível entre a LGPD e a RGPD, cumpre-se mencionar alguns Considerandos do RGPD da União Europeia (51, 52, 53 e 54), que nos auxiliarão quanto à interpretação do art. 11, inc. II, da LGPD:

a) Considerando 51: ***A proteção para dados pessoais sensíveis deve ser específica, já que o cenário de tratamento destes dados poderá acarretar riscos substanciais aos direitos e liberdades fundamentais***. Assim, deverão ser integrados ao conceito de ***dados pessoais sensíveis aqueles que revelem a origem racial ou étnica,*** embora ***a União Europeia não aceite teorias que visam a determinar a diferença entre raças***. O tratamento de fotografias apenas ***deverá receber uma proteção específica ao serem processadas por meios técnicos que ocasionem a inequívoca identificação ou autenticação dos indivíduos***. Além disso, ***as derrogações*** à proibição de tratamento de categorias especiais de dados pessoais ***devem ser explícitas***, *v.g.*, tratamento realizados por associações ou fundações, as quais exerçam atividades legítimas, que visem a permitir o exercício das liberdades fundamentais.

b) Considerando 52: Na hipótese tratada no considerando 52, nota-se a preocupação com ***derrogações realizadas pelos Estados-Membros e pela União Europeia visando a defender interesses públicos, notadamente, de natureza sanitária***. Desse modo, as derrogações à proibição de tratamento de dados pessoais sensíveis deverão ser previstas no direito da União Europeia ou dos Estados-Membros quando a finalidade for a proteção do interesse público, principalmente, em matéria de direito trabalhista, de seguridade social, de saúde (prevenção ou controle de doenças transmissíveis ou outras ameaças à saúde). Além disso, essas derrogações poderão ocorrer para ocasionar aprimoramento e aumento da eficiência de políticas públicas sanitárias. A derrogação também poderá ocorrer quando for necessária para a declaração, o exercício ou a defesa de um direito, independentemente, de se tratar de processo judicial, extrajudicial ou administrativo. Por fim, também será possível a derrogação, para investigações científicas, históricas ou estatísticas.

c) Considerando 53: ***As categorias especiais de dados pessoais devem receber proteção mais elevada, sendo que os dados pessoais relativos à saúde possuem necessidades específicas, sendo que o tratamento dado deve levar em conta as suas características***. Assim, o tratamento a ser fornecido a dados pessoais sensíveis na área de saúde deve ser compatível com as finalidades sanitárias, verificando-se os interesses de pessoais singulares e da sociedade como um todo.

d) Considerando 54: O tratamento de dados pessoais sensíveis na área de saúde poderá ser necessário para atender aos interesses públicos; dispensando-se, por consequência, o consentimento do titular. Além disso, ressalta-se que a ***atividade de tratamento de dados sensíveis na área de saúde em razão do interesse público predominante não poderá resultar no tratamento de tais dados para outras finalidades por terceiros, como companhias de seguros, entidades bancárias, etc.***

No art. 11 da LGPD, pode-se verificar um tratamento semelhante aos dados pessoais sensíveis dados pelo RGPD. Desse modo, cumpre-se mencionar que existem algumas semelhanças e diferenças entre as hipóteses de tratamento de dados pessoais e de dados pessoais sensíveis, sendo que, nesta última, há mais restrições devido à necessidade de efetiva proteção dos direitos fundamentais e da liberdade dos indivíduos.

Vejamos no quadro comparativo abaixo as hipóteses de tratamento de dados pessoais e de dados pessoais sensíveis na LGPD:

Tratamento de dados pessoais	**Tratamento de dados pessoais sensíveis**
(Art.7º, inc. I) consentimento do titular	(art. 11, inc.I) consentimento do titular, **de maneira específica e destacada, para finalidades específicas.**
(art. 7º, inc. II) cumprimento de obrigação legal ou regulatória pelo controlador.	(art. 11, inc. II, *a*) cumprimento de obrigação legal ou regulatória pelo controlador.
(Art. 7º, inc. III) tratamento e uso compartilhado de dados, pela administração pública, necessários à execução de políticas públicas previstas em leis e regulamentos ou respaldadas em contratos, convênios ou instrumentos congêneres, observadas as disposições do Capítulo IV da LGPD.	(Art. 11, inc. II, *b*) tratamento compartilhado de dados necessários à execução, pela administração pública, de políticas públicas previstas em leis ou regulamentos.
(Art. 7º, IV) realização de estudos por órgão de pesquisa, garantida a anonimização dos dados pessoais sempre que possível.	(Art. 11, inc. II, *c*) realização de estudos por órgão de pesquisa, garantida a anonimização dos dados pessoais sensíveis sempre que possível.
(Art. 7º, inc. V) execução de contrato ou de procedimentos preliminares relacionados a contrato do qual seja parte o titular, o pedido do titular dos dados.	Não existe correspondente.
(Art. 7º, inc. VI) exercício regular de direitos em processo judicial, administrativo ou arbitral, sendo este último nos termos da Lei de Arbitragem (Lei 9.307/96)	(Art. 11, inc. II, *d*) exercício regular de direitos, inclusive em contrato e em processo judicial, administrativo e arbitral, este último nos termos da Lei de Arbitragem (Lei 9.307/96).
(art. 7º, inc. VII) proteção da vida ou da incolumidade física do titular ou de terceiro.	(Art. 11, inc. II, *e*) proteção da vida ou da incolumidade física ou de terceiro.
(Art. 7º, inc. VIII) tutela da saúde, em procedimento realizado por profissionais da área de saúde ou por entidades sanitárias.	(Art. 11, inc. II, *f*) tutela da saúde, em procedimento realizado por profissionais da área da saúde ou por entidades sanitárias.
(Art. 7º, inc. IX) necessidade de atender aos interesses legítimos do controlador ou de terceiro, exceto no caso de prevalecerem direitos e liberdades fundamentais do titular que exijam a proteção dos dados pessoais.	Não há correspondência.

(Art. 7º, inc. X) proteção de crédito, inclusive quanto ao disposto na legislação pertinente.	Não há correspondente.
Não há correspondência, embora esta hipótese específica do art. 11, inc. II, *g* possa ser abarcada pelo art. 7º, inc. IX.	(art.11, inc.II, *g*) Garantia da prevenção à fraude e à segurança do titular, nos processos de identificação e autenticação de cadastro em sistemas eletrônicos, resguardados os direitos mencionados no art. 9º da LGPD e exceto nos casos de prevalência de direitos e liberdades fundamentais do titular que exijam a proteção de dados pessoais.

Desse modo, verifica-se que há muitas semelhanças quanto às hipóteses de tratamento de dados pessoais e de dados pessoais sensíveis. Nota-se que, devido à natureza dos dados, os dados pessoais sensíveis do titular são protegidos com maior rigor e cautela. Além disso, pode-se também notar que não há a previsão da hipótese de tratamento em razão de interesse legítimo do controlador no caso de dados pessoais sensíveis, uma vez que se deve destacar o interesse do titular do dado.

Por fim, para se compreender a maior restrição prevista na LGPD no que se refere ao tratamento de dados pessoais sensíveis, é importante analisar questões éticas quanto aos dados capazes de identificar o indivíduo. Assim, para compreender a lógica da LGPD, torna-se necessário estudar as questões éticas e morais que circundam a proteção de dados.

3. Questões éticas para a proteção de dados pessoais

Neste tópico, serão apresentadas, brevemente, algumas reflexões, sob a perspectiva do idealismo germânico, quanto à necessidade de se compreender os riscos gerados pela ausência de privacidade dos indivíduos, sendo que é necessário esclarecer o que está em jogo neste ambiente de comércio de dados pessoais, para guiar os intérpretes da LGPD quanto ao que se refere à finalidade da lei.

Primeiramente, para analisarmos, filosoficamente, as questões éticas que circundam a proteção de dados, deve-se analisar, em um primeiro instante, o porquê de ser necessário elaborar uma Lei para a proteção de dados[7]:

[7] Hoven, Jeroen van den. Information technology, privacy, and the protection of personal data. *In*: *Information Technology and Moral Philosophy*. Cambridge: Cambridge, 2008.

a) **Prevenção de danos**: o acesso irrestrito a dados particulares, características, senhas etc de indivíduos pode gerar variados e ilimitados prejuízos ao titular dos dados violados, já que existem diversas formas de utilizá-los de forma danosa;
b) **Enfrentamento da desigualdade informacional**: Tendo em vista que os dados, cada vez mais, são considerados bens lucrativos transacionáveis; torna-se necessário viabilizar aos indivíduos instrumentos para poderem negociar contratos que envolvam o fornecimento de dados pessoais. Em via de regras, as pessoas não possuem muita flexibilidade para negociar os termos do contrato no ambiente eletrônico; portanto, torna-se relevante que o Estado regule e discipline referida matéria, estabelecendo normas que deixem o indivíduo em uma melhor posição no contrato;
c) **Evitar injustiças e discriminações decorrentes das informações geradas pelos dados**: muitas vezes, dados pessoais sensíveis fornecidos em um contexto que visa a ajudar o indivíduo a receber o melhor tratamento médico, por exemplo, podem ser empregados por seguradoras para estipular o valor dos prêmios; ocasionando, por conseguinte, discriminações e injustiças. Desse modo, a proteção de dados pessoais sensíveis configura-se como, extremamente, relevante para proteger o princípio da igualdade e da liberdade;
d) **Garantir a autonomia dos indivíduos**: A redução da privacidade pode tornar o indivíduo suscetível a influências externas que podem reduzir ou anular a autonomia em decidir desde questões banais até determinantes à vida dos titulares dos dados.

Em virtude do que fora acima articulado, pode-se notar que a autodeterminação dos indivíduos pode ser afetada ao se perder a privacidade de dados pessoais. Se utilizarmos os ensinamentos gerais do idealismo germânico absoluto[8], visualiza-se que a ausência de capacidade de se autodeterminar gera a perda da liberdade do indivíduo, logo, a sua cidadania. Assim, cumpre ao Estado regular a sociedade civil, que é o cenário de atividades voltadas ao interesse particular, para que as pessoas não sejam aprisionadas na sociedade civil, sem participar do espaço público, onde a

[8] HEGEL, G.W.F. *Princípios da Filosofia do Direito*. 2ª ed. São Paulo: Martins Fontes, 1997.

sua liberdade será efetivada na integralidade e a sua consciência realizar-se-á em-si e para-si.

Desse modo, proteger a privacidade dos indivíduos não se refere a apenas resguardar a personalidade das pessoas, mas garantir a liberdade dos cidadãos. Se as decisões dos indivíduos forem influenciadas por entidades privadas da sociedade civil, o Estado, em termos hegelianos, morrerá e o direito não representará a luta de um povo pelo reconhecimento de todos por todos[9].

No Estado, há a presença de indivíduos (consciência em-si), pessoas (consciência para-si em formação, iniciando relações contratuais) e cidadãos (consciência em-si e para-si em sua completude), se eliminarmos a liberdade dos cidadãos, estes serão apenas indivíduos e pessoas convivendo em uma sociedade civil, com capacidade limitada de autodeterminação. Dessa forma, não haverá a realização da ética neste instante, pois as ações são voltadas aos interesses individuais. Consequentemente, nós retornaremos, ao que é chamado na *Fenomenologia do Espírito*, de luta pelo reconhecimento entre Senhor e Escravo[10]. Na ausência de cidadãos, não há igualdade concreta entre os indivíduos, logo, não existe um ambiente em que as ações são livres para que possam ser consideradas éticas.

Neste sentido, na ausência de autodeterminação dos indivíduos, no máximo, verificaremos condutas morais, mas não éticas. As condutas podem ser avaliadas por juízo de valor que possui natureza subjetiva em um espaço em que prevalece os interesses individuais. Por outro lado, em um espaço público, as condutas podem ser éticas ou não, pois se analisa as ações segundo o interesse público principal: o bem comum.

Em suma, torna-se relevante destacar a importância da LGPD para proteger a privacidade dos indivíduos, pois, em um ambiente em que os dados pessoais configuram-se como uma *commodity*, combinar a ausência de privacidade do cidadão com a comercialização de dados pessoais não-sensíveis ou sensíveis gerará, cada vez mais, a perda de autodeterminação dos indivíduos, logo, de sua liberdade, não se efetivando, consequentemente, a justiça. Assim, a atuação do Poder Legislativo visando a regular a questão concernente à proteção de dados demonstra a atuação estatal voltada a garantir aos cidadãos a liberdade em um Estado Democrático de Direito.

[9] Ibidem.

[10] HEGEL, G.W.F. *Fenomenologia do Espírito*. 5ª ed. Rio de Janeiro: Vozes, 2008.

Conclusões

A proteção de dados pessoais sensíveis é um assunto instigante e possui diversos desdobramentos jurídicos e éticos. Dessa forma, buscou-se fornecer uma análise voltada à compreensão do conceito de dados pessoais sensíveis no âmbito da teoria da informação. Além disso, considerou-se relevante apontar a forma como a LGPD empregou o termo dado como sinônimo de informação.

Neste sentido, tornou-se relevante verificar as hipóteses de tratamento de dados pessoais não sensíveis e sensíveis na LGPD, notando-se que as restrições são mais elevadas para os dados pessoais sensíveis, uma vez que o emprego incorreto destes dados impacta de forma negativa nas garantias e liberdades fundamentais. Consequentemente, devido à proximidade entre a LGPD e o RGPD, apresentou-se os considerandos que disciplinam as categorias especiais de dados, porque serão relevantes para compreendermos melhor as questões que poderão ser levantadas quanto às hipóteses de tratamento de dados pessoais sensíveis.

No último instante, apontou-se a relevância de uma regulação estatal referente à proteção de dados para que os cidadãos preservem o seu direito de se autodeterminarem. Desse modo, analisou-se como a violação da privacidade impacta na efetivação da justiça, do direito e da liberdade.

Em suma, constata-se que a LGPD chegou em um momento oportuno, sendo que o RGPD auxiliará, em um primeiro instante, para se verificar as questões que surgiram no mundo do ser. Por outro lado, deve-se lembrar que cada Estado possui sua trajetória histórica, sendo que haverá especificidades típicas do Brasil que deverão ser analisadas sob a óptica pátria. Assim, a compreensão do que se constitui como conduta ética no que se refere ao tratamento de dados pessoais é relevante para que a Lei Geral de Proteção de Dados alcance o seu principal objetivo: a efetivação da justiça por meio da proteção de direitos e garantias fundamentais.

Referências

BUSSCHE, Axel von dem; VOIGT, Paul. *The EU General Data Protection Regulation (GDPR):* A practical Guide. New York: Springer, 2017. DOI 10.1007/978-3-319-57959-7_6.

FERREIRA, A.B.H.; ANJOS, M.; FERREIRA, M.B. *Novo Aurélio, Século XXI:* o dicionário da língua portuguesa. 3ª ed. Rio de Janeiro: Nova Fronteira, 1999.

FRAZÃO, Ana. Nova LGPD: o tratamento dos dados pessoais sensíveis. *JOTA*. Brasília, 26 set. 2018. Disponível em: https://www.jota.info/opiniao-e-analise/colunas/constituicao-empresa-e-mercado/nova-lgpd-o-tratamento-dos-dados-pessoais-sensiveis-26092018#sdfootnote2sym. Acesso em: 27 ago. 2019.

HEGEL, G.W.F. *Fenomenologia do Espírito.* 5ª ed. Rio de Janeiro: Vozes, 2008.

HEGEL, G.W.F. *Princípios da Filosofia do Direito.* 2ª ed. São Paulo: Martins Fontes, 1997.

HOVEN, Jeroen van den. Information technology, privacy, and the protection of personal data. *In*: *Information Technology and Moral Philosophy*. Cambridge: Cambridge, 2008.

RABAÇA, C. A.; BARBOSA, G. *Dicionário de comunicação.* 2ª ed. São Paulo: Ática, 1995.

SHEDROFF, Nathan. *Information Interaction Design:* a Unified Field Theory. [*S.l.: s.n.*], *1994.* Disponível em: http://www.nomads.usp.br/documentos/textos/design_ interfaces_computacionais/info_interac_design_unified_nathan.pdf. Acesso em: 26 ago. 2019.

Direito à Proteção de Dados Genéticos e a Lei Geral de Dados Pessoais

Marta Rodrigues Maffeis

Introdução

Os crescentes avanços tecnológicos e científicos trouxeram à humanidade vasto debate jurídico e ético relacionado ao mapeamento genético, à terapia genética e, especificamente, ao armazenamento desses dados, tema esse de grande importância, por recair sobre os Direitos da Personalidade, principalmente no que tange à privacidade, intimidade, vida privada, honra e imagem das pessoas[1].

São inegáveis os avanços trazidos pela promulgação e divulgação dos dados genéticos obtidos do *Projeto Genoma Humano*, tanto para a comunidade científica quanto para a sociedade em geral. Os impactos sociais, econômicos e jurídicos têm reflexo na mobilização dos países em regulamentar sobre os dados genéticos e todas as implicações que as descobertas do genoma humano ocasionaram[2].

No caso do Brasil, em vista de melhor regular o tema, a Lei Geral de Proteção de Dados Pessoais (LGPD) incluiu disposições sobre os dados genéticos em seu art. 5º, Inc. II, que trata dos dados pessoais sensíveis.

[1] Gediel, José Antônio Peres. A Declaração Universal sobre o Genoma e Direitos Humanos: um novo modelo jurídico para a natureza? *Revista da Faculdade de Direito da Universidade Federal do Paraná*, Porto Alegre, v. 34, p. 51-58, 2000. Disponível em: <https://www.revistas.ufpr.br/direito/article/view/1829/1525>. Acesso em: 30 janeiro 2020.

[2] Echterhoff, Gisele. *Direito à Privacidade dos Dados Genéticos*. Dissertação em Direito. Pontifícia Universidade Católica do Paraná, 2007, p. 186.

Dessa maneira, a LGPD cumpre com o que dispõem as garantias constitucionais, em relação à proteção da dignidade da pessoa humana e à proteção quanto dos direitos da privacidade, intimidade, honra, vida privada e imagem.

Para isso, o presente artigo cumpre estudo salutar quanto a comparação do diploma legal europeu com o nacional frente a toda plêiade conceitual referente aos direitos da personalidade, aos conceitos genéticos inerentes ao processamento e armazenamento de dados tendo em vista à promulgação da LGPD.

1. Projeto Genoma Humano

1.1. A inovação genética

Os avanços biotecnológicos referentes à genética saltaram aos olhos da comunidade científica, sobretudo, com a descoberta da estrutura molecular do ácido desoxirribonucléico (DNA e sua dupla hélice) por James Watson e Francis Crick, em 1953. Esse é início, de acordo com Barchifontaine, da utilização, pela Engenharia Genética, de biotecnologias para a recombinação gênica[3].

Em decorrência dos avanços tecnológicos e genéticos após a descoberta da estrutura do DNA, desde meados da década de 1980 surgem os termos "sequenciamento" e "mapeamento" do genoma humano[4]. Sendo assim, os EUA foram os pioneiros em cunharem o termo *Projeto Genoma Humano* (PGH) no Departamento de Energia (DOE) e nos *National Institutes of Health* (NIH), entretanto, o projeto obteve grande apoio de agências internacionais que também sistematizaram estudos em esteio aos EUA para a divulgação do PGH[5].

Desta maneira, o Projeto Genoma Humano teve início na década de 1990 e a divulgação de sua conclusão deu-se em 26 de junho de 2000, percurso esse longo, pois havia à época empresas privadas ambicionando a patente da descoberta. Contudo, os financiamentos públicos aumenta-

[3] BARCHIFONTAINE, Christian de Paul. *Bioética e Início da Vida:* alguns desafios. São Paulo: Ideias e Letras, 2004.

[4] ECHTERHOFF, Gisele. *Direito à Privacidade dos Dados Genéticos. Op. Cit.*, p. 186.

[5] NATIONAL HUMAN GENOME INSTITUTE. Human genome project timeline. *National Human Genome Institute.* Disponível em: <https://www.genome.gov/human-genome-project/Timeline-of-Events>. Acesso em: 29 agosto 2019.

ram e já em 1999, o PGH divulgou a decodificação do primeiro cromossomo humano[6].

Dentre os objetivos iniciais do PGH estavam os de identificar os genes humanos, determinar os 3,2 bilhões de pares de bases nucleotídicas dos humanos, armazenar as informações em bancos de dados, desenvolver ferramentas de análises desses dados e colocar em debate os problemas éticos, sociais e legais advindos com a descoberta.

Os estudos oriundos do *Projeto Genoma Humano*, portanto, trouxeram novas discussões sobre um processo de conhecimento indefinido que extrapola a área biológica, adentrando em setores éticos, jurídicos, políticos e sociais, pois são debates profundos que permitem análises microbiológicas de nossa existência.

1.2. Benefícios e problemas advindos do conhecimento genético

Tendo como premissa que a genética compreende o estudo das transferências de características físicas e biológicas para as gerações futuras e, admitindo que pode haver erros nessa transmissão gênica, os estudos em medicina preventiva tendem a avançar de maneira salutar para o tratamento e prevenção de doenças hereditárias, autoimunes e também virais, estas, por exemplo, através do descobrimento da CRISPR-Cas9[7].

A engenharia genética é uma realidade em nossa sociedade. Contudo, ainda assim, há necessidade de maior fomento à pesquisa na área, sobretudo para informar as pessoas que se submetem a essa técnica sobre a atuação do conhecimento genético na população. Devendo-se considerar como a sociedade receberá essas informações em geral[8].

[6] NATIONAL HUMAN GENOME INSTITUTE. What is the human genome project? *National Human Genome Institute*. Disponível em: <https://www.genome.gov/human-genome-project/What>. Acesso em: 29 agosto 2019.

[7] "CRISPR es una curiosa región del ADN de algunas bacterias que actúa como un mecanismo inmunitario frente a los virus [...] Uno de ellos, que recibe el nombre de Cas9, es un enzima que actúa como un "escalpelo genético" (también ha recibido los nombres de "tijeras moleculares" o "enzima quirúrgico"), que corta y pega desde bases de nucleótidos hasta fragmentos de ADN con absoluta precisión."
CAPELLA, Vicente Bellver. *La revolución de la edición genética mediante CRISPR-Cas9 y los desafíos éticos y regulatorios que comporta*. Cuadernos de Bioética XXVII 2016/2ª. Disponível em: <http://www.redalyc.org/pdf/875/87546953009.pdf>. Acesso em: 29 agosto 2019.

[8] "Given that genomic technology is here to stay and is increasing its foothold across the whole of society, we need to be mindful of taking stock and reviewing what sort of society

Além disso, a biotecnologia gênica tende a melhorar os estudos de patógenos ambientais no controle de substâncias químicas e tóxicas, ganhos na atuação mais eficiente de agentes combativos às substâncias nocivas, aplicações forenses – como exemplo à aplicação forense tem-se a criação de banco de dados genéticos para fins criminais – e nos estudos relacionados à diversidade humana[9].

Sendo os avanços biotecnológicos apresentados como fatores predeterminantes para a qualidade de vida humana, e buscando a diminuição do sofrimento causado por doenças genéticas, iniciam-se os entraves, jurídicos sobre a disposição das informações e implicações sobre a utilização dessa biotecnologia de maneira ética e legal.

Entretanto, o fator primordial é a proteção dessas informações. Ponto sensível ao debate, refere-se à natureza dos dados genéticos, sendo que *a Declaração Universal do Genoma Humano e dos Direitos Humanos*, de 1997, consagra os genes humanos como sendo patrimônio comum da humanidade[10].

Nesse sentido, esse Diploma Internacional, ao afirmar em seu art. 1º que *"O genoma humano está na base da unidade fundamental de todos os membros da família humana, bem como no reconhecimento de sua dignidade e diversidade inerentes. Em um sentido simbólico, é a herança da humanidade"* [11], relaciona o

we want to live in. There needs to be more psychosocial research to understand the attitudes, values and opinions people have about the use and application of genomics. Without this we are in danger of the technology being prescriptive of how society should function, instead of the other way around. This can happen when technological advances lead to what can be done being conflated with what should be done. For example, with prenatal screening programs there is evidence that as new technologies become routinized they have driven medical practice. This happens when the 'normal' thing to do has become conflated with the 'right' thing to do. Scholars writing from a disability rights perspective have noted that this may subvert the wishes of patients who may not want screening. In a medical setting – where there are complex power dynamics in play – patients may not feel empowered to state a preference that goes against what is construed as 'normal' and therefore 'right'."
ROBERTS, Jonathan; MIDDLETON, Anna. Genetics in the 21st Century: Implications for patients, consumers and citizens. Version 2. Peer Review: 4 approved. *F1000Research*, n. 6, 2020. Disponível em: <https://f1000research.com/articles/6-2020/v2>. Acesso em: 30 janeiro 2020.

[9] CORRÊA, Marilena V. O Admirável Projeto Genoma Humano. *Physis*, Revista de Saúde Coletiva, dez. 2002, vol. 12, n. 2, pp. 277-299. Disponível em: <http://www.scielo.br/pdf/physis/v12n2/a06v12n2.pdf>. Acesso em: 29 agosto 2019.

[10] UNESCO. *The Universal Declaration on the Human Genome and the Human Rights.* Disponível em: <https://unesdoc.unesco.org/ark:/48223/pf0000122990_por>. Acesso em: 30 agosto 2019.

[11] "The human genome underlies the fundamental unity of all members of the human family, as well as the recognition of their inherent dignity and diversity. In a symbolic sense, it is

código genético humano a uma lógica de comunidade, ou seja, à disposição pública[12].

Observa Gediel[13] que a Declaração relaciona o código genético à uma disposição pública. Porém, os dados genéticos têm relação direta e intrínseca com os direitos da personalidade, pois são oriundos de aspectos individuais do ser humano.

Desse modo, o art. 1º do referido diploma internacional não pode ser considerado de forma isolada, mas sim em seu contexto, sobretudo dos art. 5º ao 9º, que regulamente os direitos da pessoas interessadas.

Sendo assim, toda e qualquer pesquisa ou qualquer outro objetivo com os dados genéticos precisa ter respaldo em lei, o que é disposto no art. 7º da Declaração. Aplica-se na utilização dos dados genéticos, o princípio da confidencialidade, o qual espécie do gênero privacidade, isto é, cabe ao consentimento da pessoa, ou de quem ele orientar, e a sua relação com quem possui os dados genéticos o poder e o direito de determinar os objetivos e fins dessa informação genética[14].

Ainda em relação à proteção dos dados genéticos e o conflito ou não com os direitos da personalidade, é sumariamente considerável que em relação à proteção desses dados, os direitos da privacidade deixam de ter em seu âmago a natureza negativa, ou seja, a que se relaciona com a capacidade da pessoa de estar só. A natureza que assume é a positiva, que é a capacidade da pessoa ter controle de seus dados e, sendo assim, consentir em utilizá-los em variados objetivos ou não, retificá-los e deixá-los utilizar como fonte de pesquisa.[15]

the heritage of humanity." UNESCO. *The Universal Declaration on the Human Genome and the Human Rights*. Disponível em: <https://unesdoc.unesco.org/ark:/48223/pf0000122990_por>. Acesso em: 30 janeiro 2020.

[12] GEDIEL, José Antônio Peres. A Declaração Universal sobre o Genoma e Direitos Humanos: um novo modelo jurídico para a natureza? *Revista da Faculdade de Direito da Universidade Federal do Paraná*, Porto Alegre, v. 34, 2000, pp. 51-58. Disponível em: <https://www.revistas.ufpr.br/direito/article/view/1829/1525>. Acesso em: 30 janeiro 2020.

[13] ECHTERHOFF, Gisele. *Direito à Privacidade dos Dados Genéticos*. Dissertação em Direito. Pontifícia Universidade Católica do Paraná, 2007.

[14] Ibidem.

[15] DONEDA, Danilo. Os direitos da personalidade no novo código civil. *In:* TEPEDINO, Gustavo. (Coord.). *A parte geral do novo código civil:* estudos na perspectiva civil-constitucional. Rio de Janeiro: Renovar, 2002.

Insta salientar, a preocupação mundial em torno da proteção às informações de dados genéticos. Nos EUA, o histórico dos mais importantes diplomas legais com cláusulas protetoras ao escopo genético remonta a 1996 com a promulgação do *Health Insurance Portability and Accountability Act (HIPAA) – Privacy Rule*[16], e a 2008, com a promulgação da *Lei de Não Discriminação Genética* (GINA)[17]. Já no contexto da União Europeia, tem-se o recente *Regulamento Geral de Proteção de Dados*[18]. No Brasil, a Lei nº 13.709, de 14 de agosto de 2018, que dispõe sobre a proteção de dados pessoais.

2. Direito à privacidade

2.1. Direitos da personalidade

Para inferir a atribuição dos dados genéticos aos dados pessoais sensíveis, concernente ao que dispõe o art. 5º, inciso II, da LGPD, faz-se mister a análise dos direitos da personalidade, resguardados em nosso Código Civil, do art. 11º ao 21º.

Capelo de Souza sustenta que os direitos da personalidade englobam todos os elementos, características e expressões humanas concernentes às unidades físicas, psíquicas e ambientais dos indivíduos e, ainda, atribuindo a outrem a responsabilidade de quaisquer atos que atentem ou ameacem a ofender a personalidade alheia[19].

Esses direitos possuem como características fundamentais a *essencialidade*, atinente aos bens mais íntimos de seu titular, ou seja, suas qualidades; a *pessoalidade*, pois são direitos que caracterizam as pessoas, possuem elementos de individualização; a *irrenunciabilidade* e a *intransmissibilidade*,

[16] Clayton, Elle Wright *et. al.* The law of genetic privacy: applications, implications, and limitations. *Journal of Law and the Biosciences*, maio 2019, pp. 01-36. Disponível em: <https://academic.oup.com/jlb/advance-article/doi/10.1093/jlb/lsz007/5489401>. Acesso em: 30 agosto 2019.

[17] EUA. *Genetic Information Nondiscrimination Act.* Disponível em: <https://www.congress.gov/bill/110th-congress/house-bill/493>. Acesso em: 30 agosto 2019.

[18] UNIÃO EUROPEIA. Regulamento (EU) 2016/679 do Parlamento Europeu e do Conselho, de 27 de abril de 2016, relativo à proteção das pessoas singulares no que diz respeito ao tratamento de dados pessoais e à livre circulação desses dados e que revoga a Diretiva 95/46/CE (Regulamento Geral sobre a Proteção de Dados). *Jornal Oficial da União Europeia*, 04 de maio de 2016. Disponível em: <https://eur-lex.europa.eu/legal-content/PT/TXT/HTML/?uri=CELEX:32016R0679&from=PT#d1e8250-1-1>. Acesso em: 30 agosto 2019.

[19] Souza, Rabindranath Valentino Aleixo Capelo de. *O direito geral da personalidade.* Coimbra: Ed. Coimbra, 1995, pp. 93-94.

como são direitos garantidores da personalidade do humano, não há possibilidade de dispô-los, seja a título gratuito ou oneroso e, da mesma forma, não há como renunciá-los, pois ínsitos à natureza humana, como disposto no art. 11 do Código Civil de 2002 são *absolutos*, pois possuem característica *erga omnes; extrapatrimoniais*, insusceptibilidade de apreciação econômica destes direitos; possuem a *imprescritibilidade*, ou seja, os direitos da personalidade não se extinguem pelo uso e pelo decurso do tempo, muito menos pela inércia na pretensão de defendê-lo.

Dessa forma, conforme afirma Adriano de Cupis, os direitos da personalidade são essenciais, pois exigem o mínimo de tutela para que outros direitos subjetivos existam[20].

2.2. Privacidade, intimidade e vida privada

Insta pontuar que os direitos da personalidade, possuem correlação com os direitos fundamentais. Maurício Mazur[21] leciona que a principal diferenciação entre direitos da personalidade e direitos fundamentais é que aqueles são subjetivos, privados, inatos e absolutos, enquanto os direitos fundamentais tem por base a Constituição Federal.

Para tanto, cumpre ressaltar que no art. 5º, inciso X, da Carta Magna[22], tem-se expressa a proteção da intimidade, privacidade, honra e a imagem das pessoas e havendo direito à indenização em caso de ofensa ou ameaça a esses direitos[23].

Dessa maneira, a privacidade, a intimidade e a vida privada referendam a capacidade dos indivíduos em não ser âmago de atenção de outrem, não ter assuntos íntimos e pessoais expostas a terceiros e a público compreendendo assim o direito de estar só.

[20] De Cupis, Adriano. *Os direitos da personalidade.* Lisboa: Livraria Morais, 1961, p. 17.

[21] Miranda, Jorge; Rodrigues Júnior, Otávio Luís; Fruet, Gustavo Bonato (orgs.). *Direitos da Personalidade.* São Paulo: Editora Atlas, 2010, pp. 24-64.

[22] BRASIL. *Constituição da República Federativa do Brasil.* Brasília, 1988. Disponível em: <http://www.planalto.gov.br/ccivil_03/constituicao/constituicao.htm>. Acesso em: 29 agosto 2019.

[23] A doutrina aponta para a diferença entre privacidade e intimidade, no que toca precipuamente ao objeto, pois o tema central da privacidade são os *"comportamentos e acontecimentos atinentes aos relacionamentos pessoas em geral"*, enquanto a intimidade tem por objeto as conversações e os episódios ainda mais íntimos, envolvendo relações familiares e amizades mais próximas. Mendes, Gilmar Ferreira; Gonet, Paulo Gustavo. *Curso de Direito Constitucional.* 13ª ed. São Paulo, Saraiva, 2018.

Ao que se refere ao direito à imagem, Carlos Alberto Bittar[24] ensina que referem-se ao que se distingue em sua compleição física as pessoas em sociedade, portanto, é *"o vínculo que une a pessoa à sua expressão externa, tomada no conjunto, ou em partes significativas (como boca, olhos, etc.)"*.

Quanto às limitações a esses direitos, mesmo os direitos resguardados e petrificados não são absolutos, desde que não esbarrem no núcleo essencial da dignidade da pessoa humana. Cumpre salientar que além do consentimento expresso, o consentimento tácito de aparecer em imagem em ambiente público também refere-se a limitação da imagem, por exemplo. Isso se deve, pois há a diferença entre o que é de interesse público e interesse do público.

A privacidade genética tem como fundamento a autodeterminação informativa, que deriva do conceito de privacidade, pois atinente à liberdade individual de informação de dados pessoais. Em outras palavras, a autodeterminação informativa é a proteção das informações pessoais e o direito da pessoa de controlar essas informações que vão a conhecimento tanto público como privado.

Ela tem total relação com os dados genéticos armazenados em bancos genéticos. A proteção de dados é o centro de inúmeros debates jurídicos, haja vista os valores de grande relevância que se colocam em questão quando se discute dados genéticos, pois os mesmos são considerados dados sensíveis pela doutrina e legislação contemporâneas.

A questão da proteção desses dados nos cenários nacional e internacional será brevemente analisada nos tópicos ulteriores.

3. A Declaração Internacional Sobre os Dados Genéticos Humanos

A *Declaração Internacional Sobre os Dados Genéticos Humanos* foi aprovada em 2004 como uma extensão à *Declaração Universal sobre o Genoma Humano e os Direitos Humanos* de 1997.[25]

Tal Declaração tem como principal finalidade a garantia do respeito da dignidade humana e a proteção dos direitos humanos e das liberdades fundamentais em matéria de recolha, tratamento, utilização e conserva-

[24] BITTAR, Carlos Alberto. *Os Direitos da Personalidade*. Rio de Janeiro, Editora Forense, 2001, p. 90.

[25] BARBOSA, Cláudio. R. *Genomics e Privacidade dos Dados Pessoais Genéticos*. Instituto de Tecnologia e Sociedade do Rio, 2017, p. 1. Disponível em: <https://itsrio.org/wp-content/uploads/2017/03/Claudio-Barbosa-V-REVISADO.pdf>. Acesso em: 29 agosto 2019.

ção dos dados genéticos humanos, em conformidade com os imperativos da igualdade, justiça e solidariedade.[26]

Em seu art. 2º, a Declaração define dados genéticos humanos como o conjunto de *"informações relativas às características hereditárias dos indivíduos, obtidas pela análise de ácidos nucleicos ou por outras análises científicas"*. Traz também, em seu artigo 5º, um rol com as finalidades que podem ser dadas aos dados genéticos humanos, sendo, entre elas: o diagnóstico e os cuidados de saúde, incluindo-se os rastreios e os testes preditivos; investigações médicas e científicas; medicina legal e processos civis e penais, bem como outros procedimentos legais.

Em seu art. 3º, o diploma dispõe que a identidade de uma pessoa não pode ser reduzida a seus dados genéticos, pois aquela é fruto da intervenção de fatores educativos, pessoais e ambientais.

Como estabelece seu art. 4º, os dados humanos têm caráter de especificidade em decorrência, entre outras razões, de *"poderem ter um impacto significativo sobre a família, incluindo a descendência, ao longo de várias gerações, e em certos casos sobre todo o grupo a que pertence a pessoa em causa"*. Assevera ainda que *"é necessário prestar a devida atenção ao caráter sensível dos dados genéticos humanos a garantir um nível de proteção adequado a esses dados e às amostras biológicas"*.

Logo, este artigo deixa claro que os dados genéticos têm natureza sensível e por isso necessitam de meios de proteção adequados.[27]

O art. 6º reconhece que os dados humanos coletados devem ser utilizados em procedimento "transparentes e eticamente aceitáveis" e que os Estados deverão se esforçar para que a sociedade participe das questões ligadas à gestão dos dados genéticos.

O art. 7º consolida o princípio da não-discriminação e da não estigmatização, de modo que todos os esforços deverão ser empregados a fim de impedir que os dados genéticos sejam utilizados de modo discriminatório intentando infringir os direitos humanos.

O consentimento também é elemento essencial para a retirada de dados genéticos humanos, como estabelecido no art. 8º.

Quanto a utilização, o art. 16º do referido diploma veda a utilização dos dados genéticos para fins incompatíveis com aquele expressado com

[26] UNESCO. *Declaração Internacional sobre os Dados Genéticos Humanos*. Paris, França, 2004.

[27] ECHTERHOFF, Gisele. *Direito à Privacidade dos Dados Genéticos*. *Op. Cit.*, p. 186.

o consentimento do titular dos dados e o art. 17º afirma que também é necessário consentimento do titular nos casos em que se objetiva utilizar amostras biológicas conservadas para obter dados genéticos humanos.

Quanto à conservação e destruição dos dados genéticos, o art. 21º do dispositivo preconiza que os dados genéticos referentes a um suspeito *"deverão ser destruídos logo que deixem de ser necessários, salvo se o direito interno, em conformidade com o direito internacional relativo aos direitos humanos, dispuser em sentido diferente".*

Esta breve análise dos artigos da Declaração permite concluir que a mesma representou um marco nas questões pertinentes à proteção e manutenção dos direitos humanos em relação à manipulação de dados genéticos.

3.1. Regulamento Geral Sobre a Proteção de Dados da União Europeia

Desde 27 de abril de 2016, a União Europeia é regida por uma nova fonte jurídica em relação à proteção de dados pessoais. Segundo o art. 9º do RGPD, são considerados dados sensíveis: origem racial ou étnica, opiniões políticas, crenças religiosas ou filosóficas, associação a sindicatos, dados genéticos, dados biométricos para fins de identificação pessoal, dados relativos ao estado de saúde ou à vida sexual e/ou orientação sexual de uma pessoa[28].

O mesmo artigo proíbe o processamento de tais dados, salvo em alguns casos, entre eles: quando o titular dos dados tenha dado consentimento explícito ao tratamento desses dados pessoais para um ou mais fins especificados, exceto nos casos em que a própria legislação proíbe a disponibilidade do direito; para o estabelecimento, exercício ou defesa de ações judiciais ou sempre que os tribunais estiverem agindo em sua capacidade judicial; quando o tratamento é necessário por razões de interesse público substancial, com base no direito da União ou dos Estados-Membros, que sejam proporcionais ao objetivo prosseguido, respeitem a essência do direito à proteção de dados e prevejam medidas adequadas e específicas para salvaguardar os direitos fundamentais e os interesses do titular dos

[28] UNIÃO EUROPEIA. Regulamento (EU) 2016/679 do Parlamento Europeu e do Conselho, de 27 de abril de 2016, relativo à proteção das pessoas singulares no que diz respeito ao tratamento de dados pessoais e à livre circulação desses dados e que revoga a Diretiva 95/46/CE (Regulamento Geral sobre a Proteção de Dados). *Jornal Oficial da União Europeia,* 04 de maio de 2016. Disponível em: <https://eur-lex.europa.eu/legal-content/PT/TXT/HTML/?uri=CELEX:32016R0679&from=PT#d1e8250-1-1>. Acesso em: 29 agosto 2019.

dados; o processamento é necessário para fins de medicina preventiva ou ocupacional, para avaliação da capacidade de trabalho do empregado, diagnóstico médico, prestação de assistência ou tratamento de saúde ou social ou gerenciamento de sistemas e serviços de saúde ou assistência social com base em Direito da União ou do Estado-Membro.

Destarte, é compreensível, através da leitura do dispositivo legal acima referenciado, que, para que tais dados sejam processados, o titular deve consentir explicitamente para isso e os fins do processamento devem ser expressos. Também podem ser utilizados em ações judiciais quando o Poder Judiciário exerce plenamente sua capacidade judicial, bem como em questões de interesse público substancial e questões concernentes à medicina ocupacional.

Particularmente na área da saúde, em razão da especificidade de seu objeto, sempre se buscou, como regra, uma ampla proteção. A Lei de Proteção de Dados Pessoais de Portugal, por exemplo, traz regras concernentes à proteção de dados relativos à saúde na Internet. Essa proteção faz-se necessária, tendo em vista que cada vez mais os dados pessoais, de qualquer natureza, são considerados ativos financeiros.[29] Essa lei será revisada, com a aprovação e complementação do RGPD, pela legislação portuguesa[30].

Quanto ao Brasil, desde agosto de 2020, entrou em vigor a LGPD. Antes do advento da lei, a legislação nacional já tutelava os dados pessoais, ainda que com menos força do que passou a ser feito com a LGPD. Na Constituição Federal de 1988, há direitos e garantias relativos aos dados pessoais e a proteção dos direitos da personalidade[31]. O Marco Civil da Internet (Lei n. 12.965/2014)[32], em seu art. 7º, garante que sejam prestadas *"informações claras e completas sobre coleta, uso, armazenamento, tratamento e proteção de seus*

[29] SARLET, Gabrielle Bezerra Sales; CALDEIRA, Cristina. O consentimento informado e a proteção de dados pessoais de saúde na internet: uma análise das experiências legislativas de Portugal e do Brasil para a proteção integral da pessoa humana. *Civilistica.com,* Rio de Janeiro, a. 8, n. 1, 2019.

[30] PORTUGAL. Comissão Nacional de Proteção de Dados. *Aplicação do Novo Quadro Legal de Proteção de Dados.* Disponível em: <https://www.cnpd.pt/bin/relacoes/comunicados/Comunicacao_25_5_2018.pdf>. Acesso em: 29 agosto 2019.

[31] BARBOSA, Cláudio. R. *Genomics e Privacidade dos Dados Pessoais Genéticos. Op. Cit.*, p. 03.

[32] BRASIL. Lei n. 12.965, de 23 de abril de 2014. Estabelece princípios, garantias, direitos e deveres para o uso da Internet no Brasil. Brasília, *Diário Oficial da União,* 24 de abril de 2014. Disponível em: <http://www.planalto.gov.br/ccivil_03/_ato2011-2014/2014/lei/l12965.htm>. Acesso em: 29 agosto 2019.

dados pessoais", desde que sua coleta seja justificada e não seja vedada pela legislação.

No entanto, a entrada em vigor da LGPD colocou o Brasil, finalmente, no grupo dos países com uma legislação ampla e detalhada a respeito da proteção de dados, fruto de um processo amplo de discussão que se iniciou nos últimos anos, com o avanço da sociedade informacional, em países da UE e também nos EUA.

Conclusões

Este trabalho buscou realizar uma breve análise a respeito dos temas mais relevantes sobre o Direito à privacidade dos dados genéticos.

É indubitável que o Projeto *Genoma Humano* trouxe inúmeros impactos para setores econômicos, jurídicos, políticos e sociais, o que fez nascer inúmeras preocupações quanto a possibilidade de ocorrência de determinismo genético e eugenia.

Assim, os dados genéticos passaram a ser tratados como dados sensíveis e como parte dos Direitos da Personalidade, garantindo-lhes uma ampla tutela pelo Código Civil e pela Constituição Federal.

É nítido, na contemporaneidade, um movimento em direção ao aumento da proteção dos dados pessoais por meio da legislação. A *Declaração Internacional sobre os Dados Genéticos Humanos*, de 2004, representou um grande avanço ao definir o conceito de "dados genéticos humanos" e estabelecer critérios éticos e jurídicos para procedimentos que vão desde a utilização até a destruição de tais dados.

Já o Regulamento Geral sobre a Proteção de Dados da UE representa um verdadeiro divisor de águas quanto às fontes jurídicas que tratam da proteção de dados, definindo o que são dados pessoais sensíveis e dispondo sobre todos os requisitos e restrições à sua manipulação, influenciando a Lei Geral de Proteção de Dados, integralmente dedicado à proteção dos dados pessoais e que representa, por fim, um marco na tutela dos dados genéticos no Brasil.

Referências

BARBOSA, Cláudio. R. *Genomics e Privacidade dos Dados Pessoais Genéticos*. Instituto de Tecnologia e Sociedade do Rio, 2017. Disponível em: <https://itsrio.org/wp-content/uploads/2017/03/Claudio-Barbosa-V-REVISADO.pdf>. Acesso em: 29 agosto 2019.

BARCHIFONTAINE, Christian de Paul. *Bioética e Início da Vida:* alguns desafios. São Paulo: Ideias e Letras, 2004.

Bittar, Carlos Alberto. *Os Direitos da Personalidade.* Rio de Janeiro, Editora Forense, 2001.

BRASIL. *Constituição da República Federativa do Brasil.* Brasília, 1988. Disponível em: <http://www.planalto.gov.br/ccivil_03/constituicao/constituicao.htm>. Acesso em: 29 agosto 2019.

______. Lei n. 12.965, de 23 de abril de 2014. Estabelece princípios, garantias, direitos e deveres para o uso da Internet no Brasil. Brasília, *Diário Oficial da União*, 24 de abril de 2014. Disponível em: <http://www.planalto.gov.br/ccivil_03/_ato2011-2014/2014/lei/l12965.htm>. Acesso em: 29 agosto 2019.

Capella, Vicente Bellver. *La revolución de la edición genética mediante CRISPR-Cas9 y los desafíos éticos y regulatorios que comporta.* Cuadernos de Bioética XXVII 2016/2ª. Disponível em: <http://www.redalyc.org/pdf/875/87546953009.pdf>. Acesso em: 29 agosto 2019.

Clayton, Elle Wright *et. al.* The law of genetic privacy: applications, implications, and limitations. *Journal of Law and the Biosciences,* maio 2019, pp. 01-36. Disponível em: <https://academic.oup.com/jlb/advance-article/doi/10.1093/jlb/lsz007/5489401>. Acesso em: 30 agosto 2019.

Corrêa, Marilena V. O Admirável Projeto Genoma Humano. *Physis,* Revista de Saúde Coletiva, dez. 2002, vol. 12, n. 2, pp. 277-299. Disponível em: <http://www.scielo.br/pdf/physis/v12n2/a06v12n2.pdf>. Acesso em: 29 agosto 2019.

De Cupis, Adriano. *Os direitos da personalidade.* Lisboa: Livraria Morais, 1961.

Doneda, Danilo. Os direitos da personalidade no novo código civil. *In:* TEPEDINO, Gustavo. (Coord.). *A parte geral do novo código civil:* estudos na perspectiva civil-constitucional. Rio de Janeiro: Renovar, 2002.

Echterhoff, Gisele. *Direito à Privacidade dos Dados Genéticos.* Dissertação em Direito. Pontifícia Universidade Católica do Paraná, 2007.

EUA. *Genetic Information Nondiscrimination Act.* Disponível em: <https://www.congress.gov/bill/110th-congress/house-bill/493>. Acesso em: 30 agosto 2019.

Gediel, José Antônio Peres. A Declaração Universal sobre o Genoma e Direitos Humanos: um novo modelo jurídico para a natureza? *Revista da Faculdade de Direito da Universidade Federal do Paraná,* Porto Alegre, v. 34, p. 51-58, 2000. Disponível em: <https://www.revistas.ufpr.br/direito/article/view/1829/1525>. Acesso em: 30 janeiro 2020.

Mendes, Gilmar Ferreira; Gonet, Paulo Gustavo. *Curso de Direito Constitucional.* 13ª ed. São Paulo, Saraiva, 2018.

Miranda, Jorge; Rodrigues Júnior, Otávio Luís; Fruet, Gustavo Bonato (orgs.). *Direitos da Personalidade.* São Paulo: Editora Atlas, 2010, pp. 24-64.

NATIONAL HUMAN GENOME INSTITUTE. Human genome project timeline. *National Human Genome Institute.* Disponível em: <https://www.genome.gov/human-genome-project/Timeline-of-Events>. Acesso em: 29 agosto 2019.

______. What is the human genome project? *National Human Genome Institute.* Disponível em: <https://www.genome.gov/human-genome-project/What>. Acesso em: 29 agosto 2019.

PORTUGAL. Comissão Nacional de Proteção de Dados. *Aplicação do Novo Quadro Legal de Proteção de Dados.* Disponível em: <https://www.cnpd.pt/bin/relacoes/comunicados/Comunicacao_25_5_2018.pdf>. Acesso em: 29 agosto 2019.

Roberts, Jonathan; Middleton, Anna. Genetics in the 21st Century: Implications for patients, consumers and citizens. Version 2. Peer Review: 4 approved. *F1000Research,*

n. 6, 2020. Disponível em: <https://f1000research.com/articles/6-2020/v2>. Acesso em: 30 janeiro 2020.

SARLET, Gabrielle Bezerra Sales; CALDEIRA, Cristina. O consentimento informado e a proteção de dados pessoais de saúde na internet: uma análise das experiências legislativas de Portugal e do Brasil para a proteção integral da pessoa humana. *Civilistica.com*, Rio de Janeiro, a. 8, n. 1, 2019.

SOUZA, Rabindranath Valentino Aleixo Capelo de. *O direito geral da personalidade*. Coimbra: Ed. Coimbra, 1995, pp. 93-94.

UNESCO. *Declaração Internacional sobre os Dados Genéticos Humanos*. Paris, França, 2004.

______. *The Universal Declaration on the Human Genome and the Human Rights*. Disponível em: <https://unesdoc.unesco.org/ark:/48223/pf0000122990_por>. Acesso em: 30 agosto 2019.

UNIÃO EUROPEIA. Regulamento (EU) 2016/679 do Parlamento Europeu e do Conselho, de 27 de abril de 2016, relativo à proteção das pessoas singulares no que diz respeito ao tratamento de dados pessoais e à livre circulação desses dados e que revoga a Diretiva 95/46/CE (Regulamento Geral sobre a Proteção de Dados). *Jornal Oficial da União Europeia*, 04 de maio de 2016. Disponível em: <https://eur-lex.europa.eu/legal-content/PT/TXT/HTML/?uri=CELEX:32016R0679&from=PT#d1e8250-1-1>. Acesso em: 30 agosto 2019.

CAPÍTULO 2
QUESTÕES RELEVANTES SOBRE A MONETIZAÇÃO DOS DADOS PESSOAIS

A Importância da Autoridade Nacional de Proteção de Dados no Cenário Econômico Global

Ana Beatriz Benincasa Possi
Ana Carolina Benincasa Possi

Introdução

O número de pessoas que possuem acesso à Internet cresce a cada ano no mundo todo. E, nesse quesito, o Brasil tem se destacado fortemente. De acordo com resultado de pesquisa realizada pela FGV[1], estima-se que atualmente no Brasil o número de *smartphones* utilizados para ter acesso à internet atinge a proporção de dois aparelhos por habitante. Proporcionalmente, a quantidade de dados e informações acessíveis *on-line* também aumentam, dando subsídio a um mercado de dados extremamente rentável e canalizado para as mais diversas finalidades.

Os dados têm desempenhado papel fundamental na economia[2]. Coletados e tratados em quantidades cada vez maiores, eles são vistos como principal recurso para os mais variados serviços de diversos setores.

[1] GLOBO. Brasil tem dois dispositivos digitais por habitante, diz estudo da FGV. *Revista Pequenas Empresas & Grandes Negócios*, 2019. Disponível em: <https://revistapegn.globo.com/Noticias/noticia/2019/04/brasil-tem-dois-dispositivos-digitais-por-habitante-diz-estudo-da-fgv.html>. Acesso em: 06 setembro 2019.

[2] "Atualmente o tratamento dado a estas informações pessoais podem servir de commodity, já que é um ativo de grande valor agregado, permitindo ter um acesso mais preciso aos dados pessoais de uma pessoa em particular, pois quando acessa as redes sociais, deixa seu "rastro", revelando seus dados, seus interesses nas redes". Fernandes, David Augusto. Dados Pessoais: Uma Nova *Commodity*, ligados ao direito à intimidade e a dignidade da pessoa humana. *Revista Jurídica*, vol. 04, nº 49, Curitiba, 2017, pp. 360-392. Disponível em: <http://www.mpsp.mp.br/portal/page/portal/documentacao_e_divulgacao/doc_biblioteca/bibli_servicos_produtos/

Por meio do procedimento *Big Data*, consistente em um sistema intenso de processamento de informações que trafegam na Internet, incluindo dados pessoais sensíveis, públicos, sigilosos ou de qualquer outra natureza, *softwares* e equipamentos têm acesso a esse volume maciço de dados, tornando os usuários de Internet extremamente vulneráveis. Esse sistema, ainda de desconhecimento da maioria dos usuários, dá origem a uma valorização de dados coletados que implica em vigilância constante e atenta desses, ferindo muitas vezes o direito à privacidade[3]. Vê-se, desse modo, o impacto do mundo digital e a gravidade dos reflexos da Internet na sociedade.

De outro lado, a digitalização da economia permitiu modelos de negócios únicos e sem precedentes. Adalberto Simão Filho, ao fazer referência às pesquisas realizadas por Victor Mayer-Schöenberger e Kenneth Cukier[4], ressalta que *"a análise de dados maciços não pode ser taxada como algo negativo ou depreciativo, pois pode gerar também uma série de resultados sociais positivos"*, como, por exemplo, no âmbito da saúde pública, em que o cruzamento de dados pode se prestar a inibir o crescimento de vírus, a partir de observação de pessoas quando buscam em *sites* como o *Google* informações de sintomas e registram em suas buscas os sintomas, tornando possível a detecção de focos de contágio e a adoção de medidas de contenção.

Incontáveis são as possibilidades de negócios e as soluções para os mais diversos tipos de problemas apresentados no meio virtual, eis que podem alcançar escala global, mas, para tanto, faz-se primordial a implementação de recursos que garantam **segurança**[5].

bibli_informativo/bibli_inf_2006/Rev-Juridica-UNICURITIBA_n.49.17.pdf>. Acesso em: 06 setembro 2019.

[3] SIMÃO FILHO, Adalberto; SCHWARTZ, Germano André Doederlein. *Big data big problema! Paradoxo entre o direito à privacidade e o crescimento sustentável*. Disponível em <http://www.conpedi.org.br/publicacoes/c50o2gn1/tz6xhk8k/cBPURL3ZR7xFVuQD.pdf>. Acesso em: 06 setembro 2019.

[4] MAYER-SCHÖENBERG, Victor; CUKIER, Kenneth *apud* SIMÃO FILHO, Adalberto. Revisitando a Nova Empresarialidade a partir do Marco Civil em Contexto de Internet das Coisas. *In*: DE LUCCA, Newton; SIMÃO FILHO, Adalberto; LIMA, Cíntia Rosa Pereira de (coords.). *Direito & Internet III*: Marco Civil da internet (Lei n. 12.965/2014). Tomo II. São Paulo: Quartier Latin, 2015, p. 36.

[5] "Os dados são a moeda da economia digital atual. Coletados, analisados e movidos em todo o mundo, os dados pessoais adquiriram enorme significado econômico. Segundo algumas estimativas, o valor dos dados pessoais dos cidadãos europeus tem potencial para crescer para quase 1 trilhão de euros por ano até 2020. Mas os dados pessoais não são apenas valiosos devido ao seu significado econômico. Nós, como seres humanos, valorizamos nossos dados pessoais

O fluxo de dados deve ser **transparente** e **seguro**. Caso contrário, dados, ideias e conhecimentos que têm o condão de gerar maior produtividade, inovação e aprimoramento do desenvolvimento sustentável poderiam ser facilmente subtraídos, colocando em risco a privacidade, a proteção dos dados pessoais e direitos de propriedade intelectual, por exemplo.

Nesse contexto, a existência da Autoridade Nacional de Proteção de Dados, prevista e incluída na LGPD (inicialmente, pela MP n. 869/2018, transformada na Lei n. 13.853/2019), é de suma importância. Conforme prevê o art. 55-A da LGPD, a ANPD é órgão da administração pública federal, integrante da Presidência da República. Tem natureza jurídica transitória e poderá ser transformada pelo Poder Executivo em entidade da administração pública federal indireta, submetida a regime autárquico especial e vinculada à Presidência da República (§1º), mediante avaliação a ser realizada em até 02 (dois) anos da data da entrada em vigor da estrutura regimental da ANPD (§2º).

As atribuições da ANPD, previstas pela LGPD, possuem caráter preventivo e repressivo, dentre as quais podemos mencionar a edição de padrões técnicos, iniciativa legislativa, adoção de políticas públicas e códigos de boas práticas, elaboração de relatórios anuais, avaliação e fiscalização do nível de adequação da proteção no fluxo transfronteiriço de dados, bem como sancionar e tutelar os dados pessoais, seja mediante ações coletivas ou por meio de reclamação do interessado.

Apesar de ter sido vetada a independência funcional e administrativa da ANPD no projeto inicial[6], a previsão de uma Autoridade é certamente melhor que a sua ausência[7].

precisamente porque são pessoais – fazem parte de nós. Portanto, é natural que desejemos protegê-lo. Embora seja importante aproveitar as oportunidades oferecidas pela economia digital global, é igualmente importante responder às crescentes demandas dos consumidores por maior segurança de dados e proteção de privacidade". Tradução das autoras. JOUROVÁ, Věra. Protecting our personal data in a digital economy. *The European Files,* 2017. Disponível em: <https://www.europeanfiles.eu/digital/protecting-personal-data-digital-economy>. Acesso em: 04 setembro 2019.

[6] Segundo a versão do Projeto de Lei da Câmara n. 53/18, aprovada pelo Senado, a Autoridade Nacional teria natureza de autarquia especial, estaria vinculada ao Ministério da Justiça e gozaria de independência administrativa. Além disso, haveria ausência de subordinação hierárquica, mandato fixo e estabilidade de seus dirigentes e autonomia financeira. Com o veto do ex-presidente Michel Temer, foi esvaziado todo o Capítulo IX da Lei, o qual tratava da ANPD e do Conselho Nacional de Proteção de Dados Pessoais e da Privacidade.

Importante salientar, contudo, que o nosso modelo de Autoridade ainda está distante do considerado adequado. Uma autoridade independente, autônoma e com corpo técnico qualificado é fundamental para poder atuar sem intervenções externas e indevidas, a fim de monitorar o próprio Estado, desempenhando função uniformizadora, orientando e fiscalizando o cumprimento do sistema de proteção de dados pessoais.

1. Importância da ANPD na economia digital

As Autoridades de Proteção de Dados (*Data Protection Authorities – DPAs*) têm sido consideradas instrumentos regulatórios cruciais, desempenhando papeis de ouvidoria, auditoria, consultoria, de educação, de negociação, de aconselhamento político e executivo, ainda que os recursos destinados a essas Autoridades variem muito, de país para país. Sua relevância tem sido notada, sobretudo, no que se refere às tomadas de decisões, aplicação de sanções e multas, proporcionalmente consideradas consoante os poderes que lhe são atribuídos. As DPAs têm sofrido pressão, pelas poderosas forças institucionais e tecnológicas[8], para revisarem as normas de proteção de dados adotadas em seus respectivos sistemas.

O papel das DPAs expandiu-se para além das fronteiras nacionais, na medida em que desenvolveram atividades transacionais mais coordenadas. Além de prever a cooperação entre as autoridades da União Europeia no âmbito do mecanismo *"one-stop-shop"*[9], o RGPD (Regulamento Geral de Proteção de Dados da União Europeia) dispôs sobre a cooperação, coerência e operação conjunta das DPAs[10].

[7] Embora a independência da autoridade seja essencial, em razão dos debates conflitantes e interesses envolvidos na temática, priorizou-se a criação do órgão, ainda que dependente e vinculado à Presidência, para evitar um atraso ainda maior na aplicação da LGPD.

[8] Bennett, Colin; RAAB, Charles D. *Revisiting 'The Governance of Privacy':* Contemporary Policy Instruments in Global Perspective. Artigo original preparado para a *Privacy Law Scholars Conference, Berkeley,* EUA, 01 e 02 de junho de 2017. Disponível em <https://ssrn.com/abstract=2972086>. Acesso em: 03 setembro 2019.

[9] O princípio *"one-stop-shop"* (traduzido como balcão único) foi adotado pelos reguladores da UE para *"melhorar a consistência na aplicação, a segurança jurídica e reduzir os encargos administrativos para controladores e processadores"* Os legisladores da UE deixaram claro que o *"one-stop-shop"* também traria *"valor agregado significativo"* para os indivíduos, ou seja, facilitando a fiscalização centralizada por uma única decisão. Disponível em: <https://iapp.org/news/a/what-happened-to-the-one-stop-shop/>. Acesso em: 06 setembro 2019.

[10] O capítulo VI prevê sobre as Autoridades de Proteção de Dados e o capítulo VII prevê a *"cooperação e consistência na aplicação da lei"*.

A importância da Autoridade Nacional de Proteção de Dados está também relacionada à necessidade de uniformização dos entendimentos, propiciando segurança jurídica na interpretação e aplicação da lei[11].

As DPAs ganharam maior visibilidade também em decorrência da criação de resoluções, declarações e iniciativas em conferências internacionais anuais, destinadas à elevação do perfil de proteção de privacidade em diversos aspectos, como a computação em nuvem, privacidade *online* das crianças, mídia social, *Big Data*, motores de busca, dentre outros[12].

Como bem destacado por Stefano Rodotà[13], a autoridade de proteção de dados pessoais trabalha na estreita fronteira entre as intervenções corretas para defender a privacidade e a limitação de outros valores que podem distorcer as características da democracia. Ainda de acordo com Rodotà, a atuação das autoridades deve ser conjunta, pois, sozinhas, não terão condições de enfrentar adequadamente esse fenômeno complexo e que se manifesta em escala global. Ressalta-se, aqui, mais uma vez, a importância da ANPD, em especial, no tocante à defesa do regime democrático.

2. Dados: conceitos e distinções

Considera-se "dado" qualquer informação em potencial. Por si só, não possui um significado próprio relevante, necessitando de interpretação para adquirir sentido e poder ser compreendido por alguém. Ele pode, portanto, ser considerado em qualquer setor como uma fonte de conhecimento que está atrelada não só ao aumento da competitividade, como também à busca pela eficiência.

Nesse sentido, é importante ressaltar que, hodiernamente, trata-se de verdadeira moeda da economia contemporânea, mormente a digital, sendo

[11] Vide, nesse sentido, carta redigida pela "Coalizão Direitos na Rede" em defesa da criação da Autoridade Nacional de Proteção de Dados, assinada por diversos membros do terceiro setor, academia, setor empresarial e setor público. Disponível em: <https://direitosnarede.org.br/c/em-defesa-da-autoridade-independente-de-protecao-de-dados/>.

[12] BENNETT, Colin; RAAB, Charles D. *Revisiting 'The Governance of Privacy':* Contemporary Policy Instruments in Global Perspective. *Op. Cit., online.*

[13] RODOTÀ. Stefano. *Discorso conclusivo dela Conferenza Internazionale sulla protezione dei dati.* 26º International Conference on Privacy and Personal Data Protection. Wroclaw, Polônia, 14, 15 e 16 de setembro de 2004. Disponível em: <https://www.garanteprivacy.it/web/guest/home/docweb/-/docweb-display/docweb/1049293>. Acesso em: 02 de setembro de 2019.

um relevante ativo para o exercício de atividades empresariais e de políticas públicas[14].

Tamanha a sua importância, Rony Vainzof[15] assevera que as maiores potências mundiais estão se esforçando para desenvolver uma economia baseada em dados. Não por outro motivo, existem vários instrumentos legais encontrados nos EUA[16] e União Europeia que há muito vêm buscando regular e tratar sobre o direito à proteção de dados, destacando-se, atualmente, por sua robustez, o GDPR (*General Data Protection Regulation*).

A regulação da proteção de dados pela União Europeia, como já mencionado, não é novidade. Já havia regulamentação sobre esse assunto por meio de *Diretivas*. À época destas, em busca de atender os requisitos por ela enumerados, os EUA faziam uso de um documento chamado *Safe Harbor*, no qual eram descritas condutas e princípios que regulavam a transferência de dados entre a União Europeia e os EUA. Após o efeito *Snowden*, evidenciada a fragilidade das regras previstas pelo *Safe Harbor*, foi elaborado um documento substituto, denominado *Privacy Shield* – que também já não é mais aplicado, por não ser suficientemente adequado diante do GDPR. Tratava-se este de um regime de autorregulamentação, que permitia que qualquer companhia se auto-certificasse e respeitasse os princípios deste documento à transferência de dados pessoais entre União Europeia e os EUA. Ambos os documentos são semelhantes quanto aos seus princípios. Contudo, houve uma expansão com relação às obrigações de *compliance* e lealdade com o *Privacy Shield*.

Outros mecanismos internacionais paralelos que apoiam o desenvolvimento e a aplicação de princípios compartilhados e a cooperação entre autoridades reguladoras têm sido criados, como, por exemplo, a *Rede Global de Aplicação da Privacidade*, lançada em 2010 pelas autoridades de 12 países, incluindo EUA, Austrália, Canadá, França, Alemanha e Reino Unido, bem como o *Acordo de Aplicação da Privacidade Transfronteiriça* (CPEA) da APEC,

[14] VAINZOF, Rony. Dados pessoais, tratamento e princípios. *In:* BLUM, Renato Ópice; MALDONADO, Viviane Nóbrega (coords.). *Comentários ao GDPR: Regulamento Geral de Proteção de Dados da União Europeia*. São Paulo: Thomson Reuters Brasil, 2018, p.37.

[15] Ibidem.

[16] Nos EUA, existem leis federais setoriais como o *Electronic Communications Privacy Act* (1986), o *Video Privacy Protection Act* (1988), o *Health Insurence Portability and Accountability Act* (1996), o *Children's Online Privacy Protection Act* (1998), o *Federal Trade Comission Act* e o órgão federal fiscalizador, a *Federal Trade Commission*.

que cria uma estrutura regional para compartilhamento de informações e cooperação na aplicação entre reguladores de privacidade[17].

O Regulamento Geral de Proteção de Dados da União Europeia (GDPR) foi um passo essencial para fortalecer os direitos fundamentais na era digital e construir sua confiança na economia digital.

Sua aplicação teve início em 2018, acelerando o processo de criação e aprovação de leis voltadas à proteção de dados em muitos países, reforçando a necessidade de adequação e concentração de esforços na construção de uma economia global segura e compatibilizada.

O GDPR trouxe à tona a necessidade de os cidadãos poderem ter controle sobre seus dados pessoais, facilitando o acesso a eles. Se um indivíduo não quiser mais que seus dados sejam processados, eles serão excluídos, desde que não haja motivos legítimos para mantê-los. Além disso, os indivíduos possuem o direito de saber quando seus dados foram invadidos. As empresas e organizações precisam notificar a autoridade garante nacional sobre violações de dados que coloquem indivíduos em risco e comunicar ao titular de dados todas as violações de alto risco, o mais rápido possível, para que os usuários possam tomar as medidas apropriadas.

Dar às pessoas mais controle sobre os seus dados pessoais fortalecerá a confiança do consumidor na economia digital. A confiança fortalecida do consumidor, por sua vez, permitirá que as empresas aproveitem totalmente as oportunidades no mercado único digital.

É essa a regulação que confere maior esclarecimento sobre o que pode ser considerado dado pessoal e um dado geral. Além de denominar o dado pessoal como sendo a informação relativa a uma pessoa natural identificada ou identificável, esclarece o que venha a ser isso.

Assim, é considerada identificável uma pessoa natural que possa ser identificada, direta ou indiretamente, em especial por referência a um identificador, como um nome, um número de identificação, dados de localização, identificadores por via eletrônica ou a um ou mais elementos específicos da identidade física, fisiológica, genética, mental, econômica, cultural ou social dessa pessoa.

[17] NIGEL CORY, Robert D. Atkinson; CASTRO, Daniel. Principles and Policies for "Data Free Flow With Trust". *Information Technology & Innovation Foudation*, 2019. Disponível em: <https://itif.org/publications/2019/05/27/principles-and-policies-data-free-flow-trust>. Acesso em 06 setembro 2019.

A LGPD faz uma distinção entre o que venha a ser dado pessoal e dado pessoal sensível, no inciso II do artigo 5º, considerando como uma categoria especial o dado pessoal que revele a origem racial ou étnica, convicção religiosa, opinião política, filiação a sindicato ou a organização de caráter religioso, filosófico ou político, dado referente à saúde ou à vida sexual, dado genético ou biométrico, quando vinculado a uma pessoa natural.

Segundo Danilo Doneda[18], os dados pessoais criam um vínculo objetivo com a pessoa porque revelam aspectos que lhe digam respeito: *"a identidade vai além do que a pessoa é, envolvendo atributos, fatos, comportamentos e padrões"*.

Stefano Rodotà trouxe a definição da esfera privada do indivíduo como *"aquele conjunto de ações, comportamentos, opiniões, preferências, informações pessoais sobre as quais o interessado pretende manter controle exclusivo"*[19], e atualizou o conceito de privacidade, antes como o direito de ser deixado só, para o direito de manter controle sobre as próprias informações.

Como se pode observar, as pessoas jurídicas não aparecem como titulares de proteção de dados. Contudo, ao tratar do princípio da transparência, a LGPD faz ressalva à necessidade de serem preservados os segredos empresarial e industrial quando prestadas informações sobre o tratamento dos dados pessoais (artigo 6º, VI, da LGPD). Esta dicotomia (transparência *versus* segredos empresarial e industrial) revela-se igualmente um grande desafio, considerando o fato de estes segredos, muitas das vezes, conterem algoritmos que revelam dados pessoais de seus clientes[20].

A ausência de previsão expressa sobre a proteção dos dados das pessoas jurídicas, não deve, contudo, ser aceita como justificativa para se dispensar

[18] DONEDA, Danilo. *Da privacidade à proteção de dados pessoais*. Rio de Janeiro: Renovar, 2006, p. 157.

[19] RODOTÀ, Stefano. *A vida na sociedade da vigilância. A privacidade hoje*. Rio de Janeiro:Renovar, 2008, p.92, *apud* SIMÃO FILHO, Adalberto. *Revisitando a Nova Empresarialidade a partir do Marco Civil em Contexto de Internet das Coisas. In:* DE LUCCA, Newton; SIMÃO FILHO, Adalberto; LIMA, Cíntia Rosa Pereira de (coords.). *Direito & Internet III:* Marco Civil da internet (Lei n. 12.965/2014). Tomo II. São Paulo: Quartier Latin, 2015, p.37.

[20] Há uma dissonância a respeito da transparência dos algoritmos utilizados pelas empresas. Nesse sentido, vide as seguintes fontes: SANTOS, Thiago Ribas dos. *LGPD*: *Transparência vs Segredos Comerciais e Industriais*. Disponível em: <https://medium.com/@thiagoribas_/lgpd-transparência-vs-segredos-comerciais-e-industriais-9c4883ba89fe>. Acesso em: 05 setembro 2019. FRAZÃO, Ana. Dados, estatísticas e algoritmos: Perspectivas e riscos da sua crescente utilização. *JOTA*, 28 junho 2017. Disponível em: <www.jota.info/opiniao-e-analise/colunas/constituicao-empresa-e-mercado/dados-estatisticas-e-algoritmos-28062017>. Acesso em: 05 setembro 2019.

proteção aos dados empresariais e industriais, haja vista que não são apenas os dados pessoais que fomentam a economia digital. Pelo contrário, como será abordado no tópico seguinte, uma possível regulação sobre o fluxo de dados industriais transfronteiriço com confiança passa a ganhar discussão em fóruns internacionais.

3. A importância e repercussão dos dados na economia. O surgimento da ideia do fluxo transfronteiriço de dados com confiança

Os dados, devido à grande quantidade de informações que trazem consigo, são vistos hoje como um recurso vital à economia, tendo em vista que promovem e propiciam o desenvolvimento de serviços em diversos setores. Não por outra razão, são considerados essenciais **à inovação,** uma vez que, por meio deles é possível perquirir não só sobre as novas demandas do mercado, estudando hábitos de consumo para desenvolver novos produtos, como também criar veículos autônomos e novos medicamentos, a partir da inteligência artificial alimentada por dados dos pacientes.

Esse foi o tom marcante dado pelo Japão no encontro do G20 realizado em Osaka, em 2019. Ressaltou-se a importância dos dados em razão da possibilidade de trazerem consigo o potencial de expandir a economia, estimular a inovação e também resolver problemas sociais.

O Japão vislumbra, com os avanços tecnológicos, a criação de uma sociedade, chamada "*Sociedade 5.0*", em que todas as tecnologias serão reposicionadas em benefício do ser humano, melhorando a qualidade de vida.

Assim, toda inovação e tecnologia propiciada pelo investimento em Inteligência Artificial, robótica, *Big Data*, em caminhões autônomos e em entregas com drones, trarão não só maior produtividade e eficiência dos processos com o auxílio de redes de Internet, sensores e *microchips*, como também facilitará a vida dos seres humanos, trazendo soluções para resolver problemas como o envelhecimento da população, a segurança, a limitação de energia elétrica, os desastres naturais e a desigualdade social, por exemplo[21].

Por esse motivo, tendo em vista a relevância dos dados para esse incremento tecnológico e seus aspectos positivos, ressaltou-se, nesse evento, o

[21] ENGINE. Já ouviu falar sobre Sociedade 5.0? Descubra o que é. ENGINE, 13 setembro 2018. Disponível em: <http://www.enginebr.com.br/industria-4-0-2/sociedade-5-0/>. Acesso em: 05 setembro 2019.

olhar sobre a importância do fluxo de dados industriais transfronteiriços, apontando com preocupação duas questões. A primeira, versando sobre a existência de reservatórios de dados confinados em fronteiras nacionais (fenômeno conhecido como "localização de dados"), por existirem países cujas regulamentações sobre transferência de dados são bastante restritas e, a segunda, sobre a *splinternet*[22], também chamada de balcanização da *datasphere*[23], em que há a fragmentação da internet, funcionando de maneira regionalizada.

Assim, o Japão, como anfitrião da cúpula do G20 do ano de 2019, liderou uma iniciativa para ser criado um conjunto de regras internacionais que permitissem a livre movimentação de dados através das fronteiras. Esse conceito, conhecido como *"fluxo livre de dados com confiança" (Data Free Flow with Trust – DFFT)*, foi adotado pela primeira vez pelo primeiro-ministro japonês Shinzo Abe em um discurso na reunião anual do Fórum Econômico Mundial, em Davos, na Suíça, em janeiro de 2019[24]. Apesar de a

[22] Entende-se por *"splinternet"* a prática do controle e regulação da *World Wide Web* adotada por países e regiões dentro do seu próprio território. Por meio dessas regulamentações são negados acessos a conteúdos que vão contra os costumes e interesses políticos locais. Menciona-se também que esse fenômeno também poderia ser observado em países democráticos com as práticas de vigilância e controle da informação, a partir de decisões judiciais determinando a remoção de conteúdo. A propósito, veja: <https://projetodraft.com/verbete-draft-o-que-e-splinternet/>. Acesso em: 05 setembro 2019.

[23] A singularidade do protocolo de comunicação mundial entre computadores (TCP/IP), que compõe a infraestrutura para troca e transformação de dados, é o que dá à esfera de dados sua homogeneidade. O uso de protocolos separados em diferentes regiões do mundo criaria territórios desconexos, comunicando-se usando canais de banda larga limitados. Essa possibilidade foi considerada uma balcanização da Internet. Usando um protocolo padrão, também é possível controlar o que passa pelos canais. Certos países, como China ou Rússia, construíram firewalls dessa maneira, gerando novas fronteiras e permitindo a aplicação de limites bidirecionais nas trocas, ou seja, no acesso a zonas fora das áreas de fronteira e na importação recíproca de dados. A delimitação de suas fronteiras ou fronteiras e sua potencial falta de correspondência com as fronteiras institucionais clássicas obviamente provocam questionamentos.
BERGÉ, Jean-Sylvestre; GRUMBACH, Stephane; ZENO-ZENCOVICH, Vincenzo. The 'Datasphere', Data Flows Beyond Control, and the Challenges for Law and Governance. *European Journal of Comparative Law and Governance*, Vol. 5, Issue 2, 2018. Disponível em: <https://www.publicacoesacademicas.uniceub.br>. Acesso em: 26 agosto 2019.

[24] KOIZUME, Masumi. Japan's pitch for free data flows 'with trust' faces uphill battle at G20 amid 'splinternet' fears. *Japan Times*, 2019. Disponível em: <https://www.japantimes.co.jp/news/2019/06/27/business/tech/japans-pitch-free-data-flows-trust-faces-uphill-battle-g20-amid-splinternet-fears/>. Acesso em: 06 setembro 2019.

demanda pelo fluxo gratuito de dados não ser nova, a inclusão da confiança é sim uma novidade.

Trata-se, portanto, de uma proposta com vistas à padronização de regras sobre transferência gratuita e, principalmente, segura destes dados, a ser promovida pelo incremento de medidas de segurança cibernética, bem como pela proteção da propriedade intelectual e de dados pessoais, o que reforça a importância da atuação atenta e rígida das autoridades de proteção de dados.

De acordo com a proposta feita, o *DFFT* versaria apenas sobre dados industriais, como os de saúde e veículos, porém fariam parte também das discussões conjuntas a proteção dos dados pessoais, levando em consideração o respeito às estruturas legais dos países envolvidos, tendo em vista que cada um já tem a sua própria governança de dados. Segundo Abe, quando da apresentação da proposta do *DFFT*, essas discussões sobre conjunto de regras internacionais que permitem a livre circulação de dados através das fronteiras deveriam ocorrer sob a OMC. Para Fujii, da *SecureTechnologies*[25], no entanto, seria indicado criar primeiro uma regra de fluxo de dados entre países ou dentro de uma estrutura regional, considerando que o Japão, os EUA e a UE já estariam essencialmente de acordo.

Apesar de haver um longo caminho a percorrer antes que qualquer acordo sobre os detalhes desse novo conceito seja possível, o Brasil, por meio de sua Embaixada[26], já dá sinais positivos quanto a essa iniciativa.

[25] KOIZUME, Masumi. Japan's pitch for free data flows 'with trust' faces uphill battle at G20 amid 'splinternet' fears. *Japan Times*, 2019. Disponível em: <https://www.japantimes.co.jp/news/2019/06/27/business/tech/japans-pitch-free-data-flows-trust-faces-uphill-battle-g20-amid-splinternet-fears/>. Acesso em: 06 setembro 2019.

[26] "O fluxo transfronteiriço de dados, informações, ideias e conhecimento gera maior produtividade, maior inovação e aprimora o desenvolvimento sustentável, ao mesmo tempo em que gera desafios relacionados a privacidade, proteção de dados, direitos de propriedade intelectual e segurança. Ao enfrentar esses desafios, podemos facilitar ainda mais o livre fluxo de dados e fortalecer a confiança dos consumidores e das empresas. A este respeito, é necessário que os marcos jurídicos nacionais e internacionais sejam respeitados. O livre fluxo de dados com confiança permitirá aproveitar as oportunidades da economia digital. Cooperaremos para incentivar a interoperabilidade de diferentes estruturas e afirmamos o papel dos dados no desenvolvimento. Também reafirmamos a importância da interação entre o comércio e a economia digital e tomamos nota das discussões correntes ao amparo do Comunicado Conjunto sobre comércio eletrônico e afirmamos a importância do Programa de Trabalho da OMC sobre Comércio Eletrônico". Veja: <http://www.itamaraty.gov.br/pt-BR/notas-a-imprensa/20562-declaracao-de-osaka-dos-lideres-do-g20>. Acesso em: 05 setembro 2019.

Essa sinalização faz ressaltar a relevância do trabalho fiscalizatório da ANPD no sentido de garantir ao País, por meio da aplicação de medidas de segurança à proteção de dados e da observância do regramento jurídico interno, a credibilidade necessária à participação nessa circulação transfronteiriça livre e segura de dados industriais[27], com futuros benefícios econômicos e sociais.

Embora o elemento que denote a confiança possa variar de país para país, o fato de assegurar a observância de seus próprios ditames legais e garantir a atualidade na aplicação de tecnologia voltada à cibersegurança, já demonstram um bom indício de confiabilidade e, assim, importantes dados industriais, por exemplo, podem futuramente fluir mais livremente e com segurança entre o Brasil e outros países.

Sendo assim, passa a ser prioridade, desde já, a proteção de dados no plano de ação de instituições públicas e privadas com investimento na segurança cibernética[28]. Trata-se de mecanismo de propulsão à economia e manutenção de mercado, haja vista o risco que uma empresa pode deter ao apresentar falhas em seu sistema de segurança cibernético.

4. Propostas de princípios e políticas voltados à concretização do *DFFT*

Apesar da evidente importância da Internet na sociedade e na economia global a cada dia, poucos foram os avanços no sentido de criar um regulamento para tratar dos conflitos que surgem entre as nações soberanas, envolvendo questões relacionadas à privacidade, aos crimes cibernéticos, à proteção do consumidor, à propriedade intelectual, à tributação, à regulação comercial, dentre outros assuntos.

Um dos motivos para essa falta de regulamentação global resulta do fato de que as nações têm diferentes valores e prioridades e falta uma base comum para diálogo. Alguns países querem promover a democracia e a liberdade de expressão e outros querem manter uma política de controle, como China e Rússia.

Logo, demonstra-se necessário um quadro que permita às nações o direito de desenhar a política da Internet de acordo com suas próprias

[27] Principalmente relacionados à saúde e a veículos.

[28] Pinheiro, Patrícia Peck. Proteção de Dados e Cibersegurança serão prioridade dos negócios digitais. *E-commerce Brasil*, 2019. Disponível em: <https://www.ecommercebrasil.com.br/artigos/protecao-de-dados-e-ciberseguranca/>. Acesso em: 06 setembro 2019.

necessidades e regras nacionais, evitando atropelar os direitos de outras nações soberanas, e, assim, desenvolver soluções comuns para as questões em que haja amplo consenso global.

De acordo com Robert Atkinson Negel Cory e Daniel Castro[29], quatro princípios foram formulados com vistas à consecução da governança digital mundial para circulação transfronteiriça de dados com confiança (*Data Free Flow with Trust – DFFT*). Assim, vejamos:

Em primeiro lugar, temos o princípio de que, ao invés de dizer às empresas onde elas podem armazenar ou processar dados, os governos deverão responsabilizar as empresas pela administração de dados que elas coletam, independentemente do lugar onde serão armazenados ou processados. Desse modo, as empresas que fazem negócios em um determinado país, valendo-se da coleta ou gerenciamento de dados, deverão ser responsáveis e responsabilizadas de acordo com as leis daquele local, independentemente de serem ali localizadas ou de ali armazenarem ou processarem tais dados coletados. A responsabilidade é tida como o princípio matriz de uma estrutura global para o livre fluxo de dados com confiança.

Em segundo, os países deverão revisar os acordos legais desatualizados que regem as solicitações de aplicação da lei de acesso aos dados armazenados em outra jurisdição, garantindo o acesso aos dados domésticos armazenados em outras nações. Assim, é assinalado o necessário desenvolvimento de regras internacionais de transparência e o estabelecimento de outras para resolver questões sobre jurisdição competente e aumentar a cooperação e coordenação de solicitações transfronteiriças da aplicação da lei com eficiência.

Em terceiro, os países deverão desenvolver estruturas legais e administrativas que permitam aos provedores de internet bloquear o fluxo de dados que envolvam sua distribuição ilegal ou o uso de conteúdo sem licença.

Por último, há o princípio de que os países deverão dar suporte e não prejudicar o papel da criptografia na proteção do fluxo de dados e tecnologias digitais. Qualquer tentativa do governo de minar a criptografia reduz a segurança geral dos cidadãos e empresas cumpridoras da lei, dificultando

[29] NIGEL CORY, Robert D. Atkinson; CASTRO, Daniel. Principles and Policies for "Data Free Flow With Trust". *Information Technology & Innovation Foudation*, 2019. Disponível em: <https://itif.org/publications/2019/05/27/principles-and-policies-data-free-flow-trust>. Acesso em 06 setembro 2019.

a concorrência de empresas de países com criptografia enfraquecida nos mercados globais e limitando os avanços na segurança da informação.

Conclusões

O presente artigo buscou demonstrar a importância da atuação da Autoridade Nacional de Proteção de Dados e sua repercussão no cenário econômico do país, tendo em vista os dados como fomentadores do crescimento econômico e do incremento à inovação.

Nesse sentido, reforça-se a importância de estar atualizada com tecnologias em torno da segurança da Internet e de fiscalizar o respeito às normas legais disciplinadoras da proteção de dados pessoais e de propriedade intelectual, de modo a garantir padrões de conduta que inspirem confiança apta a garantir a participação do Brasil no livre fluxo transfronteiriço de dados.

Como dito acima, os dados são necessários à economia digital e imprescindíveis para a inovação. A partir do encontro do G20 em 2019, realizado em Osaka, é possível dizer que foi iniciado um esboço de um plano de governança mundial de dados industriais, notadamente no campo da saúde e de veículos, a partir de um fluxo livre e lastreado em confiança. Embora variável o elemento que venha a definir a confiança exigida, é inegável a importância da atuação forte e escorreita da ANPD.

Evidencia-se a importância dessa função com o próprio desenvolvimento da economia do País. Cuidar dos dados pessoais, sob a perspectiva do direito de personalidade, é tão caro quanto garantir a segurança no compartilhamento transfronteiriço de dados não pessoais, com vistas ao desenvolvimento de indústrias num cenário de aprimoramento da economia de um país.

O empenho quanto ao correto desenvolvimento da atividade da ANPD implicará inegavelmente no imprescindível respeito à proteção da pessoa humana, observando os fundamentais direitos da personalidade na proteção de dados pessoais, seja ao propiciar melhores condições para a economia do país, ao inserir o Brasil no cenário de confiança necessário ao fluxo transfronteiriço de dados industriais, seja gerando, por consequência, oportunidades de trabalho que reverberam no próprio desenvolvimento da personalidade e da dignidade da pessoa humana.

Referências

Bennett, Colin; Raab, Charles D. *Revisiting 'The Governance of Privacy':* Contemporary Policy Instruments in Global Perspective. Artigo original preparado para a *Privacy Law Scholars Conference.* Berkeley, EUA, 01 e 02 de junho de 2017. Disponível em <https://ssrn.com/abstract=2972086>. Acesso em: 03 setembro 2019.

Bergé, Jean-Sylvestre; Grumbach, Stephane; Zeno-Zencovich, Vincenzo. The 'Datasphere', Data Flows Beyond Control, and the Challenges for Law and Governance. *European Journal of Comparative Law and Governance,* Vol. 5, Issue 2, 2018. Disponível em: <https://www.publicacoesacademicas.uniceub.br>. Acesso em: 26 agosto 2019.

Doneda, Danilo. *Da privacidade à proteção de dados pessoais.* Rio de Janeiro: Renovar, 2006, p. 157.

ENGINE. Já ouviu falar sobre Sociedade 5.0? Descubra o que é. ENGINE, 13 setembro 2018. Disponível em: <http://www.enginebr.com.br/industria-4-0-2/sociedade-5-0/>. Acesso em: 05 setembro 2019.

Fernandes, David Augusto. Dados pessoais: uma nova *commodity,* ligados ao direito à intimidade e a dignidade da pessoa humana. *Revista Jurídica,* vol. 04, nº 49, Curitiba, 2017, pp. 360-392. Disponível em: <http://www.mpsp.mp.br/portal/page/portal/documentacao_e_divulgacao/doc_biblioteca/bibli_servicos_produtos/bibli_informativo/bibli_inf_2006/Rev-Juridica-UNICURITIBA_n.49.17.pdf>. Acesso em: 06 setembro 2019.

Frazão, Ana. Dados, estatísticas e algoritmos: Perspectivas e riscos da sua crescente utilização. *JOTA,* 28 junho 2017. Disponível em: <www.jota.info/opiniao-e-analise/colunas/constituicao-empresa-e-mercado/dados-estatisticas-e-algoritmos-28062017>. Acesso em: 05 setembro 2019.

GLOBO. Brasil tem dois dispositivos digitais por habitante, diz estudo da FGV. *Revista Pequenas Empresas & Grandes Negócios,* 2019. Disponível em: <https://revistapegn.globo.com/Noticias/noticia/2019/04/brasil-tem-dois-dispositivos-digitais-por-habitante-diz-estudo-da-fgv.html>. Acesso em: 06 setembro 2019.

Jourová, Věra. Protecting our personal data in a digital economy. *The European Files,* 2017. Disponível em: <https://www.europeanfiles.eu/digital/protecting-personal-data-digital-economy>. Acesso em: 04 setembro 2019.

Koizume, Masumi. Japan's pitch for free data flows 'with trust' faces uphill battle at G20 amid 'splinternet' fears. *Japan Times,* 2019. Disponível em: <https://www.japantimes.co.jp/news/2019/06/27/business/tech/japans-pitch-free-data-flows-trust-faces-uphill-battle-g20-amid-splinternet-fears/>. Acesso em: 06 setembro 2019.

Mayer-Schöenberg, Victor; Cukier, Kenneth *apud* Simão Filho, Adalberto. Revisitando a Nova Empresarialidade a partir do Marco Civil em Contexto de Internet das Coisas. *In:* De Lucca, Newton; Simão Filho, Adalberto; Lima, Cíntia Rosa Pereira de (coords.). *Direito & Internet III:* Marco Civil da internet (Lei n. 12.965/2014). Tomo II. São Paulo: Quartier Latin, 2015, p. 36.

Nigel Cory, Robert D. Atkinson; Castro, Daniel. Principles and Policies for "Data Free Flow With Trust". *Information Technology & Innovation Foudation,* 2019. Disponível em: <https://itif.org/publications/2019/05/27/principles-and-policies-data-free-flow-trust>. Acesso em 06 setembro 2019.

Pinheiro, Patrícia Peck. Proteção de Dados e Cibersegurança serão prioridade dos negócios digitais. *E-commerce Brasil*, 2019. Disponível em: <https://www.ecommercebrasil.com.br/artigos/protecao-de-dados-e-ciberseguranca/>. Acesso em: 06 setembro 2019.

Rodotà. Stefano. *Discorso conclusivo dela Conferenza Internazionale sulla protezione dei dati.* 26º International Conference on Privacy and Personal Data Protection. Wroclaw, Polônia, 14, 15 e 16 de setembro de 2004. Disponível em: <https://www.garanteprivacy.it/web/guest/home/docweb/-/docweb-display/docweb/1049293>. Acesso em: 02 de setembro de 2019.

Rodotà, Stefano. *A vida na sociedade da vigilância. A privacidade hoje.* Rio de Janeiro: Renovar, 2008, p. 92.

Santos, Thiago Ribas dos. *LGPD: Transparência vs Segredos Comerciais e Industriais.* Disponível em: <https://medium.com/@thiagoribas_/lgpd-transparência-vs-segredos-comerciais-e-industriais-9c4883ba89fe>. Acesso em: 05 setembro 2019.

Simão Filho, Adalberto; Schwartz, Germano André Doederlein. *Big data big problema! Paradoxo entre o direito à privacidade e o crescimento sustentável*. Disponível em: <http://www.conpedi.org.br/publicacoes/c50o2gn1/tz6xhk8k/cBPURL3ZR7xFVuQD.pdf>. Acesso em: 06 setembro 2019.

Vainzof, Rony. Dados pessoais, tratamento e princípios. *In:* Blum, Renato Ópice; Maldonado, Viviane Nóbrega (coords.). *Comentários ao GDPR: Regulamento Geral de Proteção de Dados da União Europeia.* São Paulo: Thomson Reuters Brasil, 2018, p.37.

A Autoridade Nacional de Proteção de Dados como Garantia Institucional ao Equilíbrio entre os Agentes Econômicos e os Titulares de Dados Pessoais

Gabriel Lochagin
Emanuele Pezati Franco de Moraes
Kelvin Peroli

Introdução

Ao se analisar a implementação da proteção dos dados pessoais e da privacidade, que se estabeleceu, sobretudo, a partir da década de 1970[1], descortinou-se a importância da regulação econômica dos mais valiosos ativos da sociedade informacional (ou sociedade do conhecimento) – os dados pessoais.[2]

Embora a privacidade – e o seu mais amplo benefício – seja um direito fundamental, como o descreve o inc. X, art. 5º da Constituição Federal (e também a proteção dos dados pessoais, por conseguinte[3]), é possível a reflexão de que sua efetivação dependa de *garantias institucionais*. Assim se

[1] Em Wiesbaden, Alemanha, o Parlamento de Hessian aprovou uma inédita proteção aos dados pessoais, que foi seguida por diversos países europeus, durante a década de 1970 (Suécia, Dinamarca, Noruega e França).

[2] Acerca dos aspectos econômicos da informação, vide: Lochagin, Gabriel; Pezati, Emanuele. A economia da privacidade: fundamentos econômicos e aspectos regulatórios da proteção de dados. *In*: De Lucca, Newton; Simão Filho, Adalberto; De Lima, Cíntia Rosa Pereira; Maciel, Renata Mota (coords.). *Direito & Internet IV: Sistema de Proteção de Dados Pessoais*. São Paulo: Quartier Latin, 2019, pp. 513-532.

[3] A Proposta de Emenda à Constituição (PEC) nº 17/2019 possui, como uma de suas propostas, a inclusão a proteção de dados pessoais disponíveis em meios digitais como um dos direitos fundamentais do cidadão, bem como fixar a competência privativa da União para legislar

sucedeu, *v.g.*, no famoso caso de Barbra Streisand, que se resultou inócuo, no qual se pretendeu o desconhecer do público do endereço de sua antiga mansão em Malibu, à guisa de seu esquecimento[4].

Nesse sentido, esses direitos (da privacidade e da proteção dos dados pessoais) podem – em maior ou menor grau – ser potencializados por normas regulatórias que consigam, nas palavras de Calixto Salomão Filho[5], desvencilhar-se do subjetivismo de políticas econômicas (ligadas aos ideais políticos dos diferentes governos) e alcançar o estágio de *garantias institucionais* do equilíbrio entre os agentes econômicos (ou atores) – o mercado e os titulares dos dados pessoais –, ruinando as assimetrias informacionais, a falta de transparência e os abusos com relação à falta de consentimento dos titulares dos dados pessoais, nas relações vividas no espaço digital. É o que colabora para que haja, enfim, resultados efetivos para a proteção dos titulares dos dados pessoais e da privacidade[6].

Essa *garantia institucional* pode ser apresentada pela estruturação de um órgão regulador capaz de mitigar a desigualdade entre os atores e de alcançar, em consequência, *v.g.*, um maior comprometimento com políticas de governança corporativa relativas à proteção dos dados pessoais e à privacidade.

É em razão dessa necessidade que a Autoridade Nacional de Proteção de Dados Pessoais (ANPD) parece ter sido instituída[7] e imbuída de um

sobre a matéria, acrescendo o inciso XII-A ao art. 5º da Constituição Federal, com o seguinte texto: *"É assegurado, nos termos da lei, o direito à proteção de dados pessoais, inclusive nos meios digitais."* BRASIL. Senado Federal. *Proposta de Emenda à Constituição nº 17, de 2019.* Disponível em: <https://www25.senado.leg.br/web/atividade/materias/-/materia/135594>. Acesso em: 04 set. 2019.

[4] VIRTUAL GLOBETROTTING. *Barbra Streisand's House, Malibu, California (CA), US.* Disponível em: <https://virtualglobetrotting.com/map/barbra-streisands-house-1/view/google/>. Acesso em: 04 set. 2019.

[5] SALOMÃO FILHO, Calixto. *Regulação da atividade econômica* (princípios e fundamentos jurídicos). 2ª ed. revisada e ampliada. São Paulo: Malheiros Editores, 2008, p. 142.

[6] Ver, igualmente: LOCHAGIN, Gabriel; PEZATI, Emanuele. A economia da privacidade: fundamentos econômicos e aspectos regulatórios da proteção de dados. *Op. Citatum.*

[7] Conferir a obra de Cíntia Rosa Pereira de Lima, apresentada para o concurso de livre-docência, na Faculdade de Direito de Ribeirão Preto, Universidade de São Paulo, sobre a imprescindibilidade de uma Autoridade de Proteção de Dados Pessoais no Brasil: LIMA, Cíntia Rosa Pereira de. *A imprescindibilidade de uma entidade de garantia para a efetiva proteção dos dados pessoais no cenário futuro do Brasil.* Tese de Livre Docência apresentada à Faculdade de Direito de Ribeirão Preto, Universidade de São Paulo. Ribeirão Preto, 2015, pp. 471-498.

dispositivo que permite o acompanhamento de sua evolução e eventual revisão, a *posteriori*.

A partir do que dispõe o § 1º do art. 55-A da Lei nº 13.709/2018[8], acrescido pela Lei nº 13.853/2019[9], é salutar a análise do impacto da estrutura e da possível transformação da autoridade garante brasileira para os agentes econômicos – de um órgão da administração pública federal, integrante da Presidência da República, para uma entidade da administração pública federal indireta, submetida a regime autárquico especial vinculada à Presidência da República – uma agência reguladora.

Longe de esboçar uma completa análise de impacto regulatório que obstine a maneira em que a regulamentação deva ser implementada no âmbito da autoridade garante brasileira, este artigo tem por objeto o esclarecimento dos problemas de efetividade e eficiência que poderá ter a autoridade, a depender de sua estruturação, em sua relação com o mercado e com o próprio Estado.

Outro ponto de estudo deste artigo refere-se a questão orçamentária da ANPD, cujas receitas para constituição e implementação foram previstas no art. 55-L da LGPD. Entretanto, denota-se da leitura de seus incisos, a possível ineficiência da arrecadação orçamentária para o pleno funcionamento e manutenção do órgão, tendo em vista as alterações ocorridas na Lei n. 13.853/2019, que usurparam grande parte das receitas primárias para a instituição da Autoridade.

1. Análise de impacto regulatório da ANPD para os agentes econômicos

A escolha entre regular ou não regular as relações negociais que orbitam a proteção dos dados pessoais e a privacidade envolve mútliplos interesses, polarizados em torno de alguns aspectos, ao que tudo indica, conflitantes, como verificar-se-á.

[8] BRASIL. Lei n. 13.709, de 14 de agosto de 2018. Lei Geral de Proteção de Dados Pessoais (LGPD). Redação dada pela Lei nº 13.853, de 2019. Brasília, *Diário Oficial da União*, 15 de agosto de 2018. Disponível em: <http://www.planalto.gov.br/ccivil_03/_Ato2015-2018/2018/Lei/L13709.htm>. Acesso em: 02 set. 2019.

[9] BRASIL. Lei n. 13.853, de 08 de julho de 2019. Altera a Lei nº 13.709, de 14 de agosto de 2018, para dispor sobre a proteção de dados pessoais e para criar a Autoridade Nacional de Proteção de Dados, e dá outras providências. Brasília, *Diário Oficial da União*, 09 de julho de 2019. Disponível em: <http://www.planalto.gov.br/ccivil_03/_Ato2019-2022/2019/Lei/L13853.htm#art1>. Acesso em: 09 jul. 2019.

De um lado, a essencialidade da informação para os agentes econômicos: o mercado necessita das informações para a expansão dos seus setores, bem como para a customização dos serviços com base na perfilização dos usuários, *v.g.*, por meio do *marketing* dirigido. De outro lado, os titulares das informações, cuja autodeterminação informativa deveria prevalecer em face do tratamento de seus dados pelos agentes – controladores e operadores – que são responsáveis pelo tratamento, segundo a LGPD (art. 5º, inc. IX).

O desequilíbrio entre os interesses dos atores na sociedade (que inclui não somente os atores privados, mas também os Estados constitui problema jurídico de alta relevância no âmbito da privacidade, comprovados pelo mercado de compartilhamento de dados pessoais, desenvolvido desde o início da sociedade de massa para a expansão do *marketing* e aumento do público (em verdade, da implantação da sociedade do espetáculo, como diria Debord[10]).

Isto é, o possível desrespeito dos atores públicos e privados à privacidade e aos dados pessoais, em um cenário em que a regulação é ausente, pode conduzir à utilização de dados com finalidades comerciais sem que o próprio titular participe significativamente dos benefícios econômicos das operações. Além, é claro, da própria restrição a direitos individuais que estão em questão.

A reação quanto ao desequilíbrio acima citado (quanto ao fato da mitigação da autodeterminação informacional dos titulares de dados) parece ser, como *garantia institucional*, a regulação pelo Estado, bem como a regulamentação e fiscalização pela administração pública, visando, em ambos os casos, salvaguardar os direitos dos titulares e constituem-se instrumentos de *enforcement* em face do mercado e do Estado.

Junto à análise dos planos da existência, da validade e da eficácia da Escada Ponteana[11], pode ser avistado ainda um quarto degrau: o plano da *efetividade*, que é a realização prática das postulações do Direito, ou seja,

[10] DEBORD, Guy. *A Sociedade do Espetáculo*. São Paulo: Contraponto, 2007.

[11] "Existir, valer e ser eficaz são conceitos tão inconfundíveis que o fato jurídico pode ser, valer e não ser eficaz, ou ser, não valer e ser eficaz. As próprias normas jurídicas podem ser, valer e não ter eficácia. O que se não pode dar é valer e ser eficaz, ou valer, ou ser eficaz, *sem ser*; porque não há validade, ou eficácia do que não é".
PONTES DE MIRANDA, Francisco Cavalcanti. *Tratado de direito privado*. 4ª ed. São Paulo: RT, 1974, t. III, p. 15.

estabelece-se pela predominância dos valores e dos interesses descritos sobre as normas jurídicas na realidade dos fatos. Assim sendo, a *efetividade* representa a necessidade de haver a aproximação do *dever ser* (instituído pela norma) com o *ser* (a própria realidade), na ideia de *"tornar as normas constitucionais aplicáveis direta e imediatamente, na extensão máxima de sua densidade normativa"*[12].

À ilustre explicação de Pontes de Miranda, acrescer-se-á, tão-somente para os fins da diferenciação entre a eficácia e a *efetividade* e *eficiência*, que as normas jurídicas podem *ser*, *valer*, ser *eficazes*. Todavia, as mesmas normas podem ainda não ser *efetivas* e *eficientes*.

A título exemplificativo, as regras de *full disclosure* (transparência) para as companhias podem ser efetivas e se aplicarem a uma empresa subsidiária de um determinado grupo econômico[13], que está localizada no Brasil, mas não ser efetiva quanto a sua *holding*, uma *offshore*, *v.g.*, localizada nas Bahamas – um paraíso fiscal. Neste caso, poder-se-ia acarretar a ineficiência dessa regulação, porque não havendo um *full disclosure* sobre os compartilhamentos realizados, não há como se saber se os dados foram ou não compartilhados com a *holding* nas Bahamas, embora os dados pessoais possam apenas ser compartilhados com países e organizações terceiras que estejam localizados em países que ofereçam grau equânime de proteção de dados – o que poderia não ocorrer na prática. Dessa forma, resta demonstrado que a atividade de auditoria, realizada pela ANPD ou por auditores designados, é imprescindível para a *eficiência* da lei.

Outra questão que se refere ao poder público, é preciso pontuar que existem mecanismos que balizam possíveis capturas dos órgãos do poder público pelos interesses do mercado. A guisa de exemplo, pode se mencionar o caso do compartilhamento de dados do Sistema Único de Saúde (SUS) com seguradoras, em detrimento da autodeterminação informacional de seus titulares.

[12] BARROSO, Luís Roberto. *Da falta de efetividade à judicialização excessiva:* direito à saúde, fornecimento gratuito de medicamentos e parâmetros para a atuação judicial. Trabalho desenvolvido por solicitação da Procuradoria-Geral do Estado do Rio de Janeiro, 2007, p. 4. Disponível em: <http://pfdc.pgr.mpf.mp.br/atuacao-e-conteudos-de-apoio/publicacoes/saude/Saude_-_judicializacao_-_Luis_Roberto_Barroso.pdf>. Acesso em: 03 set. 2019.

[13] Inclusive, *v.g.*, sobre o compartilhamento de banco de dados pessoais, no intuito de informar aos acionistas e ao mercado com relativa frequência o *status* de suas atividades.

Para se evitar esses mecanismos de captura, foram previstos diversos dispositivos da LGPD (e que competem à ANPD a sua efetivação e eficiência), como: (i) a solicitação de informes específicos sobre operações de tratamento de dados pessoais realizadas pelo poder público, no que diz respeito ao âmbito do tratamento e a natureza dos dados, por exemplo, com a possibilidade da emissão de parecer técnico complementar para a proteção dos dados pessoais e da privacidade (inc. XI, art. 55-J da LGPD); (ii) a realização ou determinação da realização de auditorias, no âmbito da atividade de fiscalização e aplicação de sanções, em caso de tratamento de dados realizado em descumprimento às leis, inclusive pelo poder público (inc. XVI, art. 55-J); e (iii) a comunicação aos órgãos de controle interno, pela ANPD, do descumprimento da LGPD por órgãos e entidades da administração pública federal (inc. XXII, art. 55-J).

Para a blindagem da captura da ANPD, foi previsto no art. 55-J, § 2º, a imprescindibilidade do arrazoar das medidas tomadas pelo órgão, para que os atos da Autoridade sejam precedidos de consultas e audiências públicas. Ademais, outro instrumento que pode ser utilizado para a fundamentação das decisões tomadas pela ANPD, evitando a captura do órgão, é a análise de impacto regulatório (AIR), que está previsto na Lei da Liberdade Econômica, que é uma ferramenta preditiva para informar os *policy-makers* (os agentes públicos) sobre os impactos das hipóteses de decisões sobre as políticas a ser, pelo órgão, implementadas.

Essa ferramenta, prevista pela Lei nº 13.848/2019[14], dispôs sobre a necessidade da análise de impacto regulatório ao tratar do processo decisório das agências reguladoras, que devem realizá-lo quando seus atos atinjam o interesse geral dos agentes econômicos e usuários dos serviços prestados (regulamentos, resoluções e deliberações), dispondo o art. 6º, §2º, que o regimento interno de cada agência operacionalizará a AIR em seu âmbito.

A inclusão na ANPD da necessidade da análise de impacto regulatório denota a proximidade que o legislador está a tratar a regulamentação da Autoridade com a das agências reguladoras brasileiras, bem como, em verdade, de todos os atos normativos de interesse geral de agentes econômicos e dos usuários dos serviços prestados, editados pela administração

[14] BRASIL. Lei nº 13.848, de 25 de junho de 2019. Dispõe sobre a gestão, a organização, o processo decisório e o controle social das agências reguladoras. Brasília, *Diário Oficial da União*, 26 de junho de 2019. Disponível em: <http://www.planalto.gov.br/ccivil_03/_ato2019-2022/2019/lei/L13848.htm>. Acesso em: 04 set. 2019.

pública federal, no sentido de se evitar os abusos regulatórios, como também foi descrito pelo art. 4º da Medida Provisória n. 881/2019, convertida na Lei de Liberdade Econômica (Lei n. 13.879/2019), em que dispõe ser *"dever da administração pública e dos demais entes que se vinculam ao disposto nesta Lei, no exercício de regulamentação de norma pública pertencente à legislação sobre a qual esta Lei versa, exceto se em estrito cumprimento a previsão explícita em lei, evitar o abuso do poder regulatório"*[15].

Ainda, o art. 5º desse diploma também instituiu que *"propostas de edição e de alteração de atos normativos de interesse geral de agentes econômicos ou de usuários dos serviços prestados, editadas por órgão ou entidade da administração pública federal, incluídas as autarquias e as fundações públicas, serão precedidas da realização de análise de impacto regulatório, que conterá informações e dados sobre os possíveis efeitos do ato normativo para verificar a razoabilidade do seu impacto econômico"* – o que inclui, assim, a ANPD, cuja natureza jurídica primeira é de órgão da administração direta, segundo a Lei nº 13.853/2019.

Dessa maneira, pela análise dos dispositivos que estabelecem a competência regulatória da ANPD (sobretudo, o art. 55-J da LGPD), é possível aperceber que a autonomia técnica e decisória da ANPD (como a descreve o art. 55-B da Lei) está efetivamente estabelecida, em razão de suas atribuições, descritas pelo rol de competências dispostas na Lei.

Entretanto, apesar de a Autoridade estar efetivamente instituída, é preciso, como próximo passo, para se evitar a captura do órgão e para fortalecer o processo democrático regulatório, a precedência de consultas e audiências públicas à instituição de regulamentos, bem como da implementação de análises de impacto regulatório (art. 55-J, § 2º), o que elucida, portanto, que os instrumentos que asseguram a efetividade da proteção dos dados pessoais e da privacidade, como *garantia institucional* ao equilíbrio entre os agentes econômicos – agentes de tratamento e usuários titulares – foram estabelecidos, com a devida e referida autonomia da Autoridade.

O que resta é saber se esses mecanismos de efetividade serão *eficientes* para a proteção, ou se a estrutura da Autoridade poderá ser otimizada, se convertida em uma agência reguladora.

[15] BRASIL. Medida Provisória nº 881, de 30 de abril de 2019. Institui a Declaração de Direitos de Liberdade Econômica, estabelece garantias de livre mercado, análise de impacto regulatório, e dá outras providências. Brasília, *Diário Oficial da União*, 30 de abril de 2019. Disponível em: <http://www.planalto.gov.br/ccivil_03/_Ato2019-2022/2019/Mpv/mpv881.htm>. Acesso em: 02 set. 2019.

2. Conversão da ANPD pela ótica da proteção ao equilíbrio entre os agentes econômicos

Ultrapassado o estudo que envolve a autonomia técnica e decisória da Autoridade[16], parece que o problema fulcral no momento seja, portanto, a questão orçamentária, para que a *garantia institucional* seja verdadeiramente implementada, com eficiência.

Primeiramente, destaca-se que o *caput* do art. 55-A da LGPD dispõe sobre a criação de cargos e funções da ANPD, sem aumento de despesa e estão condicionados condicionados à expressa autorização física e financeira da lei orçamentária anual – bem como da permissão na lei de diretrizes orçamentárias, como dispõe o art. 55-A, § 3º da lei.

Quase que ato de *mágica* do Estado, o art. 55-L da LGPD prevê a constituição de receitas da ANPD, provenientes de: (i) dotações, consignadas no orçamento geral da União, bem como créditos especiais e adicionais, transferências e repasses que lhe forem conferidos; (ii) doações, legados e subvenções que lhe forem destinados; (iii) valores apurados na venda ou aluguel de bens móveis e imóveis de sua propriedade; (iv) valores apurados em aplicações no mercado financeiro de suas receitas; (v) recursos provenientes de acordos, convênios ou contratos celebrados com entidades, organismos ou empresas, públicos, ou privados, nacionais ou internacionais; e, por fim, (vi) o produto da venda de publicações, materiais técnicos, dados e informações, inclusive para os fins de licitação pública.

Tratando-se de uma Autoridade que está a ser implementada, a grande questão é relacionar os instrumentos previstos com a forma de arrecadação das receitas iniciais, ou seja, *v.g.*, a receita advinda de alugueis, sem que ao menos haja uma propriedade, quiçá um bem locado.

D'outro lado, sem o condão da mágica, o vetado inc. V do art. 55-L previa como receita da ANPD o produto da cobrança de emolumentos por serviços prestados. Ocorre que não seria possível, por enquanto, por sua constituição atual possuir natureza jurídica de administração direta, em que deve, ainda, arcar com os custos da execução de suas atividades fins, com recursos próprios[17].

[16] Esses instrumentos já estão descritos pela LGPD – e também pela Medida Provisória nº 881/2019 – e denotam a possibilidade de sua efetividade, até, *v.g.*, pelo quadro multissetorial implementado no Conselho Nacional de Proteção de Dados Pessoais e da Privacidade, como dispõe o art. 58-A da LGPD, e ao Conselho Diretor da ANPD.

[17] Confira as razões da mensagem de veto nº 288, de 08 de julho de 2019, da Lei nº 13.853/2019, quanto ao inc. V do art. 55-L da Lei nº 13.709/2018: "Ante a natureza jurídica transitória de

Piorando o cenário da arrecadação de receitas, o § 5º do art. 52 da LGPD, instituído pela alteração realizada pela Lei nº 13.853/2019[18], determina que o produto da arrecadação das multas aplicadas pela ANPD deve ser destinado ao Fundo de Defesa de Direitos Difusos (FDD). O Fundo é regulamentado pelo Decreto nº 1.306/1994[19] e possui como objetivo, dentre outros, o da reparação aos danos causados ao consumidor.

O destino lógico dessas multas poderia ter sido instituído para compor a receita da própria ANPD, que poderia utilizá-lo para a manutenção do exercício de suas inúmeras funções. No entanto, pelo receio da instituição de uma *"indústria de multas"*, optou o legislador em destinar a arrecadação ao FDD.

O interessante é que, conforme já divulgado sobre a arrecadação das multas aplicadas pelo CADE (Conselho Administrativo de Defesa Econômica) e por outros órgãos do poder público, desde 2012, apenas 1% do montante foi destinado a reparação de danos causados aos direitos difusos[20]. Parece não ter andado bem o legislador em destinar todo o montante para o Fundo de Defesa de Direitos Difusos, cabendo ao seu Conselho Gestor do FDD a organização de projetos que efetiva e eficientemente auxiliem na reparação dos danos causados, *v.g.*, que poderá ou não ser utilizado para a defesa do consumidor, titular dos dados pessoais.

Administração Direta da Autoridade Nacional de Proteção de Dados (ANPD), não é cabível a cobrança de emolumentos por serviços prestados para constituição de sua receita, de forma que a Autoridade deve arcar, com recursos próprios consignados no Orçamento Geral da União, com os custos inerentes à execução de suas atividades fins, sem a cobrança de taxas para o desempenho de suas competências, até sua transformação em autarquia." Disponível em: <http://www.planalto.gov.br/ccivil_03/_Ato2019-2022/2019/Msg/VEP/VEP-288.htm>. Acesso em: 02 setembro 2019.

[18] "§ 5º O produto da arrecadação das multas aplicadas pela ANPD, inscritas ou não em dívida ativa, será destinado ao Fundo de Defesa de Direitos Difusos de que tratam o art. 13 da Lei nº 7.347, de 24 de julho de 1985, e a Lei nº 9.008, de 21 de março de 1995."

[19] BRASIL. Decreto nº 1.306, de 9 de novembro de 1994. Regulamenta o Fundo de Defesa de Direitos Difusos, de que tratam os arts. 13 e 20 da Lei nº 7.347, de 24 de julho de 1985, seu conselho gestor e dá outras providências. Brasília, *Diário Oficial da União*, 09 de novembro de 1994. Disponível em: <http://www.planalto.gov.br/ccivil_03/decreto/1990-1994/D1306.htm>. Acesso em: 04 set. 2019.

[20] MARCHESINI, Lucas. Apenas 1% das multas aplicadas pelo CADE são usadas para reparar danos. *Valor Econômico*, 25 junho 2018. Disponível em: <https://www.valor.com.br/brasil/5616341/apenas-1-das-multas-aplicadas-pelo-cade-sao-usadas-para-reparar-danos>. Acesso em: 04 set. 2019.

Assim, o problema desta destinação é a possível falta de recursos para a estruturação da ANPD – que tem como receitas (mágicas) o que se dispõe pelo já referido art. 55-L da LGPD. É notório que, para a eficiência de sua atividade fiscalizatória e sancionatória do Estado, as dotações deverão ser expressivas, consignadas no orçamento geral da União.

Dessa maneira, conclui-se que a possibilidade da conversão da ANPD em uma agência reguladora poderia trazer o auxílio – financeiro – para a sua imprescindível estruturação eficiente. Assim, poderia haver, para a ANPD como agência, os preceitos que estabelece o art. 3º da Lei nº 13.848/2019, quais sejam, a ausência de tutela ou de subordinação hierárquica, bem como das autonomias funcional, administrativa e financeira, o que poderá trazer, no futuro, seguramente, maior garantia institucional da proteção dos dados pessoais e da privacidade, por um órgão capaz de equilibrar os conflitos – como a assimetria informacional – entre os agentes econômicos e os usuários dos serviços prestados – titulares dos dados pessoais.

Conclusões

Há 40 anos, *"o vídeo destruiu a estrela do rádio"*, cantava a banda britânica *The Buggles*, cujo videoclipe foi, curiosamente, o primeiro a ser exibido na MTV dos EUA, em 1979. Em 2019, *"Video Killed the Radio Star"* parece evocar uma época já quase dissoluta: agora, a *Web* está a destruir as estrelas da televisão, ao avançar do *"World Wide Web"*, com *digital influencers, streamings* e o grande volume de dados – *Big Data* –, que acoberta uma globalizada *"cybersociety"*, à expressão de Steve Jones[21].

Nesse contexto, em sua superfície – *Surface Web* –, está o tráfego de dados transfronteiriço, cujo *enforcement* à proteção deve se dar, sobretudo, pela cooperação entre os órgãos dos diferentes Estados, a se manter uma rede segura, e que, quanto a circulação dos dados pessoais, deve ser operacionalizada por suas autoridades protetivas, que devem perquirir níveis equânimes de proteção.

[21] Para as novas relações e comunicações que advieram com o *cyberspace*, Steve Jones popularizou o termo *cybersociety*, pela obra "CyberSociety: Computer-Mediated Communication and Community".
Cf. JONES, Steve. *CyberSociety:* Computer-Mediated Communication and Community. Newbury Park: Sage Publishing, 1995.

O funcionamento das autoridades deve ser, portanto, efetivado por sua estrutura e rol de competências – regulatória, fiscalizatória e sancionatória –, o que poderá levar, em consequência, à eficiência da proteção dos dados pessoais e da privacidade dos titulares, localizados em um dado território, e à salvaguarda dos direitos dos titulares estrangeiros, para que seus dados possam ser àquele transferidos e tratados.

Era imprescindível, assim, como já defendido por Cíntia Rosa Pereira de Lima, a existência dessa autoridade protetiva no Brasil, bem como é imprescindível que sua eficiência – da ANPD – seja garantida por suas receitas. Atributo que cabe, agora, ser vivamente orçado pela União, em suas leis orçamentárias, como predispôs o inc. I, art. 55-L da LGPD.

Referências

BARROSO, Luís Roberto. *Da falta de efetividade à judicialização excessiva:* direito à saúde, fornecimento gratuito de medicamentos e parâmetros para a atuação judicial. Trabalho desenvolvido por solicitação da Procuradoria-Geral do Estado do Rio de Janeiro, 2007, p. 4. Disponível em: <http://pfdc.pgr.mpf.mp.br/atuacao-e-conteudos-de-apoio/publicacoes/saude/ Saude_-_judicializacao_-_Luis_Roberto_Barroso.pdf>. Acesso em: 03 set. 2019.

BRASIL. Decreto nº 1.306, de 9 de novembro de 1994. Regulamenta o Fundo de Defesa de Direitos Difusos, de que tratam os arts. 13 e 20 da Lei nº 7.347, de 24 de julho de 1985, seu conselho gestor e dá outras providências. Brasília, *Diário Oficial da União*, 09 de novembro de 1994. Disponível em: <http://www.planalto.gov.br/ccivil_03/decreto/1990-1994/D1306.htm>. Acesso em: 04 set. 2019.

_______. Lei n. 13.709, de 14 de agosto de 2018. Lei Geral de Proteção de Dados Pessoais (LGPD). Brasília, *Diário Oficial da União*, 15 de agosto de 2018. Disponível em: <http://www.planalto.gov.br/ccivil_03/_Ato2015-2018/2018/Lei/L13709.htm>. Acesso em: 04 set. 2019.

______. Lei nº 13.848, de 25 de junho de 2019. Dispõe sobre a gestão, a organização, o processo decisório e o controle social das agências reguladoras. Brasília, *Diário Oficial da União*, 26 de junho de 2019. Disponível em: <http://www.planalto.gov.br/ccivil_03/_ato2019-2022/2019/lei/L13848.htm>. Acesso em: 04 set. 2019.

______. Lei n. 13.853, de 08 de julho de 2019. Altera a Lei nº 13.709, de 14 de agosto de 2018, para dispor sobre a proteção de dados pessoais e para criar a Autoridade Nacional de Proteção de Dados, e dá outras providências. Brasília, *Diário Oficial da União*, 09 de julho de 2019. Disponível em: <http://www.planalto.gov.br/ccivil_03/_Ato2019-2022/2019/Lei/L138 53.htm#art1>. Acesso em: 09 jul. 2019.

______. Medida Provisória n. 881, de 30 de abril de 2019. Institui a Declaração de Direitos de Liberdade Econômica, estabelece garantias de livre mercado, análise de impacto regulatório, e dá outras providências. Brasília, *Diário Oficial da União*, 30 de abril de 2019. Disponível em: <http://www.planalto.gov.br/ccivil_03/_Ato2019-2022/2019/Mpv/mpv881.htm>. Acesso em: 02 set. 2019.

BRASIL. Senado Federal. *Proposta de Emenda à Constituição nº 17, de 2019.* Disponível em: <https://www25.senado.leg.br/web/atividade/materias/-/materia/135594>. Acesso em: 04 set. 2019.

Debord, Guy. *A Sociedade do Espetáculo.* São Paulo: Contraponto, 2007.

Jones, Steve. *CyberSociety:* Computer-Mediated Communication and Community. Newbury Park: Sage Publishing, 1995.

Lima, Cíntia Rosa Pereira de. *A imprescindibilidade de uma entidade de garantia para a efetiva proteção dos dados pessoais no cenário futuro do Brasil.* Tese de Livre Docência apresentada à Faculdade de Direito de Ribeirão Preto, Universidade de São Paulo. Ribeirão Preto, 2015, pp. 471-498.

Lochagin, Gabriel; Pezati, Emanuele. A economia da privacidade: fundamentos econômicos e aspectos regulatórios da proteção de dados. *In:* De Lucca, Newton; Simão Filho, Adalberto; Lima, Cintia Rosa Pereira; Dezem, Renata Mota Maciel Madeira (coords). *Direito & Internet IV:* Sistema de Proteção de Dados Pessoais. São Paulo: Quartier Latin, 2019.

Marchesini, Lucas. Apenas 1% das multas aplicadas pelo CADE são usadas para reparar danos. *Valor Econômico*, 25 junho 2018. Disponível em: <https://www.valor.com.br/brasil/5616341/apenas-1-das-multas-aplicadas-pelo-cade-sao-usadas-para-reparar-danos>. Acesso em: 04 set. 2019.

Orwell, George. *1984.* Tradução de Alexandre Hubner e Heloisa Jahn. Rio de Janeiro: Companhia das Letras, 2009, p. 11.

Pontes de Miranda, Francisco Cavalcanti. *Tratado de direito privado.* 4ª ed. São Paulo: RT, 1974, t. III, p. 15.

Salomão Filho, Calixto. *Regulação da atividade econômica* (princípios e fundamentos jurídicos). 2ª ed. revisada e ampliada. São Paulo: Malheiros Editores, 2008, p. 142.

UNIÃO EUROPEIA. Regulamento (EU) 2016/679 do Parlamento Europeu e do Conselho, de 27 de abril de 2016, relativo à proteção das pessoas singulares no que diz respeito ao tratamento de dados pessoais e à livre circulação desses dados e que revoga a Diretiva 95/46/CE (Regulamento Geral sobre a Proteção de Dados). *Jornal Oficial da União Europeia*, 04 de maio de 2016. Disponível em: <https://eur-lex.europa.eu/legal-content/PT/TXT/HTML/?uri=CELEX:32016R0679&from=PT#d1e8250-1-1>. Acesso em: 02 set. 2019.

VIRTUAL GLOBETROTTING. *Barbra Streisand's House, Malibu, California (CA), US.* Disponível em: <https://virtualglobetrotting.com/map/barbra-streisands-house-1/view/google/>. Acesso em: 04 set. 2019.

Monetização de Dados em Ambiente de Liberdade Econômica: Desafio à Proteção de Dados!

ADALBERTO SIMÃO FILHO
CLARISSA LINDENBERG BADKE
JANAINA DE SOUZA CUNHA RODRIGUES

Introdução

Com o advento da Lei nº 13.974, promulgada em 20 de setembro de 2019, foi instituída a *Declaração de Direitos de Liberdade Econômica*, que estabelece normas de proteção à livre iniciativa e ao livre exercício de atividade econômica.

Trata-se de mais uma legislação que pretende buscar o ambiente interno ideal para a atração de capital, fomento da atividade empresarial, desenvolvimento e inclusão social, completada por disposições sobre a atuação do Estado como agente normativo e regulador.

Os princípios norteadores da lei se resumem na liberdade como uma garantia no exercício de atividades econômicas, boa-fé do particular perante o poder público, a intervenção subsidiária e excepcional do Estado sobre o exercício de atividades econômicas, e, ainda, no reconhecimento da vulnerabilidade do particular perante o Estado.

O alcance da norma é amplo, a julgar pelo fato de que os seus dispositivos deverão ser observados na aplicação e na interpretação do direito civil, empresarial, econômico, urbanístico e do trabalho nas relações jurídicas que se encontrem no seu âmbito de aplicação e na ordenação pública, inclusive sobre exercício das profissões, comércio, juntas comerciais, registros públicos, trânsito, transporte e proteção ao meio ambiente.

A problematização do artigo, refere-se basicamente, à busca pela harmonização das novas políticas de mercado brasileiro com a pratica decorrente da monetização dos conteúdos provenientes do tráfego de dados, em sintonia com a estrutura cosmopolita da internet e a busca da proteção à privacidade.

Se por um lado, há previsão legal para o direito pessoal de inviolabilidade da intimidade, vida privada, sigilo no fluxo de comunicações pela internet, tendo a liberdade de expressão como condição básica para o pleno exercício do direito de acesso à internet, a outro, criou-se por meio da utilização do procedimento de Big Data[1], um sistema intenso de processamento de informações públicas ou privadas, transformadas em dados de qualquer natureza, que trafegam em internet, instrumentalizados por softwares e equipamentos processadores de volumes maciços destes dados, que são utilizados em múltiplas e diversificadas áreas, gerando um ambiente informacional onde a característica maior do ponto de vista dos mercados, reside na possibilidade de formação e agregação de valor, resultando como reflexo a ser melhor estudado, a possibilidade de vigilância constante do cidadão, com claro desprestígio à privacidade.

A necessidade da conciliação de interesses empresariais tão distintos como o legitimo e irrenunciável direito da busca da lucratividade global como principal resultado esperado, através do que se convencionou denominar de Internet das Coisas – IdC, desenvolvida a partir da interpretação de dados maciços e abundantes, na aplicação em negócios e modelos econômicos, com as premissas decorrentes do sistema de regulação adotado no país, no que tange a proteção de dados de consumidores e sua privacidade é um grande desafio cosmopolita.

Neste cenário aparentemente inconciliável e apocalíptico, não se deve desprezar direitos que corriqueiramente aparecem violados no uso diuturno da internet, relativos à privacidade, intimidade e dignidade.

A busca pela harmonização desses interesses, em contexto de nova empresarialidade, onde se propugna pela implantação de uma ética empresarial apropriada ao espaço virtual e às suas relações paritárias e consumeristas, que possa se sintonizar com os ditames da Lei nº 13.709/2018 e com

[1] A expressão *"Big Data"* descreve não só uma tecnologia apropriada de captura de dados, como também, o crescimento, disponibilidade e uso exponencial de informações estruturadas e não estruturadas, que trafegam pela internet sob forma de dados, no âmbito da liberdade econômica e informacional.

as normas de liberdade econômica, parece ser o desafio contemporâneo voltado para a atividade protetiva idealizada.

1. Monetização dos dados como principio gerador do novo Eldorado virtual

O banco de dados formado a partir do tráfego digital resulta em um ativo imaterial, que se consubstancia em um direito *sui generis*, compondo a categoria de bem incorpóreo do estabelecimento empresarial titularizado pelo seu detentor.

Este direito, a exemplo do que dispõe o art. 133, §3º da *Ley de Propiedad Intelectual* (Real Decreto Legislativo 1/1996) da Espanha, quando menciona o direito *sui generis* sobre uma base de dados, acaba por proteger os investimentos substanciais que realizou o titular, avaliados qualitativa ou quantitativamente, seja por meios financeiros ou por emprego de tempo, esforços, energia ou outro de similar natureza, para a obtenção, verificação e apresentação do conteúdo de um banco de dados.

Este conjunto de dados contidos no banco que o coletou, são passíveis de monetização, independentemente de o arquivo digital ter sido formado a partir de dados generalistas, dados pessoais ou dados mistos.

Há quem se especialize na prospecção de dados, com vistas à formação de valor econômico gerado pela sua transformação e pela estrutura que viabilize a sua utilização quando são analisados, disciplinados, catalogados e empacotados de maneira tal que possam se prestar na formação de um ativo imaterial específico e valioso, completo para fins de oferta e utilização no segmento de mercado específico[2].

Inúmeras são as formas de abstrair valor na exploração de um banco de dados, quer através de negócio jurídico de venda ou de compartilhamento de dados com outras empresas interessadas, em razão da natureza e da qualidade dos dados coletados ou, ainda, por utilização das informações geradas pelo banco de dados, para a finalidade de desenvolver, inovar, modificar ou melhorar produtos e serviços, com reflexos diretos na experiência do consumo.

[2] SIMÃO FILHO, Adalberto; SCHWARTZ, Germano André Doederlein. Big Data – Big Problema! Paradoxo entre o direito à privacidade e o crescimento sustentável. *Revista Teorias Sociais e Contemporaneas do Direito do IV Encontro Internacional do CONPEDI*/Oñati. Santa Catarina: Ed. CONPEDI, 2016, p. 221.

Soluções tecnológicas resumidas em ferramentas de coleta, com capacidade intensa de armazenamento e processamento de dados abundantes e maciços, no modelo *Big Data* ou assemelhados, são constantes e usuais em uma sociedade impactada por tecnologia informacional. A inteligência na criação e estruturação do banco de dados, poderá também refletir na capacidade de gerar a rentabilização e, em consequência, na monetização desses dados.

A monetização das informações armazenadas em bancos de dados passou a ser uma constante em determinados segmentos sociais, voltados para a gestão de informações financeiras e de avaliação de riscos. Um sistema de gerenciamento eficaz de banco de dados pode refletir na estratégia de tomada de decisão empresarial ou de gestão, gerando melhor monetização.

Além de equipamentos tecnológicos e servidores específicos para possibilitar a coleta em fontes dedicadas e/ou diversificadas de informações e armazenagem de dados em *Cloud Computing*, na construção da base de dados, há que se idealizar a organização das informações de tal forma que estas fiquem aptas à geração de negócios ou a se prestarem à sua utilização final com eficiência.

A monetização desses dados passou a gerar uma inovadora fonte de riquezas, na qual as pessoas que realmente titularizam e compõem essas bases (auxiliando com seus dados capturados na tomada de decisões de empreendedores a quem o acesso à base foi concedido) nada aproveitam sobre os resultados de sua participação, em tão volumoso ativo imaterial, cujo custo de captação, considerada a ausência de contrapartida econômica aos titulares desses dados, é praticamente zero ou perto disso.

Estudos mais aprofundados devem seguir na busca da proteção dos dados pessoais e da privacidade, com vistas a possibilitar alguma forma de contemplação daquele que, mesmo involuntariamente, tenha contribuído para os resultados financeiros atingidos em escala inimaginável.

2. Liberdade econômica e livre mercado na monetização de dados

Para assegurar o respeito aos contratos e investimentos, além da clássica proteção constitucional da propriedade e dos meios e fatores de produção decorrente da atividade mercantil, todas as normas de ordenação pública sobre atividades econômicas privadas, passam a ser interpretadas em favor da liberdade econômica, da boa-fé e do respeito aos contratos, aos investimentos e à propriedade, como menciona a Lei nº 13.974/2019.

Ressalvada a restrição aplicada ao direito tributário e direito financeiro, estes princípios interpretativos se constituem norma geral de direito econômico e como tal, serão observados para todos os atos públicos de liberação da atividade econômica executados pelos Estados, pelo Distrito Federal e pelos Municípios.

Sem se descuidar dos princípios constitucionais norteadores da ordem econômica previstos no art. 170 da Constituição Federal, a lei em comento estabelece que são direitos de toda pessoa, natural ou jurídica, essenciais para o desenvolvimento e o crescimento econômicos do País, desenvolver atividade econômica de baixo risco, para a qual se valha exclusivamente de propriedade privada própria ou de terceiros, sem a necessidade de obtenção de quaisquer atos ou autorizações públicas de liberação da mesma.

Esta previsão acaba por se prestar também, como fundamento para as atividades econômicas voltadas para a monetização dos dados. Alias, há expressa previsão de proteção legal para desenvolver, executar, operar ou comercializar novas modalidades de produtos e de serviços, quando as normas infra legais se tornarem desatualizadas por força de desenvolvimento tecnológico consolidado internacionalmente, nos termos estabelecidos em regulamento, que disciplinará os requisitos e procedimentos para aferição da situação concreta, observado o momento e as condições.

Outro dispositivo da lei, trata de negócios jurídicos paritários, atribuindo a garantia de que os negócios jurídicos empresariais desta modalidade serão objeto de livre estipulação das partes pactuantes, de forma a aplicar todas as regras de direito empresarial apenas de maneira subsidiária ao avençado, exceto normas de ordem pública.

Na inclusão temática que resultou no art. 421-A do Código Civil, constata-se a efetivação da categoria do negócio jurídico paritário no campo da contratualidade. Disciplina a regra que os contratos civis e empresariais presumem-se paritários e simétricos até a presença de elementos concretos que justifiquem o afastamento dessa presunção, ressalvados os regimes jurídicos previstos em leis especiais, garantido também que as partes negociantes poderão estabelecer parâmetros objetivos para a interpretação das cláusulas negociais e de seus pressupostos de revisão ou de resolução; a alocação de riscos definida pelas partes deve ser respeitada e observada; e a revisão contratual somente ocorrerá de maneira excepcional e limitada.

Observa-se que se pretende a mínima intervenção estatal no campo da manifestação da vontade dos contratantes.

Para poder se fazer bem cumprir estas normas, houve também a modificação do art. 113 do Código Civil, com a qual criam-se novas regras interpretativas, inclusive para que se possa verificar de forma eficiente, a categoria de negócios jurídicos empresariais paritários. Observa-se que estas regras não se referem apenas aos contratos, mas aos negócios jurídicos em sentido lato.

O sistema prestigia uma interpretação que possa ser confirmada pelo comportamento das partes posterior à celebração do negócio, corresponder aos usos, costumes e práticas do mercado relativas ao tipo de negócio, corresponder à boa-fé e ao que for mais benéfico à parte que não redigiu o dispositivo e corresponder a qual seria a razoável negociação das partes sobre a questão discutida, inferida das demais disposições do negócio e da sua racionalidade econômica, consideradas as informações disponíveis no momento de sua celebração.

Admite-se, ainda, que as partes possam livremente pactuar regras de interpretação, de preenchimento de lacunas e de integração dos negócios jurídicos diversas daquelas previstas em lei, como menciona o § 2º do art. 113 do Código Civil, contribuindo estes sistemas para o fomento dos negócios jurídicos paritários, de forma que se possa ter, no país, outro ambiente de recepção, mais assertivo e protetivo, gerando a segurança almejada.

A Lei nº 13.853/2019, que dispôs, dentre outros assuntos, sobre a criação da ANPD como órgão da administração pública federal, integrante da Presidência da República, apresentou, dentre as suas competências, a elaboração das diretrizes para a Política Nacional de Proteção de Dados Pessoais e da Privacidade, além do dever de fiscalizar e aplicar sanções em caso de tratamento de dados realizado em descumprimento à legislação. Urge, assim, que, na busca da ambiência interna inovadora no país, no que concerne à sociedade da informação, se possa viabilizar a forma de se harmonizar os princípios basilares voltados para a liberdade econômica aos anseios da legislação protetiva de tratamento dos dados, de forma que não se inviabilize preceitos voltados para a livre iniciativa e da ordem econômica, com a observância da cláusula geral de boa-fé.

Todavia, também cumpre observar que, em se tratando de consumidores ou de titulares de dados na categoria de usuários de aplicativos ou de tecnologias, não se pode afastar das regras de interpretação os sistemas protetivos decorrentes dos outros diplomas legais, como o Código do Consumidor e o Marco Civil da Internet, quando caracterizado um conflito entre normas, dando-se prevalência a uma detida análise do caso concreto e aos interesses transindividuais dos titulares dos dados.

Na busca da lucratividade global como principal resultado esperado da utilização da IdC (Internet das Coisas), em ambiente de uma quarta Revolução Industrial, a qualidade da interpretação dos dados voltados à aplicação em negócios e modelos econômicos, com as premissas decorrentes do sistema de regulação adotado no país, voltadas à proteção dos dados dos consumidores, não deverá desprezar direitos que corriqueiramente aparecem violados no uso diuturno da Internet[3].

3. O consentimento eficaz e a base de dados monetizada

Os negócios jurídicos praticados com vistas à monetização de dados, seja de qualquer espécie, direta ou indireta, devem considerar que as fontes legislativas dialogam de forma sistêmica tal que não possa ser desprezada a ideia da captação do consentimento do titular dos dados, que comporão a base de dados em formação ou já existente. O art. 7º da LGPD menciona acerca do fornecimento de consentimento pelo titular que, segundo o regramento jurídico a que este se submete, deverá ser fornecido por escrito ou por outro meio que demonstre a manifestação de sua vontade.

Caso o consentimento seja fornecido por escrito, este deverá constar de cláusula destacada das demais cláusulas contratuais. O consentimento deverá referir-se a finalidade determinada e as autorizações genéricas para o tratamento de dados pessoais serão nulas. Por outro ângulo, é vedado o tratamento de dados pessoais mediante vício de consentimento, cabendo ao controlador o ônus da prova de que o consentimento foi obtido em conformidade com as normas legais.

Há claro direito que não deve ser desprezado na constituição de uma base de dados a ser monetizada, de revogação de consentimento ou de não renovação do consentimento por parte do titular, como expresso em lei. O consentimento como ato unilateral de manifestação de vontade pode ser revogado a qualquer momento, mediante manifestação expressa do titular.

Modernamente, inúmeras soluções tecnológicas geram aplicativos e plataformas nas quais o consentimento do usuário para com relação aos

[3] SIMÃO FILHO, Adalberto. Revisitando a nova empresarialidade a partir do Marco Civil em contexto de Internet das Coisas. *In:* DE LUCCA, Newton; SIMÃO FILHO, Adalberto; LIMA, Cíntia Rosa Pereira de (orgs.). *Direito e Internet III*: Marco Civil da Internet. São Paulo: Quartier Latin, 2015, p.37.

seus dados, inclusive os que possibilitam a geolocalização, é efetivado ou por subscrição eletrônica de Termo de Uso ou por meio de concordância, quando da utilização dos *softwares* já embarcados na aquisição de seu equipamento de telefonia móvel, ou, ainda, ao aderir a um plano da operadora ou do fabricante do equipamento.

Inúmeros são os aplicativos que operam a partir do consentimento primário do usuário, possibilitando a realização posterior por parte daquele que captou o consentimento primário (o agente de tratamento), de negócios jurídicos paritários das mais diversas naturezas, nas cadeias econômicas relacionadas ao grupo empresarial que titularizou a coleta deste consentimento, gerando um desafio interpretativo da qualidade deste consentimento, que deverá, em nossa óptica, seguir os novos critérios legislativos apresentados e o princípio da boa-fé objetiva.

A realidade é que, seja como for a forma de interpretação, estas operadoras de banco de dados devem estar totalmente afinadas e comprometidas com as leis de proteção de dados do país ou da região em que atuam, de forma tal que essa base específica de dados seja formada de usuários que já deram previamente o seu consentimento, inclusive quanto a possibilidade de utilização de sua geolocalização por meios tecnológicos e de compartilhamento.

A legislação prevê também as hipóteses que legitimam o tratamento de dados, quando este se refere ao cumprimento de obrigação legal ou regulatória pelo controlador. Deve o titular ser informado acerca das hipóteses em que serão admitidos tratamentos de seus dados, seja para a realização de estudos por órgãos de pesquisa, garantindo-se, sempre que possível, a anonimização destes dados, quando necessário para a execução de contrato ou de procedimentos preliminares relacionados, ou para o exercício regular de direitos em processo judicial, administrativo ou arbitral – este último, nos termos da Lei nº 9.307, de 23 de setembro de 1996 (Lei de Arbitragem).

Há, ainda, legitimidade no tratamento de dados em hipóteses como à proteção da vida ou da incolumidade física do titular ou de terceiro, tutela da saúde, procedimento realizado por profissionais da área da saúde ou por entidades sanitárias, ou para a proteção do crédito.

Assim é que, para a consecução dos negócios jurídicos paritários que envolvam banco de dados, estes devem ser formados e estruturados com a observância dos princípios legais, sendo que prepondera sempre a autodeterminação como manifestação livre, informada e inequívoca pela qual o titular concorda com o tratamento de seus dados pessoais para uma finalidade determinada.

Um ato de tratamento de dados pessoais deve obedecer, por primeiro, aos direitos de autodeterminação de seu titular, a quem cabe decidir por sua utilização por terceiros, avaliando as consequências dessa validação.

Cintia Rosa Pereira Lima[4] menciona que o direito à proteção de dados pessoais é distinto dos direitos da personalidade tradicionais, considerando os dados pessoais como elementos externos à pessoa, uma vez observado o ponto de referência objetivo do valor do indivíduo na sociedade.

Sendo o direito à proteção de dados pessoais inerente ao desenvolvimento do ser humano e das atividades por ele desempenhadas, inclusive no âmbito empresarial, deve também o ser tutelado como um direito de personalidade autônomo.

Com fundamento no art. 6º da LGPD, pode-se entender que as atividades relacionadas ao tratamento dos dados pessoais para o nascimento de uma relação jurídica paritária, com vistas a formação dos bancos de dados, devem estar amparadas pela boa-fé e pela observância de certos princípios, como o da finalidade, voltado para a realização do tratamento com propósitos legítimos, específicos, explícitos e informados ao titular, sem a possibilidade de tratamento posterior de forma incompatível com essas finalidades.

O princípio da adequação, por sua vez, refere-se à compatibilidade do tratamento com as finalidades informadas ao titular, de acordo com o seu contexto. Através do princípio da necessidade, em seu turno, torna-se limitado o tratamento ao mínimo necessário para a realização de suas finalidades, com abrangência dos dados pertinentes, proporcionais e não excessivos em relação às finalidades do tratamento.

O livre acesso, por seu lado, refere-se à garantia aos titulares de consulta facilitada e gratuita sobre a forma e a duração do tratamento, bem como sobre a integralidade de seus dados pessoais. No que tange à qualidade dos dados, esta é a garantia aos titulares de exatidão, clareza, relevância e atualização de seus dados, de acordo com a necessidade e para o cumprimento da finalidade de seu tratamento.

[4] LIMA, Cíntia Rosa Pereira de. *A imprescindibilidade de uma entidade de garantia para a efetiva proteção dos dados pessoais no cenário futuro do Brasil.* Tese de Livre Docência defendida na Universidade de São Paulo, 2015, p.113.

A transparência, prevista na Lei, refere-se à garantia aos titulares de informações claras, precisas e facilmente acessíveis sobre a realização do tratamento e sobre os agentes de tratamento, observados os segredos comercial e industrial. Espera-se, no quesito de segurança, a utilização de medidas técnicas e administrativas aptas a proteger os dados pessoais de acessos não autorizados e de situações acidentais ou ilícitas de destruição, perda, alteração, comunicação ou difusão.

Na busca pela prevenção, espera-se a adoção de medidas para prevenir a ocorrência de danos em virtude do tratamento de dados pessoais. No conceito de não discriminação, objetiva-se a impossibilidade de realização do tratamento para fins discriminatórios ilícitos ou abusivos.

Por fim, o princípio da responsabilização e prestação de contas refere-se à demonstração, pelo agente, da adoção de medidas eficazes e capazes de comprovar a observância e o cumprimento das normas de proteção de dados pessoais e eficácia dessas medidas.

Conclusões

A criação de um ambiente no qual prepondera a liberdade econômica e a intervenção mínima do Estado nas relações empresariais e nos negócios jurídicos paritários parece ser expressiva conquista na busca da atração de investimentos e novos mercados, que possam resultar em empregabilidade e fomento das atividades mercantis, com reflexos no crescimento.

Na mesma esteira, a LGPD e a instituição da ANPD acabam por possibilitar um certo avanço na busca da proteção dos dados pessoais, com enfoque na privacidade e na dignidade da pessoa humana, como forma de coibir os frequentes abusos na colheita indiscriminada e não criteriosa de dados estruturados e não estruturados, com vistas à sua monetização direta ou indireta.

Na medida em que se beneficia e se protege o substrato decorrente dos negócios jurídicos paritários, gerando uma categoria em que os critérios objetivos e informativos são claros, sempre com vistas a prestigiar a manifestação da vontade, enfatiza-se, também, a necessidade de serem observadas as demais normas cogentes, protetivas de direito público.

Na busca dos negócios que visam a monetização dos dados, podem as partes estipular livremente os termos do negócio jurídico nuclear, aplicando as regras empresariais de forma subsidiária, caso esta seja a vontade em relevo, em atenção ao princípio da autonomia privada, ressalvadas as normas de ordem pública.

É nesse cenário de natureza interpretativa que surge a necessidade de plena harmonização das regras, com vistas a não se descuidar do princípio da autodeterminação informativa, proteção e verificação do consentimento dos titulares dos dados pessoais passíveis de monetização, em sintonia com a necessidade de fomento dos negócios, atração de capitais e crescimento do país, de forma inclusiva e sustentável.

Referências

ALEJANDRE, Gemma Minero. *La protección jurídica de las bases de datos em el ordenamiento europeo*. Madrid: Editorial Tecnos, 2014.

BARBOSA, Marcos T. J.; BAISSO, Marcos; ALMEIDA, Marcos. Surge uma nova sociedade. *In: Automação & Sociedade:* Quarta Revolução Industrial, um olhar para o Brasil. Rio de Janeiro: Brasport, 2017.

BAUMAN, Zygmunt. *Vigilância Líquida* – Diálogos com David Lyon. Rio de Janeiro: Zahar, 2013.

______. *Esto no es um diário*. Buenos Aires: Paidos, 2012.

______. *Vida Líquida*. Rio de Janeiro: Zahar, 2009.

BAUMAN, Zygmunt, em entrevista ao programa Globo News Milênio (Janeiro/ 2012). Disponível em: <https://www.youtube.com/watch?v=4S71MSAEwhU>. Acesso em: 22 jan. 2020.

CAPITÁN, Eva R. Jordà; FERNÁNDEZ, Verónica de Priego. *La protección y seguridad de la persona en internet:* Aspectos sociales y jurídicos. Madrid: Editorial Reus, 2014.

CASTELLS, Manuel. Fim de milênio. *A era da informação:* economia, sociedade e cultura. São Paulo: Paz e Terra, 2012.

DONEDA, Danilo. Princípios da proteção de dados pessoais. *In:* DE LUCCA, Newton; SIMÃO FILHO, Adalberto; LIMA, Cíntia Rosa Pereira de (orgs.). *Direito e Internet III*: Marco Civil da Internet. São Paulo: Quartier Latin, 2015.

LIMA, Cintia Rosa Pereira; BIONI, Bruno Ricardo. A proteção dos dados pessoais na fase de coleta: apontamentos sobre a adjetivação do consentimento implementada pelo art. 7, incisos VIII e IX, do Marco Civil da Internet a partir da Human Computer Interaction e da privacy by default. *In:* DE LUCCA, Newton; SIMÃO FILHO, Adalberto; LIMA, Cíntia Rosa Pereira de (orgs.). *Direito e Internet III*: Marco Civil da Internet. São Paulo: Quartier Latin, 2015.

LIMA, Cintia Rosa Pereira. *A imprescindibilidade de uma entidade de garantia para a efetiva proteção dos dados pessoais no cenário futuro do Brasil.* Tese de Livre Docencia defendida na Universidade de São Paulo, 2015

MAYER-SCHÖNBERGER, Victor; CUKIER, Kenneth. *Big Data* – La revolución de los datos masivos. Madrid: Turner Publicaciones, 2013.

OLIVER-LANANA, A. Daniel; SORO, José Felix Muñoz. El mito del consentimiento y el fracasso del modelo individualista de protección de datos. *In:* TORRIJOS, Julián Valero (org.). *La protección de los datos personales en internet ante la innovación tecnológica.* Navarra: Ed. Aranzadi, 2013, pp.153-196.

PRIETO, Vitor Domingo. De la defensa del derecho fundamental a la privacidad a la vigilancia masiva. *In:* CAPITÁN, Eva R. Jordà; FERNÁNDEZ, Verónica de Priego. *La protección y seguridad de la persona en internet:* Aspectos sociales y jurídicos. Madrid: Editorial Reus, 2014, pp. 35-47.

RIFKIN, Jeremy. *La sociedad de coste marginal cero* – el internet de las cosas, el procomum colaborativo y el eclipse del capitalismo. Barcelona: Paidós, 2014.

RODOTÁ, Stefano. *A vida na sociedade da vigilância* – a privacidade hoje. Rio de Janeiro: Renovar, 2008.

ROTONDO, Felipe. Acesso a la información pública y protección de datos personales: conceptos y su aplicación. *In:* OLIVEIRA, Rafael Santos de (org.). Direito e novas tecnologias da informação. Curitiba: Ithala, 2015, pp. 31-48.

SIMÃO FILHO, Adalberto. Revisitando a nova empresarialidade a partir do Marco Civil em contexto de Internet das Coisas. *In:* DE LUCCA, Newton; SIMÃO FILHO, Adalberto; LIMA, Cíntia Rosa Pereira de (orgs.). *Direito e Internet III*: Marco Civil da Internet. São Paulo: Quartier Latin, 2015.

SIMÃO FILHO, Adalberto; SCHWARTZ, Germano André Doederlein. Big Data – Big Problema! Paradoxo entre o direito à privacidade e o crescimento sustentável. *In: Revista Teorias Sociais e Contemporaneas do Direito do IV Encontro Internacional do CONPEDI*/Oñati. Santa Catarina: Ed. CONPEDI, 2016.

SIMÃO FILHO, Adalberto; PEREIRA, Sergio Luiz; MARQUES, Fernando Mario Rodrigues. Ecoeconomia e a Sociedade da Informação com a Quarta Revolução Industrial. *In: Automação & Sociedade.* Quarta Revolução Industrial, um olhar para o Brasil. Rio de Janeiro: Brasport, 2018.

SIMÃO FILHO, Adalberto; PEREIRA, Sergio Luiz. *A empresa ética em ambiente ecoeconômico:* a contribuição da empresa e da tecnologia da automação para um desenvolvimento sustentável inclusivo. São Paulo: Quartier Latin, 2014.

TORRIJOS, Julián Valero. *La protección de los datos personales em internet ante la innovación tecnológica.* Riesgos, amenazas y respuestas desde la perspectiva jurídica. Navarra: Thomson Reuters, 2013.

A LGPD Brasileira sob a Perspectiva do Direito Comercial: A Base de Dados como um Ativo Relevante da Empresa

Renata Mota Maciel
Emanuele Pezati Franco de Moraes

Introdução

A Lei Geral de Proteção de Dados Pessoais instaurou uma ordenação mais específica sobre a proteção de dados pessoais no Brasil e, sob a perspectiva do Direito Comercial, propõe-se uma nova leitura para institutos há muito conhecidos dos comercialistas, com destaque para considerações acerca do valor da empresa e de seus ativos relevantes. Assim, tanto as informações sobre a empresa como sua base de dados são apresentadas a partir do sistema de proteção de dados fortalecido pela LGPD, no Brasil, o que inclui preocupações com a proteção de dados coletados de consumidores e de clientes, assim como da própria empresa.

A consideração sobre o valor dos bancos de dados das empresas impõe novo olhar sobre o que se entende por estabelecimento empresarial, ativo da empresa e seu patrimônio, com repercussão direta em operações societárias, questões concorrenciais e até mesmo no tratamento da crise das empresas.

No cenário anterior, a concessão de crédito às empresas ocorria, basicamente, a partir de garantias imobiliárias ou mobiliárias, envolvendo estoques ou produtos e uma avaliação dos ativos tangíveis da empresa. Na atualidade, cada vez mais operações societárias e de crédito baseiam-se na avaliação da empresa a partir da perspectiva de lucratividade sobre outros ativos, tais como propriedade intelectual, base de dados e alianças estratégicas.

Por esse quadro, a LGPD deve ser compreendida e suas regras assimiladas nessas operações, o que acontecerá na maior parte dos casos desde a análise de risco inicialmente formulada pelas partes envolvidas.

2. As transformações da atividade empresarial e a sempre atual necessidade de regulação do poder econômico

Com a entrada em vigor da LGPD, surge a necessidade de refletir acerca de suas consequências sob a perspectiva do Direito Comercial. Nesse sentido, a evolução do capitalismo pode perfeitamente ser ilustrada a partir do desenvolvimento da atividade empresarial.

Não por acaso, Fabio Konder Comparato afirmou, na aula inaugural dos Cursos Jurídicos da Faculdade de Direito da Universidade de São Paulo, em 1983, que *"se se quiser indicar uma instituição social que, pela sua influência, dinamismo e poder de transformação, sirva de elemento explicativo e definidor da civilização contemporânea, a escolha é indubitável: essa instituição é a empresa"*[1].

Da mesma forma, reconhecer o papel das empresas no desenvolvimento das nações é pensar em poder econômico, ainda que tenham sofrido a intervenção do Estado, em movimentos muitas vezes cíclicos, de maior ou menor ingerência.

Em qualquer caso, mesmo em cenários de maior interferência estatal na atividade empresarial, não há nenhuma dúvida de que a empresa sempre logrou espaço para o seu desenvolvimento e deteve o protagonismo nos avanços tecnológicos, verificados ao longo do tempo.

A propósito, como bem apontou José Renato Nalini: *"por haver sobrevivido às intempéries, a instituição que pode ser considerada vencedora no século XXI é a empresa. Enquanto o Estado se encontra às voltas com a perda da soberania, conceito cada vez mais relativizado, a empresa integra um sistema competente"*[2].

As relações empresariais nos mercados são relações eminentemente de poder econômico. Portanto, com as transformações pelas quais a atividade empresarial passou, ao longo do tempo, o valor econômico de seus bens foi, pouco-a-pouco, sendo alterado, tanto que a propriedade privada, como representação de poder, foi substituída pela propriedade sobre os bens de

[1] COMPARATO, Fábio Konder. A reforma da empresa. *In:* COMPARATO, Fábio Konder. *Direito empresarial*: estudos e pareceres. São Paulo: Saraiva, 1995, pp. 03-26 (p. 03).

[2] NALINI, José Renato. *Ética geral e profissional*. 7ª edição. São Paulo: Editora Revista dos Tribunais, 2009, p. 266.

produção e, finalmente, quando inseridos em uma organização empresarial, pelo poder de controle, como já destacara Fabio Konder Comparato[3].

Atualmente, o poder econômico das empresas vem gradativamente sendo deslocado em função da acumulação tecnológica. Nessa lógica de poder, a compreensão acerca da necessidade de regulação eficiente da atividade empresarial é premente.

Nesse sentido:

> Se o passado pode ser definido a partir do poder econômico da atividade empresarial do detentor do capital para dominação e prevalência de seus interesses, até mesmo em face do Estado, o presente descortina-se com o claro reconhecimento de que o poder econômico é detido pela organização empresarial que domina a tecnologia em seu mercado, a ponto de a propriedade intelectual e sua regulamentação apresentarem-se como o grande desafio da atualidade em matéria de relações entre empresas.[4]

Como consequência, pensar nas transformações da atividade empresarial, que hoje são comumente definidas como modelos de negócio, que se alteram em uma velocidade sempre mais célere, passa pelo reconhecimento do poder econômico daqueles responsáveis pela coleta, uso e tratamento dos dados pessoais, o que deve ser feito não exclusivamente sob a perspectiva dos direitos do usuário, mas também sob a perspectiva das relações empresariais.

Portanto, pensar na proteção de dados pessoais à óptica da ANPD, para muito além da defesa dos direitos individuais dos cidadãos, titulares dos dados pessoais, nos moldes previstos na LGPD e no Marco Civil da Internet (MCI), deve envolver seus reflexos nos modelos de negócio, que estão sendo desenvolvidos nesse *"novo"* contexto tecnológico.

De qualquer forma, reconhecer o poder econômico da atividade empresarial e, consequentemente, os impactos das novas roupagens jurídicas dos modelos de negócios que, inevitavelmente, são desenvolvidos a partir do

[3] Comparato, Fabio Konder. Função social da propriedade dos bens de produção *In:* Comparato, Fábio Konder. *Direito empresarial*: estudos e pareceres. São Paulo: Saraiva, 1995, pp. 27-37 (p. 37).

[4] Benachio, Marcelo; Maciel, Renata Mota. A LGPD sob a perspectiva da regulação do poder econômico. *In:* LIMA, Cíntia Rosa Pereira de (org.). *Comentários à Lei Geral de Proteção de Dados*. São Paulo: Almedina, 2020, pp. 39-67 (pp. 41-42).

tratamento de dados, em algum de seus estágios, é o alicerce para compreender como o Direito Comercial poderá contribuir para a regulação da atividade empresarial.

A atividade empresarial, vista a partir do tratamento de dados, leva inevitavelmente à análise de soluções regulatórias eficientes, para as quais, acredita-se, seja relevante a apresentação das reflexões que serão referidas, a seguir, as quais buscam exatamente compreender como as transformações da atividade empresarial, ao longo do tempo, alteraram o valor de seus bens, o que se reflete na importância e nas características da propriedade privada e dos bens de produção, assim como nos impactos da acumulação tecnológica.

2.1. A base de dados como um ativo relevante da empresa

Os ativos de uma empresa, ou seja, o seu valor, antes da revolução digital ou do computador, *"impulsionada pelo desenvolvimento de semicondutores, da computação em mainframe (década de 1960), da computação pessoal (década de 1970 e 1980) e da internet (década de 1990)"*[5], eram aferidos por meio da propriedade privada, sobretudo pelos imóveis, máquinas e outros bens tangíveis.

A sociedade valorava os bens sob a ótica do materialismo – ao menos até o século XIX, em face a clássica dicotomia entre bens móveis e imóveis. Àquela época, os bens imateriais não tinham a importância com que se apresentam, na atualidade, na qual o desenvolvimento tecnológico mostrou-se fundamental ao exercício da atividade empresarial.

A história da civilização demonstra que a primeira mudança profunda na organização social e econômica ocorreu com o surgimento da agricultura, há cerca de dez mil anos. Milhares de anos à frente, de uma série de revoluções iniciadas na segunda metade do século XVIII, com a transição da força muscular para a energia mecânica. Enquanto a 1ª Revolução Industrial, ocorrida entre 1760 e 1840, foi provocada pela construção de ferrovias e pela invenção da máquina a vapor, dando início à produção mecânica, a 2ª Revolução é instaurada com o advento da eletricidade e da linha de montagem, entre o final do século XIX e o início do século XX – a qual, ainda, possibilitou a produção em massa[6].

[5] Schwab, Klaus. *A quarta revolução industrial.* São Paulo: Edipro, 2016, p. 16.

[6] Ibidem, pp. 15-16.

A sociedade passa, então, *"a ser orientada pelas atividades de produção e circulação de bens e prestação de serviços"*[7]. Como acrescenta Fabio Konder Comparato, *"a mais importante distinção jurídica entre os bens passara a ser a de bens de produção e de consumo"*, com o protagonismo do conceito de consumo.

Nessa mesma perspectiva, Oscar Barreto Filho analisa que a propriedade sobre os bens de produção, em oposição à propriedade comum de bens de consumo, é o instrumento de reelaboração do conceito de propriedade[8]. Esse caminho apropriou o empresário capitalista do *"poder"* na sociedade, na medida em que era o detentor dos bens de produção e, por consequência, da acumulação de bens materiais e da utilização do saber tecnológico.

Logo, se, em um primeiro momento, o poder econômico concentrava-se no detentor dos bens imóveis (solo rural), o capitalismo e o sistema monetário reverteram a ordem e transformaram a valoração dos bens imóveis pela propriedade sobre moedas, metais preciosos e papeis, importantes instrumentos para o incremento da Revolução Industrial[9].

Aproximando-se mais do contexto atual, Kaus Schwab sustenta, diante do que se convencionou chamar de 4ª Revolução Industrial, decorrente da revolução digital, que, atualmente, o poder das máquinas é refletido em *"uma Internet mais ubíqua e móvel, por sensores menores e mais poderosos que se tornaram mais baratos e pela inteligência artificial e aprendizagem automática (ou aprendizado de máquina)"*[10], sendo este um importante enfoque para compreender a atividade empresarial na atualidade.

Assim, *"a velocidade da inovação dos modelos de negócio e em termos de ruptura são consideráveis, sobretudo porque apresentam-se com potencial para alterar até mesmo arcabouços regulatórios anteriormente estabelecidos"*[11], o que demanda refletir acerca dos institutos do Direito Comercial e da própria valoração dos bens da empresa, na atualidade.

[7] Benachio, Marcelo; Maciel, Renata Mota. A LGPD sob a perspectiva da regulação do poder econômico. *Op. Cit.*, p. 44.

[8] Barreto Filho, Oscar. *Teoria do Estabelecimento Comercial.* 2ª edição. São Paulo: Saraiva, 1988, p. 27.

[9] Comparato, Fabio Konder. Função social da propriedade dos bens de produção. *Op. Cit.*, p. 28.

[10] Schwab, Klaus. *A quarta revolução industrial. Op. Cit.*, p. 16.

[11] Benachio, Marcelo; Maciel, Renata Mota. A LGPD sob a perspectiva da regulação do poder econômico. *Op. Cit.*, p. 45.

A questão pôde ser muito bem sintetizada por Jonathan Vanian, em artigo publicado na *Fortune*, em junho de 2016, sob o título: "*Why data is the new oil?*"

O autor assim explica, em tradução livre:

> O campo da Inteligência Artificial está em alta, graças em parte a grandes empresas como Google, Facebook e Microsoft, que usam técnicas relacionadas à Inteligência Artificial para treinar computadores a reconhecer objetos em fotos e entender a linguagem humana.
>
> Mas essas empresas só puderam treinar seus computadores para realizar esses feitos difíceis, porque eles têm as enormes quantidades de dados necessárias. As empresas que querem usar técnicas de Inteligência Artificial, como algoritmos de aprendizado de máquina, para melhorar seus negócios, precisarão adquirir quantidades copiosas de dados, que só se tornarão mais valiosos à medida que o campo da IA avance.
>
> 'Os dados são o novo petróleo', disse Shivon Zilis, sócio da firma de capital de risco Bloomberg Beta, sobre o crescente valor dos dados.
>
> Embora empresas como Google (GOOG), Facebook (FB) e Amazon (AMZN) tenham aberto os códigos de seus próprios softwares de Inteligência Artificial, para que qualquer programador possa acessá-lo e usá-lo para construir seus próprios aplicativos, eles não disponibilizam os dados necessários. Zilis explicou. Essas empresas estão liberando esses kits de ferramentas de Inteligência Artificial de graça para que possam recrutar mais engenheiros para suas empresas.
>
> Quando se trata de concorrência, são os dados que essas empresas possuem que são mais importantes que as ferramentas reais de software de Inteligência Artificial que eles usam e liberam para o público.
>
> David Kenny, gerente geral do serviço de processamento de dados Watson da IBM, concordou com Zilis e disse que 'o valor dos dados aumenta a cada dia que a IA avança'.
>
> 'Os dados se tornarão uma moeda', disse Kenny. Ele também explicou que apenas 20% das informações do mundo são armazenadas na Internet, com os outros 80% sendo de propriedade privada, dentro de empresas e organizações[12].

[12] VANIAN, Jonathan. Why Data Is The New Oil. *Fortune*, 11 jul. 2016. Disponível em <https://fortune.com/2016/07/11/data-oil-brainstorm-tech/>. Acesso em: 04 mar. 2021.

Nesse aspecto, fica evidente que os dados pessoais, que compõem os bancos de dados, são mercantilizados e, desse modo, formam um relevante ativo das empresas, alterando os centros de poder econômico dos titulares de maquinários industriais aos titulares de tecnologias e de algoritmos, que trabalham com os dados pessoais dos usuários, refletindo concentração de riqueza e de poder.

À propósito, Ana Frazão apresenta alguns possíveis indicadores de poder econômico de empresas de tecnologia, como: (i) volume e características dos dados à disposição de determinado agente econômico; (ii) capacidade de processamento dos dados, de reunir, controlar e gerenciar esses dados; (iii) capacidade de conexão e grau de dependência ou necessidade dos diversos usuários envolvidos; (iv) capacidade de alavancagem e de extrair benefícios da integração de vários negócios; (v) incentivos para privilegiar seus próprios serviços sobre os serviços dos usuários; (vi) capacidade de fechamento de mercados; (vii) capacidade de influenciar usuários; (viii) grau de proteção de dados pessoais dos usuários e grau de transparência em relação à política de proteção de dados; (ix) grau de transparência e *accountability* em relação aos algoritmos utilizados nos negócios; (x) extensão com que o negócio de dados é exercido e conhecimento acerca do compartilhamento de dados com outros agentes e para que efeitos; e (xi) possibilidade de portabilidade dos dados pessoais dos usuários[13]. Esses indicadores podem ser considerados, em verdade, para os fins de regulação do poder econômico – e não apenas para fins concorrenciais.

A indagação que se faz a essa altura é a de como reconhecer, no plano jurídico, o papel dos dados pessoais coletados, usados e tratados pelos agentes econômicos, quando pensados como um ativo relevante, justamente diante do valor desses dados para a atividade empresarial, em relação aos quais surge a necessidade de proteção, como um bem integrante de patrimônio, mas que ainda demanda enquadramento jurídico que, muitas das vezes, poderá envolver direitos autorais, direitos de propriedade industrial, direito antitruste e direito contratual[14].

[13] Frazão, Ana. *Big Data, plataformas digitais e principais impactos sobre o Direito da Concorrência. In:* Frazão, Ana; Carvalho, Ângelo Gamba Prata de. *Empresa, mercado e tecnologia*. Belo Horizonte: Fórum, 2019, pp. 181-199 (p. 194).

[14] Voss, W. Gregory. Internet, New Technologies, and Value: Taking Share of Economic Surveillance. *Journal of Law, Technology & Policy*, University of Illinois, vol. 2017, n. 2, Fall 2017, pp. 469-485 (p. 480).

Nesse contexto, a primeira reflexão está relacionada ao fato de que se trata de um ativo relevante, na maioria dos casos encoberto sobre a apresentação de serviços prestados gratuitamente.

Adalberto Simão Filho reconhece os bancos de dados como ativo incorpóreo do estabelecimento empresarial, consubstanciando-se *"em direito sui generis passível de monetização, independentemente de ter sido idealizado e constituído a partir de dados generalistas, dados pessoais sensíveis ou dados mistos"*[15].

O grande desafio, não há nenhuma dúvida, para além da correção dos desequilíbrios entre a multidão de produtores de valor informacional bruto e dos grandes intermediários, é organizar o que Valérie-Laure Benabou e Judith Rochfeld denominam de *ecossistema jurídico* que respeite os interesses dos atores econômicos e da sociedade em geral e, ao mesmo tempo, o interesse comum – vetor dos valores fundamentais da sociedade[16].

Por consequência, é preciso um outro olhar aos ativos da empresa e ao seu próprio valor, o que repercute diretamente nos modelos de negócio que estão a surgir a cada dia, muitas vezes de forma efêmera, ainda que em marcha francamente voltada ao protagonismo do uso, da coleta e do tratamento de dados pessoais.

Essa parece ser, por exemplo, a análise que se deva dar ao conceito de estabelecimento empresarial, a qual terá repercussão direta em operações societárias, tratamento de acionistas minoritários, governança corporativa, transparência, mercado de capitais, contratos, questões concorrenciais e até mesmo no tratamento da crise das empresas.

Na atualidade, cada vez mais operações societárias e de crédito baseiam-se na avaliação da empresa a partir da perspectiva de lucratividade sobre outros ativos, tais como propriedade intelectual, base de dados e alianças estratégicas.

Assim, a capacidade de coletar e de analisar dados pessoais constitui ferramenta essencial na atividade empresarial contemporânea e, por consequência, deve ser mensurada nas relações jurídicas nas quais a empresa

[15] SIMÃO FILHO, Adalberto. O regime do banco de dados – função econômica e reflexos na monetização. *In:* DE LUCCA, Newton; SIMÃO FILHO, Adalberto; LIMA, Cíntia Rosa Pereira de; MACIEL, Renata Mota (orgs.). *Direito & Internet IV:* Sistema de Proteção de Dados Pessoais. 1ª ed. São Paulo: Quartier Latin, 2019, p. 186.

[16] BENABOU, Valérie-Laure; ROCHFELD, Judith. *À qui profite le clic? Le partage de la valeur à l'ère du numérique.* Collection Corpus dirigée par Thomas Clay et Sophie Robin-Olivier. Paris: Odile Jacob, 2015, p. 71.

esteja envolvida, tanto no plano interno, entre sócios e acionistas, como no plano externo, por meio de feixes de contratos, que configuram a atividade empresarial em qualquer mercado.

Vistos ao longo do tempo, esses dados e informações, encarados como ativo relevante das empresas, devem ser considerados desde a constituição da sociedade empresária até a sua liquidação ou eventual período de crise, que demandam remédios previstos na ordem jurídica voltada à insolvência.

O desafio em se estabelecer limites às atividades das empresas, nesses mercados de tecnologia para a coleta, uso e tratamento de dados, é evidente, exatamente porque confronta interesses heterogêneos e impõe, na maior parte das vezes, que se opte pela prevalência de um ou de outro.

No entanto, reconhecer como objetivo da LGPD o tratamento do poder econômico e a regulação da atividade das empresas de tecnologia constitui o início de um percurso inevitável.

Do mesmo modo, a análise dos dados e informações como um ativo da empresa, em especial, sua base de dados, deve ser não apenas reconhecido pelo sistema de proteção de dados, como também levado em conta na aplicação de todo o Direito Comercial.

Como acentua, com precisão e cerca melancolia, José Saramago: *"a informação só nos torna mais sábios e mais bem informados se nos aproxima de nossos semelhantes humanos. Agora que temos acesso de longa distância a todos os documentos de que precisamos, corremos um risco crescente de desumanização. E de ignorância."*[17] Este parece ser o grande desafio em matéria de reconhecimento da base de dados como um ativo relevante da empresa.

Conclusões

Não há nenhuma dúvida de que a Internet está transformando os dados pessoais em um ativo comercial valioso. Da mesma forma, a capacidade de coletar e analisar dados pessoais também constitui ferramenta essencial na atividade empresarial. Em seu turno, deve ser mensurada, como dito, nas relações jurídicas nas quais a empresa esteja envolvida, tanto no plano interno, entre sócios e acionistas, como no plano externo, por meio das relações contratuais que formam a atividade empresarial. Vistos ao longo do tempo, da mesma forma, esses dados e informações, encarados como

[17] SARAMAGO, José. On Communication. *Le Monde Diplomatique*. Dez. 1998. Disponível em <https://mondediplo.com/1998/12/12saramago>. Acesso em: 10 ago. 2020.

ativo relevante da empresa, devem ser considerados desde a constituição da sociedade empresária até o eventual momento de crise ou de liquidação, por meio do sistema de insolvência.

Cada vez mais os modelos de negócios são construídos em torno do tratamento de dados, de modo que a regulação da atividade empresarial, não há nenhuma dúvida, passa pela reflexão sobre a necessidade de uma Autoridade de Proteção de Dados e – o que talvez seja mais desafiador – sobre a avaliação de seu papel nesses mercados permeados por modelos de negócio estruturados quase que exclusivamente na consideração do valor dos dados coletados e de seu tratamento por empresas especializadas.

Além disso, se em um contexto empresarial dito *off-line*, a coleta de informações ocorria basicamente a partir do fornecimento de dados pelo cliente, as empresas que atuam na rede podem coletar informações sem o seu conhecimento, utilizando esse tipo de informação para personalizar sua atividade de acordo com as necessidades do cliente ou mesmo efetuar a troca dessas informações com os seus parceiros. Não é preciso maiores digressões para estimar o potencial desse tipo de conduta em matéria de aferição do valor comercial de uma empresa ou de seus ativos.

A defesa dos consumidores e dos próprios parceiros comerciais, por certo, é objeto de sistemas de proteção de dados pessoais. Para além da análise dessas regras no plano da proteção de dados pessoais e privacidade, outra perspectiva consiste exatamente nos reflexos dessa regulação para a atividade empresarial.

Estruturas de regulação ou de autorregulação constituem pautas de discussão em diversas áreas da atividade empresarial. No plano jurídico, não é diferente, com destaque para suas consequências na escolha de modelos de negócios e nas formas de interação entre sócios ou acionistas, bem como nos contratos, que dão forma à atividade empresarial.

Seja qual for a opção escolhida na estruturação da atividade empresarial, o certo é que o sistema de proteção de dados leva em conta aspectos regulatórios voltados exatamente ao controle do poder econômico das empresas, o que fica muito claro em medidas voltadas à defesa da concorrência – mas que não se encerra apenas nessa área. Por isso, devem ser reconhecidos os desafios da proteção dos dados pessoais também na perspectiva do Direito Comercial.

Referências

Barreto Filho, Oscar. Teoria do Estabelecimento Comercial. 2ª edição. São Paulo: Saraiva, 1988.

Benabou, Valérie-Laure; Rochfeld, Judith. *À qui profite le clic? Le partage de la valeur à l'ère du numérique*. Collection Corpus dirigée par Thomas Clay et Sophie Robin-Olivier. Paris: Odile Jacob, 2015.

Benachio, Marcelo; Maciel, Renata Mota. A LGPD sob a perspectiva da regulação do poder econômico. *In:* Lima, Cíntia Rosa Pereira de (org.). *Comentários à Lei Geral de Proteção de Dados*. São Paulo: Almedina, 2020, pp. 39-67.

Comparato, Fábio Konder. A reforma da empresa. *In:* Comparato, Fábio Konder. *Direito empresarial*: estudos e pareceres. São Paulo: Saraiva, 1995, pp. 03-26.

Comparato, Fabio Konder. Função social da propriedade dos bens de produção *In:* Comparato, Fábio Konder. *Direito empresarial*: estudos e pareceres. São Paulo: Saraiva, 1995, pp. 27-37.

Frazão, Ana. *Big Data, plataformas digitais e principais impactos sobre o Direito da Concorrência. In:* Frazão, Ana; Carvalho, Ângelo Gamba Prata de. *Empresa, mercado e tecnologia*. Belo Horizonte: Fórum, 2019, pp. 181-199.

Nalini, José Renato. *Ética geral e profissional*. 7ª edição. São Paulo: Editora Revista dos Tribunais, 2009.

Saramago, José. On Communication. *Le Monde Diplomatique*. Dez. 1998. Disponível em <https://mondediplo.com/1998/12/12saramago>. Acesso em: 10 ago. 2020.

Schwab, Klaus. *A quarta revolução industrial*. São Paulo: Edipro, 2016.

Simão Filho, Adalberto. O regime do banco de dados – função econômica e reflexos na monetização. *In:* De Lucca, Newton; Simão Filho, Adalberto; Lima, Cíntia Rosa Pereira de; Maciel, Renata Mota (orgs.). *Direito & Internet IV:* Sistema de Proteção de Dados Pessoais. 1ª ed. São Paulo: Quartier Latin, 2019.

Vanian, Jonathan. Why Data Is The New Oil. *Fortune*, 11 jul. 2016. Disponível em <https://fortune.com/2016/07/11/data-oil-brainstorm-tech/>. Acesso em: 04 mar. 2021.

Voss, W. Gregory. Internet, New Technologies, and Value: Taking Share of Economic Surveillance. *Journal of Law, Technology & Policy*, University of Illinois, vol. 2017, n. 2, Fall 2017, pp. 469-485.

O Instituto Nacional de Propriedade Industrial (INPI) e a Harmonização da Lei Geral de Proteção de Dados com a Lei de Acesso à Informação

Rogério Alessandre de Oliveira Castro
Thiago Alessandre Aguiar Castro

Introdução

A proteção de dados pessoais no Brasil é fragmentada, isto é, distribuída em várias legislações e, por conseguinte, é natural que surjam pontos de tensão e complementariedade entre elas. De forma genérica, a Constituição Federal de 1988 protege o tratamento de dados pessoais ao declarar que "são invioláveis a intimidade, a vida privada, a honra e a imagem das pessoas" (art. 5º, X). O Código de Defesa do Consumidor (Lei nº 8.078/90) protege dos dados pessois dos consumidores. Dentre outras legislações, é possível encontrar ainda o Marco Civil da Internet (Lei nº 12.965/2014) e a Lei de Acesso a Informação (Lei nº 12.527/2011). Mas foi somente com a Lei nº 13.709/2018 (LGPD) que se apresentou proteção específica para os dados pessoais.

A princípio, é possível supor que existiria algum conflito entre a citada Lei de Acesso de Informação (LAI), a qual impõe aos órgãos e entidades públicos a obrigação da divulgação de informações de interesse público âncorada no princípio da transparência, e, de outro lado, a referida Lei de Proteção Geral de Dados (LPGD), que estabelece uma série de princípios e regras para o tratamento de dados pessoais, inclusive para os órgãos e entidades públicos, que acabam restringindo a divulgação das informações.

O Instituto Nacional da Propriedade Intelectual (INPI) é o órgão público responsável pela análise de pedido e concessão de proteção aos bens industriais e correlatos (patentes, desenhos industriais, marcas, indicações geográficas, programa de computadores, topografias de circuitos integrados, transferência de tecnologia), que acabam desencadeando processos administrativos eletrônicos, publicações de suas decisões com os nomes dos interessados, sem contar as informações disponibilizadas para consulta pelo próprio site do INPI[1].

O presente artigo objetiva analisar se o INPI vem cumprindo a Lei de Acesso à Informação, se está sujeita às regras da Lei Geral de Proteção de Dados (LGPD) e, em caso positivo, se existe compatilidade entre elas e, ainda, se há necessidade de adequações por parte desta autarquia federal.

Para o desenvolvimento desse estudo é utilizado o método dedutivo, na medida em que a conclusão decorrerá de uma sequência de argumentos, cada um provando uma etapa da análise proposta. Como técnicas de investigação teórica, é utilizada a pesquisa legislativa no Brasil, como também a pesquisa bibliográfica, a ser realizada através de livros, periódicos, revistas técnicas e científicas da área, além de sites especializados da internet.

1. INPI (Instituto Nacional da Propriedade Industrial)

O Instituto Nacional da Propriedade Industrial (INPI), criado pela Lei nº 5.648, de 11 de dezembro de 1970, é uma autarquia federal com foro no Distrito Federal (art. 1º), que veio a substituir o antigo Departamento Nacional de Propriedade Industrial.

Até a edição do Decreto nº 9.660, de 1º de janeiro de 2019, estava vinculado ao Ministério da Indústria e Comércio. A partir daquela data, o INPI passou a estar vinculado ao Ministério da Economia.

De acordo com o art. 2º da referida Lei nº 5.648/1970, o INPI tem por finalidade principal executar, no âmbito nacional, as normas que regulam a propriedade industrial, tendo em vista a sua função social, econômica, jurídica e técnica, bem como pronunciar-se quanto à conveniência de assinatura, ratificação e denúncia de convenções, tratados, convênios e acordos sobre propriedade industrial.

A proteção dos direitos relativos à propriedade industrial efetua-se mediante a concessão pelo INPI de patentes de invenção e de modelo de utilidade, registro de desenho industrial, registro de marca e registro de

1 <http://www.inpi.gov.br>.

indicações geográficas, conforme artigo 2º da Lei nº 9.279/1996, conhecida como Lei da Propriedade Industrial.

Ainda são da competência do INPI os registros de programas de computador (art. 3º da Lei nº 9.609/1998; art. 1º do Decreto nº 2.556/1998 e Resolução INPI nº 61/2013) e topografias de circuitos integrados (art. 30 da Lei nº 11.484/2007 e Resolução INPI nº 57/2013), como também as averbações de contratos de franquia e das distintas modalidades de transferência de tecnologia (Resolução INPI nº 199/2017).

Na atual Sociedade da Informação, esses direitos conferidos pelo INPI se transformam em diferenciais competitivos, estimulando o surgimento constante de novas identidades e soluções técnicas.

2. Lei de Acesso à Informação: âmbito de incidência subjetivo e especificidades com relação ao INPI

Conforme art. 1º, *caput*, da Lei nº 12.527/2011, conhecida como Lei de Acesso a Informação (LAI), dispõe sobre os procedimentos a serem observados pela União, Estados, Distrito Federal e Municípios, com o fim de garantir o acesso a informações previsto no inciso XXXIII do art. 5º,[2] no inciso II do § 3º do art. 37[3] e no § 2º do art. 216[4] da Constituição Federal.

Além dos referidos entes públicos, o parágrafo único, inciso II, do citado art. 1º da LAI, subordina também ao regime desta Lei as autarquias, as fundações públicas, as empresas públicas, as sociedades de economia mista e demais entidades controladas direta ou indiretamente pela União, Estados, Distrito Federal e Municípios.

Considerando que é uma autarquia federal (art. 1º da Lei nº 5.648/1970), não há dúvida que o INPI está obrigado a cumprir as regras da LAI.

O artigo 3º, inciso I, da LAI, estabelece que a disponibilização de informações públicas como pressuposto para as atividades de órgãos e entidades que integram o Poder Público, como o INPI, sendo o sigilo das informações a exceção.

[2] Art. 5º, XXXIII, CF – todos têm direito a receber dos órgãos públicos informações de seu interesse particular, ou de interesse coletivo ou geral, que serão prestadas no prazo da lei, sob pena de responsabilidade, ressalvadas aquelas cujo sigilo seja imprescindível à segurança da sociedade e do Estado.

[3] Art. 37, § 3º, II, CF – o acesso dos usuários a registros administrativos e a informações sobre atos de governo, observado o disposto no art. 5º, X e XXXIII.

[4] Art. 216, § 2º, CF – Cabem à administração pública, na forma da lei, a gestão da documentação governamental e as providências para franquear sua consulta a quantos dela necessitem.

A LAI já definia como tratamento da informação como "conjunto de ações referentes à produção, recepção, classificação, utilização, acesso, reprodução, transporte, transmissão, distribuição, arquivamento, armazenamento, eliminação, avaliação, destinação ou controle da informação" (art. 4º, V).

Segundo Natalia Langenegger e Andréa Gobbato, "a transparência pode ser exercida de forma ativa ou passiva, tendo como perspectiva as ações concretas a serem adotadas pelos entes públicos (LAI, arts. 8º e 10)"[5]. Em complemento, essas mesmas autoras explicam que:

> A transparência ativa impõe aos órgãos e entidades públicos a obrigação de promover, independentemente de requerimento, a divulgação de informações de interesse público em local de fácil acesso (LAI, art. 8º). Já a transparência passiva prevê a possibilidade e os procedimentos para que cidadãos solicitem informações e órgãos e entidades públicas (LAI, art. 10). Assim, a LAI estabelece o direito e regulamenta o procedimento de publicização ativa e de fornecimento passivo de informaões à comunidade[6].

Contudo, a regra envolvendo a ampla disponibilização de informações apresenta exceções, como as que envolvem informações pessoais, destinadas a garantir que dados relativos a uma pessoa natural sejam protegidas contra perdas, alterações indevidas, acessos, transmissões e divulgações não autorizadas (LAI, art. 25).

Os procedimentos previstos na LAI destinam-se a assegurar o direito fundamental de acesso à informação e devem ser executados em conformidade com os princípios básicos da administração pública e com as seguintes diretrizes: I – observância da publicidade como preceito geral e do sigilo como exceção; II – divulgação de informações de interesse público, independentemente de solicitações; III – utilização de meios de comunicação viabilizados pela tecnologia da informação; IV – fomento ao desenvolvimento da cultura de transparência na administração pública; V – desenvolvimento do controle social da administração pública (art. 3º).

Já definido que o INPI está subordinado às regras da LAI, resta agora analisar se essa autarquia federal vem efetivamente cumprindo essa normativa.

[5] Langenegger, Natalia; Gobbato, Andréa. Compatibilização da Lei de Acesso à Informação com a Lei Geral de Proteção de Dados Pessoais: desafios no âmbito do Poder Judiciário. *Revista do Advogado*, n. 144, p. 142, nov. 2019.

[6] Ibidem.

Em 26.09.2013, o INPI editou a Resolução nº 111/2013, que justamente buscou dar cumprimento às exigências da LAI e do seu decreto regulamentador (Decreto nº 7.724/2012).

De acordo com o art. 2º dessa Resolução nº 111/2013, consideram-se informações pessoais de servidores e usuários do INPI: endereço, CPF completo, e-mails pessoais, logins e senhas, identidade, telefone, dados bancários, licenças, empréstimos, matrícula e outros benefícios do servidor listados acima, além de outras informações passíveis desa classificação, que merecem a proteção máxima de 100 anos.

Em complemento, o parágrafo único deste mesmo artigo dispõe que todos os dados fornecidos por pessoas físicas, em formulários e documentos preenchidos para os serviços finalísticos do INPI, e nos documentos de concessão, serão considerados públicos, salvo por disposições em contrário, previstas em outras legislações.

Os contratos averbados pelo INPI serão protegidos como segredo de indústria ou de comércio, nos termos do art. 206 da Lei 9.279/96, combinado com as razões dispostas no § 2º do artigo 5º do Decreto 7.724/12, sem limite de prazo de sigilo, divulgados apenas por decisão judicial ou para agentes públicos devidamente autorizados (art. 5º, Res. 111/2013).

Oportuno registrar que a referida Resolução nº 111/2013 traz tabela com o rol de informações com restrição de acesso no INPI, destacando-se, segundo os aspectos de interesse do presente estudo, as seguintes:

INFORMAÇÃO	CLASSIFICAÇÃO	JUSTIFICATIVA
Certidões pagas de busca de marca por classe de produto ou serviço	Termo final de restrição de acesso: pedido de registro de marca pelo usuário ou cinco anos (o que ocorrer primeiro)	A divulgação poderia gerar vantagens competitivas para terceiros, o que se enquadra no parágrafo 2º do artigo 5º do Decreto 7724/12.
Documentos de patentes	Livre, exceto pelo sigilo de legislação específica	Os documentos específicos da DIRPA são classificados como livres, ressalvando os casos em que o sigilo baseia-se na Lei 9.279/96 (LPI): Artigo 30 da LPI (sigilo de 18 meses do pedido de patente, a partir da data de depósito ou da prioridade); e Artigo 75 da LPI (sigilo de pedido de patente de interesse à defesa nacional).

Solicitações, resultados e relatórios de busca de patentes	Secreta	Tal divulgação poderia prejudicar pesquisas em andamento, o que se enquadra no item VII do artigo 25 do Decreto 7724/12.
Contratos averbados pelo INPI	Sigiloso sem limite de Prazo	Os contratos averbados pelo INPI serão protegidos como segredo de indústria ou de comércio, nos termos do Art. 206 da Lei 9.279/96, combinado com as razões dispostas no § 2º do artigo 5º do Decreto 7.724/12, sem limite de prazo de sigilo
Pedidos de registros	Livre, exceto pelos sigilos previstos na legislação específica	No caso do Desenho Industrial, o depositante pode pedir sigilo de até 180 dias após o pedido. Para topografia de circuitos, o sigilo é de seis meses após o depósito, a pedido. No caso do software, é vedada a divulgação dos dados que identificam o programa

O INPI instituiu o Sistema Eletrônico de Gestão da Propriedade Industrial (e-INPI), que viabiliza o peticionamento eletrônico por parte das pessoas físicas e jurídicas que buscam proteção para os já citados bens industriais.

Conforme o seu portal eletrônico[7], o INPI mantém as iniciativas institucionais de transparência ativa, assegurando a disponibilização eletrônica de publicações digitais, a exemplo das seguintes: (a) Revista Eletrônica da Propriedade Industrial: arquivo em versão xml/txt com informações simplificadas da publicação oficial da Revista da Propriedade Industrial, com atos, despachos e decisões relativos às atividades do INPI; (b) Boletim Mensal de Propriedade Industrial: relatório com a publicação de ranking de depositantes e de dados agregados considerando a natureza do depositante e estados da federação; (c) Estatísticas Preliminares: dados preliminares obtidos a partir dos pedidos de depósito protocolados no INPI e de algumas decisões publicadas na Revista da Propriedade Industrial, divulgados mensalmente.

[7] Portal eletrônico do INPI disponível no site: <http://inpi.gov.br>.

3. Lei Geral de Proteção de Dados: âmbito de incidência subjetivo e especificidades com relação ao INPI

Conforme destacado no item anterior, por força da Lei nº 12.527/2011 (LAI), o INPI, enquanto autarquia federal, está sujeito ao dever de transparência, em especial à publização de andamentos de pedidos de patentes e registros, como também de suas decisões.

Por outro lado, a disponibilização desses dados podem envolver dados pessoais, como nome dos requerentes, número do CPF ou CNPJ, domicílio, dentre outras informações.

A LGPD, que entrou em vigor no Brasil em agosto de 2020, trouxe novos contornos à essa questão.

Surge então o desafio de como compatibilizar suas práticas de transparência com a disponibilização ao público de dados considerados pessoais.

Primeiramente, mostra-se oportuno destacar que a LGPD dispõe sobre o tramento de dados pessoais, inclusive nos meios digitais, por pessoa natural ou por pessoa jurídica de direito públicou ou privado, com o objetivo de proteger os direitos fundamentais de lberdade e privacidade e o livre desenvolvimento da personalidade da pessoa natural (art. 1º). Em complemento, o art. 5º, inciso I, da LGPD considera como dado pessoal a informação relacionada a pessoa natural identificada ou identificável.

Apesar da balizada crítica apresentada por Cíntia Rosa Pereira de Lima[8], não resta dúvida que a LGPD restringe a proteção de ados apenas às pessoas naturais, não a estendendo às pessoas jurídicas, apesar delas também poderem ser identificáveis por meios diretos, posto que possuem nome, e indiretos, como dados sociais, econômicos, culturais ou sociais, além de números de identificação, como CNPJ.

Desse modo, quando os requerentes de proteção ao INPI aos diversos bens industriais forem pessoas jurídicas, os dados delas não são tidos como dados pessoais e, por consequência, não estão submetidos à LGPD.

Porém, as pessoas físicas podem consta como inventoras nas patentes, como autoras de programa de computador, mesmo que os titulares sejam pessoas jurídicas. Ademais, é possível que o titular do certificado de registro de topografia de circuito integrado expedido pelo INPI seja uma pessoa

[8] LIMA, Cíntia Rosa Pereira de. *A imprescindibilidade de uma entidade de garantia para a efetiva proteção de dados pessoais no cenário futuro do Brasil.* Tese de Livre Docência, Faculdade de Direito de Ribeirão Preto da Universidade de São Paulo, São Paulo, 2015, p. 69 e 107.

física. Aliás, basta acessar o Portal Eletrônico do INPI para acessar os certificados de registro de topografia de circuito integrado concedidos por esta autarquia. A título de ilustração, o Certificado de Registro de Topografia de Circuito Integrado (processo nº BR 60.2018.00002-8), sob o título *"placa CPU de circuito impressoa para controle de placa de RF, expedido em 02.10.2019, traz como titular Ruy José Caccia, CPF ***.037.168-***, nacionalidade brasileira, domicílio rua Voluntários da Pátria, 3.812, apto. 51, Santana, São Paulo, Brasil"*.

A LGPD surgue como norma abrangente destinada a regulamentar o tratamento de dados pessoais. Essa lei estabelece como dado pessoal qualquer informação que identifique ou permita identificar uma pessoa natural (art. 5º, inciso), o que inclui dados como nome, telefone, número do CPF, endereço, dentre outros. Isso significa que existem dados tratados pelo INPI, quando da execução de suas competências legais, que se qualificam como dados pessoais.

O art. 7º, § 3º, da LGPD permite que o tramento de dados cujo acesso é público tenha novas finalidades distintas daquela verificada no momento da coleta inicial dos dados, sem necessidade de obtenção de consentimento do titular, desde que observados os propósitos legítimos e específicos para o novo tramento, bem como a preservação dos direitos do titular de dados[9].

Com o surgimento de novas tecnologias e modelos inovadores de processamento de informações, como os disponibilizados pelo INPI, faz-se necessário atribuir maior atenção na compatibilização da transparência com a proteção de dados pessoais.

Antes dessas novas tecnologias existiam óbices consideráveis a um acesso mais amplo aos dados pessoais constantes de documentos papelizados. Portanto, a tão desejada modernização dos processos eletrônicos, facilita o acesso a dados pessoais. Ademais, quando disponibilizada ao público pelo INPI em site na internet, como no exemplo anteriormente indicado, é possível entender que há necessidade desta autarquia federal analisar a LAI frente às novas exigências da LGPD.

Algumas questões a serem analisadas pelo INPI: (1) qual o alcance da obrigação de transparência de base de dados do INPI? Ela alcança o inteiro teor do processo administrativo, o andamento deste processual, as deci-

[9] LANGENEGGER, Natalia; GOBBATO, Andréa. Compatibilização da Lei de Acesso à Informação com a Lei Geral de Proteção de Dados Pessoais: desafios no âmbito do Poder Judiciário. Revista do Advogado, n. 144, p. 145, nov. 2019

sões e/ou as cartas patentes ou certificados de registro expedidos? (2) os dados pessoais deverão ser suprimidos das bases de dados do INPI? (3) a anonimização[10] de dados é suficiente para a proteção de dados pessoais?

Conclusões

É possível entender que a LAI e a LGPD são compatíveis, aliás, complementares, na medida em que se preocupam com os dados pessoais, a primeira de forma genérica e a segunda de forma específica.

Também é possível concluir que o INPI se adequou à exigências da LAI por meio de sua Resolução nº 111/2013, que divulga o rol de informações com restrição de acesso no INPI, os prazos de restrição e o embasamento legal.

Outra conclusão é que os dados de pessoas jurídicas não são protegidos pela LGPD, mas apenas os dados de pessoas naturais (art. 5º, I). Assim, o INPI não está obrigado a fazer o tratamento dos dados das pessoas jurídicas requerentes de proteção aos bens industriais. Por outro lado, quando uma pessoa natural estiver relacionada ao bem industrial a que se busca proteção (inventor de patente, autor de programa de computador ou topografia de circuito integrado, dentre outros), entende-se que o INPI terá que fazer o tratamento dos dados pessoais (nome, endereço, CPF), inclusive anonimazação deles.

Por fim, entende-se que o INPI terá que analisar a aplicação da LGPD em suas atividades e, por consequência, editar, assim como o fizera para adequação à LAI, resolução específica para adequação à LGPD. O INPI terá que buscar harmonizar a política de transparência a que está submetido em função da LAI com a LGPD, e, em caso de eventual conflito entre essas normas, deverá sopesar o interesse público, o desenvolvimento tecnológio, a inovação e, ainda, o respeito à privacidade.

Referências

BRASIL. Lei nº 5.648, de 11 de dezembro de 1970. *Cria o Instituto Nacional da Propriedade Industrial e dá outras providências*. Disponível em: <http://www.planalto.gov.br/ccivil_03/Leis/L5648.htm>. Acesso em 28 jan. 2020.

[10] Segundo o art. 15, XI, da LGPD, a anonimização é entendida como a utilização de meios técnicos razoáveis e disponíveis no momento do tratamento, por meio dos quais um dado perde a possibilidade de associação, direta ou indireta, a um indivíduo

______. Lei nº 9.279, de 14 de maio de 1996. *Regula direitos e obrigações relativos à propriedade industrial.* Disponível em: <http://www.planalto.gov.br/ccivil_03/leis/ L9279.htm>. Acesso em 27 jan. 2020.

______. Lei nº 12.527, de 18 de novembro de 2011. *Regula o acesso a informações previsto no inciso XXXIII do art. 5º, no inciso II do § 3º do art. 37 e no § 2º do art. 216 da Constituição Federal; altera a Lei nº 8.112, de 11 de dezembro de 1990; revoga a Lei nº 11.111, de 5 de maio de 2005, e dispositivos da Lei nº 8.159, de 8 de janeiro de 1991; e dá outras providências.* Disponível em: <http://www.planalto.gov.br/ccivil_03/_ato2011-2014/2011/lei/l12527.htm>. Acesso em 27 jan. 2020.

______. Decreto nº 7.724, de 16 de maio de 2012. *Regulamenta a Lei nº 12.527, de 18 de novembro de 2011, que dispõe sobre o acesso a informações previsto no inciso XXXIII do caput do art. 5º, no inciso II do § 3º do art. 37 e no § 2º do art. 216 da Constituição.* Disponível em: <http://www.planalto.gov.br/ccivil_03/_ato2011-2014/2012/Decreto/D77 24.htm>. Acesso em: 27 jan. 2020.

______. Resolução INPI nº 111, de 26 de setembro de 2013. *Divulga o rol de informações com restrição de acesso no âmbito do INPI.* Disponível em: <http://www.inpi.gov.br/legislacao-1/resolucao_111-13-divulga_o_rol_de_informacoes_ com_restricao_de_acesso_no_ambito_do_inpi.pdf>. Acesso em 29 jan. 2020.

______. Lei nº 13.709, de 14 de agosto de 2018. *Lei Geral de Proteção de Dados Pessoais (LGPD).* Disponível em: <http://www.planalto.gov.br/ccivil_03/_ato2015-2018/2018/lei/L13709.htm>. Acesso em 28 jan 2020.

Cuevas, Ricardo Villas Bôas. Proteção de dados pessoais no Judiciário. *Revista do Advogado*, n. 144, p. 134-140, nov. 2019.

De Lucca, Newton; Maciel, Renata Mota. A Lei nº 13.709, de 14 de agosto de 2018: a disciplina normativa que faltava. In: De Lucca, Newton; Simão Filho, Adalberto; Lima, Cíntia Rosa Pereira de Lima; Maciel, Renata Mota (Coord.). *Direito & Internet IV: Sistema de Proteção de Dados Pessoais.* São Paulo: Quartier Latin, 2019, p. 21-50.

INPI. Instituto Nacional da Propriedade Industrial. Disponível em: <http://inpi.gov.br>. Acesso em 28 jan. 2020.

Langenegger, Natalia; Gobbato, Andréa. Compatibilização da Lei de Acesso à Informação com a Lei Geral de Proteção de Dados Pessoais: desafios no âmbito do Poder Judiciário. *Revista do Advogado*, n. 144, p. 141-148, nov. 2019.

Lima, Cíntia Rosa Pereira de. *A imprescindibilidade de uma entidade de garantia para a efetiva proteção de dados pessoais no cenário futuro do Brasil.* Tese de Livre Docência, Faculdade de Direito de Ribeirão Preto da Universidade de São Paulo, São Paulo, 2015.

Wimmer, Miriam. Proteção de dados pessoais no Poder Público: incidência, bases legais e especificidades. *Revista do Advogado*, n. 144, p. 126-133, nov. 2019.

Microssistema de Proteção de Dados Pessoais dos Cidadãos como Instrumento de Controle Legislativo à Desinformação

Cíntia Rosa Pereira de Lima
Maria Eduarda Sampaio de Sousa

Introdução

É evidente a relevância das novas Tecnologias da Informação e da Comunicação (TIC) nas democracias atuais. Pode-se afirmar que as TICs se apresentam como instrumento democrático de acesso à informação e manifestação da opinião popular, o que pode revelar, em primeiro momento, potencialização da autonomia dos indivíduos e maior participação democrática.

Na perspectiva da democracia participativa, tem-se o discurso nas campanhas eleitorais como instrumento essencial na relação entre representantes e representados. O discurso político[1], assim, viabiliza a comunicação entre os ideais e programas dos candidatos e os eleitores, sendo objeto central do agir político. Com o avanço tecnológico, a propaganda eleitoral aproxima-se do *marketing* político, isto é, prioriza a exposição da figura do candidato, assim como um produto é exposto à venda aos consumidores.

A comunicação intermediada por meio das redes sociais permite visualizar, ao menos preliminarmente, o estreitamento das relações entre políticos e eleitores. Em outras palavras, atualmente, a maioria dos agentes políticos (deputados, senadores, governadores, prefeitos e, até mesmo, presidente da república), possuem contas nas principais redes sociais do país,

[1] Ressalta-se o emprego da expressão "discurso político" em sentido estrito de meio de comunicação de candidatos aos seus potenciais eleitores.

ambiente em que emitem suas opiniões e relacionam-se com seus seguidores. Assim, aponta-se a primeira alteração provocada pela intermediação do meio online, qual seja, o fato de que o exercício do discurso político deixou de ser estritamente ligado ao momento da campanha eleitoral, já que interação entre representantes e representados tornou-se constante.

Acompanhando a intensidade das interações no meio online, está o emprego de novas ferramentas de *marketing* comportamental nas campanhas eleitorais mediadas por redes sociais. Desta realidade emergem preocupações importantes quanto à proteção de dados pessoais dos eleitores, dada à possibilidade de impulsionamento de propaganda eleitoral, por exemplo. Neste sentido, o Tribunal Superior Eleitoral já estabeleceu regras, tais como as Resoluções nº 21.538/2003, nº 23.335/2011 e nº 23.610/2019.

Neste artigo, pretende-se oferecer um panorama geral do que se denomina "microssistema de Proteção de Dados Pessoais dos Cidadãos", haja vista a intima relação entre estas resoluções do TSE e a Lei Geral de Proteção de Dados (LGPD). Destaca-se, ainda, o papel da LGPD, a Lei n. 13.709/2018, como instrumento de combate às *fake news*.

A nova LGPD trouxe avanços na proteção dos dados pessoais dos indivíduos, determinando princípios e normas que regem o tratamento de dados pessoais no Brasil. Nesse contexto, a proteção dos dados pessoais dos cidadãos contribui para a reestruturação do meio digital garantindo maior segurança e confiabilidade, elementos essenciais ao exercício da efetiva participação popular.

É imprescindível, portanto, a regulamentação das normas a respeito do tratamento de dados com finalidades políticas, a fim de garantir a proteção essencial do titular dos dados pessoais, enquanto cidadão, resguardando seus direitos constitucionais.

Desse modo, o objetivo deste artigo é demonstrar, a partir da análise do fenômeno da desinformação no processo eleitoral e as consequentes ameaças à democracia, a necessidade de se estabelecer limites ao *marketing* comportamental no contexto da propaganda eleitoral, fundamentando-se, especialmente, no direito à proteção de dados pessoais.

Um limite claro é a aplicação da LGPD, inclusive porque a própria Resolução n. 23.610/2019 do TSE faz referência à esta Lei. Serão estudados, portanto, os possíveis diálogos entre LGPD e as resoluções do TSE sobre o tema, pontuando, ao final a atuação da ANPD e do TSE para construir um sistema sólido em prol à efetiva proteção dos dados pessoais de eleitores, informações estas consideradas sensíveis, muitas vezes, por dizer respeito à convicção política nos termos do inc. II do art. 5º da LGPD.

Cabe destacar que este artigo é um dos resultados de pesquisa interdisciplinar, realizada com o apoio institucional da Fundação de Amparo à Pesquisa do Estado de São Paulo (FAPESP), em que se empregou os métodos de estudo de caso combinado com o estudo empírico a fim de investigar a disseminação de informações falaciosas durante o processo eleitoral brasileiro de 2018.

1. Desinformação e Processo Eleitoral: novas tendências e ameaças à democracia

O processo eleitoral é essencial à democracia representativa, configurando-se como um dos momentos de manifestação da soberania popular. Vale ressaltar que o governo, nesse contexto, é definido pela relação constante entre participação e representação (Sociedade e Estado), instituída por meio das eleições.[2] Sendo assim, o modelo da democracia representativa também "exige liberdade de expressão, associação e informação, inclusão política e social e uma cultura ética de cidadania".[3]

Supera-se, destarte, o viés estático do processo político. A democracia representativa não se resume em mera delegação do exercício do poder, ao contrário, demanda permanente vinculação com a sociedade, que participa do processo de tomada de decisão e influencia a direção política do país.[4]

A partir daí, pode-se conceber a cidadania enquanto expressão da soberania popular, que ultrapassa o momento do voto para abranger a própria relação entre Estado e Sociedade, mediante a garantia de meios de participação social efetiva.[5] Desse modo, o exercício da cidadania depende do fortalecimento de instituições democráticas, por meio de eleições periódicas, pluralismo político, liberdade de expressão, liberdade de imprensa e atuação dos partidos políticos.

[2] URBINATI, Nadia. *Representative democracy*: principals and genealogy. Chicago: The University of Chicago, 2006, p. 131.

[3] CASTANHO, Maria Augusta F. da Silva. *O Processo Eleitoral na Era da Internet*: as Novas Tecnologias e o Exercício da Cidadania. Tese de Doutorado em Direito do Estado. Faculdade de Direito da Universidade de São Paulo, 2014, 337f, p. 13. Disponível em: <http://www.teses.usp.br/teses/disponiveis/2/2134/tde-09122014-135328/pt-br.php>. Acesso em: 20 ago. 2020.

[4] Ibidem.

[5] Ibidem, p. 22.

As novas Tecnologias da Informação e da Comunicação (TIC), nesse contexto, apresentam-se como instrumento democrático de acesso à informação e manifestação da opinião popular. O meio digital tornou-se, assim, um dos principais, se não mais importante, espaço de fornecimento de informações, o que poderia revelar, em primeiro momento, o estreitamento da relação Sociedade e Estado.

A abertura do debate democrático encontra respaldo na teoria estadunidense sobre o mercado de ideias (*marketplace of ideas*), um dos fundamentos da proteção da liberdade de expressão. O percursor da teoria, nos Estados Unidos, foi o juiz da Suprema Corte Norte-Americana, Oliver Wendell Holmes, no caso *Abrams v. Estados Unidos*, segundo o autor, o melhor caminho para uma sociedade democrática seria abrir espaço para ampla disputa de ideias a fim de sobressair a verdade.[6] Em suma, tal teoria defende que a maior quantidade de discursos permite corrigir discursos falsos, diante da dinâmica natural do mercado das ideias.[7]

Nesse contexto, a possibilidade de múltiplas expressões políticas na Internet seria fundamental para alcançar as propostas e posições ideais. No entanto, a imensa produção de informações no meio digital também é responsável pela difusão de conteúdo inverídico, incorreto e tendencioso, que, muitas vezes, é utilizado para formar a opinião dos usuários. É necessária, portanto, a reflexão crítica acerca das redes sociais (*Twitter, Facebook, Instagram* etc.) como instrumento de efetiva participação democrática.

Observam-se diversas situações recentes nas quais importantes agentes sociais disseminaram informações falsas e tendenciosas, a partir de informações pessoais de cidadãos, a fim de alcançar determinado ganho político ou econômico. Tem-se como exemplo, o caso da empresa de análise de dados, *Cambrdige Analytica*, nas eleições presidenciais estadunidenses de 2016 [8]e, a *Yacows* na campanha presidencial de 2018, no Brasil.

Um dos fatores responsáveis pela eficácia da manipulação do debate público por meio da disseminação em massa de *fake news* dá-se pela dimen-

[6] Waldman, Ari Ezra. The Marketplace of Fake News. *University of Pennsylvania Journal of Constitutional Law*, Estados Unidos, n. 4, v. 20, p. 845-870, 2018, p. 848. Disponível em: <https://papers.ssrn.com/sol3/ papers.cfm?abstract_id=3141373>. Acesso em: 15 set. 2018.

[7] Syed, Nabiha. Real Talk about Fake News: Towards a Better Theory for Platform Governance. *The Yale Law Journal Forum*, Estados Unidos, n. 127, p. 337-357, out. 2017, p.340. Disponível em: <https://www.yalelawjournal.org/forum/real-talk-about-fake-news>. Acesso em: 26 fev. 2019.

[8] Cf. Lima, Cíntia Rosa Pereira de; Peroli, Kelvin. *Direito Digital: Compliance, Regulação e Governança*. São Paulo: Quartier Latin, 2019.

são sistêmica da desinformação, que se apodera do modelo de fluxo de informações próprio das novas Tecnologias da Informação e da Comunicação (TICs). Enfim, a comunicação política por meio das redes sociais, dada à automatização e ao conteúdo inverídico, acaba por distanciar a relação entre Sociedade – Estado, uma vez que mina a confiança dos usuários, enquanto cidadãos, nas instituições democráticas tradicionais.

Destaca-se, ademais, que as tecnologias da informação e da comunicação podem produzir efeito, à primeira vista paradoxal, de isolamento em grupos de interesses similares. Em outras palavras, a maioria dos usuários das redes sociais escolhe, preferencialmente, buscar informações em sites e páginas específicas ao invés de discutir ou interagir com oponentes políticos, tornando o debate público insuficiente.[9]

Tal tendência comportamental está diretamente relacionada à expansão da pós-verdade, cujo conceito, definido pelo dicionário de Oxford, caracteriza situações de manipulação da opinião pública por meio de apelos à emoção e a crenças pessoais, preterindo fatos objetivos. A "pós-verdade", por sua vez, alcança também o meio político, já que fatores emocionais correspondem parcela considerável na tomada de decisão política.[10] Nesse contexto, o caráter sensacionalista das informações enganosas é elemento facilitador da popularidade de tal conteúdo.

Aliás, a conjuntura das redes sociais e sua organização algorítmica favorecem a construção de vínculos entre indivíduos que compartilham os mesmos interesses políticos, ideológicos e culturais, esse arranjo permite a comunicação cada vez mais personalizada entre o candidato e sua potencial base eleitoral, com a transmissão de mensagens específicas ao seu público determinado, que se reforça com o emprego de serviços de impulsionamento, que, por sua vez, são alimentados por dados pessoais dos usuários.

Neste sentido, é fundamental analisar os impactos da LGPD na proteção dos eleitores, cujas informações constam tanto de cadastro de filiados no TSE (o sistema filiaweb), quanto são obtidas, muitas vezes, sem base legal que autorizem o compartilhamento destas.

[9] TORSETH, May. Commentary of the Manifesto. *In:* FLORIDI, Luciano (org.). *The Onlife Manifesto:* Being Human in a Hyperconnected Era. Oxford, Inglaterra: Oxford Internet Institute, 2015, p. 246. Disponível em: <https://www.springer.com/gb/book/9783319040929>. Acesso em: 15 set. 2018.

[10] MUTZ, Diana C. Political Psychology and Choice. *The Oxford Handbook of Political Behavior.* Oxford, Inglaterra: Oxford University Press, 2007, p. 16. Disponível em: <https://repository.upenn.edu/asc_papers/617/>. Acesso em: 01 set. 2019.

Em suma, as chamadas *fakes news* são instrumentos da máquina de desinformação que mimetizam a estética de notícia a fim de alcançar certa legitimidade e são construídas por meio da alteração de contexto, fabricação de fatos ou adulteração de imagens com a intencionalidade de enganar o receptor. A desinformação, por sua vez, compreendida em seu caráter sistêmico, também se reveste do dolo de enganar e pode ser adotada como projeto político que ultrapassa o período eleitoral e se estende a todas as formas de comunicação política governamental, com o objetivo de fortalecer o caos informacional e manter o distanciamento, e até mesmo negação, da realidade objetiva.

A disseminação em massa das *fake news*, então, representa prejuízo à escolha racional dos cidadãos, pois deturpa a imagem dos candidatos ofuscando fatores objetivos como posições políticas e planos de governo, por exemplo. A ofensa ao processo de decisão política dos cidadãos afeta, igualmente, o sistema democrático representativo como um todo, vez que tal modelo depende da relação dinâmica entre participação e representação. Tem-se, portanto, a violação do princípio da autonomia da vontade e do direito à informação, fundamentais à viabilidade da participação popular democrática.

2. Proteção dos dados pessoais dos cidadãos no ordenamento jurídico brasileiro

A migração do centro das discussões políticas para a Internet conduz à reflexão sobre as consequências da mediação corporativa das relações políticas, num ambiente que segue modelos de negócios do *marketing*. É certo que, na perspectiva eleitoral, a aproximação às estratégias de *marketing* consolidou-se desde as campanhas de televisão e rádio, entretanto, a revolução do próprio *marketing* digital trouxe grandes mudanças também para a propaganda política eleitoral na Internet, especialmente, no que tange à personalização de conteúdo.

Conforme demonstrado acima, a nova tendência da propaganda política assemelha-se às estratégias de *marketing* comportamental. Assim, objetiva-se a disseminação de informações (inclusive, inverídicas) de forma massiva com vias alcançar um público específico, levando em consideração as crenças e preferencias pessoais. As novas TICs, especialmente as redes sociais (*Facebook, Twitter, Instagram*) são ferramentas essenciais nesse processo.

Sabe-se que os processos de distribuição de conteúdo nas novas mídias sociais não são neutros, ao contrário, baseiam-se em esferas de retroalimentação que contribuem ao cenário de sobreposição dos valores aos fatos.[11] Tal conjuntura é fabricada por meio de algoritmos e agentes de Inteligência Artificial, que se movimentam à base da coleta massiva de dados pessoais. Alguns afirmam, assim, a construção de novos paradigmas sociais na Sociedade Algorítmica[12] ou no Capitalismo do Big Data[13].

A evolução do Capitalismo é associada à expansão da mercantilização, na era do Big Data, esse processo alcança a comunicação e os dados pessoais.[14] Na esfera política, por sua vez, observa-se a emergência de um sistema industrial de vigilância com suposto objetivo de prevenir e detectar crimes e terrorismo.[15][16] A conjunção das perspectivas econômica e política constrói a ideologia de vigilância, que permite a criação da cultura do controle, em que os processos de coleta, armazenamento e análises

[11] PARISIER, Eli. *The filter bubble: how the new personalized web is changing what we read and how we think.* Nova York: Penguin Book, 2011, pp. 45-46: "What all of this means is that **your behavior is now a commodity**, a tiny piece of a market that provides a platform for the personalization of the whole Internet. We're used to thinking of the Web as a series of one-to-one relationships: You manage your relationship with Yahoo separately from your relationship with your favorite blog. But behind the scenes, the Web is becoming increasingly integrated. Businesses are realizing that it's profitable to share data. Thanks to Acxiom and the data market, sites can put the most relevant products up front and whisper to each other behind your back" (grifo nosso).

[12] BALKIN, Jack M. Free Speech in the Algorithmic Society: Big Data, Private Governance, and New School Speech Regulation. *University of California Davis Law Review*, v.51, n.3, pp. 1149-1210 (p. 1151), fev. 2018. Disponível em: <https://heinonline.org/HOL/P?h=hein.journals/davlr51&i=1169>. Acesso em: 07 ago. 2020.

[13] FUCHCS, Christian. Karl Marx in the Age of Big Data Capitalism. *In:* CHANDLER, D.; FUCHS, C. *Digital Objects, Digital Subjects: Interdisciplinary Perspectives on Capitalism, Labour and Politics in the Age of Big Data.* Londres: University of Westminster Press, pp. 53-71, 2019. Disponível em: <www.jstor.org/stable/j.ctvckq9qb.6>. Acesso em: 07 ago. 2020.

[14] Ibidem, p. 57.

[15] Ibidem.

[16] O que ainda deverá ser objeto de regulamentação por parte da ANPD, pois no art. 4º, inc. III, diz não se aplicar a LGPD quando o tratamento de dados pessoais for realizado para fins exclusivos de: a) segurança pública; b) defesa nacional; c) segurança do Estado; ou d) atividades de investigação e repressão de infrações penais; ou d) atividades de investigação e repressão de infrações penais. No entanto, o § 3º do art. 4º da LGPD determina que a ANPD emitirá opiniões técnicas ou recomendações referentes às exceções previstas no inciso III do caput do art. 4º da LGPD e deverá solicitar aos responsáveis relatórios de impacto à proteção de dados pessoais.

dos dados pessoais dos indivíduos servem aos interesses econômicos e políticos. Nesse cenário, os indivíduos são visados como consumidores e, potenciais criminosos.[17]

Por óbvio, o processo eleitoral também passa pela mercantilização que, inclusive, evidencia-se pelo emprego de estratégias de *marketing* direcionado aos eleitores-consumidores. Tal fenômeno se intensifica à medida em que a comunicação política também passa a ser mediada na Internet e, especialmente, pelas grandes plataformas de redes sociais.

A força motriz desse ecossistema é justamente a enorme base de dados pessoais, facilmente coletada e analisada. Os mecanismos de *marketing* e impulsionamento de conteúdo estão relacionados também à desinformação, uma vez que, a coleta e tratamento de dados pessoais pode ser empregada como mecanismo de segmentação de mensagens de propaganda legítima ou enganosa. Em ambas as hipóteses é possível identificar prejuízos à formação da opinião pública, principalmente no contexto de pós-verdade e isolamento de grupos de interesse, fatores identificados anteriormente. Evidente, portanto, a necessidade de regulação e fiscalização deste meio, principalmente no que diz respeito à proteção de dados dos usuários, que correspondem à parcela considerável do eleitorado brasileiro.

Nesse contexto, o Marco Civil da Internet (Lei n. 12.965/2014) e a Lei Geral de Proteção de Dados Pessoais (Lei n. 13.709/2018), associados às resoluções setoriais eleitorais, tais como a Res. n. 21.538/2003 e Res. n. 23.335/2011, ambas do Tribunal Superior Eleitoral (TSE), constroem o microssistema de proteção de dados pessoais dos eleitores, fundamental para preservação do processo eleitoral democrático.

Já no âmbito constitucional, observa-se que o art. 5º, inciso X da Constituição Federal dispõe sobre a inviolabilidade da intimidade, da vida privada, da honra e da imagem das pessoas, ao passo que o inciso XII do mesmo artigo estabelece que é inviolável o sigilo da correspondência e das comunicações telegráficas, salvo em hipótese de ordem judicial. Não restando dúvida, portanto, sobre a caracterização do direito à privacidade como um direito fundamental.

Sabe-se que "privacidade" não é sinônimo de "proteção de dados pessoais", embora, muitas vezes se tangenciarem.[18] Contudo, a partir da digni-

[17] Ibidem.

[18] Lima, Cíntia Rosa Pereira de. *Autoridade Nacional de Proteção de Dados Pessoais e a Efetividade da Lei Geral de Proteção de Dados Pessoais*. São Paulo: Almedina, 2020, p. 90.

dade da pessoa humana (art. 1º, inc. III da CF/88), pode-se afirmar que, pela interpretação sistemática da Constituição Federal, a proteção de dados pessoais é um direito fundamental. Outrossim, a Proposta de Emenda à Constituição (PEC) n. 17/2019 pretende acrescentar ao rol do art. 5º da CF/88 o inciso X-A com a seguinte redação: "é assegurado, nos termos da lei, o direito à proteção de dados pessoais, inclusive nos meios digitais".[19] Além disso, não se pode olvidar que, recentemente, o Supremo Tribunal Federal afirmou que o direito à proteção de dados pessoais é um direito fundamental ao julgar a inconstitucionalidade da Medida Provisória n. 954/2020, que autorizou o compartilhamento de informações como número telefônico, nome e endereço entre as empresas de telefonia fixa e móvel e o IBGE[20].

Pois bem, o Marco Civil da Internet (MCI) já dispunha sobre a necessidade do consentimento livre, expresso e informado para o fornecimento de dados pessoais a terceiros (art. 7º, inc. VII, da Lei n. 12.965/2014).[21] Diversamente, a qualificação do consentimento determinada na LGPD é livre e inequívoco (art. 5º, XII, da Lei n. 13.709/2018). Hoje, o artigo 7º, inc. VII do MCI está implicitamente revogado, pois a LGPD tratou especificamente de regras para a aplicação da lei às atividades de tratamento de dados pessoais.[22] Isto porque, a LGPD, muito embora tenha o título "Lei Geral de Proteção de Dados", é específica se comparada ao Marco Civil da Internet.

Em suma, a Lei Geral de Proteção de Dados (Lei n. 13.709) de 14 de agosto de 2018, surge para regular o tratamento de dados pessoais por pessoa natural ou pessoa jurídica de direito público ou privado. A Lei

[19] BRASIL. Senado Federal. Proposta de Emenda à Constituição n. 17/2019. Acrescenta o inciso XII-A, ao art. 5º, e o inciso XXX, ao art. 22, da Constituição Federal para incluir a proteção de dados pessoais entre os direitos fundamentais do cidadão e fixar a competência privativa da União para legislar sobre a matéria. Disponível em: <https://www25.senado.leg.br/web/atividade/materias/-/materia/135594>. Acesso em: 20 jan. 2021.

[20] BRASIL. Supremo Tribunal Federal. ADI 6387 MC-Ref, Relator(a): Rosa Weber, Tribunal Pleno, julgado em 07/05/2020. Processo eletrônico DJe-270. Divulgado em 11 nov. 2020. Publicado em 12 nov. 2020.

[21] Cf. Lima, Cíntia Rosa Pereira de; Bioni, Bruno Ricardo. A proteção de dados pessoais na fase de coleta: apontamentos sobre a adjetivação do consentimento implementada pelo artigo 7, incisos VIII e IX, do Marco Civil da Internet a partir da Human Computer Interaction e da Privacy by Default. *In*: De Lucca, Newton; Simão Filho, Adalberto; Lima, Cíntia Rosa Pereira de. (Org.). *Direito & Internet III: Marco Civil da Internet (Lei n. 12.965/2014)*. Tomo I. 1ª ed. São Paulo: Quartier Latin, 2015, v. 1, pp. 263-290.

[22] Cf. Lima, Cíntia Rosa Pereira de. Consentimento inequívoco *versus* expresso: o que muda com a LGPD? *Revista do Advogado*, ano XXXIX, n. 144, pp. 60-66. São Paulo: AASP, 2019.

tem objetivo de proteger os direitos fundamentais de liberdade e de privacidade, bem como, o livre desenvolvimento da personalidade da pessoa natural (art. 1º). Ademais, a LGPD estabelece tratamento especial aos dados pessoais sensíveis, que incluem informações sobre a opinião política e filiação a organização de caráter político, quando vinculadas a uma pessoa natural (art. 5º, II da LGPD).

Segundo a Lei n. 13.709/2018, o todo tratamento de dados pessoais deve respeitar os seguintes princípios: finalidade; adequação; necessidade; livre acesso; qualidade dos dados; transparência; segurança; prevenção; não discriminação; responsabilização e prestação de contras, todos descritos nos incisos do art. 6º da Lei. Uma das bases para o tratamento de dados pessoais é o consentimento do titular para o tratamento dos dados pessoais nos termos do art. 7º, inc. I da LGPD, sendo dispensado o consentimento nas demais circunstâncias previstas neste artigo, ou seja, as outras bases legais para o tratamento de dados pessoais. No caso dos dados pessoais sensíveis, é necessário o consentimento específico com destaque para finalidades do tratamento (art. 11, inc. I da LGPD). Em síntese, a LGPD propõe determinações específicas a serem observadas no tratamento de dados pessoais, tanto por pessoas naturais, quanto por pessoas jurídicas de direito público e privado.

Quanto aos dados pessoais dos eleitores, a Resolução n. 21.538/2003 do TSE proíbe o compartilhamento de dados pessoais contidos no registro eleitoral, tais como endereço, data de nascimento, estado civil etc. No mais, a Resolução n. 23.335/2011, também do TSE, que trata da coleta de informações biométricas dos eleitores dispõe que as informações relativas ao documento de identidade, ao CPF, às impressões digitais e à assinatura digitalizada do eleitor, são consideradas de caráter personalizado, portanto, têm sua circulação protegida (art. 9º).

Diante das novas diretrizes da Lei Geral de Proteção de Dados é necessário avaliar as políticas de privacidade e de proteção dos dados dos eleitores, as quais estão disponíveis nas redes sociais e nos bancos de dados do TSE (alistamento e biometria). Assim, propõe-se apresentar as características basilares do microssistema de proteção de dados na perspectiva eleitoral, analisando a associação e adequação do regramento do Tribunal Superior Eleitoral, especificamente, as Resoluções nº 21.538/2003, nº 23.335/2011 e nº 23.610/2019, e da LGPD.

3. Resolução n. 21.538/2003 do TSE: alistamento eleitoral e LGPD

A Resolução n. 21.538/2003 do TSE dispõe sobre o alistamento eleitoral por meio de processamento eletrônico de dados e a administração e manutenção do cadastro eleitoral. Importante ressaltar que o alistamento eleitoral é um dos requisitos obrigatórios para o exercício do direito de votar, e, de ser votado. Aliás, o art. 14, §1º, da CF/88 determina que o alistamento eleitoral e o voto são obrigatórios para os maiores de dezoito anos e facultativos para analfabetos, maiores de setenta anos e maiores de dezesseis e menores de dezoito anos.

De acordo com o art. 13, da Res. TSE n. 21.538/2003, o requerente deverá apresentar um dos seguintes documentos que infira a nacionalidade brasileira: (i) carteira de identidade ou carteira emitida pelos órgãos criados por lei federal, colaboradores do exercício profissional; (ii) certificado de quitação do serviço militar; (iii) certidão de nascimento ou casamento; (iv) instrumento público que confirme idade mínima de 16 anos e demais elementos de qualificação.

Quanto ao acesso às informações constantes do cadastro eleitoral, o art. 29, *caput*, da referida norma dispõe que tais dados serão acessíveis às instituições públicas e privadas e às pessoas físicas. Em sequência, o parágrafo primeiro do artigo supracitado determina que *"o tratamento das informações pessoais assegurará a preservação da intimidade, da vida privada, da honra e da imagem do cidadão, restringindo-se o acesso a seu conteúdo na forma deste artigo"*.[23]

De acordo com o art. 29, §2º, da Res. TSE n. 21.538/2003, estão excluídos da restrição do §1º acima os pedidos de acesso: (a) do eleitor a seus dados pessoais; (b) de autoridade judicial e de órgão do Ministério Público; (c) de órgãos públicos signatários de convênios com o TSE, em alinhamento com o Termo de Compromisso e Manutenção do Sigilo (TCMS) e; (d) órgãos de direção nacional dos partidos políticos, que "terão pleno acesso às informações de seus filiados constantes do cadastro eleitoral, inclusive àquelas que não sejam de informação obrigatória pelo eleitor".[24] Nesse último ponto, vale ressaltar que os dados de filiação partidária são regidos pela Lei n. 9.096/95 e pela Resolução n. 23.596/2019 do TSE, que determina a disponibilidade das informações sobre filiação partidária no

[23] BRASIL. Tribunal Superior Eleitoral. *Resolução nº 21.538*, de 14 de outubro de 2003. Disponível em: <http://www.tse.jus.br/legislacao/codigo-eleitoral/normas-editadas-pelo-tse/resolucao-nb0-21.538-de-14-de-outubro-de-2003-brasilia-2013-df>. Acesso em: 07 mar. 2021.

[24] Ibidem, art. 29, §2º.

sítio eletrônico do TSE, sendo os dados restritos aos nomes do partido político e do eleitor, a data de filiação, o número dos títulos eleitorais e as seções em que estão inscritos, conforme art. 26, da referida Resolução.

Por fim, o § 3º, do art. 29, da Resolução n. 21.538/2003, estabelece que o acesso de outros órgãos ou agentes públicos não indicados nas alíneas "b" e "c" do parágrafo anterior não deverá incluir "informações pessoais relativas à intimidade, à vida privada, à honra e à imagem", estas consideradas, ocupação, estado civil, escolaridade, impressões digitais, entre outras.[25]

A LGPD possui capítulo especial acerca do tratamento de dados pelo Poder Público (capítulo IV). Na definição das regras, o art. 23 da Lei dispõe que o tratamento de dados pessoais pelas pessoas jurídicas de direito público deverá respeitar a "finalidade pública, na persecução do interesse público, com o objetivo de executar as competências legais ou cumprir atribuições legais do serviço público".[26] Evidente que o alistamento eleitoral realizado pelo TSE constitui atividade de interesse público essencial para organização do processo eleitoral brasileiro sendo, portanto, admitido o tratamento de dados pessoais nesse contexto.

Por outro lado, o TSE não apresenta especificações a respeito da forma de tratamento e armazenamento dos dados obtidos com o cadastramento eleitoral. Aliás, não há informações específicas sobre os acordos com entidades públicas de transferência de dados, mesmo ao acessar o site do TSE não é possível visualizar o conteúdo dos acordos apenas resumo simples do seu objeto, vigência e partes contratantes.[27] Evidente que, para fins de concordância com a LGPD, seria necessário tão somente a informação

[25] Ibidem, art. 29, §3º.

[26] Lei n. 13.709 de 14 de agosto de 2018. Lei Geral de Proteção de Dados Pessoais (LGPD). Brasília, Diário Oficial da União, 15 de agosto de 2018. Disponível em: <http://www.planalto.gov.br/ccivil_03/_ato2015-2018/2018/lei/L13709.html>. Acesso em: 07 mar. 2021.

[27] Exemplo do Contrato nº000620009 entre o Tribunal Superior Eleitoral e o Conselho Nacional de Justiça apresenta como objeto *o "intercâmbio de informações dos seus bancos de dados"*. Entretanto, não é possível visualizar o interesse público relativo à tal procedimento.
Disponível em: <http://www.tse.jus.br/transparencia/licitacoes-e-contratos/contratos/acompanhamento-siac>. Acesso em: 07 mar. 2021.
Em 2017 o Tribunal Superior Eleitoral também noticiou a celebração de acordo com a Polícia Federal com o objetivo de transferência de conhecimentos e acesso a sistemas de informações das instituições. No entanto, até o momento da presente pesquisa, os detalhes do acordo não estavam disponíveis para acesso público.
BRASIL. Tribunal Superior Eleitoral. TSE e Polícia Federal vão compartilhar banco de dados biométricos. *TSE*. Brasília, 16 out. 2017. Disponível em: <http://www.tse.jus.br/imprensa/

acerca das hipóteses do tratamento de dados de forma expressa e atualizada, com previsão da finalidade e as práticas empregadas na execução da atividade (art. 23, II).

Por conseguinte, constata-se a escassez de indicações quanto os mecanismos de armazenamento e tratamento dos dados pessoais constantes no cadastro eleitoral. Apesar da previsão legal e do interesse público, a transparência quanto à essas informações, e seu acesso facilitado à população, é fundamental para o cumprimento das normas da LGPD, com vias a garantir segurança jurídica aos indivíduos. Insta ressaltar que a comunicação didática e constante das instituições públicas aos cidadãos é um dos instrumentos de construção da confiabilidade entre Sociedade e Estado.

Salienta-se, outrossim, a essencialidade da Autoridade Nacional de Proteção de Dados (ANPD) a fim de assegurar a proteção dos dados pessoais dos eleitores. A LGPD dispõe sobre hipóteses de intervenção da autoridade nacional para dispor sobre forma de publicidade das operações de tratamento realizadas por pessoas jurídicas de direito público (art. 23, §1º), além de possibilidade de solicitação de informações específicas sobre a natureza do tratamento (art. 29). Nota-se que a independência da ANPD se caracteriza como elemento fundamental na consolidação de tais diretrizes da Lei, evitando a possibilidade de capturas políticas ou econômicas em sua atuação.

Neste ponto, vale ressaltar que a previsão constitucional quanto a competência do TSE na seara eleitoral, nesse sentido, dispõe o art. 121, caput, da CF/88: "Lei complementar disporá sobre a organização e competência dos tribunais, dos juízes de direito e das juntas eleitorais". Coube ao Código Eleitoral limitar a atuação do Tribunal, em seus artigos 22 e 23, inclusive, sobre o poder normativo do TSE para tomar providências necessárias à execução da legislação eleitoral (art. 23, inc. XVIII, da Lei n. 4.737/1965).

Todavia, em que pese a competência funcional do TSE sobre as questões de cunho eleitoral, entende-se ser possível a atuação harmônica deste Órgão Jurisdicional em associação com a ANPD. Tal cooperação institucional, aliás, será necessária nos demais cenários de atuação da ANPD no âmbito do tratamento de dados pessoais pelo Poder Público haja vista a prévia distribuição de competência prevista na Constituição Federal e nas legislações infraconstitucionais.

noticias-tse/2017/Novembro/tse-e-policia-federal-vao-compartilhar-banco-de-dados-biometricos>. Acesso em: 07 mar. 2021.

4. Resolução nº 23.610/2019 do TSE: Propaganda eleitoral e LGPD

A Resolução n. 23.610/2019 do TSE que regula a propaganda eleitoral menciona expressamente a LGPD em três momentos. Primeiro, o art. 28, inc. III da Resolução determina que a propaganda eleitoral na Internet por meio de mensagem eletrônica para endereços cadastrados gratuitamente pelo candidato, partido político ou coligação, deve observar a Lei Geral de Proteção de Dados quanto ao consentimento do titular. Em seguida, o art. 41 do regramento dispõe sobre a aplicação da Lei n. 13.709/2018 (LGPD), no que couber, e, no art. 31, §4º, sobre cessão de dados pessoais.

A partir da leitura do art. 28, inc. III, supracitado, depreende-se a eleição da base legal do consentimento para reger os processos de tratamento de dados pessoais no contexto de propaganda eleitoral. A hipótese de tratamento de dados pessoais mediante o consentimento do titular está prevista no art. 7º, inc. I, da Lei n. 13.709/2018, sendo necessário o consentimento específico caso o controlador deseje comunicar ou compartilhar dados pessoais com outros controladores, nos termos do art. 7º, §5º, do respectivo Diploma Legal. [28]

Importante ressaltar que diversos candidatos e partidos contratam empresas de marketing para gerenciamento da campanha eleitoral, assim, é necessário que os contratos definam a posição de cada um dos agentes perante a LGPD. Desse modo, deve-se distinguir a pessoa do controlador, ou seja, aquele que toma decisões referentes ao tratamento de dados pessoais (art. 5º, VI, da Lei n. 13.709/2018); o operador, pessoa que realiza o tratamento de dados pessoais em nome do controlador (art. 5º, VII, da Lei n. 13.709/2018 ; ou , ainda, o encarregado, aquele indicado pelo controlador e operador para atuar como canal de comunicação entre o controlador e os titulares dos dados (art. 5º, VIII, da Lei n. 13.709/2018).[29] Tais discriminações são essenciais para fins de transparência e eventual responsabilização nos termos da Lei Geral de Proteção de Dados Pessoais, inclusive,

[28] Vide LIMA, Cíntia Rosa Pereira de; SOUSA, Maria Eduarda Sampaio de. LGPD e combate às fake news. *Migalhas*, 04 de setembro de 2020. Disponível em: <https://migalhas.uol.com.br/coluna/migalhas-de-protecao-de-dados/332907/lgpd-e-combate-as-fake-news>. Acesso em: 20 fev. 2021.

[29] Cf. LIMA, Cíntia Rosa Pereira de. Agentes de tratamento de dados pessoais (controlador, operador e encarregado pelo tratamento de dados pessoais). *In:* LIMA, Cíntia Rosa Pereira de Lima (coord.). *Comentários à Lei Geral de Proteção de Dados*. São Paulo: Almedina, 2020. pp. 279-296.

ressalte-se que a Lei determina que o controlador apresente o relatório de impacto à proteção de dados pessoais, documento que parecer ser também exigível no âmbito da campanha eleitoral.

Apesar da referência expressa à LGPD, importa observar que o Marco Civil da Internet (MCI) já menciona o direito ao consentimento livre, expresso e informado para o fornecimento de dados pessoais a terceiros (art. 7º, inc. VII, da Lei n.12.965/2014). No mesmo sentido, o inciso IX, do art. 7º, do MCI determina que o consentimento expresso sobre coleta, uso, armazenamento e tratamento de dados pessoais deve ocorrer de forma destacada em relação às demais cláusulas contratuais. Todavia, vigora o regramento atual da Lei n. 13.709/2018 quanto à qualificação do consentimento como manifestação livre, informada e inequívoca pela qual o titular concorda com o tratamento de seus dados pessoais para uma finalidade determinada conforme salientado *supra*.

Cabe mencionar, ainda, o art. 31 da Res. n. 23.610/2019 do TSE, que veda o compartilhamento de dados pessoais de clientes de pessoas jurídicas de direito privado e das entidades citadas no art. 24, da Lei n. 9.504/97, em favor de candidatos partidos ou de coligações. Nesse ponto, há ampliação do escopo do art. 57-E, da Lei n. 9.504/97, pois este veda a utilização, doação ou cessão "de cadastro eletrônico" dos clientes das pessoas elencadas no art. 24, supracitado, em favor de candidatos partidos ou coligações. Ademias, o parágrafo quarto no art. 31, em questão, prevê a observância da LGPD no tratamento de dados pessoais, inclusive, sua utilização, doação ou concessão por pessoa jurídica ou por pessoa natural, observada as vedações citadas.

Conclusões

Os dispositivos legislativos apresentados evidenciam que ainda é vaga a correlação entre a legislação eleitoral e a Lei Geral de Proteção de Dados Pessoais. Sendo assim, é fundamental a construção de arcabouço interpretativo sobre a proteção de dados pessoais no âmbito eleitoral a partir a conjunção de atividades entre a Justiça Eleitoral e a Autoridade Nacional de Proteção de Dados Pessoais.

Aliás, entende-se ser necessário que as atividades de tratamento de dados pessoais na esfera eleitoral sigam os princípios dispostos na Lei Geral de Proteção de Dados Pessoais, quais sejam: finalidade, tratamento mediante propósitos legítimos, específicos, explícitos e informados ao titular (art. 6º, inc. I); adequação, ou seja, compatibilizar a atividade de tratamento às finalidades expostas (art. 6º, inc. II); necessidade, limitando o tratamento ao mínimo necessário para execução das finalidades (art. 6º, inc. III); livre acesso, que consiste na garantia de consulta facilitada e gratuita ao titular sobre a forma e duração do tratamento de seus dados (art. 6º, inc. IV); qualidade, garantia de clareza e exatidão dos dados (art. 6º, inc. V); transparência, isto é, informar aos titulares de forma clara, precisa e de fácil acesso, sobre a realização dos tratamento, bem como, dos respectivos agentes envolvidos (art. 6º, VI); segurança, isto é, o emprego de medidas técnicas e administrativas aptas à proteção dos dados pessoais contra acessos indevidos e vazamentos (art. 6º, VII); prevenção, consistente na adoção de instrumentos para prevenir danos em virtude do tratamento de dados pessoais (art. 6º, VIII); não discriminação, que veda atividades de tratamento com fins discriminatórios ilícitos ou abusivos (art. 6º, IX) e; responsabilização e prestação de contas, que impõe o dever de demonstrar a adoção de medidas eficazes e cumprimento das novas de proteção de dados pessoais (art. 6º, X).

Cumpre destacar os princípios da transparência e da prestação de contas como essenciais para manutenção do processo eleitoral democrático. Ora, a prestação de informações referentes não apenas aos custos dispendidos com atividades de tratamento de dados pessoais, mas, também, relativas ao próprio processo de tratamento e identificação dos agentes contribui para preservar a autodeterminação informacional dos titulares-eleitores, em consonância com o princípio da autonomia da vontade e do direito à informação, que fundamentam a participação popular democrática. Além disso, a procedimentalização do tratamento de dados pessoais, segundo as diretrizes previstas nas legislações eleitorais e na LGPD, reforça o princípio da igualdade de condições entre os candidatos participantes da corrida eleitoral, partindo do pressuposto de que os dados pessoais são combustível basilar das estratégias de marketing digital direcionado, o acesso ilícito acarreta abuso de poder por parte do candidato ou partido político.

Diante do exposto, urge a necessidade de construção de modelos legislativos e doutrinários a respeito da proteção de dados pessoais sob a perspectiva do Direito Eleitoral, da Lei Geral de Proteção de Dados Pessoais e do Marco Civil da Internet, haja vista à expansão da Era do Big Data sobre as campanhas eleitorais e a comunicação política.

Referências

BALKIN, Jack M. Free Speech in the Algorithmic Society: Big Data, Private Governance, and New School Speech Regulation. *University of California Davis Law Review*, v.51, n.3, pp. 1149-1210, fev. 2018. Disponível em: <https://heinonline.org/HOL/P?h=hein.journals/davlr51&i=1169>. Acesso em: 07 ago. 2020.

BRASIL. Senado Federal. Proposta de Emenda à Constituição n. 17/2019. Acrescenta o inciso XII-A, ao art. 5º, e o inciso XXX, ao art. 22, da Constituição Federal para incluir a proteção de dados pessoais entre os direitos fundamentais do cidadão e fixar a competência privativa da União para legislar sobre a matéria. Disponível em: <https://www25.senado.leg.br/web/atividade/materias/-/materia/135594 >. Acesso em: 20 jan. 2021.

______. Lei n. 12.965, de 23 de abril de 2014. Estabelece princípios, garantias, direitos e deveres para o uso da Internet no Brasil. Brasília, *Diário Oficial da União*, 24 de abril de 2014. Disponível em: <http://www.planalto.gov.br/ccivil_03/_ato2011-2014/2014/lei/l12965.htm>. 07 mar. 2021.

______. Lei n. 13.709 de 14 de agosto de 2018. Lei Geral de Proteção de Dados Pessoais (LGPD). Brasília, Diário Oficial da União, 15 de agosto de 2018. Disponível em: <http://www.planalto.gov.br/ccivil_03/_ato2015-2018/2018/lei/L13709.html>. Acesso em: 07 mar. 2021.

______. Tribunal Superior Eleitoral. *Resolução nº 21.538*, de 14 de outubro de 2003. Disponível em: <http://www.tse.jus.br/legislacao/codigo-eleitoral/normas-editadas-pelo-tse/resolucao-nb0-21.538-de-14-de-outubro-de-2003-brasilia-2013-df>. Acesso em: 07 mar. 2021.

______. *Resolução nº 21.966*, de 30 de novembro de 2004. Disponível em: <http://www.tse.jus.br/legislacao-tse/res/2004/RES219662004.htm>. Acesso em: 07 mar. 2021.

______. *Resolução nº 23.117*, de 20 de agosto de 2009. Disponível em: <http://www.tse.jus.br/legislacao/codigo-eleitoral/normas-editadas-pelo-tse/resolucao-nb0-23.117-de-20-de-agosto-de-2009-brasilia-2013-df>. Acesso em: 07 mar. 2021.

______. *Resolução nº 23.335*, de 22 de fevereiro de 2011. Disponível em: <http://www.tse.jus.br/legislacao-tse/res/2011/RES233352011.htm>. Acesso em: 07 mar. 2021.

______. *Resolução nº 23.551*, de 18 de dezembro de 2017. Disponível em: <http://www.tse.jus.br/legislacao-tse/res/2017/RES235512017.html>. Acesso em: 07 mar. 2021.

______. TSE e Polícia Federal vão compartilhar banco de dados biométricos. *TSE*. Brasília, 16 out. 2017. Disponível em: <http://www.tse.jus.br/imprensa/noticias-tse/2017/Novembro/tse-e-policia-federal-vao-compartilhar-banco-de-dados-biometricos>. Acesso em: 07 mar. 2021.

BRASIL. Supremo Tribunal Federal. ADI 6387 MC-Ref, Relator(a): Rosa Weber, Tribunal Pleno, julgado em 07/05/2020. Processo eletrônico DJe-270. Divulgado em 11 nov. 2020. Publicado em 12 nov. 2020.

CASTANHO, Maria Augusta F. da Silva. *O Processo Eleitoral na Era da Internet*: as Novas Tecnologias e o Exercício da Cidadania. Tese de Doutorado em Direito do Estado. Faculdade de Direito da Universidade de São Paulo, 2014, 337f. Disponível em: <http://www.teses.usp.br/teses/disponiveis/2/2134/tde-09122014-135328/pt-br.php>. Acesso em: 20 ago. 2020.

De Lucca, Newton; Simão Filho, Adalberto; Lima, Cíntia Rosa Pereira de. (Org.). *Direito & Internet III: Marco Civil da Internet (Lei n. 12.965/2014)*. São Paulo: Quartier Latin, 2015.

______; Maciel, Renata Mota. *Direito & Internet IV: Sistema de Proteção de Dados Pessoais*. São Paulo: Quartier Latin, 2019.

Fuchcs, Christian. Karl Marx in the Age of Big Data Capitalism. *In:* Chandler, D; Fuchs, C. *Digital Objects, Digital Subjects: Interdisciplinary Perspectives on Capitalism, Labour and Politics in the Age of Big Data*. Londres: University of Westminster Press, pp. 53-71, 2019. Disponível em: <www.jstor.org/stable/j.ctvckq9qb.6>. Acesso em: 07 ago. 2020.

Lima, Cíntia Rosa Pereira de. Agentes de tratamento de dados pessoais (controlador, operador e encarregado pelo tratamento de dados pessoais). *In:* ______ (coord.). *Comentários à Lei Geral de Proteção de Dados*. São Paulo: Almedina, 2020, pp. 279-296.

______. *Autoridade Nacional de Proteção de Dados Pessoais e a Efetividade da Lei Geral de Proteção de Dados Pessoais*. São Paulo: Almedina, 2020.

______. *Comentários à Lei Geral de Proteção de Dados*. São Paulo: Almedina, 2020.

______. Consentimento inequívoco *versus* expresso: o que muda com a LGPD? *Revista do Advogado*, ano XXXIX, n. 144, pp. 60-66. São Paulo: AASP, 2019.

______; Bioni, Bruno Ricardo. A proteção de dados pessoais na fase de coleta: apontamentos sobre a adjetivação do consentimento implementada pelo artigo 7, incisos VIII e IX, do Marco Civil da Internet a partir da Human Computer Interaction e da Privacy by Default. *In*: De Lucca, Newton; Simão Filho, Adalberto; Lima, Cíntia Rosa Pereira de. (orgs.). *Direito & Internet III: Marco Civil da Internet (Lei n. 12.965/2014)*. Tomo I. 1ª ed. São Paulo: Quartier Latin, 2015, v. 1, pp. 263-290.

______; Peroli, Kelvin. *Direito Digital: Compliance, Regulação e Governança*. São Paulo: Quartier Latin, 2019.

______; Sousa, Maria Eduarda Sampaio de. LGPD e combate às fake news. *Migalhas*, 04 de setembro de 2020. Disponível em: <https://migalhas.uol.com.br/coluna/migalhas-de-protecao-de-dados/332907/lgpd-e-combate-as-fake-news>. Acesso em: 20 fev. 2021.

Mutz, Diana C. Political Psychology and Choice. *The Oxford Handbook of Political Behavior*. Oxford, Inglaterra: Oxford University Press, 2007, p. 16. Disponível em: <https://repository.upenn.edu/asc_papers/617/>. Acesso em: 01 set. 2020.

Parisier, Eli. *The filter bubble: how the new personalized web is changing what we read and how we think*. Nova York: Penguin Book, 2011.

Syed, Nabiha. Real Talk about Fake News: Towards a Better Theory for Platform Governance. *The Yale Law Journal Forum*, Estados Unidos, n. 127, p. 337-357 (p. 340), out. 2017. Disponível em: <https://www.yalelawjournal.org/ forum/real-talk-about-fake-news>. Acesso em: 26 fev. 2020.

Torseth, May. Commentary of the Manifesto. *In:* Floridi, Luciano (org.). *The Onlife Manifesto:* Being Human in a Hyperconnected Era. Oxford, Inglaterra: Oxford Internet Institute, 2015. Disponível em: <https://www.springer.com/gb/book/9783319040929>. Acesso em: 15 set. 2020.

Waldman, Ari Ezra. The Marketplace of Fake News. *University of Pennsylvania Journal of Constitutional Law*, Estados Unidos, n. 4, v. 20, p. 845-870, 2018. Disponível em: <https://papers.ssrn.com/sol3/ papers.cfm?abstract_id=3141373>. Acesso em: 15 set. 2018.

Aplicativos de Telemensagens e Desinformação: Reflexões sobre os Impactos Jurídicos do "*Spam* Político" e a Atuação da Agência Nacional de Proteção de Dados

Guilherme Magalhães Martins
João Victor Rozatti Longhi
José Luiz de Moura Faleiros Júnior

Introdução

O fenômeno identificado pela doutrina como "*spam* político" tem despertado olhares para os perigos da utilização de tecnologias comunicacionais que, pelo implemento de métodos criptográficos garantidores de privacidade, impedem qualquer fiscalização e controle sobre os dados que trafegam por suas redes. Tem-se, enfim, um choque de direitos fundamentais, na medida em que a privacidade e o sigilo das comunicações são contrapostos à almejada segurança jurídica quando conteúdos indevidos (e potencialmente danosos) circulam livremente e sem qualquer escrutínio.

São vários os aplicativos de telemensagens utilizados em *smartphones*, mas o WhatsApp se tornou o mais popular deles, sendo adotado amplamente para comunicações interpessoais e profissionais. É possível o envio de textos, imagens, vídeos, *links*, áudios e, pelo implemento da criptografia de ponta-a-ponta (*peer-to-peer*), apenas os dois interlocutores de uma sessão comunicacional têm condições de decifrar os dados trocados para acessá-los, lê-los e visualizá-los, sendo impossível – ao menos alegadamente – a quebra do sigilo telemático dessas comunicações.

O cenário que se cria é empolgante, em um primeiro momento, pela aparente hiperproteção à privacidade. Desvirtuações surgem, entretanto, e esse aplicativo, assim como outros dedicados às mesmas funções, se tornam ambientes para a proliferação de conteúdo falso, depreciativo, pejorativo, caluniador, difamatório e, em períodos eleitorais, isso abre margem a abusos de toda ordem.

Nesse breve ensaio, o aplicativo em questão será analisado sob o ponto de vista da malversação criada a partir de seu uso indevido para a disseminação de conteúdo político que viola a legislação eleitoral e produz impactos sobre o próprio princípio democrático. Serão analisadas as medidas implementadas para a superação desse desafio, embora ainda não se tenha solução definitiva para a problemática desencadeada. Ao final, uma conclusão será extraída no intuito de trazer luz aos principais aspectos concernentes ao tema-problema.

2. Os aplicativos de telemensagens e a popularização do WhatsApp

A utilização de aplicativos de telemensagens para dispositivos móveis, como "WhatsApp", "Telegram" e "Messenger", no cotidiano do cidadão brasileiro já é uma realidade inelutável. O primeiro – e mais conhecido – é uma aplicação multiplataforma que foi desenvolvida em 2009 por Brian Acton e Jan Koum, fundadores da WhatsApp Inc., baseada em Mountain View, Califórnia, nos Estados Unidos da América. Com seu crescimento exponencial, que já ultrapassou a marca de dois bilhões de usuários[1], a empresa acabou sendo adquirida pela Facebook Inc., outra gigante do setor, em 19 de fevereiro de 2014, por cerca de US$ 19 bilhões[2], a maior operação do tipo até a época[3].

O nome da aplicação é fruto de um trocadilho com a gíria inglesa "*what's up?*", utilizada coloquialmente para se indagar ao interlocutor se tudo vai bem, se há alguma novidade a contar ou se algo está acontecendo. É um nome sugestivo para um *software* utilizado para várias finalidades (inclusive comerciais) e já estudado a partir de diversas abordagens no mundo

[1] PORTER, Jon. WhatsApp now has 2 billion users. *The Verge*, Washington, 12 fev. 2020. Disponível em: https://www.theverge.com/2016/2/1/10889534/whats-app-1-billion-users-facebook-mark-zuckerberg. Acesso em: 28 fev. 2021.

[2] FACEBOOK to Acquire WhatsApp. *Facebook Newsroom*, 19 fev. 2014, Menlo Park, Califórnia. Disponível em: https://newsroom.fb.com/news/2014/02/facebook-to-acquire-whatsapp/. Acesso em: 28 fev. 2021.

[3] DEUTSCH, Alison. WhatsApp: the best Facebook purchase ever? *Investopedia*, 18 mar. 2020. Disponível em: https://www.investopedia.com/articles/investing/032515/whatsapp-best-facebook-purchase-ever.asp. Acesso em: 28 fev. 2021.

inteiro, sendo recorrentemente reconhecido como uma ferramenta eficaz para seu propósito de existência[4].

No Supremo Tribunal Federal, porém, uma Ação Direta de Inconstitucionalidade (ADI 5527) e uma Arguição de Descumprimento de Preceito Fundamental (ADPF 403) trouxeram ao campo de discussões jurídicas a polêmica questão relativa à possibilidade de suspensão dos serviços do aplicativo em razão do não acatamento de ordens judiciais específicas, especialmente em processos criminais nos quais se decretou a quebra de sigilo telemático para a produção de provas.

A primeira sessão de julgamento, agendada para 19 de maio de 2020, foi adiada para 27 de maio e, nesta segunda ocasião, após serem proferidos os votos de dois ministros da Corte – Edson Fachin e Rosa Weber –, que se posicionaram contrariamente à possibilidade de bloqueio do WhatsApp, um pedido de vista do Min. Alexandre de Moraes provocou novo adiamento, sem previsão de data para a continuidade da sessão[5].

Diante disso, algumas reflexões sobre o papel dessa ferramenta são relevantes para a aferição de seus impactos jurídicos e, com base nessa premissa, serão feitos alguns breves comentários a seguir.

Desde logo, lembremo-nos de que, "durante a maior parte da história humana, as interações foram face a face"[6], mas a evolução tecnológica propiciou novos rumos para as relações interpessoais, permitindo aos indivíduos interagir, mesmo que não estejam no mesmo ambiente[7]. Assim, o advento de ferramentas que aumentem a capacidade e a velocidade dos usuários de realizarem suas interações contribuiu para a alavancagem das comunicações e valorização de organizações que exploram tais serviços na Internet.

[4] KUMAR, Naveen; SHARMA, Sudhansh. Survey Analysis on the usage and Impact of Whatsapp Messenger. *Global Journal of Enterprise Information System*, v. 8, n. 3, jul./set. 2016. Disponível em: https://doi.org/10.18311/gjeis/2016/15741. Acesso em: 28 fev. 2021.

[5] CAPELAS, Bruno. Julgamento STF sobre bloqueio ao WhatsApp é adiado. *Terra*, 28 maio 2020. Disponível em: https://www.terra.com.br/noticias/tecnologia/julgamento-stf-sobre-bloqueio-ao-whatsapp-e-adiado,896ca1480e060460563c0319c030bae7mnwjwfvp.html. Acesso em: 28 fev. 2021.

[6] THOMPSON, John B. *A mídia e a modernidade*: uma teoria social da mídia. Tradução de Wagner de Oliveira Brandão. Petrópolis: Vozes, 1998, p. 77.

[7] VÁZQUEZ-CANO, Esteban; SANTIAGO, Mengual-Andrés; Roig-Vila, Rosabel. Análisis lexicométrico de la especificidad de la escritura digital del adolescente en WhatsApp. *Revista de Lingüística Teórica y Aplicada*, Concepción, v. 53, n. 1, pp. 3-105, jun. 2015.

O jurista espanhol Pedro Alberto de Miguel Asensio observa que a Internet *"constitui um emaranhado mundial de redes conectadas entre si de modo a tornar possível a comunicação quase instantânea de qualquer usuário de uma dessas redes a outros situados em outras redes do conjunto, tratando-se de um meio de comunicação global"*[8]. A ideia de um emaranhado de redes interconectadas dá espaço à consolidação da mencionada "vida paralela" no ciberespaço, em que os fluxos são velozes e inter-relacionados.[9] Efetivamente, não se pode falar em rede única, mas na conexão de várias redes entre si, dentro das quais a comunicação é possível a partir de qualquer ponto, dando cobertura à quase totalidade do globo terrestre, verdadeira rede das redes[10].

Não é por outra razão que as aplicações utilizadas no ciberespaço são dependentes de atualizações constantes. A metamorfose das comunicações é sentida com imediatez e novas funcionalidades são utilizadas para tornar a virtualização inter-relacional cada vez mais atraente para os usuários[11].

O WhatsApp foi lançado exatamente com o propósito de simplificar as comunicações, propiciando-as de forma quase gratuita, uma vez que era cobrada de seus usuários uma anuidade de um dólar, que acabou sendo extinta em 18 de janeiro de 2016, tamanha a popularidade que o *app* adquiriu[12].

[8] ASENSIO, Pedro Alberto de Miguel. *Derecho privado de Internet*. Madrid: Civitas, 2001, p. 27. No original: "Internet constituye un entramado mundial de redes conectadas entre sí de un modo que hace posible la comunicación casi instantánea desde cualquier ordenador de una de esas redes a otros situados en otra redes del conjunto, por lo que se trata de un medio de comunicación global".

[9] SANTAELLA, Lucia. *Navegar no ciberespaço*: o perfil cognitivo do leitor imersivo. São Paulo: Paulus, 2004, p. 38. Comenta: "Como a Internet funciona? Seu funcionamento depende não apenas do papel capital desempenhado pela informática e pelos computadores, mas da comunicação que se institui entre eles por meio da conexão em rede. As duas forças principais da informática, capacidade de armazenamento e processamento da informação, multiplicam-se imensamente na medida em que as máquinas podem se beneficiar umas das outras. Na Internet, a palavra "rede" deve ser entendida em uma acepção muito especial, pois ela não se constrói segundo princípios hierárquicos, mas como se uma grande teia na forma do globo envolvesse a Terra inteira, sem bordas nem centros. Nessa teia, comunicações eletrônicas caminham na velocidade da luz (300 mil km/s), em um "tempo real", pode-se dizer, no qual a distância não conta (...)."

[10] MARTINS, Guilherme Magalhães. *Contratos eletrônicos de consumo*. 3ª ed. São Paulo: Atlas, 2016. p. 24.

[11] ROCHEFORT, Alex. Regulating social media platforms: a comparative policy analysis. *Communication Law and Policy*, Londres, v. 25, n. 2, p. 225-260, 2020, p. 228-229.

[12] FRIED, Ina. Facebook's WhatsApp Is Now Free. *Re Code*, Washington, 18 jan. 2016. Disponível em: https://www.recode.net/2016/1/18/11588896/facebook-owned-whatsapp-to-drop-subscription-fees-for-its-popular. Acesso em: 28 fev. 2021.

Com isso, a ampliação de seu uso em todos os tipos de plataformas aumentou ao longo dos anos, culminando no lançamento de uma versão para computadores denominada "WhatsApp Web", que alavancou ainda mais sua utilização. E, como se não bastasse, cada vez mais se investiu em criptografia para garantir a higidez da plataforma e o sigilo das comunicações trocadas pelos usuários da aplicação[13].

Inegavelmente, nota-se uma crescente inserção de funcionalidades e instrumentos ao WhatsApp ao longo dos anos, tornando-o cada vez mais completo e, segundo alguns[14], conferindo-lhe feições de uma rede social.

Sobre isso, Danah Boyd e Nicole Ellison chamam a atenção para algumas das características que permitem classificar uma aplicação como rede social: *"(i) permitem construir um perfil aberto ou semiaberto dentro de uma plataforma controlada; (ii) articular uma lista de outros usuários com os quais eles compartilham conexões; e (iii) visualizar de forma transversal as listas de conexões dos mesmos e aquelas feitas por outros usuários dentro do sistema"*[15].

De fato, o funcionamento do WhatsApp ainda não atingiu o patamar das características apontadas, de modo que não pode ser considerado uma rede social. Nele não se tem listas de seguidores ou inscritos, não se tem uma apresentação aberta de perfis, tampouco se tem acesso a *feeds* de postagens, mas sua relevância jurídica atingiu patamar equivalente ao das mídias sociais tradicionais, como Facebook, Twitter e YouTube, na medida em que suas funcionalidades já transcendem o campo da simples troca de mensagens criptografadas entre dois interlocutores (a chamada comuni-

[13] Sobre isso, conferir os seguintes estudos: MINHAS, Shahid; AHMED, Masroor; ULLAH, Qazi Farman. Usage of WhatsApp: a study of University of Peshawar, Pakistan. *International Journal of Humanities and Social Science Invention*, Nova Deli, v. 5, n. 7, p. 71-73, jul. 2016, p. 1; MANCERA RUEDA, Ana. Usos lingüísticos alejados del español normativo como seña de identidad en las redes sociales. *Bulletin of Spanish Studies*, Glasgow, n. 93, p. 1469-1493, maio 2016.

[14] SOUZA, Juliana Lopes de Almeida; ARAÚJO, Daniel Costa de; PAULA, Diego Alves de. Mídia social WhatsApp: uma análise sobre as interações sociais. *Revista ALTERJOR*, São Paulo, ano 6, v. 01, edição II, p. 131-165, jan./jun. 2015. Disponível em: https://www.revistas.usp.br/alterjor/article/download/aj11-a05/aj11-a005.pdf. Acesso em: 28 fev. 2021.

[15] BOYD, Danah M.; ELLISON, Nicole B. Social network sites: definition, history and scholarship. *Journal of Computer-Mediated Communication*, Oxford, v. 13, n. 1, p. 210-230, out. 2007, p. 211. No original: "(iii) services that allow individuals to (1) construct a public or semi-public profile within a bounded system, (2) articulate a list of other users with whom they share a connection, and (3) view and traverse their list of connections and those made by others within the system. The nature and nomenclature of these connections may vary from site to site".

cação de ponta-a-ponta), como informam Carlos Affonso de Souza e Ana Lara Mageth:

> Estima-se que, atualmente, o WhatsApp possua mais de cem milhões de usuários apenas no Brasil. O uso do aplicativo é intenso no país e vem sendo utilizado para os mais diversos fins. Empresas utilizam o *app* para se comunicar com seus consumidores ou mesmo para a comunicação interna com seus funcionários. Além disso, o próprio Poder Judiciário vem utilizando tal ferramenta para realizar intimações e outros atos atinentes à atuação jurisdicional. Claramente, o aplicativo (bem como demais *apps* para a troca de mensagens) transformaram dinâmicas sociais, econômicas e culturais. No entanto, é preciso se distanciar o aplicativo WhatsApp em si e perceber como medidas de bloqueio, tomadas a partir de uma compreensão equivocada sobre como funciona a criptografia, podem afetar a integridade da infraestrutura da Internet brasileira.[16]

Se a criptografia das comunicações de ponta-a-ponta contribui para a preservação da privacidade e dos dados pessoais, pode-se dizer que atende ao princípio descrito no art. 3º, II e III, do Marco Civil da Internet, e ao fundamento contido no art. 2º, I, da Lei Geral de Proteção de Dados Pessoais. Por outro lado, essa mesma circunstância viabiliza interações mais complexas, como ocorre nos "grupos", em que há mais de dois interlocutores. E foi exatamente nesses casos que houve grande polêmica em torno do uso do WhatsApp, tendo em vista a suposta impossibilidade de se obter acesso às mensagens trocadas na plataforma, mesmo em caso de atendimento a ordem judicial, e mesmo em se tratando de grupos com vários participantes[17].

[16] SOUZA, Carlos Affonso Pereira de; MAGETH, Ana Lara. A criptografia entre flexibilização e bloqueio de aplicações: lições internacionais e a experiência brasileira. *In:* DONEDA, Danilo; MACHADO, Diego (coords.). *A criptografia no direito brasileiro.* São Paulo: Revista dos Tribunais, 2019, p. 82.

[17] Segundo Celso Fiorillo e Renata Ferreira, "[o] adequado uso do *WhatsApp* no Brasil, deve observar, como já informado anteriormente, o regime jurídico constitucional que estabelece regras superiores em face da tutela jurídica do meio ambiente digital particularmente no âmbito da manifestação do pensamento, da expressão e da informação através das redes de computadores, guardando necessária harmonia com os princípios fundamentais de nossa Carta Magna." FIORILLO, Celso Antonio Pacheco; FERREIRA, Renata Marques. *Tutela jurídica do WhatsApp na sociedade da informação.* Rio de Janeiro: Lumen Juris, 2017, p. 81. A despeito disso, tentativas de contenção do uso da aplicação em razão do descumprimento de ordens judiciais emanadas

É fato que o WhatsApp vem sendo amplamente utilizada para fins publicitários em tempos recentes. Há notícias, inclusive, de seu uso como ferramenta oficial para a troca de informações entre corporações e seus usuários desde que a própria plataforma passou a disponibilizar uma opção para a veiculação de contas comerciais verificadas (WhatsApp Business)[18], tornando-se essencial para agências de publicidade, para o implemento de atendimento em pós-venda, para o atendimento de demandas por sistemas automatizados (*chatbots*) e diversos outros fins.

Grande problema se tem, ainda, quanto ao uso indiscriminado da ferramenta – especialmente dos grupos – para a disseminação inadvertida e não controlada de conteúdos. É isso que o tópico seguinte analisará.

3. O envio massivo de mensagens e suas principais consequências

O WhatsApp sempre permitiu o encaminhamento de uma mesma mensagem a múltiplos usuários de uma lista de contatos. Em sua gênese, era uma prática comum e pouco perturbadora. Usualmente, usuários enviavam alguma notícia de grande repercussão, ou conteúdo satírico a amigos e familiares. Aos poucos a prática se tornou mais comum para fins publicitários e para a distribuição de conteúdos de outros tipos.

No Brasil, aliás, o tema veio à tona com enorme repercussão após as eleições de 2018, quando acusações emergiram sinalizando o uso indevido da ferramenta pelos principais concorrentes da corrida eleitoral[19] para a pro-

de processos que investigam a possível prática de ilícitos penais, foram uma constante nos anos de 2016 e 2017, gerando desdobramentos, conforme anotam Tarcísio Teixeira, Paulo Sabo e Isabela Sabo: " Finalmente, com relação à eventual necessidade de investigação policial e/ou acesso judicial, vindo a caracterizar, porquanto, um conflito entre o interesse público (segurança) e interesse privado (privacidade), demonstrou-se que a interceptação da comunicação via *WhatsApp* ou a determinação à empresa para fornecer as mensagens em texto claro, e consequente bloqueio justificado na "recusa" de seu cumprimento, podem constituir medidas desequilibradas e ineficazes." Teixeira, Tarcísio; Sabo, Paulo Henrique; Sabo, Isabela Cristina. WhatsApp e a criptografia ponto-a-ponto: tendência jurídica e o conflito privacidade vs. interesse público. *Revista da Faculdade de Direito da Universidade Federal de Minas Gerais*, Belo Horizonte, v. 71, n. 2, p. 607-638, jul./dez. 2017, p. 633.

[18] Para maiores informações sobre a utilização de contas comerciais oficiais na plataforma, confira-se o seguinte link: https://faq.whatsapp.com/pt_br/smbi/26000090/?category=5245246. Acesso em: 28 fev. 2021.

[19] Rodrigues, Paloma; Gomes, Pedro Henrique. Sócio da Yacows diz que empresa fez disparos em massa para Bolsonaro, Haddad e Meirelles. *G1*, 19 fev. 2020. Disponível em: https://glo.bo/2LIA6ip. Acesso em: 28 fev. 2021.

pagação de mensagens em massa com conteúdo que se convencionou chamar de "*spam* político" (memes, correntes, "santinhos de candidatos" etc.).[20]

No plano eleitoral, tais práticas, que são vedadas pelo artigo 14, §9º, da Constituição da República, e pelo artigo 22 da Lei Complementar nº 64/1990, representariam suposto abuso de poder econômico e uso indevido dos meios de comunicação, o que desencadeou uma investigação no Tribunal Superior Eleitoral[21], a instauração de uma Comissão Parlamentar Mista de Inquérito ("CPMI das Fake News")[22] e inúmeros estudos acerca dos impactos que a referida plataforma pode ter tido no desfecho do pleito.[23] A constatação é evidente: a ferramenta passou a fomentar um "jogo de poder" – para citar a expressão de Steve Fuller[24] – que pode alterar o sistema político desde seu núcleo.

Paolo Gerbaudo estudou o fenômeno e cunhou a nomenclatura "partido digital" (*digital party*) para identificar esse cenário marcado por "novas formas de comunicação e organização introduzidas pelos oligopólios de *Big Data*, que exploram os dispositivos, serviços e aplicativos que se tornaram a marca mais reconhecível da era atual, desde mídias sociais como Facebook e Twitter, até aplicativos de mensagens como WhatsApp e Telegram."[25]

[20] ABRÃO, Camila. O WhatsApp definiu a eleição de 2018? Oito dados que ajudam a entender o que aconteceu. *Gazeta do Povo*, 18 maio 2019. Disponível em: https://www.gazetadopovo.com.br/republica/whatsapp-eleicao-2018-dados-pesquisa-internetlab/. Acesso em: 28 fev. 2021.

[21] TRIBUNAL SUPERIOR ELEITORAL. Corregedor determina que WhatsApp informe se números identificados dispararam mensagens em massa em 2018. *Assessoria de Comunicação/TSE*, 08 nov. 2019. Disponível em: http://www.tse.jus.br/imprensa/noticias-tse/2019/Novembro/corregedor-determina-que-whatsapp-informe-se-numeros-identificados-dispararam-mensagens-em-massa-em-2018. Acesso em: 28 fev. 2021.

[22] SENADO FEDERAL. Atividade Legislativa. *Comissão Parlamentar Mista de Inquérito – Fake News*. Disponível em: https://legis.senado.leg.br/comissoes/comissao?0&codcol=2292. Acesso em: 28 fev. 2021.

[23] ARNAUDO, Dan. Computational propaganda in Brazil: social bots during elections. *University of Oxford Computational Propaganda Research Project*, Working Paper No. 2017.8, p. 1-38, 2017. Disponível em: https://blogs.oii.ox.ac.uk/wp-content/uploads/sites/89/2017/06/Comprop-Brazil.pdf. Acesso em: 28 fev. 2021.

[24] FULLER, Steve. What can Philosophy teach us about the post-truth condition. *In:* PETERS, Michael A.; RIDER, Sharon; HYVÖNEN, Mats; BESLEY, Tina (Eds.). *Post-truth, fake news*: viral modernity & higher education. Cham: Springer, 2018, p. 24-25.

[25] GERBAUDO, Paolo. *The digital party*: political organisation and online democracy. Londres: Pluto Press, 2019, p. 4, tradução livre. No original: "(...) new forms of communication and organisation introduced by Big Data oligopolies, by exploiting the devices, services,

Não obstante, os efeitos deletérios do mau uso dessas ferramentas ainda vão além do mencionado fenômeno político, contemplando até mesmo a adesão de agências de publicidade que, supostamente, patrocinaram esses disparos de *spam* político se valendo de burlas aos termos de uso e às políticas de privacidade da plataforma, trazendo como consequência uma maior restrição de acesso dessas empresas aos sistemas: em dezembro de 2019, com a intensificação da preocupação a esse respeito, noticiou-se que "*[a] providência, anunciada em julho [de 2019] pela empresa, poderá também envolver terceiros, como agências de marketing que oferecem plataformas de spam para contratação*" [26-27].

O grande ponto de convergência dessa fiscalização – e das ações cabíveis para coibir abusos na plataforma – parece ser a utilização do veículo para o envio indiscriminado de mensagens a destinatários sem qualquer vinculação ou interesse legítimo no recebimento do anúncio[28], além do desvirtuamento da finalidade da plataforma quanto à propagação de conteúdos fora da versão "Business" e, como se está a apurar nas oitivas da

applications that have become the most recognisable mark of the present age, from social media like Facebook and Twitter, to messaging apps like WhatsApp and Telegram."

[26] Ainda, é importante destacar que a empresa é controlada pela Facebook, Inc., cujos termos de uso apresentam vedações claras: "O spam envolve entrar em contato com alguém com conteúdos ou solicitações indesejados. Isso inclui enviar mensagens em massa, fazer publicações excessivas de links ou imagens na linha do tempo das pessoas e enviar solicitações de amizade a pessoas que você não conhece pessoalmente. Às vezes, o spam se espalha por cliques em links impróprios ou instalações de softwares mal-intencionados. Em outros casos, fraudadores conseguem acessar a conta do Facebook de terceiros, que é usada para enviar spam." FACEBOOK. Termos de Uso. Disponível em:https://pt-br.facebook.com/help/287137088110949. Acesso em: 29 fev. 2021.

[27] ALVES, Paulo. WhatsApp Business processará quem enviar mensagens em massa no app. *TechTudo*, 13 dez. 2019. Disponível em: https://glo.bo/35ZUNQo. Acesso em: 28 fev. 2021.

[28] Eis a nota divulgada oficialmente: "In addition, beginning on December 7, 2019, WhatsApp will take legal action against those we determine are engaged in or assisting others in abuse that violates our Terms of Service, such as automated or bulk messaging, or non-personal use, even if that determination is based on information solely available to us off our platform. For example, off-platform information includes public claims from companies about their ability to use WhatsApp in ways that violate our Terms. This serves as notice that we will take legal action against companies for which we only have off-platform evidence of abuse if that abuse continues beyond December 7, 2019, or if those companies are linked to on-platform evidence of abuse before that date." WHATSAPP. *Security and Privacy*. Unauthorized use of automated or bulk messaging on WhatsApp. Disponível em: https://faq.whatsapp.com/en/android/26000259/. Acesso em: 28 fev. 2021.

"CPMI das Fake News", com a suposta utilização de números de CPF obtidos mediante fraude[29].

O envio de mensagens em massa é usualmente listado nos termos de uso como uma modalidade de *spam*, embora o conceito não possua contornos absolutamente claros para o direito digital. No âmbito do Direito do Consumidor, o *spam* é definido como a mensagem eletrônica não solicitada, recebida por intermédio da Internet sem o consentimento prévio do usuário, normalmente destinando-se à divulgação de produtos ou serviços, gratuitamente ou mediante remuneração direta ou indireta[30]. Mas o conceito pode ser mais amplo. Como registra Finn Brunton, *"entender spam significa entender o que não é spam, porque (...) o histórico de spam é sempre um histórico de definições inconstantes do que o spam prejudica e do que ele produz."*[31] Noutros termos, a correlação que se faz entre mensagens em massa e *spam* é algo atual, uma metamorfose do clássico conceito de *spam* e algo que ainda comporta interpretação.

A rigor, sabendo que a ferramenta pode estar sendo desvirtuada para a propagação de conteúdos de forma abusiva, parecem se tornar mais convincentes os argumentos favoráveis à imposição do dever de criação de uma "*backdoor*" (porta dos fundos) que permita aos desenvolvedores, em casos excepcionais, acessar comunicações privadas, quebrando a criptografia de ponta-a-ponta. Por outro lado, nesse campo, não se pode perder de vista a preocupação sustentada por Daniel Sarmento: *"será que vale impor mudança tecnológica aos aplicativos de mensagem que pode potencializar a vigilância estatal sobre a vida dos cidadãos – especialmente dos críticos e adversários dos governantes de plantão?"*[32]

[29] CÂMARA DOS DEPUTADOS. Sócio da Yacows nega uso de CPFs não autorizados no envio de mensagens em massa. Disponível em: https://www.camara.leg.br/noticias/639298-socio-da-yacows-nega-uso-de-cpfs-nao-autorizados-no-envio-de-mensagens-em-massa. Acesso em: 28 fev. 2021.

[30] MARTINS, Guilherme Magalhães. *Responsabilidade civil por acidente de consume na Internet.* 3.ed. São Paulo: Revista dos Tribunais, 2020. p. 248.

[31] BRUNTON, Finn. *Spam*: a shadow history of the Internet. Cambridge: The MIT Press, 2013, p. XVI, tradução livre. No original: "To understand spam means understanding what spam is not, because – as you will see – the history of spam is always a history of shifting definitions of what it is that spam harms and the wrong that it produces."

[32] SARMENTO, Daniel. Aplicativos, criptografia e direitos fundamentais em tempos de erosão democrática. *Jota*, 14 maio 2020. Disponível em: https://www.jota.info/opiniao-e-analise/artigos/aplicativos-criptografia-e-direitos-fundamentais-em-tempos-de-erosao-democratica-14052020. Acesso em: 28 fev. 2021.

Há argumentos favoráveis às duas vertentes, mas, ao menos pelo que se viu dos dois votos proferidos até o momento – em contrário à imposição do dever de quebra criptográfica –, parece bastante convidativa a preocupação com a preservação das liberdades individuais e da intimidade. Se, por um lado, há muitas incertezas quanto à delicadeza do momento político no qual são discutidas essas temáticas no Brasil, por outro, fica clara a premência dos debates em torno da preservação dessas liberdades e – mais – da imperiosidade de que se tenha uma legislação protetiva dos dados pessoais em pleno vigor.

4. Desinformação e controle de conteúdos: o relevante papel da ANPD

Cass Sunstein afirma que, antes que se possa buscar uma completa assimilação dos modos pelos quais se poderá proteger o arcabouço de direitos que se extrai da noção de dignidade, é necessário que se faça uma revisão completa no *"sistema de liberdade de expressão"*[33]. O ponto fundamental do estudo dos impactos das Tecnologias da Informação e Comunicação (TICs), especialmente da Internet, no recente delineamento do princípio democrático, está situado na problemática do encurtamento da distância entre o Estado e a sociedade civil, na medida em que se nota um sensível desvirtuamento do uso das ferramentas da *web* para finalidades diferentes daquelas concebidas em sua origem.

Quanto às redes sociais, vários são os efeitos nocivos das chamadas "bolhas dos filtros"[34], em que os cidadãos consomem conteúdo supostamente direcionado às suas preferências, propiciando o surgimento de tendências que fraturam a noção de esfera pública. Assim, acirram-se os riscos de que o fornecimento de conteúdo com caráter propagandístico tenha como resultado final um ambiente de polarização política extremada, altamente prejudicial ao debate (especialmente em contexto político-eleitoral) e, consequentemente, com grande potencial nocivo ao princípio democrático.

Em 2013, a chamada "Primavera Árabe"[35] e seus resultados políticos posteriores[36] marcaram um fenômeno de ascensão ao poder de regimes

[33] SUNSTEIN, Cass R. *#Republic*: divided democracy in the age of social media. Princeton: Princeton University Press, 2017, p. 26.

[34] PARISER, Eli. *The filter bubble*: what the Internet is hiding from you. Nova York: Penguin, 2011, p. 78.

[35] "Primavera árabe" é a nomenclatura utilizada para se referir à onda de protestos, revoltas e revoluções populares contra governos do mundo árabe que eclodiu a partir de 2011, tendo

autoritários, em sequência de eventos decorrente das mobilizações sociais naquele momento histórico[37], marcando um período de mudanças significativas para o estudo dos impactos dos movimentos sociais na Internet.[38] O tom de otimismo inicial acerca do papel das redes sociais, especialmente na questão do empoderamento do cidadão comum e da participação política, mudou.[39]

Com efeito, visualizou-se a ascensão do chamado 'ativismo virtual', que passou a ter suas feições remodeladas para além das interações de outrora. Ao fim e ao cabo, segundo Paolo Gerbaudo, *"[o] culto da participação problematiza a utopia e a prática, fins e meios; o mundo que queremos construir e as maneiras pelas quais podemos construí-lo. A ação coletiva corre o risco de se tornar meramente terapêutica e não emancipatória, e sua natureza é mais ética e quase religiosa do que política"*[40]. Isso porque o interesse público envolvido

como epicentro o agravamento econômico provocado pela crise e pela falta de democracia dos países do Médio Oriente.

[36] Sobre isso: "It is commonly said that nobody predicted the upheavals in the Arab world that began in December 2010 and defined the following year. But that does not mean that nobody saw them coming. The crumbling foundations of the Arab order were visible to all who cared to look. Political systems that had opened slightly in the mid-2000s were once again closing down, victim to regime manipulation and repression. Economies failed to produce jobs for an exploding population of young people. As the gap between rich and poor grew, so did corruption and escalating resentment of an out-of-touch and arrogant ruling class. Meanwhile, Islamist movements continued to transform public culture even as Arab regimes used the threat of al-Qaeda to justify harsh security crackdowns". LYNCH, Mark. *The Arab uprising*: the unfinished revolutions of the Middle East. Nova York: Public Affairs, 2013, p. 11.

[37] BEÇAK, Rubens; LONGHI, João Victor Rozatti. O papel das tecnologias da comunicação em manifestações populares: a primavera árabe e as jornadas de junho no Brasil. *Revista Eletrônica do Curso de Direito da UFSM*, Santa Maria, v. 10, n. 1, pp. 388-405, out. 2015, p. 391.

[38] GERBAUDO, Paolo. *Tweets and the streets*: social media and contemporary activism. Londres: Pluto Press, 2012, p. 166. Comenta: "At the heart of the culture of contemporary social movements there lies a third fundamental tension: that between evanescence and fixity. On the one hand, contemporary popular movements are characterised by 'liquid' forms of organising; in which the use of social media by social networking sites is geared towards superseding the authoritarian tendencies of 'solid' organisations like parties and trade unions, in the effort of avoiding the 'iron law of oligarchy'. On the other hand, these movements require the invocation of a sense of locality or 'net locality', which involves bestowing them with some degree of fixity, a 'nodal point' in their texture of participation."

[39] KEEN, Andrew. *The internet is not the answer.* Londres: Atlantic, 2015, p. 140-142.

[40] GERBAUDO, Paolo. *The mask and the flag*: populism, citizenship and global protest. Oxford: Oxford University Press, 2017, p. 244. No original: "The cult of participation problematically conflates utopia and praxis, ends and means; the world we want to build and the ways in which

nas questões administrativas revela o participativismo como o ideal democrático, o caminho para ampliar a interação entre o Estado e a sociedade civil. A colaboração (ou a cooperação) que pode advir dessa nova conformação define a democracia digital (também conhecida como *e-democracia* ou democracia eletrônica), instituto desafiador e, ao mesmo tempo, eficaz para facilitar o contato entre os atores citados, por meio da *web*.

Nesse ponto, ressalte-se a assertiva de Bruno Miragem: *"o maior nível de informação estimula e qualifica, igualmente, a participação da população nos processos de conhecimento e decisão, por intermédio da Internet"*.[41] O Poder Público, responsável pela resolução de incontáveis problemas, pode lançar mão de um número sem fim de recursos digitais para possibilitar que as informações estejam ao alcance do cidadão interessado.[42]

Nessa seara, importa salientar que o ambiente virtual representa mais um meio de atuação cívica na atividade política decisória, fundamental para a legitimidade democrática que se persegue na condição de Estado Democrático de Direito, uma alternativa interessante e que possui multifacetas. O aumento do uso das redes sociais, por exemplo, é fenômeno relevante no cenário socio-político-econômico atual, com espaço para debates e articulação de grupos de defesa de direitos, gerando pressão e mobilização de pessoas. Naturalmente, aplicativos de telemensagens – ainda que, tecnicamente, não sejam redes sociais – também passam a ser mais amplamente utilizados e passam a exercer influência direta na interação comunicacional em períodos de maior politização.

Assim sendo, a democracia digital deve ser fomentada, inclusive como forma de controle da Administração Pública. Os mecanismos de consulta popular, também via *web*, e de participação direta na esfera decisória do governo, agregam responsividade às políticas públicas. É de se notar, entretanto, que o dissenso deliberativo eventualmente colocará em lados opos-

we can build it. Collective action runs the risk of becoming merely therapeutic rather than emancipatory, and its nature more ethical and quasi-religious instead of political."

[41] MIRAGEM, Bruno. *A nova Administração Pública e o direito administrativo*. 2. ed. São Paulo: Revista dos Tribunais, 2013, p. 253-254.

[42] A esse respeito: "[...] se princípios como transparência, comunicação entre bancos de dados, interoperabilidade dos sistemas etc. atuam como um pressuposto necessário à concretização de graus mais avançados de democracia via Internet, a Administração Pública brasileira tem caminhado na concretização de tais postulados." LONGHI, João Victor Rozatti. *Processo legislativo interativo*: interatividade e participação por meio das Tecnologias da Informação e Comunicação. Curitiba: Juruá, 2017, p. 169.

tos maiorias e minorias, despertando rivalidades e inegáveis preocupações, conforme alerta Rolf Rauschenbach:

> As escolhas sobre a geração e o tratamento de maiorias e minorias não dizem somente a respeito dos processos de democracia direta, mas ao conjunto completo das instituições democráticas. Elas são particularmente relevantes no contexto dos processos de democracia direta, já que esses mecanismos geram por definição maiorias e minorias explícitas. Como os processos de democracia direta são somente um complemento às diversas instituições democráticas, coloca-se a questão sobre a relação entre elas.[43]

A disponibilização de serviços e outros recursos de interesse da sociedade identificam e fortalecem a proposta desse trabalho, na medida em que "o déficit de participação real dos cidadãos aparece, nesse contexto, como o principal entrave a um desenvolvimento mais consequente da governança regional"[44], afetando diretamente todas as inter-relações capazes de articular arquétipos institucionais entre Estados-membros, sociedade civil, grupos de interesse, *lobbies* e redes sociais.

O marco regulatório brasileiro sobre o uso da Internet (Lei n° 12.965/2014 – Marco Civil da Internet) adota a neutralidade da rede como um de seus princípios elementares. A partir disso, obtempera-se a necessidade de que sejam implementados sistemas que garantam o acesso indistinto aos cidadãos a qualquer plataforma interativa de participação direta, mas com condições de mapear minimamente suas identidades para controlar o acesso, limitar a participação de robôs (*bots*) e restringir o uso da inteligência artificial para influenciar enquetes e consultas sobre determinada pauta colocada em votação.

É importante notar, contudo, que existem desdobramentos relacionados às Tecnologias da Informação e Comunicação que, para a viabilização de uma proposta de elaboração de plataforma de participação e acesso, devem propiciar a confiabilidade e a higidez do processo participativo,

[43] RAUSCHENBACH, Rolf. Processos de democracia direta: sim ou não? Os argumentos clássicos à luz da teoria e da prática. *Revista de Sociologia e Política*, Curitiba, v. 22, n. 49, Curitiba, p. 205-230, jan./mar. 2014, p. 207.

[44] VILLAS-BÔAS FILHO, Orlando. As transformações da regulação jurídica na sociedade contemporânea: a governança como paradigma. *Revista Direito GV*, São Paulo, v. 12, n. 1, p. 251-259, São Paulo, jan./abr. 2016, p. 255.

inclusive quanto à coleta, ao tratamento e ao armazenamento de dados pessoais dos cidadãos, em especial após o advento da Lei nº 13.709/2018 (Lei Geral de Proteção de Dados).

Em essência, o fenômeno que se observa é o fato de a Internet não ser mais aquela mesma, originalmente concebida. Novas aplicações surgiram, criando largo espaço para o domínio exercido por poucos atores (*Facebook*, *Google*, etc.). As redes sociais têm uma estrutura comunicacional baseada em um enviesamento de conteúdo, fortalecendo as bolhas dos filtros e, como produto, os radicalismos político-ideológicos.[45]

Esta constatação é corroborada pelo pensamento de Evgeny Morozov, que indica que a política desdobrada do conceito de *e-democracia* parece revelar como uma *cyber-utopia*[46], dando ensejo à formação de uma nova forma de populismo – o populismo digital: "*O que estamos assistindo através destes diversos fenômenos é o que poderia ser descrito como 'afinidade eletiva' entre mídias sociais e populismo: as mídias sociais favorecem movimentos populistas contra o 'establishment'*".[47]

E este suporte popular passa, mais uma vez, pelo uso maciço das redes sociais pelos "líderes" – eleitos ou não – das redes sociais. Agora com a possibilidade de comunicação direta com seus seguidores – sejam inteligências humanas ou artificiais –, que, por seu turno, compartilham, comentam, respondem às postagens contrárias, rapidamente e em tempo real, tem-se um novo formato de participação interativa com o poder de, em segundos, gerar repercussão a partir de *trending topics*, visualizações etc.

No intuito de regulamentar a matéria, tramita perante o Congresso Nacional brasileiro o Projeto de Lei nº 2.630, de 3 de julho de 2020, popularmente conhecido como "Projeto de Lei das *Fake News*"[48], que é repleto de peculiaridades:

[45] VAIDHYANATHAN, Siva. *Anti-social media*: how Facebook disconnects us and undermines democracy. Oxford: Oxford University Press, 2018, p. 3.

[46] MOROZOV, Evgeny. *The net delusion*: the dark side of Internet freedom. Nova York: Public Affairs, 2011, p. 320.

[47] GERBAUDO, Paolo. Social media and populism: an elective affinity? *Media, Culture & Society*, Londres, v. 40, n. 5, p. 745-753, 2018, p. 746.

[48] "Art. 17. As concessionárias de telefonia fixa ou móvel manterão, pelo prazo de 5 (cinco) anos, à disposição das autoridades mencionadas no art. 15, registros de identificação dos números dos terminais de origem e de destino das ligações telefônicas internacionais, interurbanas e locais."

> O artigo 10 do PL é especialmente curioso, pois prevê a guarda dos registros e metadados (§ 2º) das mensagens veiculadas em encaminhamento em massa (cujo conceito consta do § 1º e remete ao chamado "*spam*" político, fenômeno perturbador que se observou no Brasil por ocasião das eleições de 2018) pelo prazo de 3 (três) meses, resguardada a privacidade e o conteúdo das mensagens.
>
> As primeiras impressões que se colhe da proposta denotam intervenção em plataformas de comunicação protegidas por criptografia de ponta-a-ponta (*peer-to-peer*), o que suscita dúvidas sobre sua legalidade, se identificáveis os interlocutores. De fato, a guarda de registros não é uma novidade: o artigo 15 do Marco Civil da Internet já prevê tal dever para provedores de aplicação, quanto aos registos de acesso; ainda, o artigo 17 da Lei nº 12.850/2013 prevê às empresas de telefonia dever de guarda específico.[49]

É importante destacar que não se pretende, neste breve texto, extrair qualquer conclusão sobre conceitos complexos como os de populismo, totalitarismo, autoritarismo, ditadura etc., o que demandaria estudos mais sólidos e robustos, com incursões em outras áreas do conhecimento. Porém, o contexto das comunicações – particularmente das redes sociais – revela a existência de um ambiente repleto de perigos para que sejam preservados os direitos fundamentais, especialmente os de primeira dimensão (liberdades públicas).

Se não é possível esperar do Estado a solução de todos os problemas desvelados pela tecnologia, ao menos mecanismos salutares para o enfrentamento e contingenciamento de situações abusiva (e potencialmente lesivas) devem ser analisados. É o caso dos abusos perpetrados em aplicativos de telemensagens, especialmente pelo que se descobriu, no Brasil, no curso da "CPMI das *Fake News*" quanto à exploração do WhatsApp por empresas que realizavam disparos em massa de mensagens.

Situações dessa estirpe devem ser coibidas a partir de estruturas cooperativas formatadas entre o Estado e a iniciativa privada.[50] Foi o que ocorreu durante o pleito eleitoral de 2020, no Brasil. Em razão de uma parceria pro-

[49] Faleiros Júnior, José Luiz de Moura. Responsabilidade civil e *fake news*: a educação digital como meio para a superação da desinformação e do negacionismo. *Revista de Direito da Responsabilidade*, Coimbra, ano 3, p. 197-223, 2021, p. 210-211.

[50] Lazer, David; Baum, Matthew; Benkler, Yochai *et al.* The science of fake news: addressing fake news requires a multidisciplinary effort. *Science*, Washington, DC, v. 359, n. 6380, p. 1094-1096, mar. 2018.

dutiva e profícua entre o Tribunal Superior Eleitoral e a Facebook, Inc.[51], denúncias de abusos do aplicativo WhatsApp eram formuladas e enviadas via sistema à própria empresa gestora para controle e eliminação de conteúdos abusivos (inclusive o "*spam* político") com grande rapidez. Os números foram expressivos:

> No período eleitoral de 27 de setembro a 29 de novembro, a plataforma de denúncias para contas suspeitas de disparos de mensagens em massa recebeu 5.180 registros, sendo 199 denúncias descartadas por não estarem relacionadas às eleições, de acordo com os relatos enviados pelos denunciantes. Após esse primeiro filtro, o TSE enviou 4.981 denúncias para o WhatsApp, para verificação de possíveis violações dos Termos de Serviço do aplicativo.
>
> Depois de uma revisão preliminar para remover números duplicados ou inválidos, o WhatsApp identificou 3.527 contas válidas e baniu 1.042 números (29,5%) por violação de seus Termos de Serviço. Do total de contas banidas, mais de 64% foram bloqueadas de forma proativa e automática pelo sistema de integridade do WhatsApp, antes mesmo de serem reportadas. O canal de denúncias de disparo em massa ficará disponível até o fim das eleições em Macapá, isto é, até o dia 6 de dezembro, se a disputa para a Prefeitura terminar em primeiro turno, ou 20 de dezembro, se for necessário segundo turno.[52]

Medidas assim são salutares para a prevenção de danos e para a redução dos efeitos de plataformas digitais, especialmente no contexto político-eleitoral. De fato, são iniciativas que se aproximam da chamada *accountability*, reforçando modelos de prevenção que extrapolam as tradicionais intervenções regulatórias.[53] Não se descarta, ademais, a possibilidade do

[51] TRIBUNAL SUPERIOR ELEITORAL. TSE e WhatsApp apresentam resultados da parceria para combate à desinformação após as Eleições 2020. *Assessoria de Comunicação/TSE*, 03 dez. 2020. Disponível em: https://www.tse.jus.br/imprensa/noticias-tse/2020/Dezembro/tse-e-whatsapp-apresentam-resultados-da-parceria-para-combate-a-desinformacao-apos-as-eleicoes-2020. Acesso em: 28 fev. 2020.

[52] TRIBUNAL SUPERIOR ELEITORAL. TSE e WhatsApp apresentam resultados da parceria para combate à desinformação após as Eleições 2020. *Assessoria de Comunicação/TSE*, 03 dez. 2020. Disponível em: https://www.tse.jus.br/imprensa/noticias-tse/2020/Dezembro/tse-e-whatsapp-apresentam-resultados-da-parceria-para-combate-a-desinformacao-apos-as-eleicoes-2020. Acesso em: 28 fev. 2020.

[53] MAZÚR, Ján; PATAKYOVÁ, Mária T. Regulatory approaches to Facebook and other social media platforms: towards platforms design accountability. *Masaryk University Journal of Law and Technology*, Brünn, v. 13, n. 2, p. 219-241, 2019.

enforcement, "por autoridades reguladoras ou concorrenciais, de acesso a tais mecanismos".[54] A Agência Nacional de Proteção de Dados – ANPD será figura central de todo esse processo de confluência entre o direito e a tecnologia.[55]

Conclusões

A transformação digital é fenômeno inescapável e já introjetou novos usos para aplicações que se tornaram necessárias às rotinas comunicacionais. Seus efeitos, quando propensos à causação de preocupantes afrontas ao cenário democrático, devem ser interpretados, enfrentados e contingenciados de forma cooperativa, em festejo à desejada *accountability*.

O chamado "*spam* político" que marcou as eleições de 2018, no Brasil, desencadeou uma série de investigações que revelaram preocupantes abusos. Por certo, a existência de marcos regulatórios, como o Marco Civil da Internet e a Lei Geral de Proteção de Dados Pessoais, revelam a preocupação do Estado com a proteção do ordenamento diante dos riscos de novas tecnologias. Sabendo que é preciso ir além, outras iniciativas já surgiram, como o citado PL 2.630, mas resultados profícuos foram visualizados para além da intenção estatal de regulamentar, por lei, condutas relacionadas à propagação de conteúdos na Internet.

54 FRAZÃO, Ana. Big Data, plataformas digitais e principais impactos sobre o direito da concorrência. *In:* FRAZÃO, Ana; CARVALHO, Angelo Gamba Prata de (Coords.). *Empresa, mercado e tecnologia*. Belo Horizonte: Fórum, 2019, p. 196. E a autora complementa (p. 197): "Para isso, é necessário ampliar o rol de critérios e parâmetros utilizados na análise tradicional, cujos instrumentos nem sempre serão idôneos para compreender as novas conjunturas, bem como resgatar o papel do direito da concorrência com a proteção do processo competitivo, da diversidade, qualidade e inovação, bem como da tutela do consumidor não apenas pelo critério do menor preço, mas pelo critério do seu bem estar, visto sob perspectiva mais ampla, que abranja, obviamente, seus direitos de personalidade e autodeterminação."

55 LIMA, Cíntia Rosa Pereira de. *Autoridade Nacional de Proteção de Dados e a efetividade da Lei Geral de Proteção de Dados*: de acordo com a Lei Geral de Proteção de Dados (Lei nº 13.709/2018 e as alterações da Lei nº 13.853/2019), o Marco Civil da Internet (Lei nº 12.965/2014) e as sugestões de alteração do CDC (PL 3.514/2015). São Paulo: Almedina, 2020, p. 313. A autora ainda conclui: "Disto se conclui que a confluência do direito e da tecnologia é fundamental para assegurar a proteção dos dados pessoais, um dos direitos de personalidade, pelo menos quanto aos princípios da transparência (conhecimento de que há coleta de dados pelo indivíduo) e do consentimento (prévia anuência do titular dos dados). Tais ferramentas serão eficazes se tiver a coordenação da trilogia: i) sistemas de informação; ii) boas práticas de mercado; e iii) *design* físico e infraestrutura da rede."

De fato, o choque entre direitos fundamentais – privacidade e segurança jurídica – no precedente que o Supremo Tribunal Federal julgará será relevantíssimo para indicar os caminhos que serão adotados por empresas que exploram atividades comunicacionais na Internet, mas o aspecto cooperativo, cujos efeitos positivos foram percebidos nas eleições brasileiras de 2020, tende a ser repetido para que a prevenção motive intervenções pontuais não violadoras das liberdades individuais em momentos de maior tensão (como os períodos de campanha político-eleitoral).

O exemplo do WhatsApp é emblemático, mas também não deve ser único. Outras plataformas podem ser utilizadas de forma indevida e/ou abusiva, e as fiscalizações podem ser levadas a efeito sem que se viole o sigilo das comunicações ou a privacidade dos usuários. É o que se espera para o futuro.

Referências

ABRÃO, Camila. O WhatsApp definiu a eleição de 2018? Oito dados que ajudam a entender o que aconteceu. *Gazeta do Povo*, 18 maio 2019. Disponível em: https://www.gazetadopovo.com.br/republica/whatsapp-eleicao-2018-dados-pesquisa-internetlab/. Acesso em: 28 fev. 2021.

ALVES, Paulo. WhatsApp Business processará quem enviar mensagens em massa no app. *TechTudo*, 13 dez. 2019. Disponível em: https://glo.bo/35ZUNQo. Acesso em: 28 fev. 2021.

ANDERSON, Bryan. Tweeter-in-Chief: a content analysis of President Trump's tweeting habits. *Elon Journal of Undergraduate Research in Communications*, v. 8, n. 2, 2017.

ARNAUDO, Dan. Computational propaganda in Brazil: social bots during elections. *University of Oxford Computational Propaganda Research Project*, Working Paper No. 2017.8, p. 1-38, 2017. Disponível em: https://blogs.oii.ox.ac.uk/wp-content/uploads/sites/89/2017/06/Comprop-Brazil.pdf. Acesso em: 28 fev. 2021.

ASENSIO, Pedro Alberto de Miguel. *Derecho privado de Internet*. Madrid: Civitas, 2001.

BEÇAK, Rubens; LONGHI, João Victor Rozatti. O papel das tecnologias da comunicação em manifestações populares: a primavera árabe e as jornadas de junho no Brasil. *Revista Eletrônica do Curso de Direito da UFSM*, Santa Maria, v. 10, n. 1, pp. 388-405, out. 2015.

BOYD, Danah M.; ELLISON, Nicole B. Social network sites: definition, history and scholarship. *Journal of Computer-Mediated Communication*, Oxford, v. 13, n. 1, p. 210-230, out. 2007.

BRUNTON, Finn. *Spam*: a shadow history of the Internet. Cambridge: The MIT Press, 2013.

CÂMARA DOS DEPUTADOS. Sócio da Yacows nega uso de CPFs não autorizados no envio de mensagens em massa. Disponível em: https://www.camara.leg.br/noticias/639298-socio-da-yacows-nega-uso-de-cpfs-nao-autorizados-no-envio-de-mensagens-em-massa. Acesso em: 28 fev. 2021.

CAPELAS, Bruno. Julgamento STF sobre bloqueio ao WhatsApp é adiado. *Terra*, 28 maio 2020. Disponível em: https://www.terra.com.br/noticias/tecnologia/julgamento-stf-sobre-bloqueio-ao-whatsapp-e-adiado,896ca1480e060460563c0319c030bae7mnwj wfvp.html. Acesso em: 28 fev. 2021.

DEUTSCH, Alison. WhatsApp: the best Facebook purchase ever? *Investopedia*, 18 mar. 2020. Disponível em: https://www.investopedia.com/articles/investing/032515/whatsapp-best-facebook-purchase-ever.asp. Acesso em: 28 fev. 2021.

FACEBOOK to Acquire WhatsApp. *Facebook Newsroom*, 19 fev. 2014, Menlo Park, Califórnia. Disponível em: https://newsroom.fb.com/news/2014/02/facebook-to-acquire-whatsapp/. Acesso em: 28 fev. 2021.

FACEBOOK. Termos de Uso. Disponível em: https://pt-br.facebook.com/help/287137088110949. Acesso em: 29 fev. 2021.

FALEIROS JÚNIOR, José Luiz de Moura. Responsabilidade civil e *fake news*: a educação digital como meio para a superação da desinformação e do negacionismo. *Revista de Direito da Responsabilidade*, Coimbra, ano 3, p. 197-223, 2021.

FIORILLO, Celso Antonio Pacheco; FERREIRA, Renata Marques. *Tutela jurídica do WhatsApp na sociedade da informação*. Rio de Janeiro: Lumen Juris, 2017.

FRAZÃO, Ana. Big Data, plataformas digitais e principais impactos sobre o direito da concorrência. *In:* FRAZÃO, Ana; CARVALHO, Angelo Gamba Prata de (Coords.). *Empresa, mercado e tecnologia*. Belo Horizonte: Fórum, 2019.

FRIED, Ina. Facebook's WhatsApp Is Now Free. *Re Code*, Washington, 18 jan. 2016. Disponível em: https://www.recode.net/2016/1/18/11588896/facebook-owned-whatsapp-to-drop-subscription-fees-for-its-popular. Acesso em: 28 fev. 2021.

FULLER, Steve. What can Philosophy teach us about the post-truth condition. *In:* PETERS, Michael A.; RIDER, Sharon; HYVÖNEN, Mats; BESLEY, Tina (Eds.). *Post-truth, fake news*: viral modernity & higher education. Cham: Springer, 2018.

GERBAUDO, Paolo. Social media and populism: an elective affinity? *Media, Culture & Society*, Londres, v. 40, n. 5, p. 745-753, 2018.

GERBAUDO, Paolo. *The mask and the flag*: populism, citizenship and global protest. Oxford: Oxford University Press, 2017.

GERBAUDO, Paolo. *The digital party*: political organisation and online democracy. Londres: Pluto Press, 2019.

GERBAUDO, Paolo. *Tweets and the streets*: social media and contemporary activism. Londres: Pluto Press, 2012.

KEEN, Andrew. *The internet is not the answer.* Londres: Atlantic, 2015.

KUMAR, Naveen; SHARMA, Sudhansh. Survey Analysis on the usage and Impact of Whatsapp Messenger. *Global Journal of Enterprise Information System*, v. 8, n. 3, jul./set. 2016. Disponível em: https://doi.org/10.18311/gjeis/2016/15741. Acesso em: 28 fev. 2021.

LAZER, David; BAUM, Matthew; BENKLER, Yochai *et al.* The science of fake news: addressing fake news requires a multidisciplinary effort. *Science*, Washington, DC, v. 359, n. 6380, p. 1094-1096, mar. 2018.

LIMA, Cíntia Rosa Pereira de. *Autoridade Nacional de Proteção de Dados e a efetividade da Lei Geral de Proteção de Dados*: de acordo com a Lei Geral de Proteção de Dados (Lei nº 13.709/2018 e as alterações da Lei nº 13.853/2019), o Marco Civil da Internet (Lei nº 12.965/2014) e as sugestões de alteração do CDC (PL 3.514/2015). São Paulo: Almedina, 2020.

LONGHI, João Victor Rozatti. *Processo legislativo interativo*: interatividade e participação por meio das Tecnologias da Informação e Comunicação. Curitiba: Juruá, 2017.

LYNCH, Mark. *The Arab uprising*: the unfinished revolutions of the Middle East. Nova York: Public Affairs, 2013.

MANCERA RUEDA, Ana. Usos lingüísticos alejados del español normativo como seña de identidad en las redes sociales. *Bulletin of Spanish Studies*, Glasgow, n. 93, p. 1469-1493, maio 2016.

MARTINS, Guilherme Magalhães. *Contratos eletrônicos de consumo*. 3.ed. São Paulo: Atlas, 2016

MARTINS, Guilherme Magalhães. *Responsabilidade civil por acidente de consumo na Internet*. 3.ed. São Paulo: Revista dos Tribunais, 2020

MAZÚR, Ján; PATAKYOVÁ, Mária T. Regulatory approaches to Facebook and other social media platforms: towards platforms design accountability. *Masaryk University Journal of Law and Technology*, Brünn, v. 13, n. 2, p. 219-241, 2019.

MINHAS, Shahid; AHMED, Masroor; ULLAH, Qazi Farman. Usage of WhatsApp: a study of University of Peshawar, Pakistan. *International Journal of Humanities and Social Science Invention*, Nova Deli, v. 5, n. 7, p. 71-73, jul. 2016.

MIRAGEM, Bruno. *A nova Administração Pública e o direito administrativo*. 2. ed. São Paulo: Revista dos Tribunais, 2013.

MOROZOV, Evgeny. *The net delusion*: the dark side of Internet freedom. Nova York: Public Affairs, 2011.

PARISER, Eli. *The filter bubble*: what the Internet is hiding from you. Nova York: Penguin, 2011.

PORTER, Jon. WhatsApp now has 2 billion users. *The Verge*, Washington, 12 fev. 2020. Disponível em: https://www.theverge.com/2016/2/1/10889534/whats-app-1-billion-users-facebook-mark-zuckerberg. Acesso em: 28 fev. 2021.

RAUSCHENBACH, Rolf. Processos de democracia direta: sim ou não? Os argumentos clássicos à luz da teoria e da prática. *Revista de Sociologia e Política*, Curitiba, v. 22, n. 49, Curitiba, p. 205-230, jan./mar. 2014.

ROCHEFORT, Alex. Regulating social media platforms: a comparative policy analysis. *Communication Law and Policy*, Londres, v. 25, n. 2, p. 225-260, 2020.

RODRIGUES, Paloma; GOMES, Pedro Henrique. Sócio da Yacows diz que empresa fez disparos em massa para Bolsonaro, Haddad e Meirelles. *G1*, 19 fev. 2020. Disponível em: https://glo.bo/2LIA6ip. Acesso em: 28 fev. 2021.

SANTAELLA, Lucia. *Navegar no ciberespaço*: o perfil cognitivo do leitor imersivo. São Paulo: Paulus, 2004.

SARMENTO, Daniel. Aplicativos, criptografia e direitos fundamentais em tempos de erosão democrática. *Jota*, 14 maio 2020. Disponível em: https://www.jota.info/opiniao-e-analise/artigos/aplicativos-criptografia-e-direitos-fundamentais-em-tempos-de-erosao-democratica-14052020. Acesso em: 28 fev. 2021.

SENADO FEDERAL. Atividade Legislativa. *Comissão Parlamentar Mista de Inquérito – Fake News*. Disponível em: https://legis.senado.leg.br/comissoes/comissao?0&codcol=2292. Acesso em: 28 fev. 2021.

SOUZA, Carlos Affonso Pereira de; MAGETH, Ana Lara. A criptografia entre flexibilização e bloqueio de aplicações: lições internacionais e a experiência brasileira. *In:* DONEDA,

Danilo; MACHADO, Diego (Coords.). *A criptografia no direito brasileiro.* São Paulo: Revista dos Tribunais, 2019.

SOUZA, Juliana Lopes de Almeida; ARAÚJO, Daniel Costa de; PAULA, Diego Alves de. Mídia social WhatsApp: uma análise sobre as interações sociais. *Revista ALTERJOR*, São Paulo, ano 6, v. 01, edição II, p. 131-165, jan./jun. 2015. Disponível em: https://www.revistas.usp.br/alterjor/article/download/aj11-a05/aj11-a005.pdf. Acesso em: 28 fev. 2021.

SUNSTEIN, Cass R. *#Republic*: divided democracy in the age of social media. Princeton: Princeton University Press, 2017.

TEIXEIRA, Tarcísio; SABO, Paulo Henrique; SABO, Isabela Cristina. WhatsApp e a criptografia ponto-a-ponto: tendência jurídica e o conflito privacidade vs. interesse público. *Revista da Faculdade de Direito da Universidade Federal de Minas Gerais,* Belo Horizonte, v. 71, n. 2, p. 607-638, jul./dez. 2017.

THOMPSON, John B. *A mídia e a modernidade*: uma teoria social da mídia. Tradução de Wagner de Oliveira Brandão. Petrópolis: Vozes, 1998.

TRIBUNAL SUPERIOR ELEITORAL. Corregedor determina que WhatsApp informe se números identificados dispararam mensagens em massa em 2018. *Assessoria de Comunicação/TSE,* 08 nov. 2019. Disponível em: http://www.tse.jus.br/imprensa/noticias-tse/2019/Novembro/corregedor-determina-que-whatsapp-informe-se-numeros-identificados-dispararam-mensagens-em-massa-em-2018. Acesso em: 28 fev. 2021.

TRIBUNAL SUPERIOR ELEITORAL. TSE e WhatsApp apresentam resultados da parceria para combate à desinformação após as Eleições 2020. *Assessoria de Comunicação/TSE,* 03 dez. 2020. Disponível em: https://www.tse.jus.br/imprensa/noticias-tse/2020/Dezembro/tse-e-whatsapp-apresentam-resultados-da-parceria-para-combate-a-desinformacao-apos-as-eleicoes-2020. Acesso em: 28 fev. 2020.

UNITED STATES OF AMERICA. The Senate. *Constitution of the United States.* Disponível em: https://www.senate.gov/civics/constitution_item/constitution.htm. Acesso em: 28 fev. 2021.

VAIDHYANATHAN, Siva. *Anti-social media*: how Facebook disconnects us and undermines democracy. Oxford: Oxford University Press, 2018.

VÁZQUEZ-CANO, Esteban; SANTIAGO, Mengual-Andrés; Roig-Vila, Rosabel. Análisis lexicométrico de la especificidad de la escritura digital del adolescente en WhatsApp. *Revista de Lingüística Teórica y Aplicada*, Concepción, v. 53, n. 1, pp. 3-105, jun. 2015.

VILLAS-BÔAS FILHO, Orlando. As transformações da regulação jurídica na sociedade contemporânea: a governança como paradigma. *Revista Direito GV*, São Paulo, v. 12, n. 1, p. 251-259, São Paulo, jan./abr. 2016.

WHATSAPP. *Security and Privacy*. Unauthorized use of automated or bulk messaging on WhatsApp. Disponível em: https://faq.whatsapp.com/en/android/26000259/. Acesso em: 28 fev. 2021.

A Ascensão do Estado Instigador em Evgeny Morozov: Entre a Democracia e o Capitalismo Tecnológico

Rubens Beçak
André Luís Vedovato Amato

1. Uma introdução ao pensamento de Evgeny Morozov

O presente capítulo desta obra não tem a pretensão de esgotar o tema. Muito pelo contrário, pretende, a partir de uma revisão bibliográfica do pensamento de Evgeny Morozov, questionar a respeito das relações existentes hoje entre Estado, Tecnologia, Proteção de Dados e Privacidade, e se tais pensamentos encontram guarida junto a realidade jurídico-constitucional brasileira.

Para tanto, a delimitação quanto a alguns conceitos iniciais permite uma melhor compreensão do pensamento do autor e as consequências de sua aplicação imediata a nossa realidade: conforme demonstrado em obra anterior[1] (ao se analisar a transição entre o Império para a República Presidencialista brasileira), a transposição pura e simples de um modelo alienígena deve ser progressiva, levando em consideração a prática política existente em dada realidade, a partir da efetiva divisão do poder, promovendo reflexões minuciosas a respeito do tema, por meio da verificação de como funciona o balanceamento das atribuições dos poderes e quais são suas características especiais, em decorrência de condições socioeconômicas e culturais peculiares e modo de colonização adotado e seus reflexos, por exemplo.

[1] Beçak, Rubens. *A Hipertrofia do Executivo Brasileiro: o impacto da Constituição de 1988.* São Paulo: Propria, 2007, p. 68.

Dessarte, o âmbito de análise será aquele referente ao regime político, ou seja, a estrutura global da realidade em seu complexo institucional e ideológico, conforme os ensinamentos de Dalmo Dallari[2], compreendendo-a, portanto, como forma de organização e funcionamento das redes de relações de institucionalização social, a partir da elaboração de um planejamento global que visa equacionar problemas e otimizar o melhor aproveitamento de recursos, atingindo maior eficácia na realização do interesse público.

Evgeny Morozov é um pesquisador de Belarus, nascido em 1984, que foi professor visitante na Universidade de Stanford. Seus estudos envolvem a análise de implicações políticas e sociais do progresso tecnológico e digital, tendo adotado uma posição cética em relação ao potencial democratizante, emancipatório e anti-totalitário que a Internet pode promover (de acordo com os solucionistas), entendendo ser esta uma ferramenta poderosa para o exercício de vigilância em massa, repressão política e disseminação de discursos de ódio.

O desenvolvimento de seu pensamento perpassa por uma comparação entre o surgimento do videoativismo, na década de 1960 (como forma de documentação e contestação de injustiça e de poderes instituídos, por meio do uso da tecnologia para transmissão de ideias próprias) com a revolução digital, propiciada pela Internet.

O objetivo do autor é efetuar uma crítica emancipatória em relação à tecnologia, o que compreende as deficiências das críticas[3] à tecnologia atual, que têm se demonstrado ineficazes, sendo necessário torná-las radicais e efetivas: tratando não apenas de seu impacto junto a economia política, mas também o papel das empresas tecnológicas cada vez mais preponderantes na arquitetura fluida e dinâmica do capitalismo global contemporâneo.

[2] DALLARI, Dalmo de Abreu. *Elementos de teoria geral do Estado.* 29. ed. São Paulo: Saraiva, 2010, p. 224.

[3] Ainda que se tenha o problema da Internet como conceito regulador no qual se baseia a crítica, esta é ampla e ambígua, pois de um lado comprova que as pessoas, apenas com seus recursos, são capazes de produzir bens públicos, de modo altruísta e fora do âmbito do mercado; de outro, demonstram, ante a projetos autônomos, que não há necessidade de financiar instituições que produzem bens públicos, porque alguém – a notória coletividade – pode fazer isso melhor e de graça.
MOROZOV, Evgeny. *Bigtech: a Ascensão dos Dados e a Morte da Política.* Trad. Cláudio Marcondes. São Paulo: Ubu Editora, 2018, p. 21.

A retórica deste movimento reflete-se na concepção de Internet como uma rede intrinsecamente democratizante, limitadora do poder e cosmopolita. Entretanto, não há, para Morozov, pluralidade, não há questionamento quanto ao modelo identificado como *hipercapitalismo de plataforma ou de monopólio*[4]. Pressupõe-se que a Internet é tratada como uma entidade que paira inteiramente separada do funcionamento da geopolítica e do capitalismo financeiro atual. De outro modo, e tal qual a crítica apresentada por Barry Schwartz, demonstra que a discussão sobre o assunto está além do ponto de vista cultural e o debate entre individualismo e cooperação social, pois a promessa de emancipação implícita mostrou-se falsa, não havendo controle dos cidadãos sobre a tecnologia. Portanto, põe a discutir a possibilidade de retomada da soberania popular sobre a tecnologia[5].

Não é negado que a Internet apresenta grande importância na explicação da realidade, sendo necessário realizar um balanço justo e preciso das tecnologias digitais à disposição, e, para tanto, analisar as tendências efetivas – nos setores de emprego, automação e financiamento, por exemplo. As tecnologias e as ideologias que as promovem são mutuamente vinculadas, deixando transparecer a crítica referente ao uso geopolítico das plataformas de tecnologia estrangeiras contra os interesses nacionais[6].

2. A crise da atual democracia e o risco dos mecanismos técnico-algorítmicos informacionais de controle

O que permite a democracia desenvolver sua hegemonia[7] é a capacidade de narrar a realidade a partir de um dado ponto de vista histórico e ideológico, o que apresenta vantagens implícitas, ao permitir a apresentação de diversos e múltiplos pontos de vistas e perspectivas.

A opção pela democracia ocorre exatamente por ela não ser o arranjo institucional mais eficiente, e sim pelo reconhecimento de sua própria imperfeição, cabendo ao instrumento da deliberação democrática não discutir apenas o melhor curso de ação diante de um problema, mas, principalmente, chegar a uma concepção das causas deste problema e reconciliá-los com valores adotados, como a justiça.

[4] Morozov, Evgeny. *Bigtech: a Ascensão dos Dados e a Morte da Política. Op. Cit.*, p. 22.

[5] Morozov, Evgeny. *Bigtech: a Ascensão dos Dados e a Morte da Política. Op. Cit.*, p. 15.

[6] Ibidem, p. 22.

[7] Vide: Beçak, Rubens. *Democracia: Hegemonia e Aperfeiçoamento.* São Paulo: Saraiva, 2014.

Neste sentido, para Morozov[8], a dinâmica do sistema democrático pressupõe: (i) que o mundo é imperfeito e incompleto; que (ii) não há resposta definitiva para questões políticas; que (iii) questões políticas devem ser resolvidas por meio da deliberação; que (iv) o debate deve ser capaz de se aproveitar das imperfeições sistêmicas da melhor maneira possível; que (v) deve ser fornecida amplitude institucional de manobra política; e que (vi) se deve buscar uma explicação causal para os problemas sociais construídos pelas diversas experiências narradas pelos próprios cidadãos.

A ascensão de um Estado Instigador, embasado na regulação algorítmica, é uma retomada de uma corrente positivista extremamente tecnocrata do pensamento político. Tendo tantos dados à disposição, opta-se pela automatização e simplificação de imperfeições deliberadamente incorporadas ao sistema político, celebrando-o como uma alternativa a ineficaz regulação normal.

O que se apresenta é o ocaso do Estado Regulador (entendido como aquele do controle, da prevaricação institucional e corporativa) e a ascensão do Estado Instigador (aquele que usa do contínuo direcionamento eletrônico dos indivíduos). O que está em gestação é desenvolvimento de uma nova forma de regulação: "*a regulação algorítmica que nos oferece a boa e velha utopia tecnocrática da política apolítica* a partir da qual *as novas tecnologias permitiriam diminuir a quantidade de regulamentação, aumentando simultaneamente a quantidade de supervisão e a produção de resultados desejáveis*"[9].

Permite-se compreender, contextualmente, que a atual crise da democracia ocorre, de acordo com Ricardo Maurício Freire Soares, ante a uma perda de legitimidade e uma hipertrofia das funções do Executivo. No mais, coaduna com a visão do autor que os Direitos Sociais acabam sendo vistos como as causas da crise, ante a escassez de recursos e a interdependência de investimento (todavia, olvidando-se que tais direitos são pressupostos para o exercício dos demais direitos, a partir de determinada realidade social). Identificou-se que a escassez de recursos leva a uma carência frente às necessidades, e o entendimento desses direitos, em seu aspecto de valor social universal, implicam na necessidade de escolhas. Tal posicionamento é confirmado por José Adércio Leite Sampaio, ao identi-

[8] MOROZOV, Evgeny. From the Politics of Causes to the Politicas Effects of AI on Democratic Culture. *National Geography Festival delle Scienze,* Roma, 2018.

[9] MOROZOV, Evgeny. *Bigtech: a Ascensão dos Dados e a Morte da Política. Op. Cit.*, p. 21.

ficar que o descrédito constitucional é causado ante a: (i) ingovernabilidade financeira causada pelo Estado Social; (ii) a mudança de percepção e paradigmática referente aos valores sociais; e (iii) uma crise de conceitos associados ao positivismo, ante a disponibilidade do legislador quanto a extensão de tais direitos.

É um modelo de fuga das responsabilidades sociais, no qual aqueles que não contam com o recurso/serviço mais valioso relativo a Inteligência Artificial (IA) deverão achar uma maneira de aproveitar esse recurso/serviço em suas atividades sob condições preestabelecidas pelos detentores dessas tecnologias. Por meio de coleta e processamento de informações preditivas e a capacidade de tornar essa informação aproveitável, a venda desses serviços para Estados e cidadãos levará a solidificação do modelo de bem-estar digital privado, operada por intermediário instalado em todas as esferas da vida e de governo, apenas nas mãos de algumas poucas empresas privadas, levando a uma perda de eficácia dos mecanismos de prestação de contas à população[10].

O que se apresenta é a ascensão de um Estado baseado essencialmente em uma política de gerenciamento dos efeitos, a partir do algoritmo que informa a existência de um problema, e envia alguém para solucioná-lo, amparado pelo discurso da eficiência. Novas melhorias na Inteligência Artificial, viabilizadas por operações massivas de coletas de dados e a redução de custos transacionais na busca de informações civis relativas às preferências e necessidades relevantes, são aperfeiçoadas ao seu limite por grupos digitais que buscam desenvolver um sistema que elimine da política o trabalho de se fazer *política*. Trata-se de uma expectativa de levar a política para além da ideologia, rumo a objetividade, com o domínio dos dados empíricos e da racionalidade. Porém, alerta o autor: "*ela aplaina a imensa complexidade das relações humanas, simplificando narrativas complexas em regras algorítmicas concisas e explicações monocausais*"[11].

A lógica econômica adotada pressupõe uma economia amplamente interconectada e baseada na coleta massiva de dados, que permite a economia global fluir sem desencadear transformações políticas sistemáticas, e que, ao mesmo tempo, multiplicará as contradições do sistema atual, tor-

[10] MOROZOV, Evgeny. *Bigtech: a Ascensão dos Dados e a Morte da Política. Op. Cit.*, p. 153.

[11] MOROZOV, Evgeny. From the Politics of Causes to the Politicas Effects of AI on Democratic Culture. *Op. Citatum.*

nando seus elementos, relacionamentos e práticas ainda mais hierarquizados e centralizados[12].

Isto ocorre como uma consequência de crise prolongada, pois: (i) cria uma demanda por serviços mais baratos; (ii) precariza as condições de trabalho; (iii) aumenta o lucro dos investidores rentistas; (iv) reorienta o capital global pertencente a fundos soberanos e investidores institucionais; e (v) incentiva a procura por aplicações rentáveis nas plataformas tecnológicas[13].

A ideia de uma Revolução Digital transformadora de estruturas surge ante aos sintomas da crise econômica mundial: do enfraquecimento das leis anti-monopolistas, da privatização do bem-estar e de outras funções do Estado. Apresenta três frentes de atuação, representadas por: (i) um novo tipo de identidade política e cosmopolita, fomentando novas modelos econômicos mais flexíveis e descentralizados, evitando-se as armadilhas do planejamento central; (ii) pela otimização dos processos produtivos zerando os custos marginais, por meio da introdução da Internet das Coisas, da descentralização dos processos produtivos, da humanização e melhor aproveitamento dos recursos sócio-ambientais; (iii) a redefinição de instituições como o próprio Estado de bem-estar social, por meio da criação de novos modelos de negócios, modificando setores estagnados da economia[14].

Esta lógica de mercado, baseado na ascensão das plataformas digitais *(Big Techs)*, é tendente a uma lógica oligopolista. A despeito de promessas de crescimento, o mercado atual é dividido apenas entre cinco grandes empresas de tecnologia (*Apple*, *Google*, *Facebook*, *Microsoft* e *Amazon*), sendo a estratégia de negócio dos empreendedores desta área apenas a aquisição da concepção de serviço complementar às estratégias de expansão e integração dos dados gerados por uma dessas grandes empresas, abrindo espaço à uma economia baseada em cobranças onipresentes, calculadas de acordo com o uso efetivo e com os preços de mercado vigentes.

A visão cética do autor é congruente com as análises referentes ao capitalismo financeiro contemporâneo, projetando a ideia bem-estar digital privatizado, desenvolvido em função da Inteligência Artificial e com capacidade de autoaprendizagem, por meio (i) da extração do maior número

[12] MOROZOV, Evgeny. *Bigtech: a Ascensão dos Dados e a Morte da Política*. *Op. Cit.*, p. 146.

[13] *Big Techs* e outras grandes empresas associadas a plataformas de uso intensivo de dados. Ibidem, p. 147.

[14] Ibidem, p. 145.

possível de dados via atividades periféricas e (ii) do envolvimento de pessoas em testes cegos para a coleta de dados e aperfeiçoamento de sistemas com instrumentos mais inteligentes e autônomos[15].

Cumpre ressaltar que essa visão cética não é compartilhada em sua totalidade pela doutrina jurídica. Fabiano Hartmann[16] entende que a Inteligência Artificial será a energia elétrica do século XXI, caracterizando-se como uma mudança na percepção dos paradigmas e valores sociais, implicando na adoção de princípios como eficiência, produtividade e métrica, como forma de concretização de direitos fundamentais e de acesso à justiça, de forma a garantir, em uma perspectiva multidisciplinar, visão estratégica, acurácia e eficiência, compreendendo o uso da Inteligência Artificial não como uma forma de superação da capacidade cognitiva humana em sua completude, mas como a reprodução da realidade em função de aspectos e dados pré-definidos, por meio da identificação de padrões e predizeres, de forma a permitir um maior apoio a tomada de decisão e permitir uma otimização dos fluxos de gestão.

2.1. A Ascensão do Estado Instigador e a Revolução da Mensuração[17]

Para o autor, a aldeia global jamais se materializou, isto é, ao analisar as minúcias econômicas e geopolíticas do funcionamento de empresas de alta tecnologia, suas fontes de financiamento, bem como as legislações e regulamentos organizativos, evidencia-se a cristalização de ideias neoliberais, que abarcam a defesa do progresso tecnológico, a partir do qual a livre circulação de dados passa a ser entendida como livre circulação de capital, constituindo, assim, um novo regime de comércio global, representado por um mercado único digital[18].

A origem daquilo que se denomina como ideologia californiana é encontrada na retórica de emancipação por meio do consumo, visando fornecer uma multiplicidade de ferramentas para enfrentar o sistema, de

[15] Morozov, Evgeny. *Bigtech: a Ascensão dos Dados e a Morte da Política. Op. Cit.*, p. 147.

[16] Palestra realizada com o tema *"Inteligência Artificial e o Direito: Uma visão Estratégica"*, junto ao XXVIII Congresso Nacional do CONPEDI, Belém/PA. Tema: Direito, Desenvolvimento e Políticas Públicas: Amazônia do Século XXI, 15 de novembro de 2019.

[17] O autor entende ser aquela que *"tem como objetivo quantificar a eficiência de vários programas sociais, como se a lógica por trás das redes de proteção social proporcionadas por alguns desses programas fosse atingir a perfeição dos resultados"*.
Morozov, Evgeny. *Bigtech: a Ascensão dos Dados e a Morte da Política. Op. Cit.*, p. 93.

[18] Morozov, Evgeny. *Bigtech: a Ascensão dos Dados e a Morte da Política. Op. Cit.*, p. 23.

forma que os aspectos não-econômicos da existência social sejam descartados e a identidade de consumidor sobreponha-se a de cidadão, afirmando a ideia de um capitalismo mais inteligente e humanitário[19] em detrimento do escasseamento de vínculos sociais e sentimento de solidariedade, em troca de um serviço mais autônomo e eficiente[20].

A concretização de um programa político em formato tecnológico, a partir do qual os problemas devem ser resolvidos por meio de empresas de tecnologias, aplicativos, sensores e ciclos infinitos de retroalimentação, buscando apenas verificar e controlar os efeitos, sem, contudo, conhecer as causas e as possibilidades de controle, só tendem a se expandir, na medida em que as tecnologias se tornam inteligentes[21] e que dificilmente converter-se-ão em um êxito democrático. Pelo contrário, seu objetivo político, disfarçado pelo discurso de "*resgatar os serviços públicos deteriorados por meio do incentivo de outros modos de vida, é em verdade, o registro de dados de forma automática e periódica*"[22], usada para manter *uma proteção proativa* controlada por certas tecnologias inteligentes.

Afirma-se, como dito, a ideia de um capitalismo mais inteligente e humanitário em detrimento do escasseamento de vínculos sociais e sentimento de solidariedade, em troca de um serviço mais autônomo e eficiente, não se restringindo à retórica da rebelião contra os interesses consolidados, mas também ao apelo à mobilidade social, proporcionada pelo setor tecnológico, às classes inferiores[23].

O Estado Indutor é pós-capitalista e tem como elementos básicos: (i) a automatização de grande parte do trabalho; (ii) a substituição do salário como instituição social por uma Renda Básica[24]; (iii) a presença de

[19] Ibidem, p. 17.

[20] Ibidem, p. 20.

[21] Para o autor, este cenário reflete uma *dose de tecnokafkianismo*, a partir do qual permite-se que a lei seja aplicada de forma quase perfeita em tempo real, levando as autoridades a atuar preventivamente por meio de um sistema conectado e centralizado de *controle, estabelecimento de limites, regularização e encaminhamento de fluxos e alternativas*, prometendo proteção e segurança, transformando ambientes inteligentes de forma a viver uma vida assistida graças a sensores e conectividade com a internet, implicam na otimização do poder de controle do comportamento social.
Ibidem, p. 43.

[22] Morozov, Evgeny. *Bigtech: a Ascensão dos Dados e a Morte da Política. Op. Cit.*, p. 90.

[23] Ibidem, p. 17.

[24] A ideia de Renda Básica Universal como um esquema compensatório ante a ampla automação e a extração de dados, implicando um esforço redistributivo de dinheiro e renda, é

um universo *high tech de realidade virtual* privado, que substitui o Estado de bem-estar social; (iv) o desafio contínuo de aumento de produção e produtividade por meio da criação de soluções tecnológicas às grandes plataformas; e (v) o ressurgimento de hierarquias sociais ante à sociedade em rede e seus sistemas de reputação[25].

Para o autor, e a partir de Daniel Kahneman, a linguagem da burocracia governamental do Estado Instigador é a psicologia comportamental que coopta o Estado sob o pretexto de estimular os programadores talentosos a lidar com os problemas cívicos, reprogramando o Estado e tornando-o receptivo à retroalimentação por meio de sua principal característica, que é a interoperabilidade de funcionamento de aplicativos de rastreamento, algoritmos e sensores. É, portanto, a Colonização Tecnológica, na qual *a "identificação e organização conjunta de dados possam ser vendidos com lucro para empresas que precisam deles para fins publicitários, estendendo-os à privatização de dados em posse do Estado"*[26].

É apresentado um Estado obcecado pela acumulação de dados, tendo por pressuposto o princípio que, embora o comportamento seja irracional, tal irracionalidade pode ser corrigida, bastando que o ambiente atue sobre as pessoas, instigando-nos a seguir na direção certa, instigando cada pessoa, constantemente, a fazer o que é esperado[27]. Identifica que seu pressuposto clássico é a punição daqueles que não fizerem o que é esperado. As pessoas[28] *merecem ser punidas (fiscalmente, por enquanto) por sua irrespon-*

artimanha retórica, pois visa (i) sufocar esforço de organização política em torno da propriedade relativa aos dados; e (ii) legitimar a sua contínua extração. Entende que, sem o caráter de universalidade aqueles que produzem dados de alta qualidade, ou que contribuem com ideias inovadoras para a economia do conhecimento serão parte em um novo acordo social, a partir do qual se verá a *intensificação do rentismo no restante da economia, de modo que grande parte do dinheiro distribuído aos cidadãos vai acabar retornando ao setor corporativo como pagamento por bens e serviços básicos.*
Morozov, Evgeny. *Bigtech: a Ascensão dos Dados e a Morte da Política. Op. Cit.*, p. 157.

[25] Ibidem, p. 161.

[26] Morozov, Evgeny. The Rise of Data and the Death of Politics. *The Guardian*, Londres, jul. 2014. Disponível em: <https://www.theguardian.com/technology/2014/jul/20/rise-of-data-death-of-politics-evgeny-morozov-algorithmic-regulation>. Acesso em: 14 novembro 2019.

[27] Cabe notar que há uma crítica ao pressuposto marxista relacionada a superestrutura social, a partir da qual desacordo e conflito são vistos como subprodutos da era analógica, a serem eliminados por meio da coleta de dados
Morozov, Evgeny. *Bigtech: a Ascensão dos Dados e a Morte da Política. Op. Cit.*, p. 92.

[28] Ibidem, p. 91.

sabilidade, evidenciando a clara crítica na qual *é muito mais difícil monitorar as injustiças sociais do que a vida cotidiana dos indivíduos submetidos a elas.*

2.2. O Estado Algorítmico vs. Estado de bem-estar social: o surgimento de uma nova física-social

O pensamento *mainstream* entende que a realidade contemporânea apresenta uma difícil conceituação de ideias como "economia compartilhada" *(sharing economy)*, pois se está diante do surgimento de um pós-capitalismo cooperativo. Vasta aparelhagem burocrática do Estado de bem-estar social, com viés disciplinador, é substituída por *ciclos de retroalimentação constante de dados, em busca da melhor e mais adequada alocação de recursos* financeiros e humanos, o que seria apenas uma nova face do bom e velho capitalismo com a tendência a transformar tudo em mercadoria[29].

O autor é um crítico ao progresso da sociedade em rede, ao entender que *a disseminação de tecnologias digitais interconectadas em rede* implica em um *fortalecimento de tipos novos e antigos de hierarquias (incluindo as sociais)*, entendendo que a *"economia de reputação"* define os lugares das pessoas na hierarquia interna dessa rede, com base: (i) no capital social; (ii) na solidez das redes de confiança; e (iii) na honestidade, tornando obsoleto o discurso de classes perpetuando e ampliando as hierarquias e desigualdades existentes como reflexos naturais de relacionamento social[30].

O autor traça um cenário distópico quanto ao futuro da pessoa humana, em um modelo de Estado Instigador ante a inerente contradição apresentada pelos defensores dessa transformação digital, baseada em dois pressupostos implícitos: (i) associar a tecnologia em geral com o progresso, um desvio no modelo capitalista e uma mudança para um sistema mais progressista e equitativo; e (ii) entender que as tecnologias digitais beneficiam os mais pobres, contribuindo para desestabilizar hierarquias e novas formas institucionais em rede, em detrimento de formas centralizadas[31].

Isso ocorre porque o capitalismo digital contemporâneo tem o capital humano a partir da coleta de dados em tempo real. A economia de reputação torna-se uma maneira de perpetuar e ampliar as hierarquias e desigualdades sociais existentes, alertando para um futuro no qual separar-se-á *"os ativos mais promissores (que merecem ser cultivados e cuidados) daque-*

[29] Ibidem, p. 25.

[30] MOROZOV, Evgeny. *Bigtech: a Ascensão dos Dados e a Morte da Política. Op. Cit.*, p. 153.

[31] Ibidem, p. 154.

les de baixo desempenho (que não merecem muita coisa e são, de maneira geral, um estorvo para o sistema)"[32].

É empecilho para o desenvolvimento da economia do conhecimento a existência de pessoas improdutivas, geradas pela crise geral do capitalismo, entendida como uma estagnação secular devido a uma disfunção estrutural grave e letal. Dessa forma, esse Estado Instigador se coloca em frontal conflito com o espírito do igualitarismo e com a premissa de solidariedade, anonimato e equidade defendida pelo compromisso do Estado de bem-estar social[33].

A lógica do Estado de bem-estar social é estabilizar o capitalismo por meio da socialização do risco. Por sua vez, o ambiente tecnológico, armado de tecnologias digitais e internalizado de princípios ideológicos da autoajuda pragmática, busca procurar soluções criativas para as dificuldades, capturando o excedente inovador e transformando-o em prática lucrativa, tratando-se de despir a sociedade do espírito igualitário e reafirmar as hierarquias, seja qual for o sistema de valores que lhes sirva de alicerce, implicando em transformação estrutural das economias, tal qual ocorreu tanto nos regimes democráticos como naqueles regimes ditatoriais da década de 1930[34].

Embasando-se em David Harvey, Morozov entende que a fase neoliberal do capitalismo global é caracterizada por uma lógica que chamou de *"acumulação por espoliação"*, pois despoja as pessoas de seus recursos e, ao mesmo tempo, vende um potencial de esperança, a partir do qual a ascensão da Tecnologia da Informação oferece-lhes meios sofisticados e acessíveis de cuidar de si mesmos, mobilizando a solução de objetivos e problemas próprios por meio de contribuições aos aplicativos e plataformas. Em outras palavras, *"o capital se expande ao mesmo tempo que continua a redistribuir recursos em prejuízo dos mais pobres"*[35].

As bases desse modelo residem no sistema de reputação, pois visam assegurar uma excelente experiência para o usuário – mais do que qualquer forma de regulação estatal. Essa perspectiva é compreendida e executada por meio da *"dissolução do Estado do bem-estar social e da sua substituição por alternativas mais enxutas, rápidas e cibernéticas, ou através do papel que a livre*

[32] Ibidem, p.155.

[33] Ibidem, p.156.

[34] MOROZOV, Evgeny. *Bigtech: a Ascensão dos Dados e a Morte da Política. Op. Cit.*, p. 158.

[35] Ibidem, p. 160.

circulação de dados está destinada a desempenhar sob um regime de comércio global totalmente desregulado".

O Estado continua a existir por trás da economia compartilhada, sendo sua função assegurar a reputação acumulada em diversas plataformas, garantindo que seja totalmente líquida e transferível. É dizer: todas as interações sociais são registradas e avaliadas, apagando quaisquer diferenças entre domínios sociais, transformando a reputação em uma rede social adaptada à retroalimentação e capaz de proteger os cidadãos comprovadamente responsáveis das vicissitudes da desregulamentação. Torna-se objetivo da política a otimização de resultados para a criação de uma rede de proteção social altamente personalizada[36].

A busca por *soluções individuais ultraestáveis* se baseia na otimização da desenvoltura e da resiliência individual, mascarando um *reconhecimento tácito de que nenhum projeto coletivo* poderia aspirar controlar as ameaças à existência humana, sendo a única saída enfrentar individualmente cada ameaça[37].

Por outro lado, também identifica que as fronteiras nítidas entre bem-estar social e a segurança se confundem ante às tentações autoritárias de controle, por parte do Estado, em áreas da vida isentas de regulamentação, principalmente quando grande parte da vida cotidiana passa a ser viabilizada graças às grandes empresas de tecnologia. O alerta reside ante a disponibilidade de tantos dados disponíveis a poucos e com a possibilidade de monitoramento, por intermédio de dados em tempo real. Deixa subentendido que estamos reféns dos sistemas computadorizados ante sua natureza imediata que "*os torna aliados perfeitos de um Estado infinitamente expansível e obcecado pela prevenção de ataques*", pois, como cidadãos, "*não contamos com a infraestrutura necessária para processar tantos dados em tão grande escala*"[38].

A tese principal apresentada pelo autor é que a computação em tempo real, associada às tecnologias de comunicação onipresentes, iria transformar o Estado, por meio de uma lógica de um *Estado automatizado*, no qual se debate os méritos de criar um banco de dados capaz de agregar várias estatísticas nacionais e torná-las acessíveis aos diversos órgãos governamentais, gerando uma *burocracia de alcance quase celestial*, ante a possibilidade de exploração pelo Estado e pelas grandes empresas de tecnologia

[36] MOROZOV, Evgeny. The Rise of Data and the Death of Politics. *Op. Citatum, online.*

[37] Ibidem.

[38] Ibidem.

dos *metadados acumulados nesse processo de informatização generalizada*, sendo capaz de agregar dados de diferentes domínios e identificar correlações que seria capaz de "*discernir e definir as relações de maneira que nenhuma burocracia humana poderia almejar*"[39].

Analisa como aspecto negativo a conclusão apresentada por Robert MacBride em *O Estado automatizado*, de 1967, no qual "*os direitos políticos não serão violados, mas vão se assemelhar mais aos direitos de um pequeno acionista em uma empresa gigantesca*", sendo a flexibilidade e a resiliência de aceitação do papel que cabe a cada qual aproveitado ao máximo. Transformam-se os Estados em uma "*grande corporação eficiente, onde todos os detalhes da vida não passam de funções mecânicas a serem ajustadas*", usando o Governo dos dados para revisar e aperfeiçoar constantemente sua abordagem de mercado, a fim de maximizar a participação de seus usuários. A hipótese de solução apresentada pelo autor é a criação de uma *política tecnológica robusta de esquerda*, que supere a *regulação algorítmica*[40].

Desta sorte, deve-se desenvolver um mecanismo de regulação técnico-algorítmico, a partir do qual as "*tecnologias desenvolvidas respeitem o espírito, senão a forma institucional, do Estado de bem-estar social, e preservem o compromisso com vistas a oferecer condições ideais para a prosperidade humana, garantindo a estabilidade e condições para o surgimento de comunidades políticas em torno de causas e questões relevantes, definindo-se o tipo de infraestrutura de comunicação necessária, que deve ser de livre acesso, de difícil rastreamento e aberta para usos novos e subversivos*"[41].

O autor admite que a produção, a acumulação e a análise de traços resultantes dos dispositivos digitais produzem, de fato, benefícios reais dos dividendos de vigilância, ou seja, a ideia que a Internet das Coisas, o *Big Data* e a inevitável postura disruptiva, gerarão abundância econômica, emancipação política e prosperidade universal, implicando naquilo que o autor define, a partir de Alex Pentland, como o estudo das relações sociais atuais e o uso deste conhecimento para o fornecimento de incentivos específicos para o enfrentamento de problemas sociais negligenciados[42].

[39] Ibidem.

[40] Morozov, Evgeny. The Rise of Data and the Death of Politics. *Op. Citatum, online.*

[41] Ibidem.

[42] Morozov, Evgeny. Like clueless guinea pigs. *Frankfurter Allgemeine Zeitung*, Frankfurt, julho 2014. Disponível em: <https://www.faz.net/aktuell/feuilleton/debatten/the-digital-debate/digital-surveillance-like-clueless-guinea-pigs-13070758.html>. Acesso em: 14 novembro 2019.

Referido sistema físico-social se baseia nos princípios da *granularidade* e da *rastreabilidade das relações sociais mediadas digitalmente*, regulando o comportamento individual (tendo a própria amizade como ferramenta de governança), a partir do conhecimento das informações relacionados aos deslocamentos diários, padrões de comunicação, relacionamentos interpessoais, dentre outros padrões identificados pela coleta de dados e metadados, levando-se a uma *observação contínua dos indivíduos*[43].

O autor é crítico às vantagens dos dividendos de vigilância: "*nem sempre agimos de acordo com nossos melhores interesses por razões específicas que podem ser identificadas, classificadas e retificadas*". Tal fato ocorre ante a existência de uma escassez cognitiva, que é o resultado de condições ambientais, que podem, no entanto, ser administradas de modo a se evitar ou minimizar decisões ruins ou irracionais, por meio de um sistema de monitoramento permanente, reduzindo as condições sociais a "*um programa de informações que pode ser combatido com as ferramentas informacionais que geram os dividendos de segurança*"[44].

Como consequência, tem-se a adoção de medidas de informacionalização, ou seja, tem-se a reformulação dos problemas sociais a partir da óptica dos dividendos de segurança[45], a partir dos quais "*se desposa um problema de suas dimensões materiais e políticas, colocando-o simplesmente como uma questão de insuficiência ou atraso de informação, identificadas por meio de variações incomuns no comportamento, pois permitem o desenvolvimento de benefícios eficientes e apolíticos, tornando-nos mais conhecidos e administrados*". No fundo, tem-se uma hipervisibilidade do cidadão enquanto indivíduo monitorado e a hiper-invisibilidade de todos os demais agentes sociais[46].

O autor identifica que o seu funcionamento só ocorre no nível do cidadão enquanto indivíduo, que é tornado transparente e manipulável, por meio de um simulacro de solução de problemas, permitindo aos governos e empresas perseguirem em liberdade e sem nenhuma transparência os

[43] Morozov, Evgeny. Like clueless guinea pigs. *Op. Citatum, online.*

[44] Ibidem.

[45] "Os dividendos da vigilância reduzem a política a ajustes de botões, como se a sociedade não passasse de um rádio a ser sintonizada [...] quando tudo estiver digitalizado e interconectado, quem deseja uma solução não informacional enfrenta o ônus de provar que essa via menos eficiente é melhor do que recorrer de novo aos dividendos de vigilância".
Ibidem.

[46] Ibidem.

seus projetos, transformando a política em um espetáculo individualista e consumista, nos quais as soluções são buscadas de modo utilitário pelo mercado, abandonando toda a análise sistemática de fatores e causas de mudança social que transcendem o indivíduo. Este posicionamento segue o mesmo padrão já identificado por Celso Ribeiro Bastos e André Ramos Tavares[47]:

> [P]elo conhecimento íntimo da vida do indivíduo, o Estado lograria obter o comando de todos para efeitos de dominação [...] Na medida em que se obtém acesso a praticamente todos os aspectos íntimos de uma vida pessoal, pode-se dizer que se tem essa vida sobre controle absoluto. Passa a ser possível manipulá-la, conduzila, chantageála. É, como dito, o sonho do poder estatal descontrolado: manipular cada indíviduo por intermédio da mera ameaça de expô-lo à opinião pública até as visceras [...] Os cidadãos passam a ficar totalmente atemorizados diante do Estado onipotente, que tudo sabe.

3. A sociedade e o direito à privacidade no Estado Indutor

A evolução da tecnologia digital é sustentada pela crença ideológica no conceito de destruição criativa de Joseph Schumpeter, que ganhou força no contexto da ascensão do neoliberalismo e do neoconservadorismo, manifestando um processo expansionista e inovador disruptivo por meio de um processo de inovação, no qual novos produtos destroem empresas velhas e antigos modelos de negócios, reduzindo desta forma o monopólio do poder. Entretanto, essa visão não é mais adequada ao momento contemporâneo, no qual há uma interseção de lógicas complexas entre as regências da política, da tecnologia e das finanças, incluindo questões relativas à capacidade de financiar-se e à possibilidade de um vasto mercado de mão-de-obra autônomo e independente, compreendido apenas na "*liberalização do mercado de trabalho e da crescente precarização da mão de obra no setor de serviços em geral*"[48].

[47] BASTOS, Celso Ribeiro; TAVARES, André Ramos. *As tendências do direito público no limiar de um novo milênio.* São Paulo, Saraiva, 2000, p. 381.

[48] MOROZOV, Evgeny. Digital Intermediation of Everything: at the Intersection of Politics, Technology and Finance. *Empowering Democracy through Culture – Digital Tools for Culture – Digital Tools for Culturally Competent Citizens.* 4th Council of Europe Platform Exchange on Culture and Digitisation. Karlsruhe, 2017.

Não se pode falar no começo de uma nova bolha ante a existência de modelos econômicos válidos, sustentados pelo extraordinário crescimento dessas empresas, que refletem a posse do recurso mais importante do século XXI: os dados[49]. É o desenvolvimento de um setor denominado como *extrativismo de dados*, que parte da premissa de que *os usuários são estoques de informações valiosas*, cabendo às empresas de tecnologia a concepção de formas inteligentes de ter acesso a estes dados em maior e melhor quantidade e qualidade, com o objetivo de oferecer publicidade direcionada, desenvolver formas avançadas de Inteligência Artificial, baseadas no princípio da autoaprendizagem, por meio da multiplicidade de entradas de dados e da capacidade de arregimentação de usuários[50].

A sociedade digital[51], surgida a partir da ascensão de *Big Techs* e de tecnologias digitais, por meio da análise de suas dimensões políticas e históricas envolvidas, de acordo com Morozov, apresenta cinco características principais, a saber: (i) o extrativismo de dados; (ii) a medição digital de tudo; (iii) o novo consenso algorítmico; (iv) o processo de emancipação predatória; e (v) a versão tecno-utópica do Fim da História[52].

O *fenômeno da hiper-inclusão* é uma forma de ação, ou seja, é a busca de conexões em um mundo de *links* sem sentido, a registrar todos os cliques, garantindo que nenhuma interação passe despercebida, fique sem registro e deixe de ser analisada, pressupondo que tudo esteja interconectado[53], de modo que tudo acabe fazendo sentido.

O Estado de bem-estar digital privado é o modelo de Estado que se configura pelos serviços que são fornecidos por empresas digitais privadas em troca dos dados, alterando o equilíbrio de poder da política, favorecendo

[49] Por dados o autor entende ser "*um resíduo digital das inúmeras redes e relações sociais, econômicas e culturais que se entrecruzam*".
MOROZOV, Evgeny. Digital Intermediation of Everything: at the Intersection of Politics, Technology and Finance. *Op. Citatum, online.*

[50] Ibidem.

[51] O autor considera Sociedade Digital aquela que tem capacidade de estabelecer conexão entre máquinas e arranjos coletivos, identificando, a partir de Deleuze, "*máquinas simples ou dinâmicas para as sociedades de soberania, as máquinas energéticas para as de disciplina, as cibernéticas e os computadores para as sociedade de controle*".
Ibidem.

[52] Ibidem.

[53] Segundo o autor: "*se ainda não conseguimos estabelecer a ligação entre dois dados é porque não procuramos o suficiente ou, então, porque precisamos de um terceiro dado, a ser coletado no futuro.* "
Ibidem.

agentes privados em detrimento dos públicos, levando a extinção das instituições intermediárias que refletem os interesses públicos[54].

A política acaba sendo cooptada por este novo tipo de capitalismo digital, gentil e benéfico, pois fornece alívio junto a execução do orçamento público, por meio da prestação de serviços tecnológicos. Isto é um reflexo das medidas de austeridade adotadas, pois as empresas de tecnologia já detêm os dados e a infraestrutura de computação para fornecer serviços úteis a um custo menor, tornando estas empresas os alicerces de um novo modelo de Estado[55].

A ideologia que se apresenta é pragmática, visto permitir a identificação e eliminação de problemas sem qualquer preocupação em resolver suas causas, tornando a política dependente do extrativismo de dados, da rapidez de compartilhamento e do alto impacto de publicações, que geram lucro por meio de um maior esforço de recrutamento de tecnologias preditivas, que se aproveitam do enorme volume de dados acumulados. Morozov alerta quanto a necessidade de libertação das redes de comunicação da dependência do extrativismo de dados, baseando-a em princípios não finalísticos, sob pena de acentuar os desequilíbrios de poder[56].

A narrativa cultural considera a tecnologia como a arma dos fracos e dos pobres. Entretanto, o aumento dos níveis de desigualdade econômica, a globalização seletiva e a ascensão de práticas e políticos populistas, demonstram que o controle da tecnologia e do setor extrativista de dados é legitimado pela lógica comercial e social das tecnologias digitais como instrumento de desenvolvimento.

A dependência crescente em relação às empresas de tecnologia não reforça a nossa autonomia como cidadãos, apenas como consumidores. Há uma lógica de emancipação predatória ofuscada pela ideológica intensificação do extrativismo de dados, que está criando uma lógica neo-feudal, no qual inúmeras grandes concessões industriais e pós-industriais assumem as responsabilidades dos serviços de proteção e bem-estar, ao custo de suas introduções permanentes nos sistemas dos dados pessoais, tornando-os presos a redes políticas e econômicas controladas por referidos conglomerados, tornando um processo interminável no qual todo ato de liberação

[54] MOROZOV, Evgeny. Digital Intermediation of Everything: at the Intersection of Politics, Technology and Finance. *Op. Citatum, online.*

[55] Ibidem.

[56] Ibidem.

(ou disrupção) cria novos tipos de dependência. Levando, também, a um novo tipo de liberdade: "*liberdade de escolha no âmbito do mercado global*"[57].

As propostas de intervenção pressupõem o rompimento do monopólio intelectual das *Big Techs*, destruindo sua hegemonia ideológica e retomando um conceito de cidadania que seja capaz de superar o consumismo sem atritos com a aceleração da extração de dados, rompendo o aludido monopólio com financiamentos relativos a: (i) iniciativas jornalísticas; (ii) subsídios corporativos e grandes doações para a preservação de obras; e (iii) influência em pesquisas relativas à regulação de trustes e monopólios[58].

A hipótese apresentada é que as visões tecno-utópicas correntes refletem a luta pelo poder, ficando subjacentes às suposições quanto às superações de contradições de conceitos do capitalismo. A automação não desaparece com a desigualdade, mas acentua-a, por meio de acesso diferenciado às tecnologias de automação (de baixa qualidade e massificada para o pobre e de tecnologia sob medida para os ricos)[59].

Contesta e alerta a sociedade civil para duas ideias. Primeiro, as características negativas do mundo digital não passam de uma consequência natural da nossa incapacidade de controlar nossos desejos, que apresentam as seguintes falhas: (a) não se preocupam com os efeitos estruturais do extrativismo de dados; (b) reduz um problema coletivo e político ao nível de consumidor-individual; (c) tem um viés moralista do discurso digital. Segundo, a liberdade não é algo a ser buscado e adquirido no mercado.

Propõe a reformulação e a recuperação da ideia de liberdade e dos demais conceitos relacionados, como a autonomia e a privacidade. Destaca a importância de se diferenciar a privacidade como serviço (aquela privacidade concedida por um aplicativo) e suas limitações da privacidade como direito (aquela garantida pelo sistema de direitos constitucionais)[60].

O positivismo do consenso algorítmico é contestado como algo que pode causar e promover problemas, desestabilizar ou fortalecer as relações de poder, ante a racionalização constante do cotidiano. A suposição

[57] MOROZOV, Evgeny. Digital Intermediation of Everything: at the Intersection of Politics, Technology and Finance. *Op. Citatum, online.*

[58] Para o autor, o uso da Inteligência Artificial tem consequências perigosas e potencialmente letais, devendo ser recordado o discurso da responsabilidade moral dos cientistas, em especial, quanto ao seu uso para fins militares.
Ibidem.

[59] Ibidem.

[60] Ibidem.

de quanto maior o conjunto de dados, mais verdade se pode extrair deles, permitiu a retomada de premissas do positivismo, em conjunção com efeitos perniciosos sobre o modo como entende-se o conhecimento.

A formalização dessa corrente em sistemas preditivos pode incorporar a algoritmos valores discriminatórios de vieses culturais, raciais e étnicos como verdades objetivas e empíricas, impondo um falso consenso imposto por algoritmos baseados em dados enviesados. Para evitar este cenário, Morozov propõe o desenho de fronteiras nítidas entre os algoritmos e os dados que são seus alimentos, ressaltando que esses dados são os operadores ocultos da máquina algorítmica, cujos vieses tendem a ser incorporados, ocultados ou amplificados[61].

Sua proposta é a criação de uma infraestrutura mundial sustentável para a comunicação, troca de informações e gestão de dados, de caráter público e granular, que permita a reconstrução da abordagem modular compartilhada entre instituições, cidades e cidadãos. Revela o espírito do internacionalismo, de caráter universalista, que constrói um mundo multipolar com fluxos de informações igualitários e justos, com capacidade para explicar o poder corporativo, assim como os interesses geopolíticos e estratégicos de governos indispostos a abdicar das atividades de vigilância.

A criptografia é a ferramenta que pode garantir a privacidade e a possibilidade de comunicação com liberdade e segurança, devendo ser essas pesquisas financiadas independente e incondicionalmente, para a construção de sistemas que melhorem o anonimato, recuperando o papel da tecnologia como uma força emancipatória com maior contribuição da sociedade civil[62].

A ideia de disrupção descreve um fenômeno desagradável e doloroso que pode culminar com um tipo de sociedade de adesão opcional e gerida por meios tecnológicos, no qual a opção por monetizar toda a informação do mundo e torná-la universalmente acessível e lucrativa, supera o valor de organizar as informações do mundo e torná-las acessíveis e úteis para todos. É dizer, valores como solidariedade, justiça e diversidade estão sob ataque constante[63].

[61] MOROZOV, Evgeny. Digital Intermediation of Everything: at the Intersection of Politics, Technology and Finance. *Op. Citatum, online.*

[62] Ibidem.

[63] MOROZOV, Evgeny. Why we are allowed to hate Silicon Valley. *In:* HAMILTON, M.M.; CHITTUM, R. (eds.). *The best Business Writing.* Nova York: Columbia University Press, 2014, pp. 03-15.

O debate público é controlado e limitado ao plano da tecnologia e da informação, ao ser conduzido em termos favoráveis às empresas de tecnologia, tendo em vista a natureza excepcional da mercadoria (informação, rede, Internet, dados, dentre outros), codificada pela linguagem, a partir da qual o bem-estar digital passa a ser preposto de uma combinação selvagem do complexo militar-industrial, do descontrole dos setores bancários e publicitários, coniventes com os interesses empresariais. O custo crescente da privacidade passa por uma *ditadura da falta de opção*, ou seja, espera-se a aceitação de apenas uma única forma possível de utilizar determinado serviço de maneira mais efetiva.

Nesse cenário, a desconfiança nas instituições públicas é elevada e implica na impossibilidade de construção de um arranjo que reforce o seu papel, pois as redes de comunicação pertencem ao setor privado[64].

A privacidade está se tornando uma mercadoria, pois deixou de ser uma garantia e tornou-se uma ferramenta em relação a produção de dados relevantes, ainda que não exista tecnologia suficiente para processá-los, bem como é, da mesma forma, um dos principais obstáculos à alta densidade digital (entendida como o nível no qual os países consomem, processam e compartilham dados)[65].

Essa nova configuração pode não afetar muito os governos, ante a exigência de exceções significativas em questão de segurança nacional. Em essência, os cidadãos não só perdem o direito à privacidade, como as próprias tentativas de esconder algo serão tidas como ofensa ao livre-comércio ou como iniciativa de solapar a segurança nacional[66].

O compromisso social sólido e estimado com a proteção de dados visa sobretudo ao resguardo dos cidadãos contra uma intrusão corporativa e estatal excessiva – está cada vez mais em desacordo com a mentalidade de apropriação generalizada que marca o capitalismo contemporâneo. Referenciando-se em Carl Bildt, tem-se que as barreiras contra a livre circulação de dados são, na verdade, barreiras contra o comércio. Se o único critério para avaliar a nossa política tecnológica está no quanto ela promove os avanços dos interesses corporativos, há muito que se reprovar a proteção de dados e, na prática, todas as leis de privacidade. O fato é que

[64] Ibidem.

[65] Ibidem.

[66] MOROZOV, Evgeny. From the Politics of Causes to the Politicas Effects of AI on Democratic Culture. *National Geography Festival delle Scienze*, Roma, 2018, p. 75.

descrevem um mundo só de empresas, desprovido de quaisquer outros agentes políticos[67].

A partir da discussão entre Gilles Deleuze e Antonio Negri, Morozov identifica uma conexão entre a aparente abertura da infraestrutura tecnológica e o aumento no grau de controle social. A conectividade permanente é essencial para que essa lógica exerça controle sobre a vida, levando ao exercício da autonomia em condições de opacidade, ignorância e desconexão. O direito de se conectar é tão importante quanto o direito de se desconectar, como resultado de uma restrição crescente dos espaços de imperfeição[68].

Neste sentido, Celso Ribeiro Bastos e André Ramos Tavares[69], em *As Tendências do Direito Público no Limiar de um novo milênio*, já alertavam sobre a possibilidade de *"atribuir-se ao indivíduo um número nacional, determinado e único, ao qual se atrelem todas as informações de caráter pessoal disponíveis sobre essa pessoa, esteve sempre presente dentre as finalidades do Estado dominador, cujo autoritarismo busca o controle cabal da vida de seus integrantes"*. Os autores entendem que o conteúdo desses direitos de privacidade varia de acordo com sua historicidade, constituindo a privacidade uma aspiração universal, sob responsabilidade e tutela efetiva.

A capacidade de incorporar mais informações em tempo real do setor industrial produtivo, induzindo a uma tomada de decisão aparentemente autônoma, mas de fato, influenciada por um capitalismo dadocêntrico que converte todos os aspectos da vida cotidiana em ativo rentável, atenua a diferença entre trabalho e não-trabalho, e faz aceitar tacitamente a ideia de reputação como uma obra em constante construção, por meio dos imperativos da eficiência, da competitividade e da lucratividade, entendendo o conhecimento como algo apolítico e desvinculado dos atuais embates entre cidadãos e governos ou empresas[70].

67 MOROZOV, Evgeny. From the Politics of Causes to the Politicas Effects of AI on Democratic Culture. *National Geography Festival delle Scienze,* Roma, 2018, p. 73.

68 De acordo com o autor, imperfeições sociais (hoje, imperfeição tecnológica facilmente corrigida) contribuem para a prosperidade de muitas de nossas instituições. Entretanto, quando cada clique é contabilizado e previsto de antemão, não há como se arriscar a tomar decisões sem um olho na lógica do mercado.
Ibidem.

69 BASTOS, Celso Ribeiro; TAVARES, André Ramos. *As tendências do direito público no limiar de um novo milênio.* São Paulo, Saraiva, 2000, p. 378.

70 MOROZOV, Evgeny. Why we are allowed to hate Silicon Valley. *In:* HAMILTON, M.M.; CHITTUM, R. (eds.). *The best Business Writing.* Nova York: Columbia University Press, 2014, pp. 03-15.

Conclusões

A perspectiva pós-Internet necessita do desenvolvimento de um programa de emancipação, tendo-se por base que a construção de um futuro tecnológico robusto deverá ser desvinculado dos valores do neoliberalismo.

A discussão sobre tecnologia implica sancionar (voluntária e involuntariamente) alguns aspectos perversos da ideologia neoliberal, e apresenta e recebe críticas hegemonicamente conservadoras, que nem sempre buscam o bem do povo e a emancipação do atual capitalismo financeiro predatório[71].

Cabendo por fim a reflexão que se trata de um Direito democrático não permitir ao Estado, ou no caso presente as *Big Techs*, senão o mínimo de conhecimento acerca do indivíduo, pois a garantia da individualidade dos integrantes constitui peça fundamental da liberdade individual, tratando-se, portanto, de buscar a preservação do Estado Democrático de Direito, junto ao novo modelo de Estado que se apresenta.

Referências

BASTOS, Celso Ribeiro; TAVARES, André Ramos. *As tendências do direito público no limiar de um novo milênio.* São Paulo, Saraiva, 2000.

BEÇAK, Rubens. *Democracia: Hegemonia e Aperfeiçoamento.* São Paulo: Saraiva, 2014.

______. *A Hipertrofia do Executivo Brasileiro: o impacto da Constituição de 1988.* São Paulo: Propria, 2007.

CONPEDI. Painel. Novos direitos e garantias fundamentais: reflexões à luz dos 100 anos da Constituição de Weimar. Coordenação por Lucas Gonçalves da Silva. *XXVIII Congresso Nacional do CONPEDI,* Belém/PA. Tema: *Direito, Desenvolvimento e Políticas Públicas: Amazônia do Século XXI,* 15 de novembro de 2019.

DALLARI, Dalmo de Abreu. *Elementos de teoria geral do Estado.* 29ª ed. São Paulo: Saraiva, 2010. 314p.

HABERMAS, Jurgen. *Direito e Democracia entre a facticidade e validade.* Vol.1, 2ª ed. Tradução por Flávio Beno Siebeneichler. Rio de Janeiro: Tempo Brasileiro, 2012, reimpressão. 354 p.

MOROZOV, Evgeny. *Bigtech: a Ascensão dos Dados e a Morte da Política.* Trad. por Cláudio Marcondes. São Paulo: Ubu Editora, 2018. 192 pp.

______. Digital Intermediation of Everything: at the Intersection of Politics, Technology and Finance. *Empowering Democracy through Culture – Digital Tools for Culture – Digital Tools for Culturally Competent Citizens.* 4th Council of Europe Platform Exchange on Culture and Digitisation. Karlsruhe, 2017.

______. Moral Panic over Fake News hides the real enemy – the Digital Giants. *The Observer*, jan. 2017.

[71] MOROZOV, Evgeny. *Bigtech: a Ascensão dos Dados e a Morte da Política. Op. Cit.*, p. 26.

______. From the Politics of Causes to the Politics Effects of AI on Democratic Culture. *National Geography Festival delle Scienze,* Roma, 2018.

______. MOROZOV, Evgeny. Why we are allowed to hate Silicon Valley. *In:* HAMILTON, M.M.; CHITTUM, R. (eds.). *The best Business Writing.* Nova York: Columbia University Press, 2014.

______. Like clueless guinea pigs. *Frankfurter Allgemeine Zeitung,* Frankfurt, julho 2014. Disponível em: <https://www.faz.net/aktuell/feuilleton/debatten/the-digital-debate/digital-surveillance-like-clueless-guinea-pigs-13070758.html>. Acesso em: 14 novembro 2019.

______. The Rise of Data and the Death of Politics. *The Guardian,* Londres, jul. 2014. Disponível em: <https://www.theguardian.com/technology/2014/jul/20/rise-of-data-death-of-politics-evgeny-morozov-algorithmic-regulation>. Acesso em: 14 novembro 2019.

______. The Net Delusion: The Dark Side of Internet Freedom. *PublicAffairs,* 2012. 428p.

______. *To Save Everything, Click Here: The Folly of Technological Solutionism. PublicAffairs,* 2014. 413 p.

Inteligência Artificial e *Big Data*: A Ressignificação de Processo e a Predição de Resultados

Zaiden Geraige Neto
Alexandre Celioto Contin
Oniye Nashara Siqueira
Renato Britto Barufi

Introdução

Há muito atribui-se o declínio do sistema jurídico nacional ao Poder Judiciário[1], seja porque caberia apenas a este a competência jurisdicional, ou mesmo porque a garantia da integridade do direito e a função de conferir uma "resposta correta" à cada demanda, tal como erigido por Ronald Dworkin[2], em tempos, não estão sendo minimamente respeitados.

Neste espeque, é notório que o sistema enfrenta problemas estruturais, como a visível deficiência dos prédios públicos e o número de servidores – que é inversamente proporcional à quantidade de demandas ajuizadas anualmente -, a se denotar a morosidade como consequência lógica desta realidade.

[1] Imperioso salientar que referida atribuição de culpa exclusiva mostra-se desmedida, ao passo que a crise do acesso à Justiça deve ser atribuída à diversos outros fatores, como: (1) a cultura da judicialização de conflitos; (2) o baixo custo para a litigância nacional; (3) a ambiguidade, omissão ou outros aspectos que viciam o texto legal, todos estes contribuindo de maneira incontestável para que o Poder Judiciário torne-se a via principal de resolução para todos e quaisquer problemas nacionais.

[2] Estes conceitos são aprofundados pelo autor nas obras "O Império do Direito" e "Uma questão de princípio", as quais sugerimos a leitura.

Para além disso, a incerteza de resultados deve ser mencionada, já que decorrente de subjetivismos decisórios, que além de contribuírem para o que se denomina de jurisprudência lotérica, influenciam sobremaneira a concreção do sentimento nacional de insegurança jurídica, já que carecemos de entendimentos passíveis de previsão, e mesmo aqueles consolidados pelas Cortes podem ser subitamente modificados ou ignorados sem grandes enfrentamentos.

Deste modo, são fatores preponderantes à crise sistemática do Judiciário (a) o tempo e (b) a imprevisibilidade de resultados. Empenhados no afastamento destes, e não obstante os instrumentos legais criados para tanto[3], os Tribunais brasileiros têm investido em aparatos tecnológicos.

Assim, é certo que o processo digital inovou sobremaneira a experiência do jurisdicionado e dos operadores do direito, aumentando a dinamicidade de acesso à justiça, facilitando a visualização dos autos e superando, desde então, condutas mecânicas que contribuíam com a paralisação das demandas nas filas de andamentos.

No entanto, e muito além dele, a Tecnologia da Informação e das Comunicações (TICs), cuja inovação caminha a passos muito largos, mostrou-se como interessante complemento capaz, não apenas de automatizar atividades repetitivas, mas ainda, mediante o uso da inteligência artificial, sugerir decisões pautadas em análises estatísticas e entendimentos precedentes.

Assim, este texto fulcra sua temática no estudo dos impactos da utilização das TICs pelo Poder Judiciário, em especial as machine learning e a redes neurais, bem como a extração de informações do *Big Data* para a atividade decisória e a gestão processual.

Para tanto, delineamos como a emergência do ciberespaço resultou no desenvolvimento das tecnologias destinadas ao Direito, para esclarecermos conceitos advindos da seara da tecnologia da informação, apontando sua relevância e aplicação ao processo como garantia.

Ao cabo, e considerando a mediação do processo por inteligência artificial como uma realidade já existente, traçamos apontamentos acerca das consequências desta era tecnológica e a ressignificação do processo devindo do novo aparato decisório que os julgadores têm a sua disposição,

[3] Clarividentes exemplos de inovações legais destinadas à facilitação de julgamentos em lote e verticalização de resultados são encontrados no CPC de 2015, que trouxe à lume instrumentos processuais como o IRDR, o incidente de assunção de competência e a atribuição de efeitos vinculantes à determinados provimentos judiciais.

podendo este ser instrumento capaz de afastar julgamentos baseados em subjetivismos.

1. A ressignificação do processo: predição de resultados, *Big Data* e segurança jurídica

A segurança jurídica, enquanto um princípio fundamental do Estado de direito, é instrumento de afirmação de proteção legal e pressupõe estabilidade nas relações jurídicas, ou seja, se relaciona tanto com a irretroatividade de novas legislações confeccionadas em meio a um processo legislativo democrático, quanto a confiança da sociedade nos atos e procedimentos praticados pelo Estado, isso é, da efetiva previsibilidade a partir do sistema jurídico vigente.

Neste sentido, é deletério o crescimento do "arbitrarismo judicial" decorrente de desvirtuamento no processo hermenêutico de interpretação e aplicação da norma, revelando a problemática de como as questões levadas a sua apreciação têm sido decididas pelo Judiciário.

Denota-se, pois, que há muito vem sendo alertado para as consequências do ativismo judicial na segurança jurídica, especialmente em um sistema de precedentes abertos que tem servido como pano de fundo para que o julgador possa "escolher" determinado argumento que melhor se amolde à sua convicção[4]. Neste sentido:

> o ativismo judicial é uma tendência mundial, na esteira do neoconstitucionalismo, em face da fluidez da fronteira entre política e direito –, ele exsurge como um problema, complexo e perigoso, especialmente às jovens democracias constitucionais, na medida em que envolve uma recusa dos tribunais de se manterem dentro dos limites estabelecidos para o exercício do poder a eles atribuídos pela Constituição[5].

Assim, compreendido enquanto um problema hermenêutico, o ativismo judicial associa-se à realização da atividade jurisdicional de maneira subje-

[4] STRECK, Lenio Luiz. O ativismo judicial existe ou é imaginação de alguns? *Consultor Jurídico*, 13 de junho de 2013. Disponível em: <https://www.conjur.com.br/2013-jun-13/senso-incomum-ativismo-existe-ou-imaginacao-alguns>. Acesso em: 29 nov. 2019.

[5] TRINDADE, André Karam; OLIVEIRA, Rafael Tomaz de. O ativismo judicial na débâcle do sistema político: sobre uma hermenêutica da crise. *Revista Eletrônica do Curso de Direito da Universidade Federal de Santa Maria*, v. 11, n. 2, 2016. Disponível em: <https://periodicos.ufsm.br/revistadireito/article/viewFile/22912/pdf>. Acesso em: 29 nov. 2019.

tiva, compreendendo verdadeira invasão da vontade do julgador ao caso[6], resultando, muitas vezes, na própria invenção do direito, igualando-se, portanto, à arbitrariedade que afronta não somente a segurança jurídica, mas, em última análise, o próprio Estado de direito.

Não obstante o subjetivismo decisório, temos como hialino que o Poder Judiciário igualmente se caracteriza pela quantidade inesgotável de demandas que suporta, de modo que o lema primordial inerente a gestão do acervo, notoriamente, é o da máxima efetividade, traduzida na ordem de que mais processos devem ser extintos em menor período.

Neste contexto, a média de tramitação de uma demanda ajuizada na Justiça Estadual paulista continua sendo espantosa, já que apenas na fase de conhecimento o procedimento se estende, em média, por 3 anos e 6 meses[7], corroborando a máxima de que *"não basta franquear o acesso à justiça. É preciso outorgar prestação jurisdicional efetiva e em prazo razoável"*.

E é exatamente este o questionamento que não cala. Afinal, como conferir ao jurisdicionado o devido processo constitucional, com o respeito às garantias de que trata a Carta Magna[8], mormente a segurança jurídica, quando sua gestão é balizada por metas que primam pela quantidade, e não qualidade dos pronunciamentos e unicidade de resultados.

> Temos, reiteradamente, advertido para o fato de que a demora e ineficiência da justiça [...] decorre principalmente de problemas administrativos e funcionais gerados por uma deficiência notória da organização do aparelho burocrático do Poder Judiciário brasileiro. [...] Um aprimoramento efetivo da prestação jurisdicional, por isso mesmo, só se poderá alcançar quando se resolver enfrentar a modernização dos órgãos responsáveis pela Justiça, dotando-os de recursos e técnicas atuais da ciência da administração, e pre-

[6] ABBOUD, Georges; LUNELLI, Guilherme. Ativismo judicial e instrumentalidade do processo. *Revista dos Tribunais Online*. vol. 242, 2015, pp. 21-47. Disponível em: <http://www.bvr.com.br/abdpro/wp-content/uploads/2016/03/Ativismo-e-Instrumentalidade-do-Processo-v.-digital.pdf>. Acesso em: 29 nov. 2019.

[7] A realidade mostra-se ainda mais inquietante se compararmos com a mesma base de dados de 2017 e 2016. Nestes períodos, utilizados os mesmos parâmetros, o lapso de tramitação foi calculado em 3 anos e 5 meses e 3 anos e 8 meses, denotando-se que, apesar do esforço, não são verificadas modificações relevantes na realidade.

[8] Conforme previsão expressa no art. 5º da Constituição Federal de 1988, que elenca em seu bojo o rol das garantias e direitos fundamentais, o processo deve ser balizado pela observância da escorreita produção probatória, contraditório, ampla defesa, fundamentação, *et cetera*.

parando todo o pessoal envolvido para adequar-se ao desempenho das mesmas técnicas[9].

Até então, tínhamos como resposta mais efetiva a informatização e implantação do Processo Judicial eletrônico que, substituindo o custoso processo físico, foi implementado pela Lei nº 11.419/06, como verdadeira consequência da emergência do ciberespaço, difusão da conectividade pela internet[10] e do exponencial aumento do número de usuários da rede, de modo que:

> a dinamicidade implantada pela sociedade da informação acabou alcançando o processo judicial. Com isso, a mudança no comportamento da sociedade, pautado na tecnologia da informação e na Internet, impôs profundas alterações no Estado e, principalmente, na forma de conduzi-lo[11].

No entanto, e em que pese as indiscutíveis facilidades do PJe[12], é de se reconhecer que a diversidade e divergência entre as tecnologias utilizadas pelos Tribunais[13] culmina na falta de interoperabilidade entre elas, o que, sem dúvida, impede a criação de um banco de dados jurídicos nacional capaz de possibilitar a captação e análise estatísticas das decisões.

Deste modo, o uso da inteligência artificial, tal como concebida por Alan Turing e desenvolvida por estudiosos como Stuart Russell e Peter

[9] FONSECA, Fernando Daniel de Moura; BIRCHAL, Leonardo de Abreu. Algumas considerações sobre os atos processuais em meio eletrônico: da Lei 9.800/99 à Lei 11.419/2006. *Revista de Processo*, São Paulo, v. 33, n. 155, p. 125-153 (p.127), jan. 2008.

[10] De acordo com as Nações Unidas: "the Internet has become a key means by which individuals can exercise their right to freedom of opinion and expression, as guaranteed by article 19 of the Universal Declaration of Human Rights and the International Covenant on Civil and Political Rights". UNITED NATIONS. *Report of the Special Rapporteur on the promotion and protection of the right to freedom of opinion and expression.* Disponível em: <https://www2.ohchr.org/english/bodies/hrcouncil/docs/17session/A.HRC.17.27_en.pdf>. Acesso em: 29 nov. 2018.

[11] SANTANNA, Gustavo da Silva; LIMBERGER, Temis. A (in)eficiência do processo judicial eletrônico na Sociedade da Informação. *R. Opin. Jur.*, Fortaleza, ano 16, n. 22, pp. 130-155 (p. 147), jan./jun. 2018.

[12] Tais como a ininterruptividade de acesso aos autos, a extensão do horário de peticionamento para além do funcionamento dos foros, a automatização de determinadas tarefas da Serventia, a desocupação do espaço físico, *et cetera*.

[13] Cumpre-nos exemplificar citando: PJe, ESAJ, e-PROC, sem se olvidar quanto a incompatibilidade de *browsers* adotados por cada Tribunal, bem como as incontáveis minúcias tecnológicas exigidas para que cada sistema de peticionamento funcione.

Norvig, surge como alternativa passível de tratar os dados massivos lançados pelos Tribunais, já que *"la inteligencia artificial hará la predicción através de algunos métodos que permiten encontrar la solución de un problema y predecir la probabilidad de que la respuesta sea favorable"*[14].

E assim, a modernização tecnológica vem sendo tratada, por juristas e Tribunais Superiores, como uma possível solução, ágil, precisa e imparcial, que proporcione satisfatória prestação jurisdicional ao cidadão.

Exatamente neste contexto já se vislumbram as primeiras propostas de *softwares* capazes não apenas automatizar atividades repetitivas, mas ainda sugerir decisões com base em análises de dados, interpretação de documentos, busca de decisões precedentes e formulações estatísticas, extraindo dados do *Big Data*[15] e apontando respostas de forma loteada e exponencialmente mais rápida.

Referidas inovações tecnológicas foram concebidas mediante a utilização de técnicas de aprendizado de máquinas ou *machine learning*[16] que, por sua vez, se traduz por um sistema composto de algoritmos de aprendizagem profunda, que viabiliza a automação de análises textuais de processos. Clarividentes exemplos são os Projetos *Dra. Luzia* e *Victor*, sendo este último utilizado pelo Supremo Tribunal Federal para analisar os recursos recebidos[17].

Para maior esclarecimento, imperioso mencionar que quando um problema é submetido à IA, seus desenvolvedores não fornecem um algoritmo específico, mas sim, descrevem o problema em si, sendo a própria máquina

[14] Tradução nossa: "a Inteligência Artificial fará a previsão através de alguns métodos que permitem encontrar a solução de um problema e prever a probabilidade de que a resposta seja favorável".

[15] Para o contexto do presente ensaio, o *Big Data* foi considerado como sendo o grande volume de dados, estruturados ou não, lançados pelos Tribunais e partes do ciberespaço e que são utilizados como fonte imediata na formulação de decisões judiciais.

[16] "*Machine learning* pode ser definida como o conjunto de métodos que pode detectar padrões em dados de forma automática, e posteriormente usar esses padrões para prever dados futuros ou desempenhar outras formas de tomada de decisão".
Peixoto, Fabiano Hartmann; Silva, Roberta Zumblick Martins da. *Inteligência Artificial e Direito*. Vol. 1. Curitiba: Alteridade Editora, 2019, p. 88.

[17] Maia Filho, Mamede Said; Junquilho, Tainá Aguiar. Projeto Victor: Perspectivas de Aplicação da Inteligência Artificial ao Direito. *Revista de Direitos e Garantias Fundamentais*, v. 19, n. 3, p. 218-237, 29 dez. 2018. Disponível em: https://doi.org/10.18759/rdgf.v19i3.1587. Acesso em: 29 nov. 2019.

responsável por construir o caminho para chegar à uma solução, ou seja, a tarefa da IA é buscar por uma solução por meio do seu próprio aprendizado.

Em outras palavras, com a aferição de modelos comportamentais dos Tribunais em um permanente processo de "aprendizagem", espera-se que através das tecnologias de IA seja possível otimizar o tempo de resposta ao jurisdicionado, diminuindo ainda assimetrias nas decisões.

E isto trouxe a possibilidade de se aliar as características da IA, como (1) o armazenamento do conhecimento; (2) a aplicação do conhecimento armazenado para resolver problemas e (3) a possibilidade de adquirir novo conhecimento através da experiência[18] para garantir ao Poder Judiciário a eficiência e segurança almejadas, modificando sobremaneira as noções de processo, produção probatória e análise preditiva até então existentes, sendo inescusável o impacto que tais implementos tecnológicos causarão na seara jurídica brasileira.

Dessa arte, imperioso levantarmos questionamentos éticos-jurídicos sobre os novos rumos da processualística nacional.

É consabido que dentro do atual sistema brasileiro impõe-se a observância do devido processo constitucional, de sorte que a utilização de dados externos extraídos do *Big Data*, e, portanto, alheios ao processo, poderia configurar violação de garantias constitucionais, uma vez que o contraditório e ampla defesa poderiam não ser exercidos plenamente.

Quod non est in actis non est in mundo[19], o antigo brocado do Direito Romano já pregava que em regimes democráticos as informações que não estivessem inseridas nos autos não estariam no mundo, sendo que este último axioma jurídico é compreendido como a verdade real em um processo, o que, inclusive, também têm sido considerado como uma preocupação idônea na França, que proibiu por meio de lei[20] a análise preditiva das decisões prolatadas por seus Tribunais.

[18] HAYKIN, Simon. *Redes neurais*. São Paulo: Bookman. 2ª ed. 2008, p. 59.

[19] Tradução nossa: "O que não está nos autos não está no mundo".

[20] I.-Au 4º de l'article L. 153-1 du code de commerce, les mots: « la publication » sont remplacés par le mot : « publicité ». II.-Le titre préliminaire du code de justice administrative est ainsi modifié : 1º Les deuxième et troisième alinéas de l'article L. 10 sont remplacés par trois alinéas ainsi rédigés : « Sous réserve des dispositions particulières qui régissent l'accès aux décisions de justice et leur publicité, les jugements sont mis à la disposition du public à titre gratuit sous forme électronique. « Par dérogation au premier alinéa, les nom et prénoms des personnes physiques mentionnées dans le jugement, lorsqu'elles sont parties ou tiers, sont occultés préalablement à la mise à la disposition du public. Lorsque sa divulgation est de nature à porter

Outrossim, em termos probatórios, a utilização da IA ao trazer o que nomeamos de ressignificação pelo que entendemos por processo, mostra-se necessário um novo olhar que permita ao Judiciário acompanhar a evolução da própria sociedade perante a Era da Informação. Ademais, a IA, ao permitir a predição de resultados a partir da extração de dados do *Big Data*, colacionando ao processo de interpretação e aplicação das normas informações para além daquelas indicadas pelas partes, possibilita ao jurisdicionado maior segurança jurídica, tornando ainda o procedimento mais célere.

Imperioso evidenciar que, à luz do utilitarismo de Jeremy Bentham[21], para quem uma ação é boa ou ruim considerando o grau de satisfação dos envolvidos, indubitável que a ressignificação ora proposta, resultante do uso do aprendizado de máquinas pelo Judiciário, culminará em mitigação da proteção de dados elevada pelo advento da LGPD.

Diz-se isto, pois, o uso de fontes probatórias para além daquelas fornecidas pelas partes, de modo automático e sem limitações, culminará no aumento de subsídios decisórios capazes de minorar sobremaneira o arbitrarismo judicial que outrora mencionamos, podendo, lado outro, transpassar em determinados aspectos a proteção dos dados de que trata a Lei nº 13.709/2018.

Por esse ângulo, é possível afirmar que as promessas de melhoria da atividade jurisdicional através das tecnologias da informação poderão, inclusive, evitar os problemas relacionados ao decisionismos subjetivos calcados em solipsismo, garantindo-se maior grau de objetividade, não havendo que se falar, portanto, em ativismo judicial.

atteinte à la sécurité ou au respect de la vie privée de ces personnes ou de leur entourage, est également occulté tout élément permettant d'identifier les parties, les tiers, les magistrats et les membres du greffe. « Les données d'identité des magistrats et des membres du greffe ne peuvent faire l'objet d'une réutilisation ayant pour objet ou pour effet d'évaluer, d'analyser, de comparer ou de prédire leurs pratiques professionnelles réelles ou supposées. La violation de cette interdiction est punie des peines prévues aux articles 226-18,226-24 et 226-31 du code pénal, sans préjudice des mesures et sanctions prévues par la loi nº 78-17 du 6 janvier 1978 relative à l'informatique, aux fichiers et aux libertés.

[21] Bentham, Jeremy; Bowring, John (eds.). *The works of Jeremy Bentham*. Edinburgh: William Tait, 1843, vol. 3. Disponível em: <http://oll.libertyfund.org/titles/bentham-the-works-of-jeremy-bentham-vol-3>. Acesso em: 29 nov. 2018.

Conclusões

A chamada Sociedade da Informação, aliada à emergência do ciberespaço e ao exponencial crescimento de usuários da rede, impactaram diretamente no Estado e sua gestão, atingindo assim o Poder Judiciário, e seja de forma consciente, ou não, as novas tecnologias já são uma realidade a ser enfrentada pelos operadores do direito.

Neste diapasão, o presente trabalho analisou especificamente efeitos do Big Data e *machine learning*, sugerindo que o processo será ressignificado pelo uso de tais tecnologias, ao passo que questionamentos acerca desta nova realidade e seus impactos na segurança jurídica são indispensáveis e na atividade decisória.

A possibilidade de se predizer resultados através de análises combinatórias, considerando que os dados judiciais se encontram na rede, traz à lume indubitáveis dilemas éticos quanto aos impactos da extração e tratamento destas informações sem que estas tenham sido informados ao juízo pelos próprios litigantes.

Isto certamente se apresenta como uma disrupção na atividade jurisdicional do Estado, sendo evidente a necessidade de ponderação acerca das consequências advindas de sua aplicação.

Contudo, o que se de depreende como um todo é que essas técnicas se constituem como importante meio destinado a diminuir a insegurança jurídica causada pelo crescente ativismo judicial.

Não obstante tem-se também como proveito na utilização dos meios tecnológicos garantir aos jurisdicionados um procedimento mais célere, seguro e objetivo.

Referências

ABBOUD, Georges; LUNELLI, Guilherme. Ativismo judicial e instrumentalidade do processo. *Revista dos Tribunais Online*. vol. 242, 2015, pp. 21-47. Disponível em: <http://www.bvr.com.br/abdpro/wp-content/uploads/2016/03/Ativismo-e-Instrumentalidade-do-Processo-v.-digital.pdf>. Acesso em: 29 nov. 2019.

BENTHAM, Jeremy; BOWRING, John (eds.). *The works of Jeremy Bentham*. Edinburgh: William Tait, 1843, vol. 3. Disponível em: <http://oll.libertyfund.org/titles/bentham-the-works-of-jeremy-bentham-vol-3>. Acesso em: 29 nov. 2019.

BRASIL. Lei n. 13.709, de 14 de agosto de 2018. Lei Geral de Proteção de Dados Pessoais (LGPD). Redação dada pela Lei nº 13.853, de 2019. Brasília, *Diário Oficial da União*, 15 de agosto de 2018. Disponível em: <http://www.planalto.gov.br/ ccivil_03/_Ato2015-2018/2018/Lei/L13709.htm>. Acesso em: 29 nov. 2019.

______. Conselho Nacional de Justiça. *Justiça em Números 2019*. Brasília: CNJ, 2019. Disponível em: <https://www.cnj.jus.br/files/conteudo/arquivo/2019/08/4668014df24cf825e7187383564e71a3.pdf>. Acesso em: 29 nov. 2019.

FONSECA, Fernando Daniel de Moura; BIRCHAL, Leonardo de Abreu. Algumas considerações sobre os atos processuais em meio eletrônico: da Lei 9.800/99 à Lei 11.419/2006. *Revista de Processo*, São Paulo, v. 33, n. 155, pp. 125-153, jan. 2008.

FRANÇA. *Loi nº 2019-222 du 23 mars 2019 de programmation 2018-2022 et de réforme pour la justice.* Disponível em: <https://www.legifrance.gouv.fr/eli/loi/2019/3/23/2019-222/jo/article_33>. Acesso em: 29 nov. 2019.

HAYKIN, Simon. *Redes neurais*. São Paulo: Bookman. 2ª ed. 2008. p. 59.

MAIA FILHO, Mamede Said; JUNQUILHO, Tainá Aguiar. Projeto Victor: Perspectivas de Aplicação da Inteligência Artificial ao Direito. *Revista de Direitos e Garantias Fundamentais*, v. 19, n. 3, p. 218-237, 29 dez. 2018. Disponível em: https://doi.org/10.18759/rdgf.v19i3.1587. Acesso em: 29 nov. 2019.

PEIXOTO, Fabiano Hartmann; SILVA, Roberta Zumblick Martins da. *Inteligência Artificial e Direito*. Vol. 1. Curitiba: Alteridade Editora, 2019. p. 88.

SANTANNA, Gustavo da Silva; LIMBERGER, Temis. A (in)eficiência do processo judicial eletrônico na Sociedade da Informação. *R. Opin. Jur.*, Fortaleza, ano 16, n. 22, pp. 130-155 (p. 147), jan./jun. 2018.

STRECK, Lenio Luiz. O ativismo judicial existe ou é imaginação de alguns? *Consultor Jurídico*, 13 de junho de 2013. Disponível em: <https://www.conjur.com.br/2013-jun-13/senso-incomum-ativismo-existe-ou-imaginacao-alguns>. Acesso em: 29 nov. 2019.

TRINDADE, André Karam; OLIVEIRA, Rafael Tomaz de. O ativismo judicial na débâcle do sistema político: sobre uma hermenêutica da crise. *Revista Eletrônica do Curso de Direito da Universidade Federal de Santa Maria*, v. 11, n. 2, 2016. Disponível em: <https://periodicos.ufsm.br/revistadireito/article/viewFile/22912/pdf>. Acesso em: 29 nov. 2019.

CAPÍTULO 3
PERSPECTIVAS REGULATÓRIAS DA AUTORIDADE NACIONAL DE PROTEÇÃO DE DADOS

A Necessária Convenção de Direito Privado na América Latina para a Proteção dos Dados Pessoais

Cíntia Rosa Pereira de Lima
Newton De Lucca

Introdução

A circulação transfronteiriça dos dados pessoais, dinâmica constante na economia informacional, na qual informações de pessoas residentes em diversos países são transferidas para empresas sediadas em outros países, desponta na linha de frente das reflexões do jurista contemporâneo. Neste contexto, uma preocupação constante é buscar ferramentas para garantir o *enforcement* dos direitos dos titulares de dados pessoais, tendo-se em conta os distintos elementos de conexão com diferentes leis de proteção de dados pessoais.

Importante resgatar, inicialmente, o caso ***Google vs. LICRA***, de 10 de abril de 2000, quando a LICRA – *Ligue Contre le Racisme et l'Antisémitisme* – ajuizou, no *Tribunal de Grande Instance de Paris*, uma ação contra a *Yahoo!* e sua subsidiária, *Yahoo! France*, juntando-se à ação a *Union des Estudiants Juif de France* (UEJF), no dia 20 de abril de 2000.

A corte francesa determinou, no dia 22, que a *Yahoo!* tomasse todas as medidas necessárias e preventivas para que se tornasse impossível qualquer acesso via domínio *yahoo.com* aos serviços de disponibilização de objetos, símbolos, imagens e textos que fizessem apologia ou contestassem os crimes cometidos pelos nazistas. Dentre os resultados, era necessária a cessação do acesso aos *websites* que tivessem trechos da obra *Minha Luta* (*Mein Kampf*, no original alemão), escrita por Adolf Hitler entre 1924 e 1926, e dos Protocolos dos Sábios de Sião (*Протоколы Сионских мудрецов*), que descrevem o suposto projeto de dominação mundial por parte dos judeus e dos maçons, além do bloqueio aos *websites* que negassem o Holocausto.

Inconformada, a *Yahoo!* alegou não haver soluções técnicas disponíveis à época para que a decisão fosse plenamente cumprida. Entretanto, a corte francesa se convenceu do contrário a partir dos três *reports* de *experts* que afirmavam já haver medidas que seriam capazes de identificar até 70% dos usuários da *Yahoo!* localizados na França (pela localização geográfica do IP do usuário), expondo ainda que a empresa já se utilizava dessa técnica para a realização de *marketing* direcionado, razão pela qual o tribunal francês manteve a sentença.

Não restando uma alternativa, a *Yahoo!,* empresa sediada no Estado de Delaware (Estados Unidos), ingressou perante a *U.S. District Court for the Northern District of California* para buscar o não-reconhecimento das decisões da corte francesa. A decisão da *District Court* negou a eficácia das decisões nos EUA, porque violariam a *First Amendment* (quanto à liberdade de expressão). A LICRA e a UEJF recorreram desta decisão à *Ninth U.S. Circuit Court of Appeals*, em San Francisco. Em 2006, a decisão da *Court of Appeals* reverteu[1] a decisão da *District Court*, por concluir que a *First Amendment* não pode ser utilizada pela *Yahoo!* e outras empresas estadunidenses para defender a violação do direito penal francês. Ainda, como último recurso, a *Yahoo!* recorreu à Suprema Corte dos Estados Unidos, que negou provimento ao recurso, tornando-se eficaz a decisão da corte francesa.[2]

[1] "A majority of the end banc court (Judge W.A. Fletcher, joined by Chief Judge Schroeder and Judges Hawkins, Fisher, Gould, Paez, Clifton, and Bea) concludes that the district court had personal jurisdiction over the defendants. Of that majority, three judges (Chief Judge Schroeder, and Judges W.A. Fletcher and Gould) conclude that the action should be dismissed for lack of ripeness. Five judges (Judge Fisher, joined by Judges Hawkins, Paez, Clifton, and Bea) conclude that the case is ripe for adjudication. The three remaining judges (Judges Ferguson, O'Scannlain, and Tashima) conclude that the action should be dismissed because the district court lacked personal jurisdiction over the defendants. A majority of the en banc court having voted therefor, the judgment of the district court is REVERSED and the case REMANDED with directions to dismiss the action without prejudice."
EUA. U.S. Court of Appeals for the Ninth Circuit. *Yahoo! Inc., a Delaware Corporation, Plaintiff-appellee v. La Ligue Contre Le Racisme et L'antisemitisme, a French Association; L'union Des Etudiants Juifs De France, a French Association, Defendants-appellants. 433 F.3d 1199 (9th Cir. 2006).* Disponível em: <https://law.justia.com/cases/federal/appellate-courts/F3/433/1199/546158/>. Acesso em: 10 maio 2019.

[2] Lima, Cíntia Rosa Pereira de; Peroli, Kelvin. *Direito Digital: Compliance, Regulação e Governança.* São Paulo: Quartier Latin, 2019.

Este caso reflete bem a complexidade e os inconvenientes da falta de harmonização das leis sobre matérias tão sensíveis à circulação transfronteiriça como é o caso da proteção de dados pessoais. Muitas informações sobre as pessoas circulam por sistemas de comunicação à distância, pela internet, sendo que os efeitos transfronteiriços da internet são ilimitados conforme afirmam Jack Goldsmith e Tim Wu[3].

A fim de evitar o enfraquecimento do nível de proteção de dados pessoais, busca-se estabelecer mecanismos para garantir o *enforcement* da LGPD no contexto do capitalismo informacional, que é transfronteiriço por essência. Neste sentido, cabe à Autoridade Nacional de Proteção de Dados articular estudos, acordos e tratados internacionais para que se consolide uma Convenção Interamericana de Direito Internacional Privado em matéria de Proteção de Dados.

Este artigo parte do texto da professora Cláudia Lima Marques,[4] utilizado como referencial teórico para analisar os obstáculos para a concretização de uma Convenção Interamericana de Direito Internacional Privado em matéria de Proteção de Dados e/ou ferramentas para harmonizar o direito interno dos países da América Latina quanto ao tema, com o objetivo de se alcançar a efetiva proteção dos titulares de dados pessoais, inclusive no cenário de circulação transfronteiriça de dados pessoais.

Para tanto, é feita uma analise sobre a dinâmica da transferência internacional de proteção de dados, considerada como um mecanismo para o *enforcement* da LGPD nesse contexto, bem como sobre a atuação da ANPD na articulação com outros organismos internacionais ou outras autoridades de proteção de dados pessoais, levando-se em consideração o que dispõe não só a LGPD, mas o Decreto n. 10.474/2020, que cria a Coordenação-Geral de Relações Institucionais e Internacionais, dentro da ANPD.

[3] GOLDSMITH, Jack; WU, Tim. *Who Controls the Internet? Illusions of a Borderless World.* New York: Oxford University Press, 2006.

[4] MARQUES, Cláudia Lima. A insuficiente proteção do consumidor nas normas de direito internacional privado – Da necessidade de uma Convenção Interamericana (CIDIP) sobre a lei aplicável a alguns contratos e relações de consumo. *Revista dos Tribunais,* São Paulo, ano 90, vol. 788, pp. 11-56, jun. de 2001. Disponível em: <https://egov.ufsc.br/portal/sites/default/files/anexos/33001-41354-1-PB.pdf>. Documento eletrônico sem paginação. Acesso em: 20 fev. 2021.

1. Circulação transfronteiriça de dados pessoais e os desafios à efetividade da LGPD

Diante das características da sociedade informacional, sintetizadas de maneira impecável por Manuel Castells[5], a saber: *informacional,* porque a produtividade e competitividade depende da capacidade de gerar, processar e aplicar de maneira eficiente as informações baseadas no conhecimento científico e tecnológico; *global,* porque a produção, a distribuição e o consumo são organizados em nível global e com a interligação entre vários agentes da economia; *interconectada ("networked",* na expressão de Manuel Castells), porque as novas condições socioeconômicas impõem a interconexão em redes entre as empresas. Em outras palavras, quanto mais sólida for tal *network,* mais competitiva a produção desses agentes econômicos será. Uma preocupação constante é assegurar o *enforcement* das leis de proteção de dados pessoais, uma vez que tais informações são, quase sempre, tratadas por controladores e operadores sediados em diferentes países, sendo os dados pessoais armazenados em servidores cujo paradeiro nem sempre é conhecido.

Portanto, dada sua importância, as *Diretrizes* da OCDE foram revisitadas em 2013[6], justamente para tratar desse tema. O grande desafio é determinar a lei e a jurisdição aplicáveis, quando se trata de circulação transfronteiriça de dados, porque há vários elementos de conexão como, por exemplo, o domicílio da pessoa cujos dados são tratados, o local da sede da empresa (e de suas filiais), o lugar onde os dados estão armazenados (mas a prática do armazenamento em nuvem acaba comprometendo tal localização) etc.

Como o caso destacado na introdução deste artigo, uma defesa muito comum dos agentes de tratamento de dados pessoais é que não estariam sujeitos a uma determinada lei de proteção de dados (por vezes, rigorosa) de um país, pois estão sediados em países conhecidos por um sistema de proteção de dados mais brandos, fomentando o que se denomina "paraísos de dados pessoais".

[5] Castells, Manuel. *The rise of the network society.* 2ª ed, vol. I. Oxford: Blackwell, 2000, p. 147.

[6] OECD. *Recommendation of the Council concerning Guidelines governing the Protection of Privacy and Transborder Flows of Personal Data.* C(80)58/FINAL, as amended on 11 July 2013 by C(2013)79. Disponível em: <http://www.oecd.org/sti/ieconomy/2013-oecd-privacy-guidelines.pdf>. Acesso em: 23 fev. 2021.

No entanto, o Regulamento Geral Europeu sobre Proteção de Dados (GDPR)[7] deixou clara a regra de que esta lei se aplica, seja quando o tratamento de dados envolver dados pessoais de residentes na União Europeia; seja quando a oferta se destinar ao mercado europeu ou, seja ainda, quando envolver o controle do comportamento dos residentes na União Europeia.

Semelhantemente, o Marco Civil da Internet estabelece no art. 11 a regra de que se aplica o MCI às atividades de tratamento de dados quando, pelo menos, uma dessas atividades ocorra no Brasil, desde que um dos terminais esteja localizado no Brasil ou quando decorra da oferta de serviços e produtos ao público brasileiro ou que tenha filial no País.

Hoje, esse artigo está implicitamente revogado, pois a LGPD tratou especificamente de regras para a aplicação da lei às atividades de tratamento de dados pessoais[8]. Isto porque, a LGPD, muito embora tenha o título "Lei Geral de Proteção de Dados", é específica, se comparada ao Marco Civil da Internet.

Assim, pode ser entendido, atualmente, que a jurisdição no espaço digital, no contexto da circulação transfronteiriça dos dados pessoais, aplica o *Targeting Test*, como o do local para onde os serviços foram ofertados,[9] para determinar o juízo competente e a legislação aplicável. Vale a pena comparar os dispositivos do MCI e da LGPD sobre o tema:

[7] "2. O presente regulamento aplica-se ao tratamento de dados pessoais de titulares residentes no território da União, efetuado por um responsável pelo tratamento ou subcontratante não estabelecido na União, quando as atividades de tratamento estejam relacionadas com:
a) A oferta de bens ou serviços a esses titulares de dados na União, independentemente da exigência de os titulares dos dados procederem a um pagamento;
b) O controle do seu comportamento, desde que esse comportamento tenha lugar na União." UNIÃO EUROPEIA. Regulamento (EU) 2016/679 do Parlamento Europeu e do Conselho, de 27 de abril de 2016, relativo à proteção das pessoas singulares no que diz respeito ao tratamento de dados pessoais e à livre circulação desses dados e que revoga a Diretiva 95/46/CE (Regulamento Geral sobre a Proteção de Dados). *Jornal Oficial da União Europeia*, 04 de maio de 2016. Disponível em: <https://eur-lex.europa.eu/legal-content/PT/TXT/HTML/?uri=CELEX:32016R0679&from=PT#d1e8250-1-1>. Acesso em: 20 jan. 2021.

[8] Cf. LIMA, Cíntia Rosa Pereira de. Consentimento inequívoco *versus* expresso: o que muda com a LGPD? *Revista do Advogado*, ano XXXIX, n. 144, pp. 60-66. São Paulo: AASP, 2019.

[9] LIMA, Cíntia Rosa Pereira de; PEROLI, Kelvin. A aplicação da Lei Geral de Proteção de Dados do Brasil no tempo e no espaço. *In:* LIMA, Cíntia Rosa Pereira de Lima (coord.). *Comentários à Lei Geral de Proteção de Dados*. São Paulo: Almedina, 2020. pp. 69-100 (pp. 76-77).

Marco Civil da Internet	Lei Geral de Proteção de Dados
Art. 11. Em qualquer operação de coleta, armazenamento, guarda e tratamento de registros, de dados pessoais ou de comunicações por provedores de conexão e de aplicações de internet em que pelo menos um desses atos ocorra em território nacional, deverão ser obrigatoriamente respeitados a legislação brasileira e os direitos à privacidade, à proteção dos dados pessoais e ao sigilo das comunicações privadas e dos registros. § 1º O disposto no caput aplica-se aos dados coletados em território nacional e ao conteúdo das comunicações, desde que pelo menos um dos terminais esteja localizado no Brasil. § 2º O disposto no caput aplica-se mesmo que as atividades sejam realizadas por pessoa jurídica sediada no exterior, desde que oferte serviço ao público brasileiro ou pelo menos uma integrante do mesmo grupo econômico possua estabelecimento no Brasil.	Art. 3º Esta Lei aplica-se a qualquer operação de tratamento realizada por pessoa natural ou por pessoa jurídica de direito público ou privado, independentemente do meio, do país de sua sede ou do país onde estejam localizados os dados, desde que: I – a operação de tratamento seja realizada no território nacional; II – a atividade de tratamento tenha por objetivo a oferta ou o fornecimento de bens ou serviços ou o tratamento de dados de indivíduos localizados no território nacional; ou III – os dados pessoais objeto do tratamento tenham sido coletados no território nacional.

Portanto, pode-se concluir que esta regra é uma medida importante para se assegurar o *enforcement* da LGPD dadas as características da sociedade e economia informacional. Mas tal medida não há de ser considerada suficiente. Atento a isto, o GDPR trouxe uma importante regra quanto à circulação transfronteiriça dos dados pessoais, qual seja, a condição de se demonstrar um nível adequado de proteção de dados para as informações de europeus que sejam enviadas para países que não fazem parte da União Europeia, e que, consequentemente, têm um sistema de proteção de dados diverso. Neste sentido, dispõe o art. 45 do GDPR, *in verbis:*[10]

1. Pode ser realizada uma transferência de dados pessoais para um país terceiro ou uma organização internacional se a Comissão tiver decidido que o país terceiro, um território ou um ou mais setores específicos desse país terceiro, ou a organização internacional em causa, **assegura um nível de proteção adequado**. Esta transferência não exige autorização específica.

[10] UNIÃO EUROPEIA. Regulamento (EU) 2016/679 do Parlamento Europeu e do Conselho, de 27 de abril de 2016. *Op. Cit.* (documento eletrônico, sem paginação).

2. Ao avaliar a adequação do nível de proteção, **a Comissão tem nomeadamente em conta os seguintes elementos**:
   a) O primado do Estado de direito, **o respeito pelos direitos humanos e liberdades fundamentais, a legislação pertinente em vigor**, tanto a geral como a setorial, nomeadamente em matéria de segurança pública, defesa, segurança nacional e direito penal, e respeitante ao acesso das autoridades públicas a dados pessoais, bem como a aplicação dessa legislação e das regras de proteção de dados, das regras profissionais e das medidas de segurança, incluindo as regras para a transferência ulterior de dados pessoais para outro país terceiro ou organização internacional, que são cumpridas nesse país ou por essa organização internacional, e a jurisprudência, bem como os direitos dos titulares dos dados efetivos e oponíveis, e vias de recurso administrativo e judicial para os titulares de dados cujos dados pessoais sejam objeto de transferência;
   b) A **existência e o efetivo funcionamento de uma ou mais autoridades de controlo independentes no país terceiro ou às quais esteja sujeita uma organização internacional**, responsáveis por assegurar e impor o cumprimento das regras de proteção de dados, e dotadas de poderes coercitivos adequados para assistir e aconselhar os titulares dos dados no exercício dos seus direitos, e cooperar com as autoridades de controlo dos Estados-Membros; e
   c) Os **compromissos internacionais** assumidos pelo país terceiro ou pela organização internacional em causa, ou outras obrigações decorrentes de convenções ou instrumentos juridicamente vinculativos, bem como da **sua participação em sistemas multilaterais ou regionais, em especial em relação à proteção de dados pessoais**.
3. Após avaliar a adequação do nível de proteção, a Comissão pode decidir, através de um ato de execução, que um país terceiro, um território ou um ou mais setores específicos de um país terceiro, ou uma organização internacional, garante um nível de proteção adequado na acepção do n. 2 do presente artigo. O **ato de execução prevê um procedimento de avaliação periódica, no mínimo de quatro em quatro anos**, que deverá ter em conta todos os desenvolvimentos pertinentes no país terceiro ou na organização internacional. O ato de execução especifica o âmbito de aplicação territorial e setorial e, se for caso disso, identifica a autoridade ou autoridades de controlo a que se refere o n. 2, alínea b), do presente

artigo. O referido ato de execução é adotado pelo procedimento de exame a que se refere o artigo 93º, n. 2.

4. A Comissão controla, **de forma continuada**, os desenvolvimentos nos países terceiros e nas organizações internacionais que possam afetar o funcionamento das decisões adotadas nos termos do n. 3 do presente artigo e das decisões adotadas com base no artigo 25º, n. 6, da Diretiva 95/46/CE.
5. A Comissão, sempre que a informação disponível revelar, nomeadamente na sequência da revisão a que se refere o n. 3 do presente artigo, que um país terceiro, um território ou um ou mais setores específicos de um país terceiro, ou uma organização internacional, deixou de assegurar um nível de proteção adequado na acepção do n. 2 do presente artigo, **na medida do necessário, revoga, altera ou suspende a decisão referida no n. 3 do presente artigo, através de atos de execução, sem efeitos retroativos.** Os referidos atos de execução são adotados pelo procedimento de exame a que se refere o artigo 93º, n. 2.
   Por imperativos de urgência devidamente justificados, a Comissão adota atos de execução imediatamente aplicáveis pelo procedimento a que se refere o artigo 93º, n. 3.
6. A **Comissão inicia consultas com o país terceiro ou a organização internacional com vista a corrigir a situação** que tiver dado origem à decisão tomada nos termos do n. 5.
7. As decisões tomadas ao abrigo do n. 5 do presente artigo **não prejudicam as transferências de dados pessoais para o país terceiro, um território ou um ou mais setores específicos desse país terceiro**, ou para a organização internacional em causa, nos termos dos artigos 46º a 49º.
8. A **Comissão publica no Jornal Oficial da União Europeia e no seu sítio web uma lista** dos países terceiros, territórios e setores específicos de um país terceiro e de organizações internacionais relativamente aos quais tenha declarado, mediante decisão, se asseguram ou não um nível de proteção adequado.
9. As **decisões adotadas pela Comissão com base no artigo 25º, n. 6, da Diretiva 95/46/CE permanecem em vigor até que sejam alteradas**, substituídas ou revogadas por uma decisão da Comissão adotada em conformidade com o n. 3 ou o n. 5 do presente artigo.

A partir de tal exigência que foi imposta de maneira inteligente pela União Europeia, constata-se o fenômeno da *europeização da proteção de dados pessoais*, pois as empresas sediadas em outros países, bem como os respectivos Governos, não querem perder o lucrativo mercado europeu. Consequentemente, diversos países adotaram leis parecidas com o GDPR, como foi o caso do Brasil, em que a LGPD é claramente inspirada à imagem e semelhança da disciplina normativa europeia.

Desta forma, o capítulo V da LGPD traz regras sobre a transferência internacional de dados pessoais. Esta somente é permitida quando:

a) os países ou organismos internacionais proporcionarem um grau de proteção de dados pessoais adequado ao previsto na LGPD, circunstância que será avaliada pela ANPD nos termos do art. 34 da LGPD (vide parágrafo único do art. 33 da LGPD);
b) o controlador oferecer e comprovar garantias de cumprimento dos princípios, dos direitos do titular e do regime de proteção de dados previstos na LGPD, observadas as *cláusulas contratuais específicas para determinada transferência*, ou seja, os agentes de tratamento de dados devem especificar as regras sobre a transferência internacional de dados pessoais; as *cláusulas-padrão contratuais*, isto é, as políticas de proteção de dados e privacidade devem observar os princípios e os direitos dos titulares de dados trazidos pela LGPD; as *normas corporativas globais*, entendidas como um sistema de *compliance* e boas práticas adequadas ao regime de proteção de dados pessoais; e, os *selos, certificados e códigos de conduta* regularmente emitidos, ou seja, após terem sido regulados pela ANPD os selos, certificados e códigos de boas práticas, o controlador deve demonstrar que está adequado a estes critérios, obtendo os selos, certificados e códigos de conduta que possam, porventura, ser exigidos pela ANPD;
c) a transferência internacional for necessária para a cooperação jurídica entre órgãos públicos de inteligência, de investigação e de persecução, de acordo com os instrumentos de direito internacional, tais como para investigação de ações terroristas e tráfico internacional de drogas, entre outros crimes e questões de segurança nacional;
d) a transferência internacional for necessária para a proteção da vida ou da incolumidade física do titular ou de terceiro;
e) a ANPD autorizar a transferência internacional;

f) a transferência resultar em compromisso assumido em acordo de cooperação internacional;
g) a transferência for necessária para a execução de política pública ou atribuição legal do serviço público, sendo dada publicidade nos termos do inciso I do caput do art. 23 desta Lei;
h) o titular tiver fornecido o seu consentimento específico e em destaque para a transferência, com informação prévia sobre o caráter internacional da operação, distinguindo claramente esta de outras finalidades; ou
i) necessária para atender as hipóteses de tratamento de dados pessoais previstas no art. 7º da LGPD, incisos II (para o cumprimento de obrigação legal ou regulatória pelo controlador), V (quando necessário para a execução de contrato ou de procedimentos preliminares relacionados a contrato do qual seja parte o titular, a pedido do titular dos dados) e VI (para o exercício regular de direitos em processo judicial, administrativo ou arbitral).

A ANPD tem a competência exclusiva de emitir o juízo de adequação do nível de proteção de dados, nos termos do art. 34 da LGPD, cabendo ao Conselho Diretor da ANPD autorizar a transferência internacional de dados pessoais, sendo tal decisão fundamentada nos termos do inc. X do art. 4º do Decreto 10.474/2020. Para tal mister, a ANPD deverá levar em consideração: I – as normas gerais e setoriais da legislação em vigor no país de destino ou no organismo internacional; II – a natureza dos dados; III – a observância dos princípios gerais de proteção de dados pessoais e direitos dos titulares previstos na LGPD; IV – a adoção de medidas de segurança previstas em regulamento; V – a existência de garantias judiciais e institucionais para o respeito aos direitos de proteção de dados pessoais, bem como outras circunstâncias específicas relativas à transferência internacional de dados pessoais.

O Decreto n. 10.474, de 26 de agosto de 2020, que aprova a estrutura regimental e o quadro demonstrativos dos cargos da ANPD[11] facultou ao

[11] BRASIL. Decreto n. 10.474, de 26 de agosto de 2020. Aprova a Estrutura Regimental e o Quadro Demonstrativo dos Cargos em Comissão e das Funções de Confiança da Autoridade Nacional de Proteção de Dados e remaneja e transforma cargos em comissão e funções de confiança. Brasília, Diário Oficial da União, 27 de agosto de 2020. Disponível em: <http://www.planalto.gov.br/ccivil_03/_ato2019-2022/2020/decreto/D10474.htm>. Acesso em: 20 jan. 2021.

seu Conselho Diretor solicitar informações suplementares e realizar diligências necessárias para verificar os critérios e os requisitos para aprovar a transferência internacional de dados pessoais (art. 4º, inc. I, "d"). Além disso, cabe ao Conselho Diretor da ANPD definir esses critérios, nos termos do inc. XII, alínea "a" do Decreto n. 10.474/2020.

Importante destacar que a autorização da transferência internacional de dados pessoais deverá ser subsidiada pela Coordenação-Geral de Relações Institucionais e Internacionais, órgão da ANPD, criado pelo Decreto n. 10.474/2020, nos termos do seu art. 20, inc. II.

Ademais, a ANPD poderá designar organismos de certificação para auxiliá-la na análise dos itens acima mencionados, que emitirão um certificado ou um selo, sob fiscalização da ANPD, que poderá rever os atos desses organismos quando entender necessário (§§ 3º e 4º do art. 35 da LGPD).

Em suma, a LGPD criou a exigência do juízo de adequação do nível de proteção de dados para autorizar a transferência internacional de dados pessoais. O Decreto n. 10.474/2020 trouxe algumas regras internas sobre o tema, atribuindo ao Conselho Diretor, órgão máximo de direção da ANPD, a mais ampla competência, estabelecida no art. 4º, com subsídios oferecidos pela Coordenação-Geral de Relações Institucionais e Internacionais da entidade. No entanto, ainda aguardamos regras específicas sobre a publicidade dessas decisões que, por questões de transparência (princípio explícito no inc. VI do art. 6º da LGPD), devem ser publicadas, provavelmente no site da ANPD.

Mas, ainda, não seria esse sistema totalmente eficiente para a proteção dos titulares de dados pessoais no contexto da circulação transfronteiriça de dados pessoais. Por isso, a ANPD tem uma importante missão em consolidar, no âmbito da América Latina, um sistema de cooperação e tratados internacionais sobre a matéria.

3. O papel da ANPD para a concretização da Convenção Interamericana de Direito Privado em matéria de proteção de dados pessoais (CIDIP)

Como já destacado neste artigo, a sociedade e a economia informacional caracterizam-se, entre outras coisas, pela sociedade conectada, o que fomenta a circulação de bens e de pessoas, consequentemente, de dados pessoais em nível internacional. Diante deste cenário, para facilitar a defesa dos titulares de dados pessoais, bem como harmonizar as legislações sobre proteção de dados dos países da América Latina, o ideal seria firmar acordos e tratados internacionais.

Houve diversas tentativas com relação ao Direito do Consumidor, mas como alertado em trabalho anterior[12], tal missão é hercúlea, na medida em que implica conciliar as diferenças e os *gaps* legislativos entre diversos países: uns trazem proteção mais acentuada aos consumidores, outros, nem tanto.

Situação parecida ocorre em matéria de proteção de dados pessoais, pois há diversos níveis de proteção aos titulares de dados e diferentes sistemas de proteção de dados pessoais, o que dificulta se chegar a um consenso. Por exemplo, a CNIL[13], autoridade francesa de proteção de dados, elaborou um mapa interessante sobre as leis de proteção de dados pessoais em diversos países:

Analisando essa figura, pode-se constatar as diferenças entre os países do continente americano em que somente Argentina, Guiana Francesa (por ser, em verdade, território ultramarino da França) e Uruguai tiveram reconhecido o nível adequado de proteção de dados, conforme preconizado no GDPR; o Canadá teve o reconhecimento parcial; outros países, como o Brasil, Nicarágua e Paraguai, têm leis de proteção de dados pessoais, porém não houve menção das autoridades de proteção de dados destes países; os Estados Unidos, México, Costa Rica, Colômbia, Peru e

[12] De Lucca, Newton. Globalização, mercados comuns e o consumidor de serviços. Os processos de integração comunitária e a questão da defesa dos consumidores. *Revista Direito do Consumidor,* vol. 26, pp. 154-158, abr./jun. 1998.

[13] Disponível em: <https://www.cnil.fr/en/data-protection-around-the-world>. Acesso em: 24 fev. 2021.

Chile têm leis de proteção de dados e autoridades de proteção de dados pessoais; por fim, Belize, Guatemala, El Salvador, Honduras, Panamá, Venezuela, Guiana, Suriname, Bolívia, Cuba e Haiti não têm, no momento, leis de proteção de dados pessoais.

Não cabe, neste trabalho, trazer uma análise do sistema de proteção de dados pessoais nesses países que regularam a matéria, pois não se conseguiria, por razões de ordem vária, esgotar o tema. Este mapa serve para uma visualização gráfica das disparidades entre os diversos sistemas de proteção de dados pessoais. Este será um grande obstáculo a transpor para se construir um sistema de proteção de dados pessoais hígido e eficiente no âmbito da América Latina, o que pode facilitar o reconhecimento do nível de proteção de dados pessoais de todos esses países em conjunto com a União Europeia, fortalecendo-os economicamente. Suas empresas poderão, de maneira mais ágil, receber dados pessoais de europeus e de outros países que adotam regra idêntica, como Argentina e Uruguai.

Parece-nos que a tentativa de harmonização das normas se impõe. Se ela não se consolidar, entre os países da América Latina, poderá ficar comprometida a própria subsistência do MERCOSUL, pois como facilitar a circulação de dados pessoais, fundamentais na atual economia informacional, se não houver juízo de adequação favorável às leis de proteção de dados dos países desse bloco?

Neste sentido, pertinente é o alerta feito por Cláudia Lima Marques[14], ao enfrentar o tema referente à proteção do consumidor, mas que pode iluminar os caminhos na medida em que dificuldades parecidas surgirão em matéria de proteção de dados pessoais:

> As normas nacionais deveriam ser suficientes para proteger o consumidor no novo mercado sem fronteiras, ao mesmo tempo em que não devem ser usadas pelos países como novas barreiras a livre circulação de produtos e de serviços dos países integrados ou que pertencem a uma zona de livre comércio ou união aduaneira, como a NAFTA, a ALCA e o Mercosul. Note-se, porém, que as normas nacionais, reguladoras do comércio internacional, assim como direito uniforme do comércio internacional ou a denominada *lex mercatória*, geralmente não se preocupam em proteger o consumidor, ao contrário tentam excluir estes contratos de seu campo de aplicação.

[14] MARQUES, Cláudia Lima. A insuficiente proteção do consumidor nas normas de direito internacional privado. *Op. Citatum.*

Quanto ao componente político-econômico sobre as regras de proteção de dados pessoais no contexto internacional, deve-se destacar que um sistema sólido e eficiente de proteção de dados aumenta a segurança dos negócios jurídicos realizados com empresas e pessoas de um país, favorecendo a competitividade internacional; muitas vezes, a demonstração de observância das regras de proteção de dados é *conditio sine qua non* para negociar com parceiros econômicos internacionais. Isto ficou evidenciado[15] quando Newton De Lucca atuou na advocacia empresarial: muitos grupos empresariais alienígenas indagavam, a fim de obterem uma segurança jurídica para concluir o negócio, se existia no Brasil uma lei de proteção de dados pessoais e, diante da resposta negativa, muitas vezes, perdia-se irremediavelmente o negócio.

Neste sentido, a LGPD e uma atuação proeminente da ANPD brasileira devem ser vistas como investimento no Brasil, pois, fatalmente, favorecerá o ingresso e manutenção de investidores no País.

Diante disto, valendo-nos dos ensinamentos de Erick Jayme[16], o Direito Internacional Privado é muito sensível às mudanças sociais e jurídicas. Porém, ele favorece soluções justas, pois evita o radicalismo que pode surgir pela insatisfação decorrente do liberalismo econômico, além de estabelecer um *standard* internacional de garantia de efetividade de direitos, assegurando o direito dos hipossuficientes (no caso, os titulares de dados pessoais).

Em suma, cabe à ANPD atuar perante a OEA e outras autoridades de proteção de dados pessoais para que se concretize a tão esperada harmonização do direito referente à proteção de dados pessoais, que pode vir por meio de uma Convenção Interamericana de Direito Internacional Privado sobre a matéria e/ou tratados e acordos internacionais.

[15] De Lucca, Newton; Maciel, Renata Mota. A Lei n. 13.709, de 14 de agosto de 2018: a disciplina normativa que faltava. *In:* De Lucca, Newton; Simão Filho, Adalberto; Maciel, Renata Mota. *Direito & Internet IV: sistema de proteção de dados pessoais*. São Paulo: Quartier Latin, 2019, pp. 21-50 (p. 39).

[16] Jayme, Erick. Identité culturelle et intégration: Le droit internationale privé postmoderne. *Recueil des Cours de l'Académie de Droit Internacional de la Haye. Kluwer, Doordrecht*, 1995, II, p. 49 *apud* Marques, Cláudia Lima. *Op. Citatum.*

4. A cooperação da ANPD com autoridades de proteção de dados de outros países

Atenta a isso, a LGPD traz, entre as atribuições da ANPD, no art. 55-J, o inc. IX, que estabelece competir à ANPD *"promover ações de cooperação com autoridades de proteção de dados pessoais de outros países, de natureza internacional ou transnacional"*. O mesmo dispositivo está expresso no inc. VII do art. 2º do Decreto n. 10.474/2020.

Neste sentido, é missão institucional da ANPD fomentar tratados e acordos internacionais em matéria de proteção de dados pessoais, bem como atuar juntamente com a OEA para a construção de uma sólida Convenção Interamericana de Direito Internacional Privado sobre a proteção de dados pessoais.

O Decreto n. 10.474/2020 criou no art. 3º, inc. III, os órgãos de assistência direta e imediata ao Conselho Diretor, entre estes órgãos está a Coordenação-Geral de Relações Institucionais e Internacionais (alínea "c"), cuja competência está detalhada no art. 20 do Decreto n. 10.474/2020, *in verbis:*

> Art. 20. À Coordenação-Geral de Relações Institucionais e Internacionais compete:
>
> **I – apoiar o Conselho Diretor nas ações de cooperação com autoridades de proteção de dados pessoais estrangeiras, internacionais ou transnacionais;**
>
> II – subsidiar a autorização da transferência internacional de dados pessoais; e
>
> III – avaliar o nível de proteção a dados pessoais conferido:
>
> a) por País ou organismo internacional a partir de solicitação de pessoa jurídica de direito público; e
>
> b) por País ou organismo internacional de países ou organismos internacionais que proporcionem grau de proteção de dados pessoais adequado ao previsto na Lei nº 13.709, de 2018. (grifo nosso)

Portanto, pode-se concluir que a Coordenação-Geral de Relações Institucionais e Internacionais da ANPD deverá fomentar este debate, subsidiando o seu conselho diretor para a concretizar a harmonização das leis de proteção de dados pessoais, notadamente na América Latina, a fim de fortalecer economicamente os países latino-americanos no contexto do capitalismo informacional, evitando as consequências maléficas do denominado "colonialismo digital".[17-18]

A nosso ver, essa é uma missão de suma importância e extremamente desafiadora para a ANPD, pois a harmonização de leis de proteção de dados pessoais não é tarefa fácil, já que implica conciliar interesses econômicos e governamentais de diversos países, alguns não tendo sequer um marco regulatório sobre proteção de dados pessoais.

O planejamento estratégico de atuação da ANPD para 2021-2023[19] traz como primeiro objetivo, no contexto do fortalecimento da cultura de proteção de dados pessoais, a promoção do diálogo com entidades governamentais e não governamentais, incluindo organismos internacionais e outras autoridades de proteção de dados pessoais (com um prazo de até 12 meses).

Conclusões

O mapa que monitora as leis de proteção de dados pessoais de cada país, bem como seus respectivos níveis de proteção, altera constantemente. Por vezes, os interesses de determinados setores falam mais alto, como o setor que fomenta e se alimenta da monetização de informações pessoais; por outras, a natureza jurídica do direito à proteção de dados como um direito fundamental, necessário ao pleno desenvolvimento da pessoa humana, tende a predominar. Assim, se é difícil chegar a um consenso em nível nacional sobre o equilíbrio desses interesses, por vezes conflitantes, sendo o desafio ainda maior no cenário internacional.

Neste sentido, a LGPD estabelece duas ferramentas para assegurar a sua efetividade para além das fronteiras brasileiras, quais sejam: 1ª) as regras sobre a transferência internacional de dados (cap. V, arts. 33 a 36), exigindo, por exemplo, a demonstração de que o país para onde os dados de brasileiros serão enviados tem um nível adequado de proteção de dados

[17] UNITED NATIONS. United Nations Conference on Trade and Development: Prosperity for all. Digital Economy Report 2019. *Value Creation and Capture: Implications for Developing Countries.* Disponível em: <https://unctad.org/en/pages/PublicationWebflyer.aspx?publicationid=2466>. Acesso em: 29 out. 2019.

[18] Cf. Possi, Ana Beatriz Benincasa. Brasil Colônia Digital e o Capitalismo de Vigilância. Instituto Avançado de Proteção de Dados, 2020. Disponível em: <https://iapd.org.br/brasil-colonia-digital-e-o-capitalismo-de-vigilancia/>. Acesso em: 25 fev. 2021.

[19] BRASIL. Autoridade Nacional de Proteção de Dados (ANPD). *Planejamento Estratégico 2021-2023.* Disponível em: <https://www.gov.br/anpd/pt-br/assuntos/noticias/anpd-publica-planejamento-estrategico-para-2021-2023>. Acesso em: 01 mar. 2021.

("juízo de adequação"); 2ª) os acordos engajados com organismos internacionais e outras autoridades nacionais de proteção de dados (art. 55-J, inc. IX da LGPD).

Não resta dúvida de que compete à ANPD tais atribuições, com o auxílio da Coordenação-Geral de Relações Institucionais e Internacionais, órgão criado pelo Decreto 10.474/2020, que cria a estrutura regimental da ANPD. Portanto, caberá à Coordenação-Geral de Relações Institucionais e Internacionais oferecer subsídios e fortalecer o diálogo entre a ANPD e outros organismos internacionais, como a OEA e outras autoridades nacionais de proteção de dados, para diminuir os *gaps* entre as diversas leis de proteção de dados pessoais. Assim, a atuação da ANPD é fundamental para se consolidar uma sólida Convenção de Direito Privado na América Latina sobre proteção de dados pessoais.

Referências

BRASIL. Autoridade Nacional de Proteção de Dados (ANPD). *Planejamento Estratégico 2021-2023*. Disponível em: <https://www.gov.br/anpd/pt-br/assuntos/noticias/anpd-publica-planejamento-estrategico-para-2021-2023>. Acesso em: 01 mar. 2021.

______. Decreto n. 10.474, de 26 de agosto de 2020. Aprova a Estrutura Regimental e o Quadro Demonstrativo dos Cargos em Comissão e das Funções de Confiança da Autoridade Nacional de Proteção de Dados e remaneja e transforma cargos em comissão e funções de confiança. Brasília, Diário Oficial da União, 27 de agosto de 2020. Disponível em: <http://www.planalto.gov.br/ccivil_03/_ato2019-2022/2020/decreto/D10474.htm>. Acesso em: 20 jan. 2021

Castells, Manuel. *The rise of the network society*. 2ª ed. Vol. I. Oxford: Blackwell, 2000.

De Lucca, Newton; Maciel, Renata Mota. A Lei n. 13.709, de 14 de agosto de 2018: a disciplina normativa que faltava. *In:* De Lucca, Newton; Simão Filho, Adalberto; Lima, Cíntia Rosa Pereira de; Maciel, Renata Mota. *Direito & Internet IV: sistema de proteção de dados pessoais*. São Paulo: Quartier Latin, 2019. pp. 21 – 50.

______, Newton; Simão Filho, Adalberto; Lima, Cíntia Rosa Pereira de; Maciel, Renata Mota. *Direito & Internet IV: sistema de proteção de dados pessoais*. São Paulo: Quartier Latin, 2019.

______. Globalização, mercados comuns e o consumidor de serviços. Os processos de integração comunitária e a questão da defesa dos consumidores. *Revista Direito do Consumidor*, vol. 26, pp. 154-158, abr./ jun. 1998.

EUA. U.S. Court of Appeals for the Ninth Circuit. *Yahoo! Inc., a Delaware Corporation, Plaintiff-appellee v. La Ligue Contre Le Racisme et L'antisemitisme, a French Association; L'union Des Etudiants Juifs De France, a French Association, Defendants-appellants. 433 F.3d 1199 (9th Cir. 2006)*. Disponível em: <https://law.justia.com/cases/federal/appellate-courts/F3/433/1199/546158/>. Acesso em: 10 fev. 2021.

GOLDSMITH, Jack; WU, Tim. *Who Controls the Internet? Illuscions of a Borderless World.* New York: Oxford University Press, 2006.

JAYME, Erick. Identité culturelle et intégration: Le droit internationale privé postmoderne. *Recueil des Cours de l'Académie de Droit Internacional de la Haye. Kluwer, Doordrecht,* 1995, II.

LIMA, Cíntia Rosa Pereira de Lima (coord.). *Comentários à Lei Geral de Proteção de Dados.* São Paulo: Almedina, 2020.

______. Consentimento inequívoco *versus* expresso: o que muda com a LGPD? *Revista do Advogado,* ano XXXIX, n. 144, pp. 60-66. São Paulo: AASP, 2019.

______; PEROLI, Kelvin. A aplicação da Lei Geral de Proteção de Dados do Brasil no tempo e no espaço. *In:* LIMA, Cíntia Rosa Pereira de Lima (coord.). *Comentários à Lei Geral de Proteção de Dados.* São Paulo: Almedina, 2020, pp. 69-100.

______; PEROLI, Kelvin. *Direito Digital: Compliance, Regulação e Governança.* São Paulo: Quartier Latin, 2019.

MARQUES, Cláudia Lima. A insuficiente proteção do consumidor nas normas de direito internacional privado – Da necessidade de uma Convenção Interamericana (CIDIP) sobre a lei aplicável a alguns contratos e relações de consumo. *Revista dos Tribunais,* São Paulo, ano 90, vol. 788, pp. 11-56, jun. de 2001. Disponível em: <https://egov.ufsc.br/portal/sites/default/files/anexos/33001-41354-1-PB.pdf>. Documento eletrônico sem paginação. Acesso em: 20 fev. 2021.

OECD. *Recommendation of the Council concerning Guidelines governing the Protection of Privacy and Transborder Flows of Personal Data.* C(80)58/FINAL, as amended on 11 July 2013 by C(2013)79. Disponível em: <http://www.oecd.org/sti/ieconomy/2013-oecd-privacy--guidelines.pdf>. Acesso em: 23 fev. 2021.

POSSI, Ana Beatriz Benincasa. Brasil Colônia Digital e o Capitalismo de Vigilância. *Instituto Avançado de Proteção de Dados.* Disponível em: <https://iapd.org.br/brasil-colonia--digital-e-o-capitalismo-de-vigilancia/>. Acesso em: 25 fev. 2021.

UNIÃO EUROPEIA. Regulamento (EU) 2016/679 do Parlamento Europeu e do Conselho, de 27 de abril de 2016, relativo à proteção das pessoas singulares no que diz respeito ao tratamento de dados pessoais e à livre circulação desses dados e que revoga a Diretiva 95/46/CE (Regulamento Geral sobre a Proteção de Dados). *Jornal Oficial da União Europeia,* 04 de maio de 2016. Disponível em: <https://eur-lex.europa.eu/legal-content/PT/TXT/HTML/?uri=CELEX:32016R0679&from=PT#d1e8250-1-1>. Acesso em: 20 jan. 2021.

UNITED NATIONS. United Nations Conference on Trade and Development: Prosperity for all. Digital Economy Report 2019. *Value Creation and Capture: Implications for Developing Countries.* Disponível em: <https://unctad.org/en/pages/PublicationWebflyer.aspx?publicationid=2466>. Acesso em: 29 out. 2019.

Análise de Princípios de Gerenciamento de Dados Pessoais para a Modelagem e Implementação da LGPD

Evandro Eduardo Seron Ruiz

Introdução

A Lei Geral de Proteção de Dados (LGPD) deverá impactar, expressivamente, o modo como diversas organizações gerenciam as informações pessoais capazes de identificar os cidadãos brasileiros. Segundo seu art. 1º, o objetivo geral desta Lei é *"proteger os direitos fundamentais de liberdade e de privacidade e o livre desenvolvimento da personalidade da pessoa natural."*

Deste modo, para que organizações passem a aderir aos princípios legais da LGPD, elas devem operacionalizar cada mandamento, a começar da análise do fluxo de informações correntes até as operações computacionais dos agentes de *softwares* que efetivarão eventuais fluxos informacionais de informação de dados pessoais. Queremos reforçar aqui que as abordagens legais, tanto para a proteção de dados pessoais, quanto para a verificação do *enforcement* da lei, também devem ser respaldadas pelo conhecimento das medidas técnicas tomadas para a efetiva proteção de dados pessoais, ou seja, essas abordagens legais devem contar com o apoio e o conhecimento tecnológico, que implementa o arcabouço legal de proteção. Podemos dizer, numa linguagem computacional que *"[software] code is law"*[1].

[1] Martin, Y. S.; Kung, A. Methods and Tools for GDPR Compliance Through Privacy and Data Protection Engineering. Proceedings of the 3rd IEEE European Symposium on Security and Privacy Workshops, EURO S and PW 2018. *IEEE*, pp. 108-111, 2018.

Assim sendo, devemos afastar a ideia de "*Privacy-by-Policy*"[2], a qual deixa a responsabilidade sobre a proteção de dados pessoais apenas nas mãos dos advogados, alegando que os cientistas da computação e engenheiros não estão preparados com a tradução dos conceitos legais para o mundo das máquinas. Na realidade, Spiekermann e Cranor acreditam que os engenheiros são os maiores responsáveis por salvaguardar os atributos que podem revelar a privacidade das pessoas visto que são eles quem aconselham sobre a técnica e a arquitetura de construção dos códigos (*softwares*).

Numa primeira análise, o modelo de preparação para adequação à LGPD passa por três fases amplas as quais, genericamente, podem ser assim divididas: (i) uma fase de identificação dos requisitos e processos de proteção de dados em vigor na organização, ou que ainda precisam ser implementados; (ii) a fase de desenvolvimento e implantação dos principais processos e documentos reguladores da segurança e proteção da informação pessoal na organização; e, finalmente, (iii) a fase em que se estabelece um modelo de gestão para a segurança e proteção de dados, incluindo neste modelo indicadores para avaliar a qualidade dessa gestão de segurança.

Esses roteiros sistematizados de trabalho para a criação, especificação, desenvolvimento e manutenção de novos processos de trabalho compõem uma área vital da Ciência da Computação denominada *Engenharia de Software*, a qual poderá ser muito útil nesta fase de adequação dos atuais sistemas computacionais à LGPD. Mais especificamente, os modelos prescritivos de processos foram originalmente propostos para organizar estes roteiros de trabalho e desenvolvimento de novas tarefas. Um modelo prescritivo típico e realista para esta tarefa de preparação à LGPD é o *Modelo Espiral*, desenvolvido por Boehm, em 1988[3].

Este modelo é importante pois permite o gerenciamento de riscos do projeto. Este paradigma de desenvolvimento pode ser dividido em 5 fases distintas: (1) a fase de comunicação que, em atenção a lei, identificará os objetivos e alinhará as soluções viáveis para a proteção de dados; (2) a fase de avaliação dos riscos advindos das alternativas identificadas para a proteção de dados; (3) a análise do projeto e da modelagem das alternativas para sua efetivação; (4) a construção e implementação das medidas de proteção

[2] Spiekermann, S.; Cranor, L. F. Engineering privacy. IEEE Transactions on Software Engineering. *IEEE*, v. 35, n. 1, p. 67-82, 2009.

[3] Boehm, B. W. A spiral model of software development and enhancement. *IEEE*, v. 21, n. 5, pp. 61–72, 1988.

de dados; e, finalmente, (5) a implantação do projeto, que culminará com a sua entrega e, eventualmente, um *feedback* dos usuários. Como o modelo é recursivo (daí o nome *Modelo Espiral*), após a última fase e, dependendo da avaliação dos usuários, espera-se um possível retorno a fase inicial.

Ao encontro desta etapa de preparação de dados para atendimento da Lei, o art. 55-A previu a criação da ANPD, a qual compete, dentre outras funções, tanto o zelo pela proteção dos dados pessoais como o estabelecimento de normas e procedimentos sobre a proteção de dados pessoais.

Posteriormente, a Lei n. 13.853, de 8 de julho de 2019, alterando a LGPD, em seu art. 55-J estabeleceu os seguintes incisos: "*VII – Promover e elaborar estudos sobre as práticas nacionais e internacionais de proteção de dados pessoais e privacidade*" e "*VIII – Estimular a adoção de padrões para serviços e produtos que facilitem o exercício de controle dos titulares sobre seus dados pessoais, os quais deverão levar em consideração as especificidades das atividades e o porte dos responsáveis.*"

Com esse contexto mente, este capítulo pretende explorar alguns princípios sobre o conceito de privacidade que possam capacitar os desenvolvedores a encontrarem as melhores soluções de projetos que promovam a adesão de suas organizações à LGPD.

Antes de avançar nestes princípios, porém, é mister conceituar alguns tópicos fundamentais da área de Computação e de análise de projetos de *software*.

1. Armazenamento de dados

Neste mundo totalmente conectado em que os aplicativos para transporte, alimentação, troca de mensagens formais e informais, armazenamento, geração e transmissão de vídeos e fotos, entre outros, fazem parte do nosso cotidiano, podemos comentar sobre um grande elenco de possibilidades que induzem a uma eventual quebra de privacidade por exposição de dados pessoais.

No entanto, os usuários de sistemas computacionais podem não relacionar todas essas trocas de informação com um eventual armazenamento desses dados pessoais por algum outro serviço ou dispositivo. Vale o exercício: Quando desligamos o nosso telefone celular por um intervalo de tempo e, durante esse intervalo, alguém envia uma mensagem, onde essa mensagem fica armazenada? Sim, ela deve ficar armazenada em algum local pois quando ligamos novamente o telefone podemos recuperar esta mensagem.

Outro exercício: Você sabe que enquanto navega por um website este site pode armazenar suas informações no seu próprio computador num arquivo que chamamos genericamente de *cookie*? E que estes *cookies* são usados para a sua identificação num futuro acesso ao mesmo *website*? Cabe aqui comentar que a palavra *cookie* é mencionada na *General Data Protection Regulation* (GDPR)[4] e, se por meio de um *cookie* for possível identificar uma pessoa, via seu dispositivo, ele será considerado um dado pessoal. Situações típicas como essas leva-nos ao tópico de armazenamento de dados e suas caracterizações.

Existem basicamente duas grandes categorias de armazenamento de dados, os armazenamentos persistentes e os armazenamentos transientes. O armazenamento transiente é o armazenamento realizado apenas durante a execução de uma tarefa. Finda esta tarefa, o dado é descartado. Este tipo de armazenamento normalmente não implica em nenhuma quebra de privacidade pois os dados têm característica efêmera no sistema computacional. Por outro lado, o armazenamento persistente está relacionado aos dados que são armazenados por um intervalo de tempo que supera o período da realização da tarefa. A depender do tipo de dado e do serviço prestado, os dados podem permanecer por um período indeterminado no sistema. Este tipo de armazenamento é mais propenso à quebra de privacidade e a violação de dados pessoais.

As questões que as organizações podem formular sobre a coleta e, principalmente, sobre o armazenamento de dados, é se os dados que estão sendo coletados são realmente necessários para as transações e, se forem, se eles realmente precisam ser armazenados e por quando tempo devem permanecer armazenados. Questões como essa são típicas de uma abordagem minimalista de proteção de dados, uma das frentes para a implementação dos mandamentos da LGPD. Note que todo sistema funciona alimentado por dados. Esses dados são requisitos de um sistema, são necessários a um sistema. Vamos continuar agora analisando mais profundamente dois tipos de requisitos para entender os caminhos para implementar as imposições da LGPD num sistema computacional.

[4] VOIGT, P.; BUSSCHE, A. Von den. *The EU General Data Protection Regulation (GDPR)*. A Practical Guide, 1st ed. Springer International Publishing, Springer, 2017.

1.1. Análise de requisitos

Quando planejamos ou analisamos um sistema, seja ele computacional ou não (mas aqui o foco é a Computação sobre dados pessoais), a etapa de análise de requisitos representa a tarefa de determinar as necessidades e condições que devem ser encontradas para a viabilização de um serviço ou produto. Esse termo "*análise de requisitos*" é comumente empregado nas áreas de *Análise de Sistemas* e *Engenharia de Software*. O entendimento deste tópico é essencial, pois o conteúdo da LGPD, ou seja, muitos dos seus artigos, incisos e parágrafos, deverão ser pensados como obrigações a serem codificadas no *software* que irá gerenciar os dados pessoais de cada cliente, funcionário, ou usuário de um sistema computacional para gerenciamento de informações. A análise de requisitos é crítica para o sucesso ou fracasso de um sistema. Uma análise de requisitos típica começa com um entendimento detalhado de todas as partes relevantes do processo (sistema) e do fluxo de dados, como também no entendimento das necessidades de resultados obtidos do processo pelas partes interessadas da empresa ou, como dizem, os *stakeholders*.

Segundo Bezerra[5], os requisitos de um sistema podem ser divididos em duas categorias, que são os requisitos funcionais e os requisitos não funcionais. Os requisitos funcionais representam o que um *software* é capaz de realizar em termos de tarefas e serviços[6], ou seja, definem funções ou componentes de um sistema, descrevem especificações de respostas, saídas de dados, a um determinado conjunto de dados de entrada. Já os requisitos não funcionais são aqueles usados para especificar os critérios para o julgamento de um sistema.

Usualmente temos como requisitos não funcionais medidas de desempenho do sistema, suas características de usabilidade, confiabilidade, segurança e, entre essas, ressaltamos a aderência – a conformidade a um conjunto de regras ou de especificações regulatórias. Portanto, considerando os sistemas computacionais que proporcionarão a segurança de dados pessoais, as tarefas que devem ser operacionalizadas para atendimento à LGPD são requisitos não funcionais nesses sistemas. Para uma

[5] BEZERRA, E. *Princípios de Análise e Projeto de Sistemas com UML*. 3ª ed. Rio de Janeiro: Elsevier, 2015.

[6] VAZQUEZ, C. E.; SIMÕES, G. S. *Engenharia de Requisitos: software orientado ao negócio*. Rio de Janeiro: Brasport, 2016.

organização que esteja trabalhando para aderir à LGPD, cada ponto da Lei deve ser transformado numa pequena tarefa computacional.

Estas tarefas são os elementos que eventualmente irão mostrar a aderência do sistema, do *software*, à Lei. Reforço que os requisitos não funcionais podem influenciar os caminhos e as diretrizes para o projeto de arquitetura de *software*. Portanto, esses requisitos podem impactar significativamente a implantação de um novo *software* ou o funcionamento de um *software* concebido antes da LGPD.

Uma constatação bastante conhecida sobre os requisitos não funcionais é que eles são geralmente preteridos em favor dos requisitos funcionais. Explica-se esta preferência, ou negligência, pelo favorecimento dos clientes de *software* ao efetivo processamento de dados, ou seja, pergunta-se sempre se o sistema está fornecendo uma resposta correta com os dados fornecidos. O sistema tem uma funcionalidade atendida? Ele manipula tais e tais dados? Ele contempla este detalhe técnico?

Quando uma organização foca unicamente nos requisitos funcionais de um sistema ela corre o risco de ter que recriar grande parte do seu sistema computacional para inserir os requisitos não funcionais. Assim, para as organizações atingirem alguma forma de aderência a LGPD elas terão que traduzir os requisitos não funcionais dispostos na lei e implementa-los no seu sistema computacional.

Neste contexto duas macros possibilidades existem: a primeira é o que convencionou-se chamar de *Privacy-Enhancing Technologies* (PETs), que são artefatos de *software* (módulos e programas de computador), que adotam o *software* atual que não faz a devida proteção de dados pessoais, para executarem os requisitos não funcionais de proteção de dados[7]. A outra alternativa seria considerar as restrições aos atributos de privacidade dos sujeitos tratados desde a concepção original do sistema até a construção do *software* e seus testes. Esta segunda alternativa é o que chamamos de *Privacy by Design* (PbD)[8], a qual, certamente, é uma alternativa bastante custosa para as organizações, que, para aderirem a LGPD, necessitariam rescrever

[7] Martin, Y. S.; Kung, A. Methods and Tools for GDPR Compliance Through Privacy and Data Protection Engineering. *Op. Citatum*.

[8] Cavoukian, A. Privacy by Design – The 7 foundational principles – Implementation and mapping of fair information practices. *Information and Privacy Commissioner of Ontario, Canada*, pp. 1-12, 2009. Disponível em: <http://dataprotection.industries/wp-content/uploads/2017/10/privacy-by-design.pdf>. Acesso em: 07 mar. 2021.

todo seu sistema computacional. Nas próximas seções abordaremos alguns conceitos de privacidade importantes para projetos e implementação de sistemas computacionais com mais profundidade.

2. Um modelo de sistema amigável à privacidade baseado nas FIPs

Será que só existem estas duas possibilidades para se criar um sistema considerado aderente à LGPD? Antes de abordarmos os princípios de *Privacy by Design*, algumas organizações poderão optar por outros conceitos para modelarem o tratamento de dados pessoais.

Em 1980, a Organização para a Cooperação e Desenvolvimento Econômico (OCDE) publicou *guidelines* sobre a proteção de privacidade para o fluxo de informações transfronteiriças. Ressalto que este guia de condutas serviu como substrato para o GDPR e estabeleceu princípios cuja ênfase está no termo de consentimento livre e esclarecido (TCLE) sobre a aquisição de dados pessoais, na minimização dos dados pessoais coletados e na manutenção e proteção adequada destes dados. Ainda com base neste guia, a *Federal Trade Commission* dos EUA[9] destaca quatro práticas principais, conhecidas como FIP (*Fair Information Practice Practices*), que são:

- *(i)* *Notice*: os *websites* (sistemas) devem propiciar aos seus usuários notificações claras e evidentes sobre as informações pessoais que coletam, como coletam essas informações e como eles as usam. Também devem informar como eles proporcionam os níveis *Choice*, *Access* e *Security*, além de informar se adotam como prática o intercâmbio dessas informações com outras entidades e, se outras entidades estão coletando informações por meio do site em questão;
- *(ii)* *Choice*: os sistemas podem oferecer aos usuários, ou consumidores, escolhas sobre como seus dados pessoais podem ser usados além do uso esclarecido no domínio do sistema. Essas escolhas podem envolver usos originários e secundários da organização, como por exemplo, o uso das informações para promoção e marketing de produtos ou serviços da organização, além de uso secundário externo, ou seja, repassar as informações pessoais para terceiros;

[9] EUA. Federal Trade Commission. *Privacy Online:* Fair Information Practices in the Electronic Marketplace – A Report to Congress. *FTC*, 2000. Disponível em: <http://www.ftc.gov/reports/privacy2000/privacy2000.pdf>. Acesso em: 06 fev. 2020.

(*iii*) *Access*: os sistemas devem oferecer aos usuários um acesso razoável aos dados pessoais coletados durante o acesso, o que inclui também as tarefas de revisão, correção e até eliminação destes dados dos servidores do sistema; e

(*iv*) *Security:* os sistemas devem tomar ações razoáveis para oferecer segurança e proteger os dados pessoais coletadas dos usuários.

Destaco que essas regras que formam as FIPs não são, na realidade, uma prática de implementação de privacidade, mas são princípios de gerenciamento de informação. A já citada abordagem, PbD, é também um outro conjunto de princípios para gerenciamento de informação, e é, de fato, um conjunto derivado das FIPs, como veremos mais tarde.

As práticas elencadas acima conduzem a ações que podem ser tomadas quando da modelagem das decisões acerca do trato dos dados pessoais colhidos.

Ressalto que estas práticas são úteis apenas quando há coleta de dados pessoais e dados considerados sensíveis pelo consumidor. Notem que não estamos usando a noção de dados sensíveis da LGPD.

Pelo numeral disposto ao lado do nome da prática de manipulação de dados pessoais, vemos que, quanto maior o valor deste número, mais amigável o sistema pode ser considerado em relação à proteção de privacidade. De modo geral, uma organização também poderá se abster da coleta de dados pessoais e basear seu negócio no uso de pseudônimos e outras informações que não acarretem a personificação da transação.

Recordo que a previsão para o uso de pseudônimos, como contemplada, por exemplo, na Austrália, não está totalmente clara na LGPD. Deste modo, e à primeira vista, as organizações que tratam dados pessoais necessitariam aplicar métodos de anonimização nos dados pseudonimizados, e se atentarem às práticas mínimas de *Notice* e *Choice*.

Dadas às quatro práticas acima, podemos dizer que quando uma organização opta por implementar mecanismos suficientes para que seus usuários se sintam confortáveis percebendo que há uma preocupação adequada com o tratamento de dados pessoais, essa aplicação pode ser considerada como tendo tomado uma abordagem *Privacy-by-Policy*, ou seja, tem uma política de privacidade.

Por outro lado, se uma empresa opta por adotar medidas em que seus clientes controlam os dados pessoais usados e implementam mecanismos de controle sobre esses dados além de transações não identificadas, as práticas (i) e (ii) não precisam ser implementadas. Nesta situação estamos afirmando que o sistema emprega a metodologia de *Privacy-by-Architecture*.

Convém dizer que, quando especificamos uma política *Privacy-by-Architecture*, estamos dizendo que o sistema trata estruturalmente os dados pessoais, ou seja, na sua própria codificação, nas tarefas internas que executa, ou ainda, por iniciativa default os dados pessoais são protegidos.

3. *Privacy-by-Design*

Uma das primeira e mais proeminentes vozes da abordagem[10] da *Privacy--by-Design* é Ann Cavoukian, atualmente Diretora Executiva da *Global Privacy & Security by Design Centre*, mas conhecida também por sua presença marcante como ex-Comissária de Informação e Privacidade da província canadense de Ontário.

Em seu trabalho[11], Cavoukian articula que a PbD pode ser alcançada seguindo-se sete princípios básicos. Essa abordagem de PbD segue a linha metodológica da FIP (observe o título do seu trabalho: *Privacy by Design – The 7 foundational principles – Implementation and mapping of fair information practices*), que é, na verdade, também formada por princípios de gerenciamento de informação voltados à privacidade e a proteção de dados pessoais.

Estes princípios refletem uma filosofia de ação e não uma abordagem computacional de Engenharia de Sistemas, de Processos ou de Engenharia de *Software*. Ressalto também que nem todos os princípios de PbD formam a base da LGPD. Sobre esses princípios, podem ser aplicados vários modelos específicos para desenvolvimento de processos, bem como arquiteturas computacionais e praticamente qualquer infraestrutura de rede de comunicação.

Vejamos quais são estes sete princípios da PbD:

(i) *Proatividade e Prevenção:* prefira a proatividade à reatividade, como também a prevenção à remediação. Esse princípio sugere a prevenção contra eventos de invasão de privacidade. PbD não espera pela

[10] Gürses, S.; Troncoso, C.; Diaz, C. Engineering privacy by design. *Computers, Privacy & Data Protection*, v. 14, n. 3, 2011.

[11] Cavoukian, A. Privacy by Design – The 7 foundational principles – Implementation and mapping of fair information practices. *Op. Citatum.*

materialização dos riscos de privacidade. PbD deve se antecipar ao fato e não sucedê-lo.

Esse princípio prevê a prevenção até mesmo para eventuais ataques provocados por membros internos da equipe do software. As atitudes que levam à proatividade e prevenção passam por:

a. Comprometimento para implementar padrões sofisticados e que alcancem graus elevados de privacidade, geralmente maiores que os sugeridos por normas ou leis;
b. Comprometimento com um padrão de privacidade que possa oferecer garantias claras à comunidade de usuários e aos responsáveis pela organização em que é implementada;
c. Esteja pronto para corrigir qualquer ação negativa que possa ocorrer.

(ii) Privacidade como configuração padrão: Este é um dos princípios herdados pelas FIPs. É também um princípio que pode ser chamado como *Privacy-by-Default.* Entende-se como privacidade por padrão os seguintes princípios:

Apresentação do propósito: O usuário deve estar ciente da motivação da organização para coletar aquele dado de caráter pessoal que pode ser usado para reidendificá-lo. Do mesmo modo, ele deve saber como o dado será usado, como será armazenado e, eventualmente, descartado. O propósito deve estar claro, deve ser limitado e relevante para as tarefas a serem realizadas;

a. Limitação dos dados: os dados obtidos dos usuários devem estar cobertos por uma previsão legal e devem ser limitados ao mínimo necessário para as tarefas a serem executadas;
b. Minimização dos dados: a minimização do contato com dados pessoais deve ocorrer em toda cadeia de fluxo de dados da organização. Desde a primeira interação do usuário com o sistema, incluindo todas as demais transações, devem ser não identificáveis. Deve ser observado também o mínimo de ligação entre os dados pessoais;
c. Minimização do uso, armazenamento e divulgação: o uso, o armazenamento e a divulgação dos dados pessoais deve ser limitada e relevantes para os propósitos de identificação pessoal. É também imprescindível que haja um termo de consentimento livre e esclarecido (TCLE). O armazenamento dos dados pes-

soais deve se restringir ao tempo de execução da tarefa e posteriormente devem ser descartados com segurança.

(iii) *Privacidade incorporada no projeto*: este é um tema intrinsecamente ligado ao projeto de software. Este princípio sugere que o projeto e a arquitetura de *software* do sistema de TI devem ter o requisito não funcional de privacidade incorporado ao sistema computacional. Deste modo, a privacidade será um componente não funcional integrante no cerne do sistema, sem comprometer nenhuma funcionalidade do sistema. Neste princípio não devemos esquecer que a avaliação de riscos e impacto deve ser publicada, bem como as medidas de mitigação do impacto de eventuais violações de privacidade.

(iv) *Funcionalidade completa. Soma positiva:* todos os objetivos funcionais da organização devem estar contemplados no sistema de *software.* Não deve haver nenhuma perda de funcionalidade dada a adoção de PbD. PbD deve evitar falsas dicotomias como "privacidade versus segurança" no sistema, ou seja, todas as demais demandas do sistema, sejam elas não funcionais ou funcionais não devem "competir" com a demanda pela privacidade. A soma de requisitos funcionais e não funcionais deve ser sempre positiva.

(v) *Segurança de ponta a ponta:* todo dado que entra num sistema tem um ciclo de vida, ou seja, ele é coletado, processado e descartado. A abordagem PbD deve prever a proteção dos dados logo na fase de coleta, de entrada, e essa proteção deve prevalecer por todo ciclo de vida do dado. Isso garante que todas as informações retidas no sistema estão seguras. Segurança nesta abordagem significa manter a privacidade. Sem uma metodologia forte para a segurança de dados não há garantia de privacidade. As organizações devem assumir esta responsabilidade pela segurança que acompanhará os dados por todo ciclo de vida. Adicionalmente, a segurança deve possibilitar confidencialidade, integridade e disponibilidade dos dados pessoais em todo ciclo de vida. São também esperados, métodos seguros para descarte dos dados, criptografia apropriada e a autenticação das operações;

(vi) *Visibilidade e Transparência:* PbD deve assegurar à todas as partes envolvidas no sistema que está operando de acordo com os objetivos e com a garantia de respeito às premissas legais de proteção dos dados pessoais. Todas as operações com dados pessoais poderão ser verificadas por um agente independente. Paralelamente, todos os componentes de software e suas operações devem ser transparentes aos usuários. Visibilidade e transparência são essenciais para garantir a confiança e a demonstração de responsabilidade sobre os resultados, ou *accountability*. Estes princípios também resgatam os seguintes princípios da FIP:

a. *Accountabilty*: as responsabilidades por todos os procedimentos que proporcionam segurança na privacidade, bem como as políticas de privacidade adotadas, devem estar documentadas e devem ser comunicadas apropriadamente;

b. *Abertura*: abertura e transparência são a chave para accountability. Informações sobre o gerenciamento das informações privadas devem estar disponíveis aos usuários;

c. *Aderência*: *compliance* às normas de privacidade deve ser monitorada, avaliada e verificada frequentemente. Mecanismos de reparação para violação de privacidade devem ser estabelecidos e os indivíduos afetados devem ser notificados.

(vii) Respeito à privacidade do usuário: acima de todos os requisitos de *software*, da arquitetura do sistema e das necessidades dos implementadores, devem prevalecer as soluções para implantação e manutenção da privacidade individual. O papel dos usuários neste tipo de solução que busca a privacidade na concepção do projeto deve ser priorizado. Este princípio também abarca os seguintes princípios FIP:

a. Consentimento: o TCLE na coleta, uso e descarte dos dados pessoais. Quanto mais sensível o dado mais o grau de clareza o TCLE deve transmitir ao usuário;

b. Acurácia: as informações pessoais armazenadas devem ser acuradas, completas e atualizadas;

c. Acesso: todos os usuários devem ter acesso às informações pessoais mantidas pelo sistema, como também devem poder atualizá-las, corrigi-las ou apagá-las.

Embora esta proposta de PbD seja bastante abrangente, não é claro como estes princípios podem ser traduzidos para operações ou tarefas práticas computacionais[12], ou seja, são princípios que não correspondem diretamente a uma metodologia de projeto de *software*. Sendo assim, os engenheiros de *software* devem procurar adaptar esses requisitos não

[12] Gürses, S.; Troncoso, C.; Diaz, C. Engineering privacy by design. *Op. Citatum.*

funcionais à metodologia de projeto e desenvolvimento escolhida. Outra crítica forte a esta abordagem de *Privacy-by-Design* é que o princípio de minimização de dados não é preciso. Tomem, por exemplo, um vídeo que tem sua resolução reduzida. Pode-se afirmar que os dados foram minimizados, mas talvez essa minimização não seja suficiente para garantir a impossibilidade de recuperação da individualidade.

Um problema que não é inerente à modalidade PbD e que pode inviabilizar as garantias de privacidade é a enorme quantidade de dados que algumas aplicações podem manipular, tais como as que apuram os impostos e as taxas municipais devidas de uma cidade de grande porte. Da perspectiva da computação, mecanismos de controle e transparência não proporcionam meios para mitigar os riscos de privacidade na manipulação destes grandes conjuntos de dados. O fator atrativo ao risco e à violação de dados está justamente na quantidade de informação, quanto maior esta quantidade maior será a revelação da individualidade, maior será o dano, o crime e os eventuais 'lucros' decorrentes.

Uma realidade de mercado é que as empresas e organizações operam em âmbito global, ou seja, não só negociam neste mercado multifronteira como devem obedecer às normas e padrões de diversos países. Na próxima seção, vamos comentar sobre um compilado de 21 princípios internacionais de privacidade, como descritos no trabalho de Francis, Covert e Streff, os quais, eventualmente, podem ser incorporados a um *software* que tenha previsão de atuação internacional[13].

4. Uma coletânea de princípios internacionais de privacidade

Enquanto não existe uma definição consensual do que seja "privacidade", os países ou organizações adotam princípios gerais de tratamento de dados que melhor refletem o seu conceito ideal de privacidade. Entre estes princípios, conhecemos, por exemplo, as FIPs, as *guidelines* da OCDE, o *Generally Accepted Privacy Principles*[14] e o *OASIS's Privacy Management Reference Model and Methodology*[15].

[13] Francis, M.; Covert, Q.; Streff, K. An Inventory of International Privacy Principles: A 14 Country Analysis. *Proceedings of the 53rd Hawaii International Conference on System Sciences*, v. 3, pp. 4368-4378, 2020.

[14] Schroeder, D.; Cohen, N. A. Gapp targets privacy risks: Principles provide a comprehensive, scalable framework for managing compliance and reputation threats. *Journal of Accountancy*. American Institute of CPA's, v. 212, n. 1, 2011.

Como mencionado, Francis, Covert e Streff, em trabalho recente, criaram um inventário, uma coletânea, de princípios de privacidade e proteção de dados, definidos em 14 países. Para tal, eles analisaram os documentos legais destes países e compilaram uma lista única, que abrange esses países. No caso do Brasil, foi analisada a LGPD.

Foram listados 21 princípios relacionados à privacidade. O Brasil adota 13 desses princípios. Abaixo listamos os princípios adotados pelo Brasil e, a seguir, os demais encontrados nesta coletânea.

São estes os dez princípios nacionais sobre privacidade de dados:

(i) *Notificação*: os usuários devem ser informados sobre os dados que serão coletados;

(ii) *Minimização*: limitar a quantidade de dados coletados, processados e armazenados;

(iii) *Restrição de uso:* os dados coletados só podem ser usados para as tarefas definidas e aceitas pelos usuários;

(iv) *Segurança*: os dados devem gerenciados de acordo com padrões apropriados de segurança;

(v) *Qualidade*: os dados devem ser precisos e mantidos atualizados;

(vi) *Acesso*: os usuários devem ter o direito assegurado de saber quais dados pessoais estão sendo armazenados;

(vii) *Enforcement*: as organizações que armazenam dados pessoais devem cumprir a legislação local, os padrões adotados e as políticas de privacidade impostas;

(viii) *Participação*: as organizações devem permitir aos usuários a correção dos dados armazenados como também a sua exclusão em momento propício;

(ix) *Transparência*: tornar todos os dados adquiridos, utilizados, armazenados e removidos de maneira transparente. Todos os aspectos relacionados à privacidade devem estar escritos de maneira clara e compreensível;

(x) *Violação*: os indivíduos devem ser informados imediatamente sobre qualquer violação de seus dados pessoais;

(xi) *Retenção*: os dados devem ser removidos quando não forem mais necessários;

[15] Sabo, J. *et al.* Privacy management reference model and methodology (PRPM) version 1.0. *OASIS Open*, 2012.

(xii) *Consenso*: permitir que os indivíduos concordem com o armazenamento de dados; e
(xiii) *Divulgaição*: divulgue qualquer transferência de dados a demais interessados.

Os princípios listados foram adotados por um número pequeno de países e ilustram diversas intenções: algumas tornam o tratamento de dados mais limitado (*consolidação* e *identificadores*), outras oferecem maior liberdade ao indivíduo (*identificação*) e outras oferecem maior transparência nas operações com dados pessoais (*violação*).

É notável que, no trabalho de Francis, Covert e Streff, apenas as leis específicas de proteção de dados foram analisadas. Ou seja, é possível que existam leis complementares, que asseguram outros princípios não listados no estudo. Vejamos quais são estes outros princípios não acrescentados nas leis da maioria dos 14 países analisados:

(i) *Consolidação*: não é permitida a consolidação de bases de dados contendo informações pessoais;
(ii) *Contexto*: aplique o contexto da jurisdição e opere com políticas de privacidade;
(iii) *Accountability*: as políticas de privacidade devem ser desenvolvidas de modo a descrever claramente os procedimentos e práticas relacionados ao gerenciamento de dados;
(iv) *Identificação*: os usuários devem ter a opção de permanecerem anônimos ou usar um pseudônimo;
(v) *Sensibilidade*: tratar todos os dados coletados, utilizados, armazenados e destruídos de modo apropriado ao nível de sensibilidade destes dados;
(vi) *Fluxo de informação*: permite a comunicação da informação pessoal entre múltiplos contextos, entre eles o internacional, o governamental, o econômico e o social;
(vii) *Identificadores*: identificadores fortes devem ser usados somente quando necessário; e
(viii) *Confidencialidade*: as organizações devem manter a confidencialidade dos dados por todo o processo e além dele.

Conclusões

Neste capítulo, vimos alguns conceitos fundamentais de atributos e requisitos de sistemas computacionais. Vimos que a LGPD pode ser interpretada com um conjunto de requisitos não funcionais de *software*, os quais devem ser implementados nos novos sistemas e nos sistemas já existentes. Para tais implementações existem caminhos distintos: o caminho via *Privacy-Enhancing Technologies*, formado por componentes de *software* que encapsulam uma camada de proteção de dados sobre o *software* atual, e o caminho do "*vamos começar novamente*" , que significa projetar e implementar novamente todos os módulos de *software* que fazem a coleta, o processamento e o descarte dos dados pessoais.

Nesse último caminho, a abordagem mais difundida é a PbD. No entanto, a PbD não é uma metodologia de projeto e construção de *software*. A PbD pode ser reconhecida como um conjunto de princípios de gerenciamento de informações e, portanto, está longe das abordagens conhecidas de Engenharia de *Software* que conduzem o analista e os programadores à confecção do sistema computacional.

Vimos também que a PbD, entre outras abordagens, fundamenta-se numa série de princípios que formam a base para as leis de proteção de dados pessoais, no mundo. Analisamos vários destes princípios, posicionamos os princípios adotados pela LGPD e os princípios adotados por outros países. Esperamos, assim que o conhecimento e a análise destes princípios possam inspirar práticas computacionais que efetivamente protejam os dados pessoais dos usuários.

Acredito, também, que alguns dos princípios que não foram adotados pela LGPD, com o tempo, poderão ser, ou por obrigação diante de eventuais necessidades de intercâmbio de dados, ou por evolução dos costumes.

Referências

BEZERRA, E. *Princípios de Análise e Projeto de Sistemas com UML*. 3ª ed. Rio de Janeiro: Elsevier, 2015.

BOEHM, B. W. A spiral model of software development and enhancement. *IEEE*, v. 21, n. 5, pp. 61–72, 1988.

CAVOUKIAN, A. Privacy by Design – The 7 foundational principles – Implementation and mapping of fair information practices. *Information and Privacy Commissioner of Ontario, Canada*, pp. 1-12, 2009. Disponível em: <http://dataprotection.industries/wp-content/uploads/2017/10/privacy-by-design.pdf>. Acesso em: 07 mar. 2021.

EUA. Federal Trade Commission. *Privacy Online:* Fair Information Practices in the Electronic Marketplace – A Report to Congress. *FTC*, 2000. Disponível em: <http://www.ftc.gov/reports/privacy2000/privacy2000.pdf>. Acesso em: 06 fev. 2020.

Francis, M.; Covert, Q.; Streff, K. An Inventory of International Privacy Principles: A 14 Country Analysis. *Proceedings of the 53rd Hawaii International Conference on System Sciences*, v. 3, pp. 4368-4378, 2020.

Gürses, S.; Troncoso, C.; Diaz, C. Engineering privacy by design. *Computers, Privacy & Data Protection*, v. 14, n. 3, 2011.

Martin, Y. S.; Kung, A. Methods and Tools for GDPR Compliance Through Privacy and Data Protection Engineering. Proceedings of the 3rd IEEE European Symposium on Security and Privacy Workshops, EURO S and PW 2018. *IEEE*, pp. 108-111, 2018.

OECD. OECD Guidelines on the Protection of Privacy and Transborder Flows of Personal Data. *OECD*, 2013. Disponível em <https://www.oecd.org/internet/ieconomy/oecdguidelines ontheprotectionofprivacyandtransborderflowsofpersonaldata.htm>. Acesso em: 06 fev. 2020.

Sabo, J. *et al.* Privacy management reference model and methodology (PRPM) version 1.0. *OASIS Open*, 2012.

Schroeder, D.; Cohen, N. A. Gapp targets privacy risks: Principles provide a comprehensive, scalable framework for managing compliance and reputation threats. *Journal of Accountancy*. American Institute of CPA's, v. 212, n. 1, 2011.

Spiekermann, S.; Cranor, L. F. Engineering privacy. IEEE Transactions on Software Engineering. *IEEE*, v. 35, n. 1, p. 67-82, 2009.

UNIÃO EUROPEIA. Regulamento (EU) 2016/679 do Parlamento Europeu e do Conselho, de 27 de abril de 2016, relativo à proteção das pessoas singulares no que diz respeito ao tratamento de dados pessoais e à livre circulação desses dados e que revoga a Diretiva 95/46/CE (Regulamento Geral sobre a Proteção de Dados). *Jornal Oficial da União Europeia*, 04 de maio de 2016. Disponível em: <https://eur-lex.europa.eu/legal-content/PT/TXT/HTML/?uri=CELEX:32016R0679&from=PT#d1e8250-1-1>. Acesso em: 02 set. 2019.

Vazquez, C. E.; Simões, G. S. *Engenharia de Requisitos: software orientado ao negócio.* Rio de Janeiro: Brasport, 2016.

Voigt, P.; Bussche, A. Von den. *The EU General Data Protection Regulation (GDPR).* A Practical Guide, 1st ed. Springer International Publishing, Springer, 2017.

Warren, S. D.; Brandeis, L. D. The right to privacy. *Harvard Law Review*, pp. 193-220, 1890.

Questões Pertinentes ao Direito de Acesso do Titular dos Dados Pessoais: Prazos e Meios para o seu Exercício em Situação de Crise

Marcelo Augusto Fattori

Introdução

Propõe-se, a partir dessa reflexão, uma análise prática do contexto da Lei Geral de Proteção de Dados Pessoais (LGPD) e dos direitos do titular de dados[1], bem como da regulação, pela Autoridade Nacional de Proteção de Dados (ANPD)[2], que tem o dever de garantir a proteção dos direitos do titular, eliminar possibilidades de abusos e excessos, mas, que, ao mesmo tempo, sua atuação regulatória não pode inviabilizar a atividade empresarial.

A proteção de dados pessoais e da privacidade tem como finalidade proteger o titular e, a reboque, permitirá, ao Brasil e as suas empresas, maior competitividade global diante da possibilidade de ser considerado um país adequado e seguro no processo de tratamento de dados pessoais atendendo a legislações estrangeiras.

Claro está, portanto, que a necessidade e os benefícios da LGPD são reconhecidos e relevantes, de modo que não se pretende, aqui, portanto, tecer crítica à Lei, mas, sim, alertar para um problema crônico que pode ser gerado a partir de uma abordagem meramente paternalista sobre o sagrado direito à proteção dos dados e à privacidade.

[1] Titular de dados é definido pelo artigo 5, V, da LGPD.

[2] Criada pelo artigo 55-A da LGPD.

A utilização inadequada desse importante mecanismo legal poderá inviabilizar estruturas empresariais e afetar, negativamente, o objeto principal da sua proteção, o próprio cidadão, em razão da possibilidade de travamento da atividade empresarial e da consequente perda de postos de trabalho.

1. A análise proposta

Para comprovação da afirmação acima, a análise será limitada ao direito do titular à eliminação de dados obtidos por meio de consentimento, prazos, meios, e consequências de seu não atendimento.

Esse direito não pode ser confundido com o direito à explicação, ostentado pelo titular dos dados contra o controlador, que trata dados pessoais por processos automatizados por meio de redes neurais e *machine learnig*, cujo tratamento pode ser questionado pelo titular, com pedido inclusive de revisão das decisões tomadas por meio desses processos automatizados.

No contexto das decisões automatizadas, tomadas por processos de tratamento de dados realizados por algoritmos, o direito à explicação está intimamente ligado a garantir um *"quadro jurídico de proteção de dados pessoais mais consistente e rigoroso na sua aplicação, que permita à economia digital desenvolver-se no espaço interno e aos cidadãos controlar os seus próprios dados, num ambiente generalizado da segurança para os indivíduos, operadores privados e da segurança"*[3].

Este trabalho foca-se, portanto, no direito à eliminação de dados coletados por meio de consentimento. E a partir dessa análise, pretende-se desmistificar a ideia de que o consentimento informado do titular de dados é a base legal mais adequada e/ou segura para o tratamento de dados pessoais, ao menos do ponto de vista da prática empresarial e social cotidiana, que não podem ser ignoradas pelo direito.

Antes de adentrar ao tema propriamente dito, importante uma análise dessa base legal chamada *consentimento*, e, para tanto, adotamos a explicação tratada na consideranda 32[4], do *General Data Protection Regulation* (GDPR)[5], que dispõe que:

[3] CALDAS, GABRIELA. O Direito à explicação no Regulamento Geral de Proteção de Dados. Anuário de Proteção de Dados 2019. Disponível em http://protecaodedadosue.cedis.fd.unl.pt/wp-content/uploads/2019/05/ANUARIO-2019-Eletronico_compressed.pdf – acesso em 10.9.2019.

[4] Disponível em https://eur-lex.europa.eu/legal-content/pt/TXT/?qid=1559291025147&uri=CELEX:32016R0679 – Acesso em 10.9.2019

[5] LEGISLAÇÃO. EUROPA. EU 679/2016. Disponível em https://eur-lex.europa.eu/legal-content/pt/TXT/?qid=1559291025147&uri=CELEX:32016R0679 – Acesso em 10.9.2019

> O consentimento do titular dos dados deverá ser dado mediante um ato positivo claro que indique uma manifestação de vontade livre, específica, informada e inequívoca de que o titular de dados consente no tratamento dos dados que lhe digam respeito, como por exemplo mediante uma declaração escrita, inclusive em formato eletrónico, ou uma declaração oral.

Vale dizer que, a partir do consentimento informado, o controlador dos dados pessoais[6] terá o direito de realizar o tratamento daqueles dados para a finalidade específica autorizada de modo inequívoco pelo titular.

O tratamento desses dados para finalidades outras, ainda nos termos da consideranda 32 do GDPR[7], deverão ser objeto de complementação:

> O consentimento deverá abranger todas as atividades de tratamento realizadas com a mesma finalidade. Nos casos em que o tratamento sirva fins múltiplos, deverá ser dado um consentimento para todos esses fins. Se o consentimento tiver de ser dado no seguimento de um pedido apresentado por via eletrônica, esse pedido tem de ser claro e conciso e não pode perturbar desnecessariamente a utilização do serviço para o qual é fornecido.

O consentimento é, portanto, uma das dez bases legais que possibilitam o tratamento de dados pessoais, mas não está em posição hierarquicamente superior a nenhuma das outras nove bases existentes, tampouco pode ser considerado simplesmente a base mais adequada e segura para o tratamento de dados pessoais.

Isso porque o consentimento pode ser revogado a qualquer momento, sendo este, aliás, um dos fundamentos para não ser tido como nulo, como explicado na consideranda de n. 42 do GDPR[8]: *"Não se deverá considerar que o consentimento foi dado de livre vontade se o titular dos dados não dispuser de uma escolha verdadeira ou livre ou não puder recusar nem retirar o consentimento sem ser prejudicado."*

Por tal razão, compartilhamos da ideia de Viviane Nóbrega Maldonado, de que *"se o tratamento se fundamenta, por exemplo, na execução de contrato ou*

[6] Definido no artigo 5 da LGPD.

[7] Idem anterior.

[8] Disponível em https://eur-lex.europa.eu/legal-content/pt/TXT/?qid=1559291025147&uri=CELEX:32016R0679 – Acesso em 10.9.2019

no cumprimento de obrigação legal, não há que se reclamar do titular de dados o fornecimento de seu consentimento para validar o tratamento"[9].

Há, sem dúvida alguma, conforme Bruno Bioni, *"uma hipertrofia do consentimento"*[10] na análise da proteção de dados no Brasil, e isso gerará impactos extremamente negativos para todos os atores – titulares, controladores, operadores e a toda a sociedade.

No ambiente regulado pela LGPD, está previsto, no art. 18[11], o louvável direito do titular de obter informação junto ao controlador dos dados, sobre os tratamentos por ele realizados e, a partir das informações apresentadas, realizar pedidos de, por exemplo, correção, anonimização, bloqueio de uso e aquilo que interessa ao objeto do presente estudo: a eliminação dos dados pessoais obtidos por meio de consentimento (inciso VI, do citado artigo).

Esse direito, aparentemente inofensivo, se utilizado de forma antiética e por oportunismo, terá o indesejado efeito de inviabilização da atividade empresarial e da economia, não desejados pela sociedade e pelo legislador.

A economia brasileira possui milhares de empresas constituídas sob a forma de sociedades limitadas, de caráter familiar, com estruturas enxutas, baixa margem de lucratividade, sem recursos disponíveis para investimentos que não estejam relacionados a sua atividade central, e que não dispõem de governança e de uma estruturação profissional.

Por seu turno, a LGPD, concebida a partir do modelo do GDPR[12], exige das empresas comportamentos extremamente profissionais, calcados em governança e boas práticas, e prevê situações que simplesmente não podem ser atendidas por parcela das mencionadas empresas instaladas no território nacional, pelo menos não na forma e prazos definidos.

Sabe-se que o intuito do legislador se voltou, também, para o aperfeiçoamento das corporações e para que, a partir da regulação, empresas e o mercado selecionem aqueles que têm melhores condições e maior profissionalismo no desenvolvimento da atividade profissional.

[9] MALDONADO, Viviane; BLUM, Renato Ópice (coord.). Lei Geral de Proteção de Dados Comentada. Revista dos Tribunais. São Paulo. 2019. P. 234.

[10] BIONI, Bruno Ricardo. Proteção de Dados Pessoais: A função e os limites do consentimento. Forense. Rio de Janeiro. 2019. P. 170.

[11] BRASIL. LEGISLAÇÃO. Lei 13.709 de 14 de agosto de 2018. Disponível em: http://www.planalto.gov.br/ccivil_03/_Ato2015-2018/2018/Lei/L13709.htm – Acesso em 10.9.2019.

[12] LEGISLAÇÃO. EUROPA. EU 679/2016. Disponível em https://eur-lex.europa.eu/legal-content/pt/TXT/?qid=1559291025147&uri=CELEX:32016R0679 – Acesso em 10.9.2019

Parece ter sido ignorado pelo legislador, porém, o modelo e esse contexto de empresas, que prevalecem na realidade brasileira, tendo-se que algumas delas não terão condições de atender as exigências da lei e seus prazos.

Com efeito, está previsto que as informações solicitadas pelo titular deverão ser apresentadas imediatamente, conforme o *caput* do art. 19[13] e inciso I[14], no caso de informações simples, e, em até quinze dias, no caso de informações mais complexas.

Por outro lado, o artigo 18, §5º da LGPD, estabelece que o prazo para atendimento do pedido de eliminação de dados obtidos por meio de consentimento deverá ser ainda regulado pela ANPD.

Mantida a tendência de adoção dos padrões da UE ou de atendimento de prazos extremamente curtos, em dias corridos, como os citados acima, parece não ser possível atender a tais determinações legais sem a adoção de processos automatizados de respostas para o titular, bem como de automação de ações para pedidos de eliminação de dados, por exemplo, para evitar situações que possam implicar em violação da Lei.

2. Dois casos práticos para ilustrar a preocupação com o tema

Nessa linha, imagine-se em um cenário hipotético, mas muito comum na cena brasileira, de uma farmácia de bairro, que não conta com filiais, com quadro de funcionários limitados ao atendimento do balcão, que possui uma rede de Internet convencional, computadores atuais, mas que não dispõem de eficientes meios de proteção e segurança e que não possuem uma estrutura organizada de armazenamento de dados.

Em razão do advento da LGPD, preocupada em esforçar-se para atender a lei, contratou a realização de um *data mapping*, mas não teve condições de realizar uma catalogação estratégica de bases legais de tratamento dos dados mapeados.

Essa farmácia de bairro possui uma assistência de Tecnologia de Informação (TI) terceirizada, com visita mensal, apenas para realizar *backups*, fazer alguns reparos, atualizar um antivírus gratuito, dentre algumas outras obrigações.

[13] BRASIL. LEGISLAÇÃO. Lei 13.709 de 14 de agosto de 2018. Disponível em: http://www.planalto.gov.br/ccivil_03/_Ato2015-2018/2018/Lei/L13709.htm – Acesso em 10.9.2019

[14] BRASIL. LEGISLAÇÃO. Lei 13.709 de 14 de agosto de 2018. Disponível em: http://www.planalto.gov.br/ccivil_03/_Ato2015-2018/2018/Lei/L13709.htm – Acesso em 10.9.2019

Imagine, ainda, a hipotética farmácia de bairro, em um esforço para se manter e desenvolver em um mercado concorrido, em que, apenas no bairro onde está localizada, concorre com quase uma dezena de outras farmácias de porte maior que o seu, com melhores condições de negociação junto a fornecedores, o que implica em necessidade de uma margem de lucro menor para poder ser competitiva, cenário que exige alguma medida comercial estratégica para que possa sobreviver nesse ambiente.

A solução encontrada foi valer-se de dados pessoais coletados nas sua operações, por meio de um investimento, que consumiu totalmente o pouco de suas reservas, em um método de inteligência empresarial (*Business Intelligence – BI*) que traça perfis de consumo e de seu consumidor, para entender os hábitos e gerar métricas para prever e investir em estoques com maior acurácia e, enfim, incrementar, através de informação colhida no seu próprio negócio, o potencial de geração de caixa e, com isso, desenvolver-se, expandir seus negócios, estar presente em outros bairros e subsidiar ações mais assertivas de *marketing*, para gerar mais receitas e gerar mais empregos.

Esse sistema de BI está, portanto, todo centrado em informações coletadas nos relacionamentos comerciais mantidos com seus clientes, obtidas sob a forma da pergunta *"CPF na nota?"*, bem como através de promoções e sorteios realizados esporadicamente, por meio dos quais os titulares consentiam o uso de dados para *marketing* direto e para o perfilhamento de hábitos de consumo, cujos dados eram imputados (*opt in*) pelo próprio consumidor.

Os investimentos realizados ainda não permitiram o crescimento desejado, mas começam a gerar resultados visíveis e mais satisfatórios, apesar de toda a concorrência e das cíclicas crises financeiras vivenciadas no período.

Nesse contexto hipotético, com a LGPD já em vigor, a ANPD não dispôs de nenhuma regulação que altere os prazos e formas de atendimento ao pleito do cidadão. Pois bem, nesse cenário, o presente artigo abordará apenas duas possibilidades, dentre outras inúmeras que podem surgir, apenas para comprovar a gravidade do tema, que poderá inviabilizar a atividade empresarial.

A primeira hipótese está ligada a uma atividade concorrencial desleal: nesta situação hipotética, uma concorrente da farmácia do bairro, que está antenada com o movimento do mercado, percebendo a evolução da empresa de nosso exemplo, sabendo da fragilidade dos seus sistemas e redes, determina a um *hacker* que simplesmente sequestre, criptografe e bloqueie temporariamente o acesso da farmácia do bairro à sua base de dados, que sustenta o seu BI, com o único fito de divulgar anonimamente nas redes sociais o incidente de segurança.

A ação má intencionada não foi de capturar dados para si ou divulgá-los, mas, tão somente, gerar dano reputacional que inviabilize a manutenção desses dados em seus sistemas de inteligência de mercado.

Em uma outra situação hipotética, uma *fake news* sobre compartilhamento indevido de dados entre a farmácia do bairro e planos de saúde, divulgada por um funcionário demitido e magoado com a empresa, acaba se alastrando pelas redes sociais e gerando impactos também sobre a farmácia do bairro.

Da mesma forma, não ocorreu aqui qualquer hipótese de vazamento de dados pessoais.

Imagine que, nessas duas hipóteses, titulares de dados, assustados com as informações divulgadas maliciosamente na Internet, solicitem ao controlador dos dados (farmácia do bairro) a eliminação dos seus dados tratados por meio de consentimento.

Em ambos os casos, um total de aproximadamente mil solicitações foram recebidos no *e-mail* da farmácia do bairro, dentre pedidos de informação e de eliminação de dados.

Na hipótese 1, do sequestro, criptografia e bloqueio da base de dados, a farmácia não tem condições físicas de responder aos titulares, porque sequer tem acesso ao banco de dados, não dispondo de funcionários de TI, quanto mais corpo de colaboradores ou tecnologia para tentar viabilizar o fornecimento das informações e atender aos pedidos dos titulares de dados.

Por outro lado, a inexistência de recursos não inviabilizou que a diligência da farmácia do bairro contratasse um *backup* em nuvem, mas, apesar disso, não tem pessoal e condições técnicas para responder aos milhares de pedidos em curto espaço de tempo, como previsto em Lei.

Para tanto, necessitará de tempo para conseguir restaurar seu banco de dados, catalogar as informações e responder aos seus clientes e usuários.

Há, aqui, a necessidade, ainda, de se depurar quais informações necessariamente deverão ser eliminadas e quais devem ser mantidas, por eventual obrigação legal, contratual, regulatória, dentre outras, que, se não forem consideradas, na hipótese da eliminação dos dados, poderão gerar prejuízos que levem a quebra da empresa.

Por sua vez, na hipótese 2, a farmácia do bairro não tem estrutura tecnológica e de automação para respostas estruturadas e precisas para os milhares de pedidos de eliminação de dados decorrentes da *fake news* sobre o compartilhamento não autorizado de dados, para identificar os dados individualizados de cada um dos titulares, que os identificam ou sejam, ao menos, identificáveis, e que tenham sido coletados exclusivamente em decorrência do consentimento.

A preocupação, como visto, também está calcada na necessidade de manter dados necessários para o cumprimento de obrigações contratuais, legais e regulatórias. O impasse está instalado porque o desatendimento do prazo exíguo poderá culminar em penas pecuniárias e/ou de bloqueio de uso de dados, que fatalmente inviabilizarão a atividade empresarial.

3. Soluções propostas

Veja-se, portanto, que o *enforcement* que se buscou dar à LGPD deve ser aplicado com parcimônia, tendo-se que a ANPD não deve tratar de modo genérico e padrão situações e especificidades das diversas realidades vivenciadas no Brasil.

A farmácia do bairro tomou o cuidado de classificar as bases legais que permitem o tratamento por meio de um *data mapping*, porém, por não dispor de recursos, não conseguiu classificar de forma estratégica as bases legais que permitissem a manutenção de dados em seu banco, que fossem necessários e que atendessem a uma finalidade, bem como que independessem do consentimento.

Como exemplo, pode ser citado o próprio CPF, que, apesar de não ser obrigatório para emissão do cupom fiscal, uma vez inserido, gera para essa empresa o dever de guarda do dado para o exercício de obrigações legais e tributárias.

Nessas circunstâncias, o fornecimento de prazos exíguos para o atendimento das solicitações do titular de dados, sem que haja um fundado receio de dano, pelo simples querer do titular, podem gerar danos incontornáveis para a atividade empresarial, a ponto de inviabilizá-la, extrapolando, inclusive, as sanções da própria LGPD, gerando possibilidade de sanções de outras leis e órgãos reguladores, como, por exemplo, a ANVISA, a Receita Federal, dentre outros.

É necessário ter o entendimento de como se desenvolve a atividade empresarial geradora de empregos, para que seja, então, possível a adoção de soluções justas, que atendam aos interesses do cidadão, mas que não inviabilizem a atividade empresarial.

A determinação do atendimento dos prazos legais, nos casos hipotéticos, simplesmente inviabilizará o método de inteligência de mercado implantado, responsável pela manutenção das vendas e do desenvolvimento da empresa, bem como gerará impactos na seara do direito do consumidor, no âmbito fiscal e regulatório, dentre outros.

Consumidores que venham a processar a farmácia, em decorrência da relação do consumo, e que tenham o ônus da prova invertido, inviabilizarão a defesa da farmácia, que teve de apagar os dados existentes de sua base.

A mesma situação ocorrerá com o fisco e com a mencionada agência reguladora. Imagine a hipótese de a ANVISA, na venda de um medicamento controlado. Considerando a dificuldade de acesso ao banco de dados e a respectiva análise para a avaliação da motivação da existência daquele tratamento, para não incorrer no risco de uma sanção, o dado é eliminado, em decorrência do pedido do titular. Uma eventual fiscalização da ANVISA sobre os medicamentos controlados poderá gerar consequências que impliquem até na proibição da continuidade do exercício da atividade.

Proteger os direitos individuais da privacidade e da proteção dos dados pessoais é uma ação reconhecidamente necessária, mas não pode ser regulada e fiscalizada por padrão, sem um devido equilíbrio e balanceamento – sem levar em conta os seus impactos, especialmente porque o tratamento daqueles dados pessoais, aqueles sobre os quais se requer a eliminação, no caso hipotético, por exemplo, se deram de modo lícito.

A ilicitude ocorreria nos tratamentos a partir de um pedido de eliminação desses dados, o que exigirá especial atenção e regulação por parte da ANPD.

Com efeito, para que se atinja a desejável justiça, essa regulação deverá tratar de forma desigual os desiguais, não sendo lógico exigir de micro e pequenas empresas comportamentos, prazos e ferramentas que se exige de empresas globais.

Parece-nos, portanto, prudente que a ANPD, ao regular o tema, considere hipóteses, meios e prazos diversos para o atendimento das solicitações dos titulares, especialmente em situações de crise, que envolvam empresas com realidades, materiais humanos e tecnológicos distintos.

No exemplo hipotético, parece óbvio que a farmácia de bairro não tem condições de ter um padrão de segurança de um órgão de Estado, da mesma forma que não tem recursos para investir em tecnologia, que já são caras para empresas de grande porte.

Uma conduta simples e interessante a ser adotada pela ANPD seria a adoção de um formulário padrão, a ser regularmente preenchido e atualizado no *site* da Autoridade, no qual constem informações específicas sobre o porte da empresa, objeto social, suas estruturas de tecnologia, número de colaboradores, tipo de atividade, medidas de segurança adotadas, ações para mitigação de riscos rotineiramente adotadas, dentre outras.

Essas informações teriam a finalidade de orientar a ANPD, em uma análise prévia na modalidade de uma tutela de urgência, nas hipóteses de comunicação dos incidentes de segurança, na forma do art. 48 da LGPD.

A partir dos motivos do incidente de segurança, conjugados com as informações tratadas acima, a ANPD teria condições de emitir orientações específicas para o caso concreto, de modo personalizado e individualizado para cada empresa e ato de incidente, com prazos e meios razoáveis para atendimento das disposições legais, de forma a não inviabilizar a atividade empresarial em situações que, por exemplo, a empresa pode ser tão vítima quanto o titular dos dados, como tratado nos dois cenários hipotéticos.

Assim, os direitos do cidadão estariam preservados e a empresa poderia desenvolver a sua atividade mediante o fornecimento de informações periódicas sobre o processo que está implementando para atender as ações determinadas pela ANPD.

Conclusões

A LGPD deve ser vista como uma oportunidade de competitividade, de melhoria e aperfeiçoamento das instituições, mas não pode ser interpretada e regulada sem levar em consideração a realidade dos seus destinatários.

Seria um equívoco ignorar as diferenças de empresas (seus portes, estruturas, características de negócio e a dificuldade de acesso a determinados profissionais e tecnologias em determinadas regiões do país) e exigir um comportamento padronizado de todos, desconsiderando a realidade de um país repleto de diversidades, o que representa verdadeira injustiça a ser evitada.

O aprofundamento da análise do negócio pelas empresas e a estruturação de seus bancos de dados de forma estratégica, a privilegiar a classificação do tratamento de dados pessoais por meio de outras bases legais possíveis, que não o consentimento, poderão afastar esse efeito indesejado do direito contido no art. 18, inc. VI da LGPD.

Não sendo isso possível ou demasiadamente custoso, em decorrência da necessidade de contratação de consultorias ou horas de profissionais que detenham esse conhecimento específico, restaria aguardar uma regulação pela ANPD que levasse em consideração essas dificuldades.

Espera-se, portanto, que a ANPD e as autoridades judiciais, que venham a avaliar casos decorrentes da regulação de proteção de dados pessoais, tenham parcimônia e tratem com distinção as obrigações, os meios, os prazos e as exigências que estarão sujeitos os diversos tipos de controladores e operadores de dados.

Obviamente que não se defendemos a flexibilização permissiva da lei, mas apenas um olhar atento às regulações que considerem como premissa o cumprimento da Lei, devendo ser considerados os diversos perfis de empresas e instituições, mediante soluções que possam garantir o direito do cidadão à sua individualidade, mas que também reconheçam os esforços e as dificuldades de determinados setores para a implementação de ações e medidas que não são compatíveis com a sua respectiva realidade social.

O art. 2º, inc. V da LGPD, estabelece como premissa o desenvolvimento econômico, de modo que seria míope o olhar apenas para os direitos do titular, sem se cuidar de entender como realizá-lo de forma eficaz e sem gerar prejuízos para toda uma sociedade, sensivelmente maiores que a violação do direito individual como, por exemplo, o desemprego gerado para um bairro ou uma cidade, em decorrência de autuações-padrão.

A hipótese, portanto, a ser considerada pela ANPD, é de regular direitos do cidadão, especialmente este tratado nessas linhas (de direito a eliminação de dados em razão da revogação do consentimento), de forma a não inviabilizar negócios, empregos, geração de renda, políticas públicas e outros direitos.

A sugestão singela e humildemente versada de definição de um sistema da ANPD (por meio do qual as empresas alimentem informações a seu respeito, especialmente as relevantes para a compreensão de seu grau de maturidade, a ser analisado a partir de suas condições e particularidades, que permitam a adoção de medidas, prazos e determinações personalizadas para cada situação específica em que haja notícia de um evento de insegurança), se for tido por inviável para uma Autoridade Nacional, revelará a real necessidade de atenção para esse problema. Afinal de contas, com mais razão será inviável atender às determinações dessa Lei pelas micro, pequenas e médias empresas.

Referências

BIONI, Bruno Ricardo. *Proteção de Dados Pessoais:* A função e os limites do consentimento. Rio de Janeiro: Forense, 2019.

BRASIL. Lei n. 13.709, de 14 de agosto de 2018. Lei Geral de Proteção de Dados Pessoais (LGPD). Redação dada pela Lei nº 13.853, de 2019. Brasília, *Diário Oficial da União*, 15 de agosto de 2018. Disponível em: <http://www.planalto.gov.br/ccivil_03/_Ato2015-2018/2018/Lei/L13709.htm>. Acesso em: 10 set. 2019.

CALDAS, Gabriela. O Direito à explicação no Regulamento Geral de Proteção de Dados. *In:* COUTINHO, Francisco Pereira; CANTO, Graça Moniz (coords.). *Anuário de Proteção de Dados 2019.* Universidade Nova de Lisboa, 2019. Disponível em: <http://protecaodedadosue.cedis.fd.unl.pt/wp-content/uploads/2019/05/ANUARIO-2019-Eletronico_compressed.pdf>. Acesso em: 10 set. 2019.

MALDONADO, Viviane; BLUM, Renato Ópice (coords.). *Lei Geral de Proteção de Dados Comentada.* São Paulo: RT, 2019.

______. *Regulamento Geral de Proteção de Dados da União Europeia.* São Paulo: RT, 2019.

SALDANHA, Nuno. *Novo Regulamento Geral de Proteção de Dados.* O que é? A quem se aplica? Como Implementar? Lisboa: FCA Portugal, 2018.

UNIÃO EUROPEIA. Regulamento (UE) 2016/679 do Parlamento Europeu e do Conselho, de 27 de abril de 2016, relativo à proteção das pessoas singulares no que diz respeito ao tratamento de dados pessoais e à livre circulação desses dados e que revoga a Diretiva 95/46/CE (Regulamento Geral sobre a Proteção de Dados). *Jornal Oficial da União Europeia*, 04 de maio de 2016. Disponível em: <https://eur-lex.europa.eu/legal-content/pt/TXT/?qid=1559291025147&uri=CELEX:32016R0679>. Acesso em 10 set. 2019.

Políticas Regulatórias para o Setor da Proteção de Dados no Brasil e a Aplicabilidade do Modelo de Regulação pela Arquitetura

Lucas Bossoni Saikali
Rafael Almeida Oliveira Reis

Introdução

Vivemos uma nova realidade social marcada pela imensurável influência digital em nossas vidas. Não poderíamos imaginar que, em pouco mais de 20 anos, décadas de um composto imaginário de cineastas de ficção científica se tornariam tecnologias corriqueiras no nosso cotidiano. É o caso das ligações por videoconferência, dos dispositivos IoT *(Internet of Things)* e os carros autônomos. Impressiona como essa evolução foi rápida, amparada principalmente pelo surgimento da Internet e de tecnologias de transmissão de dados em alta velocidade[1]. O surgimento da sociedade da informação[2] criou as condições necessárias para esse progresso sem precedentes na história, que culmina na falência do sistema clássico de

[1] Podemos citar como exemplo o surgimento da tecnologia de transmissão de dados de terceira geração (3G) como o WCDMA, HSPA e HSPA+, este último podendo atingir até 21,6 Mbps.

[2] Sociedade da informação pode ser definida como "uma organização geopolítica dada a partir da terceira revolução industrial, com impacto direto no uso da informação e das tecnologias da informação e comunicação (TICs). O termo surge como uma mudança de paradigma tecno-social presente na sociedade pós-industrial, visando o uso da informação como moeda para a sociedade em constituição naquele momento."
Santos, Plácida Leopoldina Ventura Amorim da Costa; Carvalho, Angela Maria Grossi de. Sociedade da Informação: avanços e retrocessos no acesso e no uso da informação. *Informação e Sociedade – Estudos*, São Paulo, v. 19, n. 1, p. 45-55, 2009.

acumulação de riquezas baseado nos meios de produção e cria uma sociedade convergente, que consiste na intercomunicação de coisas e pessoas por meio de uma conexão constante, viabilizada mais recentemente pelo surgimento da Internet[3].

Buscaremos analisar como esse contexto da sociedade da informação forçou o Direito a criar novos modelos de regulação para alcançar melhores resultados na governança da Internet e como os modelos alternativos de regulação, notadamente o de arquitetura, pode beneficiar o alcance da proteção de dados pessoais no Brasil. Para isso, a pesquisa analisará a lógica das tradicionais políticas regulatórias no país para, então, propor as adaptações necessárias para a atuação da Autoridade Nacional de Proteção de Dados.

A metodologia de pesquisa adotada é a método hipotético-dedutiva, por meio do qual se analisa o papel da Autoridade Nacional de Proteção de Dados na regulamentação direta e indireta da proteção de dados e privacidade no Brasil. A técnica de pesquisa utilizada é a documentação indireta, através da pesquisa bibliográfica.

1. A proteção dos dados na sociedade informacional e o papel da Autoridade Nacional de Proteção de Dados

Como meio de intensa manifestação social, a Internet é a grande responsável pela viabilização desse novo modelo de sociedade baseado em dados pessoais, fazendo com que o Estado necessite regular esse ambiente de alguma forma. Na União Europeia, por exemplo, os avanços econômicos e tecnológicos da década de 70 fizeram surgir uma série de leis nacionais para regular o tratamento de dados pessoais, que posteriormente seriam unificadas pelo Regulamento Geral de Proteção de Dados[4].

Com a intensificação do tratamento de dados pessoais pelos Estados e por grandes empresas multinacionais, o direito fundamental à privacidade deixou de ser meramente um direito à vida íntima do indivíduo, passando para um contexto muito mais amplo de controle dos dados pessoais e autodeterminação informativa[5].

[3] PINHEIRO, Patricia Peck. *Direito Digital.* São Paulo: Saraiva, 2017, p. 64.

[4] RUDGARD, Sian; *et al. European Data Protection: Law and Practice.* Portsmouth: Hide Park Publishing Services, 2018, pp. 21-52.

[5] SCHEREIBER, Anderson. *Direitos da Personalidade.* São Paulo: Atlas, 2014, pp. 138-140.

No Brasil, embora o tema tenha sido abordado por leis como o Código de Defesa do Consumidor[6] e o Marco Civil da Internet, o verdadeiro marco da proteção de dados pessoais ocorre recentemente, com criação da Lei Geral de Proteção de Dados Pessoais (LGPD) e da Autoridade Nacional de Proteção de Dados (ANPD), entidade responsável pela aplicação, fiscalização e regulamentação da LGPD.

Criada pela Lei nº 13.853/19, oriunda da Medida Provisória nº 869/18, a ANPD foi instituída para zelar pela proteção dos dados pessoais, elaborar diretrizes para a Política Nacional de Proteção de Dados Pessoais e Privacidade e para aplicar sanções em casos de tratamento de dados feito de forma irregular, dentre outras atribuições dispostas na lei.

A estrutura organizacional da ANPD é dividida em: (i) Conselho Diretor; (ii) Conselho Nacional de Proteção de Dados Pessoais e Privacidade; (iii) Corregedoria; (iv) Ouvidoria; (v) órgão de assessoramento jurídico próprio e (vi) unidades administrativas e especializadas necessárias para a aplicação das diretrizes da lei.

Conforme dispõe o *caput* do art. 55-A da referida legislação, a ANPD possui natureza jurídica de órgão da administração pública federal e integrante da Presidência da República. Contudo, conforme explicitam os §§ 1º e 2º do mesmo artigo, sua natureza jurídica é transitória, podendo, em até dois anos, ser transformada em entidade da administração pública federal indireta, através de regime autárquico especial e ainda vinculado à Presidência da República.

De toda forma, ainda que sua criação tenha sido recente, desde já surgem questões acerca da futura eficiência e eficácia da ANPD. Três problemáticas merecem comentários. A primeira é a baixa remuneração para as posições do Conselho Diretor (a mais alta dentro do órgão), o que pode levar à ausência de nomes qualificados e com experiência na temática para compor o quadro, uma vez que estes podem perceber valores mais significativos na iniciativa privada. A segunda problemática envolve a independência técnica e funcional da ANPD. A Autoridade está vinculada à Presidência da República e poderá, por conta disso, evitar a fiscalização do próprio governo. Veja-se que a temática da proteção de dados e privacidade é extremamente técnica e exige um alto grau de aprendizado e

[6] Os arts. 43 e 44 do Código de Defesa do Consumidor estabelecem que o consumidor terá o direito de acesso às informações de consumo e dados pessoais existentes sobre ele em cadastros.

tecnicidade – o que dificilmente pode ser arrumado sem uma organização estrutural própria. Finalmente, o terceiro problema se refere à falta de independência orçamentária. Em razão de sua vinculação direta ao Poder Executivo, a ANPD será sustentada pelo orçamento da União e não terá garantia prioritária de recursos para a sua manutenção.

Não obstante, tramitou, na Câmara dos Deputados, a Proposta de Emenda à Constituição (PEC) nº 17/2019, que, além de outras questões, propôs que a autoridade fiscalizadora do cumprimento e respeito à proteção e privacidade dos dados pessoais de titulares fosse independente, integrante da administração pública federal indireta, submetida a um regime autárquico especial. Conquanto problemas que saltam aos olhos dos estudiosos do Direito Público, no que se refere à atuação de uma agência reguladora, o propósito do presente artigo é o de discutir as políticas regulatórias da ANPD.

Nesse ínterim, vale lembrar que a Autoridade Nacional de Proteção de Dados é responsável por pensar em moldes regulatórios e fiscalizatórias para todo o mercado, uma vez que, dada a amplitude do conceito de tratamento de dados[7], tais operações ocorrem independentemente do agente econômico envolvido, ao contrário das agências reguladoras brasileiras, que possuem sua atuação restrita à um setor específico – como é o caso da Agência Nacional de Telecomunicações (ANATEL), da Agência Nacional de Energia Elétrica (ANEEL), dentre outros exemplos. Portanto, é relevante se pensar de que forma e qual o modelo adequado para a criação de políticas regulatórias pela ANPD, uma vez que é preciso se pensar de forma geral – ou seja, no mercado como um todo.

Contudo, antes de analisar a alternativa proposta, é preciso rememorar os fundamentos das políticas regulatórias de intervenção econômica do Estado, a partir da Reforma Administrativa.

2. O surgimento do Estado-gerencial em um contexto de crise

O sistema econômico adotado pelo Brasil é caracterizado pelo reconhecimento da livre iniciativa como fundamento da República, o que resta

[7] O art. 5º, X, da Lei Geral de Proteção de Dados define "tratamento" como "toda operação realizada com dados pessoais, como as que se referem a coleta, produção, recepção, classificação, utilização, acesso, reprodução, transmissão, distribuição, processamento, arquivamento, armazenamento, eliminação, avaliação ou controle da informação, modificação, comunicação, transferência, difusão ou extração.

evidenciado na leitura do art. 1º da CF. E isso é confirmado quando, ao tratar da Ordem Econômica e Financeira, a Constituição de 1988 institui no Brasil um Estado Interventor, mas que defende a liberdade econômica típica do sistema capitalista.[8] O art. 170 nomeou os princípios da propriedade privada (inc. II) e da livre concorrência (inc. IV) como fundamentais para a ordem econômica nacional. Por outro lado, o seu modelo é social, ou seja, apresenta também sua perspectiva "socializante"[9], ao assegurar que a ordem econômica deve observar a soberania nacional (inc. I), a função social da propriedade (inc. III) e a redução da desigualdade em nível regional e social (inc. VII).[10]

Nesse sentido, no campo da exploração direta da atividade econômica prevalece o valor da liberdade. A atuação estatal tem a função precípua de não intervir e de fiscalizar – atuando, portanto, como um agente externo[11]. Dessa forma, para que a esfera de liberdade do particular seja restringida, é necessária uma prévia ponderação no plano abstrato, quer seja pelo constituinte, quer seja pelo legislador[12].

[8] José Afonso da Silva explica que "A Constituição declara que a ordem econômica é fundada na valorização do trabalho humano e na iniciativa privada. Que isso significa? Em primeiro lugar, quer dizer precisamente que a Constituição consagra uma economia de mercado, de natureza capitalista, pois a livre iniciativa, que, especialmente, significa a garantia da iniciativa privada, é um princípio básico da ordem capitalista. Em segundo lugar, significa que, embora capitalista, a ordem econômica dá prioridade aos valores do trabalho humano sobre todos os demais valores da economia de mercado. Conquanto se trate de declaração de princípio, essa prioridade tem o sentido de orientar a intervenção do Estado na economia, a fim de fazer valer os valores sociais do trabalho, que, ao lado da livre iniciativa, constitui um dos fundamentos não só da ordem econômica, mas da própria República Federativa do Brasil (art. 1º, IV)". Ver em: Silva, José Afonso da. *Comentário Contextual à Constituição.* 7ª ed. São Paulo: Editora Malheiros, 2010. p. 273.

[9] Martins, 2011, p. 124.

[10] "Logo, entende-se que a ordem econômica na Constituição de 1988 consagra um regime de mercado, optando pelo processo econômico do tipo liberal, que só admite intervenção do Estado para coibir abusos e preservar a livre concorrência de quaisquer interferências, quer do próprio Estado quer dar formação de monopólios ou abuso de poder econômico, sempre na defesa da livre iniciativa". Ver em: SADDY, André. *Formas de atuação e intervenção do estado brasileiro na economia.* 3. ed. Rio de Janeiro: Lumen Juris, 2018. p. 80-82.

[11] Martins, Ricardo Marcondes. *Regulação administrativa à luz da Constituição Federal.* São Paulo: Malheiros, 2011, p. 124.

[12] Em outras palavras, o autor afirma que "todas as restrições à liberdade decorrentes de preceitos expressos ou implícitos no sistema normativo vigente devem ser justificadas pela ponderação das circunstâncias fáticas e jurídicas. O sistema jurídico brasileiro assenta-se

Tem-se, portanto, com a Constituição de 1988, uma ordem econômica de caráter capitalista, que preza a liberdade da iniciativa privada para inovar e realizar as atividades de seu interesse, mas que, ao mesmo tempo, estabelece limites fundados em valores tais como a justiça social, conforme o *caput* do art. 170[13]. Nessa medida, conforme aduz Sérgio Guerra, o Estado passou a ter a função de *"conter os excessos perpetrados pelos agentes que detêm o poder econômico privado, de acordo com valores e princípios garantidos pela força normativa da Constituição"*[14].

Ao tratar sobre o Estado gerencial brasileiro, Emerson Affonso da Costa Moura afirma que a redemocratização do país trouxe a tendência de se implementar técnicas administrativas da iniciativa privada com a finalidade de realizar uma transição entre uma gestão de natureza burocrática para uma voltada à eficiência dos resultados e da flexibilidade dos processos realizados[15].

no valor fundamental da liberdade e assegura-o de tal forma que o núcleo essencial do direito à liberdade tem um âmbito bem largo. Essa é diretriz fundamental: sempre que não for necessária à tutela de um valor constitucional expresso ou implícito, a restrição é vedada". MARTINS, Ricardo Marcondes. *Regulação administrativa à luz da Constituição Federal*. São Paulo: Malheiros, 2011, p. 238.

[13] De acordo com André Saddy, a garantia constitucional de livre iniciativa assegura a todos "o direito de ingressarem no mercado, mas não se torna certo o direito de todos o fazerem sob iguais condições, repudiando-se, no entanto, qualquer forma de discriminação que instaure condições de competitividade diferentes. Inclui não apenas ingressar e, portanto, atuar no mercado, mas também esclarecer os próprios objetivos e dirigir e planejar sua atividade em atenção a seus recursos e às condições do próprio mercado. Além de, também, assegurar o direito de cessar a atividade, afinal não se pode qualificar de livre, obrigação indefinida de continuidade de atuação contra sua vontade. Deve-se assinalar, também, que a livre iniciativa ampara tais liberdades com independência da atividade ou setor econômico em que se desenvolve". Ver em: SADDY, André. *Formas de atuação e intervenção do estado brasileiro na economia*. 3ª ed. Rio de Janeiro: Lumen Juris, 2018. pp. 90-93.

[14] GUERRA, Sérgio. *Discricionariedade, regulação e reflexividade:* uma nova teoria sobre as escolhas administrativas. Prefácio de Tercio Sampaio Ferraz Junior. 4ª ed. revista e atualizada. Belo Horizonte: Fórum, 2017, p. 113.

[15] Para que essa mudança ocorra, o autor entende que devem existir alterações nos planos político, jurídico e técnico. "No plano político, compreende o realinhamento dos níveis de concentração do Poder Público mediante a subsidiariedade da atuação estatal e a intervenção precípua das organizações privadas, bem como a expansão da participação dos cidadãos racionalizando e legitimando a gestão pública. Sob o prisma jurídico, engloba a transmutação do dever de publicidade no mandado de transparência, impondo a otimização do processo de visibilidade dos atos públicos e a coordenação de interesses e ações com os administrados, que demarca a transição gradual de uma Administração Pública unilateral para multilateral.

O momento catalisador do crescimento do Estado regulador no Brasil está inserido em um contexto de avanço tecnológico durante a década de 1990. Nesse momento histórico, o Estado possibilitou a prestação de serviços públicos no regime privado, bem como abriu setores para a iniciativa privada, como é o caso das telecomunicações. A base para a reforma do Estado brasileiro começou com a edição da Medida Provisória nº 155 em 1990 (que, em poucas semanas, foi aprovada e transformada na Lei nº 8.031/90), ainda no governo do Presidente Fernando Collor de Mello, por meio da criação do Programa Nacional de Desestatização – cujo mote era a *"reordenação da posição estratégica do Estado na economia, transferindo à iniciativa privada atividades indevidamente exploradas pelo setor público"*. Por sua vez, a lei em questão foi alterada com a edição da Lei nº 9.491/97, no governo de Fernando Henrique Cardoso, dando continuidade ao processo de reforma econômica brasileiro[16].

Segundo Leila Cuéllar, a alteração da forma de intervenção estatal era medida necessária, a partir da diminuição da atuação direta (como empresário e produtor) e aumento do papel de interventor indireto (disciplinador e fomentador). Em suma, procurou-se "estabelecer um Estado menor, mais enxuto – porém mais forte e eficiente"[17]. Nessa medida, a atuação gerencial da Administração Pública incluiu a transferência da exploração das atividades econômicas e a delegação de serviços públicos para a atividade privada, em razão de uma maior capacidade de financiamento e capacidade técnica de gestão[18].

No campo técnico, abrange a implantação do modelo de *New Public Management*, que envolve a descentralização racional – com atribuição de flexibilidade aos entes e órgãos na persecução de suas finalidades – e a profissionalização – mediante a desburocratização e o emprego racional dos recursos".
MOURA, Emerson Affonso da Costa. Estado gerencial, regulação econômica e serviços públicos – O papel das agências reguladoras na promoção do desenvolvimento. *A&C – Revista de Direito Administrativo e Constitucional*, Belo Horizonte, ano 14, n. 57, p. 193-217, jul./set. 2014, p. 196.

[16] MOTTA, Paulo Roberto Ferreira. *Agências reguladoras*. Barueri, SP: Manole, 2003. pp. 6-7.

[17] Segundo a autora, isso significou uma série de mutações qualitativas e quantitativas na atividade regulatória do Estado, "pois se deu uma (parcial) alteração da forma pela qual se revela a presença do Estado na economia – de gestor e prestador de atividades econômicas, ele passou a regulador e garantidor.
CUÉLLAR, Leila. *Introdução as agências reguladoras brasileiras*. Belo Horizonte: Fórum, 2008. Coleção luso-brasileira de direito público, n. 2, p. 33.

[18] MOURA, Emerson Affonso da Costa. Estado gerencial, regulação econômica e serviços públicos. *Op. Cit.*, pp. 193-217.

Contudo, sobreleva ressaltar, conforme lembra Bresser Pereira, que a regulação e a intervenção continuaram necessárias nas áreas da educação, da saúde, da cultura, do desenvolvimento tecnológico e dos investimentos em infraestrutura[19].

Assim, mesmo que não atuasse de forma direta no mercado, o Estado buscaria intervir de forma pontual para organizar a estrutura geral do mercado, visando o interesse público.

Nesse sentido, a criação das agências reguladoras não ocorre de forma eventual. O contexto histórico da falha do Estado interventor (prestador de serviços), a liberalização da economia (com o desencadeamento de um processo de desestatização de empresas públicas) e a necessidade de segurança para os investimentos estrangeiros permitiram a decisão política que fez surgir a noção e deu azo à criação das agências reguladoras no Brasil, consagradas pela lei infraconstitucional[20].

Com a atividade de produtor e empresário mitigada, o Estado regulador ocupou um papel de ente fiscalizador e garantidor da prestação dos serviços públicos, quando estes são prestados por agentes privados. Da mesma forma, a atuação das agências reguladoras, em razão da dinâmica do mercado e da fluidez dos avanços tecnológicos, também passou a refletir em serviços privados que envolvesse o interesse público, como é o caso da regulação dos serviços de televisão a cabo/televisão paga pela Agência Nacional de Telecomunicações.

Sérgio Guerra entende que as novas complexidades do cotidiano geram diferentes riscos, exceções, urgências e necessidades para a uma "sociedade em rede", que, dessa forma, clama por *"novos institutos jurídicos e mecanismos de compatibilização das relações entre sistema econômico, sistema social e sistema jurídico"*[21].

[19] PEREIRA, Luiz Carlos Bresser. *Reforma do Estado para a cidadania*: a reforma gerencial brasileira na perspectiva internacional. São Paulo: Editora 34, 1998, p. 237.

[20] De acordo com Cristina Alves da Silva e Rocco Antonio Rangel Rosso Nelson: "As agências reguladoras surgiram, no Brasil, por decisão estritamente política, visando um melhor desempenho do papel do Estado e da divisão de funções nascidas com o princípio da separação de poderes, como forma de fiscalizar e garantir que as atividades desenvolvidas pela iniciativa privada obedeçam aos ditames estabelecidos pela sociedade".
SILVA, Cristina Alves da; NELSON, Rocco Antonio Rangel Rosso. Agências reguladoras e evolução Estatal: uma análise temporal do papel do Estado no setor econômico. *A&C – Revista de Direito Administrativo & Constitucional*, Belo Horizonte, ano 13, n. 51, p. 251-273, jan./mar. 2013.

[21] Segundo o jurista, o que acontece, na realidade, é que as novas tecnologias criam uma "reserva do regulador", na medida em que a "tecnicidade do mundo pós-moderno leva

A realidade econômica e tecnológica não pode ser descrita em sua totalidade por uma norma jurídica, pois suas características vão depender da realidade social, econômica e tecnológica do momento, de forma que *"devem ser levadas em consideração tanto as razões passadas quanto os efeitos prospectivos das escolhas estatais"*[22].

A relação entre o Estado e a economia não é estanque. Ela está em constante variação em razão das contingências política, ideológica e econômica. Dessa forma, esse dinamismo e dialeticidade entre as duas esferas permite que o Direito limite e direcione – de forma finita – a atividade econômica[23]. E no atual cenário em que as inovações tecnológicas estão cada vez mais presentes, o Estado vem enfrentando desafios contemporâneos à era da Internet e tecnologia.

Patricia Baptista e Clara Iglesias Keller lembram que a regulação das inovações disruptivas, para além do reconhecimento, "traz segurança para que as atividades se desenvolvam sob o amparo do direito". Para as autoras, uma regulação pautada pela lógica do confronto com o setor inovador ou a partir de soluções regulatórias unilaterais estatais não é promissora, uma vez que o desenvolvimento encontrara formas de se desenrolar da regulação aplicada[24].

Como princípio do Estado de Direito brasileiro, a segurança jurídica garante que os comportamentos estabelecidos pelo ordenamento serão devidamente obedecidos pela Administração Pública e pelos indivíduos, como forma de garantia do futuro da sociedade.

Sobre a matéria, Humberto Ávila discorre acerca de três ideais parciais que, unidas, configuram o ideal da segurança jurídica: a cognoscibilidade, a confiabilidade e a calculabilidade. O primeiro está relacionado ao conhecimento da legislação pelos cidadãos, buscando que se evitem enganos em

ao deslocamento da competência sobre sistemas complexos do Poder Legislativo para os reguladores."

Guerra, Sérgio. *Discricionariedade, regulação e reflexividade:* uma nova teoria sobre as escolhas administrativas. Prefácio de Tercio Sampaio Ferraz Junior. 4ª ed. revista e atualizada. Belo Horizonte: Fórum, 2017, pp. 137-138.

22 Ibidem, pp. 139-140.

23 Aragão, Alexandre Santos de. O conceito jurídico de regulação econômica. *Revista de Direito Administrativo & Constitucional.* Curitiba: Juruá, n. 6, 2001, p. 64.

24 Baptista, Patrícia; Keller, Clara Iglesias. Por que, quando e como regular as novas tecnologias? Os desafios trazidos pelas inovações disruptiva. *Revista de Direito Administrativo,* Rio de Janeiro, v. 273, pp. 123-163, set./dez. 2016.

relação à legalidade de atuação da pessoa. Por sua vez, a confiabilidade se refere à busca pela consolidação e estabilidade do Direito, preservando-se o passado no presente. Por fim, a noção de calculabilidade busca preservar o presente no futuro, favorecendo a continuidade do Direito e impedindo que a ação do Estado surpreenda as pessoas em relação à sua conduta. Em resumo, *"para que o Direito seja estável, ele precisa antes ser conhecido"*[25].

Nesse sentido, conforme aduz Sérgio Guerra, a regulação gera efetivas salvaguardas institucionais na busca de um *"compromisso estatal com a manutenção das regras (segurança jurídica)"*. Para o autor, do Estado regulador são exigidas funções de equalização, mediação e arbitragem das relações econômicas e sociais que envolvem o Estado e este deve ponderar todos os interesses em debate[26].

Evidente, portanto, que um ambiente regulado, pautado na consensualidade e levando em conta as diferenças entre os agentes públicos e privados envolvidos, permite uma melhor adaptação do Poder Público e do setor privado às normas sobre proteção de dados e privacidade no Brasil. Assegurado um ambiente propício ao exercício das atividades econômicas privadas, possibilita-se a realização dos objetivos almejados pela Constituição[27].

Se, por um lado, cabe ao Poder Público criar as bases para a promoção de investigação e desenvolvimento tecnológico em níveis empresariais, por outro, cabe ao Direito dar segurança, previsibilidade e certeza para a atividade econômica diante da intervenção estatal[28].

Hodiernamente, quando se pensa no *boom*, em nível global, das legislações de proteção de dados e privacidade, o olhar dos reguladores se volta a responder a seguinte pergunta: como, a partir da lógica de intervenção estatal e políticas regulatórias, estruturar e organizar esse novo setor da economia? Conforme será analisado no próximo capítulo, talvez o papel do regulador não seja o de aplicar a lógica do século passado, mas sim pensar (e por quê não?) em um modelo alternativo.

[25] ÁVILA, Humberto. *Teoria da segurança jurídica*. 3. ed. São Paulo: Malheiros, 2013, pp. 303-307.

[26] GUERRA, Sérgio. *Discricionariedade, regulação e reflexividade:* uma nova teoria sobre as escolhas administrativas. Prefácio de Tercio Sampaio Ferraz Junior. 4ª ed. revista e atualizada. Belo Horizonte: Fórum, 2017, p. 134.

[27] MOURA, Emerson Affonso da Costa. Estado gerencial, regulação econômica e serviços públicos. *Op. Citatum.*

[28] TAMANAHA, Brian Z. *The Primacy of Society and the Failures of Law and Development:* Decades of Stubborn Refusal to Learn. Disponível em: <http://www.lawschool.cornell.edu/research/ilj/upload/tamanaha-final.pdf>. Acesso em: 02 jun. 2018.

3. A regulação da arquitetura como alternativa ao modelo tradicional

Em termos gerais, e que definem bem a atuação setorizada do Estado brasileiro, a atividade reguladora pode ser definida como uma política pública de restrição e/ou interferência na atividade de um sujeito (pessoa física ou jurídica privada) por alguém (um ente regulador) que não desenvolve as mesmas atividades e que estabelece regras restritivas e controla o cumprimento destas de forma continuada[29].

Assim, a lógica regulatória tradicional de atuação das agências reguladoras envolve o controle ou a prevenção dos atores econômicos que realizam atividades no mercado, com a finalidade de prevenir ou corrigir potencialidades negativas da atuação do setor privado[30]. Conforme ensina Sérgio Guerra, *"a escolha regulatória fundamenta-se, portanto, do ponto de vista da teoria da justiça, na atuação do Estado sobre decisões e atuações de maneira adequada, necessária e proporcional"*[31].

Carlos Ari Sundfeld lembra que a escolha regulatória estatal se manifesta através de poderes e ações com objetivos econômicos – como o controle de preços e tarifas– ou objetivos com efeitos econômicos inevitáveis – medidas econômicas e urbanísticas, dentre outras[32].

Veja-se, portanto, que, ao tratar da regulação das atividades públicas e privadas que envolvem a proteção de dados e privacidade, é inevitável que haja uma consequência econômica para os agentes envolvidos. Custos de transação antes desnecessários deverão ser arcados para o cumprimento das normativas legais já impostas, sob pena de serem multados.

Contudo, por se tratar de uma regulação não setorizada – que, embora envolva uma temática, deverá ser aplicada para todo o mercado –, é relevante que os reguladores analisem modelos que levem em consideração as características intrínsecas da proteção de dados pessoais, como por exemplo a ineficácia de uma regulação meramente prescritiva e a dificuldade de fiscalizar o tratamento de dados pessoais nos mais diversos setores da

[29] MATA, Ismael. Los entes reguladores de los servicios públicos. *El derecho administrativo argentino, hoy.* Buenos Aires: Editorial Ciencias de la Administración, 1996, p. 115.

[30] MOTTA, Paulo Roberto Ferreira. *Agências reguladoras.* Barueri, SP: Manole, 2003, p. 52.

[31] GUERRA, Sérgio. *Discricionariedade, regulação e reflexividade:* uma nova teoria sobre as escolhas administrativas. Prefácio de Tercio Sampaio Ferraz Junior. 4ª ed. revista e atualizada. Belo Horizonte: Fórum, 2017, p. 145.

[32] SUNDFELD, Carlos Ari. Serviços públicos e regulação estatal. *In:* SUNDFELD, Carlos Ari (org.). *Direito Administrativo econômico.* São Paulo: Malheiros, 2000, p. 23.

economia e a própria administração pública. Trata-se de missão praticamente impossível, sendo necessário criar alternativas para efetivação da proteção de dados pessoais.

Nesse sentido, a regulação via arquitetura de código é uma alternativa a ser considerada para contornar o problema da efetividade da regulação de proteção de dados no Brasil. O problema não é novo e um paralelo com a história da regulação da Internet é necessário.

Em um primeiro momento, a Internet foi vista como um local irregulável, portanto impossível de controlar. A pequena comunidade que utilizava a rede em seus primórdios a considerava-a um espaço soberano onde o governo não era bem-vindo[33].

Em sua obra sobre tutela e efetividade na Internet, Marcel Leonardi esclarece que, embora nesse primeiro momento a Internet fosse vista como um *"espaço livre e separado dos territórios físicos, imune à soberania dos Estados organizados"*, prevaleceu a ideia de que ela não é um lugar[34], mas um meio de comunicação que liga intermediários por meio de uma representação audiovisual de coisas reais[35]. A discussão sobre a regulação ou não da Internet foi superada e deu lugar ao modo como ela deveria ser realizada.

Lawrence Lessig, em sua obra de referência sobre a regulação na Internet, denominada *Code*, demonstrou que a simples influência da lei não seria suficiente para regular esse ambiente. Segundo ele, não só o direito influencia comportamentos por meio de consequências jurídicas de um ato[36]. Normas sociais, o mercado e, principalmente, a arquitetura das coisas são importantes para que o comportamento humano seja afetado e condutas indesejadas sejam mitigadas. O direito, por ter prevalência na regulação de todas as outras frentes, assume papel central, mas não estanque para a efetividade das leis.

A teoria tridimensional de Miguel Reale também deve ser considerada para ascender a ideia de que apenas o direito seria suficiente para regular a sociedade, ou que que ele é simplesmente um complexo de regras.

[33] A ideia de uma Internet como local livre de qualquer intervenção estatal foi inicialmente concebida por John Perry Barlow, em artigo denominado *"A Declaration of the Independence of Cyberspace"*. Disponível em: <https://www.eff.org/pt-br/cyberspace-independence>. Acesso em: 06 out. 2019.

[34] Inicialmente, este local independente foi denominado *"Ciberespaço"*.
LEONARDI, Marcel. *Tutela e Privacidade na Internet*. São Paulo: Saraiva, 2012, pp. 19-71.

[35] Ibidem.

[36] LESSIG, Lawrence. *Code version 2.0*. New York: Basic Books, 2006, p. 03.

O direito seria, simultaneamente, *fato, valor e norma*. Onde houver um fenômeno jurídico, sempre haverá um fato atrelado, que poderá ser de cunho econômico, técnico, social, *etc*. Atrelado ao fato, sempre haverá um valor lhe conferindo algum tipo de significado (como uma finalidade ou objetivo a ser atingido). Por fim, a norma representa a medida que relaciona ou integra o fato ao valor[37].

A arquitetura é, nesse sentido, uma modalidade de regulação, na medida em que as características de determinadas coisas fazem com que comportamentos sejam restringidos ou condutas forçadas, sem qualquer dependência de cooperação ou mesmo de capacidade coercitiva do Estado[38]. Ou seja, controlar a arquitetura seria, em tese, controlar a dimensão fática da Rede em toda sua complexidade técnica.

Nesse contexto, o surgimento da ANPD une os desafios da missão de regular diversos setores da economia com a oportunidade de utilizar o modelo de regulação pela arquitetura, ou seja, de regular o modo como o código de aplicações ou softwares em que ocorram tratamento de dados pessoais deve ser escrito. É importante destacar que não se trata de um "invencionismo". A própria LGPD, em seu artigo 46, §1º, trata sobre a adoção de padrões técnicos mínimos para proteger os dados pessoais dos titulares,[39] que nada mais é do que regular as medidas técnicas a serem utilizas pelo mercado para que a proteção de dados pessoais seja efetivada ainda na fase de desenvolvimento do produto ou serviço em questão, reduzindo consideravelmente os riscos do negócio relacionadas à tutela da privacidade. Trata-se de um verdadeiro incentivo ao modelo do *privacy by design*, ferramenta que utiliza a arquitetura própria de proteção de dados ainda na fase de desenvolvimento dos produtos e serviços que utilizam dados pessoais, tornando-os mais seguros e acessíveis aos usuários. Não obstante, o artigo 55-J, VIII, da LGPD, estabelece que a ANPD deverá esti-

[37] LEONARDI, Marcel. *Tutela e Privacidade na Internet. Op. Cit.*, p. 151.

[38] Ibidem.

[39] Art. 46. Os agentes de tratamento devem adotar medidas de segurança, técnicas e administrativas aptas a proteger os dados pessoais de acessos não autorizados e de situações acidentais ou ilícitas de destruição, perda, alteração, comunicação ou qualquer forma de tratamento inadequado ou ilícito.
§ 1º A autoridade nacional poderá dispor sobre padrões técnicos mínimos para tornar aplicável o disposto no caput deste artigo, considerados a natureza das informações tratadas, as características específicas do tratamento e o estado atual da tecnologia, especialmente no caso de dados pessoais sensíveis, assim como os princípios previstos no caput do art. 6º desta Lei.

mular adoção de padrões para serviços e produtos que facilitem o exercício e o controle dos titulares sobre os seus dados pessoais.

Embora mais audacioso, outra interessante iniciativa é o projeto P3P (*Platform for Privacy Preferences*)[40], criado pelo *World Wide Web Consortium (W3C)*,[41] que também pode ser enquadrado como um modelo de arquitetura para a proteção de dados. Trata-se de um projeto que permite que navegadores como *Internet Explorer, Chrome, Firefox* e outros interajam com sites para que as configurações de privacidade do usuário sejam automaticamente lidas e compreendidas pelo site visitado.

Resumidamente, o usuário configura quais restrições de coleta e tratamento de dados deseja em seu navegador. Ao entrar em algum site ou serviço, este automaticamente identifica a configuração, adaptando a coleta e tratamento de dados conforme as predefinições do usuário, tornando desnecessária qualquer leitura prévia de políticas de privacidade e termos de consentimento.

Conclusões

Em um mundo onde as riquezas estão em constante recriação, os mercados se encontram interligados e as atividades prestadas pelos particulares sofrem influxos dos mais variados, a atuação regulatória do Estado com a finalidade de proteger direitos fundamentais é cada vez mais relevante. E, ainda que esse não seja um processo fácil, ainda mais em se tratando da proteção de dados pessoais em toda a sua amplitude, uma efetiva regulação estatal poderá trazer maior segurança jurídica e previsibilidade para a atuação dos agentes de mercado e da própria administração pública. Cabe, portanto, à administração, portanto, a tarefa de compatibilizar os interesses públicos e privados em prol de uma regulação que satisfaça os agentes envolvidos.

[40] O Projeto Plataforma para Preferências de Privacidade (P3P) permite que os sites expressem suas práticas de privacidade em um formato padrão que pode ser recuperado automaticamente e interpretado facilmente pelos navegadores do usuário. O P3P permite que os usuários sejam informados sobre as práticas do site (em formatos legíveis por máquina e humanos) e automatizem a tomada de decisões com base nessas práticas, quando apropriado. Portanto, os usuários não precisam ler as políticas de privacidade em todos os sites que visitam. Disponível em: <https://www.w3.org/P3P//>. Acesso em: 07 de out. 2019.

[41] O *World Wide Web Consortium* (W3C) é uma comunidade internacional em que as organizações membros, uma equipe de tempo integral e o público trabalham juntos para desenvolver padrões da Web. Liderada pelo inventor e diretor da Web, Tim Berners-Lee, e pelo CEO, Jeffrey Jaffe. Disponível em: <https://www.w3.org/Consortium/>. Acesso em: 07 de out. 2019.

Nessa perspectiva, foi analisada a importância da proteção de dados na Sociedade da Informação, principalmente a partir do marco legal da criação da Lei Geral de Proteção de Dados e a Autoridade Nacional de Proteção de Dados, que, atualmente, enfrenta uma série de desafios para sua atuação técnica e independente. Em um segundo momento, apontou-se os modelos tradicionais de regulação estatal e, por fim, foi proposta a adoção de um modelo que abrange não só a regulação direta, mas também da arquitetura dos códigos de produtos e serviços que realizam tratamento de dados pessoais, como o *privacy by design* e o P3P.

Portanto, por se tratar de um setor amplo que envolve tanto atores públicos quanto privados, cabe a ANPD levar em consideração o interesse das partes envolvidas e realizar uma política regulatória efetiva. Isso pode ser feito, inclusive, através da regra de "tentativa e erro". E, ao contrário do que parece, não há qualquer demérito nessa atuação. Um desenho regulatório que beneficie todos os agentes envolvidos requer o uso de modelos alternativos com a constante modificação e adaptação das ferramentas de regulação.

Referências

ARAGÃO, Alexandre Santos de. O conceito jurídico de regulação econômica. *Revista de Direito Administrativo & Constitucional.* Curitiba: Juruá, n. 6, 2001.

ÁVILA, Humberto. *Teoria da segurança jurídica.* 3ª ed. São Paulo: Malheiros, 2013.

BAPTISTA, Patrícia; KELLER, Clara Iglesias. Por que, quando e como regular as novas tecnologias? Os desafios trazidos pelas inovações disruptiva. *Revista de Direito Administrativo,* Rio de Janeiro, v. 273, pp. 123-163, set./dez. 2016.

BRASIL. Lei n. 13.709, de 14 de agosto de 2018. Lei Geral de Proteção de Dados Pessoais (LGPD). Redação dada pela Lei nº 13.853, de 2019. Brasília, *Diário Oficial da União,* 15 de agosto de 2018. Disponível em: <http://www.planalto.gov.br/ ccivil_03/_Ato2015-2018/2018/Lei/L13709.htm>. Acesso em: 10 set. 2019.

______. Lei n. 13.853, de 08 de julho de 2019. Altera a Lei nº 13.709, de 14 de agosto de 2018, para dispor sobre a proteção de dados pessoais e para criar a Autoridade Nacional de Proteção de Dados, e dá outras providências. Brasília, *Diário Oficial da União,* 09 de julho de 2019. Disponível em: <http://www.planalto.gov.br/ccivil_03/_Ato2019-2022/2019/Lei/L138 53.htm#art1>. Acesso em: 10 set. 2019.

CUÉLLAR, Leila. *Introdução as agências reguladoras brasileiras.* Belo Horizonte: Fórum, 2008. Coleção luso-brasileira de direito público, n. 2.

GUERRA, Sérgio. *Discricionariedade, regulação e reflexividade:* uma nova teoria sobre as escolhas administrativas. Prefácio de Tercio Sampaio Ferraz Junior. 4. ed. revista e atualizada. Belo Horizonte: Fórum, 2017.

LEONARDI, Marcel. *Tutela e Privacidade na Internet.* São Paulo: Saraiva, 2012.

LEORATTI, Alexandre. Lei que cria ANPD é sancionada, em meio à insegurança sobre a formação do órgão. *JOTA, 2019*. Disponível em: <https://www.jota.info/legislativo/problemas-estruturais-anpd-09072019>. Acesso em 19 jul. 2019.

LIMA, Christina Aires Correa; BARBOSA, Júlio César Moreira. *Autoridade Nacional de Proteção de Dados precisa de independência técnica*. Disponível em: <https://www.conjur.com.br/2019-abr-11/opiniao-autoridade-protecao-dados-requer-autonomia-tecnica>. Acesso em 20 jul. 2019.

MARTINS, Ricardo Marcondes. *Regulação administrativa à luz da Constituição Federal*. São Paulo: Malheiros, 2011.

MATA, Ismael. Los entes reguladores de los servicios públicos. *El derecho administrativo argentino, hoy*. Buenos Aires: Editorial Ciencias de la Administración, 1996.

MOTTA, Paulo Roberto Ferreira. *Agências reguladoras*. Barueri, SP: Manole, 2003.

MOURA, Emerson Affonso da Costa. Estado gerencial, regulação econômica e serviços públicos – O papel das agências reguladoras na promoção do desenvolvimento. *A&C – Revista de Direito Administrativo e Constitucional*, Belo Horizonte, ano 14, n. 57, p. 193-217, jul./set. 2014.

PEREIRA, Luiz Carlos Bresser. *Reforma do Estado para a cidadania*: a reforma gerencial brasileira na perspectiva internacional. São Paulo: Editora 34, 1998.

PINHEIRO, Patricia Peck. *Direito Digital*. São Paulo: Saraiva, 2017.

RUDGARD, Sian; et al. *European Data Protection: Law and Practice*. Portsmouth: Jeanne R. Busemeyer, Hide Park Publishing Services. 2018.

SADDY, André. *Formas de atuação e intervenção do estado brasileiro na economia*. 3ª ed. Rio de Janeiro: Lumen Juris, 2018.

SCHEREIBER, Anderson. *Direitos da Personalidade*. São Paulo: Atlas, 2014.

SILVA, José Afonso da. *Comentário Contextual à Constituição*. 7ª ed. São Paulo: Editora Malheiros, 2010.

SILVA, Cristina Alves da; NELSON, Rocco Antonio Rangel Rosso. Agências reguladoras e evolução Estatal: uma análise temporal do papel do Estado no setor econômico. *A&C – Revista de Direito Administrativo & Constitucional*, Belo Horizonte, ano 13, n. 51, p. 251-273, jan./mar. 2013.

SUNDFELD, Carlos Ari. Serviços públicos e regulação estatal. *In:* SUNDFELD, Carlos Ari (org.). *Direito Administrativo econômico*. São Paulo: Malheiros, 2000.

SANTOS, Plácida Leopoldina Ventura Amorim da Costa; CARVALHO, Angela Maria Grossi de. Sociedade da Informação: avanços e retrocessos no acesso e no uso da informação. *Informação e Sociedade – Estudos*, São Paulo, v. 19, n. 1, pp. 45-55, 2009.

SILVA, Miguel Moura e. *Inovação, transferência de tecnologia e concorrência:* estudo comparado do direito da concorrência dos Estados Unidos e da União Europeia. Coimbra: Almedina, 2003.

TAMANAHA, Brian Z. *The Primacy of Society and the Failures of Law and Development:* Decades of Stubborn Refusal to Learn. Disponível em: <http://www.lawschool.cornell.edu/research/ilj/upload/tamanaha-final.pdf>. Acesso em: 02 jun. 2018.

VALIATI, Thiago Priess. *Segurança jurídica e infraestrutura:* a segurança como dever dos poderes públicos e como direito dos agentes econômicos. Rio de Janeiro: Lumen Juris, 2018.

A Proteção dos Dados Pessoais e a Decisão Automatizada: O Conflito entre a Aplicação do Princípio da Transparência e o Direito à Proteção do Segredo Empresarial

Ana Beatriz Benincasa Possi
Ana Carolina Benincasa Possi

Introdução

É presente na sociedade da informação a intensa coleta de dados, mormente os pessoais, uma vez que, na economia digital, os dados são considerados verdadeira moeda[1] e, portanto, relevante ativo para o exercício de atividades empresariais.

Tendo em vista que dados, por si só, não possuem um significado próprio relevante, estando em estado de pré-informação, há necessidade de uma prévia interpretação que lhes atribua sentido para que, assim, sejam compreendidos e passem a configurar verdadeira informação. Tal processamento, com consequente conclusão obtida por meio das informações alcançadas e possível tomada de decisão, é cada vez mais realizado a partir de mecanismos automatizados por meio da atuação de algoritmos,

[1] Atualmente o tratamento dado a estas informações pessoais podem servir de commodity, já que é um ativo de grande valor agregado, permitindo ter um acesso mais preciso aos dados pessoais de uma pessoa em particular, pois quando acessa as redes sociais, deixa seu "rastro", revelando seus dados, seus interesses nas redes.
Fernandes, David Augusto. Dados pessoais: uma nova *commodity*, ligados ao direito à intimidade e a dignidade da pessoa humana. *Revista Jurídica*, vol. 04, n° 49, Curitiba, 2017, pp. 360-392 (pp. 361-362). Disponível em: <http://www.mpsp.mp.br/portal/page/portal/documentacao_e_divulgacao/doc_biblioteca/bibli_servicos_produtos/bibli_informativo/bibli_inf_2006/Rev-Juridica-UNICURITIBA_n.49.17.pdf>. Acesso em: 06 set. 2019.

sem nenhuma ou com pouca intervenção humana, o que dificulta ainda mais a responsabilização por seus resultados em nossa sociedade informatizada.

Há vinte anos, a dificuldade em identificar os responsáveis pelos danos decorrentes da informatização de sistemas já havia sido apontada por Helen Nissenbaum, que elencou quatro obstáculos[2]: primeiro, dada à múltipla participação na criação dos sistemas computadorizados, a análise de responsabilização mostra-se difusa e obscura; segundo, a inevitabilidade de bugs no *software* forja uma "justificativa" para os defeitos nele encontrados, dificultando o investimento de esforços em sua eliminação e prevenção; terceiro, quando observado qualquer defeito no desempenho do sistema, tende-se a culpar a máquina e não os agentes humanos envolvidos em sua criação; e o quarto, reside na recusa de os desenvolvedores de *software* se responsabilizarem por seus produtos.

Ainda hoje, esses obstáculos se fazem presentes, somando-se a eles a opacidade algorítmica que impede a prestação de contas adequada em relação aos sistemas informatizados.

Considera-se algoritmo a *"sequência de regras ou operações que, aplicada a um número de dados, permite solucionar classes semelhantes de problemas. [...] Em outras palavras mais claras: são as diretrizes seguidas por uma máquina"*[3]. A opacidade mencionada pode ser intrínseca dada à inexplicabilidade das camadas da rede neural de certos algoritmos; analfabeta, devido à sua alta compexidade técnica; e, também, intencional, porque, além de buscarem evitar a manipulação do sistema, as empresas muitas vezes consideram seus algoritmos como seu segredo empresarial[4].

Os algoritmos estão presentes em grande medida em nossas vidas. Basta verificar que a concessão de empréstimos, a fixação de prêmios de seguro, a detecção de sonegação de impostos, o direcionamento de res-

[2] De Laat, Paul B. Algorithmic Decision-Making Based on Machine Learning from Big Data: Can Transparency Restore Accountability? *Springer*, 2018, pp. 01-02. Disponível em: <https://link.springer.com/content/pdf/10.1007%2Fs13347-017-0293-z.pdf>. Acesso em: 25 nov. 2019.

[3] Elias, Paulo Sá. Algoritmos, Inteligência Artificial e o Direito. *Consultor Jurídico*, 2019, p. 01. Disponível em: <https://www.conjur.com.br/dl/algoritmos-inteligencia-artificial.pdf>. Acesso em: 12 out. 2019.

[4] Janssen, Janneke H.N. The right to explanation: means for 'white-boxing' the black-box? *Tilburg Institute for Law, Technology, and Society (TILT)*, pp. 13-14. Disponível em: <https://arno.uvt.nl/show.cgi?fid=147348>. Acesso em: 26 nov. 2019.

postas para nossas buscas de informações, os anúncios que nos são fornecidos, as recomendações que nos são oferecidas e etc. são todas neles baseadas. Porém, infelizmente, seus resultados sofrem de alguns defeitos notáveis, revelados principalmente nas tomadas de decisões unicamente automatizadas.

Nesse sentido, ante o crescente número de decisões dessa natureza, apresenta-se o conflito entre o interesse dos indivíduos em obter informações e entendimento de como decisões automatizadas, com base em seus dados pessoais, são tomadas, e o interesse de as empresas manterem em sigilo e a salvo dos concorrentes a utilização de algoritmos que possam revelar, ou até mesmo constituir, seu segredo empresarial.

1. Decisões automatizadas e o periogo da discriminação. Princípio da transparência. Direito à explicação. Revisão humana nas decisões automatizadas

No intento de equilibrar os interesses conflitantes acima mencionados revela-se preocupante a ausência de intervenção humana, uma vez que os referidos mecanismos de processamento de dados pessoais podem cometer erros em razão de acesso limitado a dados ou de deficiência tecnológica, bem como impor riscos como a assimetria de informação e a discriminação, tornando-se necessária, quanto à tomada de decisões automatizadas, a observância de salvaguardas como o direito de explicação, o direito de o titular dos dados expressar seu ponto de vista, o de contestar e também o de obter a intervenção humana na revisão das decisões para se combater tais possíveis efeitos.

Nesse sentido, os principais direitos relacionados ao processamento transparente de dados pessoais na tomada de decisões automatizadas encontram-se nas obrigações de notificação, no direito de acesso e nas referidas salvaguardas relacionadas.

Assim, o direito à explicação decorre do princípio da transparência, que garante aos titulares de dados informações claras, precisas e facilmente acessíveis sobre a realização do tratamento e seus respectivos agentes e, pode versar sobre a funcionalidade do sistema ou sobre decisões específicas. A depender do momento em que são solicitadas, a explicação poderá ser "*ex ante*", ou seja, realizada antes da tomada de decisão e consistente na solicitação de informações claras e adequadas sobre a funcionalidade do sistema algorítmico; ou, "*ex post*", se requerida após uma decisão automatizada, versando sobre a funcionalidade do sistema e também sobre a lógica da decisão específica[5].

A explicação permite ao titular dos dados entender qual é a lógica que há por trás das decisões que o impactam e propicia, ainda, contestá-las por meio de argumentos palpáveis. Além disso, considerando que nem sempre será mais interessante ao titutar dos dados contestar a decisão em razão de sua possível onerosidade, a explicação poderá fornecer-lhe subsídios que lhe permitam compreender qual outra informação deveria ser dada para que a decisão fosse diferente, ou, também, atualizar ou corrigir determinado dado utilizado pela empresa para traçar o seu perfil que não corresponda à real situação do indivíduo[6].

No que tange à revisão humana das decisões automatizadas, cuida-se também de importante meio de se coibir práticas discriminátorias nelas observadas. Se a revisão da decisão automatizada for realizada por sistema análogo ao que lhe deu origem, possivelmente a opacidade e o mesmo viés discriminatório continuarão presentes na nova decisão. Contudo, se for revisada por um agente humano capaz não só de identificar os motivos pelos quais aquela decisão foi tomada, mas também de alterá-la, certamente o grau de confiabilidade e de justiça das decisões automatizadas aumentará.

Não obstante grande parte dos estudiosos caminhe para esta direção, isto é, a de reconhecer a importância do direito à explicação, mormente por meio do envolvimento humano durante a revisão das decisões automatizadas, a participação humana tem sido alvo de críticas, por ser considerada contrária ao interesse público, tendo em vista que oneraria em demasia os atuais modelos e planos de negócios, notadamente as startups.

Importante ressaltar, contudo, que todo interesse público é norteado pelo princípio fundamental da dignidade da pessoa humana, que envolve tanto o desenvolvimento de uma economia saudável por meio de incentivo

[5] Wachter, Sandra; Mittelstadt, Brent; Floridi, Luciano. Why a Right to Explanation of Automated Decision-Making Does Not Exist in the General Data Protection Regulation. *International Data Privacy Law*, 2017. Oxford University Press, 2017. Disponível em: <https://ssrn.com/abstract=2903469>. Acesso em: 26 nov. 2019.

[6] Wachter, Sandra; Mittelstadt, Brent; Russell, Chris. Counterfactual explanations without opening the black box: automated decisions and the GDPR. *Harvard Journal of Law & Technology*, Volume 31, Number 2, Spring 2018, p. 42. Disponível em: <https://jolt.law.harvard.edu/assets/articlePDFs/v31/Counterfactual-Explanations-without-Opening-the-Black-Box-Sandra-Wachter-et-al.pdf>. Acesso em: 26 nov. 2019.

aos negócios que a fomentam, quanto a preservação de direitos fundamentais. Não há justificativa alguma a permitir que um interesse econômico prevaleça sobre a proteção de direitos fundamentais, autorizando, assim, o afastamento da revisão humana de decisões automatizadas discriminatórias ou claramente equivocadas.

Assim, considerando a possibilidade de erro, ainda que remota, da utilização de algoritmos, o tratamento dos dados pessoais realizado por estes sistemas reforça a necessidade de proteção deste direito à personalidade em razão dessa massiva intervenção na esfera privada dos indivíduos e do possível desprestígio à observância de certos direitos fundamentais.

Há que se considerar, todavia, que a transparência algorítimica exigível à proteção de dados pessoais encontra limitação legal na preservação do segredo empresarial, igualmente relevante, uma vez que pode ser considerado como dado pessoal das pessoas jurídicas[7].

2. Conflito entre a proteção de dados pessoais por meio da transparência e o respeito ao segreo empresarial. Explicações contrafactuais e a intervenção humana na revisão das decisões automatizadas. Avaliação de impacto do algoritmo na proteção de dados pessoais *(DPIA – Data Protection Impact Assessments)*

Como é sabido, o tratamento de dados pessoais pelas empresas existe em função de aprimoramento estrutural de suas respectivas atividades, e, nesse sentido, há o interesse em que os algoritmos e mecanismos automatizados por elas criados para o processamento de dados, uma vez atrelados ao segredo empresarial, sejam resguardados e, assim, protegidos e preservados da concorrência.

Nesse cenário, a proteção dos dados pessoais, que tem como um de seus princípios basilares a transparência em seu tratamento, pode apresentar aparente conflito no que tange à proteção do segredo empresarial, uma vez que o interesse em questionar como decisões automatizadas são tomadas com base em seus dados pessoais pode descortinar a inteligência que revela o segredo empresarial a ser mantido em sigilo no mercado.

[7] Malgieri, Gianclaudio. Automated decision-making in the EU Member Estates: The right to explanation and other "suitable safeguards" in the national legislations. *Computer Law & Security Review*, Volume 35, Issue 5, October 2019, p. 10. Disponível em: <https://www.sciencedirect.com/science/article/pii/S0267364918303753>. Acesso em: 26 nov. 2019.

O segredo empresarial representa, assim, verdadeiro limite legal à transparência[8]. Contudo, há que se levar em conta que direitos a segredo empresarial não podem ser a base para recusar todas as informações aos titulares de dados, em razão do impacto significativo que as decisões automatizadas têm sobre a vida dos indivíduos.

Nesse sentido, verifica-se necessário perquirir sobre uma abordagem que permita coadunar a observância do direito ao segredo empresarial e do princípio da transparência, sugerindo-se para tanto a intervenção humana na revisão das decisões automatizadas, aliada ao direito a "explicações contrafactuais"[9].

Por meio desse tipo de explicação são fornecidas informações sobre quais fatos externos poderiam ser diferentes para se chegar ao resultado desejado, sem revelar a lógica interna da "caixa preta algorítmica". Fornecem, portanto, razões pelas quais uma decisão foi tomada e, assim, argumentos para contestá-la e elementos para modificá-la, se desejado[10]. Assim, parece factível esclarecer ao titular dos dados, sujeito à decisão automatizada, demonstrando-lhe qual teria sido o resultado se tivessem sido considerados atributos diferentes daqueles informados, sem divulgar, contudo, informações técnicas e sigilosas sobre o processo em si[11].

Trata-se, portanto, da aplicação da transparência nos algoritmos, porém, de forma limitada ou funcional, de modo a garantir os dois interesses em tela: o direito à proteção dos dados pessoais, com observância do princípio da transparência e seu consectário direito à explicação, e o direito ao segredo empresarial nas decisões automatizadas.

Consiste, portanto, num importante mecanismo, pois, além de concretizar a salvaguarda da explicabilidade das decisões, é possível que seja feita sem a necessidade de adentrar no esclarecimento da estrutura e funcionamento do algoritmo que, além de ser muitas vezes ininteligível, a divulga-

[8] Veja, a propósito, a lei francesa que prevê o direito à explicação dos algoritmos na tomada de decisão automatizada apenas se não infringir segredos comerciais.
MALGIERI, Gianclaudio. Automated decision-making in the EU Member Estates: The right to explanation and other "suitable safeguards" in the national legislations. *Op. Cit.*, p. 25.

[9] WACHTER, Sandra; MITTELSTADT, Brent; RUSSELL, Chris. Counterfactual explanations without opening the black box: automated decisions and the GDPR. *Op. Cit.*, p. 46.

[10] Ibidem.

[11] THOMPSON, Harry. A right to explanation. *The Alan Turing Institute*. Disponível em: <https://www.turing.ac.uk/research/impact-stories/a-right-to-explanation>. Acesso em: 12 out. 2019.

ção excessiva de informações sobre a lógica do seu sistema poderia violar direitos de terceiros, contidos no conjunto de dados.

As explicações contrafactuais, contudo, podem ser insuficientes em alguns cenários nos quais torna-se essencial entender a funcionalidade do sistema ou a lógica da decisão automatizada, além de não oferecerem evidências estatísticas necessárias para avaliar se os algoritmos são justos e livres de viés racial, por exemplo[12]. Assim, se a explicação dos algoritmos utilizados para a tomada de decisão automatizada mostrar-se praticamente impossível ou insatisfatória em determinado caso, os indivíduos devem ter no mínimo o direito de solicitar a intervenção humana.

O agente humano chamado a intervir deve ser capaz de tomar alguma ação como, por exemplo, avaliar e/ou modificar a decisão, avaliar a tecnologia, realizar testes contrafactuais, dentre outras medidas que o tornem apto a explicar o porquê de aquela decisão ter sido tomada. Vale dizer, deverá entender a lógica dos algoritmos de modo a possuir autoridade e competência para mudar a decisão[13]. Logo, o mencionado envolvimento humano precisa ser significativo e não deve consistir em uma mera chancela[14].

Tanto o direito à explicação, que, no caso, sugere-se seja a contrafactual, quanto a intervenção humana na revisão das decisões automatizadas, indicadas aqui como meio de se questionar tais decisões sem prejuízo da preservação do segredo empresarial, constituem salvaguardas necessárias para a utilização de sistemas de inteligência artificial.

Tais salvaguardas estão muito interligadas. O direito de contestar e o de solicitar a revisão humana de uma decisão automatizada estão correlacionados com o direito a uma explicação sobre o mecanismo. Porém, embora intrinsecamente ligados, são autônomos e, por isso, mesmo sendo considerada difícil ou inadequada uma explicação, a possibilidade de desafiar a decisão tomada continua a existir, pois decorre do direito de expressar o ponto de vista, solicitando, por exemplo, a atualização dos dados ou even-

[12] Wachter, Sandra; Mittelstadt, Brent; Russell, Chris. Counterfactual explanations without opening the black box: automated decisions and the GDPR. *Op. Cit.*, p. 46.

[13] Malgieri, Gianclaudio. Automated decision-making in the EU Member Estates: The right to explanation and other "suitable safeguards" in the national legislations. *Op. Cit.*, p. 25.

[14] Kaminski, Margot E. The Right to Explanation, Explained. University of Colorado Law Legal Studies Research Paper n. 18-24. *Berkeley Technology Law Journal*, Vol. 34, n. 1, 2019, p. 201. Disponível em: <http://dx.doi.org/10.2139/ssrn.3196985>. Acesso em: 26 nov. 2019.

tual correção de informações, o que implica no direito de obter significativa intervenção humana sobre a revisão da decisão.

É preciso ressaltar, contudo, que, apesar dos avanços sobre a abordagem humanizada, a importância da transparência e da responsabilidade pelos algoritmos, essas salvaguardas também podem ser ameaçadas diante da inescrutibilidade algorítmica no âmbito do aprendizado de máquina. Quanto maior a qualidade dos algoritmos, mais difícil se torna a interpretação dos seus parâmetros, ou seja, mais difícil se torna a explicação dos motivos pelos quais a decisão foi tomada, tornando-a impraticável em caso de redes neurais complexas.

Por isso, um terceiro caminho deve ser considerado quanto aos questionamentos de decisões automatizadas injustas ou discriminatórias, resguardados o segredo empresarial e o princípio da transparência. Este seria o estudo do impacto do algoritmo (*DPIA – Data Protection Impact Assessment*)[15]. Essa abordagem proativa preveria os objetivos do programa, controlaria os dados de entrada (*input data*), bem como os resultados esperados (*output data*), considerando os possíveis desvios detectados. Tal estudo se assemelharia à avaliação de impacto ambiental exigida previamente para a construção de uma ponte, por exemplo[16].

Assim, sabendo que a utilização dos sistemas de inteligência artifical podem gerar riscos, principalmente aos direitos fundamentais, deve ser feita uma avaliação de impacto dos algoritmos antes de o sistema ser implementado, para que, assim, os riscos possam ser reduzidos ou justificados em uma sociedade democrática[17].

Conclusões

A proteção de dados pessoais no tocante ao questionamento de decisões automatizadas, em razão do exercício do princípio da transparência encontra limite legal na proteção ao segredo empresarial. Todavia, tal empecilho não pode servir de justificativa à negação de qualquer informação neces-

[15] Malgieri, Gianclaudio. Automated decision-making in the EU Member Estates: The right to explanation and other "suitable safeguards" in the national legislations. *Op. Cit.*, p. 25.

[16] Shneiderman, Ben. Opinion: The dangers of faulty, biased, or malicious algorithms requires independent oversight. *Proceedings of the National Academy of Sciences – PNAS*. Disponível em: <https://doi.org/10.1073/pnas.1618211113>. Acesso em: 26 nov. 2019.

[17] EUROPEAN COMISSION. *Requirements of Trustworthy AI*. Disponível em <https://ec.europa.eu/futurium/en/ai-alliance-consultation/guidelines/1>. Acesso em: 27 nov. 2019.

sária à impugnação de decisão automatizada discriminatória ou notadamente equivocada.

É imperioso notar que decisões puramente automatizadas devem ser a exceção e, por isso, uma vez existentes, devem sujeitar-se às salvaguardas exercitáveis pelos titulares de dados, como o direito de explicação, de expressar seu ponto de vista, de contestar e, também, de obter a intervenção humana na revisão das decisões.

Nesse sentido, surge como alternativa ao aparente conflito entre a aplicação do princípio da transparência e o do direito à proteção do segredo empresarial o fornecimento de explicações contrafactuais aliadas à intervenção humana na revisão de tais decisões, quando solicitadas. Tais explicações concedem esclarecimento ao titular dos dados, mas sem divulgar informações técnicas e sigilosas sobre o processo em si, mesmo porque, em muitos casos, elas seriam incompreensíveis. Assim, demonstrando qual seria o resultado utilizando-se de atributos diferentes daqueles considerados na decisão automatizada, seria concebível a aplicação de uma transparência, mas de maneira limitada ou funcional, de modo a esclarecer, sem deixar, porém, de preservar o importante direito ao sigilo empresarial.

Aliada à explicação contrafactual, ou mesmo diante de sua eventual insuficiência, surge a necessidade da intervenção humana na revisão de decisões automatizadas que requerem modificação quando eivadas de discricionariedade ou notório equívoco.

A revisão humana confere à decisão automatizada maior confiabilidade no sentido de garantir a aplicação fiel dos ditames do ordenamento jurídico, notadamente os direitos e garantias fundamentais, não observados pela inteligência artifical, afastando, portanto, o viés discriminatório ou equivocado antes nela presentes[18]. Nesse sentido, a explicação contrafactual e a revisão humana da decisão automatizada consistem em importantes meios de conferir a transparência e de se preservar e garantir a observância dos direitos fundamentais afetados nas tomadas de decisão promovidas pelos sistemas algorítmos já desenvolvidos e em uso, sem, contudo, malferir o segredo empresarial.

Porém, ressalvando-se a inescrutibilidade algorítmica e o ínsito risco de erro nesses sistemas, o presente artigo buscou mostrar relevante o emprego

[18] BAYAMLIOĞLU, Emre; LEENES, Ronald E. *Data-Driven Decision-Making and The 'Rule of Law'*. Tilburg Law School Research Paper, 2018, p. 43.

do estudo de impacto do algoritmo, com prévia avaliação de seus prejuízos, de modo a antecipadamente mitigá-los ou justificá-los, a exemplo do que já acontece com as avaliações de impacto ambiental. Quanto menor o risco de erro, menores serão os questionamentos que poderão colocar em xeque a preservação do segredo empresarial, muitas vezes consubstanciado no próprio algoritmo.

Referências

Bayamlioğlu, Emre. Contesting Automated Decisions. *European Data Protection Law Review 4*, 2018, pp. 433-446. Tilburg Law School Research Paper.

Bayamlioğlu, Emre; Leenes, Ronald E. *Data-Driven Decision-Making and The 'Rule of Law'*. Tilburg Law School Research Paper, 2018.

Bennett, Colin J.; Bayley, Robin M. Privacy Protection in the Era of 'Big Data': Regulatory Challenges and Social Assessments. *Exploring the Boundaries of Big Data. The Netherlands Scientific Council for Government Policy (WRR)*, pp. 205-220. Disponível em:<https://www.academia.edu/24974497/Exploring_the_Boundaries_of_Big_Data_eds._>. Acesso em: 12 out. 2019.

BRASIL. Constituição da República Federativa do Brasil de 1988. Brasília, 1988. Disponível em: <http://www.planalto.gov.br/ccivil_03/Constituicao/Constituicao.htm>. Acesso em: 12 out. 2019.

______. Lei n. 13.709, de 14 de agosto de 2018. Lei Geral de Proteção de Dados Pessoais (LGPD). Redação dada pela Lei nº 13.853, de 2019. Brasília, *Diário Oficial da União*, 15 de agosto de 2018. Disponível em: <http://www.planalto.gov.br/ccivil_03/_Ato2015-2018/2018/Lei/L13709.htm>. Acesso em: 12 out. 2019.

De Laat, Paul B. Algorithmic Decision-Making Based on Machine Learning from Big Data: Can Transparency Restore Accountability? *Springer*, 2018. Disponível em: <https://link.springer.com/content/pdf/10.1007%2Fs13347-017-0293-z.pdf>. Acesso em: 25 nov. 2019.

Elias, Paulo Sá. Algoritmos, Inteligência Artificial e o Direito. *Consultor Jurídico*, 2019. Disponível em: <https://www.conjur.com.br/dl/algoritmos-inteligencia-artificial.pdf>. Acesso em: 12 out. 2019.

EUROPEAN COMISSION. *Requirements of Trustworthy AI.* Disponível em <https://ec.europa.eu/futurium/en/ai-alliance-consultation/guidelines/1>. Acesso em: 27 nov. 2019.

Fernandes, David Augusto. Dados pessoais: uma nova *commodity*, ligados ao direito à intimidade e a dignidade da pessoa humana. *Revista Jurídica*, vol. 04, n° 49, Curitiba, 2017, pp. 360-392. Disponível em: <http://www.mpsp.mp.br/portal/page/portal/documentacao_e_divulgacao/doc_biblioteca/bibli_servicos_produtos/bibli_informativo/bibli_inf_2006/Rev-Juridica-UNICURITIBA_n.49.17.pdf>. Acesso em: 06 set. 2019.

Gunst, Helena. *The Right to Explanation and the Right to Secrecy – Reconciling Data Protection and Trade Secret Rights in Automated Decision-making.* Disponível em: <https://helda.helsinki.fi/handle/10138/231948?show=full>. Acesso em: 12 out. 2019.

JANSSEN, Janneke H.N. The right to explanation: means for 'white-boxing' the black-box? *Tilburg Institute for Law, Technology, and Society (TILT)*. Disponível em: <https://arno.uvt.nl/show.cgi?fid=147348>. Acesso em: 26 nov. 2019.

JONGERIUS, Silvan. Artificial Intelligence and the right to explanation under the GDPR. *Tech GDPR*, 30 mar. 2018. Disponível em: <https://techgdpr.com/blog/artificial-intelligence-right-to-information-explanation/>. Acesso em: 12 out. 2019.

KAMINSKI, Margot E. The Right to Explanation, Explained. University of Colorado Law Legal Studies Research Paper n. 18-24. *Berkeley Technology Law Journal*, Vol. 34, n. 1, 2019. Disponível em: <http://dx.doi.org/10.2139/ssrn.3196985>. Acesso em: 26 nov. 2019.

LUCA, Cristina de. Senado tenta mudar a LGPD para incluir a definição de decisão automatizada. *Porta 23*. Disponível em: <https://porta23.blogosfera.uol.com.br/2019/08/21/senado-tenta-mudar-a-lgpd-para-incluir-a-definicao-de-decisao-automatizada/>. Acesso em: 12 out. 2019.

MALGIERI, Gianclaudio. Automated decision-making in the EU Member Estates: The right to explanation and other "suitable safeguards" in the national legislations. *Computer Law & Security Review*, Volume 35, Issue 5, October 2019. Disponível em: <https://www.sciencedirect.com/science/article/pii/S0267364918303753>. Acesso em: 26 nov. 2019.

______. *Trade Secrets v. Personal Data: a possible solution for balancing rights.* Disponível em: <https://papers.ssrn.com/sol3/papers.cfm?abstract_id=3002685>. Acesso em: 26 nov. 2019.

SANTOS, Thiago Ribas dos. LGPD: *Transparência vs Segredos Comerciais e Industriais.* Disponível em: <https://medium.com/@thiagoribas_/lgpd-transparência-vs-segredos-comerciais-e-industriais-9c4883ba89fe>. Acesso em: 05 set. 2019.

SHNEIDERMAN, Ben. Opinion: The dangers of faulty, biased, or malicious algorithms requires independent oversight. *Proceedings of the National Academy of Sciences – PNAS.* Disponível em: <https://doi.org/10.1073/pnas.1618211113>. Acesso em: 26 nov. 2019.

SIMÃO FILHO, Adalberto; SCHWARTZ, Germano André Doederlein. *Big data big problema! Paradoxo entre o direito à privacidade e o crescimento sustentável.* Disponível em: <http://www.conpedi.org.br/publicacoes/c50o2gn1/tz6xhk8k/cBPURL3ZR7xFVuQD.pdf>. Acesso em: 06 set. 2019.

THOMPSON, Harry. A right to explanation. *The Alan Turing Institute.* Disponível em: <https://www.turing.ac.uk/research/impact-stories/a-right-to-explanation>. Acesso em: 12 out. 2019.

WACHTER, Sandra; MITTELSTADT, Brent; FLORIDI, Luciano. Why a Right to Explanation of Automated Decision-Making Does Not Exist in the General Data Protection Regulation. *International Data Privacy Law*, 2017. Oxford University Press, 2017. Disponível em: <https://ssrn.com/abstract=2903469>. Acesso em: 26 nov. 2019.

WACHTER, Sandra; MITTELSTADT, Brent; RUSSELL, Chris. Counterfactual explanations without opening the black box: automated decisions and the GDPR. *Harvard Journal of Law & Technology*, Volume 31, Number 2, Spring 2018. Disponível em: <https://jolt.law.harvard.edu/assets/articlePDFs/v31/Counterfactual-Explanations-without-Opening-the-Black-Box-Sandra-Wachter-et-al.pdf>. Acesso em: 26 nov. 2019.

Fluxo Transfronteiriço de Dados Pessoais e a Atuação das Autoridades de Proteção de Dados

Maitê Stelluti

Introdução

Revolução é termo que acompanhou a história do ser humano, levando a profundas mudanças nos sistemas econômicos e nas estruturas sociais ao longo dos anos. Assim, em diversos momentos históricos, novas tecnologias e novas formas de ver o mundo estiveram ligadas a substanciais transformações ocorridas nas diversas estruturas políticas, econômicas e sociais, revolucionando o modo de viver das diferentes épocas e fazendo nascer um estilo de vida apoiado nessas novas ferramentas então descobertas[1].

Nesse contexto, a pedra de toque da revolução atual é a Internet móvel, a Inteligência Artificial e o aprendizado de máquina[2], fatores esses que têm levado à informatização de praticamente todos os âmbitos da nossa vida e ao desenvolvimento de um mercado digital. A imaterialidade, a rapidez e o quase que infinito alcance territorial são justamente as principais características da Internet que a tornaram (e ainda a tornam) tão intrigante, atrativa e importante na atualidade. Depois de lançada na rede, a informação transcorre percurso praticamente desconhecido e é transmitida a um número de destinatários que se pode dizer indefinido.

[1] Schwab, Klaus. *The Fourth Industrial Revolution*. Geneva: World Economic Forum, 2016, p. 11. Disponível em: <https://law.unimelb.edu.au/__data/assets/pdf_file/0005/3385454/Schwab-The_Fourth_Industrial_Revolution_Klaus_S.pdf>. Acesso em: 16 out. 2019.

[2] Ibidem.

Com efeito, a Tecnologia da Informação penetrou de tal forma na sociedade que fez nascer a *"sociedade informacional"*, constituída em aquisição, armazenamento, processamento e distribuição da informação por meios eletrônicos, criando uma nova estrutura social, com reflexos na sociedade local e global. A Internet, então, tem sido usada em todo o mundo, entre os mais diferentes grupos de pessoas, revelando-se uma ferramenta fundamental no acesso à informação, no estabelecimento de relações comerciais, políticas, econômicas, etc.

Por conta disso, a interação entre dispositivos inteligentes, sensores e pessoas tornou-se mais e mais contínua, originando uma quantidade crescente de dados que são armazenados, processados e transmitidos de forma bastante veloz em nosso dia-a-dia. Dessa forma, pode-se dizer que os dados pessoais ganharam papel de bem jurídico de grande importância e acabaram reconhecidos como *"o novo petróleo"*, expressão inicialmente cunhada por Clive Humby, e replicada por tantos outros estudiosos[3]. Por essa razão, tratar de sua proteção não consiste apenas em tema de direito, mas também em tema cultural, político e econômico.

Sobre tal ponto, Věra Jourová, Comissária Europeia para Justiça, Consumidores e Igualdade de Gênero, afirmou que as regras de proteção de dados são importantes para a sociedade como um todo, inclusive para o funcionamento do processo democrático, consistindo em uma ferramenta capaz de aumentar a confiança das pessoas na coleta, no uso e no tratamento dos dados pessoais. Para ela, a proteção da privacidade é crucial, seja como um direito individual central, seja como um imperativo econômico, haja vista que *"sem a confiança dos consumidores na forma como os seus dados são tratados, as nossas economias baseadas em dados não poderão prosperar"*[4].

É nesse contexto, então, que a regulação do uso dos dados pessoais ganha destaque, pois por um lado, esse amplo uso da tecnologia atrelado aos dados *"é excelente para um preciso direcionamento de produtos e serviços*

[3] FLENDER, Samuel. Data is not the new oil. About reality of working with data. *Towards Data Science*, 2019. Disponível em: <https://towardsdatascience.com/data-is-not-the-new-oil-bdb31f61bc2d>. Acesso em: 26 out. 2019.

[4] JOUROVÁ, Věra. *Proteção de dados:* um movimento global para respeitar dados pessoais e aproveitar oportunidades de negócios. Delegação da União Europeia na República de Moçambique, 07 jun. 2018. Disponível em: <https://eeas.europa.eu/delegations/mozambique/46012/proteção-de-dados-um-movimento-global-para-respeitar-dados-pessoais-e-aproveitar-oportunidades_pt>. Acesso em: 07 jul. 2019.

e, por outro, péssimo para a privacidade das pessoas" [5]. Torna-se necessário, à vista disso, que o ordenamento jurídico ao mesmo tempo em que facilite e garanta a utilização das novas tecnologias da informação, também estabeleça meios de garantia e proteção contra a sua indesejada utilização[6].

Portanto, com a proliferação de tecnologias inéditas e com o crescente uso da Internet, discutir marcos regulatórios sobre o tema revelou-se uma medida indispensável para se alcançar um sistema de controle eficiente, bem como para firmar um rol de limitações em uma conjuntura global-digital. Assim sendo, diversos países começaram a estudar e a editar leis acerca da proteção de dados pessoais, com o intuito de estabelecer parâmetros e princípios, bem como assegurar garantias, direitos e instituir obrigações no mundo digital.

Nesse cenário, há décadas, países como os Estados Unidos e o Canadá, juntamente com a então Comunidade Europeia, deram os primeiros passos nas tratativas acerca do tema.

1. Panorama histórico

No âmbito da UE, nos anos 2000, a proteção de dados foi consagrada como direito na *Carta dos Direitos Fundamentais da União Europeia*[7]. No entanto, antes disso, a *Convenção Europeia dos Direitos Humanos* e também a *Declaração Universal dos Direitos Humanos* haviam se destacado como as primeiras declarações internacionais, subscritas por países europeus, a fazer menção à privacidade e ao direito à sua proteção[8].

[5] PINHEIRO, Patrícia Peck. *Direito digital aplicado 3.0.* 1ª ed. São Paulo: Thomson Reuters Brasil, 2018, p. 180.

[6] BRASIL. Escola Nacional de Defesa do Consumidor. *A proteção de dados pessoais nas relações de consumo: para além da informação creditícia.* Escola Nacional de Defesa do Consumidor. Caderno de Investigações Científicas, vol. 2, 2010, p. 18. Disponível em: <https://www.justica.gov.br/seus-direitos/consumidor/Anexos/manual-de-protecao-de-dados-pessoais.pdf>. Acesso em: 08 jul. 2019.

[7] "Todas as pessoas têm direito à proteção dos dados de caráter pessoal que lhes digam respeito".

UNIÃO EUROPEIA. Carta dos Direitos Fundamentais da União Europeia. *Jornal Oficial das Comunidades Europeias,* 18 dez. 2000. Disponível em: <http://www.europarl.europa.eu/charter/pdf/text_pt.pdf>. Acesso em: 02 jul. 2019.

[8] POLIDO, Fabrício Bertini Pasquot; ANJOS, Lucas Costa dos. GDPR and its effects on the Brazilian Law. First impressions and a comparative analysis. Disponível em: <http://irisbh.com.br/wp-content/uploads/2018/06/GDPR_ENG-1.pdf>, p. 5. Acesso em: 15 jul. 2019.

Nesse cenário, no início dos anos 1980, a Comunidade Econômica Europeia, em busca de mecanismos um pouco mais específicos para cuidar da proteção de informações pessoais, adotou a *Convenção n. 108 do Conselho da Europa para a Proteção das Pessoas relativamente ao Tratamento Automatizado de Dados de Caráter Pessoal*. Em continuidade a essa ideia, em 1995, por meio da Diretiva 95/46/CE, os países-membros da União Europeia estruturaram um regime geral, dispondo sobre regras de tratamento dos dados pessoais, sanções e responsabilidades, transferência internacional desses dados e Autoridades de Proteção de Dados, dentre outros assuntos.

Pouco tempo depois, em uma tentativa de acompanhar a evolução tecnológica, editaram a Diretiva 2002/58/CE, a qual cuidou de disciplinar a proteção dos dados pessoais no setor das comunicações eletrônicas e, em 2009, a Diretiva 2009/136/CE, que acrescentou os serviços universais de comunicações e as redes sociais, com especial atenção aos *cookies*. Em 2012, em busca de atualizar o regime vigente e tratar de forma mais efetiva e ampla os dados pessoais, a Comissão apresentou propostas de reforma ao sistema protetivo de dados.

Desse modo, em abril de 2016, foi aprovado o Regulamento Geral de Proteção de Dados da União Europeia (*General Data Protection Regulation 2016/679* – GDPR), que buscou impor uma normativa à segurança dos dados uniforme em todos os Estados-membros da União Europeia.

Reforça essa ideia a própria natureza jurídica do *Regulamento* ao Direito da União Europeia. Isto porque, como consiste em um *Regulamento*, possui aplicação direta sobre os Estados-membros, ao contrário das *Diretivas*, as quais, para serem implementadas, exigem a edição de leis domésticas, por cada Estado. Logo, a mudança da *Diretiva* para um *Regulamento* consiste em uma alteração considerável, pois permite que o GDPR regule quase todas as questões de forma direta, deixando apenas poderes limitados e específicos para os Estados-membros, que devem, ainda, justificar quaisquer divergências do objetivo de um quadro jurídico plenamente organizado[9].

Para além desse público-alvo, relevante notar que qualquer empresa que comercialize bens ou serviços para residentes na União Europeia, independentemente de onde esteja localizada, também ficou sujeita ao

[9] ALBRECHT, Jan Philipp. *How the GDPR Will Change the World*. Disponível em: <https://edpl.lexxion.eu/data/article/10073/pdf/edpl_2016_03-005.pdf>, p. 287. Acesso em: 30 jul. 2019.

RGPD, o qual, certamente, teve impacto global sobre os requisitos de proteção de dados[10].

De fato, percebe-se que a edição do GDPR ocasionou um verdadeiro efeito cascata no estudo e na aplicação de instrumentos de proteção de dados pessoais. Isso porque o *Regulamento* reiterou a exigência de que, como se vê no seu artigo 45º, países e empresas que busquem manter relações comerciais com referido bloco econômico também possuam uma legislação protetiva de mesmo nível, visto que se assim não for, o país ou a empresa poderá sofrer algum tipo de barreira econômica, encontrando dificuldades para fazer negócios com os países da União Europeia.

Importante ressaltar que essa imposição já se fazia presente desde a Diretiva 95/46/CE, a qual, em seu artigo 25º, também previa que os Estados-membros só poderiam transferir os dados pessoais se as disposições nacionais daquele país terceiro assegurassem o desejado nível de proteção adequado. Essa certificação de nível adequado da proteção de dados atrai especial atenção, pois é uma ferramenta que permite que, a partir do reconhecimento de que um país terceiro garante um nível de proteção adequado, os dados sejam transferidos a partir dos Estados-Membros sem necessidade de garantias adicionais ou sujeições a outras condições. Essa avaliação é feita levando-se em conta todas as circunstâncias atinentes à transferência de dados, quais sejam, a natureza dos dados, a finalidade e duração do tratamento, dentre outros atributos.

A partir de uma análise, então, acerca dos princípios de uma dada lei nacional, das normas jurídicas do país, da existência de uma Autoridade de Proteção de Dados independente e com poderes fiscalizatórios, dentre outras condicionantes, que têm por base o Direito da UE, a Comissão Europeia profere decisão, esclarecendo se o país em questão assegura ou não um nível adequado de proteção de dados pessoais, consoante, outrora, à acepção da Diretiva 95/46/CE e, hoje, do GDPR.

De se lembrar, contudo, que, para que se verifique a adequação, não é preciso que as normas da União Europeia sejam integralmente reproduzidas pelo Estado interessado, pois o mais importante é que as disposições desse país terceiro sejam capazes de, ainda que à sua maneira, garantir o

[10] DIGITAL GUARDIAN. *What is the General Data Protection Regulation? Understanding & Complying with GDPR Requirements in 2019.* Disponível em: <https://digitalguardian.com/blog/what-gdpr-general-data-protection-regulation-understanding-and-complying-gdpr-data-protection>. Acesso em: 07 jul. 2019.

nível elevado de proteção exigido. A Comissão Europeia, pois, obriga-se a aferir, sobretudo, o conteúdo das legislações para decidir se o sistema estrangeiro, mesmo que pertencente a uma tradição jurídica diferente, consegue, na sua totalidade, assegurar o nível de proteção estabelecido pelas normativas europeias[11].

Nesse sentido já se pronunciou, inclusive, o Tribunal de Justiça da União Europeia, em 06/10/2015, ao decidir sobre o que ficou conhecido como caso *Schrems*, no qual se consignou que:

> Ainda que, a este respeito, os meios a que esse país recorre para assegurar tal nível de proteção possam ser diferentes dos implementados dentro da União para garantir o cumprimento das exigências que decorrem desta diretiva, lida à luz da Carta, tais meios devem, todavia, revelar-se efetivos, na prática, para assegurar uma proteção substancialmente equivalente à garantida dentro da União[12].

Nota-se, por isso, que, ao mesmo tempo em que se preserva certo espaço para acomodar as apreciações de adequação às diferentes culturas e tradições jurídicas, reforça-se o direito à proteção de dados, ao se exigir a garantia do mesmo nível de proteção que esses dados têm dentro da União Europeia[13]. Requer-se, em última instância, a vigência de normas protetivas equivalentes e comparáveis às da UE.

Diante disso, pode-se dizer que houve um verdadeiro movimento de convergência das leis ao redor do mundo e de europeização da proteção de dados, refletindo no aparecimento de normativas e figuras jurídicas conexas e, por vezes, espelhadas na legislação europeia. Consequentemente, construiu-se um verdadeiro *standard* internacional acerca do nível de proteção de dados pessoais, cuja baliza é, atualmente, o RGPD.

[11] UNIÃO EUROPEIA. Comissão Europeia. COM/2017/07. *Comunicação da Comissão ao Parlamento Europeu e ao Conselho.* Intercâmbio e proteção de dados pessoais num mundo globalizado. Disponível em: <https://eur-lex.europa.eu/legal-content/PT/TXT/?uri=COM%3A2017%3A7%3AFIN>. Acesso em: 26 out. 2019.

[12] UNIÃO EUROPEIA. *Processo C-362/14.* Acórdão do Tribunal de Justiça, de 6 de outubro de 2015. Disponível em: <https://eur-lex.europa.eu/legal-content/PT/TXT/PDF/?uri=CELEX:62014CJ0362&from=PT>. Acesso em: 26 out. 2019.

[13] Araújo, Alexandra Maria Rodrigues. As Transferências Transatlânticas de Dados Pessoais: O Nível de Proteção Adequado depois de *Schrems*. *Revista Direitos Humanos e Democracia*, ano 5, n. 9, jan./jun. 2017. Disponível em: <https://doi.org/10.21527/2317-5389.2017.9.201-236>. Acesso em: 26 out. 2019.

2. GDPR e a proteção de dados pessoais hoje

De se destacar, todavia, que, embora o GDPR tenha caminhado na mesma direção das regulações já existentes, ele introduziu significativas novidades a respeito da preexistente disciplina.

Por exemplo, em relação à aplicação territorial da legislação. A princípio, a leitura do artigo 3º, item 1, da Diretiva 95/46/CE, e do artigo 2º, item 1, do GDPR, pode fazer crer que o âmbito de aplicação permaneceu o mesmo, como se vê:

DIRETIVA 95/46/CE

Artigo 3º

Âmbito de aplicação

1. A presente directiva aplica-se ao tratamento de dados pessoais por meios total ou parcialmente automatizados, bem como ao tratamento por meios não automatizados de dados pessoais contidos num ficheiro ou a ele destinados.

REGULAMENTO EUROPEU 2016/679

Artigo 2º

Âmbito de aplicação material

1. O presente regulamento aplica-se ao tratamento de dados pessoais por meios total ou parcialmente automatizados, bem como ao tratamento por meios não automatizados de dados pessoais contidos em ficheiros ou a eles destinados.

Todavia, o artigo 3º, item 1, do GDPR, trouxe notável mudança sobre tal ponto, ao dispor que o *Regulamento* é aplicado ao tratamento de dados pessoais, independentemente desse tratamento ocorrer dentro ou fora da União Europeia. Essa nova regra é bastante relevante, visto que, de forma geral, qualquer companhia que comercialize bens e serviços para residentes do mencionado bloco econômico sujeita-se ao GDPR, o qual conquista, então, *status* de *"lei mundial"* ou *transfronteiriça*[14].

A proteção de dados pessoais, dessa maneira, adquire caráter transfronteiriço, obrigando os interessados a adequarem-se ao estágio de proteção

[14] SEEUNITY. *The main differences between the DPD and the GDPR and how to address those moving forward.* British Legal Technology Forum, 2017, p. 5. Disponível em: <https://britishlegalitforum.com/wp-content/uploads/2017/02/GDPR-Whitepaper-British-Legal-Technology-Forum-2017-Sponsor.pdf>. Acesso em: 30 jul. 2019..

imposto pelo Regulamento, independentemente dos limites territoriais. A partir desse momento, termos como "*aplicação extraterritorial*" e "*impactos globais*" do GDPR começam a ser usados, como forma de demonstrar que tal regramento, muito mais do que modificar apenas as leis de proteção de dados europeias, também alcançará o mundo todo[15].

É nessa conjuntura, então, que se destaca a figura da Autoridade de Proteção de Dados (DPA – *Data Protection Authority*), a qual consiste em uma autoridade pública independente, que supervisiona, por meio de poderes investigativos e corretivos, a aplicação das normas de proteção de dados pessoais[16], assegurando que o conteúdo protetivo não fique, simplesmente, esvaziado, mas que seja efetivamente observado, razão pela qual sua existência é primordial.

Prevista desde a *Convenção de Estrasburgo n. 108*, a DPA relacionou-se sempre à ideia de independência, caracterizando-se como um organismo independente e responsável pela aplicação e implementação da lei protetiva de dados pessoais. Teve também previsão na Diretiva 95/46/CE, a qual dispôs, em seu art. 28º, que cada Estado-membro deveria estabelecer uma ou mais autoridades públicas responsáveis por fiscalizar e aplicar, no seu território, as disposições da diretiva em questão e que tais autoridades exerceriam suas funções com total independência[17].

No GDPR não foi diferente. O *Regulamento*, em seu capítulo VI, tratou das "autoridades de controle independentes", estatuindo que elas são estabelecidas por cada Estado-membro, *"a fim de defender os direitos e liberdades fundamentais das pessoas singulares relativamente ao tratamento e facilitar a livre circulação desses dados na União"*[18]. No mais, reforçou a ideia de independência,

[15] ALBRECHT, Jan Philipp. How the GDPR Will Change the World. *European Data Protection Law Review*, 2016. *Op. Cit.*, p. 187.

[16] COMISSÃO EUROPEIA. What are Data Protection Authorities (DPAs)? *Comissão Europeia*, 2019. Disponível em: <https://ec.europa.eu/info/law/law-topic/data-protection/reform/what-are-data-protection-authorities-dpas_en>. Acesso em: 07 jul. 2019.

[17] UNIÃO EUROPEIA. Diretiva 95/46/CE do Parlamento Europeu e do Conselho, de 24 de outubro de 1995, relativa à proteção das pessoas singulares no que diz respeito ao tratamento de dados pessoais e à livre circulação desses dados. *Jornal Oficial das Comunidades Europeias*, 23 de novembro de 1995. Disponível em: < https://eur-lex.europa.eu/legal-content/PT/TXT/PDF/?uri=CELEX:31995L0046&from=PT>. Acesso em: 22 de setembro de 2020.

[18] UNIÃO EUROPEIA. Regulamento (EU) 2016/679 do Parlamento Europeu e do Conselho, de 27 de abril de 2016, relativo à proteção das pessoas singulares no que diz respeito ao tratamento de dados pessoais e à livre circulação desses dados e que revoga a Diretiva 95/46/

dispondo, expressamente, que referidas autoridades agem com total independência no exercício de seus poderes e atribuições, não se sujeitando a influências externas, diretas ou indiretas (artigo 52º).

Nesse cenário, no Brasil, sua *DPA* recebeu o nome de Autoridade Nacional de Proteção de Dados (ANPD) e foi, inicialmente, vetada quando da promulgação da LGPD. Esse veto causou preocupações, principalmente quanto à possibilidade de garantir o cumprimento da lei, pois, como bem posto por Danilo Doneda, a ANPD consiste em um elemento indispensável para assegurar a adaptação da lei a novas circunstâncias, sem que se abale a segurança jurídica, pois ela é responsável pela orientação sobre a interpretação e a aplicação da legislação, elaborando normas e regulamentos sobre temas e setores específicos, sem que seja necessário alterar a lei[19].

Diante disso, pouco tempo depois, em dezembro de 2018, por meio da Medida Provisória n. 869/2018, convertida na Lei n. 13.853/2019, foi, então, criada a ANPD, pensada como um órgão vinculado à Presidência da República, não como um órgão independente do Poder Executivo, tal como roga o *Regulamento* da UE. O modelo brasileiro é tão apenas transitório, tendo em vista que, em até dois anos após a entrada em vigor da estrutura regimental da ANPD, o Poder Público poderá alterar-lhe a natureza jurídica, transformando-a em entidade da administração pública federal, como prevê o art. 55-A, § 1º, da LGPD.

3. Por que uma DPA?

De qualquer modo, ressalta-se que a existência de um órgão responsável pela fiscalização é, sem dúvidas, parte central de uma norma de proteção de dados, pois é sua Autoridade que faz com que o enforcement seja observado, não apenas em nível nacional, mas também internacional.

Nessa conjuntura, destacou Cíntia Rosa Pereira de Lima, que uma preocupação constante é justamente acerca do seu *enforcement*, visto que, se os dados são enviados à distância, superando limites geográficos, é possível

CE (Regulamento Geral sobre a Proteção de Dados). *Jornal Oficial da União Europeia*, 04 de maio de 2016. Disponível em: <https://eur-lex.europa.eu/legal-content/PT/TXT/HTML/?uri=CELEX:32016R0679&from=PT#d1e8250-1-1>. Acesso em: 11 de setembro de 2020.

[19] DONEDA, Danilo. O que está em jogo com a nova Autoridade Nacional de Proteção de Dados. *Cartórios de Protesto do RJ*. Disponível em: <https://cartoriosdeprotestorj.com.br/o-que-esta-em-jogo-com-a-nova-autoridade-nacional-de-protecao-de-dados/>. Acesso em: 25 jul. 2019.

que certo dado coletado em um país, que possua um adequado modelo de proteção, seja enviado a outro, que não ofereça a mesma tutela. Tal fato, na prática, fomentaria os chamados "*paraísos dos dados pessoais*" [20].

Assim sendo, a proteção dos dados pessoais demanda, inevitavelmente, cooperação internacional, a fim de que sejam aplicadas e implementadas regras protetivas, inclusive, no âmbito transfronteiriço. Por essa razão, uma das preocupações da lei é, justamente, oferecer meios capazes de garantir a sua observância e o seu cumprimento nas mais diversas nações.

Para tanto, o *Regulamento*, no seu artigo 58º, confere diversos poderes a cada autoridade de controle, trazendo exemplos de atitudes que podem ser por elas adotadas quando do exercício de sua função fiscalizatória. É possível que se realize auditorias, que se ordene ao responsável que comunique o titular dos dados sobre eventual violação ocorrida, que se imponha uma limitação temporária ou definitiva ao tratamento de dados, que se suspenda a transferência de dados para um país destinatário ou estrangeiro ou para uma organização internacional, dentre outros.

No mais, o GDPR consagra uma disciplina de sanções que concilia os poderes das autoridades, habilitando-as a fazer repreensões ao responsável pelo tratamento ou ao subcontratante toda vez que as operações violarem as disposições legais. Por exemplo, permite-se a aplicação de multa "*individual, efetiva, proporcionada e dissuasiva*" (artigo 83º, item 1), bem como se garante o direito de todos os titulares à ação judicial, independentemente da existência de qualquer outra via de recurso administrativo ou judicial (artigo 79º, item 1).

Merece destaque, à vista disso, o artigo 50º do GDPR, que dispõe sobre a "*cooperação internacional no domínio da proteção de dados pessoais*". Trata-se de um dispositivo que se preocupa com as medidas que devem ser tomadas por cada autoridade de controlo, a fim de se estabelecer regras de cooperação para uma efetiva aplicação da lei, de forma que se assegurem os direitos, as liberdades e as garantias adequadas da proteção de dados, mesmo em nível internacional.

[20] LIMA, Cíntia Rosa Pereira de. *Parecer técnico encaminhado pela Professora Livre Docente de Direito Civil da Faculdade de Direito de Ribeirão Preto/USP*. Disponível em: <https://www2.camara.leg.br/atividade-legislativa/comissoes/comissoes-temporarias/especiais/55a-legislatura/pl-4060-12-tratamento-e-protecao-de-dados-pessoais/documentos/outros-documentos/dra-cintia-rosa-pereira-de-lima-usp>. Acesso em: 30 ago. 2019.

Conclusões

Por certo, em um mundo no qual é cada vez mais difícil um país permanecer alheio às mudanças que os avanços tecnológicos têm causado em nossa sociedade, mudanças essas que, não raro, impactam diretamente os direitos fundamentais dos cidadãos, torna-se torna necessário formular e discutir uma regulação clara e efetiva sobre a proteção de dados pessoais. De todo o exposto, indiscutível a importância de existir uma legislação responsável pelo tema, mas como bem chama atenção o próprio Regulamento, é preciso mais que isso.

Não basta, simplesmente, existirem as regras. É indispensável que o modelo regulatório seja eficiente e que permita e estimule as autoridades de proteção articular-se com integração para fortalecer o sistema protetivo de dados.

A proteção de dados pessoais transforma-se, cada vez mais em pressuposto fundamental em qualquer que seja a sociedade, pois possibilita que seus cidadãos desenvolvam livremente sua personalidade e autonomia. Contudo, como bem apontou Alexandra Maria Rodrigues Araújo[21], *"o caráter crescente das transferências de dados pessoais exige um reforço, no âmbito global, do direito à proteção de dados"*. É indispensável, pois, que os sistemas jurídicos sejam eficazes e interoperáveis, com sustentação em diretrizes universais firmes e que se configurem como "pontes" entre os ordenamentos (nacionais e regionais).

O impacto de uma lei sobre esse tema é bastante abrangente, afetando não só empresas de tecnologia, mas também qualquer outra entidade ou organização que trabalhe com dados[22]. Desse modo, é inegável que uma maior compatibilidade entre os diferentes sistemas é capaz de facilitar não só o fluxo internacional de dados, mas também as práticas comerciais e a cooperação entre as entidades públicas[23].

[21] ARAÚJO, Alexandra Maria Rodrigues. As Transferências Transatlânticas de Dados Pessoais: O Nível de Proteção Adequado depois de *Schrems*. *Revista Direitos Humanos e Democracia*, ano 5, n. 9, jan./jun. 2017. *Ob. Cit.*, p. 229.

[22] VIOLA, Chiara Spadaccini de Teffé. *Proposta para a criação da Autoridade Brasileira de Proteção aos Dados Pessoais*. Instituto de Tecnologia & Sociedade do Rio, 2018, p. 09. Disponível em: <https://itsrio.org/wp-content/uploads/2018/12/autoridade-protecao-de-dados.pdf>. Acesso em: 30 out. 2019.

[23] Ibidem, p. 40.

Referências

ALBRECHT, Jan Philipp. How the GDPR Will Change the World. *European Data Protection Law Review*, 2016. Disponível em: <https://edpl.lexxion.eu/data/article/10073/pdf/edpl_2016_03-005.pdf>. Acesso em: 30 jul. 2019.

ARAÚJO, Alexandra Maria Rodrigues. As Transferências Transatlânticas de Dados Pessoais: O Nível de Proteção Adequado depois de *Schrems*. *Revista Direitos Humanos e Democracia*, ano 5, n. 9, jan./jun. 2017. Disponível em: <https://doi.org/10.21527/2317-5389.2017.9.201-236>. Acesso em: 26 out. 2019.

BRASIL. Escola Nacional de Defesa do Consumidor. *A proteção de dados pessoais nas relações de consumo: para além da informação creditícia*. Escola Nacional de Defesa do Consumidor. Caderno de Investigações Científicas, vol. 2, 2010. Disponível em: <https://www.justica.gov.br/seus-direitos/consumidor/Anexos/manual-de-protecao-de-dados-pessoais.pdf>. Acesso em: 08 jul. 2019.

COMISSÃO EUROPEIA. What are Data Protection Authorities (DPAs)? *Comissão Europeia*, 2019. Disponível em: <https://ec.europa.eu/info/law/law-topic/data-protection/reform/what-are-data-protection-authorities-dpas_en>. Acesso em: 07 jul. 2019.

DE LUCCA, Newton; SIMÃO FILHO, Adalberto; LIMA, Cíntia Rosa Pereira de (coords.). *Direito & Internet III:* Marco Civil da Internet (Lei n. 12.965/2014). Tomo I. São Paulo: Quartier Latin, 2015.

DIGITAL GUARDIAN. *What is the General Data Protection Regulation? Understanding & Complying with GDPR Requirements in 2019. Digital Guardian*, 2019. Disponível em: <https://digitalguardian.com/blog/what-gdpr-general-data-protection-regulation-understanding-and-complying-gdpr-data-protection>. Acesso em: 07 jul. 2019.

DONEDA, Danilo. O que está em jogo com a nova Autoridade Nacional de Proteção de Dados. *Cartórios de Protesto do RJ*. Disponível em: <https://cartoriosdeprotestorj.com.br/o-que-esta-em-jogo-com-a-nova-autoridade-nacional-de-protecao-de-dados/>. Acesso em: 25 jul. 2019.

FLENDER, Samuel. Data is not the new oil. About reality of working with data. *Towards Data Science*, 2019. Disponível em: <https://towardsdatascience.com/data-is-not-the-new-oil-bdb31f61bc2d>. Acesso em: 26 out. 2019.

JOUROVÁ, Věra. *Proteção de dados:* um movimento global para respeitar dados pessoais e aproveitar oportunidades de negócios. Delegação da União Europeia na República de Moçambique, 07 jun. 2018. Disponível em: <https://eeas.europa.eu/delegations/mozambique/46012/proteção-de-dados-um-movimento-global-para-respeitar-dados-pessoais-e-aproveitar-oportunidades_pt>. Acesso em: 07 jul. 2019.

LIMA, Cíntia Rosa Pereira de. *Parecer técnico encaminhado pela Professora Livre Docente de Direito Civil da Faculdade de Direito de Ribeirão Preto/USP.* Disponível em: <https://www2.camara.leg.br/atividade-legislativa/comissoes/comissoes-temporarias/especiais/55a-legislatura/pl-4060-12-tratamento-e-protecao-de-dados-pessoais/documentos/outros-documentos/dra-cintia-rosa-pereira-de-lima-usp>. Acesso em: 30 ago. 2019.

PINHEIRO, Patrícia Peck. *Direito digital aplicado 3.0*. 1ª ed. São Paulo: Thomson Reuters Brasil, 2018.

POLIDO, Fabrício Bertini Pasquot; ANJOS, Lucas Costa dos (coords.). *GDPR and its effects on the Brazilian Law*. First impressions and a comparative analysis. Institute for Research on Internet and Society, 2018. Disponível em: <http://irisbh.com.br/wp-content/uploads/2018/06/GDPR_ENG-1.pdf>. Acesso em: 15 jul. 2019.

SCHWAB, Klaus. *The Fourth Industrial Revolution.* Geneva: World Economic Forum, 2016. Disponível em: <https://law.unimelb.edu.au/__data/assets/pdf_file/0005/3385454/Schwab-The_Fourth_Industrial_Revolution_Klaus_S.pdf>. Acesso em: 16 out. 2019.

SEEUNITY. *The main differences between the DPD and the GDPR and how to address those moving forward.* British Legal Technology Forum, 2017. Disponível em: <https://britishlegalitforum.com/wp-content/uploads/2017/02/GDPR-Whitepaper-British-Legal-Technology-Forum-2017-Sponsor.pdf>. Acesso em: 30 jul. 2019.

UNIÃO EUROPEIA. Carta dos Direitos Fundamentais da União Europeia. *Jornal Oficial das Comunidades Europeias,* 18 dez. 2000. Disponível em: <http://www.europarl.europa.eu/charter/pdf/text_pt.pdf>. Acesso em: 02 jul. 2019.

______. Comissão Europeia. COM/2017/07. *Comunicação da Comissão ao Parlamento Europeu e ao Conselho.* Intercâmbio e proteção de dados pessoais num mundo globalizado. Disponível em: <https://eur-lex.europa.eu/legal-content/PT/TXT/?uri=COM%3A2017%3A7%3AFIN>. Acesso em: 26 out. 2019.

______. Diretiva 95/46/CE do Parlamento Europeu e do Conselho, de 24 de outubro de 1995, relativa à proteção das pessoas singulares no que diz respeito ao tratamento de dados pessoais e à livre circulação desses dados. *Jornal Oficial das Comunidades Europeias,* 23 de novembro de 1995. Disponível em: < https://eur-lex.europa.eu/legal-content/PT/TXT/PDF/?uri=CELEX:31995L0046&from=PT>. Acesso em: 11 set. 2019.

______. *Processo C-362/14.* Acórdão do Tribunal de Justiça, de 6 de outubro de 2015. Disponível em: <https://eur-lex.europa.eu/legal-content/PT/TXT/PDF/?uri=CELEX:62014CJ0362&from=PT>. Acesso em: 26 out. 2019.

______. Regulamento (EU) 2016/679 do Parlamento Europeu e do Conselho, de 27 de abril de 2016, relativo à proteção das pessoas singulares no que diz respeito ao tratamento de dados pessoais e à livre circulação desses dados e que revoga a Diretiva 95/46/CE (Regulamento Geral sobre a Proteção de Dados). *Jornal Oficial da União Europeia,* 04 de maio de 2016. Disponível em: <https://eur-lex.europa.eu/legal-content/PT/TXT/HTML/?uri=CELEX:32016R0679&from=PT#d1e8250-1-1>. Acesso em: 11 set. 2019.

VIOLA, Chiara Spadaccini de Teffé. *Proposta para a criação da Autoridade Brasileira de Proteção aos Dados Pessoais.* Instituto de Tecnologia & Sociedade do Rio, 2018. Disponível em: <https://itsrio.org/wp-content/uploads/2018/12/autoridade-protecao-de-dados.pdf>. Acesso em: 30 out. 2019.

Proteção de Dados Pessoais: O Compartilhamento de Dados entre Poder Público e Setor Privado

Vitória Mattos Gonçalves
Verônica do Nascimento Marques

Introdução

Baseada no *General Data Protection Regulation* (GDPR) da União Europeia, a Lei Geral de Proteção de Dados brasileira cria um microssistema de proteção das informações pessoais dos indivíduos, prevendo que os dados pessoais somente poderão ser utilizados ou compartilhados da forma mínima necessária e para finalidades específicas, devendo serem seus titulares devidamente informados. Quanto à sua abrangência, a LGPD deve ser observado por toda e qualquer pessoa física ou jurídica, não só de direito privado, mas também de direito público, quanto ao tratamento e armazenamento de dados pessoais, seja *on-line* ou *off-line*.

Nesse contexto, a necessidade da criação da Lei surgiu diante de escândalos recentes relativos ao vazamento de dados, como por exemplo, o caso envolvendo a rede social *Facebook*, em que houve o fornecimento de informações de milhões de usuários para empresas, dentre as quais *Cambridge Analytica*, empresa de análise de dados para finalidades políticas. Antes da promulgação da lei, a tutela de dados pessoais no Brasil tinha por fundamento normativo, sobretudo, o direito à vida privada e à intimidade, constantes do artigo 5º, inciso X, da Constituição Federal de 1988, e do artigo 21 do Código Civil de 2002.

Em 2014, o Marco Civil da Internet (Lei 12.965/2014), seguindo uma tendência mundial, também trouxe uma gama de princípios, garantias, direitos e deveres para usuários e provedores da internet no Brasil, a fim de oferecer maior proteção e privacidade no meio eletrônico, visto que as novas tecnologias da informação proporcionaram grande alcance e difusão do tratamento de dados pessoais on-line.

Partindo-se destas considerações iniciais, a questão que se coloca em tela no presente trabalho refere-se ao compartilhamento de dados pessoais entre Poder Público e setor privado. Diante do amplo e flexível rol de hipóteses legais de tratamento de dados, bem como da ausência de um efetivo controle prévio, questiona-se se a Lei Geral de Proteção de Dados é suficiente para coibir casos de transferência indiscriminada de dados pessoais, a exemplo do que se verificou em 2013, no Acordo de Cooperação Técnica entre TSE e a empresa privada *Serasa Experian*, que previa, dentre outras condições, o repasse de nome e número eleitoral de eleitores cadastrados para a entidade privada de análise de crédito.

1. Aspectos gerais sobre o tratamento de dados pessoais pelo Poder Público

Hodiernamente, o Poder Público passou a adotar gradativamente o uso de aplicações de internet como estratégia para se aproximar de cidadãos e facilitar o acesso à informação e à prestação de determinados serviços. Novas ferramentas surgiram, como o *DataSUS*, o *E-título*, a *CNH Digital*, o *Meu Imposto de Renda* e o Documento Nacional de Identidade (documento único criado pela Lei n. 13.444/2017).

Desse modo, vários aplicativos acabam coletando dados desnecessários de seus usuários, ou seja, não adotam a minimização da coleta e ainda, não são verificadas explicações sobre a finalidade específica para qual o dado é coletado, resultando em uma enorme concentração de dados pessoais, muitos deles dados sensíveis.

Assim, a inclusão do setor público na LGPD foi importante na tentativa de adequar a Administração Pública, gerar investimento em questões de segurança que, geralmente, são negligenciadas, vide os casos de ataques *ransomware* (ataques cibernéticos).

Contudo, mesmo com todo o avanço trazido pela LGPD, existem ainda alguns pontos obscuros, principalmente com relação ao inciso III do artigo 7º, em que o diploma normativo acaba criando uma ampla base legal autorizadora ao tratamento de dados pessoais pela Administração Pública. Dessa maneira, permite o uso e compartilhamento à execução de políticas públicas previstas em leis e regulamentos ou respaldadas em contratos, convênios ou instrumentos congêneres, fornecendo um escopo muito amplo e aberto que consegue justificar grande parte das operações que envolvem dados pessoais realizadas pelo setor público. Além disso, o artigo 23 segue o mesmo caráter permissivo, com mais definições vagas de *"atendimento de sua finalidade pública, na persecução do interesse público"* e *"com o objetivo de executar as competências legais ou cumprir as atribuições legais do serviço público"*.

Diante desse cenário, pode-se identificar de forma cristalina a influência dos princípios da Administração Pública nesses artigos da LGPD, tanto os expressos no artigo 37 da Constituição Federal: legalidade, impessoalidade, moralidade, publicidade e eficiência. Como também os princípios implícitos como supremacia do interesse público, continuidade dos serviços públicos, boa-fé e razoabilidade. Porém, esses princípios possuem enunciados amplos, vagos e abertos de maneira que acabam incorporando determinados valores compreendidos como fundamentais em dado momento histórico da sociedade. A questão é que tal aspecto acaba levando à facilitação e à legitimação de "voluntarismos", tanto da Administração quanto do Judiciário, o que conduz, em último caso, à arbitrariedade. Carlos Ari Sundfeld leciona que:

> Como achar normas dentro de princípios: (...) chamamos de princípios textos que somos levados a entender como normativos, mas cujo conteúdo, de tão escasso, não nos revela a norma que supostamente contém. (...) [princípios são] normas iniciais, insuficientes, indeterminadas, cujo conteúdo precisa ser especificado por outras (as finais) para poderem funcionar[1].

Assim, a execução de políticas públicas se torna a principal justificativa para que o setor público realize qualquer tipo de uso e compartilhamento de dados. Desse modo, nesse ambiente amplo, vago e aberto cria-se a manipulação de dados pessoais pelo setor público e violações a privacidade de cidadãos, uma vez que é inerente à própria existência do Estado a consecução de políticas públicas.

Portanto, é de suma importância a análise e a fiscalização pela Autoridade Nacional de Proteção de Dados (ANPD) e pelo Conselho Nacional de Proteção de Dados Pessoais e da Privacidade dos riscos de autoritarismos e violações não apenas de direitos em sua dimensão individual (proteção de

[1] SUNDFELD, Carlos Ari. *Direito administrativo para céticos*. São Paulo: Malheiros, 2014, pp. 63-65.

dados pessoais e privacidade), mas também de decisões puramente arbitrárias, construídas de modo voluntarista, gerando uma jurisprudência capaz de flutuar ao sabor das instituições e dos azares das garantias inextrincáveis do Estado Democrático de Direito.

2. Condições para o compartilhamento de dados pelo Poder Público

Admitido o tratamento de dados pessoais pelo Poder Público, a Lei prevê que os dados sejam mantidos em formato interoperável e estruturado para o uso compartilhado. Assim, o compartilhamento dos dados coletados entre as pessoas jurídicas de direito público é perfeitamente possível quando este tiver por objetivo o atendimento a finalidades específicas de execução de políticas públicas e atribuições legais pelos órgãos e entidades públicas, respeitados, em qualquer situação, os princípios norteadores que constam do artigo 6º do referido diploma normativo.

A questão ganha outros contornos, contudo, no que tange à transferência de dados pessoais pelo Poder Público a entidades privadas. Originalmente, a Lei previa que o compartilhamento nesse caso somente seria possível nas hipóteses de execução descentralizada de atividade administrativa que exigisse a transferência, exclusivamente para esse fim específico e determinado, ou se os dados fossem acessíveis publicamente.

Com a edição da Medida Provisória 869, de 27 de dezembro de 2018, e, posteriormente, da Lei n. 13.853, de 08 de julho de 2019, as exigências para o intercâmbio de dados para entidades privadas foram flexibilizadas, passando a abarcar um número maior de hipóteses. Assim, atualmente, o Poder Público também poderá realizar o compartilhamento quando houver previsão legal ou a transferência for respaldada em contratos, convênios ou instrumentos congêneres, e na hipótese de a transferência dos dados objetivar exclusivamente a prevenção de fraudes e irregularidades, ou proteger e resguardar a segurança e a integridade do titular dos dados, desde que vedado o tratamento para outras finalidades.

Nesse sentido, a crítica que se faz é que tais atos normativos ampliaram de maneira desmedida o espectro de situações em que é legal a transferência de dados pelo Poder Público a entidades privadas. O tópico se torna ainda mais sensível se levarmos em consideração que, nos termos do art. 27 da Lei Geral de Proteção de Dados, as hipóteses anteriormente mencionadas constituem exceção à regra geral segundo a qual deve existir consentimento do titular dos dados pessoais para que estes possam ser compartilhados. Ainda, deve-se atentar para o fato de que a Medida Provisória dispensou a necessidade, conforme originalmente previsto, de que tal compartilhamento fosse informado à Autoridade Nacional, exigência esta que voltou a vigorar apenas com a edição da Lei n. 13.853/2019.

Dessa forma, o questionamento que se põe é se, diante de um rol amplo e flexível de hipóteses legais, bem como da ausência de um controle *ex ante*, tal norma dará conta de obstar a ocorrência de situações de compartilhamento indiscriminado de dados pessoais, situações essas que já se verificaram inúmeras vezes na prática, tal qual no emblemático acordo entre a Justiça Eleitoral e a empresa de análise de crédito Serasa Experian, ou, mais recentemente, no esquema de venda de dados pessoais pelo Serviço Federal de Processamento de Dados (*Serpro*).

2.1. Análise do Acordo de Cooperação Técnica TSE nº 7/2013 à luz da LGPD

É inegável que o Poder Público é, não só no Brasil, mas mundialmente, um relevante controlador de dados: centenas de milhares de informações pessoais são coletadas todos os dias por meio do cadastro e navegação em aplicativos governamentais, *e.g.*, a *CNH Digital* e o *Meu Imposto de Renda*, ou mesmo mediante o fornecimento direto pelo usuário, como requisito para a obtenção de determinado serviço ou documento perante a Administração Pública.

Com efeito, na lição de Cella e Copetti[2], o exemplo mais marcante da coleta e tratamento de dados pessoais por entes públicos refere-se à recolha de dados biométricos dos cidadãos que solicitam a emissão do título de eleitor perante a Justiça Eleitoral brasileira:

> O indivíduo, além de fornecer informações de caráter pessoal – nome, filiação, data de nascimento, sexo, endereço residencial ou comercial, tempo de vínculo com o município, se possui ou não irmão gêmeo, telefones, escolaridade e profissão – tem sua assinatura coletada digital e fisicamente.

Diante desse cenário, o Tribunal Superior Eleitoral e a empresa privada Serasa Experian S.A. firmaram em julho de 2013 o Acordo de Cooperação

[2] CELLA, José Renato Gaziero; COPETTI, Rafael. Compartilhamento de Dados Pessoais e a Administração Pública Brasileira. *Revista de Direito, Governança e Novas Tecnologias*. Maranhão, v. 3, n. 2, pp. 39-58 (p. 41), jul./dez. 2017.

Técnica TSE nº 7/2013, por meio do qual o órgão estatal se comprometia a fornecer dados de aproximadamente 142 milhões de eleitores referentes ao nome, número e situação da inscrição eleitoral, além de informações sobre eventuais óbitos e validação do nome da mãe e data de nascimento[3].

A *Serasa Experian* é uma empresa privada que tem por finalidade gerar análises e informações econômico-financeiras e cadastrais para embasar decisões de crédito. Destarte, os dados fornecidos pelo ente estatal poderiam ainda, nos termos do acordo, serem disponibilizados pela empresa a seus clientes quando da consulta a seu banco de dados.

O caso, evidentemente, suscitou enorme repercussão midiática e jurídica, razão pela qual a então presidente do tribunal eleitoral, Ministra Carmen Lúcia, avocou o processo administrativo no qual foi firmado o Acordo e declarou a sua nulidade. Sob o fundamento de ausência de base legal válida para o pacto, a Ministra concluiu que a transferência de dados constantes do cadastro eleitoral haveria de se ater a entidades públicas ou de interesse público direto e vinculadas aos fins da Justiça Eleitoral[4].

Analisando o Acordo à luz da legislação vigente, o compartilhamento de dados entre Tribunal Superior Eleitoral e Serasa Experian seria possível com supedâneo no inciso IV do artigo 26, § 1º da Lei Geral de Proteção de Dados, que admite o intercâmbio quando for este respaldado em contratos, convênios ou instrumentos congêneres, dentre os quais entendemos se inserir os acordos de cooperação. Deve-se atentar também ao fato de que, no caso, o tratamento dos dados eleitorais pela empresa privada se justificaria com base nas concepções de proteção ao crédito e de legítimo interesse do controlador ou de terceiros.

Contudo, o § 2º do mesmo artigo anteriormente mencionado ressalva a necessidade de comunicação à Autoridade Nacional quando da celebração de contratos ou convênios que envolvam a transferência de dados pessoais. No mais, no âmbito da coleta e tratamento de dados pessoais, devem ser respeitados, em qualquer hipótese, os princípios elencados no art. 6° da Lei, dentre os quais destacamos os princípios da finalidade e da adequação.

O princípio da finalidade pressupõe que o tratamento dos dados seja realizado com *"propósitos legítimos, específicos, explícitos e informados ao titular,*

[3] Ibidem, p. 43.

[4] BRASIL. Tribunal Superior Eleitoral. *Decisão Procedimento Administrativo n. 29.542/2012-TSE, de 09 de agosto de 2013.* Disponível em: <http://www.justicaeleitoral.jus.br/arquivos/tse-acordo-cooperacao-serasa>. Acesso em: 05 jul. 2019.

sem possibilidade de tratamento posterior de forma incompatível com essas finalidades". Já o princípio da adequação, o qual constitui uma decorrência lógica do princípio da finalidade, carrega a ideia de compatibilidade do tratamento com as finalidades informadas ao titular dos dados pessoais. Assim, também o poder público deve restringir o uso de informações pessoais do cidadão à finalidade informada quando da coleta dos dados e a outros propósitos compatíveis, nos limites do consentimento do indivíduo.

No caso em análise, temos que quando um indivíduo fornece suas informações pessoais à Justiça Eleitoral, o faz visando tão somente seu alistamento eleitoral. O tratamento de dados pelo Tribunal Superior Eleitoral, *ipso facto*, deveria se ater a sua utilização no processo eleitoral e em outras atividades a este subjacentes.

Ocorre que o dispositivo legal, ao tratar do princípio da finalidade, reproduzindo os mesmos termos do *General Data Protection Regulation* da UE, veda tão somente o tratamento de dados realizado de "forma incompatível" com a finalidade informada previamente ao titular.

Assim sendo, eventuais contratos ou convênios entre Poder Público e entidades privadas para a transferência de dados dos primeiros para estas últimas poderiam ser celebrados de maneira indiscriminada, sob o fundamento de que não configurariam tratamento incompatível com a finalidade para a qual as informações foram coletadas. Isso porque o conceito de incompatibilidade é bastante restritivo e pressupõe diferenças essenciais ou a impossibilidade legal para se realizar o tratamento, o que ocorreria apenas nas hipóteses expressamente vedadas por Lei.

3. Importância da Autoridade Nacional de Proteção de Dados

O texto original da Lei Geral de Proteção de Dados previa que a comunicação ou o uso compartilhado de dados pessoais de pessoa jurídica de direito público para pessoa de direito privado deveria ser informado à Autoridade Nacional de Proteção de Dados (ANPD). Tal exigência foi suprimida pela Medida Provisória 881/2018, mas voltou a vigorar após as modificações trazidas pela Lei nº 13.853/2019.

Com efeito, a comunicação à ANPD dos intercâmbios de dados pessoais realizados por entes públicos é de suma importância para que haja um controle sobre as operações, a fim de se evitar casos de compartilhamento indiscriminado e/ou abusivo tais quais os anteriormente mencionados. Da mesma forma, é premente que tal comunicação seja realizada previamente à celebração de acordos ou de qualquer outra forma de transferência das informações pessoais dos cidadãos.

A disposição contida no *caput* do artigo 27 da Lei, portanto, deve ser vista como uma espécie de controle prévio da atividade administrativo. Ou seja, o dever de informar o uso compartilhado de dados à ANPD representa uma formalidade e um sistema de exame prévio dos atos do poder público indispensável para que estes adquiram eficácia e operatividade[5]. Todavia, o desenho institucional de Autoridade Nacional adotado pelo Brasil pode constituir-se como um entrave ao pleno exercício desse controle.

A ANPD foi criada pela Lei n. 13.853/2019 como um órgão da administração pública federal, integrante da Presidência da República. Esta vinculação à administração direta, contudo, tem sido vista como um óbice ao reconhecimento da autonomia técnica e política da ANPD, especialmente no que tange à efetividade da proteção de dados em face do próprio Poder Público. José dos Santos Carvalho Filho[6] caracteriza a chamada *"teoria da captura política"*, fenômeno segundo o qual a vinculação promíscua entre órgão fiscalizador, de um lado, e governo instituidor ou entes fiscalizados, de outro, implica em flagrante comprometimento da independência pública. Assim, ainda resta o questionamento se a Autoridade Nacional, da forma como foi concebida, enquanto órgão integrante da Presidência da República, realizará uma análise vigorosa e imparcial quando da comunicação de um acordo de compartilhamento de dados envolvendo órgãos públicos do governo federal, por exemplo.

Conclusões

Ante o cenário atual de aumento crescente do valor agregado das informações pessoais e de transformação dos dados individuais em mercadoria[7], o tema da proteção de dados tem ganhado especial relevância. Também as entidades públicas, que têm se tornado cada vez mais digitais, se inserem na seara protetiva consubstanciada pela LGPD. Valendo-se de inúmeros aplicativos, tais quais o *e-Título*, a *CNH Digital*, e o *Meu Imposto de Renda*,

[5] MEIRELLES, Hely Lopes. A administração pública e seus controles. *Revista de Direito Administrativo.* Rio de Janeiro, n. 114, pp. 23-33 (p. 25), out./dez. 1973.

[6] CARVALHO FILHO, José dos Santos. *Manual de direito administrativo.* 25ª ed. São Paulo: Atlas, 2012, p. 485.

[7] RODOTÀ, Stefano. *A vida na sociedade da vigilância: a privacidade hoje.* Tradução: Danilo Doneda e Luciana Cabral Doneda. Rio de Janeiro: Renovar, 2008, p. 128.

e de outras tantas bases de dados, como os cadastros fiscais e eleitorais, pode-se afirmar, sem rebuços, que o Poder Público está entre os maiores controladores de dados do país.

Por esse ângulo, o tratamento específico dispensado aos órgãos governamentais pela LGPD mostrou-se de extrema importância para a compatibilização da proteção de dados às peculiaridades da Administração Pública e para a garantia de segurança e transparência no tratamento das informações pessoais dos cidadãos, tópico até então negligenciado pelo Poder Público, conforme tem restado evidente pelos vários casos de ataques cibernéticos e de acordos de transferência e, até mesmo, de venda de dados pessoais envolvendo entidades estatais.

Não obstante os avanços trazido pela LGPD, ainda existem pontos do diploma normativo que necessitarão de um trabalho conjunto da doutrina e, sobretudo, da jurisprudência para sua elucidação e delimitação. Nesse campo inserem-se a ampla base legal autorizadora ao tratamento de dados pessoais pela Administração Pública, bem como as hipóteses bastante flexíveis de compartilhamento de dados entre Poder Público e setor privado trazidas pelas posteriores modificações no texto original da Lei.

Nessa perspectiva, o Acordo de Cooperação Técnica nº 7/2013, envolvendo o Tribunal Superior Eleitoral e a empresa *Serasa Experian*, é paradigmático, ao ilustrar a problemática que envolve a transferência indiscriminada de dados cadastrais. Ainda, chama a atenção para o fato de que, ante a amplidão do rol de hipóteses de compartilhamento insculpido pela Lei Geral, poder-se-ia alegar que acordos como este encontram amparo legal, estando, inclusive, de acordo com os princípios norteadores da proteção de dados.

O presente estudo buscou, assim, demostrar a importância da comunicação à Autoridade Nacional de Proteção de Dados para o controle prévio de operações que envolvam o intercâmbio de dados entre pessoa jurídica de direito público e ente privado, exigência que havia sido suprimida do texto original, mas foi restabelecida pela Lei n. 13.853/2019. Contudo, o ponto se mostra sensível no que se refere ao modelo de autoridade adotado pelo Brasil: a vinculação da ANPD como órgão da administração pública indireta pode representar um entrave à sua efetiva atuação em relação aos órgãos do governo federal, comprometendo sua autonomia e isenção política enquanto órgão de fiscalização.

Isto posto, destaca-se que uma autoridade independente, a exemplo do direito europeu, é essencial para a efetivação da proteção de dados, especialmente pelo Poder Público. Somente por meio de uma fiscalização vigorosa pela ANPD é que se garantirá a correção e comedimento dos atos praticados pela Administração Pública, evitando que episódios tais quais os tratados, que representam verdadeira afronta à privacidade e aos direitos fundamentais dos cidadãos, voltem a se verificar.

Referências

BRASIL. Lei n. 13.709, de 14 de agosto de 2018. Lei Geral de Proteção de Dados Pessoais (LGPD). Redação dada pela Lei nº 13.853, de 2019. Brasília, *Diário Oficial da União*, 15 de agosto de 2018. Disponível em: <http://www.planalto.gov.br/ccivil_03/_Ato2015-2018/2018/Lei/L13709.htm>. Acesso em: 02 set. 2019.

______. Lei n. 13.853, de 08 de julho de 2019. Altera a Lei nº 13.709, de 14 de agosto de 2018, para dispor sobre a proteção de dados pessoais e para criar a Autoridade Nacional de Proteção de Dados, e dá outras providências. Brasília, *Diário Oficial da União*, 09 jul. 2019. Disponível em: <http://www.planalto.gov.br/ccivil_03/_Ato2019-2022/2019/Lei/L138 53.htm#art1>. Acesso em: 09 jul. 2019.

______. Medida Provisória n. 869, de 27 de dezembro de 2018. Altera a Lei nº 13.709, de 14 de agosto de 2018, para dispor sobre a proteção de dados pessoais e para criar a Autoridade Nacional de Proteção de Dados, e dá outras providências. Brasília, *Diário Oficial da União*, 28 de dezembro de 2018. Disponível em: <http://www.planalto.gov.br/ccivil_03/_ato2015-2018/2018/Mpv/mpv869.htm>. Acesso em: 05 jul. 2019.

______. Tribunal Superior Eleitoral. *Decisão Procedimento Administrativo n. 29.542/2012-TSE, de 09 de agosto de 2013.* Disponível em: <http://www.justicaeleitoral.jus.br/arquivos/tse-acordo-cooperacao-serasa>. Acesso em: 05 jul. 2019.

BONFIM, Natália Bertolo. O tratamento de dados pessoais pelo Poder Público. *Migalhas*, 2019. Disponível em: <https://www.migalhas.com.br/depeso/299940/o-tratamento-de-dados-pessoais-pelo-poder-publico>. Acesso em: 02 jul. 2019.

CARVALHO FILHO, José dos Santos. *Manual de direito administrativo.* 25ª ed. São Paulo: Atlas, 2012.

CELLA, José Renato Gaziero; COPETTI, Rafael. Compartilhamento de Dados Pessoais e a Administração Pública Brasileira. *Revista de Direito, Governança e Novas Tecnologias.* Maranhão, v. 3, n. 2, pp. 39-58, jul./dez. 2017.

MEIRELLES, Hely Lopes. A administração pública e seus controles. *Revista de Direito Administrativo.* Rio de Janeiro, n. 114, pp. 23-33, out./dez. 1973.

RODOTÀ, Stefano. *A vida na sociedade da vigilância: a privacidade hoje.* Tradução: Danilo Doneda e Luciana Cabral Doneda. Rio de Janeiro: Renovar, 2008.

ROSSO, Angela Maria. LGPD e setor público: aspectos gerais e desafios. *Migalhas*, 2019. Disponível em: <https://m.migalhas.com.br/depeso/300585/lgpd-e-setor-publico-aspectos-gerais-e-desafios>. Acesso em: 02 jul. 2019.

SUNDFELD, Carlos Ari. *Direito administrativo para céticos.* São Paulo: Malheiros, 2014.

Perspectivas sobre o Comportamento Humano nas Redes Sociais e os Mecanismos de Manipulação dos Usuários

MARILIA OSTINI AYELLO ALVES DE LIMA
TATHIANE MÓDOLO MARTINS GUEDES

Introdução

O comportamento humano na Internet é tema ainda recente em nossa sociedade. Esse novo viés comportamental se revela densamente nas redes sociais, nas quais muitas pessoas desenvolvem um perfil ativo, opinativo, concordando e discordando, por vezes de forma radical e extremada, acerca dos mais diferentes temas, deixando claro suas preferências e posicionamentos.

Diante desse cenário, é de grande relevância compreender qual é o provável pano de fundo que nutre alguns comportamentos polarizados e ofensivos de alguns usuários da rede. Talvez, os comportamentos em destaque não sejam propriamente dito em razão do crescimento da intolerância, desrespeito e senso de desintegração por parte das pessoas, mas a nova questão é por que tem acontecido com tanta frequência nas redes sociais, bem como a extensão e a amplitude dos efeitos que as condutas intolerantes e desrespeitosas que sempre existiram, mas estavam restritas a alguns grupos[1], passaram a atingir na sociedade em rede.

Portanto, verificamos que as próprias relações entre os indivíduos foram se alterando. Recentemente, com o avanço das tecnologias, houve altera-

[1] FOHRMANN, Ana Paula Barbosa. O discurso de ódio. *In:* MARTINS, Guilherme Magalhães (org.). *Direito Privado e Internet*. São Paulo: Editora Atlas, 2014.

ções significativas na forma do indivíduo agir, pensar e de se relacionar. Todavia, a proteção jurídica dos direitos de personalidade também precisa, de igual modo, acompanhar essa mudança[2]. Do contrário, estarão efetivamente ameaçados.

Desta forma, este artigo tem o objetivo de analisar o possível pano de fundo dos posicionamentos extremados, verificar e esclarecer os prováveis mecanismos de manipulação dos usuários na rede social, com ponderações sobre alguns comportamentos frequentes dos usuários em rede, como empresas de tecnologia captam e se utilizam dos dados pessoais, para a extração de opiniões e sentimentos, bem como os aspectos jurídicos em relação à proteção aos direitos fundamentais.

Ao final, são propostas algumas sugestões para que as evoluções tecnológicas e a nova estrutura da sociedade organizada em rede não ameacem os direitos fundamentais dos usuários que são constitucionalmente protegidos.

1. Contextualização

Para que se possa contextualizar o tema em análise, é importante mencionar algumas evoluções tecnológicas recentes que trouxeram grandes alterações na forma como as pessoas vivem nos dias atuais, como por exemplo, a rapidez do processo de inclusão digital dos últimos anos, o acesso à informação rápida, atual e globalizada, sobretudo em razão da disseminação do acesso a *smartphones* e da recente adesão em massa das pessoas às redes sociais.

Nesse sentido, Jorge José Lawand considera que estamos vivendo uma revolução assemelhada em magnitude àquela da descoberta da imprensa[3] e atualmente, a civilização estaria em um momento de descentralização, em razão da comunicação eletrônica e da Tecnologia da Informação.

[2] LIMA, Cíntia Rosa Pereira de; VIANA, Rui Geraldo Camargo. Novas perspectivas sobre os direitos de personalidade. *In:* LIMA, Cíntia Rosa Pereira de; NUNES, Lydia Neves Bastos Telles. *Estudos Avançados de Direito Digital.* São Paulo: Editora Elsevier, 2014.

[3] "Atualmente, os seres humanos estão vivendo uma revolução de igual magnitude àquela proporcionada à época da descoberta da imprensa e, posteriormente, aos modernos meios de comunicação em massa. A civilização nasceu com a escrita, popularizou-se com a imprensa, homogeneizou-se com a massificação da mídia, e agora está sendo descentralizada, diversificada e democratizada com as comunicações eletrônicas e a tecnologia da informação digital." LAWAND, Jorge José. *Teoria Geral dos Contratos Eletrônicos.* São Paulo: Editora Juarez de Oliveira, 2003, p. 04.

A Internet aproximou as pessoas, proporcionou o acesso à informação, possibilitou a comercialização de produtos e serviços, que estão acessíveis em qualquer lugar do planeta e de forma instantânea, alterando, assim, significativamente, dois referenciais, o espacial e o temporal, uma vez que a Internet desconhece limites geográficos. Possibilitando, desta forma, a circulação mundial de bens, produtos e informações.

Entretanto, toda essa atmosfera favorável ao compartilhamento massivo de informações, opiniões, sentimentos e dados, pode vir a se tornar uma ameaça a direitos e garantias fundamentais. Portanto, o modelo jurídico brasileiro precisa se ajustar para assegurar o direito de se estar conectado à Internet, mas também de que esse acesso seja realizado com transparência e de modo a garantir a proteção a outros direitos ainda mais basilares.

2. A Internet e o acesso ao seu conteúdo

O comportamento dos indivíduos com a popularização da rede mundial de computadores foi modificado. Um exemplo cotidiano[4] e praticamente banal é a utilização do *smartphone*, que permite acessar os conteúdos *online*, solicitar serviços de transporte, efetuar agendamentos de reuniões, dentre tantas outras funcionalidades indispensáveis hoje, mas que não eram sequer imaginadas há poucos anos.

[4] "Suponha que estamos em 1996. Ao acordar, desligo meu despertador e me preparo para ir ao trabalho. Ao sair de casa, meu telefone fixo toca e, ao atender, a secretária da empresa em que trabalho me avisa que estou atrasada para a reunião que havia começado a uma hora. Corro para pegar minha agenda dentro da bolsa e vejo que de fato havia marcado a reunião para aquele horário. Peço desculpas à secretária e aviso que irei rapidamente para a empresa. Arrumo-me às pressas e saio de casa na expectativa que um táxi apareça rapidamente, para que eu possa chegar o quanto antes na reunião. Por sorte, um taxista aparece em 10 minutos. Chego na empresa, porém percebo que esqueci de levar os relatórios que havia elaborado para apresentar aos gerentes. E agora? Ligo para meu marido que está em casa e peço para ele me enviar uma cópia via fax. Assim ele faz, e consigo finalmente participar da reunião. Atualmente, é comum usarmos nosso smartphone desde o primeiro instante em que acordamos, por meio de um alarme com nossa música favorita e por intervalos de tempos pré-determinados. Nosso smartphone também pode nos avisar antecipadamente o horário de uma reunião, para que assim possamos evitar esquecimentos. Enquanto tomamos café, podemos solicitar um serviço de transporte de passageiros por meio de um aplicativo. Se necessitamos de um documento que não esteja conosco, podemos facilmente acessar a internet e busca-lo em um serviço de computação em nuvem para armazenamento de dados."
MARQUESONE, Rosangela. *Big Data:* Técnicas e Tecnologias para a Extração de Valor de Dados. São Paulo: Casa do Código, 2016, pp. 107-116.

Além disso, é cada vez maior a quantidade de informações que circulam na rede que são inseridas, não apenas por pessoas, mas também por algoritmos[5] e coisas, que são dotados de inteligência artificial, que trocam dados entre si, gerando um ambiente cada vez mais automatizado.

Na Internet das Coisas[6], há uma interação entre computadores, sensores e objetos para processar as informações em um contexto de hiperconectividade. Aliás, devemos ter um senso crítico de que vivemos em um mundo hiperconectado, em que há várias coisas conectadas ao nosso redor gerando dados o tempo todo. Como exemplos, temos: geladeiras inteligentes, televisões inteligentes, máquinas de café inteligentes, carros inteligentes etc.

Vivemos atualmente a *Web 3.0*, termo criado pelo jornalista John Markoff[7], em que as máquinas também interagem com os seres humanos e alimentam, assim como os seres humanos, as plataformas com conteúdos.

Dessa forma, conforme Eduardo Magrani[8], o atual cenário de hiperconectividade é baseado na estreita relação entre seres humanos, sensores,

[5] Algoritmos (*algorithms*): conjunto de instruções, ou seja, uma sequência de regras ou operações seguidas por uma máquina (robô) que, ao ser aplicada, permite interpretar e solucionar problemas através de um processo previamente estruturado, obtendo-se um resultado preciso. ELIAS, Paulo Sá. *Algoritmos, Inteligência Artificial e o Direito. Consultor Jurídico*, 20 nov. 2017, p. 01. Disponível em: <https://www.conjur.com.br/dl/algoritmos-inteligencia-artificial.pdf>. Acesso em 21 ago. 2019.

[6] Internet das Coisas (*Internet of Things – IoT*) "é a expressão que busca designar todo o conjunto de novos serviços e dispositivos que reúnem ao menos três pontos elementares: conectividade, uso de sensores e capacidade computacional de processamento e de armazenamento de dados". "O termo hiperconectividade foi cunhado inicialmente para descrever o estado de disponibilidade dos indivíduos para se comunicar a qualquer momento. Esse termo possui alguns desdobramentos importantes. Podemos citar alguns deles: o conceito de *always-on*, estado em que as pessoas estão conectadas a todo o momento; a possibilidade de estar prontamente acessível (*readily accessible*); a riqueza de informações; a interatividade; e o armazenamento ininterrupto de dados (*always recording*). O termo hiperconectividade encontra-se hoje atrelado às comunicações entre indivíduos (*person-to-person*, P2P), indivíduos e máquina (*human-to-machine*, H2M) e entre máquinas (*machine-to-machine*, M2M) valendo-se, para tanto, de diferentes meios de comunicação. Há, neste contexto, um fluxo contínuo de informações e uma massiva produção de dados."
MAGRANI, Eduardo. *Entre Dados e Robôs:* Ética e Privacidade na Era da Hiperconectividade. 2ª ed. Porto Alegre: Arquipélago Editorial, 2019, p. 19.

[7] MARKOFF, John. Entrepreneurs see a Web guided by common sense. *The New York Times*, nov. 2006. Disponível em: <www.nytimes.com/2006/11/12/business/12Web.html>. Acesso em: 21 ago. 2019.

[8] MAGRANI, Eduardo. *Entre Dados e Robôs. Op. Citatum.*

objetos físicos, algoritmos, *Big Data*, Inteligência Artificial, *cloud computing* (armazenamento em nuvem), dentre outros elementos.

Sendo assim, diariamente é produzida uma gigantesca quantidade de dados, que circulam pela Internet e que imprimem as *"pegadas digitais"* dos usuários, a cada *click*. Todos os dias, coisas se conectam à Internet com capacidade para processar, compartilhar, analisar e armazenar um volume admirável de dados dos usuários, vez que a própria estrutura da rede possibilita diversas formas de coleta e utilização desses dados, os quais podem ser utilizados no meio comercial, através de propagandas direcionadas e principalmente como banco de informações acerca de determinado indivíduo ou grupos de indivíduos.

Então, considerando essa hiperconectividade, que está em crescente expansão de sua abrangência, o conteúdo tem se entrelaçado e abarcado cada vez mais atividades, ações, gerando e armazenando cada vez mais dados de usuários, por isso, é importante que se compreenda todas essas conexões e seus pontos de convergência, além de ser necessário dispensar atenção aos riscos que elas podem trazer para a privacidade e a segurança das informações dos seus usuários a cada simples acesso.

3. A monetização dos dados pessoais dos usuários

A expressão *"sociedade informacional"*, cunhada por Manuel Castells, exprime uma nova estrutura social, o *"capitalismo informacional"*, em que se considera que a atividade econômica e a nova organização social se baseiam, material e tecnologicamente, na informação, fenômeno esse que não deve ser ignorado pelo Direito.

Estamos em um mundo permeado pela tecnologia, interligado e conectado pela Internet, e que nos traz uma aparente gratuidade em sua utilização, o que de fato não ocorre, uma vez que os dados se tornaram, em verdade, o *"novo petróleo"*, conforme a notícia estampada na revista *The Economist*, em 2017: *"The The world's most valuable resource is no longer oil, but data"*, assinalando os dados pessoais como os principais recursos da contemporaneidade.

Diversas empresas coletam e fazem uma análise automatizada dos dados em seus modelos de negócio para auferir lucro. Nada mais atual do que a celebre frase *"There is no free lunch!"*, de John Perry Barlow.

De modo que, para muitas empresas, em especial as de tecnologia, detentoras das redes sociais mais populares mundialmente, em seus modelos de negócio, tratam como insumos os dados pessoais de seus usuários, mediante a captação, utilização e armazenamento dos dados e do direcionamento de informações baseadas no mapeamento do comportamento *online* dos usuários[9].

E, como advertia Stefano Rodotà, os dados pessoais não podem ser considerados produtos de uma *"mina a céu aberto"*, em que *players* do mundo virtual podem se servir livremente, sem quaisquer limitações, fornecendo dados a algoritmos computacionais, tendo como única finalidade o lucro. E, dependendo da informação que os dados podem revelar a terceiros[10], podem ser classificados como dados pessoais sensíveis, que são aqueles que dizem respeito às questões religiosas, de saúde, políticas, étnicas, ou afetas à vida sexual.

Portanto, o conteúdo disponibilizado na rede não é desprovido de objetivos, haja vista a possibilidade, por exemplo, dos provedores de aplicação[11] realizar o direcionamento de conteúdo, com base no histórico de navegação das plataformas do *Google Search* ou da rede social *Facebook*, valendo-se do uso dos algoritmos.

As expectativas de expansão digital são gigantescas: estimou-se que, em 2020[12], a quantidade de objetos interconectados passará dos 25 bilhões e as projeções para o impacto deste cenário de hiperconexão na economia são impressionantes. Estima-se um impacto econômico global corresponde a mais de US$ 11 trilhões em 2025[13].

[9] Carvalho, Victor Miguel Barros de; Guimarães, Patrícia Borba Vilar; Oliveira, Adriana Carla Silva de. *Monetização de Dados Pessoais na Internet*: Competência Regulatória a partir do Decreto n. 8.771/2016. *Revista Estudos Institucionais*, vol. 4, n. 1, 2018.

[10] Colombo, Cristiano; Facchini Neto, Eugênio. Mineração de Dados e Análise Preditiva: reflexões sobre possíveis violações ao direito de privacidade na Sociedade da Informação e critérios para sua adequada implementação à luz do ordenamento brasileiro. *Revista de Direito, Governança e Novas Tecnologias*, v. 3, n. 2, jul./dez. 2017, pp. 59-80.

[11] "Art. 15. O provedor de aplicações de internet constituído na forma de pessoa jurídica e que exerça essa atividade de forma organizada, profissionalmente e com fins econômicos deverá manter os respectivos registros de acesso a aplicações de internet, sob sigilo, em ambiente controlado e de segurança, pelo prazo de 6 (seis) meses, nos termos do regulamento."

[12] Barker, Colin. 25 billion connected devices by 2020 to build the Internet of Things: Analysts estimate there will be 4.9bn-connected devices by the end of next year and that this will increase four-fold in the following five years. *ZDNet*, São Francisco, USA, 11 nov. 2014. Disponível em: <https://www.zdnet.com/article/25-billion-connected-devices-by-2020-to-build-the-internet-of-things/>. Acesso em: 30 ago. 2019.

[13] Rose, Karen; Eldridge, Scott; Chapin, Lyman. The Internet of Things: An Overview. Understanding the Issues and Challenges of a More Connected World. *ISOC*, 2015, pp. 01-04.

A grande questão que merece reflexão é que esses diversos dispositivos conectados e que são cada vez mais inteligentes e autônomos, acompanham diariamente cada usuário em todas as suas atividades rotineiras *online*, coletando, transmitindo, armazenando e compartilhando uma enorme quantidade de dados pessoais, muitos deles estritamente particulares ou mesmo íntimos.

Contudo, as consequências destes acompanhamentos diários e profundo da vida cotidiana de centenas de milhares de pessoas, em que empresas de tecnologia estão a cada segundo captando seus pensamentos, sentimentos, opiniões e intimidade é que precisa de uma revisão robusta no grau de sua permissividade, pois é nesse aspecto que os reflexos sociais de seu uso não regulamentado pelas Autoridades e a possibilidade de direcionamento de conteúdo e manipulação dos usuários se apresentam de forma absolutamente negativa na sociedade em rede.

4. A manipulação dos usuários através do uso dos dados pessoais

O documentário *The Great Hack* (*Privacidade hackeada*, em tradução livre)[14], escancara ao mundo como a utilização e o tratamento de dados pessoais[15] de milhões de pessoas, de forma não autorizada, foram utilizados pela consultoria *Cambridge Analytica* para definir a retórica da campanha e influenciar a eleição de um dos candidatos à Casa Branca.

Através da extração de mais de cinco mil informações essenciais, de cada um desses usuários daquela rede social, foi feito um verdadeiro mapeamento para traçar um perfil ideológico e psicológico individualizado, possibilitando o direcionamento de notícias e informações com o objetivo de,

Disponível em: <https://www.internetsociety.org/wp-content/uploads/2017/08/ISOC-IoT-Overview-20151221-en.pdf>. Acesso em: 30 ago. 2019.

[14] *PRIVACIDADE hackeada*. Direção: Karim Amer e Jehane Noujaim. Produção: Geralyn Dreyfous, Judy Korin, Karim Amer e Pedro Kos. Netflix, 2019. Título Original: The Great Hack (139 min.).

[15] Segundo a Comissão Europeia: "O tratamento abrange um amplo conjunto de operações efetuadas sobre dados pessoais, por meios manuais ou automatizados. Inclui a recolha, o registo, a organização, a estruturação, a conservação, a adaptação ou alteração, a recuperação, a consulta, a utilização, a divulgação por transmissão, difusão ou qualquer outra forma de disponibilização, a comparação ou interconexão, a limitação, o apagamento ou a destruição de dados pessoais."

COMISSÃO EUROPEIA. What constitutes data processing? *Comissão Europeia*, 2019. Acesso em: <https://ec.europa.eu/info/law/law-topic/data-protection/reform/what-constitutes-data-processing_pt>. Acesso em: 19 ago. 2019.

com muita sutileza e de maneira imperceptível e insistente, os influenciar a pensar e agir de uma forma determinada.

Restando nítido que a extração, a utilização e o tratamento de dados pessoais podem ser utilizados para finalidades escusas e de manipulação dos usuários com vistas a atender a interesses de grupos específicos, contudo, o comportamento dos usuários na rede é o grande fator de suprimento para o fornecimento dos dados às empresas de tecnologia.

Portanto, uma questão de suma importância, e que, ainda não está sob a atenção dos usuários, e também não tem sido tratada com a dimensão que necessita é a vulnerabilidade com que estes navegam na rede, no que diz respeito à proteção às liberdades individuais e à proteção dos dados pessoais, diante de tantas conexões que geram e armazenam dados, por isso é necessária a sensibilização, para que se tornem conscientes desta fragilidade em sua navegação, além da implementação de instrumentos jurídicos que regulamente a questão.

Nesse contexto de observação, coleta, tratamento e armazenamento de informações de usuários na rede, é interessante traçar uma perspectiva e ponderar todo este fenômeno social com as lições de Jeremy Bentham[16], que trouxe o conceito de *panóptico*, o autor retrata o poder da informação, em seus estudos a respeito do sistema prisional do século XVIII, em que idealizou um formato circular de construção de presídios com um único observador central, porém com o detalhe primordial de que os custodiados não teriam conhecimento de se, e quando, estariam sendo observados, o que segundo ele aperfeiçoava o controle dos presos sob custódia.

Tal sistema foi implementado por Michel Foucault[17], o qual o considerou a "*utopia do encarceramento perfeito*", pois através do medo e do receio de não saberem se estão sendo observados, era possível gerar nos presos um comportamento positivo e determinado pelo observador. É muito curioso poder estabelecer qualquer conexão ou comparação entre o ambiente na *Web* e o de presídios do século passado.

No estudo citado, o efeito esperado do panóptico é o de "*induzir no detento um estado consciente e permanente de visibilidade que assegura o funcionamento automático do poder*"[18], de modo que torna a vigilância permanente em seus efeitos, mesmo que descontínua na ação, sendo este sistema capaz

[16] Bentham, Jeremy. *O Panóptico*. 2ª ed. Belo Horizonte: Autêntica, 2008.

[17] Foucault, Michel. *Vigiar e Punir*: Nascimento da Prisão. 20ª ed. Petrópolis: Vozes, 1999, p. 169.

[18] Ibidem, p. 166.

de penetrar e modificar o comportamento humano[19]. Ora, é exatamente no aspecto da privacidade que houve uma relativização pelas pessoas nas redes sociais, ou por que não sabem, ou por, aparentemente não se incomodarem, ou não pensarem nas consequências e efeitos possíveis de dividir seus dados pessoais com um *"observador central"*.

Contudo, nessa seara, de aparente gratuidade das redes sociais e rapidez na massificação da inclusão digital com adesão e uso excessivo das redes sociais, os usuários cedem às empresas de tecnologia uma quantidade enorme de dados e, a cada acesso, essas plataformas se tornam ambientes viciantes para que os usuários permaneçam neles, fornecendo mais e mais dados, verificamos assim, o aparecimento de uma espécie de *"panóptico social"*, contudo, sem a clareza de quem está na posição de observador, além do fato de que, os usuários não estão mantidos em nenhum tipo de custodia, em tese, são livres.

Todavia, ao pseudo argumento de um consentimento do titular desses dados pessoais, verificamos ao analisarmos as políticas de privacidade de algumas empresas de tecnologia, que tais políticas, muitas vezes são de difícil acesso em primeiro plano a seus usuários e, que para aqueles que conseguem realizar a leitura completa dos termos extensos e genéricos, chega a ser assustador o grau de permissividade de coleta dos dados, bem como da autorização de sua transferência a empresas parceiras, chamadas de "empresas confiáveis", prestadores de serviços mencionados claramente nas políticas[20], além da possibilidade de armazenamento, praticamente por período indeterminado destes dados coletados.

Desse modo, o fato é que a atividade e o comportamento dos usuários nas redes sociais se tornaram um ativo na economia da informação[21], nem todos os usuários tem a consciência das potenciais "consequências" de *sua navegação online*, talvez sequer imaginem que seus dados podem ser objeto de tratamento e que suas identidades estão sendo mapeadas por um algo-

[19] "O Panóptico funciona como uma espécie de laboratório de poder. Graças a seus mecanismos de observação, ganha em eficácia e em capacidade de penetração no comportamento dos homens."
Ibidem, p. 169.

[20] SAMSUNG. *Política de Privacidade no Brasil.* Disponível em: <https://www.samsung.com/br/info/privacy/>. Acesso em: 22 ago. 2019.

[21] Bioni, Bruno Ricardo. *Proteção de Dados Pessoais: a função e os limites do consentimento.* Rio de Janeiro: Forense, 2019, p. 12.

ritmo, tampouco podem supor o poder que esse comportamento gera para as empresas de tecnologia.

Sendo assim, as grandes corporações ou grupos influentes passaram a ter a possibilidade de acesso, através da mineração dos dados, a um conhecimento muito profundo do seu potencial cliente, potencial consumidor, de seu potencial eleitor, de seu potencial apoiador e, este conhecimento não apenas se mantém armazenado, mas tem sido sistematicamente utilizado para a manipulação dos usuários, para que estes assumam comportamentos vinculados aos interesses de alguns grupos ou corporações.

Algumas empresas de tecnologia podem conhecer o perfil emocional de um número enorme de usuários, o que os torna vulneráveis as investidas para a manipulação de seus comportamentos. Podendo conduzi-los a apoiar determinada causa, partido político, ou mesmo candidato ou até mesmo para iniciar brigas por uma causa, em outras palavras, o ambiente *online* se tornou uma potente arma de manipulação, seja para o consumo, ou ainda para outros interesses, ao que parecem, não tão democráticos.

Também, aliado a esse mapeamento psicológico e comportamental dos indivíduos, vemos nas redes a figura dos *"robôs sociais"*[22], ferramentas automatizadas de publicações, através de contas controladas por *softwares* e algoritmos, que atuando nas redes sociais como se fossem outros usuários reais, participam ativamente de discussões, e são verdadeiros instrumentos para a disseminação de conteúdo direcionado, com o objetivo de convencimento e com a publicação de conteúdo de maneira extremamente veloz.

Portanto, ao que nos parece, é este o mecanismo responsável pela manipulação do comportamento dos indivíduos, gerando polarização, radicalização e conflitos sociais desnecessários, além disso, *"a possibilidade técnica*

[22] "O estudo feito pela FGV/DAPP aponta que esse tipo de conta chegou a ser responsável por mais de 10% das interações no *Twitter* nas eleições presidenciais de 2014. Durante protestos pelo Impeachment, essas interações provocadas por robôs representaram mais de 20% do debate entre apoiadores de Dilma Rousseff, que usavam significativamente esse tipo de mecanismo. Um outro exemplo analisado mostra que quase 20% das interações no debate entre os usuários favoráveis a Aécio Neves no segundo turno das eleições de 2014 foi motivado por robôs."
RUEDIGER, Marco Aurélio. Robôs, redes sociais e política: Estudo da Diretoria de Análise de Políticas Públicas da Fundação Getúlio Vargas, aponta interferências ilegítimas no debate público na web. *Revista FGV/DAAP*, São Paulo, 2017. Disponível em: <http://dapp.fgv.br/robos-redes-sociais-e-politica-estudo-da-fgvdapp-aponta-interferencias-ilegitimas-no-debate-publico-na-web/>. Acesso em: 21 ago. 2019.

de armazenamento de qualquer tipo de dado pessoal pode resultar em uma erosão progressiva da liberdade individual"[23], por isso é evidente a urgência da adoção de medidas tecnológicas e jurídicas para a interrupção do mapeamento psicológico dos usuários baseado na utilização e compartilhamento dos dados sensíveis destes, e também, para a proteção dos direitos fundamentais e preservação do Estado Democrático de Direito.

5. Breves apontamentos sobre a proteção jurídica dos dados pessoais no Brasil

Com a Internet, nasce a necessidade de se criar normas que possibilitem a segurança jurídica dos usuários. Entretanto, há um enorme hiato, devido a velocidade da evolução tecnológica e pelo fato do ordenamento jurídico ser naturalmente conservador.

Ademais, é necessário sensibilizar os usuários e criar novos princípios de relacionamento[24], abordando requisitos básicos e essenciais a serem cumpridos pelos usuários, possibilitando maior segurança nas relações virtuais.

Nesse sentido, a legislação pátria traz diplomas legais que versam sobre a proteção às pessoas e seus dados. Entre eles, porém, não apenas, temos a Constituição Federal que em seu artigo 5º, inciso X, dispõe que são invioláveis a intimidade, a vida privada, a honra e a imagem das pessoas[25], tornando-o inviolável e passível de indenização mediante esta violação.

Em nosso ordenamento, a proteção aos dados pessoais ainda não é tratada como um direito fundamental. Entretanto, tramita a Proposta de Emenda à Constituição nº 17/2019, que busca assegurar o direito à prote-

[23] ANDRADE, Frederico Pupo Carrijo de. Análise comparativa do tratamento de dados pessoais à luz do direito de personalidade. *In*: LIMA, Cíntia Rosa Pereira de; NUNES, Lydia Neves Bastos Telles (coords.). *Estudos Avançados de Direito Digital*. São Paulo: Editora Elsevier, 2014, p. 231.

[24] "Para o Direito Digital, porém, a questão vai além: devem ser criados novos princípios de relacionamento, ou seja, diretrizes gerais sobre alguns requisitos básicos que deveriam ser atendidos por todos os usuários da rede. A resolução dessas questões já possibilitaria segurança maior nas relações virtuais. O que é diferente de se criarem normas específicas cuja aplicação e eficácia ficariam muito limitadas no tempo e no espaço."
PECK PINHEIRO, Patrícia. *Direito Digital*. 6ª ed. São Paulo: Editora Saraiva, 2016, p. 69.

[25] Art. 5º, CF: "Todos são iguais perante a lei, sem distinção de qualquer natureza, garantindo-se aos brasileiros e aos estrangeiros residentes no País a inviolabilidade do direito à vida, à liberdade, à igualdade, à segurança e à propriedade, nos termos seguintes: (...) X – são invioláveis a intimidade, a vida privada, a honra e a imagem das pessoas, assegurado o direito a indenização pelo dano material ou moral decorrente de sua violação".

ção de dados pessoais como um direito fundamental do indivíduo, acrescentando, assim, o inciso XII-A ao art. 5º e o inciso XXX ao artigo 22 da Constituição Federal, para incluir a proteção de dados pessoais entre os direitos fundamentais do cidadão e fixar a competência privativa da União para legislar sobre a matéria.

Temos ainda em nosso arcabouço jurídico o Código de Defesa do Consumidor (Lei nº 8.078, de 11 de setembro de 1990), que, por sua vez, protege, nas relações de consumo, no meio eletrônico ou físico, o direito à liberdade de escolha e de expressão. Cumpre pontuar, ainda, que o art. 4º, inciso III, traz mais uma proteção ao consumidor, ao adotar o princípio da boa-fé e a harmonização e o equilíbrio dos interesses em suas relações. Ademais, no art. 43, o CDC[26] inovou ao conceder acesso aos consumidores sobre suas informações em cadastros, obrigando o fornecedor a disponibilizá-las.

Há, também, o Marco Civil da Internet, a chamada "*Constituição da Internet*", que dispõe de trinta e dois artigos: oito dos quais são principiológicos, tendo como pilares a liberdade de expressão, a privacidade, a proteção de dados e a neutralidade da rede.

O MCI dispõe sobre os direitos e deveres dos usuários, provedores de serviços e de conteúdo, além dos outros usos da internet no Brasil. Foi, posteriormente, regulamentado pelo Decreto nº 8.771/2016, que trouxe os conceitos de dados pessoais e de tratamentos de dados[27]. Trouxe, também, os direitos básicos à proteção dos dados pessoais, disciplinados no art. 7º[28].

[26] "Art. 43. O consumidor, sem prejuízo do disposto no art. 86, terá acesso às informações existentes em cadastros, fichas, registros e dados pessoais e de consumo arquivados sobre ele, bem como sobre as suas respectivas fontes."

[27] "Art. 14. Para os fins do disposto neste Decreto, considera-se: I – dado pessoal – dado relacionado à pessoa natural identificada ou identificável, inclusive números identificativos, dados locacionais ou identificadores eletrônicos, quando estes estiverem relacionados a uma pessoa; e II – tratamento de dados pessoais – toda operação realizada com dados pessoais, como as que se referem a coleta, produção, recepção, classificação, utilização, acesso, reprodução, transmissão, distribuição, processamento, arquivamento, armazenamento, eliminação, avaliação ou controle da informação, modificação, comunicação, transferência, difusão ou extração."

[28] "Art. 7º – O acesso à internet é essencial ao exercício da cidadania e ao usuário são assegurados os seguintes direitos: I – inviolabilidade da intimidade e da vida privada, sua proteção e indenização pelo dano material ou moral decorrente de sua violação; VIII – informações claras e completas sobre coleta, uso, armazenamento, tratamento e proteção de seus dados pessoais, que somente poderão ser utilizados para finalidades que: a) justifiquem sua coleta; b) não sejam vedadas pela legislação; e c) estejam especificadas nos contratos de prestação de serviços ou em termos de uso de aplicações de internet; IX – consentimento expresso

Complementando o Marco Civil da Internet, a LGPD dispõe sobre o tratamento de dados pessoais, com o objetivo de proteger os direitos fundamentais de liberdade e de privacidade, além de proteger o livre desenvolvimento da personalidade da pessoa natural.

A LGPD, no art. 5º e em seus dezenove incisos, traz diversos conceitos, dentre os quais estão os de dados pessoais, dados sensíveis e o de tratamento.

A Lei repete o conceito de dado pessoal trazido no MCI e conceitua, porém, o dado pessoal sensível – o dado pessoal sobre origem racial ou étnica, filiação a sindicato ou a organização de caráter religioso, filosófico ou político, convicção religiosa, opinião política, dado referente à saúde ou à vida sexual, dado genético ou biométrico, quando vinculado a uma pessoa natural.

Tratamento, conforme a LGPD, é a operação realizada com dados pessoais, compreendendo a coleta, produção, recepção, classificação, utilização, acesso, reprodução, transmissão, distribuição, processamento, arquivamento, armazenamento, eliminação, avaliação ou controle da informação, modificação, comunicação, transferência, difusão ou extração.

A Lei ainda traz, em seu art. 6º, princípios básicos que deverão ser observados quando realizadas as atividades de tratamento de dados: a finalidade, a adequação, a necessidade, o livre acesso, a qualidade de dados, a transparência, a segurança, a prevenção, a não-discriminação e a responsabilização e prestação de contas (a *accountability*), além da observância da boa-fé.

O inciso IX do art. 6º, que apresenta o princípio da não-discriminação, traz, de forma expressa, a impossibilidade de realização do tratamento para fins discriminatórios ilícitos ou abusivos.

A Lei também reforça, por fim, a autodeterminação informacional, da qual extrai-se o controle do usuário sobre os seus dados pessoais.

A LGPD, assim, traz uma mudança de mentalidade, gerando uma consciência crítica sobre a proteção dos dados pessoais, uma vez que, mesmo que haja o consentimento do titular daqueles dados, só poderão ser coletados e tratados se forem, em verdade, necessários e adequados.

sobre coleta, uso, armazenamento e tratamento de dados pessoais, que deverá ocorrer de forma destacada das demais cláusulas contratuais; X – exclusão definitiva dos dados pessoais que tiver fornecido a determinada aplicação de internet, a seu requerimento, ao término da relação entre as partes, ressalvadas as hipóteses de guarda obrigatória de registros previstas nesta Lei; XI – publicidade e clareza de eventuais políticas de uso dos provedores de conexão à internet e de aplicações de internet".

As empresas deverão, portanto, desenvolver um trabalho preventivo no tratamento dos dados pessoais (como por programas de governança em privacidade e proteção de dados) e não apenas preocuparem-se com uma tutela repressiva, sobretudo a cargo da ANPD.

Conclusões

Diariamente, dados são utilizados como insumos essenciais na grande parte das empresas e em seus modelos de negócios – não apenas no mundo *online*, mas também no *off-line*. Assim, a LGPD, em conjunto com as demais normas que completam esse sistema de proteção de dados pessoais, trouxe e implementa uma mudança de mentalidade, porque busca gerar uma consciência crítica sobre a importância da proteção dos dados pessoais.

É preciso que os usuários estejam conscientes e que se mantenham vigilantes, bem como que pressionem as autoridades (especialmente, a ANPD), para que haja uma regulação adequada em todas as fases, desde a coleta até a eliminação dos dados pessoais, pois a falta de um olhar atento dos titulares poderá tornar as redes sociais e a navegação *online* em *panópticos* da pós-modernidade: panópticos, em verdade, em um suas versões digitais, capazes de traçar perfis psicológicos e comportamentais, com vistas a manipular as ações de seus usuários.

Entendemos que os algoritmos e a própria Inteligência Artificial não são os vilões. Isoladamente, não se trata de ferramentas macabras de manipulação, muito pelo contrário: podem ser usados para o bem da sociedade, podem ser instrumentos que possibilitariam a democratização do conhecimento e minimização das desigualdades. A sua utilização é que deve ser regulamentada. Por outro lado, esse regramento não deve dificultar a inovação e o avanço tecnológico.

O grande desafio atual que se coloca é o equilíbrio entre o avanço tecnológico e o uso das ferramentas digitais frente ao imprescindível respeito aos direitos fundamentais, como a própria privacidade.

Referências

ANDRADE, Frederico Pupo Carrijo de. Análise comparativa do tratamento de dados pessoais à luz do direito de personalidade. *In*: LIMA, Cíntia Rosa Pereira de; NUNES, Lydia Neves Bastos Telles (coords.). *Estudos Avançados de Direito Digital*. São Paulo: Editora Elsevier, 2014.

BARKER, Colin. 25 billion connected devices by 2020 to build the Internet of Things: Analysts estimate there will be 4.9bn-connected devices by the end of next year and that this will increase four-fold in the following five years. *ZDNet*, São Francisco, USA, 11 nov. 2014. Disponível em: <https://www.zdnet.com/article/25-billion-connected--devices-by-2020-to-build-the-internet-of-things/>. Acesso em: 30 ago. 2019.

BENTHAM, Jeremy. *O Panóptico*. 2ª ed. Belo Horizonte: Autêntica, 2008.

BIONI, Bruno Ricardo. *Proteção de Dados Pessoais: a função e os limites do consentimento.* Rio de Janeiro: Forense, 2019.

BRASIL. *Constituição da República Federativa do Brasil.* Brasília, 1988. Disponível em: <http://www.planalto.gov.br/ccivil_03/Constituicao/Constituicao.htm>. Acesso em: 21 ago. 2019.

_______. Decreto n. 8.771, de 11 de maio de 2016. Regulamenta a Lei nº 12.965, de 23 de abril de 2014, para tratar das hipóteses admitidas de discriminação de pacotes de dados na internet e de degradação de tráfego, indicar procedimentos para guarda e proteção de dados por provedores de conexão e de aplicações, apontar medidas de transparência na requisição de dados cadastrais pela administração pública e estabelecer parâmetros para fiscalização e apuração de infrações. Brasília, *Diário Oficial da União*, 12 de maio de 2016. Disponível em <http://www.planalto.gov.br/CCIVIL_03/_Ato2015-2018/2016/Decreto/D8771.htm>. Acesso em: 30 ago. 2019.

_______. Lei n. 8.078, de 11 de setembro de 1990. Dispõe sobre a proteção do consumidor e dá outras providências. Brasília, *Diário Oficial da União*, 12 de setembro de 1990. Disponível em: <http://www.planalto.gov.br/ccivil_03/leis/l8078.htm>. Acesso em: 21 ago. 2019.

_______. Lei n. 10.406, de 10 de janeiro de 2002. Institui o Código Civil. Brasília, *Diário Oficial da União*, 11 de janeiro de 2002. Disponível em: <http://www.planalto.gov.br/ccivil_03/leis/2002/l10406.htm>. Acesso em: 21 ago. 2019.

_______. Lei n. 12.965, de 23 de abril de 2014. Estabelece princípios, garantias, direitos e deveres para o uso da Internet no Brasil. Brasília, *Diário Oficial da União*, 24 de abril de 2014. Disponível em <http://www.planalto.gov.br/CCIVIL_03/_Ato2011-2014/2014/Lei/L12965.htm>. Acesso em: 21 ago. 2019.

_______. Lei n. 13.709, de 14 de agosto de 2018. Lei Geral de Proteção de Dados Pessoais (LGPD). Brasília, *Diário Oficial da União*, 15 de agosto de 2018. Disponível em: <http://www.planalto.gov.br/ccivil_03/_Ato2015-2018/2018/Lei/L13709.htm>. Acesso em: 21 ago. 2019.

______. Lei n. 13.853, de 08 de julho de 2019. Altera a Lei nº 13.709, de 14 de agosto de 2018, para dispor sobre a proteção de dados pessoais e para criar a Autoridade Nacional de Proteção de Dados, e dá outras providências. Brasília, *Diário Oficial da União*, 09 de julho de 2019. Disponível em: <http://www.planalto.gov.br/ccivil_03/_Ato2019-2022/2019/Lei/L138 53.htm#art1>. Acesso em: 09 jul. 2019.

CARVALHO, Victor Miguel Barros de; GUIMARÃES, Patrícia Borba Vilar; OLIVEIRA, Adriana Carla Silva de. *Monetização de Dados Pessoais na Internet*: Competência Regulatória a partir do Decreto n. 8.771/2016. *Revista Estudos Institucionais*, vol. 4, n. 1, 2018.

COLOMBO, Cristiano; FACCHINI NETO, Eugênio. Mineração de Dados e Análise Preditiva: reflexões sobre possíveis violações ao direito de privacidade na Sociedade da Informação e critérios para sua adequada implementação à luz do ordenamento brasileiro. *Revista de Direito, Governança e Novas Tecnologias*, v. 3, n. 2, jul./dez. 2017, pp. 59-80.

COMISSÃO EUROPEIA. What constitutes data processing? *Comissão Europeia*, 2019. Acesso em: <https://ec.europa.eu/info/law/law-topic/data-protection/reform/what-constitutes-data-processing_pt>. Acesso em: 19 ago. 2019.

ELIAS, Paulo Sá. *Algoritmos, Inteligência Artificial e o Direito. Consultor Jurídico*, 20 nov. 2017. Disponível em: <https://www.conjur.com.br/dl/algoritmos-inteligencia-artificial.pdf>. Acesso em 21 ago. 2019.

FOHRMANN, Ana Paula Barbosa. O discurso de ódio. *In:* MARTINS, Guilherme Magalhães (org.). *Direito Privado e Internet.* São Paulo: Editora Atlas, 2014.

FOUCAULT, Michel. *Vigiar e Punir:* Nascimento da Prisão. 20ª ed. Petrópolis: Vozes, 1999.

LAWAND, Jorge José. *Teoria Geral dos Contratos Eletrônicos.* São Paulo: Editora Juarez de Oliveira, 2003.

LEONARDI, Marcel. *Tutela e Privacidade na Internet.* São Paulo: Saraiva, 2011.

LIMA, Cíntia Rosa Pereira de; VIANA, Rui Geraldo Camargo. Novas perspectivas sobre os direitos de personalidade. *In:* LIMA, Cíntia Rosa Pereira de; NUNES, Lydia Neves Bastos Telles. *Estudos Avançados de Direito Digital.* São Paulo: Editora Elsevier, 2014.

LIMA, Cíntia Rosa Pereira de. A Responsabilidade Civil dos Provedores de Aplicação de Internet por conteúdo gerado por terceiro antes e depois do Marco Civil da Internet: Lei n. 12.965/14. *Revista da Faculdade de Direito,* Universidade de São Paulo, ed. 110, pp. 155-176. Disponível em: <http://www.revistas.usp.br/rfdusp/article/view/115489>. Acesso em: 21 ago. 2019.

MAGRANI, Eduardo. *Entre Dados e Robôs:* Ética e Privacidade na Era da Hiperconectividade. 2ª ed. Porto Alegre: Arquipélago Editorial, 2019.

MARKOFF, John. Entrepreneurs see a Web guided by common sense. *The New York Times,* nov. 2006. Disponível em: <www.nytimes.com/2006/11/12/business/12Web.html>. Acesso em: 21 ago. 2019.

MARQUESONE, Rosangela. *Big Data:* Técnicas e Tecnologias para a Extração de Valor de Dados. São Paulo: Casa do Código, 2016.

PECK PINHEIRO, Patrícia. *Direito Digital.* 6ª ed. São Paulo: Editora Saraiva, 2016.

PRIVACIDADE hackeada. Direção: Karim Amer e Jehane Noujaim. Produção: Geralyn Dreyfous, Judy Korin, Karim Amer e Pedro Kos. Netflix, 2019. Título Original: The Great Hack (139 min.).

ROSE, Karen; ELDRIDGE, Scott; CHAPIN, Lyman. The Internet of Things: An Overview. Understanding the Issues and Challenges of a More Connected World. *ISOC,* 2015, pp. 01-04. Disponível em: <https://www.internetsociety.org/wp-content/uploads/2017/08/ISOC-IoT-Overview-20151221-en.pdf>. Acesso em: 30 ago. 2019.

RUEDIGER, Marco Aurélio. Robôs, redes sociais e política: Estudo da Diretoria de Análise de Políticas Públicas da Fundação Getúlio Vargas, aponta interferências ilegítimas no debate público na web. *Revista FGV/DAAP,* São Paulo, 2017. Disponível em: <http://dapp.fgv.br/robos-redes-sociais-e-politica-estudo-da-fgvdapp-aponta-interferencias-ilegitimas-no-debate-publico-na-web/>. Acesso em: 21 ago. 2019

SAMSUNG. *Política de Privacidade no Brasil.* Disponível em: <https://www.samsung.com/br/info/privacy/>. Acesso em: 22 ago. 2019.

THE ECONOMIST. The World's Most Valuable Resource is no Longer Oil, But Data. *The Economist,* 06 maio 2017. Disponível em: <https://www.economist.com/leaders/2017/05/06/the-worlds-most-valuable-resource-is-no-longer-oil-but-data>. Acesso em: 30 ago. 2019.

Fluxo Informacional e Autodeterminação Informativa: O Dilema do Consentimento Informado

Afonso Fratti Penna Ríspoli
Hebert Fabricio Tortorelli Quadrado

Introdução

Não é incomum receber propostas de ofertas em formato publicitário de um supermercado enquanto se percorre as suas fileiras de produtos, estrategicamente dispostas conforme ensina o *marketing* de varejo. Talvez seja desejável, oportuno até, pois facilita ou torna mais confortável e à mão estabelecer comparativos de preços entre as empresas concorrentes. Mas, como o aplicativo instalado no dispositivo *Android* ou *IOS* sabe que o usuário (do aparelho) está no interior do supermercado?

Ofertas em formato de "*notificações*", "*seleções de hoje*", "*sugerido para você*", ou espaços reservados para outras plataformas digitais de venda na modalidade *e-commerce* surgem aos borbotões. É ou não curioso que tais propostas coincidam exatamente com a cesta de bens de consumo e/ou prestações de serviço pesquisada recentemente pelo mesmo usuário?

Sucumbir às ofertas vinculadas aparentemente de forma aleatória e inofensiva entre as publicações de determinadas redes sociais tem se tornado regra, olvidando-se o consumidor de analisar de forma atenta – para indagar-se logo em seguida – acerca do propósito negocial de tais preferências induzidas, e, daí, da real finalidade dos forjados mecanismos facilitadores de busca.

Exsurgem tais questionamentos em momento oportuno, no qual despontam escoteiros diversos estudos sobre o paradigma normativo. Contudo, aqui será apresentada análise limitada à relação assimétrica no mercado informacional de dados, caracterizada, por um lado, pela hipervulnerabilidade do titular dos dados pessoais – sendo esses considerados verdadeiras projeções de personalidade individual – e, por outro, pela arquitetura de rede, dependente do livre trânsito de informações. A análise revela diversas falhas de contratualização (como as políticas de privacidade), ensejando situações que deverão ser objeto de normatização específica.

O objeto de estudo está no uso secundário dos dados pessoais na era do *Big Data* e na autodeterminação informativa dos cidadãos sobre os seus próprios dados pessoais. Nesse sentido, analisa-se a viabilidade da privacidade contextual, proposta por Helen Nissenbaum[1], consistente no dirigismo informacional pautado pelo sintagma *usable-friendly* (contexto + integridade = normas informacionais), distanciada, portanto, do dirigismo contratual, uma vez que a proteção contratual tem efeito *ex post,* mediante a invalidação de cláusulas contratuais abusivas[2].

Constatada, portanto, a relevante valoração do fator consentimento perante a assimétrica relação entre o titular dos dados e os *players* presentes na estrutura da rede, bem como evidenciada a necessidade de um ambiente regulatório condizente com os oito princípios[3] insculpidos pela estruturas normativas vigentes, no qual (ambiente) se prime pela adoção e cotejamento de uma linguagem informacional (mediante intelecção do que é apropriado ou não, de acordo com o valor social e o contexto em que estão inseridas as informações pessoais – *usable-friendly*), este artigo tem por escopo a análise do paradigma da autodeterminação informativa enquanto inserida no contexto atual do desenvolvimento do mercado informacional.

[1] Professora da Universidade de Nova York, diretora do *Law Information Institute*. Para maiores informações: <http://www.nyu.edu/projects/nissenbaum/main_bio.html>.

[2] Bioni, Bruno Ricardo. *Proteção de dados pessoais:* a função e os limites do consentimento. Rio de Janeiro: Forense, 2019, p. 210.

[3] Limitação da coleta (*collection limitation principle*); qualidade dos dados (*data quality principle*); especificação dos propósitos (*purpose specification principle*); limitação do uso (*use limitation principle*); padrões mecanismos de segurança (*security safeguards principle*; abertura (*openness principle*); participação individual (*Individual participation principle*); responsabilidade (*accountability principle*).

1. Contextualização

As tecnologias criadas ao longo dos últimos anos, notadamente a Internet, provocaram intensa revolução social, repercutindo, inclusive, na esfera privada das pessoas[4]. Toda essa conectividade e tecnologia têm, contudo, um preço. Isso porque demanda para o seu funcionamento um ininterrupto fluxo informacional, isto é, quantidades cada vez maiores de dados pessoais que deverão ser coletados, tratados, transferidos e compartilhados, supostamente para única e imediata satisfação dos interesses do usuário.

Tal prática se perfaz sem que os titulares dos dados pessoais ao menos percebam o valor monetário agregado ou potencialmente agregável às informações coletadas, muito menos tenham consciência dos perigos decorrentes de potenciais vazamentos ou, ainda, de seu uso e aplicação indevidos.

Indo além, e só à título exemplificativo, a ânsia consumerista que incita as ilimitadas e desenfreadas tentativas de obtenção de crédito esbarra, necessariamente, na análise prévia pelas instituições financeiras. Estas, por seu turno, a condicionam ao amplo, irrestrito e inadvertido fornecimento de dados pessoais, que serão tratados e transferidos para instituições que gerenciam bancos de dados com escopo único de qualificar os usuários ("*bons pagadores*" ou, por outro giro, como inadimplentes).

Esse risco, concretizado na possibilidade de exposição e utilização indevida dos dados[5], especialmente durante a vigência dos novos negócios jurídicos celebrados sob a égide da Sociedade da Informação, ensejou a criação de complexas estruturas normativas voltadas exclusivamente à proteção do titular dos dados, de forma a possibilitar o efetivo exercício de preservação de sua intimidade[6] e da própria privacidade[7], bem como o direito

[4] "Cabe ao direito a tarefa de zelar pelo melhor interesse da sociedade de forma global, à mercê, muitas vezes de vontades individuais que não consideram a generalidade das circunstâncias envolvidas."

Piccelli, Roberto Ricomini. *A dimensão política da privacidade no direito brasileiro.* Rio de Janeiro: Lumen Juris, 2018, p. 114.

[5] Doneda, Danilo. O direito fundamental à proteção dos dados pessoais. *In:* Martins, Guilherme Magalhães; Longhi, João Victor Rozatti (coords.). *Direito Digital:* Direito Privado e Internet. 2ª ed. São Paulo: Editora Foco, 2019, pp. 35-53 (p.35).

[6] Artigo 7º da Lei n. 12.965/2014: "O acesso à internet é essencial ao exercício da cidadania, e ao usuário são assegurados os seguintes direitos: I – Inviolabilidade da intimidade e da vida privada, sua proteção e indenização pelo dano material ou moral decorrente de sua violação".

[7] "Estudos demonstram que nem sempre as pessoas são capazes de administrar adequadamente a sua própria privacidade. Em amostra colhida por Acquisti e Grosslags, nada menos

de não ser lembrado por determinados fatos ocorridos em sua vida (autodeterminação informacional).

Os dados pessoais[8], considerados como o mais novo e precioso ativo econômico, com vasto mercado negocial e de ampla gama de aplicações, foi erigido à categoria de direito da personalidade. Inclusive, se aprovada a Proposta de Emenda à Constituição n. 17/2019, passar-se-ia a ser direito fundamental[9], o que torna indispensável a análise aprofundada acerca de sua amplitude e dos impactos sociais e jurídicos decorrentes de seu uso, ainda que consentido.

Nesse âmbito, o paradigma normativo da autodeterminação informacional faz surgir a discussão acadêmica a respeito do efetivo dilema do consentimento informado nas relações de contratualização em rede, até porque os dados podem vir a possuir expressivo vínculo objetivo com o usuário a ponto de revelar algo a seu respeito[10], sobretudo se o dado for objeto de anonimização imperfeita ou insuficiente.

Desponta relevante compreender que a proteção dos dados pessoais é, na verdade, o direito de um indivíduo autodeterminar as próprias informações pessoais, coletáveis, processáveis e transmissíveis mediante consentimento destacado, específico e informado. Exatamente por conta disto, o consentimento do titular dos dados pessoais foi erigido, observando-se a técnica legislativa, como um pilar normativo[11].

que 89,2% das pessoas inquiridas afirmaram preocupação moderada ou alta com a privacidade e 73,1% responderam faltar privacidade na sociedade contemporânea."
PICCELLI, Roberto Ricomini. *A dimensão política da privacidade no direito brasileiro. Op. Cit.*, 115.

[8] "A primeira diferenciação que deve ser estabelecida é exatamente a entre dado e informação. Embora sejam ocasionalmente tratados como equivalentes, os 'dados' constituem matéria-prima e 'informação', os dados processados, ou seja, o conjunto de dados relevantes a que se atribui um significado determinado."
SANTOS, Manoel J. Pereira dos. Princípios para formação de um regime de dados pessoais. *In:* LUCCA, Newton de; SIMÃO FILHO, Adalberto (coords.). *Direito & Internet:* Aspectos Jurídicos Relevantes. Vol. 2. São Paulo: Quartier Latin, 2008, pp. 355-375 (p. 357).

[9] A Proposta de Emenda à Constituição, se aprovada da forma como proposta, acrescentaria o inciso XII-A ao artigo 5º e o inciso XXX ao artigo 22, ambos da Constituição Federal, para incluir a proteção de dados pessoais entre os direitos fundamentais do cidadão e fixar a competência privativa da União para legislar sobre a matéria.

[10] DONEDA, Danilo. O direito fundamental à proteção dos dados pessoais. Op. Cit., p. 36.

[11] BIONI, Bruno Ricardo. *Autodeterminação informacional.* Paradigmas inconclusos entre a tutela dos direitos da personalidade, a regulação dos bancos de dados eletrônicos e a arquitetura da Internet. Dissertação de Mestrado em Direito. Faculdade de Direito da Universidade de São Paulo. São Paulo, 2016, p. 19.

Outro conceito importante é o da autodeterminação informacional, considerada como a *"faculdade de o particular determinar e controlar a utilização de seus dados pessoais"*[12]. O consentimento, por seu giro, pode ser definido como uma *"condição para o acesso aos dados"*[13].

Feitos tais esclarecimentos, o RGPD, visto como norte referencial, pressupõe que a privacidade e, portanto, os dados pessoais, se revelem sob a forma de direito fundamental, impedindo que sejam objeto de regulação única e exclusivamente pela dinâmica do mercado informacional – ou setorial, no modelo norte-americano[14].

O *Regulamento* da UE, notavelmente mais protecionista, estabeleceu um padrão de segurança que impele a sua adoção por todos os países que tenham a pretensão de acessar, coletar ou, ainda, transmitir os dados pessoais de cidadãos da UE. Merecem, nesse ponto, breve destaque as quatro gerações de leis voltadas à proteção dos dados pessoais. Verifica-se, nos idos da formação do Estado Moderno, um interesse governamental peculiar, consistente na percepção de que havia, nas informações pessoais extraídas de seus cidadãos, uma potencialidade não explorada, sobretudo no que tange ao planejamento e à coordenação das ações sociais[15].

Evidenciado o processamento massivo dos dados pessoais pelas entidades estatais, e apurada a necessidade de uma estrutura regulatória, visto pairar por sobre a liberdade do cidadão a temível sombra do "Grande Irmão", foram criados mecanismos de controle, consistentes em concessões de autorização para o funcionamento dos bancos de dados estatais.

Contudo, a primeira geração normativa de proteção de dados, voltada tão-somente à regulação dos bancos de dados estatais, sucumbiu ao processamento de dados também por atores da esfera privada ("*pequenos Irmãos*"). Inviabilizada a regulação pelo Estado de todos os bancos de dados (públicos e privados), foi adotada nova estratégia normativa (segunda geração),

[12] CANOTILHO, José Joaquim Gomes. *Direito constitucional e teoria da constituição.* 5ª ed. Coimbra: Almedina, 2000, p. 507.

[13] PICCELLI, Roberto Ricomini. *A dimensão política da privacidade no direito brasileiro.* Rio de Janeiro: Lumen Juris, 2018, p. 120.

[14] CHAVES, Christian Frau Oliveira Obrador. A luta contra o terrorismo e a proteção de dados pessoais: análise crítica de um precedente constitucional alemão (Bundesverfassungsgericht). *Revista da AGU.* Brasil, ano 10, n. 28, pp. 99-111 (pp. 104-105), abr/jun. 2011. Trimestral. Disponível em: <https://doi.org/10.25109/2525-328X.v.10.n.28.2011.163>. Acesso em: 01 abr. 2019.

[15] BIONI, Bruno Ricardo. *Proteção de dados pessoais. Op. Cit.*, p. 113.

consistente na transferência, para o titular dos dados, da responsabilidade de protegê-los[16].

Em outras palavras, o fluxo informacional de dados, antes autorizado pelo Estado, agora estava sob a ingerência do seu próprio titular, à mercê de seu consentimento, limitada, entretanto, à decisão de autorizar – ou não – o processamento. É, portanto, na segunda geração que se encontra o embrião que vincula os dados pessoais ao direito à autonomia da própria privacidade.

O protagonismo do titular dos dados ganha real amplitude apenas na terceira geração normativa, quando aquele (titular) se depara envolvido com todo o processo de processamento de dados (coleta, armazenamento e transmissão), desenhando diretrizes mais marcantes para o sintagma "*autodeterminação informacional*", além de inovar na criação de deveres específicos para quem coleta e processa os dados pessoais.

Caso emblemático e inaugural da autodeterminação informacional, a lei do censo populacional alemão de 1982 (*Volkszählungsurteil*) consistia na coleta dos dados pessoais no censo e ulterior utilização na formação de perfis, de modo a permitir a identificação de cidadãos e emprego de tais dados para finalidades secundárias, *v.g.*, as autoridades locais poderiam efetuar correções nos cadastros de moradores dos municípios[17].

Instaurado um sentimento de insegurança generalizado, muito por conta do método de coleta das informações e da sua destinação, sobreveio a decisão do Tribunal Constitucional Federal, de 25 de dezembro de 1983, que julgou parcialmente inconstitucional a referida lei, ao manter sua finalidade estatística, mas extirpando a transferência de dados obtidos no recenseamento do governo federal para autoridades locais, visto que evidenciada a inconstitucionalidade. A referida sentença, pela primeira vez, fez menção ao termo autodeterminação informativa[18].

Esse deslocamento de poder decisório (Estado para titular dos dados) se revelou, todavia, contrário ao próprio desenvolvimento das relações sociais. Isto porque a autonomia do consentimento suprimiu o fluxo informacional que servia de instrumento para o pleno exercício da cidadania ou, como

[16] BIONI, Bruno Ricardo. *Proteção de dados pessoais. Op. Cit.*, p. 115.

[17] CHAVES, Christian Frau Oliveira Obrador. A luta contra o terrorismo e a proteção de dados pessoais. *Op. Cit.*, p. 104.

[18] CHAVES, Christian Frau Oliveira Obrador. A luta contra o terrorismo e a proteção de dados pessoais. *Op. Cit.*, p. 104.

bem colocado por Doneda[19], para caminhar com autonomia nos corredores da Sociedade da Informação. A plena autonomia, destarte, carecia de cirurgico ajuste para o sadio fomento das políticas sociais.

Sobreveio, para tanto, a quarta geração, estruturada por autoridades independentes para adequada aplicação das disposições normativas voltadas à proteção dos dados pessoais. Note-se que ainda se mantém o protagonismo do titular dos dados pessoais. Nessa fase, o consentimento passou a ser adjetivado (devendo ser livre, informado, inequívoco, explícito e/ou específico), seguindo os passos do direito comunitário europeu e se confirmando até os dias atuais, como norte para novas legislações sobre o assunto[20].

2. O dilema do consentimento

O consentimento do usuário para o tratamento de seus dados pessoais constitui um dos cernes da discussão da disciplina da proteção de dados pessoais, pois pondera o consentimento, estrutura e delimita a autonomia da vontade e os direitos fundamentais, o que acaba por ajustar os efeitos deste consentimento à natureza dos interesses em questão[21], visto que expressão direta de sua própria personalidade[22].

Dessa forma, considerando a evolução tecnológica, o consentimento há de ser interpretado como um instrumento de manifestação da escolha individual, fazendo referência direta a valores fundamentais. Assim, permite a reflexão sobre questões como privacidade e imagem, identidade pessoal, disposições sobre o próprio corpo, etc[23].

A natureza jurídica do consentimento na autodeterminação informacional flerta mais com a área de direito da personalidade do que efetivamente com a estrutura contratual, em que pese ter indireta vinculação com esta última. Na verdade, o consentimento pode ser analisado sob duas dimensões ou óticas, quais sejam: a) o consentimento como instrumento por excelência para a autodeterminação informacional e, portanto,

[19] DONEDA, Danilo. O direito fundamental à proteção dos dados pessoais. Op. Cit., p. 35.

[20] BIONI, Bruno Ricardo. *Proteção de dados pessoais. Op. Cit.*, pp. 116-117.

[21] DONEDA, Danilo. *Da privacidade à proteção de dados pessoais.* Rio de Janeiro: Renovar, 2006, p. 371.

[22] DONEDA, Danilo. O direito fundamental à proteção dos dados pessoais. Op. Cit., p. 35.

[23] DONEDA, Danilo. *Da privacidade à proteção de dados pessoais.* Rio de Janeiro: Renovar, 2006, p. 371.

um aspecto relacionado a tutela pessoal; e b) o consentimento como instrumento de legitimação para que os dados pessoais sejam parcialmente tratados por terceiros[24].

Diante desse panorama, encontra-se justificado que o consentimento não possui natureza de negócio jurídico, porquanto não pode ser dito que há uma vantagem para aquele que permite o tratamento de seus dados pessoais e o tratamento dos dados propriamente dito[25].

Em tempo, também não pode deixar de ser observado que o consentimento para tratamento de dados pessoais é norteado por dois princípios: princípio da finalidade e da informação. O princípio da finalidade[26], que completa a disciplina do consentimento restringindo a generalidade (o consentimento para o tratamento de dados deve ser interpretado restritivamente em relação a sua finalidade), em apertada síntese permite, em última análise, que o titular mantenha o controle de suas próprias informações[27].

Decorrente do acima mencionado, o princípio da informação permite ao usuário que este tenha consciência tanto da coleta e do armazenamento de seus dados pessoais, bem como que seja informado detalhadamente acerca da destinação dos mesmos dados. Mais: deverá ser informado acerca da finalidade e da duração do tratamento, assim como da pretendida transmissão dos referidos dados para terceiros. Isto sem descurar do direito de franco acesso a toda e qualquer informação que seja útil no caso concreto, permitindo que o titular (ora interessado) possa formar sua convicção[28].

Outrossim, destaca-se que o consentimento do titular dos dados pessoais no sentido de permitir o seu tratamento, por si só, não extirpa, *ad eternum*, o poder de controle sobre os dados. De fato, a relação jurídica existente entre o responsável pela coleta e tratamento dos dados pessoais e o

[24] Ibidem, p. 378.

[25] Ibidem, p. 379.

[26] "Os dados não podem ser utilizados de forma incompatível com a finalidade para que foram obtidos. Essa regra também é denominada de 'princípio da limitação do uso'."
SANTOS, Manoel J. Pereira dos. Princípios para formação de um regime de dados pessoais. *Op. Cit.*, p. 363.

[27] "Nessa perspectiva, não seria possível o consentimento genérico para tratamento de dados pessoais, porém somente quando é especificada sua finalidade, bem como não seria cabível sua interpretação extensiva para hipóteses fora das expressamente previstas."
DONEDA, Danilo. *Da privacidade à proteção de dados pessoais. Op. Cit.*, p. 383.

[28] DONEDA, Danilo. *Da privacidade à proteção de dados pessoais. Op. Cit.*, p. 383.

usuário titular deles perdura enquanto os dados estiverem sob a guarda e/ou sob tratamento daquele[29].

Em tempo, não se pode deixar de examinar, ainda que superficialmente, o conceito de base de dados ou banco de dados[30], devido a íntima conexão com o tema tratado. É possível inferir que as bases de dados são uma compilação de dados, de obras ou, ainda, de outros materiais, organizados e ordenados sistematicamente sob critérios com finalidade específica, que permitam o acesso individual a esses dados, por meio eletrônico ou não[31].

3. O consentimento nos modelos legislativos

A Organização para a Cooperação e Desenvolvimento Econômico – OCDE[32] foi responsável pela elaboração de dois documentos: as *Privacy Guidelines* (1980) e a *Declaration on Transborder Data Flows* (1985)[33]. Tais documentos podem ser tratados como legítimos princípios-motores normativos da proteção de dados, pois visavam justamente a transferência de dados entre os países signatários do acordo internacional multilateral.

Antes de tratar definitivamente do RGPD, pondera-se sobre o consentimento no âmbito da Diretiva 95/46/CE. Previsto no art. 2º, alínea "h", é entendido como qualquer manifestação de vontade livre, específica e

[29] Lima, Cíntia Rosa Pereira de. *A imprescindibilidade de uma entidade de garantia para a efetiva proteção dos dados pessoais no cenário futuro do Brasil.* Tese de Livre Docência em Direito. Faculdade de Direito da Universidade de São Paulo. São Paulo, 2015, p. 250.

[30] "Em geral, os termos bases de dados e banco de dados são usados como sinônimos, ainda que inicialmente se pretendesse estabelecer uma distinção entre ambos, reservando o termo base de dados para aquelas que são acessadas por computador. No uso corrente, bases de dados eletrônicas são justamente aquelas disponibilizadas através dos meios eletrônicos."
Santos, Manoel J. Pereira dos. Considerações iniciais sobre a proteção jurídica das bases de dados. *In:* Lucca, Newton de; Simão Filho, Adalberto (coords.) *Direito & Internet:* Aspectos Jurídicos Relevantes. 2ª ed, vol. 1. São Paulo: Quartier Latin, 2005, pp. 321-335 (p. 322).

[31] Ibidem.

[32] "A OCDE é um organismo internacional multilateral criado após a Segunda Guerra Mundial, em 1948, cuja missão é promover o bem-estar econômico e social global. [...] Tem como objetivo estabelecer uma relação de cooperação entre seus países-membros para a solução de problemas comuns que os afligem."
Bioni, Bruno Ricardo. *Proteção de dados pessoais. Op. Cit.*, p. 118.

[33] "Os documentos estabeleciam padrões normativos para a proteção de dados pessoais, permitindo o livre fluxo informacional entre seus países-membros. Dessas normas, decorreram direitos que complementariam a ideia de autodeterminação informacional, como o poder do usuário de retificar, emendar, apagar e/ou completar seus dados."
Ibidem, pp. 118-119.

informada, pela qual a pessoa aceita que seus dados pessoais sejam tratados. À época, resumiam-se a apenas três adjetivações ao consentimento, isto é, três requisitos determinantes para a sua validade, quais sejam, que este fosse livre, específico e informado.

Com o advento do RGPD, o consentimento passou a ser definido no art. 4º, item 11, exigindo-se que o consentimento fosse uma manifestação igualmente explícita, externável mediante declaração ou ato positivo inequívoco.

No art. 7º foram impostas diversas condições como forma de tangibilizar a adjetivação do consentimento, despontando como princípio cardeal o da especificação dos propósitos[34], conforme já visto. Com efeito, quando o usuário consentir com o tratamento de seus dados pessoais, deve fazê-lo assentindo de forma expressa, determinada e específica, carreando o ônus da demonstração da necessidade do tratamento ao *player* que se dispôs a processar os específicos dados para realização ou execução de determinado contrato. Nos casos em que a permissão se aperfeiçoe na modalidade escrita, exige-se ainda que o consentimento figure em cláusula ou condição destacada das demais, ficando garantida ainda a revogação da autorização a qualquer tempo.

Em relação a crianças, o artigo 8º. determina que os dados só poderão ser tratados mediante autorização dos pais ou dos responsáveis legais; quando maior de 16 anos, a autorização será expressa por seu respectivo titular, ressalvando-se que esta idade pode ser reduzida para 13 anos no direito interno dos países que compõem a União Europeia.

Ainda, o RGPD apresenta hipóteses em que não poderá ocorrer o tratamento de dados pessoais, elencando-os no art. 9º, item 1. Tais casos estão relacionados aos dados pessoais sensíveis, pois podem revelar a origem racial ou étnica, opiniões políticas, convicções religiosas ou filosóficas, ou, ainda, a filiação sindical. O mesmo tratamento proibitivo foi estendido aos dados genéticos e biométricos para identificar uma pessoa de forma inequívoca, dados relativos à saúde ou à vida sexual ou orientação sexual de uma pessoa.

Os casos acima mencionados admitem exceção; com efeito, os dados poderão ser tratados se o titular tiver manifestado seu consentimento para determinada finalidade específica; se estiver física ou legalmente incapa-

[34] Ibidem, p. 238.

citado de dar o seu consentimento; por fim, por uma fundação, associação ou qualquer outro organismo sem finalidade lucrativa, com fins políticos, filosóficos, religiosos ou sindicais, e desde que esse tratamento se refira exclusivamente aos membros ou antigos membros ou a pessoas que com ele tenham mantido contatos regulares relacionados com os seus objetivos, e que os dados pessoais não sejam divulgados a terceiros, sempre no âmbito das suas atividades legítimas e mediante garantias adequadas.

No Brasil, a disciplina normativa teve grande impulso com o Marco Civil da Internet (MCI), o qual visou assegurar os direitos e garantias do cidadão no ambiente eletrônico, fundando-se, para tanto, sobre três pilares: a proteção à privacidade e dos dados pessoais, a neutralidade da rede e a liberdade de expressão[35].

O consentimento, previsto no artigo 7º, será livre, expresso e informado; o titular dos dados pessoais será obrigatoriamente informado sobre a coleta (justificada), uso, armazenamento, tratamento e proteção de seus dados pessoais. Se por escrito, o consentimento estará em cláusula destacada das demais e justificada sua necessidade, limitando-se a coleta à finalidade do uso da aplicação ou serviço.

Na sequência normativa, é promulgada a Lei Geral de Proteção de Dados Pessoais[36].

Esse novo regramento normativo reflete, na verdade, alguns valores do RGPD, exigindo-se que o consentimento seja uma manifestação livre, informada e inequívoca da vontade, pela qual o titular concorda com o tratamento de seus dados pessoais para uma finalidade determinada, devendo ser feita por escrito ou por outro meio que demonstre a manifestação de vontade do titular. Se por escrito, deverá constar de cláusula separada das demais e toda autorização genérica para tratamento de dados será considerada nula.

Anota-se que para que o consentimento seja tido como livre (adjetivo relacionado à ideia de livre-arbítrio), o titular deve avaliar o tratamento dos próprios dados inclusive sob o aspecto de sua potencial utilização[37].

Quando se fala em consentimento informado, o usuário deve dispor de informações no mínimo suficientes acerca da proposta de tratamento

[35] Bioni, Bruno Ricardo. *Proteção de dados pessoais. Op. Cit.*, p. 130.

[36] Com as alterações trazidas pela Lei nº 13.853, de 2019.

[37] Bioni, Bruno Ricardo. *Proteção de dados pessoais. Op. Cit.*, p. 197.

de seus dados, inclusive por quem será feito, a fim de que possa entender os liames obrigacionais presentes no contrato a ser celebrado para uma tomada consciente de decisão[38]. Desta forma, as informações devem ser analisadas tanto sob o aspecto qualitativo, ou seja, mediante forma adequada e clara, bem como sob o aspecto quantitativo, isto é, se suficientes e, às derradeiras, sob o aspecto formal, devendo ser ostensiva[39].

Vale destacar que o consentimento inequívoco depende de manifestação por meio de uma ação afirmativa do titular dos dados pessoais, indicando sua aceitação com o tratamento e que não deixe dúvida sobre a intenção do usuário[40]. Dessa forma, a interação do usuário, considerando grau e qualidade, serão determinantes para qualificar o consentimento como inequívoco[41].

Assim como no RGPD, o consentimento poderá ser revogado a qualquer momento, mediante manifestação expressa do titular, através de procedimento gratuito e facilitado. Assim sendo, todos os tratamentos de dados pessoais realizados no período de vigência do consentimento estarão ratificados.

Como pode ser demonstrado, todas as legislações nos levam a figura de um "cidadão-usuário" consciente do fluxo de seus dados pessoais e com o poder de controlá-lo por meio do consentimento. Tal perspectiva surge na coleta dos dados pessoais, no compartilhamento com terceiros, ou até deletando-os, se assim o quiser[42].

Portanto, um dos maiores desafios suscitados pelo dilema do consentimento consiste, na verdade, na superação das limitações cognitivas dos cidadãos-usuários. Com efeito, reconhecida a condição de hipervulnerabilidade dos titulares de dados pessoais, vez que inseridos em uma relação assimétrica no mercado informacional, ainda que existente proteção normativa neste sentido (*v.g.*, Código de Defesa do Consumidor), as pessoas naturais devem se adaptar à nova faceta no mercado dos negócios: a de seus próprios dados pessoais[43].

[38] Ibidem, p. 191.

[39] Ibidem, p. 204.

[40] Ibidem, p. 199.

[41] Ibidem, p. 200.

[42] Bioni, Bruno Ricardo. *Proteção de dados pessoais. Op. Cit.*, p. 132.

[43] Ibidem, p. 166.

4. Da exteriorização do consentimento nos contratos de adesão eletrônico

O acesso a algumas páginas e aplicativos na internet está condicionado, de alguma forma, à aceitação dos termos e condições de uso, compartilhamento de informações do usuário e armazenamento e tratamento do seu histórico de navegação. Assim, se o usuário ou titular de dados expressa seu acordo acerca de tais mecanismos ou procedimentos de captura de dados (*cookies*, *beacons* e *pixels*), acaba por legitimar essa conduta[44]. Desta forma, além das formas tradicionais de expressão da vontade, as declarações volitivas passam a também ser produzidas e/ou transmitidas eletronicamente[45].

Impende destacar que a manifestação do consentimento feita mediante adesão a contratos eletrônicos é evento extremamente comum. Em brevíssimas considerações, quando falamos em contratos de adesão eletrônicos, temos três figuras recorrentes: *shrink-wrap*, *click-wrap*, e *browse-wrap*[46]:

Nos casos de *shrink-wrap*, o consentimento é manifestado por uma conduta: pela ação (abrir o CD, instalar o programa de computador) e também pelo silêncio (não devolução do produto pela discordância com as cláusulas contratuais).

Nos casos de *click-wrap*, o consentimento é manifestado através de expressões típicas como *"eu concordo"*, *"aceito"*, *"sim"* ou expressões correlatas. O importante é que o usuário tenha conhecimento prévio das cláusulas contratuais para poder decidir, conscientemente, evitando a racionalidade limitada[47].

[44] PICCELLI, Roberto Ricomini. *A dimensão política da privacidade no direito brasileiro. Op. Cit.*, p. 113.

[45] LIMA, Cíntia Rosa Pereira de. *Validade e obrigatoriedade dos contratos de adesão eletrônicos (shrink-wrap e click-wrap) e dos termos e condições de uso (browse-wrap):* um estudo comparado entre Brasil e Canadá. Tese de Doutoramento em Direito. Faculdade de Direito da Universidade de São Paulo. São Paulo, 2009, p. 455.

[46] LIMA, Cíntia Rosa Pereira de. *Validade e obrigatoriedade dos contratos de adesão eletrônicos (shrink-wrap e click-wrap) e dos termos e condições de uso (browse-wrap):* um estudo comparado entre Brasil e Canadá. *Op. Cit.*, pp. 455-456.

[47] A teoria da racionalidade limitada, traduzida do termo inglês *bounded rationality*, apresentada por Maria da Conceição Pfeiffer, em singelas palavras, por fugir do escopo do presente trabalho, provém da teoria de economia comportamental, que visa entender e projetar os futuros comportamentos de todos os agentes de mercado, incluindo-se aqui os consumidores. Assim, racionalidade limitada do consumidor pode ocorrer quando este for efetivamente impossibilitado de fazer escolhas de modo racional, pelos seguintes motivos: a) falta de todas as informações úteis; b) dificuldade de reconhecer e selecionar o que é útil, como no caso de excesso de informação; c) no caso de veiculação parcial de informações.

Em relação ao *browse-wrap*, os termos e condições de uso são impostos por uma das partes e outra parte, condicionando a navegação pelo site à anuência irrestrita. Constata-se, contudo, verdadeira ausência de consentimento, o que importa em nulidade contratual.

Ainda e por fim, deve ser consignado que há outras formas eletrônicas de expressão do consentimento, como e-mail ou conversas em tempo real através de aplicativos[48].

Conclusões

Após a promulgação do Marco Civil da Internet, o legislador brasileiro se viu desamparado ante a complexificação, a dinamicidade e a sofisticação crescentes da estrutura da rede. Para não tatear às cegas, e após certa resistência, foi promulgada a LGPD, com clara inspiração no RGPD. A nova disposição normativa estabelece uma série de regras às organizações (públicas ou privadas) atuantes no Brasil, que deverão ser seguidas em relação à coleta, ao armazenamento e ao tratamento, de maneira englobante, dos dados pessoais.

A despeito das gerações normativas em matéria de proteção de dados, o consentimento foi erigido a valor fundamental e central desse "sistema", pois confere ao titular dos dados pessoais o direito e os instrumentos necessários para limitar e/ou impedir o tratamento de suas informações, ressalvadas, naturalmente, as hipóteses legais de dispensa.

Como visto, o consentimento do titular passou a ser adjetivado, em princípio espelhando a lídima manifestação livre, informada e inequívoca da vontade do usuário, direcionada a uma finalidade específica por escrito (desde que separada dos demais) ou por outro meio que demonstre a manifestação de vontade do titular, o que extirpa a possibilidade de usos secundários dos dados coletados. Quando envolver menores de idade, os dados somente poderão ser tratados com o consentimento dos pais ou responsáveis legais.

PFEIFFER, Maria da Conceição Maranhão. *Direito à informação e ao consumo sustentável*. Tese de Doutoramento em Direito. Faculdade de Direito da Universidade de São Paulo. São Paulo, 2011, p. 23.

[48] LIMA, Cíntia Rosa Pereira de. *Validade e obrigatoriedade dos contratos de adesão eletrônicos (shrink-wrap e click-wrap) e dos termos e condições de uso (browse-wrap)*: um estudo comparado entre Brasil e Canadá. *Op. Cit.*, pp. 455.

Se houver mudança de finalidade ou repasse de dados a terceiros, um novo consentimento deverá ser solicitado. Em caso de vazamento de dados, esse fato deverá ser comunicado às autoridades competentes, para que sejam tomadas as medidas civis e criminais necessárias, destacando, nesse ponto, a atuação da ANPD.

Ainda, o consentimento poderá ser revogado, a qualquer momento, mediante manifestação expressa do titular, através de procedimento gratuito e facilitado. Assim, como observado, as legislações convergem no sentido de existir o "cidadão-usuário", consciente do fluxo de seus dados pessoais e com o poder de controlá-lo, por meio do consentimento.

Infere-se, do exposto, que as disposições normativas estabelecidas até o momento, notadamente com o advento da LGPD e a criação da ANPD, já espelham diversos avanços relevantes: a um, no tocante ao desenvolvimento da consciência do cidadão-usuário, titular dos dados pessoais, no sentido de entender e, em seguida, exercer seu legítimo direito; a dois, no que se refere à necessária atualização e preparo da própria estrutura em rede que deverá se adaptar a esta nova realidade de equilíbrio informacional; a três, a iminente necessidade dos *players* em se adaptar, conferir celeridade e transparência em todo o processo de gestão dos dados pessoais dos respectivos titulares, imprimindo em suas cláusulas boa-fé e transparência em seus atos e decisões; a quatro, a criação do binômio "finalidade *versus* utilidade social", consistente na importância de analisar a finalidade do dado pessoal coletado e o ambiente no qual está ou será inserido, exatamente para se perquirir a utilidade social decorrente da coleta, de forma a entender e aplicar o sintagma *usable-friendly* proposto por Helen Nissembaum quanto ao dirigismo informacional.

Referências

BIONI, Bruno Ricardo. *Autodeterminação informacional.* Paradigmas inconclusos entre a tutela dos direitos da personalidade, a regulação dos bancos de dados eletrônicos e a arquitetura da Internet. Dissertação de Mestrado em Direito. Faculdade de Direito da Universidade de São Paulo. São Paulo, 2016, 309f.

______. *Proteção de dados pessoais:* a função e os limites do consentimento. Rio de Janeiro: Forense, 2019.

BRASIL. Lei n. 12.965, de 23 de abril de 2014. Estabelece princípios, garantias, direitos e deveres para o uso da Internet no Brasil. Brasília, *Diário Oficial da União,* 24 de abril de 2014. Disponível em <http://www.planalto.gov.br/CCIVIL_03/_Ato2011-2014/2014/Lei/L12965.htm>. Acesso em: 21 ago. 2019.

______. Lei n. 13.709, de 14 de agosto de 2018. Lei Geral de Proteção de Dados Pessoais (LGPD). Brasília, *Diário Oficial da União*, 15 de agosto de 2018. Disponível em: <http://www.planalto.gov.br/ccivil_03/_Ato2015-2018/2018/Lei/L13709.htm>. Acesso em: 21 ago. 2019.

BRASIL. Senado Federal. *Proposta de Emenda à Constituição nº 17, de 2019.* Disponível em: <https://www25.senado.leg.br/web/atividade/materias/-/materia/135594>. Acesso em: 04 set. 2019.

CANOTILHO, José Joaquim Gomes. *Direito constitucional e teoria da constituição.* 5ª ed. Coimbra: Almedina, 2000.

CHAVES, Christian Frau Oliveira Obrador. A luta contra o terrorismo e a proteção de dados pessoais: análise crítica de um precedente constitucional alemão (Bundesverfassungsgericht). *Revista da AGU.* Brasil, ano 10, n. 28, pp. 99-111, abr/jun. 2011. Trimestral. Disponível em: <https://doi.org/10.25109/2525-328X.v.10.n.28.2011.163>. Acesso em: 01 abr. 2019.

DONEDA, Danilo. *Da privacidade à proteção de dados pessoais.* Rio de Janeiro: Renovar, 2006.

______. O direito fundamental à proteção dos dados pessoais. *In:* MARTINS, Guilherme Magalhães; LONGHI, João Victor Rozatti (coords.). *Direito Digital:* Direito Privado e Internet. 2ª ed. São Paulo: Editora Foco, 2019, pp. 35-53.

LIMA, Cíntia Rosa Pereira de. *Validade e obrigatoriedade dos contratos de adesão eletrônicos (shrink-wrap e click-wrap) e dos termos e condições de uso (browse-wrap):* um estudo comparado entre Brasil e Canadá. 2009. 701f. Tese de Doutoramento em Direito. Faculdade de Direito da Universidade de São Paulo. São Paulo, 2009.

______. *A imprescindibilidade de uma entidade de garantia para a efetiva proteção dos dados pessoais no cenário futuro do Brasil.* Tese de Livre Docência em Direito. Faculdade de Direito da Universidade de São Paulo. São Paulo, 2015, 487f.

MAYER-SCHONEBERGER, Viktor. Generational development of data protection in Europe. *In:* AGRE, Phillip E.; ROTEMBERG, Marc. (orgs.). Technology and Privacy: The New Landscape. Cambrigde: The MIT Press, 1997, pp. 219-242 *apud* BIONI, Bruno Ricardo. *Proteção de dados pessoais:* a função e os limites do consentimento. Rio de Janeiro: Forense, 2019, pp. 116-117.

PFEIFFER, Maria da Conceição Maranhão. *Direito à informação e ao consumo sustentável.* Tese de Doutoramento em Direito. Faculdade de Direito da Universidade de São Paulo. São Paulo, 2011, 166f.

PICCELLI, Roberto Ricomini. *A dimensão política da privacidade no direito brasileiro.* Rio de Janeiro: Lumen Juris, 2018.

SANTOS, Manoel J. Pereira dos. Considerações iniciais sobre a proteção jurídica das bases de dados. *In:* LUCCA, Newton de; SIMÃO FILHO, Adalberto (coords.) *Direito & Internet:* Aspectos Jurídicos Relevantes. 2ª ed, vol. 1. São Paulo: Quartier Latin, 2005, pp. 321-335.

______. Princípios para formação de um regime de dados pessoais. *In:* LUCCA, Newton de; SIMÃO FILHO, Adalberto (coords.). *Direito & Internet:* Aspectos Jurídicos Relevantes. Vol. 2. São Paulo: Quartier Latin, 2008, pp. 355-375.

UNIÃO EUROPEIA. Diretiva 95/46/CE do Parlamento Europeu e do Conselho, de 24 de outubro de 1995, relativa à proteção das pessoas singulares no que diz respeito ao tratamento de dados pessoais e à livre circulação desses dados. *Jornal Oficial das Comu-*

nidades Europeias, 23 de novembro de 1995. Disponível em: < https://eur-lex.europa.eu/legal-content/PT/TXT/PDF/?uri=CELEX:31995L0046&from=PT>. Acesso em: 11 set. 2019.

______. Regulamento (EU) 2016/679 do Parlamento Europeu e do Conselho, de 27 de abril de 2016, relativo à proteção das pessoas singulares no que diz respeito ao tratamento de dados pessoais e à livre circulação desses dados e que revoga a Diretiva 95/46/CE (Regulamento Geral sobre a Proteção de Dados). *Jornal Oficial da União Europeia*, 04 de maio de 2016. Disponível em: <https://eur-lex.europa.eu/legal-content/PT/TXT/HTML/?uri=CELEX:32016R0679&from=PT#d1e8250-1-1>. Acesso em: 11 set. 2019.

Protección de Datos Personales: La Importancia de una Autoridad de Control

Ana Brian Nougrères

1. Necesidad de una autoridad de protección de datos

Es de la esencia de todo estado social y democrático de Derecho proclamar en sus constituciones valores superiores del ordenamiento jurídico, como son la libertad, la justicia, la igualdad, que vienen a fundamentar todo un sistema constitucional, así como a orientar la interpretación de sus normas. De dichos valores constitucionales se derivan en términos generales los derechos fundamentales de las personas, como son el derecho a la dignidad, el derecho a la libre circulación de los datos, el derecho a la libertad de expresión, el derecho a la intimidad, así como el derecho a la privacidad y el derecho a la protección de datos personales, que aparece como un derecho característico de la sociedad de la información, que surge como consecuencia del desarrollo de las tecnologías de la información y las comunicaciones.

En efecto, el advenimiento de la informática, así como la concepción de la sociedad en torno a la información y al conocimiento, nos han llevado a procesar más cantidad de información por métodos novedosos, como son los algoritmos, que potencian exponencialmente el almacenamiento y el procesamiento de datos, haciendo que la privacidad sea objeto de atención y preocupación para el derecho. La minería de datos, el perfilamiento de las personas, son otras técnicas que implican un uso de datos personales que no atiende adecuadamente a la privacidad de las personas, y que puede llevar a utilizar las tecnologías sin prestar la atención debida a la persona humana, quien deja de tener la libertad de controlar qué se hace con sus datos personales, quedando su uso librado al accionar de los más poderosos, así se trate del estado o de las grandes empresas, que son quienes tienen el poder y la disposición monetaria para manipular los datos personales.

De ahí que la protección de datos personales, en especial, tiene rango constitucional en veinte países de América Latina[1] que siguen, en términos generales, el sistema europeo en materia de protección de datos personales.

El sistema europeo, que considera la protección de datos como un derecho humano fundamental, consiste en establecer una serie de principios reguladores de los datos personales, además de los derechos de los titulares de los datos y las obligaciones de quienes tratan los datos personales. Impone, asimismo, la existencia de un órgano de control y de sanciones para quien infrinja las normas del caso.

El sistema de los Estados Unidos de Norteamérica, contrariamente, se presenta en forma de regulaciones sectoriales, fraccionado, es de difícil aprehensión.

Volviendo al sistema europeo, el órgano de supervisión, que es denominado también autoridad de protección de datos, u órgano de control, cumple las funciones de regulador y de contralor de la normativa sobre protección de datos personales, a la vez que es garante de los derechos que ella consagra. Debe ser independiente en su accionar y puede estar conformado bajo la forma de agencias, comisarios, comisionados, consejos, etc. Este órgano de contralor nace históricamente ante la necesidad de brindar a los titulares de los datos elementos que eleven la protección de sus datos personales, proveyendo de mayor eficacia y pragmatismo a los principios que informan el instituto de la protección de datos personales.

Es de la esencia de una autoridad de protección de datos su grado de independencia, su autonomía con respecto a los órganos del gobierno, así como su autonomía en materia financiera y la independencia en el actuar de sus miembros, que no deberían tener otro control más que aquel implicado en la tutela de los intereses constitucionales y de los valores en ellos comprometidos.

La independencia de sus actos y su imparcialidad tienen su razón de ser en la intención de procurar de la mejor forma posible que su actuación

[1] Remolina Angarita, Nelson. *Tratamiento de datos personales*: Aproximación internacional y comentarios a la Ley 1581 de 2012. Bogotá: LEGIS, 2013.

no esté influenciada por los poderes del estado. Esta puede medirse en la forma de designación de sus miembros, que normalmente exige competencia técnica pero es de nombramiento discrecional, así como en la limitación en el tiempo para el ejercicio de los cargos y en la incompatibilidad con el ejercicio de otras actividades (que puede, incluso, ser a futuro).

La inserción del órgano en la estructura estatal es también una forma de observar su grado de independencia al accionar, su ubicación dentro del Poder Ejecutivo, Judicial o Legislativo nos da la pauta de su grado de autonomía. En tanto se trata de un órgano que va a controlar también a los poderes del estado, su ubicación dentro del ámbito de la administración del estado le coloca en una posición un tanto compleja, pues puede verse en la situación de someter a sus jefaturas a acatar la ley. En su labor de garantía, es importante que no esté movido por ningún interés político ni económico. En estricto derecho la ubicación de estas autoridades debería ser por fuera de toda posición jerárquica dentro de la estructura gubernamental, pues también los órganos de la administración deben cumplir con las normas de protección de datos y por consiguiente están sometidos a su control. Por tratarse de órganos que deben actuar dentro del límite de su competencia, libres de injerencias públicas o privadas, la garantía de su accionar está en que actúen dentro de las competencias que les fueron normativamente asignadas, de conformidad con los valores constitucionales y dentro del límite de sus atribuciones y cometidos específicos.

El hecho de que se exija profesionalidad en los integrantes del órgano de control, sea por formación técnica en la materia, o por experiencia en su ejercicio, puede llevar a que estos órganos posean un tecnicismo exagerado, que puede contraponerse con una visión más política de los mismos. No obstante ello, las ventajas de esta solución de mayor profesionalidad son contundentes bajo la forma de recibir respuestas rápidas a los cuestionamientos emergentes, signadas por un grado alto de especialización técnica, lo cual brinda una mayor posibilidad de actuación preventiva. La actuación preventiva, en casos de lesiones de derechos humanos fundamentales como el presente, asume un rol trascendente porque la vía jurisdiccional posterior normalmente resulta insuficiente o poco adecuada.

Vemos así el accionar dinámico de la protección de datos personales desde el punto de vista humano: encontramos – por un lado – la afirmación de la importancia de la protección en su dimensión personal y social y -por otro lado- el titular del dato limitando el acceso a terceros en su esfera personal, ejerciendo el derecho de control sobre sus datos personales. Las autoridades de control proveen de medios normativos y también de mecanismos rápidos y efectivos para la garantía del derecho y la defensa de los ciudadanos ante cualquier conculcación, sea realizada por los poderes públicos o por parte de los particulares. La reestructuración de órganos ya existentes creando nuevas unidades que no supongan un incremento de gastos pero sí la racionalización de bienes materiales y personales para garantizar el derecho fundamental es un medio que está muy bien visto para implementar las autoridades de supervisión y control de datos personales.

Se prevé que estas autoridades posean poderes de carácter administrativo, de control e investigación, a efectos de recabar toda la información necesaria para el cumplimiento de su misión, poderes de sugerir normas, poderes de formular dictámenes previos a su accionar, y capacidad procesal para actuar en caso de infracciones a las normas.

A estos cometidos se agregan los que les atribuye el Reglamento General de Protección de Datos, que entró a regir en el mes de mayo de 2018 y que constituye una nueva fuente de derecho, muy novedosa para países que no integran sistemas de derecho comunitario. En el caso, mantener un sistema de protección de datos consistente con el Reglamento es la única forma posible de conservar el status de "adecuación" que Uruguay ya posee desde el año 2012. Dentro de estos cometidos que surgen del Reglamento, entre otros, están: propender al establecimiento de mecanismos de certificación del cumplimiento normativo a modo de sellos o marcas de confianza, establecer las condiciones para la realización de las mediciones de impacto, realizar reportes que rindan cuentas de sus actividades.

Dentro del límite de sus atribuciones, las autoridades de control deben atender todas las solicitudes que se les presenten, así como transparentar sus actividades. Deben favorecer la colaboración con el sector privado e incentivar la autorregulación, a través de códigos de conducta.

El secreto profesional rige, por norma, todas sus actuaciones.

Asimismo, cabe agregar la importancia de la cooperación a nivel de las autoridades de supervisión de datos personales, dada la trascendencia de las acciones que refieren a protección de datos personales que son realizadas allende las fronteras de los estados.

Constituyen, por tanto, características generales que las autoridades de protección de datos deben cumplir para que puedan ser tildadas de independientes: la composición de la autoridad, el método para la elección de sus miembros, la duración del ejercicio de su cargo, la forma de cesar en el mismo, la independencia económica y la independencia de órdenes o instrucciones[2].

2. El caso de Uruguay: estructura y desafíos de la autoridad de control

El caso de Uruguay se ha presentado como un caso paradigmático. Siguiendo a la República Argentina, fue el segundo país de Latinoamérica que fue reconocido por la Comisión Europea como un país que posee un nivel adecuado de protección de datos[3], y fue el primer país no europeo en ratificar el Convenio No. 108 del Consejo de Europa para la Protección de las Personas con Respecto al Tratamiento Automatizado de Datos de Carácter Personal, conjuntamente con su Protocolo Adicional[4].

NORMATIVA:

- 2008 – Ley 18331
- 2012 – Declaración de Adecuación
- 2013 – Ley 19030 Ratificación del C108

Al día de la fecha, no obstante, ha hecho tímidos esfuerzos por adaptar su legislación al Reglamento Europeo de Protección de Datos, que tiene vigencia desde mayo del año 2018.

El órgano de control en la materia en la República Oriental del Uruguay es la **Unidad Reguladora y de Control de Datos Personales[5] (URCDP)**,

[2] Arenas Ramiro, Mónica. *El Derecho Fundamental a la Protección de Datos Personales en Europa*. Valencia: Tirant lo Blanch, 2006.

[3] Según decisión del Parlamento Europeo y del Consejo de 21 de agosto de 2012, que puede consultarse en: <http://eur-lex.europa.eu/legal-content/EN/TXT/PDF/?uri=CELEX:32012D0484&r id=1>.

[4] Ley N° 19030. Asamblea General del Poder Legislativo de la República Oriental del Uruguay, que puede consultarse en: <http://www.parlamento.gub.uy/leyes/AccesotextoLey.asp?Ley=19030&Anchor=>.

[5] Ley N° 18331. Asamblea General del Poder Legislativo de la República Oriental del Uruguay, que puede consultarse en: <https://www.impo.com.uy/bases/leyes/18331-2008>.

que fue "creado con calidad de desconcentrado de la Agencia para el Desarrollo del Gobierno de Gestión Electrónica y de la Sociedad de la Información y del Conocimiento (AGESIC), de la Presidencia de la República" [6].

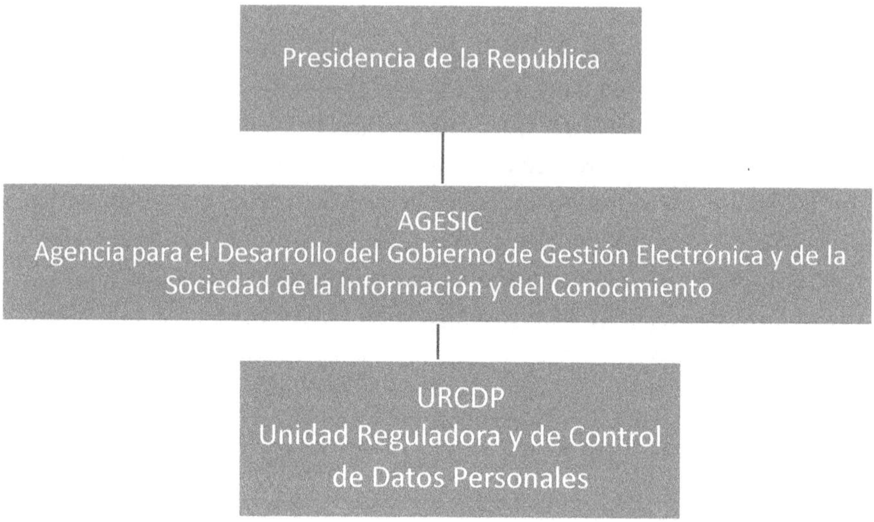

La misma ley que lo crea, la ley madre en protección de datos en Uruguay[7], indica que esta Unidad posee la "más amplia autonomía técnica" [8] y que "durante su mandato no recibirán órdenes ni instrucciones en el plano técnico".

La dirige un **Consejo Ejecutivo**, integrado por el Director Ejecutivo de AGESIC y por dos miembros más, designados por el Poder Ejecutivo.

A estos dos miembros los designa el Poder Ejecutivo entre personas que, por sus antecedentes personales, profesionales y de conocimiento en la materia aseguren independencia de criterio, eficiencia, objetividad e imparcialidad en el desempeño de sus cargos[9].

Actualmente, y desde su creación en el año 2009, el Consejo Ejecutivo de la URCDP está integrado por tres profesionales universitarios, dos egresados de la Facultad de Ingeniería (un ingeniero y un analista de siste-

[6] Delpiazzo, Carlos; Rotondo, Felipe. *Derecho Informático e Informática Jurídica II.* Montevideo: Fundación de Cultura Universitaria, 2018.

[7] Ley N° 18331, de 11 de agosto de 2008.

[8] Artículo 31.

[9] Artículo 31.

mas). El tercero, egresado de la Facultad de Derecho, goza de importante reconocimiento técnico y académico. El Director Ejecutivo de AGESIC, que es de profesión ingeniero, integra también el Consejo Ejecutivo de la URCDP y normalmente es representado en sus funciones por un Miembro Delegado del Consejo Ejecutivo, de igual profesión.

A excepción del Director Ejecutivo de la AGESIC, los miembros del Consejo Ejecutivo de la URCDP durarán cuatro años en sus cargos, pudiendo ser designados nuevamente, tal como ha sucedido, ya que sus miembros han permanecido incambiados desde la creación del órgano en el año 2009.

Por disposición legal, sólo cesan por la expiración de su mandato y designación de sus sucesores, o por su remoción dispuesta por el Poder Ejecutivo en los casos de ineptitud, omisión o delito, conforme a las garantías del debido proceso.

El Consejo Ejecutivo de la Unidad Reguladora actúa asistido de un **Consejo Consultivo**[10], que está integrado por cinco miembros:

1. Una persona de reconocida trayectoria en la promoción y defensa de los derechos humanos, que es designada por el Poder Legislativo, y que no podrá ser un legislador en actividad
2. Un representante del Poder Judicial
3. Un representante del Ministerio Público
4. Un representante del área académica
5. Un representante del sector privado, que se elegirá en la forma establecida reglamentariamente

[10] Artículo 32.

El Consejo Consultivo sesiona presidido por el Presidente de la URCDP y debe ser consultado cada vez que el Consejo Ejecutivo ejerza sus poderes de reglamentación.

A la Unidad Reguladora y de Control de Datos Personales (URCDP)[11] le corresponde:

- asistir y asesorar, "dictar normas y reglamentaciones"
- llevar el registro de las bases de datos alcanzadas por la ley
- informar gratuitamente a cualquier persona sobre la existencia de bases de datos personales, sus finalidades y la identidad de sus responsables
- inscribir los códigos de conducta
- controlar la observancia del régimen legal
- puede fiscalizar e inspeccionar, solicitar información a entidades públicas y privadas, que deben proporcionarle antecedentes, documentos, etc. relativos al tratamiento de datos personales
- puede exigir la exhibición de documentos, archivos, etc
- en casos graves, intervenir e incautar documentos hasta por seis días hábiles
- requerir la comparecencia de responsables y encargados del tratamiento, etc.
- solicitar el auxilio de la fuerza pública
- posee potestad sancionatoria, pudiendo imponer observaciones, apercibimientos, multas hasta 500.000[12] unidades indexadas e incluso puede promover la suspensión de la base de datos por hasta cinco días
- promover judicialmente la clausura del establecimiento.

Todas las infracciones deben ser documentadas legalmente, y serán impuestas según la gravedad o reiteración de la infracción, según el tipo de datos objeto de tratamiento, según que se hubieran o no adoptado medidas de seguridad, según los derechos vulnerados, el volumen del tratamiento efectuado, los beneficios obtenidos, los daños y perjuicios causados y cualquier otra circunstancia relevante. En oportunidad de

[11] Artículo 34.

[12] Al sólo título informativo, 500.000 UI corresponden a una cantidad aproximada de U$S 58.000, según cotización de octubre de 2019.

sancionar, se analizará también la eventual existencia de caso fortuito o fuerza mayor.[13]

A título ilustrativo, puede resultar de interés para el lector saber que de la página web de la URCDP surge que emitió seis observaciones en el año 2018, catorce en 2017, seis en 2016 y dos en 2015. En lo que tiene que ver con apercibimientos, en 2018 fueron siete, en 2017 ocho, en 2016 nueve y en 2015 ocho. Las multas fueron tres en 2018, diecisiete en 2017, diez en 2016 y cuatro en 2015. Durante 2018 se intimó a ocho responsables para que adecuaran sus procedimientos a lo que establece la ley uruguaya en la materia, y en 2017 las intimaciones fueron dieciséis. Las consultas que evacuó la URCDP en 2018 fueron cuarenta y cinco, en 2017 veintiséis, en 2016 fueron veinte y en 2015 fueron dieciséis. Por último, en lo que hace a denuncias, en 2018 se recibieron setenta y tres, en 2017 se recibieron setenta y siete, en 2016 fuero ochenta y nueve y en 2015 fueron cuarenta y cuatro.

	Consultas	**Denuncias**	**Observaciones**	**Apercibimientos**	**Multas**	**Intimaciones a responsables***
2015	16	44	2	8	4	
2016	20	89	6	9	10	
2017	26	77	14	8	17	16
2018	45	73	6	7	3	8

* Intimaciones a responsables para que se adecuaran a los procedimientos para el tratamiento de los datos a las disposiciones de la Ley
Aclaración: el número de consultas y denuncias se refiere al número de consultas y denuncias respecto de las cuales se formalizó expediente

Todos los procedimientos deberán ser desarrollados conforme principios de imparcialidad, celeridad, eficacia, verdad material, informalismo, debido proceso, impulsión de oficio, buena fe, motivación de las decisiones y simplicidad, los que servirán de criterio interpretativo para resolver las cuestiones que puedan suscitarse en la tramitación de cualquier asunto[14].

El órgano de control actúa bajo secreto profesional en el marco de inspecciones, mediante el desarrollo de una actuación ponderada, objetiva y con economía de medios, sin perjuicio de poder requerirse el

[13] Dictamen N° 105/2015, de 23 de diciembre de 2015.
[14] Decreto N° 414/2009.

levantamiento judicial de dicho secreto. En ese caso, será en observancia del derecho de defensa del inspeccionado y en la búsqueda de su colaboración[15].

La ley considera asimismo una **vía jurisdiccional,** la **acción de hábeas data.**

Constituye una acción judicial principal, no subsidiaria, específica y sumaria.

Puede ser incoada en el caso en que se hayan ejercitado los derechos que la ley consagra (acceso[16], rectificación, actualización, inclusión, supresión[17]), sin que en el plazo correspondiente se haya acogido la pretensión o dado razones suficientes para su denegatoria.

También puede ser incoada en casos de ilegitimidad manifiesta, con la finalidad de:

- tomar conocimiento de los datos personales en cuestión por el titular del dato personal, de la finalidad de su colecta y del uso que consta en bases de datos públicas o privadas
- en caso de error, falsedad, prohibición de tratamiento, discriminación, podrá exigir su rectificación, inclusión, supresión, o lo que se entienda que corresponda.

Se trata de un proceso sumario: se cita a una audiencia, que es pública y se celebra en el decurso de los tres días siguientes. En la audiencia, el demandado da explicaciones, se produce la prueba y se formulan los alegatos. La sentencia se dicta en la misma audiencia o puede prorrogarse hasta por tres días. No caben incidentes.

El juez tiene la potestad de levantar el secreto profesional, si correspondiere, según las circunstancias.

La sentencia debe ser clara y precisa en cuanto al contenido, obligando a actor o demandado a cumplir con determinada conducta en un plazo que no puede ser mayor a 15 días.

Cabe recurso de apelación, que debe presentarse en un lapso de tres días en escrito fundado. Se trata de un recurso que no suspende la ejecución del amparo dispuesto. El tribunal tiene cuatro días para resolver.

[15] Dictamen N° 5/2011, de 26 de mayo de 2011.

[16] Artículo 14.

[17] Artículo 15.

También prevé **los códigos de conducta y las reglas corporativas vinculantes** de práctica profesional, en cuyo caso la intervención del órgano de control consiste en implementar el proceso para su inscripción, si correspondiere, y en verificar la efectiva aplicación de este código. Eventualmente, en caso de incumplimiento, le compete también tomar las medidas legalmente dispuestas para el caso.

Conclusiones

Las autoridades de protección de datos personales y privacidad cumplen un rol fundamental en los países que siguen el sistema europeo de protección de datos. En tanto autoridades con un alto grado de especialización, proveen de asistencia y asesoramiento en la materia, a la vez que coadyuvan en tareas de concientización para con los ciudadanos, las empresas y los entes del estado, fiscalizando el cumplimiento de las normas y haciendo uso de su poder sancionatorio.

En tal sentido, en el caso concreto de Uruguay, son varios los desafíos para la Unidad Reguladora y de Control de Datos Personales, entre ellos podemos mencionar lograr una cabal independencia y autonomía en el cumplimiento de sus cometidos funcionales, que su estructura orgánica en el organigrama del estado uruguayo sea adecuada, desafíos de carácter financiero, desafíos en materia de cooperación internacional. A ellos nos referiremos a continuación.

Para que su rol sea eficaz y eficiente, es necesario que se trate de órganos de control que gocen de autonomía y de independencia.

Nos preguntamos entonces ¿el sistema uruguayo de protección de datos otorga a la autoridad de control la independencia y autonomía necesarias para que esta pueda cumplir de manera eficaz y eficiente con sus cometidos?

Este es el desafío de la URCDP: lograr niveles de independencia y autonomía a efectos de poder cumplir con sus cometidos específicos de una manera eficaz y eficiente.

En este trabajo hemos analizado también la inserción de la URCDP en el organigrama del estado uruguayo, la manera cómo está integrada la autoridad, el método sugerido por la ley para la elección de sus miembros, su duración en el ejercicio del cargo, su cese, su independencia económica y su grado de independencia a las órdenes o instrucciones de su autoridad jerárquica.

En lo que hace a su organigrama funcional, la URCDP es un órgano desconcentrado de AGESIC (Agencia para el Desarrollo del Gobierno de Gestión Electrónica y de la Sociedad de la Información y del Conocimiento), de Presidencia de la República. Este hecho le hace directamente dependiente de AGESIC y a su vez, indirectamente, de Presidencia de la República. Este posicionamiento orgánico lo aleja de todo control parlamentario, en tanto la URCDP no tiene obligación de responder ante un pedido de informes de un legislador, o concurrir en caso de un llamado a sala, como sí sucedería en el caso de que dependiera de un ministerio. Su grado de autonomía -en tal sentido- es mayor que el de un ministerio.

Si analizamos la integración de los dos órganos de la autoridad, el Consejo Ejecutivo y el Consejo Consultivo, podemos apreciar una estructura que sigue los lineamientos del derecho comparado dentro del sistema europeo de protección de datos, lo mismo puede decirse de su forma de designación y de su cese. No obstante lo dicho, llama la atención el hecho de que los nombres de los integrantes del Consejo Ejecutivo se vengan repitiendo desde que el órgano fue creado, hace más de diez años. También cabe destacar el hecho de que sus integrantes no perciban una paga o remuneración regular por el ejercicio de sus funciones, hecho éste que tiene su trascendencia pues hace difícil la dedicación total de dichos funcionarios a su cargo. Su dispar mérito curricular, asimismo, nos lleva a reevaluar si la discrecionalidad que posee el Poder Ejecutivo para designarlos no debería ser complementada con aspectos curriculares de mayor rigor, que eventualmente podrían estar tasados de antemano.

Desde el punto de vista financiero, la URCDP es un órgano desconcentrado de segundo nivel, cuyo presupuesto depende directamente del Poder Ejecutivo.

En lo que hace a injerencias indebidas del Poder Ejecutivo en las decisiones de la URCDP, no hemos registrado casos comprobados. Existe sí al menos un caso[18] en que la URCDP debió actuar y no lo hizo, mostrándose omisa en lo que son sus cometidos de velar por la protección de datos personales de un ciudadano que discutió públicamente con el Presidente de la República.

En razón de lo expuesto, podemos concluir que la autoridad de protección de datos uruguaya tiene aspectos positivos en su estructuración

[18] Puede consultarse en: <https://www.elpais.com.uy/informacion/politica/piden-retirar-datos-colono-discutio-presidente.html>.

y funcionamiento, y también algunos elementos negativos en los que se deberá trabajar para su mejoramiento. Entre los aspectos positivos está su inserción institucional, que le otorga un rango igual al de la Unidad de Acceso a la Información Pública; otro aspecto positivo está constituido por la exigencia de formación profesional o experiencia en la persona de los integrantes del Consejo Ejecutivo, que permiten que este órgano sea especializado desde el punto de vista técnico.

Entre sus aspectos a mejorar cabe mencionar que la URCDP es un órgano desconcentrado de segundo nivel, que no tiene presupuesto propio, ni puede designar su personal. Los principales elementos negativos están dados por la dificultad intrínseca que implica el tener que controlar a quienes son sus jerarcas y no tener obligación de rendir cuentas de su actuación.

Otro tema álgido que constituye un desafío para la autoridad de control uruguaya es el relativo a la cooperación internacional. Europa, con su sistema de protección de datos personales y el Reglamento Europeo de Protección de Datos, se ha constituido innegablemente en un líder para los países latinoamericanos y es un ejemplo de cooperación internacional. Los países de América Latina necesariamente habrán de trabajar en nuevas formas de integración que habiliten una más acabada protección de los datos personales ante los avances digitales sobre este derecho humano fundamental.

Trabajar en estos puntos habrá de constituir el principal desafío de la URCDP.

Referencias

ARENAS RAMIRO, Mónica. *El Derecho Fundamental a la Protección de Datos Personales en Europa*. Valencia: Tirant lo Blanch, 2006.

BRIAN NOUGRERES, Ana. *Data Protection and Enforcement in Latin American and in Uruguay*. USA: Springer, 2016.

BRIAN NOUGRERES, Ana. *Data Protection Overview*. London: Privacy Laws and Business, 2018.

BRIAN NOUGRERES, Ana. *Uruguayan Data Protection System*. London, 2018.

DELPIAZZO, Carlos. *Protección de Datos Personales y Acceso a la Información Pública*. Montevideo: Fundación de Cultura Universitaria, 2009.

DELPIAZZO, Carlos; ROTONDO, Felipe. *Derecho Informático e Informática Jurídica II*. Montevideo: Fundación de Cultura Universitaria, 2018.

DONEDA, Danilo. *Da privacidade à proteção de dados pessoais*. Rio de Janeiro: Renovar, 2006.

ESCALANTE GONZALBO, Fernando. *El Derecho a la privacidad.* Ciudad de México: Instituto Federal de Acceso a la Información Pública, 2004.

GREENLEAF, Graham. *Asian Data Privacy Laws, Trade and Human Rights Perspectives.* New York: Oxford University Press, 2014.

LIMBERGER, Temis. *O direito à intimidade na era da informática:* a necessidade de proteção dos dados pessoais. Porto Alegre: Livraria Do Advogado Editora, 2007.

PIÑAR MAÑAS, José Luis; MONTULL CREMADES, María Ángeles. *La Red Iberoamericana de Protección de Datos, Declaraciones y Documentos.* Valencia: Tirant lo Blanch, 2006.

RED IBEROAMERICANA DE PROTECCIÓN DE DATOS. *El acceso a la información pública y la protección de datos personales.* Huixquilucan (Estado de México): 2005.

RED IBEROAMERICANA DE PROTECCIÓN DE DATOS. *Viabilidad de creación de autoridades de control entorno latinoamericano.* Huixquilucan (Estado de México): 2005.

REMOLINA ANGARITA, Nelson. *Tratamiento de datos personales*: Aproximación internacional y comentarios a la Ley 1581 de 2012. Bogotá: LEGIS, 2013.

WRIGHT, David; DE HERT, Paul. *Enforcing Privacy, Regulatory, Legal and Technological Approaches.* USA: Springer, 2016.

Datos Personales: Un Nuevo Paradigma en el Sistema Argentino de Proteccion de Datos Personales

Silvia Toscano
Luciano Galmarini

Introducción

Estamos frente a un nuevo paradigma en materia de protección de datos personales. El nuevo marco normativo de la Unión Europea y las modificaciones de las leyes de protección de datos de nuestros países como consecuencia de su aplicación hacen necesario repensar los institutos tradicionales en la materia. De la mano de la tecnología surgen nuevos derechos digitales y éstos deben tener también un ámbito de protección en las empresas, en el Estado. Como consecuencia también de ello, es necesario articular estas acciones con los sistemas de "*compliance*" con los cuales se comparten protocolos y se hace necesario su incorporación en todos los ámbitos. El respeto a la privacidad y la ética digital serán los ejes sobre los cuales girará el presente artículo.

1. Microsistemas en el Sistema Interamericano de Derechos Humanos: libertad de expresión, derecho a la información y protección de la privacidad

La libertad de expresión puede concebirse como una exteriorización de la libertad de pensamiento que consiste en hacer público, transmitir y difundir ideas, opiniones, críticas, imágenes o creencias, a través de cualquier medio de transmisión, sea desde la palabra oral (radio, cine, teatro, televisión) o escrita (libros, diarios, revistas, internet), mediante sonidos (música), símbolos, gestos o actitudes. La doctrina constitucional tiene dicho que su reconocimiento configura una de las conquistas más importantes que el ser humano obtuvo en su permanente lucha por la dignidad[1].

Por su parte, la libertad de información importa el acceso libre a las fuentes de información mediante la búsqueda, recepción y difusión de noticias e ideas de toda índole, resguardándose razonablemente en secreto la fuente de donde esas noticias se han obtenido. El principio en esta materia es que el público en general, tiene derecho a que las noticias sean abiertas, públicas, veraces y accesibles[2].

Si bien ambos gozan de la protección contra la censura previa, tanto la libertad de expresión como el acceso a la información deben ejercerse de manera razonable y no abusiva, es decir, sin exceder los límites establecidos por la buena fe, la moral y las buenas costumbres; dado que los mismos conllevan una responsabilidad ulterior por los daños que puedan provocar.

En la otra vereda, la intimidad y privacidad son entendidas como un ámbito absolutamente intangible de protección contra la intromisión de terceros; todo aquello que pertenece a la esfera íntima y personal del ser humano, y que se encuentra exento del conocimiento de terceros[3].

Esta concepto fue acuñado a fines del siglo XIX, por el juez Thomas M. Cooley cuando esbozó el "*Right to be alone*", en la primera edición de su "*Treatise on the Law of Torts*", al que definió como: *"el derecho a la privacidad de la persona se dice que es el derecho a la completa inmunidad; el derecho a ser dejado solo"*[4].

El mismo fue especificado aún más por los juristas Samuel D. Warren y Louis D. Brandeis, con su ensayo "*Right to Privacy*", 1890, considerado como el artículo de doctrina fundacional de la literatura jurídica norteamericana en la materia, al que entendieron como *"el derecho de las personas a ser protegidas de la intromisión en sus vidas y asuntos personales o en las de sus familias, por medios físicos, publicaciones o informaciones"*[5].

[1] Bidart Campos, Germán J. *Manual de la Constitución Reformada.* Tomo II, Cuarta Reimpresión. Buenos Aires: EDIAR, 2010, pág. 12.

[2] Ibídem, pág. 15.

[3] Bidart Campos, Germán J. *Manual de la Constitución Reformada. Op. Cit.*, pág. 522.

[4] Coley, Thomas M. *A Treatise on the Law of Torts or the Wrongs Which Arise Independently of Contract.* Chicago: Callaghan, 1879, pág. 29.

[5] Warren, S. D.; Brandeis, L. D. The right to privacy. *Harvard Law Review*, pp. 193-220, 1890.

Los citados juristas tuvieron como punto de partida un elemento en común: tanto el juez Cooley, como el senador Warren y el Ministro de la Suprema Corte Brandeis, concibieron al desarrollo de la tecnología de finales del siglo XIX como una amenaza para la protección de la vida privada, tal como aconteció con el propio Warren, ante una publicación de fotografías en la prensa sensacionalista de Boston, respecto de los aspectos más íntimos del enlace matrimonial con la hija de un Senador de dicha ciudad.

El desafío que plantea la nueva "Sociedad de la Información y el Conocimiento" del Siglo XXI, es como armonizar el "*Right to be alone*" y "*Right to Privacy*" frente a la libre circulación de la información que se da mediante el tratamiento electrónico o automatizado de datos de índole comercial, profesional, personal o familiar, referentes a hechos del pasado o del presente, sobre la vida de las personas.

Debe entenderse que la información suministrada a terceros podría lesionar tanto derechos personalísimos como patrimoniales, si la misma es errónea, inexacta o desactualizada.

Por un lado, el Convenio para la Protección de las Personas con Respecto al Tratamiento Automatizado de Datos de Carácter Personal de Estraburgo 1981, fue el primer instrumento que planteó la necesidad de ampliar la protección de los derechos y libertades fundamentales, en particular del derecho al respeto de la vida privada, teniendo en consideración la intensificación de la circulación a través de las fronteras de los datos de carácter personal objeto de tratamientos automatizados.

También reafirmó su compromiso en favor de la libertad de información sin tener en cuenta las fronteras. Ante lo cual, el Convenio se planteaba como exigencia conciliar los valores fundamentales del respeto a la vida privada y de la libre circulación de la información entre los pueblos.

2. La protección de datos personales en el Sistema Interamericano

El derecho a la intimidad cuenta con un importante desarrollo en el Sistema Interamericano de Derechos Humanos, a través de distintas Convenciones, que gozan en nuestro país de jerarquía constitucional desde el año 1994. Dichos Tratados garantizan la protección de la dignidad, el honor, la vida privada y familiar, la imagen, el domicilio y la correspondencia y papeles privados.

Así lo han dispuesto la Declaración Americana de Derechos Humanos (artículo V), la Declaración Universal de Derechos Humanos (artículo 12), la Convención Americana sobre Derechos Humanos (artículo 11) y el Pacto Internacional de Derechos Civiles y Políticos (artículo 17)[6].

También la Convención sobre los Derechos del Niño, en su artículo 16, establece que ningún niño será objeto de injerencias arbitrarias o ilegales en su vida privada, su familia, su domicilio o su correspondencia ni de ataques ilegales a su honra y a su reputación.

En ese temperamento, la jurisprudencia de la Corte Interamericana de Derechos Humanos se ha pronunciado a favor de la protección de la privacidad y la condena a cualquier intromisión arbitraria(p.e. Caso Escher y otros vs Brasil.)[7].

3. Sistema argentino de protección de datos personales

3.1. Marco jurídico

La protección de los datos personales ha sido definida como el área del derecho que ampara los datos personales y que constituye un conjunto de reglas que guía a compañías y organizaciones en el uso que se hace de la información personal que identifica a los individuos[8].

[6] La Declaración Americana de los Derechos y Deberes del Hombre, art. 5º, dispone: "toda persona tiene derecho a la protección de la ley contra ataques abusivos a su honra, a su reputación y a su vida privada y familiar". La Declaración Universal de Derechos Humanos, art. 12 establece: "nadie será objeto de injerencias arbitrarias en su vida privada, su familia, su domicilio o su correspondencia, ni de ataques a su honra o su reputación. Toda persona tiene derecho a la protección de la ley contra tales ataques o injerencias". La Convención Americana de Derechos Humanos, art. 11 señala que: "1. Toda persona tiene derecho al respeto de su honra y al reconocimiento de su dignidad. 2. Nadie puede ser objeto de injerencias arbitrarias o abusivas en su vida privada, en la de su familia, en su domicilio o en su correspondencia, ni de ataques ilegales a su honra o reputación. 3. Toda persona tiene derecho a la protección de la ley contra esas injerencias o esos ataques". Y en el art. 13.2 a) dispone: "1. Toda persona tiene derecho a la libertad de pensamiento y de expresión (...) 2. El ejercicio del derecho previsto en el inciso precedente no puede estar sujeto a previa censura sino a responsabilidades ulteriores, las que deben estar expresamente fijadas por la ley y ser necesarias para asegurar: a) el respeto a los derechos o a la reputación de los demás (...)". El Pacto Internacional de Derechos Civiles y Políticos, art. 17, dispone: "1. Nadie será objeto de injerencias arbitrarias o ilegales en su vida privada, su familia, su domicilio o su correspondencia, ni de ataques ilegales a su honra y reputación. 2. Toda persona tiene derecho a la protección de la ley contra esas injerencias o esos ataques".

[7] Puede acessarse en: <http://www.corteidh.or.cr/docs/casos/articulos/seriec_200_espl.pdf>.

[8] PALAZZI, Pablo A. *La protección de los datos personales en la Argentina:* Ley 25.326 de protección de datos personales y hábeas data comentada y anotada con jurisprudencia. Buenos Aires: Ed. Errepar, 2004, pág. 19.

Respecto al marco normativo en nuestro país, cabe resaltar que el artículo 19 de la Constitución Nacional constituye una de las bases para la protección de la intimidad y las acciones privadas[9], que tiene su garantía constitucional en el artículo 18 consagrando la inviolabilidad del domicilio, correspondencia y papeles privados.

Más específicamente, el artículo 43, 3º párrafo consagra el denominado "hábeas data", una acción por la cual toda persona puede interponer la misma "para tomar conocimiento de los datos a ella referidos, y de su finalidad, que consten en registros o bancos de datos públicos, o privados destinados a proveer informes, y en caso de falsedad o discriminación, exigir la supresión, rectificación, confidencialidad o actualización".

Dicho término se corresponde a la locución latina de los vocablos "hábeas" (tener, exhibir, tomar, traer) y "data" (datos). Por su ubicación específica en la Constitución constituye una especie de amparo, un proceso constitucional que tiene por objeto tutelar el derecho a la intimidad y el honor con relación a los datos que sobre una persona hayan recolectado los bancos de datos públicos o privados destinados a proveer informes.

Dicho instituto fue plasmado en la Ley Nº 25.326, de Protección de Datos Personales, que reglamentó esta garantía constitucional a fin de hacer efectiva dicha protección.

La mencionada ley contempla una serie de principios y requisitos para la protección integral de los datos asentados en archivos, registros, bancos de datos u otros medios técnicos, públicos o privados, destinados a dar informes. Su objeto es por una parte, garantizar la intimidad y el honor de las personas, pero también garantizar el acceso a la información que sobre las mismas se registre (art. 1º).

La protección de los datos personales nació como una contraposición a la interferencia en la vida privada de las personas facilitada por el avance tecnológico. Con el transcurso del tiempo, fue evolucionando en la doctrina internacional entendiéndose como la protección jurídica de las personas en lo concerniente al tratamiento de sus datos personales; a la par que también evolucionó la concepción del derecho a la vida privada. Dejó de concebirse como la libertad negativa de oponerse al uso de la informa-

[9] "Las acciones privadas de los hombres que de ningún modo ofendan al orden y a la moral pública, ni perjudiquen a un tercero, están solo reservadas a Dios y exentas de la autoridad de los magistrados."

ción personal para convertirse en la libertad positiva de supervisar su uso (autodeterminación informativa)[10].

Todo tratamiento de datos personales genera un potencial riesgo para el derecho a la privacidad. Para enfrentar esas amenazas, la jurisprudencia y las normas de protección de datos, han previsto como premisa, el derecho a la "autodeterminación informativa"[11], entendido como la facultad que tiene toda persona de decidir o determinar cómo y en qué medida da a conocer información de su vida personal, lo que conlleva la posibilidad de disponer y controlar la misma, a fin de preservar su veracidad y confidencialidad.

Es indudable que con el avance de las TICs, la posibilidad de disponer información sobre las personas ha ido aumentando, gracias en parte al papel que han desempeñado las bases de datos, aunque en paralelo también creció la preocupación por la protección de los datos personales[12].

3.2. Principios rectores

Nuestra Ley de Datos Personales entiende por tales a la información de cualquier tipo tanto de personas humanas como de existencia ideal determinadas o determinables (art. 2º). En este marco es preciso comprender que los mismos pertenecen a tus titulares, dado que los identifican como personas mismas. La ley regula el uso de la información personal de individuos y empresas, otorgándoles una facultad de control sobre sus datos, mediante una serie de principios que se describen a continuación.

a) Licitud: la recolección de los datos no puede hacerse por medios desleales, fraudulentos o en forma contraria a las disposiciones de la Ley (art. 3º).
b) Calidad: este principio se conforma de varios aspectos (art. 4º):

[10] Tanus, Gustavo. Protección de Datos Personales. Principios Generales. Derechos, Deberes y Obligaciones. *Revista Jurídica El Derecho*, Buenos Aires, 19/06/2002, pág. 6.

[11] Concepto acuñado por el Tribunal Constitucional Federal de Alemania en 1983, en relación a la Ley del Censo, como el derecho de toda persona a consentir de forma informada y libre el uso por terceros de datos que le conciernen. Sin embargo, el concepto que han tomado las distintas normas de protección de datos personales ha sido el sentado por el Tribunal Constitucional de España en 2002, como el conjunto de medios jurídicos a través de los cuales se satisface aquella facultad.

[12] Tanus, Gustavo. Protección de Datos Personales. *Op. Citatum*.

b.i) Pertinencia: implica que los datos que se recaben y almacenen en una base de datos deben ser pertinentes y adecuados con el fin perseguido por la base.

b.ii) Finalidad: los datos deben ser tratados con un objetivo específico, el cual tiene que informarse a su titular al momento de recabarse, así como quienes serán sus destinatarios, qué consecuencias puede conllevar y cuáles son los derechos del titular.

b.iii) Utilización no abusiva: los datos no pueden ser utilizados para finalidades distintas o incompatibles con aquéllas que motivaron su obtención.

b.iv) Exactitud: los datos deben ser exactos y actualizarse, debiendo suprimirse o sustituirse por el responsable de la base cuando se tenga conocimiento de la inexactitud de la información que se trate.

b.v) Derecho al Olvido: implica que los datos sean eliminados una vez que se haya cumplido el fin para el que fueron recabados.

Asimismo la ley contempla diversas obligaciones a cargo de los Administradores de Bases de Datos:

a) Inscripción de la Base en el Registro de Bases de Datos de la Dirección Nacional de Protección de Datos Personales (arts. 21 y 24).
b) Contar con un Interés legítimo (art. 1º).
c) No tener una finalidad contraria a las leyes ni a la moral pública (art. 3º).
d) Cumplir con la calidad de los datos (art. 4º).
e) Cumplir con el consentimiento libre, expreso e informado al recabar los datos (arts. 5º y 6º).
f) Adoptar las medidas técnicas y organizativas necesarias para garantizar la seguridad y confidencialidad de los datos (art. 9º).
g) Guardar el secreto profesional, el cual solo puede relevarse por resolución judicial cuando medien razones fundadas relativas a seguridad pública, defensa nacional o salud pública (art. 10).

3.3. Categorías de datos

En relación a las categorías de datos comprendidos en la ley, puede hacerse la siguiente clasificación.

- Periodísticos: los mismos están amparados bajo el secreto de las fuentes de información de que gozan los medios de comunicación, por el cual se impide que a través de la acción de hábeas data se puedan conocer los datos así colectados y de que fuente se obtuvieron (art. 1º)
- Nominativos: estos datos se refieren al nombre, Documento Nacional de Identidad, identificación tributaria o previsional, ocupación, fecha de nacimiento y domicilio; los mismos pueden recolectarse y tratarse sin necesidad de contar con el consentimiento del titular, porque son reputados de acceso público irrestricto (art. 5º).
- Sensibles: se encuentran especialmente protegidos; se consideran tales a los datos que revelen información de origen racial y étnico, opiniones políticas, convicciones religiosas, filosóficas o morales, afiliación sindical, información referente a la salud o vida sexual. La regla es que nadie puede ser obligado a proporcionar dichos datos, salvo que medie una Ley que por razones de interés general autorice a recabarlos o bien cuando sea necesario su tratamiento para fines estadísticos o científicos, siempre que se utilice un proceso de disociación de los datos (arts. 2º y 7º).
- De salud: son considerados datos sensibles, pero además tienen su propia protección; la ley permite su tratamiento por los profesionales de la salud bajo secreto profesional (art. 8), mediante historias clínicas informatizadas que aseguren su integridad, autenticidad y recuperabilidad (Ley Nº 26.529).
- Antecedentes Penales: se encuentran comprendidos dentro de los datos sensibles, y solo pueden ser tratados por la autoridad competente a cargo del Registro Nacional de Reincidencia (art. 7º).
- Datos genéticos: se consideran datos sensibles las muestras o evidencias obtenidas en el curso de una investigación penal para el esclarecimiento de delitos contra la integridad sexual (Ley Nº 26.879); los mismos solo pueden ser suministrados al Ministerio Público Fiscal, jueces y tribunales en el marco de una causa en la que se investigue alguno de estos delitos.
- Datos biométricos: se entiende por tales a aquellos cuyas características físicas, fisiológicas o conductuales permitan confirmar la identificación única de una persona, tales como imágenes faciales, timbre de voz, datos dactiloscópicos, iris del ojo, rasgos de la mano.

Los mismos se consideran datos sensibles cuando puedan revelar datos adicionales cuyo pueda resultar potencialmente discriminatorios a su titular (Resolución Nº 4 Agencia de Acceso a la Información Pública).

- Datos Relativos a Encuestas: en tanto y en cuanto los datos así colectados no puedan atribuirse a una persona determinada o determinable, quedan fuera de las disposiciones de la ley (art. 28).
- Supuestos Especiales: se permite la recolección de datos con fines policiales y de organismos de inteligencia, por las fuerzas armadas o de seguridad, organismos policiales o de inteligencia, siempre que se limite a los necesarios para el estricto cumplimiento de las misiones legalmente asignadas para la defensa nacional, seguridad pública o investigación de los delitos (art. 23).
- Información Crediticia: de carácter patrimonial que sean significativos para evaluar la solvencia económica y financiera obtenidos de fuentes de acceso público irrestricto (Banco Central de la República Argentina) o facilitados por el interesado; los mismos tienen un plazo por el cual pueden tratarse, el cual se distingue en 2 años si se canceló la deuda o 5 años desde la última información adversa archivada que demuestre que la deuda era exigible (art. 26).
- Servicios de Datos Informatizados: este supuesto se refiere a los datos tratados a través de la "*cloud computing*", mediante un contrato de prestación de servicios por encargo; los datos así tratados no pueden aplicarse o utilizarse con un fin distinto al que figure en el contrato, ni cederse a otras personas aún para su conservación (art. 25).
- Marketing de Comportamiento: contempla los supuestos de los datos recabados mediante el empleo de "*cookies*" y "*spam*", aplicándose el sistema "*opt-out*", por el cual nuestra ley presume que las personas han dado el consentimiento para la instalación de "*cookies*" y/o envío de "*spam*" hasta tanto el destinatario exprese su negativa (art. 27).

3.4. Derechos de los titulares

Respecto a los derechos del titular de los datos, la ley contempla en los artículos 13 y ss, los denominados "derechos ARCO", que otorgan a sus titulares la facultad de solicitar el acceso a los mismos, su rectificación o cancelación en caso de ser incorrectos o excesivos, y la oposición al tratamiento de datos en forma ilícita o que no cuenten con el consentimiento del afectado.

El derecho de acceso consiste en la facultad de solicitar y obtener información de los datos referidos a su persona, que pudieran existir en una base de datos pública o privada, a fin de conocer cuáles son esos datos, las fuentes y los medios a través de los cuales se obtuvieron, la finalidad y el destino para los que se recabaron, y si dicha base está registrada conforme a las exigencias de la Ley.

Mientras que el derecho de rectificación, cancelación y oposición, consiste en la facultad de que los datos sean rectificados, actualizados, suprimidos o sometidos a confidencialidad en supuestos de falsedad, inexactitud o desactualización.

3.5. Autoridad de control

Analizando el derecho comparado, todas las legislaciones prevén una autoridad de control difiriendo en la forma adoptada. En algunos supuestos se ha contemplado una independencia total del Poder Ejecutivo, mientras que en otros se ha previsto como parte de su estructura.

En este sentido, la Ley Nº 27.275, modificatoria de la Ley de Protección de Datos Personales, ha dado un salto de calidad al preverlo como un ente autárquico con autonomía funcional en el ámbito del Poder Ejecutivo Nacional, siguiendo las recomendaciones del Grupo de Trabajo del artículo 29 Protección de las Personas en lo que respecta al Tratamiento de Datos Personales.

Con dicha modificación, la autoridad de aplicación y control está en cabeza de la Agencia de Acceso a la Información Pública. La misión de la Agencia es garantizar el efectivo ejercicio del derecho de acceso a la información pública y la protección de los datos personales, promoviendo la participación ciudadana, la transparencia en la gestión pública y una cultura respetuosa de la privacidad[13].

Dentro de la misma, la Dirección Nacional de Protección de Datos Personales es la encargada de fiscalizar la protección integral de los datos personales y asistir a los particulares para el ejercicio de sus derechos.

[13] Puede acessarse en: <https://www.argentina.gob.ar/aaip/datospersonales>.

3.6. Reconocimiento de la Comision Europea (2002)

Es importante destacar que la regulación en materia de protección de datos en nuestro país se caracterizó por seguir de cerca los avances y directivas europeas en la materia; ello se advierte tanto con la sanción de la actual Ley Nº 25.326 y su similitud con la antigua normativa europea, como con el Anteproyecto de Ley enviado al Congreso de la Nación por el Poder Ejecutivo y su similitud con el nuevo Reglamento de la Unión Europea.

Debe destacarse que mediante el Dictamen 4/2002 CE adoptado el 03 de Octubre de 2002 en Bruselas, el Grupo de Trabajo Europeo del artículo 29, que se ocupó de las cuestiones relacionadas con la protección de la privacidad y los datos personales hasta el 25 de mayo de 2018 (entrada en aplicación del Reglamento UE), dispuso que Argentina garantizaba un nivel de protección adecuado con arreglo a lo dispuesto en el apartado 6 del artículo 25 de la Directiva 95/46/CE del Parlamento Europeo y del Consejo, del 24 de octubre de 1995, relativa a la protección de las personas físicas en lo que respecta al tratamiento de datos personales y a la libre circulación de estos datos.

No obstante, el Grupo de Trabajo también invitó a nuestras autoridades a que tomaran las medidas necesarias para garantizar la aplicación efectiva de la legislación mediante la creación de los necesarios órganos de control independientes.

3.7. Adhesión al Convenio 108 (2019)

Como último paso en la estandarización de las normas locales con las directrices europeas, mediante la Ley Nº 27.483 promulgada este año, se aprobó el Convenio para la Protección de las Personas con respecto al Tratamiento Automatizado de Datos de Carácter Personal, suscripto en la ciudad de Estrasburgo, República Francesa, el día 28 de enero de 1981, y el Protocolo Adicional al Convenio para la Protección de las Personas con respecto al Tratamiento Automatizado de Datos de Carácter Personal, a las autoridades de control y a los flujos transfronterizos de datos, suscripto en la ciudad de Estrasburgo, República Francesa, el día 8 de noviembre de 2001, que consta de tres (3) artículos.

4. Proyecto de Reforma Ley 25.326 (2018)

El anteproyecto de Ley sobre Protección de Datos Personales enviado por el Poder Ejecutivo al Congreso de la Nación, en Septiembre de 2018 bajo el Nº 283/18, en trámite por ante las Comisiones de Asuntos Constitucionales y Derechos y Garantías[14], contempla modificaciones en consonancia con la normativa dictada desde la vigencia de la actual regulación así como la jurisprudencia local e internacional . A modo de ejemplo, se señala lo siguiente: visión integral de datos personales (incluye genéticos y biométricos o de otro tipo), protección especial de datos de niños , niñas y adolescentes, principio de responsabilidad proactiva, interés legítimo del responsable, derecho de oposición y de supresión en tratamiento automatizado de datos (perfiles), derecho a la portabilidad de los datos, evaluación de impacto y de riesgos, figura del delegado de protección de datos personales, deber de informar incidentes de seguridad, entre otros.

Respecto a los incidentes de seguridad, el art. 2º define al mismo como el "hecho ocurrido en cualquier fase del tratamiento que implique la pérdida o destrucción no autorizada, el robo, extravío o copia no autorizada, el uso, acceso o tratamiento de datos no autorizado, o el daño, alteración o modificación no autorizada". A su vez, el art. 20 prevé que el responsable del tratamiento deberá notificar a la autoridad de control en el plazo de 72 hs. todo incidente de seguridad. También tendrá que informarle al titular de los datos. La notificación debe contener al menos, la siguiente información:

a) La naturaleza del incidente;
b) Los datos personales que pueden estimarse comprometidos;
c) Las acciones correctivas realizadas de forma inmediata;
d) Las recomendaciones al titular de los datos acerca de las medidas que éste puede adoptar para proteger sus intereses;
e) Los medios a disposición del titular de los datos para obtener mayor información al respecto.

Finalmente, el artículo 79 dispone que la notificación oportuna de incidentes seguridad será merituada como atenuante a sanciones que puedan generarse por incumplimientos a la normativa.

[14] Puede consuntarse en: <https://www.senado.gov.ar/parlamentario/comisiones/verExp/283.18/PE/PL>.

5. Impacto del Reglamento General de Protección de Datos Personales

El Nuevo Reglamento General de Protección de Datos Personales de la Unión Europea fue elaborado como una respuesta a la evolución tecnológica que implicó nuevos desafíos para la protección de los datos personales y la privacidad, disponiendo un marco uniforme con principios y directrices más sólidos y previsibles para el desarrollo de la economía digital europea, que eleve los estándares de protección para garantizar un determinado nivel de protección de los datos personales[15].

Algunos de los aspectos más significativos del Reglamento son:

a) expande el ámbito territorial de aplicación: es decir, prevé la aplicación extraterritorial de la norma, mediante una protección basada en el individuo "per-se", sin importar su nacionalidad o residencia;
b) incrementa las sanciones: es dable destacar que el valor de las multas se incrementa notoriamente, pudiendo ser de hasta el 4% de las ganancias totales del grupo o hasta € 20 millones.
c) incorpora la figura del Delegado de Protección de Datos;
d) aumenta las obligaciones de las bases de datos;
e) introduce modificaciones respecto a los reportes de filtraciones de datos;
f) introduce el derecho a la portabilidad de los datos;
g) ratifica la interpretación y reconoce expresamente el derecho de supresión de los datos ("derecho al olvido");
h) refuerza los requisitos para la obtención del consentimiento;
i) prevé la responsabilidad proactiva.

Pensando a futuro, cuando nuestro país adecúe su normativa al mencionado Reglamento, las bases de datos personales tendrán necesariamente que adaptarse a los nuevos estándares de protección internacional en la materia, tal como lo hicieron las empresas que prestan sus servicios en el territorio de la Unión Europea. Para ello, tendrán que atravesar una serie de etapas que pueden resumirse en las siguientes: de relevamiento y preparación; de implementación; y de control[16].

[15] AMBROSIO, C. Nogués. *Protección de datos personales:* Estándares internacionales de protección y oportunidad para su implementación. En: <https://abogados.com.ar/proteccion-de-datos-personales-estandares-internacionales-de-proteccion-y-oportunidad-para-su-implementacion/23121>.

[16] Ibídem.

En la etapa de relevamiento las empresas deberán relevar las bases de datos a fin de clasificar las distintas categorías de datos, con qué finalidad son tratados y de dónde se obtuvieron; como asimismo, quiénes tienen acceso a ellos, cuánto tiempo se conservarán y donde son transferidos o cedidos. Esto les permitirá adecuar las políticas internas a la nueva normativa. Asimismo, podrán efectuar una gestión de riesgos que permita identificar, analizar y valorar el tratamiento que se da a los datos para evaluar las posibilidades de que se suscite un riesgo (asociado a la protección de los datos o al incumplimiento de requisitos regulatorios), a fin de establecer las acciones preventivas y correctivas.

En una segunda etapa, de capacitación y acondicionamiento de las políticas, consentimientos, contratos e instrumentos relacionados al tratamiento de datos, será imprescindible la generación de conciencia en los responsables de las Bases de Datos, a fin de que se capaciten en el debido tratamiento de los datos. Esto permitirá a las empresas "compensar" las fallas detectadas en la etapa de relevamiento (obtención de consentimientos; falta de contratos de transferencia de datos; la no registración de las bases ante la autoridad competente; medidas de seguridad utilizadas). Será muy importante elaborar un plan de respuesta ante incidentes de fuga de datos, a través de un CERT, equipo de respuesta de incidentes, cuya función será la de identificar y gestionar dichas filtraciones y realizar las medidas necesarias para evitar nuevas[17].

En una última etapa, las empresas podrán verificar que la implementación de las modificaciones efectuadas se adecuen a los principios exigidos por la nueva normativa, y así poder adaptar las actividades y operaciones necesarias sin alterar el normal funcionamiento de los mecanismos de preservación, cuidado y actualización de los datos personales.

6. Nuevo paradigma para la privacidad en su relación con el derecho a la información y la libertad de expresión

6.1. Falta de certeza en los límites entre lo público y lo privado

Puede afirmarse que en la actual "Sociedad de la Información y el Conocimiento" la creación, distribución y acceso a la información son los motores y finalidades principales de las actividades culturales como consecuencia

[17] Tal como se propone en el Capítulo III del Proyecto de Ley de la Senadora Lucila Crexell S-1616/19. En: <https://www.senado.gov.ar/parlamentario/comisiones/verExp/1616.19/S/PL>.

de la implantación de las Tecnologías de la Información y Comunicación en las relaciones sociales, culturales y económicas de las comunidades[18].

Es claro que con la irrupción de las TIC aparecieron nuevas modalidades de almacenamiento de información y de datos, que a su vez facilitaron una mayor difusión y comunicación de éstos. En este entorno digital se torna preciso garantizar la protección de los datos personales ante el cada vez más creciente "*oversharing*" de información, por el cual nuestra esfera de intimidad puede tornarse pública con mucha más facilidad que antes.

Estos nuevos paradigmas de la tecnología, tornan muy vulnerable la privacidad e intimidad de las personas. Esto puede advertirse con el avance de Internet, buscadores, redes sociales y aplicaciones (*apps*) de todo tipo, quienes se han convertido en verdaderas bases de datos mundiales.

Esta situación se vuelve más compleja aún con los cada vez más sofisticados métodos de recolección de datos mediante "*cookies*" y "*píxels*", muy utilizados por las redes sociales con las líneas de código del tipo "me gusta", "compartir" o "guardar", para ir conformando un perfil "*online*" de gustos, intereses, preferencias y hábitos.

Así, cualquier dato que se generó o compartió en un ámbito privado puede viralizarse en cuestión de segundos tornándose público, con los perjuicios que ello puede conllevar; con el agravante que cualquier contenido que se suba a la red, no podrá eliminarse en forma definitiva, ya que siempre quedará alojado en una memoria "*caché*" o archivo temporal de algún servidor, que será indexado por los buscadores.

La interacción que permite la Web 2.0, en una suerte de red dinámica que facilita el intercambio de información e interoperabilidad entre los usuarios, permitió que Internet pasara a ser una gran conversación sin barreras. El auge de Internet y las bases de datos contribuyeron a que una gran cantidad de datos personales circulen en la nube de internet generando inmensos volúmenes de información, conocidos como "*Big Data*", que se basa en la triple "V": volumen, variedad y velocidad.

En la actualidad la vida de las personas presenta dos identidades: una real y una virtual. Las personas han hecho una identificación plena de su vida real con la virtual. Hay una necesidad de no quedar afuera de la "*social*

[18] FERNÁNDEZ DELPECH, Horacio. *Manual de Derecho Informático*. 1ª Edición. Buenos Aires: Abeledo Perrot, 2014, pág. 10.

media", participando, sociabilizando e intercambiando opiniones e ideas de manera constante[19].

Si bien muchos de los contenidos que se suben y comparten a la red, son proporcionados por los usuarios, otros son subidos por terceros, incluso sin el consentimiento de los titulares, con la consecuente afectación de derechos personalísimos.

Asimismo, en esta nueva forma de relacionarse a través de las redes, verdaderas plataformas digitales en donde navegan contenidos como si fuera un océano de fotos, imágenes, datos, opiniones, noticias, tendencias, etc.[20], cualquier tema es propicio para que las personas tuiteen o retuiteen a través de hashtags que se transforman en trending topics; o envíen audios de whatsapp que en cuestión de segundos pueden viralizarse del ámbito privado al público, o compartan "*stories*" en Instagram que corran igual suerte.

6.2. Ética digital

El estado actual del desarrollo de la tecnología ha impactado considerablemente en nuestras vidas, poniendo de manifiesto la insuficiencia de las herramientas actuales para proteger eficazmente los derechos personalísimos. Es claro que existe una tensión entre el derecho de acceso a la información y el derecho a la intimidad, honor e imagen.

Las fronteras entre lo público y lo privado parecen conformar un nuevo paradigma que requiere nuevos principios jurídicos rectores. Es preciso profundizar la protección del derecho a la intimidad y los datos personales frente al acceso y utilización de éstos, lo que supone un nuevo equilibrio entre la libre circulación de contenidos y la protección de los mismos. Se torna imprescindible elaborar mecanismos de protección de los derechos personalísimos, del tipo "privacidad por diseño", a través del empleo de controles más efectivos y sencillos por parte de los usuarios.

6.3. El caso YAHOO! de Argentina

Por último, debe destacarse una novedosa resolución adoptada en el mes de Junio de 2019 por la Agencia de Acceso a la Información Pública, por la cual impuso a la empresa "YAHOO! DE ARGENTINA S.R.L." una sanción

[19] Tomeo, Fernando. Redes Sociales y Tecnologías 2.0. 2ª edición actualizada y ampliada. Buenos Aires/Bogotá: Editorial Astrea, 2014, pág. 99.

[20] Ibídem, pág. 43.

de multa de $ 105.000 por la comisión de dos infracciones consistentes en no informar en tiempo y forma las modificaciones o bajas ante el Registro Nacional de Bases de Datos (falta leve), y un incidente de seguridad "*data breach*" ocurrido en 2013, que afectó a alrededor de 8 millones de usuarios argentinos (falta grave).

La sanción a YAHOO! se enmarca en las directrices del Reglamento Europeo de Protección de Datos, que prevé como uno de los elementos significativos lo atinente al reporte de incidentes de seguridad en materia de datos personales.

La investigación se inició de oficio por la Dirección Nacional de Protección de Datos Personales por una eventual violación al deber de seguridad y confidencialidad, en virtud de una información difundida por la propia empresa en el mes de diciembre de 2016, en la que había manifestado que la "*seguridad de los datos personales de alrededor de un billón de usuarios se habrían comprometido a causa de un eventual incidente de seguridad ocurrido durante el año 2013*".

Previo a resolver, la Agencia había intimado a YAHOO! a renovar la inscripción de sus bases de datos y a informar las siguientes cuestiones:

- la cantidad de usuarios afectados en el territorio argentino;
- el incidente de seguridad, brecha temporal y fecha en que se detectó la incidencia;
- las medidas adoptadas para mitigar y remediar el incidente;
- las medidas de seguridad de la empresa, en particular las previstas para hacer frente a incidentes.

YAHOO! contestó informando que 7.970.680 de cuentas de usuarios asociadas con información de direcciones de Argentina habían sido afectadas en dicho incidente y que los datos afectados habrían sido robados de un archivo de respaldo creado entre el 10 y el 11 de Agosto de 2013, sin haber podido identificar la intrusión, el método de ataque ni la filtración utilizados. Respecto de los datos afectados, dijo que pudo haberse sustraído información referida a nombres, direcciones de correo electrónico, números de teléfono, fechas de nacimiento y contraseñas hash MD5.

En relación a las medidas adoptadas para mitigar y remediar el incidente, la empresa informó que había notificado a los usuarios potencialmente afectados por correo electrónico requiriéndole cambios de contraseña de todas las cuentas de usuarios, y que además había emitido un comunicado de prensa y había advertido de la situación en su sitio web, entre otras.

También informó que se encontraba mejorando sus sistemas de seguridad para detectar y prevenir el acceso no autorizado y fortalecer sus defensas contra las amenazas a la seguridad, comprometiéndose a mejorar la seguridad de su infraestructura y los productos de la empresa; asimismo había mejorado sus políticas, normas y controles que componen su programa de seguridad de la información.

Respecto a la solicitud de renovar la inscripción, informó que no realizó las renovaciones pertinentes debido a que no operaba en Argentina desde el año 2015.

Luego de analizar las Políticas de Seguridad de la Información y Procesos de Estándares de Seguridad acompañados por YAHOO!, el área técnica de la Agencia advirtió que el archivo de respaldo vulnerado debió guardarse en cintas o medios seguros con el correspondiente nivel de cifrado para evitar copias o extracción de información no autorizadas. Finalmente concluyó que:

- las copias de seguridad no poseían un cifrado idóneo para proteger la información allí contenida y evitar su acceso indebido;
- las copias de seguridad no se encontraban cifradas por defecto y dado que la información afectada por el incidente eran datos personales, la firma debió haber clasificado la copia de seguridad como un elemento a cifrar;
- Yahoo! no tenía un conocimiento certero de cómo sucedió el incidente y los implicados en el hecho que se investigaba.

Ello llevó a tener por constatadas las mencionadas infracciones: *"No informar en tiempo y forma las modificaciones o bajas ante el Registro Nacional de Bases de Datos;* y *"Mantener bases de datos locales, programas o equipos que contengan datos de carácter personal sin las debidas condiciones de seguridad que por vía reglamentaria se determinen".*

La empresa estadounidense alegó la improcedencia de las infracciones manifestando respecto a la primera, que no tenía obligación renovar dado que había dejado de operar en el país, y para el caso de caberle una sanción, le cabía la más baja; mientras que en relación a la segunda, alegó que había mantenido las debidas condiciones de seguridad en sus bases de datos, ya que la seguridad física de los centros de datos de YAHOO! Inc. se rigen por sus Políticas de Seguridad de la Información, principal responsable de la protección de la información y sistemas de Yahoo! Inc., como del desarrollo de los estándares de seguridad aplicables a sus archivos. Sobre el incidente, reiteró que *"los archivos de copia de seguridad eran archivos tar de Unix estándar que se habían comprimido como gzip"*, e hizo una descripción del proceso de respaldo "generalmente" utilizado para los archivos de copias de seguridad.

Sin embargo, la Agencia entendió que los responsables de bases de datos tienen la obligación de mantener actualizada la inscripción ante el Registro, debiendo informar las bajas y altas producidas. Si bien YAHOO! había dejado de operar en el año 2015 debió haber solicitado oportunamente la baja de su inscripción; mientras que respecto a la solicitud de aplicar el monto más bajo, la Agenciar contaba con un margen de prudente ponderación y discrecionalidad, sujeta al límite de la razonabilidad.

Respecto al segundo argumento, la Agencia entendió que teniendo en consideración que los archivos de respaldo vulnerados contenían información personal de los usuarios, los mismos debieron ser cifrados desde su creación, a fin de evitar su adulteración, pérdida, consulta o tratamiento no autorizado. Además el término "generalmente" utilizado por YAHOO! hacía presumir a la Agencia que dichas Políticas de Seguridad no eran utilizadas en la totalidad de los casos.

Como puede advertirse, la autoridad de control consideró que YAHOO! no adoptó las medidas técnicas y organizativas necesarias para garantizar la seguridad y confidencialidad de los datos personales, que permitan detectar desviaciones, intencionales o no, de información, en franca violación a lo dispuesto en el artículo 9 de la Ley Nº 25.326. Si bien ponderó la falta de antecedentes de YAHOO!, no obstante ello, su accionar había producido un alto riesgo para los usuarios afectados con consecuencias inmensurables hasta la fecha.

Respecto a la naturaleza de los derechos personales afectados, la Agencia tuvo en consideración que el incidente de seguridad investigado comprometió no solo datos identificatorios, tales como el nombre de los usuarios y fechas de nacimiento, sino además, preguntas y respuestas de seguridad de los usuarios y contraseñas hash MD5. En este aspecto, se valoró que la filtración de preguntas y respuestas de seguridad de los usuarios y contraseñas, comprometía severamente su privacidad y suponía un riesgo adicional para aquellos usuarios afectados que hayan podido utilizar las mismas credenciales en otros servicios o portales.

En relación con el volumen de los tratamientos afectados se tuvo en consideración que, según estimó YAHOO! el total de usuarios argentinos afectados por el incidente de seguridad fueron 7.970.680. Atento ello, la Agencia estimó que la aplicación del máximo del monto previsto por la norma, tanto para la infracción leve como para la infracción grave constatadas, resultaba proporcional y razonable al caudal de usuarios afectados y el tipo de información vulnerada en el incidente de seguridad.

Respecto a la responsabilidad proactiva, debe mencionarse que la Resolución Nº 47/2018 de la Agencia contiene dos anexos con medidas de seguridad recomendadas para el tratamiento y la conservación de datos personales, con lineamientos de lo que podría ser una efectiva seguridad de datos en los términos del art. 9º de la Ley Nº 25.326.

En síntesis, la sanción que la Agencia le impuso a YAHOO! es un importante paso para la toma de conciencia de las empresas, respecto a que la seguridad de los datos no debe entenderse como un costo para la empresa sino como una verdadera inversión. En este marco, los datos ocupan un lugar fundamental y su seguridad debe constituir una finalidad para toda empresa. Para ello, la prevención de los ataques informáticos será fundamental para evitar la aplicación de multas que con las nuevas normativas serán costosas.

7. Reflexión final

A través del presente trabajo, hemos realizado un esbozo del estado del arte en materia de la protección de datos personales y, en particular, la situación en Argentina. Es de esperar que en 2020, sea sancionada la nueva ley con la finalidad de mantener los estándares internacionales previendo así un escenario de previsibilidad jurídica necesario para la innovación y las inversiones.

Este nuevo paradigma nos presenta el desafío como operadores del derecho , de poner toda nuestra diligencia y nuestro saber al servicio de la sociedad para garantizar las libertades más valoradas y los nuevos derechos digitales.

Establishing and Adapting a Federal Data Protection Authority in a Continually Changing Information Environment: The Canadian Experience

Andrea Elizabeth Slane

Introduction

Canada's data protection regime has a 40 year history and continues to adapt to the many novel and thorny issues that arise from technological and global changes to how personal information is collected, used, analyzed and shared. Canada's approach to data protection, like many of its legal approaches, occupies a uniquely Canadian middle ground between the European Union (EU) and the United States (US), two legal superpowers that are often at odds with one another as a matter of principle.[1] In the case of data protection, Canada is sandwiched between the EU's strong *General Data Protection Regulation* (GDPR) and the United States' more piecemeal and business-friendly approach to consumer privacy. The Office of the Privacy Commissioner of Canada (OPC) has recently described our orientation to data protection as "Canada's famously pragmatic, co-regulatory approach", while boldly predicting that *"the future of privacy won't belong to Brussels or Washington; it will be led by Ottawa."*[2]

[1] See for instance James Q. Whitman, "The Two Western Cultures of Privacy: Dignity Versus Liberty" (2004) 113:6 Yale Law Journal 1151, online: <https://digitalcommons.law.yale.edu/ylj/vol113/iss6/1>.

[2] Office of the Privacy Commissioner of Canada (OPC), "Office of the Privacy Commissioner of Canada's Annual Sneak Peak", IAPP Canada Privacy Symposium 2019, May 22, 2019, online: <https://iapp.org/conference/past-conferences/CPS19/>. (OPC, IAPP 2019)

Brazil is at an exciting point in the establishment of its own Data Protection Authority. In describing the Canadian experience with its pragmatic approach, I hope to provide some useful insights into models that Brazil may consider while surely facing similar pressures to continually adapt to our shared complex information environment. The overview of Canada's experience that follows will include discussion of: 1) the authority and structure of the OPC as an independent agent of the federal Parliament; 2) the powers of the OPC to investigate, audit and advocate for remedies; 3) the advisory role of the OPC for both government and private sector data protection; and 4) the vital role the OPC plays in establishing data protection priorities that inform its advocacy, public education and research activities. Together, these elements comprise *"Canada's famously pragmatic, co-regulatory approach"*, which at this point also includes its efforts and future plans to evolve to meet ongoing and novel data protection challenges.

1. Authority and structure of the Office of the Privacy Commissioner of Canada

The Privacy Commissioner of Canada is appointed as an officer of the Parliament of Canada. Officers of Parliament are responsible directly to Parliament rather than to the government or a federal minister, and so they are non-partisan. [3] All officers of Parliament carry out duties assigned by statute and are thus both empowered and limited by legislation. The legislated mission of the OPC is to protect and promote the privacy rights of individuals in relation to both government and businesses, by carrying out its mandate to oversee compliance with the statutes that grant the OPC powers: the *Privacy Act* and the *Personal Information Protection and Electronic Documents Act* (PIPEDA).[4] Parliament can expand or shrink the powers of the OPC at any time by amending these statutes.

The OPC prepares an annual report that is sent to the Speaker of the Senate and the Speaker of the House of Commons. This report is reviewed

[3] Andre Barnes, Laurence Brosseau, and Élise Hurtubise-Loranger, Legal and Social Affairs Division, Parliament of Canada, "Appointment of Officers of Parliament", Publication No. 2019-33-E, revised September 30, 2019, online: <https://lop.parl.ca/sites/PublicWebsite/default/en_CA/ResearchPublications/201933E>.

[4] OPC, "Who We Are", date modified December 19, 2018, online: <https://www.priv.gc.ca/en/about-the-opc/who-we-are/>; *Privacy Act* (R.S.C., 1985, c. P-21); *Personal Information Protection and Electronic Documents Act* (PIPEDA), S.C. 2000, c. 5.

by the House of Commons Standing Committee on Access to Information, Privacy and Ethics (ETHI). This Committee was created in 2004 and its mandate is to study matters related to annual reports not only of the OPC, but also the Office of the Information Commissioner of Canada, the Office of the Commissioner of Lobbying of Canada, and the Office of the Conflict of Interest and Ethics Commissioner. [5] ETHI increasingly plays an important role in overseeing Canadian federal government information policy more generally.

The OPC operates on an ombudsperson model, assisting with the resolution of complaints in a confidential and impartial manner, but without the authority to issue sanctions or remedies. The ombudsperson model has shaped the conception of the OPC from its origins within the Canadian Human Rights Commission, where data protection concerns were first housed, and which appointed the first Privacy Commissioner, Inger Hansen, in 1977.[6] Hansen's biography deeply reflects this thinking on the role of the Privacy Commissioner as an ombudsperson, and she quite likely influenced this orientation of Canada's data protection regime. Hansen had previously been the first ombudsperson for a large penitentiary in Kingston, Ontario, and subsequent to her six years as Privacy Commissioner, went on to become Canada's first Information Commissioner in 1983 with the passage of the *Access to Information Act*.[7] The OPC (as an Office) was also established in 1983, with the passage of the *Privacy Act*, which governs the personal information handling practices of federal departments and agencies. The Privacy Commissioner and the Information Commissioner are separate Offices at the federal level, though they are similarly structured.

Canada is a federal system, with two equal and constitutionally autonomous levels of government: federal and provincial. The federal Privacy Commissioner and Information Commissioner are both only empowered

[5] Parliament of Canada, Standing Committee on Access to Information, Privacy and Ethics (ETHI), current to September 11, 2019, online: <https://www.ourcommons.ca/Committees/en/ETHI>

[6] OPC, "Statement regarding the recent death of the first Privacy Commissioner, Inger Hansen" (October 3, 2013), online: <https://www.priv.gc.ca/en/opc-news/news-and-announcements/2013/an_131003/>. For a fuller discussion of this history see Andrea Slane, "There Is a There There: Forum Selection Clauses, Consumer Protection and the Quasi-Constitutional Right to Privacy in *Douez v Facebook*" (2019) 88 *Supreme Court Law Review* 87-104 at pp. 97-98.

[7] *Access to Information Act* (R.S.C., 1985, c. A-1).

to oversee the federal government's privacy and access to information compliance, respectively. Information handling practices by provincial and municipal governments is done by provincial Information and Privacy Commissioners, most of which were established in the late 1980s, and all of which combine privacy and access to information under one roof.[8] Each level of government consequently has its own public sector privacy legislation: while the *Privacy Act* is federal, each province typically has one personal information protection statute for the provincial government and another for municipal governments.[9]

Parliament extended the duties of the OPC to include private sector businesses subject to PIPEDA in 2001. Granting these powers to a federal level office required some negotiation, since constitutionally the federal government has authority over the *"Regulation of Trade and Commerce"*, while the provinces have authority over *"Property and Civil Rights in the Province"* as well as *"Generally all Matters of a merely local or private Nature in the Province."*[10] As there is some overlap between these heads of power, the two levels of government reached a compromise: PIPEDA would apply to all federally regulated industries (banks, airlines, etc), and to businesses engaging in international or inter-provincial commercial activities, while provinces could enact their own legislation relating commercial activities within the province, provided that the protections were "substantially similar" to those in PIPEDA.[11] Where a province has not enacted its own substantially similar legislation, PIPEDA applies within that province or territory as well.[12] The provinces also retained control over data protection

[8] See for instance the Office of the Information and Privacy Commissioner of Ontario, "Role and Mandate", online: <https://www.ipc.on.ca/about-us/role-and-mandate/>; see also Ann Cavoukian, "The evolution of freedom of information in Ontario: From reactive to proactive disclosure" *Academic Matters* (May 2013), online: <https://academicmatters.ca/the-evolution-of-freedom-of-information-in-ontario-from-reactive-to-proactice-disclosure/>.

[9] See for instance, Ontario's *Freedom of Information and Protection of Privacy Act (FIPPA)* R.S.O. 1990, c. F.31, s. 1 and *Municipal Freedom of Information and Protection of Privacy Act (MFIPPA))*, R.S.O. 1990, c. M.56.

[10] *The Constitution Act, 1867* (UK), 30 & 31 Victoria, c. 3, ss. 91 and 92.

[11] OPC, "Provincial legislation deemed substantially similar to PIPEDA", date modified: May 29, 2017, online: <https://www.priv.gc.ca/en/privacy-topics/privacy-laws-in-canada/the-personal-information-protection-and-electronic-documents-act-pipeda/r_o_p/provincial-legislation-deemed-substantially-similar-to-pipeda/>.

[12] PIPEDA, *supra* at s. 30; *Constitution Act, supra*.

related to personal health information custodians (such as hospitals), since health care systems also fall under provincial heads of power.[13] However, the OPC regularly consults and coordinates with its provincial counterparts: in short, it is a harmonious division of powers.[14]

In 2018, the OPC adopted a new structure following an organizational review, and is now organized into two sectors: 1) Compliance Sector, and 2) Policy and Promotion Sector.[15]

2. Compliance sector: the powers of the OPC to investigate, audit and advocate for remedies

Given its ombudsperson model, the OPC's powers and practices differ significantly from those of a court or tribunal. There are also some variations between the practices related to government and businesses, though in most aspects the approach to investigations and audits is similar between these two aspects of the OPC mandate.

A. *Public Sector*

With regard to the public sector, the OPC has the power to receive complaints, and to initiate a complaint against a federal government entity if he or she "is satisfied that there are reasonable grounds to investigate a matter" under the *Privacy Act*.[16] Unlike a court or tribunal, investigations are conducted in private, with the complainant and government institution both entitled to make representations to the OPC, but not entitled to be present during, have access to or comment on the representations of the other party. The Privacy Commissioner has powers much like those of a Superior Court judge to issue summonses, administer oaths, and compel testimony and production of documents – though due to the protection of the confidentiality of the proceeding, the OPC can be given access to documents normally subject to privilege (for instance solicitor-client correspondence, or materials subject to cabinet privilege). Indeed the rules of evidence in general are looser in an OPC investigation than in a court or tribunal, where the OPC can receive and accept evidence or other infor-

[13] PIPEDA, *supra* at s. 30(1.1).

[14] *Ibid* at s. 23.

[15] OPC, "Organizational structure", online: <https://www.priv.gc.ca/en/about-the-opc/who-we-are/organizational-structure/>.

[16] *Privacy Act, supra* at ss. 29(1) and (3).

mation whether or not that material would be admissible in a court. The OPC can also go to the government institution (upon satisfying any security requirements) and inspect documents or interview people there.

At the end of the investigation, the OPC issues a finding (whether the complaint is well-founded or not) and provides a report to the head of the government institution and to the complainant.[17] A finding that a complaint is well-founded would usually include recommendations for correcting the practices of the government entity so as to make it compliant with the *Privacy Act*.[18] However, the OPC has no powers to compel the government entity to comply with the recommendations. If there are ongoing issues, the OPC can apply to the Federal Court to review the file: these hearings are held *in camera* to preserve the confidentiality of the process.[19]

B. Private Sector

With regard to the private sector, the power to receive complaints and the general investigative powers are the same as those related to the public sector, although the OPC can decide not to investigate if the complaint does not appear to have merit,[20] and can discontinue an investigation, provided they give valid reasons to the complainant for doing so.[21] The OPC also can conduct audits of an organization's or an industry's data protection practices.[22] The OPC has the same investigative tools as above vis a vis the public sector, for both investigations and audit.

Again, the process is conducted confidentially.[23] Complaints can be resolved by means of alternative dispute resolution mechanisms like mediation and conciliation.[24] At the conclusion of the investigation (with a one year maximum time frame), the OPC must prepare a report with findings and recommendations, any settlement reached by the parties, and any follow up stipulations, which are posted publicly on the OPC website in anonymized form.[25]

[17] *Ibid* at s. 35.

[18] *Ibid.*

[19] *Ibid* at s. 46.

[20] PIPEDA, *supra* at ss. 12 and 12.1.

[21] *Ibid* at s 12.2.

[22] *Ibid* at s. 18.

[23] *Ibid* at s. 20.

[24] *Ibid* at s. 12.1 (2).

[25] *Ibid* at s. 13.

Anonymization was meant to ensure that the process is about reaching a resolution that is acceptable to both the complainant and the business. Some high profile cases, however, are not anonymized: for instance, the OPC's ongoing engagement with the data handling practices of Facebook, and its response to a complaint related to the massive and highly publicized data breach at credit reporting agency Equifax in 2017.[26] Named engagement with these companies where there has been a lot of public concern remain exceptional, but the rationale appears to be that the publicity surrounding the problematic data handling practices of these companies warrants public acknowledgement that the OPC is looking into these problems specifically, as a matter in the public interest.[27]

Again, as with the public sector, the OPC does not have direct enforcement powers in the private sector realm either. The legislation currently does not specify fines for companies in violation of PIPEDA, and so the OPC (or a complainant) can only seek the common law remedies available via the Federal Court.[28] Upon successful application to the Federal Court, typical remedies include orders to correct practices in violation of PIPEDA, orders to publish notice of the company's action taken to correct such problematic practices, and awards of damages to the complainant.

A new tool was added to the OPC enforcement tool-kit with amendments to PIPEDA in 2015, whereby the OPC can enter into Compliance Agreements with organizations. Enforcement of Compliance Agreements again can only be compelled through orders by the Federal Court, but this new tool does allow the OPC more leverage in such an application, given that the business will be in breach of terms it has already agreed to.[29]

C. *Security Breach Reports: Private vs Public Sector*

A second significant amendment to private sector obligations is that private sector organizations subject to PIPEDA are now required to report data

[26] See for instance OPC, "Facebook agrees to stop using non-users' personal information in users' address books" PIPEDA Report of Findings #2018-003, May 24, 2018, online: <https://www.priv.gc.ca/en/opc-actions-and-decisions/investigations/investigations-into-businesses/2018/pipeda-2018-003/>.

[27] PIPEDA, *supra* at s. 20(2).

[28] The OPC has some additional powers aside from investigations, such as the power to conduct a Compliance Review, and to review the contents of Exempt Banks containing personal information (such as law enforcement databases), both at their discretion.

[29] PIPEDA, *supra* at s. 17.1.

security breaches to the OPC.[30] Since November 1, 2018, these organizations must report to the OPC any breach of security safeguards involving personal information that pose a *"real risk of significant harm to individuals"*, as well as notify affected individuals.[31] In the first half-year since these requirements came into effect, the OPC has seen a five-fold increase in breach reports, most involving malicious actors (external or unauthorized employees), with about half or these involving *"social engineering attacks"* – that is, security breaches caused by fraud, manipulation, misplaced trust (human error) rather than a software or operating system weakness. The breach reporting requirements are thus enabling the OPC to compile valuable data on the frequency and nature of security breaches in the private sector.[32]

Public sector organizations are subject to much softer data breach notification requirements: federal institutions are required to notify both the OPC and Treasury Board of Canada Secretariat (TBS) of all "material" privacy breaches, where a breach is considered "material" is it involves sensitive personal information, and could reasonably be expected to cause serious harm to the individual and/or affects a large number of people.[33] But at present it is up to federal institutions themselves to decide whether a particular data breach is a "material" breach, and so whether the breach will be reported at all. Indeed in the same half year where the OPC received five times as many breach reports from the private sector since the mandatory reporting requirements came into force, the public sector breach reports *decreased* by 50%, and most of those reports were for non-malicious incidents (e.g. lost device, accidental disclosure).[34] These data indicate that underreporting is likely getting worse, and so no one is collecting reliable information about the scope and nature of security breaches aimed at federal government institutions.

[30] *Ibid* at s. 10.1.

[31] OPC, "What you need to know about mandatory reporting of breaches of security safeguards", date revised October 29, 2018, online: <https://www.priv.gc.ca/en/privacy-topics/business-privacy/safeguards-and-breaches/privacy-breaches/respond-to-a-privacy-breach-at-your-business/gd_pb_201810/>.

[32] As reported by the Executive Director of the Compliance, Intake & Resolution Directorate within the OPC's Compliance Sector, OPC IAPP 2019, *supra*.

[33] OPC, "2017-18 Annual Report to Parliament on the *Personal Information Protection and Electronic Documents Act* and the *Privacy Act*", September 2018, online: https://priv.gc.ca/en/opc-actions-and-decisions/ar_index/201718/ar_201718/. (OPC, 2017-2018 Annual Report)

[34] OPC IAPP 2019, *supra*.

Mandatory breach reporting to the OPC for the public sector through amendments to the *Privacy Act* is one of the recommendations the OPC has made. As they note, "This would help us determine the extent of the problem across government, and allow us to provide advice and recommendations promptly to address the risks."[35]

D. Seeking Stronger Enforcement Powers

The OPC is also persistently advocating for stronger enforcement powers vis a vis the private sector. Successive Privacy Commissioners have advocated for the ability to issue binding orders and fines, but so far, neither have come to pass. The previous Privacy Commissioner Jennifer Stoddart wrote already in 2013, that *"[t]he days of soft recommendations with few consequences for non-compliance are no longer effective in a rapidly changing environment where privacy risks are on the rise. It is time to put in place financial incentives to ensure that organizations accept greater responsibility for putting appropriate protections in place from the start, and sanctions in the event that they do not."*[36] Current Privacy Commissioner Daniel Therrien has carried on pressing for these enforcement powers, as well as the power to conduct pro-active inspections to promote compliance.[37]

The current government finally seems poised to make some of these changes to PIPEDA. A report on prospective amendments has been issued by Innovation, Science and Economic Development Canada (formerly Industry Canada), stating that

[35] OPC, 2017-2018 Annual Report, *supra*. See also OPC, "Report a privacy breach at your federal institution", May 20, 2014, online: <https://www.priv.gc.ca/en/report-a-concern/report-a-privacy-breach-at-your-organization/report-a-privacy-breach-at-your-federal-institution/>.

[36] OPC, "The Case for Reforming the *Personal Information Protection and Electronic Documents Act*" (May 2013), online: <https://www.priv.gc.ca/en/privacy-topics/privacy-laws-in-canada/the-personal-information-protection-and-electronic-documents-act-pipeda/pipeda_r/pipeda_r_201305/> at p. 6.

[37] Daniel Therrien quoted in OPC, 2017-18 Annual Report, *supra*; reiterated in Brent Homan, Deputy Commissioner, Compliance Sector, Opening Statement in "Appearance before the Standing Senate Committee on Official Languages on the study to examine Canadians' views about modernizing the *Official Languages Act*" (March 18, 2019), online: <https://www.priv.gc.ca/en/opc-actions-and-decisions/advice-to-parliament/2019/parl_20190318/>.

> There is a growing view that the ombudsman model and enforcement of PIPEDA, which relies largely on recommendations, naming of organizations in the public interest, and recourse to the Federal Court, to effect compliance with privacy laws, is outdated and does not incentivize compliance, especially when compared to the latest generation of privacy laws. The current state of affairs cannot continue; meaningful but reasoned enforcement is required to ensure that there are real consequences when the law is not followed.[38]

Whether the government will make good on these recommendations and actually table a bill that gives the OPC greater enforcement powers remains to be seen, but there does appear to be some movement in that direction.

3. Policy and promotion sector: advisory functions and advocacy

A. Business Advisory and Government Advisory Directorates

While the OPC has always provided guidance to the government and businesses, the current Privacy Commissioner has beefed up the advisory role of the OPC to both sectors through the new structure mentioned above, aiming to proactively provide guidance and direction rather than the mainly reactive function of investigations and audits.[39]

The Business Advisory Directorate strives for proactive engagement with businesses in order to provide compliance advice at the front end. While this is a new Directorate within the OPC structure, its mandate is very much in keeping with the Canadian co-regulatory and cooperative approach. The Business Advisory Directorate encourages businesses to seek the OPC's advice with regard to business models, privacy policies, and privacy-protective innovation.[40] For the most part this pro-active advisory function is voluntary, although the OPC has also suggested that PIPEDA should be amended to allow the OPC to pro-actively inspect the practices of organizations to ensure they truly are accountable in their personal data handling practices.[41] The OPC has noted that other data protection

[38] Innovation, Science and Economic Development Canada, "Strengthening Privacy for the Digital Age: Proposals to modernize the *Personal Information Protection and Electronic Documents Act*" (May 21, 2019), online: <https://www.ic.gc.ca/eic/site/062.nsf/eng/h_00107.html>.

[39] OPC, IAPP 2019, *supra*.

[40] OPC, Organizational Structure, *supra*.

[41] *Ibid*.

authorities, including common law jurisdictions like the United Kingdom, have these powers, for instance to examine contractual measures developed by organizations to give effect to the fair information principles and practices.[42]

The Government Advisory Directorate similarly encourages government departments to proactively seek advice from the OPC. Among the projects of this directorate are providing new guidelines and e-tools for organizations to use to conduct their own privacy impact assessments, as well as on-site training for government departments. While the OPC has long been empowered to make special reports to Parliament *"referring to and commenting on any matter within the scope of the powers, duties and functions of the Commissioner where, in the opinion of the Commissioner, the matter is of such urgency or importance that a report thereon should not be deferred until the time provided for transmission of the next annual report"*,[43] the Government Advisory Directorate aims to also provide less formal consultations, before an issue achieves such a level of urgency.[44]

B. OPC Role in Setting Data Protection Priorities And Future Directions

The OPC plays a vital role in Canada in establishing data protection priorities that inform its advocacy, public education campaigns, and research funding and dissemination activities. The OPC is very active in its advocacy role, frequently making submissions to Parliament and other government consultations not only on matters related to the *Privacy Act* and PIPEDA, but also any proposed legislation or policy having a potential privacy impact. Further, the OPC's Legal Services Directorate frequently applies for and is granted intervener status in cases before the Supreme Court of Canada where there is a potential impact on matters within its mandate.

With regard to the private sector, this role is set out in PIPEDA, which includes the mandate to develop and conduct information programs to

42 OPC, "PIPEDA fair information principles", date modified May 31, 2019, online: <https://www.priv.gc.ca/en/privacy-topics/privacy-laws-in-canada/the-personal-information-protection-and-electronic-documents-act-pipeda/p_principle/> (PIPEDA, supra at Schedule 1); OPC, "Consultation on transfers for processing – Reframed discussion document" (June 2019), online: <https://www.priv.gc.ca/en/about-the-opc/what-we-do/consultations/consultation-on-transfers-for-processing/> (OPC, Consultation on transfers).

43 *Privacy Act*, *supra* at s. 39.

44 OPC, Consultation on transfers, *supra*.

foster public understanding of data protection principles; undertake and publish research related to the protection of personal information; and promote the purposes of data protection *"by any means that the Commissioner considers appropriate"*.[45] The OPC regularly publishes discussion papers, position papers, and reports based on its own research. Since 2004, the OPC has also run an annual research funding competition, the Contributions Program, which funds research by academics and civil society organizations, as well as public education projects and knowledge mobilization events pertaining to any topic related to PIPEDA.[46]

In recent years, the OPC has set *"strategic privacy priorities"* following a public consultation, concerning both the public and private sectors. These are areas of privacy concern and controversy on which the OPC plans to put particular emphasis for a few years, including via its public education, policy advising, and research activities. The current 2015-2020 privacy priorities are: economics of personal information; government surveillance; reputation and privacy; and the body as information.[47] The OPC addresses other topics of interest on a regular basis, through information sheets and shorter guidance documents. The Policy, Research and Parliamentary Affairs Directorate has, for instance, promised upcoming guidance on the Internet of Things, Biometrics, De-identification, and Transborder data flows.[48]

Public Consultations are a regular feature of the OPC's research and advocacy activities.[49] A particularly interesting example of the public con-

[45] *PIPEDA*, *supra* at s 24(d).

[46] See OPC website page "Explore privacy research", https://www.priv.gc.ca/en/opc-actions-and-decisions/research/explore-privacy-research/; and OPC, "About the Contributions Program", https://www.priv.gc.ca/en/opc-actions-and-decisions/research/funding-for-privacy-research-and-knowledge-translation/about-the-contributions-program/.

[47] OPC, "The OPC Privacy Priorities 2015-2020: Mapping a course for greater protection" (June 2015), online: http://publications.gc.ca/collections/collection_2015/priv/IP54-62-2015-eng.pdf. The previous set of strategic privacy priorities were somewhat more broadly framed: Public safety and privacy; Information technology and privacy; Identity integrity and protection; Genetic information and privacy. OPC, "Reflections on the Office of the Privacy Commissioner of Canada's Strategic Priority Issues" (October 2013), online: <https://www.priv.gc.ca/en/about-the-opc/opc-strategic-privacy-priorities/pp_2013/>.

[48] OPC, IAPP 2019, *supra*.

[49] Early examples of OPC public consultations include the 2008 public consultation on Radio Frequency Identification (RFIDs), https://www.priv.gc.ca/en/about-the-opc/what-we-do/consultations/completed-consultations/rfid/, and the 2010 public consultations on cloud

sultation/position-taking/advocacy process concerns the consultation on online reputation, related to the strategic privacy priority of reputation and privacy.[50] As with many consultations, this one was initiated by release of a discussion paper in January 2016 and simultaneous solicitation of written submissions on the discussion paper.[51] The OPC received 28 written submissions by a range of stakeholders (academics, lawyers, civil society organizations, individuals) by its April 2016 deadline. The OPC then took some time to digest the submissions, as well as follow the ongoing development of the "right to be forgotten" in the EU. The OPC finally released a draft *Position Paper on Online Reputation,* in January 2018, which contained the controversial claim that a fairly narrow version of the right to be forgotten – requiring search engines to de-index certain links from search results of a person's name -- already exists under PIPEDA.[52] As this position has been controversial – and indeed many people who submitted to the public consultation on this topic opposed this position – the OPC decided in October 2018 to file a reference with the Federal Court for clarification on whether PIPEDA applies to the operation of search engines. [53]

A reference is a mechanism whereby government entities can ask a court to answer an abstract question, usually about interpretation of the legislation (which is the case here), or whether a particular statute or its interpretation runs contrary to fundamental rights set out in the *Canadian Charter of Rights and Freedoms.*[54] This is only the second time that OPC has filed a reference question in the course of its existence, with the previous

computing, online tracking, profiling, and targeting, online: <https://www.priv.gc.ca/en/about-the-opc/what-we-do/consultations/index_01/>.

50 OPC, "Consultation on online reputation", date modified January 26, 2018, online: <https://www.priv.gc.ca/en/about-the-opc/what-we-do/consultations/consultation-on-online-reputation/>; OPC, "Online Reputation: What are they saying about me?" (January 2016), online: <https://www.priv.gc.ca/en/opc-actions-and-decisions/research/explore-privacy-research/2016/or_201601/>.

51 OPC, Online Reputation, *supra.*

52 For a fuller discussion of the right to be forgotten debates in Canada, see Andrea Slane, "Search Engines and the Right to Be Forgotten: Squaring the Remedy with Canadian Values on Personal Information Flow" (2018) 55:2 *Osgoode Hall Law Journal* 349-397.

53 OPC, "Announcement: Privacy Commissioner seeks Federal Court determination on key issue for Canadians' online reputation" (October 10, 2018), online: <https://www.priv.gc.ca/en/opc-news/news-and-announcements/2018/an_181010/>.

54 *Canadian Charter of Rights and Freedoms,* s 7, Part 1 of the *Constitution Act,* 1982, being Schedule B to the *Canada Act 1982* (UK), 1982, c 11, s. 2(b).

reference regarding the *Privacy Act.*[55] Resolution of the basic question of whether PIPEDA applies to search engine operations was delayed by a preliminary motion, where search engine Google sought to expand the reference questions to include whether applying PIPEDA to search engine operations would be contrary to the right to freedom of expression. The Federal Court ruled that expanding the reference questions to include consideration of this fundamental right was not appropriate at this stage, and that determination of the issue of application should be settled first.[56] As we have not yet heard from the Court on the original reference questions, the issue of whether PIPEDA already includes a narrow version of the right to be forgotten is currently still unresolved.

A second interesting and ongoing consultation process illustrating the unique approach of the OPC to new data protection issues arose from an investigation into data transfers for processing, including trans-border transfers.[57] Following the massive and highly publicized data breach at consumer credit reporting agency Equifax, Inc. in the United States in 2017, a complaint was filed at the OPC regarding the transfer of Canadian customer data from Equifax Canada Co. to Equifax, Inc without Canadian customers' knowledge or consent.[58] Following its usual investigation process, the OPC released its finding holding the complaint well-founded in April 2019, on the basis that Equifax Canada had failed to obtain consent for collection of personal information by Equifax Inc. nor for disclosure of personal information to Equifax Inc., and so was not in compliance with PIPEDA.[59] The OPC acknowledged that this finding was controversial, given that, *"in previous guidance our Office has characterized transfers for processing as a 'use' of personal information rather than a disclosure of personal informa-*

[55] *Privacy Act (Can.) (Re.)*, 2001 SCC 89.

[56] *Reference re subsection 18.3(1) of the Federal Courts Act, R.S.C. 1985, c. F-7*, 2019 FC 261 (CanLII), online: http://canlii.ca/t/hxw0t; affirmed *Reference re Subsection 18.3(1) of the Federal Courts Act, R.S.C. 1985, c. F-7*, 2019 FC 957 (CanLII), online: <http://canlii.ca/t/j1zg8>.

[57] OPC, Consultation on transfers, *supra*.

[58] Federal Trade Commission (United States), "Equifax Data Breach Settlement", September 2019, online: <https://www.ftc.gov/enforcement/cases-proceedings/refunds/equifax-data-breach-settlement>.

[59] OPC, "Investigation into Equifax Inc. and Equifax Canada Co.'s compliance with PIPEDA in light of the 2017 breach of personal information" PIPEDA Report of Findings #2019-001 (April 9, 2019), online: <https://www.priv.gc.ca/en/opc-actions-and-decisions/investigations/investigations-into-businesses/2019/pipeda-2019-001/> at para 110-111.

tion. Our guidance has also previously indicated that such transfers did not, in and of themselves, require consent."[60]

To address this new interpretation, the OPC immediately announced a public consultation on the issue, initially labelling it *"Consultation on trans-border dataflows"* – and then extending the consultation and reframing it as *"Consultation on transfers for processing"* a few months later.[61] As described in the reframed version of the consultation document in June 2019,

> In Equifax, the OPC applied a different interpretation to that which had been previously given, at the end of what is by law a confidential process involving complainants and the respondent organization. We did not reach that result lightly, but ultimately concluded that the new interpretation was more consistent with the text of PIPEDA. Before deciding whether to maintain that interpretation to all organizations, we now want to hear from all stakeholders.[62]

In September 2019, the OPC announced that given the disruption that the change in interpretation would potentially cause to businesses that until now had not sought consent from customers for such transfers, that for now they would revert to the previous interpretation that transfers for processing were uses instead of disclosures.[63]

This position is not likely to be permanent, however. In explaining its backpedaling on the change in interpretation, the OPC noted that they are anticipating legislative reform that would clarify the transfer situations where consent is required, and decided that legislative reform is a better avenue for change than via a finding in an investigation. The OPC noted that the Federal Court had previously stated that PIPEDA is not subject to the same strict level of interpretation as ordinary legislation, given its generally co-regulatory, soft enforcement approach:

60 *Ibid* at para 111.

61 OPC, "Consultation on transborder dataflows" (April 9, 2019), online: <https://www.priv.gc.ca/en/about-the-opc/what-we-do/consultations/consultation-on-transborder-dataflows/>.

62 OPC, Consultation on transfers, *supra*.

63 OPC, "Announcement: Commissioner concludes consultation on transfer processing" (September 23, 2019), online: <https://www.priv.gc.ca/en/opc-news/news-and-announcements/2019/an_190923/>.

> The Federal Court of Appeal has mandated that due to PIPEDA's "non--legal drafting" and the fact that the Act "is a compromise both as to substance and to form", a special rule of interpretation applies. The Court has held that: "Schedule 1 (of PIPEDA) does not lend itself to typical rigorous construction. In these circumstances, flexibility, common sense and pragmatism will best guide the Court." [64]

This pragmatism leads the OPC to state that transfers for processing and cross-border data flows are both beneficial to consumers and businesses, as well as creating *"inherent risks for privacy that must be addressed through robust legal protections."* [65] The strategy for achieving those protections will follow, as they conclude that *"existing privacy protections are clearly insufficient and we will be making recommendations to strengthen the protections in a future law."* [66]

Conclusion

At present, Canada continues under its signature model of soft regulation, but there are very strong and persistent efforts afoot to change the Canadian system into one with more enforcement powers, more pro-active inspection and review powers, and maybe even just more powers generally. However, while the soft version that has so far characterized Canada's *"famously pragmatic"* approach is under pressure in the current information ecosystem, in other ways it has been truly innovative in finding ways to uphold and engrain data protection norms, priorities, and obligations that have been negotiated among stakeholders. [67] This begs the question: can Canada retain some of these more innovative soft approaches while also implementing stronger enforcement and inspection powers? And if so, will this be the basis upon which *"the future of privacy won't belong to Brussels or Washington; it will be led by Ottawa"*? [68]

[64] *Ibid.*

[65] *Ibid.*

[66] *Ibid.*

[67] OPC, Consultation on transfers, *supra.*

[68] OPC, IAPP 2019, *supra.*

The Territorial Scope of Private Sector Privacy Laws: Comparison Québec – Canada – EU

ANTOINE GUILMAIN
JULIE UZAN-NAULIN[1]

Introduction

For several decades now, privacy has been growing as an increasingly pressing public-policy concern. The explosion of the digital world, as well the prevalence of internet transactions and e-commerce lead to an increase of cross-border commercial activities and consequently, an augmentation of incidents involving data security breaches and identity theft. In order to address these issues, several jurisdictions have adopted private-sector privacy laws. This is notably the case for Québec, Canada and the European Union.

The production of such comprehensive data protection rules for commercial organizations has a huge landmark in the development of privacy law in North America, mainly because previous laws were aimed at the public sector. Although, while Québec and Canadian regulators successfully enforced compliance with their privacy law against some international companies, various questions remain concerning their applicability to organizations with no physical presence in the province or country. This jurisdictional ambiguity distinguishes these regulations from the *General*

[1] The authors would like to thank Jennifer Stoddart, O.C., AdE, for her advice and comments as well as Anabel Damaso and Denis Douville for assisting in the preparation of this article. This article does not constitute legal advice.

Data Protection Regulation[2] (the "**GDPR**") – EU's privacy law. Indeed, while the last explicitly defines its criteria for (extra) territorial applicability, the Canadian and Québec legislations are silent in this regard.

It is therefore through jurisprudential developments that the courts introduced tests or connecting factors for determining the extraterritorial scope of both provincial and federal legislations. In the instance of the Québec law, the courts have identified the criteria used to ascertain the existence of an "enterprise", but they have yet to develop a clear approach to the application of the *Act respecting the protection of personal information in the private sector*[3] (the "**Québec Act**") to foreign enterprises with activities in the province of Québec. As for the *Personal Information Protection and Electronic Documents Act*[4] ("**PIPEDA**"), the Canadian law, its extraterritorial reach has come to rest on what the courts have called the "real and substantial connection to Canada" test. However, no fixed criteria has been defined in either jurisdiction, resulting in gaps and inconsistencies.

This article will discuss the determination of the territorial scope of their respective private-sector privacy laws, namely the Québec Act, PIPEDA and the GDPR. More specifically, we will review the criteria for determining the application of each of these laws, as well as the nuances and similarities between them.

1. The *Act Respecting the Protection of Personal Information in the Private Sector* in Québec

a. Scope of Application

Section 1 of the Québec Act provides for its application.[5] According to this section, the Québec Act establishes "particular rules with respect to personal information relating to other persons which a person collects, holds, uses or communicates to third persons in the course of carrying on an enterprise within the meaning of article 1525 of the *Civil Code [of Québec]*" (the "**CCQ**").[6]

[2] *Regulation on the protection of natural persons with regard to the processing of personal data and on the free movement of such data, and repealing Directive 95/46/EC (Data Protection Directive)*, 2016/679.
[3] *Act respecting the protection of personal information in the private sector*, CQLR c P-39.1.
[4] *Personal Information Protection and Electronic Documents Act*, SC 2000, c 5.
[5] *Whitehouse* c. *Ordre des pharmaciens du Québec*, AZ-95151055, A.I.E. 95AC-79, [1995] C.A.I. 252, at page 12 [*Whitehouse*].
[6] *Act respecting the protection of personal information in the private sector*, CQLR c P-39.1, art. 1

Other articles in the CCQ mention the concept of "enterprise", but courts have explicitly refused to use them to determine the application of the Québec Act. As a result, the only criteria to ascertain the existence of an enterprise for this purpose is paragraph 3 of article 1525 of the CCQ,[7] which reads as follows: "The carrying on by one or more persons of an organized economic activity, whether or not it is commercial in nature, consisting of producing, administering or alienating property, or providing a service, constitutes the operation of an enterprise."[8]

b. Applicable Test

i. "Enterprise" Test

The definition of "enterprise" as articulated by article 1525 of the CCQ has been the subject of much debate.[9] However, Pierre Dalphond, described five factors to determine the existence of an enterprise prior to his appointment to the Québec Court of Appeal.[10] Courts have used these factors to determine the presence of an enterprise within the meaning of article 1525 of the CCQ for the purposes of the application of the Québec Act.[11]

In the October 2018 case *Firquet* c. *Acti-Com*, Québec's *Commission d'accès à l'information* (the "**Québec Privacy Commissioner**") lists the five factors, which are cumulative, to find the existence of an enterprise in Québec's civil law:

i. A plan specifying the enterprise's economic objectives, according to which the activity is organized. It need not be complex or in writing.
ii. Assets related to the pursuit of the objectives, which can vary from a large company's machinery or buildings to a single craftsman's modest toolbox.

[7] *Whitehouse, supra* note 2, at pages 27-29. Mentions of "enterprise" are found in arts. 2186, 2830 and 286 in Book Seven of the CCQ. "Toutefois, la Loi sur le secteur privé s'applique spécifiquement aux entreprises tel que visé par l'article 1525 C.c.Q. et pas aux entreprises au sens du Livre Septième CcQ."

[8] *Civil Code of Québec*, CQLR c CCQ-1991, art. 1525.

[9] *Grenier* c. *Collège des médecins du Québec*, AZ-96151040, A.I.E. 96AC-40, [1996] C.A.I. 199, at pages 7-11.

[10] Pierre J. Dalphond, «Entreprise et vente d'entreprise en droit civil québécois» (1994) 54 *Revue du Barreau* 45, p. 39.

[11] *Whitehouse, supra* note 4, at page 16.

iii. A series of habitual juridical acts involving the entrepreneur, carried out in pursuit of the objectives.
iv. Other economic players or stakeholders receptive to the goods and services offered by the enterprise, generally defined as customers, goodwill, or the market.
v. Economic value or profit directly attributable to the efforts of the entrepreneur.[12]

The Québec Privacy Commissioner used these factors to assess whether the Québec Act applies to the activities of Gérard Camisa, who acted on behalf of his mandator, the French company Pouey International. According to the Québec Privacy Commissioner, Camisa proceeded under a simple but well-defined plan, consisting of approximately two missions per year. Pouey informed Camisa of Canadian buyers who buy products from French suppliers. Camisa then contacted their representatives to bring business to Pouey. Camisa carried out his mandates from his home using computer equipment, which counted as assets used in pursuit of the economic objectives. The objectives, although sporadic, were repayment agreements, and thus also juridical acts. Camisa received a sum of money from his client, Pouey, in return for his services. Thus, the Québec Privacy Commissioner concluded that Camisa carried on an enterprise within the meaning of 1525, and that the Québec Act applied[13].

c. *Relevant Precedents*

For the Québec Act to apply, the enterprise must be carried out in Québec. As a preliminary matter, the Québec Privacy Commissioner has noted: "la loi vise uniquement les personnes qui 'exploitent une entreprise au Québec.'"[14]

Nonetheless, courts apply broad factors to determine this geographical criteria. In *Institut d'assurance du Canada* c. *Guay*, the Québec Privacy Commissioner ruled that the Act applied to an entity based in Ontario that sold goods and services in Québec, even though the entity had only one office in Québec with minimal staff who were neither agents or mandataries. The

[12] *Firquet* c. *Acti-Com*, 2018 QCCAI 245, AZ-51543145, 2018EXP-3257, at para 14.

[13] *Ibid.*, at para 15-18.

[14] *Institut d'assurance du Canada* c. *Guay*, AZ-98031022, J.E. 98-141, A.I.E. 98AC-2, [1998] C.A.I. 431.

entity also kept no documents containing personal information in Québec, but the Québec Privacy Commissioner emphasized that the entity could not escape the Act's application by moving personal information from Québec to Ontario.[15] Therefore, the Act applies to every enterprise that conducts business in Québec, independently of the location of its place of business and the place where the personal information is stored.[16]

Courts have also held that foreign companies that do business in Québec, or who produce goods or services that find their way to Québec's market, can be "enterprises" within the meaning of article 1525 of the CCQ. In *Serres Floraplus inc.* c. *Norséco inc*, American company Jackson & Perkins Wholesale ("**JPW**") developed and implemented marketing for horticultural products in North America. The Superior Court of Québec ruled that JPW was an enterprise under article 1525 of the CCQ, without using the five factors described above nor giving substantial explanations.[17] In *Jabre* c. *Middle East Airlines-AirLiban*, the Middle Eastern airline had a head office in Beyrouth and a branch in Québec containing eight non-unionized employees, hired locally but supervised by the head office. In this case, the Québec Privacy Commissioner ruled that the airline was an "enterprise," and applied the Québec Act.[18]

Thus, while Québec Courts have delineated the scope of the province's Act through the notion of "enterprise,", they have not yet developed a specific approach to its application to foreign companies operating in the province of Québec without a physical presence. No "test" has been delineated, leading to a significant lack of consistency among the courts. Nevertheless, it appears from the jurisprudence that the criterion of physical presence is not decisive in assessing the applicability of the Québec Act.

In short, the (extra)territorial application of the Québec Act remains to be settled by legislation or jurisprudence. Until then, foreign enterprises should be mindful of the potential application of the Act with regard to personal information in Québec.

[15] *Ibid.*

[16] Antoine Aylwin and Karl Delwaide, "Learning from a decade of experience : Québec's Private Sector Privacy Act ", 2005, Privacy Commissioner of Canada, at page iv.

[17] *Serres Floraplus inc.* c. *Norséco inc.*, 2008 QCCS 1455, AZ-50485894, J.E. 2008-931, [2008] R.J.Q. 1075, at paras 3 and 21.

[18] Despite certain constitutional questions beyond the scope of this bulletin. See *Jabre* c. *Middle East Airlines-AirLiban S.A.L.*, AZ-98151346, A.I.E. 98AC-64, [1998] C.A.I. 404, at pages 2 and 12.

2. The *Personal Information Protection and Electronic Documents Act* in Canada

a. Scope of Application

The *Personal Information Protection and Electronic Documents Act* (**"PIPEDA"**) regulates the collection, use and disclosure of personal information in the Canadian private sector. Section 4 of PIPEDA provides for its application. According to this section, PIPEDA applies to organizations in respect of personal information that "collects, uses or discloses in the course of commercial activities."[19] A commercial activity is defined in subsection 2(1) of PIPEDA as "any particular transaction, act, or conduct, or any regular course of conduct that is of a commercial character"[20]

The federal government may exempt from PIPEDA organizations and activities in provinces that have enacted substantially similar provincial privacy legislation.[21] To date, only Alberta, British Columbia and Québec have adopted such legislation. Notwithstanding the above, PIPEDA continues to apply in all "interprovincial and international transactions by all organizations subject to the Act in the course of their commercial activities".[22]

Furthermore, it also continues to apply in those provinces with respect to personal employee information to organizations that are federal works, undertakings and businesses,[23] which are defined in PIPEDA as any "work, undertaking or business that is within the legislative authority of Parliament."[24] Such federal undertakings may include banks, airports, aircraft and airlines, inter-provincial or international transportation by land or water, offshore drilling operations, radio and television broadcasting, as well as telecommunications companies.[25] PIPEDA's definition of federal undertakings is not exhaustive. However, the Office of the Privacy Commissioner of Canada (the **"OPC"**) stated that if an organization was

[19] PIPEDA, section 4(a).

[20] *Ibid.*, subsection 2(1) "commercial activity".

[21] *Ibid.*, section 26(2).

[22] Office of the Privacy Commissioner of Canada, "A guide for Businesses and Organizations – PRIVACY TOOLKIT – Canada's Personal Information Protection and Electronic Documents Act", [*the OPC Toolkit*] Gatineau, December 2015, at page 2.

[23] PIPEDA, section 4(b).

[24] *Ibid*, subsection 2(1) "federal work, undertaking or business".

[25] *Idem.*

subject to any part of the Canada Labour Code, it may be a federal work, undertaking, or business under PIPEDA.[26]

Thus, regardless of the province or territory in which they are based, all federally regulated businesses that operate in Canada and handle personal information that crosses provincial or national borders are subject to PIPEDA.

Section 4 of PIPEDA is silent with respect to the statute's extraterritorial reach. However, the Federal Court of Canada recently reiterated that no language expressly limited PIPEDA's application to Canada, and that in absence of clear guidance from the statute, the courts could use the "real and substantial connection" test to ascertain whether PIPEDA applies to foreign organizations.[27] In other words, any corporation that captures the personal data of Canadians within Canada, regardless of having a physical presence or employees within the country[28], must comply with PIPEDA if there is a "real and substantial connection to Canada".[29]

[26] The OPC Toolkit, see *Supra* note 19, at page 3.

[27] *Lawson* v. *Accusearch Inc.*, 2007 FC 125, at paras 3 and 34. See also *A.T. v. Globe24h.com*, 2017 FC 114 , at para 50. See also *Beals c. Saldanha*, 2003 CSC 72, at para 28, where the Supreme Court recognized that "Subject to the legislatures adopting a different approach by statute, the real and substantial connection test should apply to the law with respect to the enforcement and recognition of foreign judgments".

[28] The OPC noted that an organization's status as a third-party processors did not prevent it from being subject to PIPEDA. PIPEDA applies to all organizations that have personal information in their possession or custody, so long as the information was collected, used or disclosed in the course of a commercial activity that has a real and substantial connection to Canada. In *PIPEDA Report 2014-004*, the Organization did not specifically solicit business from Canadian consumers but it actively sought and entered into business relationships with Canadian organizations. Furthermore, the Organization's business model required it to hold the personal information of those organizations' customers (and thus, the personal information of Canadians) under its control. See *PIPEDA Report of Findings #2014-004*, Office of the Privacy Commissioner of Canada, April 23, 2014, available online: <https://www.priv.gc.ca/en/opc-actions-and-decisions/investigations/investigations-into-businesses/2014/pipeda-2014-004/>,[*PIPEDA Report 2014-004*].

[29] Collin J. Bennett; Christopher A. Parsons; Adam Molnar, "Real and Substantial Connections: Enforcing Canadian Privacy Laws against American Social Networking Campaigns," *Journal of Law, Information and Science* 23, no. 1 (2014): p.51.

b. Applicable Test

i. "Real and Substantial Connection" Test

The test was first adopted in the 1993 case of *Morguard Investments*, and has been applied and developed over many cases since.[30] With regard to PIPEDA, Courts have identified the operative question determining whether to apply PIPEDA to a foreign organization as follows: "whether there is sufficient connection between this country and the [activity] in question for Canada to apply its law consistent with the 'principles of order and fairness'".[31] The test reflects the underlying reality of "the territorial limits of law under the international legal order and respect for the legitimate actions of other states inherent in the principle of international comity".[32] Regarding the principle of comity, it appears from the case law that it has persistently been found to underlie Canadian recognition and enforcement of law. As noted by the Supreme Court:

> Legitimate judicial acts should be respected and enforced, not sidetracked or ignored. The goal of modern conflicts systems rests on the principle of comity, which calls for the promotion of order and fairness, an attitude of respect and deference to other states, and a degree of stability and predictability in order to facilitate reciprocity. [...] In recognition and enforcement proceedings, order and fairness are protected by ensuring that a real and substantial connection existed between the foreign court and the underlying dispute.[33]

The Supreme Court of Canada insisted on the real and substantial connection test to be flexible.[34] As a result, the courts have not attempted to define the precise nature of the connection to the jurisdiction that is required, and their language remains vague.[35] Indeed, Canadian courts have repeatedly held that the test was not meant to be rigid: citing Dick-

[30] [1990] 3 S.C.R. 1077. See also *Hunt v. T&N plc*, [1993] 4 S.C.R. 289, at p.325, 326 and 328; *Tolofson v. Jensen*, [1994] 3 S.C.R. 1022, at p. 1049. See also, for example, the many cases cited in *A.T. v. Globe24h.com*, 2017 FC 114, at para 51.

[31] *Ibid.*, at para 52.

[32] *Tolofson v. Jensen*, [1994] 3 S.C.R. 1022, p 1047.

[33] *Chevron Corp. v. Yaiguaje*, 2015 SCC 42, at para 53.

[34] The Ontario Court of Appeal held in 2002 that "the real and substantial connection test should be interpreted as requiring a connection either between the forum and the defendant or between the forum and the subject matter of the action."; *Muscutt v. Courcelles*, [2002] O.J. No. 2128, at para 73.

[35] *Muscutt v. Courcelles*, [2002] O.J. No. 2128, at para 56.

son J.'s comments in *Moran v. Pyle,* the Ontario Court of Appeal stated in 2002 that " it would be unnecessary, and unwise, to have resort to any arbitrary set of rules for jurisdiction and that an arbitrary and inflexible approach is to be avoided."[36]

Furthermore, while acknowledging the importance of flexibility, the courts have also raised the importance of clarity and certainty as characteristics of the conflicts system. Hence, they identified some relevant connecting factors such as (1) the location of the target audience of the website (2) the source of the content on the website (3) the location of the website operator, and (4) the location of the host server.[37] The weight given to each of these factors differs according to the circumstances and the nature of the dispute. For instance, the Supreme Court recognized that there was a sufficient connection for taking jurisdiction when Canada was the country of transmission[38], but also when it was the country of reception."[39] As for organizations who have no physical presence in the country, additional relevant factors may include their types of contacts with Canada, their [the contacts] frequency, as well as the nature and percentage that such contacts represent of the organization's overall commercial activities.[40]

On another note, the irrelevancy of an organization's physical presence in Canada for the purpose of establishing a real and substantial connection was ascertained in the 2007 *Lawson v. Accusearch Inc.* case, which involved a US company, Accusearch, who offered background searches on individuals. As a connecting factor, the court noted that "even if the psychological profile on Ms. Lawson was pure fiction and written in the United States, much of the data had to have come from Canada."[41] The Federal Court, furthermore, held that the OPC, despite any practical difficulties in conducting an effective investigation, did have jurisdiction to investi-

[36] *Ibid*, at para 37.

[37] *Society of Composers, Authors and Music Publishers of Canada v. Canadian Assn. of Internet Providers*, 2004 SCC 45, at para 61 [*SOCAN*]. See also *A.T. v. Globe24h.com*, 2017 FC 114 at para 53.

[38] *Libman v The Queen*, [1985] 2 SCR 178 at p. 208.

[39] *Canada (Commission des droits de la personne) c. Canadian Liberty Net*, [1998] 1 R.C.S. 626, at par. 52; See also *SOCAN, supra* note 33, at para 63.

[40] Leah E Frazier, "Extraterritorial Enforcement of Pipeda: A Multi-Tiered Analysis" (2004) 36:1 Geo Wash Intl L Rev 203, p.216 citing *Tele-Direct (Publications) Inc. v. Can. Bus. Online Inc.*, [1998] F.T.R. 271 (Can.). *See also* Barbara McIsaac et al., The Law of Privacy in Canada (2000), at 1-42.

[41] *Lawson v. Accusearch Inc.*, 2007 FC 125, at para 41.

gate, and that "such an investigation was not contingent upon Parliament having legislated extraterritoriality".[42]

In short, the OPC can assume jurisdiction to investigate complaints relating to the transborder flow of personal information, regardless of an organization having a physical presence in Canada or not.[43]

c. *Relevant Precedents*

In 2006, an article appeared in the *New York Times* and other media outlets, alleging that the United States Treasury used administrative subpoenas to access records from the Society for Worldwide Interbank Financial Telecommunication SCRL ("**SWIFT**"). The OPC investigated SWIFT, ascertaining it inappropriately disclosed personal information originating from or transferred to Canadian financial institutions to the US Department of the Treasury ("**UST**").[44] The OPC found that SWIFT's presence in Canada was real and substantial and therefore, that the organization was subjected to PIPEDA's rules regarding the activities undertaken by SWIFT in Canada. Indeed, not only did SWIFT operate in Canada, it also collected personal information from Canadians and disclosed it to Canadian banks as part of commercial activities. Furthermore, SWIFT charged a fee to the banks for providing them with such services.[45] The OPC found that SWIFT's disclosure to the UST was appropriate in the circumstances.[46]

In *PIPEDA Report 2014-015*, the OPC applied PIPEDA to a complaint made against Adobe Systems Inc. regarding a data breach that had occurred at the company. The OPC held that numerous factors pointed out to a real and substantial connection to Canada. For instance, Adobe collected personal information from Canada, advertised its products and services to Canadians and required Canadians' personal information to offer further

[42] *Ibid*, at para 43.

[43] *Ibid*, at para 51.

[44] Jennifer Stoddart, *Privacy Commissioner of Canada v. SWIFT*, Report of Findings, April 2007, para 2.

[45] *Ibid*, para 41. On that matter, the commissioner added that while it was true that SWIFT's operations in Canada made up "only a small percentage of the organization's total global business operations, the reality is that SWIFT has a significant presence in Canada. The vast majority of international transfers involving personal information flowing to or from Canadian financial institutions use the SWIFT network, which is an integral part of the Canadian financial system."

[46] *Supra* to note 14, para 50.

services. Moreover, Adobe had a physical presence in the country through Adobe Systems Canada Inc.'s office and employees and actively targeted Canadians through its Canadian website. The OPC found that all together, these factors outweighed the fact that the organization was US-based and that the personal information was stored in the United States.[47]

More recently, in *A.T. v. Globe24h.com*, the Federal Court applied PIPEDA to a Romanian national operating a website that collected and published Canadian jurisprudence containing personal information.[48] Although the website was operated and hosted in Romania, Federal Court found that *Globe24h.com* acted in contravention of PIPEDA because its "central purpose was the collection and dissemination of information"[49]: it contained Canadian decisions, targeted Canadians, and impacted Canadians. In other words, even if the location of the website and the server were deemed irrelevant to establish a real and substantial connection to Canada, the Court nonetheless retained other factors to make such connection[50] and granted an injunctive relief with extraterritorial effect to remedy the violation of PIPEDA. Pursuing that injunction, Global24h.com was required to remove all Canadian decisions from its website and was ordered to carry out what was necessary in order to remove those decisions from all search engines.

Likewise, in the recent case summarized in *PIPEDA Report 2018-002*, the OPC applied PIPEDA to a New Zealand company operating a website that published Canadian social media profiles. As factors, the Office noted that the website claimed to contain information about searchable Canadian profiles, required Canadians' personal information to offer further

[47] Furthermore, the OPC stated that a contractual provision could not allow an organization to require individuals to waive their rights under the Act in order to obtain a product or service. The OPC therefore rejected Adobe's argument that the "Choice of Law" provision in its Terms of Use and Privacy Policy rendered PIPEDA inapplicable. *PIPEDA Report of Findings #2014-015*, Office of the Privacy Commissioner of Canada, September 3, 2014, available online: <https://www.priv.gc.ca/en/opc-actions-and-decisions/investigations/investigations-into-businesses/2014/pipeda-2014-015/>, at paras 24-30 [*PIPEDA Report 2014-015*].

[48] *A.T. v. Globe24h.com*, 2017 FC 114.

[49] Ryan Belbin, "When Google Becomes the Norm: The Case for Privacy and the Right to Be Forgotten", (2018) 26 Dal J Leg Stud 17, p. 27.

[50] *Ibid*, at paras 53-56. In Globe24h.com, the organization's activities took place exclusively through a website. Therefore, the physical location of the website operator or host server could not be considered a determinative factor because telecommunications occur both here and there.

services, delivered Canadian-based advertising, sought to attract Canadian users, and impacted Canadians.[51]

It therefore appears from the case law that PIPEDA has extraterritorial applicability where there is a real and substantial connection between the foreign organization and Canada. Moreover, jurisprudence recognized that, in the context of e-commerce, physical presence or actually doing business in Canada were not required to establish a real and substantial link to Canada.[52]

Although the Canadian Courts have yet to develop an exhaustive list of criteria in order to address the gaps and inconsistencies in the extraterritorial scope of their private sector law, some relevant connecting factors have nevertheless emerged from the consulted cases:

- the collection, use, disclosure of personal information of Canadian or Canadian organizations' customers;
- the location of the target audience;
- the source of the content and/or data;
- the location of the website operator;
- the location of the host server;
- carrying on business in Canada (commercial activities);
- a physical presence in Canada (by means of office or employees);
- an organization's types of contacts with Canada;[53]
- the frequency of those contacts;
- the nature and percentage that such contacts represent of the organization's overall commercial activities;
- Canadian-based advertising or marketing.

None of these factors is in itself determinative. The determination of the existence of a real and substantial connection must be assessed in the light of the circumstances of each case. Furthermore, while determining

[51] *PIPEDA Report of Findings #2018-002*, Office of the Privacy Commissioner of Canada, June 12, 2018, available online: <https://www.priv.gc.ca/en/opc-actions-and-decisions/investigations/investigations-into-businesses/2018/pipeda-2018-002>, at paras 77-78 [*PIPEDA Report 2018-002*].

[52] Practical Law Canada Commercial Transactions, "The Extra-Territorial Reach of PIPEDA: T. (A.) v. Globe24h.com", Thompson Reuters, February 22, 2017.

[53] In 2014, the Federal Court recognized as a relevant connecting factor the fact that two organizations were not arms-length companies. See *Davydiuk c Internet Archive Canada*, 2014 CF 944, par. 24.

the existence of a real and substantial connection to Canada, the courts must always keep in mind the purpose of the law, which reads as follows:

> The purpose of this Part is to establish, in an era in which technology increasingly facilitates the circulation and exchange of information, rules to govern the collection, use and disclosure of personal information in a manner that recognizes the right of privacy of individuals with respect to their personal information and the need of organizations to collect, use or disclose personal information for purposes that a reasonable person would consider appropriate in the circumstances.[54]

3. The *General Data Protection Regulation* in the EU

a. Scope of Application

The territorial scope of the GDPR is very broad. It applies not only to the processing of personal information in the context of the activities of an establishment of a controller or a processor in the Union but also, under certain circumstances, to companies without any establishment in the European Union.

i. Application of the GDPR to a Company Having an Establishment in the European Union

According to its Article 3(1), the GDPR applies to the processing of personal information in the context of the activities of an establishment of a data controller[55] or a data processor[56] in the Union, regardless of whether the processing takes place in the Union or not.

Therefore, an establishment located in the European Union of a non-European Union company is subject to the GDPR. While the notion of "main establishment" is defined in Article 4(16)[57] of the GDPR, the GDPR

[54] PIPEDA, *Supra* note 16, section 3.

[55] GDPR, Art. 4(7): "means the natural or legal person, public authority, agency or other body which, alone or jointly with others, determines the purposes and means of the processing of personal data; where the purposes and means of such processing are determined by Union or Member State law, the controller or the specific criteria for its nomination may be provided for by Union or Member State law".

[56] GDPR, Art. 4(8): "means a natural or legal person, public authority, agency or other body which processes personal data on behalf of the controller".

[57] GDPR, Art. 4(16) : "main establishment' means: (a) | as regards a controller with establishments in more than one Member State, the place of its central administration in the Union,

does not provide a definition of "establishment". However, Recital 22 clarifies that an *"establishment implies the effective and real exercise of activities through stable arrangements. The legal form of such arrangements, whether through a branch or a subsidiary with a legal personality, is not the determining factor in that respect."*

The case law of the Court of Justice of the European Union (the "**CJEU**") has specified the meaning of establishment: it applies to any real and effective activity – even a minimal one – exercised through stable arrangements.[58] Therefore, in order to determine whether an entity based outside the Union has an establishment in a Member State, both the degree of stability of the arrangements and the effective exercise of activities in that Member State must be considered in the light of the specific nature of the economic activities and the provision of services concerned.

As a result, in some circumstances, the presence of one single employee or agent of the non-EU entity may be sufficient to constitute a stable arrangement if that employee or agent acts with a sufficient degree of stability.

Therefore, a Canadian company having an establishment in the European Union may be subject to the GDPR.

ii. Application of the GDPR to a Company With No Establishment in the European Union

The GDPR also applies to processing of personal information of individuals subjects who are in the Union by a controller or processor not established in the Union, i.e. without any establishment in the European Union.

According to Article 3(2), the GDPR applies to the processing of personal data of individuals who are in the Union by a data controller or data processor not established in the Union, where the processing activities are related to:

unless the decisions on the purposes and means of the processing of personal data are taken in another establishment of the controller in the Union and the latter establishment has the power to have such decisions implemented, in which case the establishment having taken such decisions is to be considered to be the main establishment; | (b) | as regards a processor with establishments in more than one Member State, the place of its central administration in the Union, or, if the processor has no central administration in the Union, the establishment of the processor in the Union where the main processing activities in the context of the activities of an establishment of the processor take place to the extent that the processor is subject to specific obligations under this Regulation".

[58] CJEU, 1 October 2015, Case C-230/14, *Weltimmo v Nemzeti Adatvédelmi és Információszabadság Hatóság*, pts. 31 and 41.

(a) the offering of goods or services, irrespective of whether a payment of the data subject is required, to such data subjects in the Union; or
(b) the monitoring of their behaviour as far as their behaviour takes place within the Union.

b. Applicable Test

i. "Inextricably Linked" Test

For the application of Article 3(1) of the GDPR, following the *Google Spain* decision,[59] the Article 29 Working Party has clarified the test to be followed, in order to determine what is meant by the expression used by Article 3, i.e. "in the context of the activities" of an organization, notably if such organization has also establishment outside the European Union.[60] In this respect, it does not matter whether the level of activity of the establishment established in the territory of a Member State is significant. To use the wording of *Weltimmo* case law,[61] it is sufficient that it be "minimal". This may be the case, even if the institution in question does not itself take part in the processing of personal data[62]. It is therefore necessary to proceed on a case-by-case basis.

But for the Article 29 Group, the determining criterion lies elsewhere.

> Irrespective of where the data processing itself takes place, so long as a company has establishments in several EU Member States which promote and sell advertisement space, raise revenues or carry out other activities, and it can be established that these activities and the data processing are "inextricably linked", the national laws of each such establishments will apply.[63]

In other words, the *Google Spain* decision suggests that the existence of revenues generated by an establishment located within the European Union is sufficient for the regulation on the protection of personal data

[59] CJEU, 13 May 2014, C-131/12, *Google Spain SL and Google Inc. v Agencia Española de Protección de Datos (AEPD) and Mario Costeja González.*
[60] Article 29 Working Party, 16 December 2015, Update of Opinion 8/2010 on applicable law in light of the CJEU judgement in Google SpainWP 179 update, p. 7.
[61] CJEU, 1 October 2015, Case C-230/14, *Weltimmo v Nemzeti Adatvédelmi és Információszabadság Hatóság*, pts. 31 and 41.
[62] Article 29 Working Party, 16 Dec. 2015, WP 179 update, p. 4.
[63] Article 29 Working Party, 16 December 2015, Update of Opinion 8/2010 on applicable law in light of the CJEU judgement in Google Spain WP 179 update, p. 7.

to apply, insofar as he considers that such an activity may be "inextricably linked" to the processing of such information by the controller of such operations located in a third country. Therefore, it is not even necessary for the revenue generated by the European subsidiary concerned to be used solely for the purposes of processing in the territory of the Member State in which it is located. It is sufficient that these revenues contribute to the financing, including if it results from the way in which users' personal data are otherwise used.

Therefore, *Google Spain* provides useful clarification on Article 3(1) of the GDPR: first, the scope of current EU law extends to processing carried out by non-EU entities with a "relevant" establishment whose activities in the EU are "inextricably linked" to the processing of data, even where the applicability of EU law would not have been triggered based on more traditional criteria. Second, it also confirms that there may be several national laws applicable to the activities of a controller having numerous establishments in various Member States.

ii. Targeting Test

The GDPR expands its territorial scope by applying to the companies targeting the European Union market. To do so, the foreign company shall either offer goods or services to individuals in the Union, or to monitor the conduct of the individuals in the European Union.

In this respect, Recitals 23 and 24 of the GDPR have usefully clarified the methodology to be followed respectively to identify the notion of "offers of goods and services", as well as that of "monitoring the behaviour" of "data subjects within the territory of the Union",[64] it being specified that "data subjects" are not only "European residents", but also extend to all individuals without restriction resulting from a nationality or legal status.[65]

Therefore, in order to determine whether an entity is offering goods or services to individuals who are in the European Union, GDPR provides that "it should be ascertained whether it is apparent that the controller or processor envisages offering services to data subjects in one or more Member States in the Union". Such expressions indicate that there must

[64] GDPR, Rec. 23 and 24.

[65] EDPB, Guidelines 3/2018 on the territorial scope of the GDPR (Article 3) – Version for public consultation, 16 Nov. 2018, p. 13.

be a certain degree of intention and/or awareness on the part of the controller, along with tangible evidence of that intention, being specified that "the mere accessibility of the controller's, processor's or an intermediary's website in the Union [...] is insufficient to ascertain such intention". However, "factors such as the use of a language or currency in common use in one or more Member States, with the possibility of ordering goods and services in that other language or the mention of customers or users who are in the Union" "may clearly indicate that the controller is considering offering goods or services to data subjects in the Union".[66] For example:

> A US citizen is travelling through Europe during his holidays. While in Europe, he downloads and uses a news app that is offered by a US company. The app is exclusively directed at the US market. The collection of the US tourist's personal data via the app by the US company is not subject to the GDPR.

This being said, the following factors could therefore inter alia be taken into consideration, possibly in combination with one another:

- The EU or at least one Member State is designated by name with reference to the good or service offered;
- The data controller or processor pays a search engine operator for an internet referencing service in order to facilitate access to its site by consumers in the Union; or the controller or processor has launched marketing and advertisement campaigns directed at an EU country audience
- The international nature of the activity at issue, such as certain tourist activities;
- The mention of dedicated addresses or phone numbers to be reached from an EU country;
- The use of a top-level domain name other than that of the third country in which the controller or processor is established, for example".de", or the use of neutral top-level domain names such as ".eu";
- The description of travel instructions from one or more other EU Member States to the place where the service is provided;

[66] GDPR, Rec. 23.

- The mention of an international clientele composed of customers domiciled in various EU Member States, in particular by presentation of accounts written by such customers;
- The use of a language or a currency other than that generally used in the trader's country, especially a language or currency of one or more EU Member states;
- The data controller offers the delivery of goods in EU Member States.[67]

Regarding the second hypothesis covered by Article 3(2), monitoring the behaviour of individuals in the EU means that the behaviour monitored must (i) relate to a data subject in the EU and, as a cumulative criterion, (ii) take place within the territory of the EU. For the European Data Protection Board (the successor of the Article 29 Working Group) (the "**EDPB**"), the decisive criterion is therefore the location of individuals, at the time when either the offer is made or the follow-up is carried out. It does not matter how long such an operation lasts afterwards. It can be instantaneous or continuous.

The monitoring activities may be, in particular:

- Behavioural advertisement
- Geo-localisation activities, in particular for marketing purposes
- Online tracking through the use of cookies or other tracking techniques such as fingerprinting
- Personalised diet and health analytics services online
- CCTV
- Market surveys and other behavioural studies based on individual profiles
- Monitoring or regular reporting on an individual's health status[68]

In the end, it is only if the individual was concerned by a specific processing that the GDPR would not be intended to apply, in the same way as an American citizen who downloaded an application from an American company targeting only the American market during a trip to Europe.[69] In other words, this applies in principle only to a "person of transit".

[67] EDPB, Guidelines 3/2018 on the territorial scope of the GDPR (Article 3) – Version for public consultation, 16 Nov. 2018, p. 15 and 16.

[68] *Ibid.* p. 18.

[69] *Ibid.*, p. 13 and 14, ex. 9.

c. *Relevant Precedents*

It should be noted that no decision under the GDPR has been rendered yet. The decisions previously referred to were rendered under the previous Directive 95/46 and their purpose was to interpret current law, i.e. the "Inextricably Linked" test. The targeting test was introduced only with the GDPR.

One of the famous decisions of the Court of Justice of the European Union is undoubtedly *Google Spain* which applies the Directive 95/45 to Google inc., i.e. a non-European entity. As mentioned *supra*, the scope of current EU law extends to processing carried out by non-EU entities with a "relevant" establishment whose activities in the EU are "inextricably linked" to the processing of data. Such principle has been repeated by *Wirtschaftsakademie*:[70]

> it is important to underline that Article 4(1)(a) of Directive 95/46 does not require that such processing be carried out "by" the establishment concerned itself, but only "within the framework of its activities".

Recently, a clarification has been provided, both under Directive 95/46 and the GDPR, on a specific point, i.e. the right to be forgotten. By applying the "Inextricably Linked" test, the Court has ruled that the right to be forgotten stops at the borders of the European Union: the operator of a search engine is not required to carry out a de-referencing on all versions of its search engine.[71]

Besides, in order to extend the territorial scope of the Directive 95/46, European case law aimed at extending the notion of establishment. The notion of establishment "presupposes the effective and efficient exercise of an activity by means of an installation" or, a "stable arrangement", despite "the clear difference in context and objective between[these] areas".[72] In practice, it requires "the permanent meeting of the human and technical resources necessary for the provision of defined services".[73]

[70] CJEU, 5 June 2018, C-210/16, *Wirtschaftsakademie Schleswig-Holstein GmbH*, pt. 57.

[71] CJEU, 24 September 2019, C-507/17, *Google v. Commission nationale de l'informatique et libertés*.

[72] CJEU, 1 October 2015, Case C-230/14, *Weltimmo c/ Nemzeti Adatvédelmi és Információszabadság Hatóság*; concluded. P. Cruz Villalón ECLI : EU : C : 2015:426, pt 31.

[73] Article 29 Working Party, Opinion No 8/2010, 16 Dec. 2010, WP 179, p. 13, footnote 18, by reference in particular to, ECJ, 4 July 1985, Case C-168/84 Berkholz.

Therefore, even if there is not case law regarding the GDPR, the reading of Article 3 and its interpretation made by the EDPB is very extensive. The CJEU will therefore continue its tendency to widely interpret the criteria of establishment and targeting.

Conclusion

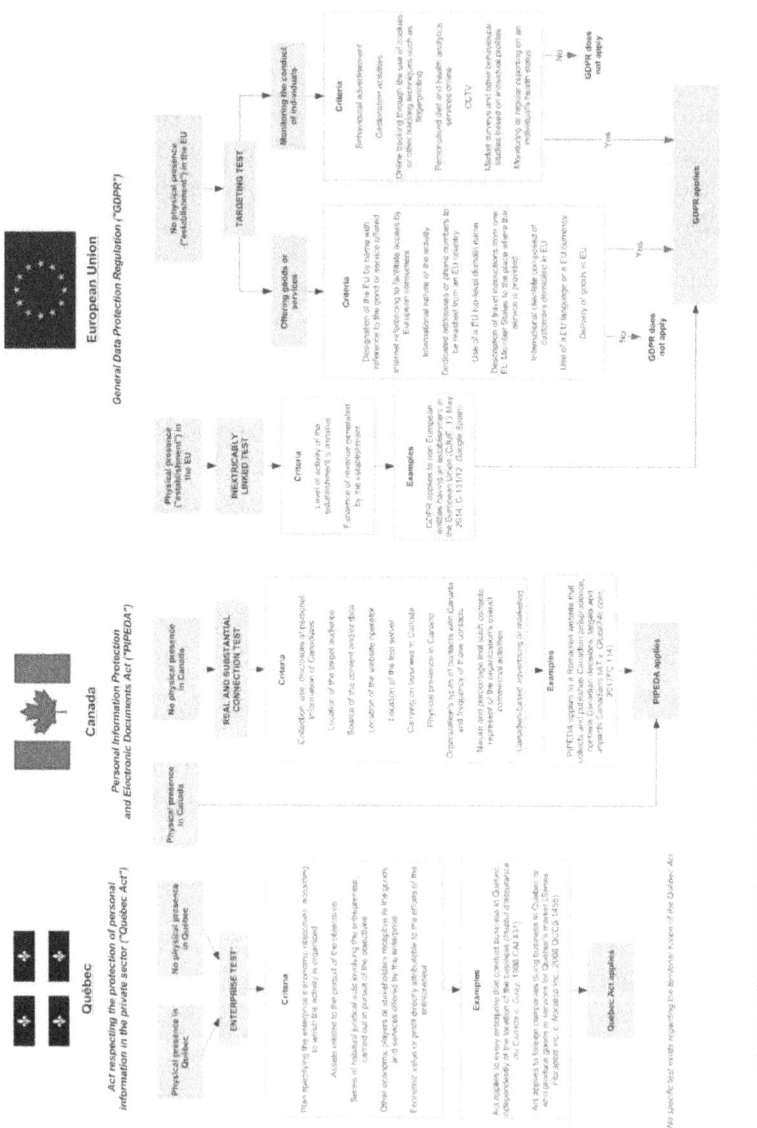

So Many Data, so Little Time – Data Protection Authorities in Germany: Status Quo and Challenges

Lukas Gundermann

1. Germany – a federal state

The following paper attempts to give an overview over the status quo of supervision in the area of personal data protection in Germany. Supervisory authorities in this area are mostly referred to as Data Protection Authorities (hereafter: DPAs). When trying to understand the functions and the role of DPAs in Germany, it is crucial to keep in mind that Germany is a federal country. Within in the nation state (or the Federation), there are 16 federal states to be found. (They are also often referred to as regions; in German they are called *"Länder"*, singular: *"Land"*). They differ a lot in size (area as well as population) but also with regard to culture and politics. The Federation (in German: *"Bund"*) holds most competences with regard to legislation, including civil law and the law relating to economic matters (Article 74 para 1 No. 1 and 11 Basic Law, the Basic Law is the German constitution). Based on this competence, the Federation had enacted data protection laws that apply to business and other private entities. Though the 16 federal states have legislative competences in only a small number of policy fields (*e.g.* schools and press) they do have the competence to adopt laws that regulate the administrative procedures within the respective state. One aspect of this competence encompasses data protection rules that apply to public bodies in the respective state. Thus, traditionally, there have been both, data protection laws enacted by the Federation (contained mostly in the Federal Data Protection Act or

"Bundesdatenschutzgesetz") that apply to the private sector and to the public bodies of the Federation, and data protection laws enacted by the 16 states that apply to their own administrative bodies. Admittedly, most of these laws were quite similar, and even more so, after they had to comply with Directive 95/46/EC of the EU. (Technically, this was a directive of the European Communities – hence EC in the title – which at that time formed the so called first pillar of the EU). However some states took pride in deviating a little or even more than a little from the rest.

After what was mentioned so far, one would expect to find DPAs on the level of the Federation and on the level of each federal state that are enforcing the legislation of the respective political unit. Unfortunately, the situation is not quite as straightforward. This is due to the constitutional principle which stipulates that *"the Länder shall execute federal laws in their own right insofar as this Basic Law does not otherwise provide or permit."* (Article 83 Basic Law). This leads to a situation where the *Länder* had to set up DPAs that enforce the data protection rules vis-à-vis the private sector, thus executing the Federal Data Protection Act. Unaltered, this system would leave for the federal DPA only the relative small oversight role over the public administration of the Federation (and international cooperation with other DPAs since the Federation is in charge of international affairs in general). However, the Federal DPA managed to secure some other bids of responsibility, namely with regard to telecommunication providers and postal services (stemming from an era not too long ago when those were public bodies of the Federation). However, the bulk of the supervisory task, namely over private enterprises, lies with the DPAs of the 16 federal states. It is important to understand that the Federal DPA is in no way superior to the regional DPAs since each have different areas of responsibility.

Although the majority of the supervisory tasks lies with the *Länder* DPAs, the Federal Commissioner is widely perceived as a sort of opinion leader. This is not only true with regards to the general public, but also within the community of DPAs in Germany. It may have to do with the fact that the Federation suggests an all-encompassing responsibility as opposed to the fragmented responsibilities of the 16 *Länder.* Another aspect may be sheer size. The office of the Federal Commissioner has grown in recent years (and in particular with the GDPR looming at the horizon) from just below 100 to ca. 250 staffers. Whilst also some new responsibilities were given to them (*e.g.* in the area of taxes, those tasks were previously carried out by the *Länder*), it still can be said that the office is well equipped, in particular when compared to some *Länder* commissioners' offices.

2. Interplay between *Länder* and Federation DPAs

Having more than one DPA in a country can be quite challenging. Traditionally, cooperation between the DPAs has taken place in the form of two annual conferences of the Commissioners and their deputies. At these gatherings, joint resolutions are adopted that mostly deal with political aspects or comment on current developments in the sector[1]. While initially unanimity was required, this condition was dropped later. Most decisions are taken with simple majority; for resolutions a two-thirds majority is required. Normally the resolutions are prepared by gatherings of the rank and file officers who also meet on specific topics like data protection with regard to health services or police work twice a year. At those meetings, also practical questions, *e.g.* regarding interpretation of the law, are discussed. Sometimes a common view is reached, at other times the representatives simply agree to disagree.

The cooperation between the DPAs in Germany became much more formalized when the GDPR entered into force. The GDPR provides for a "consistency mechanism" (Article 63ff.) that sets out the cooperation of the DPAs within the EU. This does not only concern friendly exchanges of opinion but also provides for a mechanism of resolving conflicts when more than one DPA in the EU is responsible for certain cross-border constellations. At the center of this mechanism is the European Data Protection Board (EDPB) which consists of the head of one supervisory authority of each Member State and of the European Data Protection Supervisor, or their respective representatives (Article 68 point 3 GDPR). But given the distribution of responsibilities in Germany described above, who was going to represent the German DPAs? Even if the Federation is solely responsible for international cooperation, the voice of the other DPAs had to be heard in Brussels as well, since they deal with the controllers in the private sector, including the relevant players like Google, Facebook and Apple (Although for data protection purposes they have so far mostly relied on their main European seat in Ireland, it can be expected that the GDPR will give other

[1] *E.g.*: <https://www.datenschutzkonferenz-online.de/media/en/20180426_en_facebook_privacy_scandal.pdf>.

DPAs in the EU a say too when the consistency mechanism is applied). Graciously, the GDPR is addressing the German dilemma, providing in Article 68 para 4: "Where in a Member State more than one supervisory authority is responsible for monitoring the application of the provisions pursuant to this Regulation, a joint representative shall be appointed in accordance with that Member State's law."

Consequently, the German legislator has provided for what in Germany is called the small consistency mechanism which sets out rules for the coordination process between the German DPAs before the German vote is cast in the EDPB. This task is being facilitated by the "Single point of contact", a small unit set up within the Federal Commissioner's structures[2]. The unit attempts to organize coordination processes between all German DPAs. Given very short deadlines on the European level, this is sometimes perceived as a daunting task. In any event it must be said that the cooperation between the German DPAs has become much closer and more intense under the GDPR. The previously rather informal gatherings of the Commissioners have given way for a more structured and goal oriented permanent cooperation.

3. Areas exempted from state supervision

In addition to the segregated landscape of DP enforcement that stems from the federal system, some areas of personal data processing also enjoy a different supervisory system, in some cases with a soft-touch approach. Since the constitution grants some degree of independence to the formal churches, they are also allowed to have their own system of personal data protection. This entails a separate laws on personal data protection (two such laws exist, one for the Roman-Catholic and one for the Protestant church) as well as separate bodies that enforce those laws. The laws do not only cover the inner sphere of church activities (*e.g.* register of all faithful of a parish) but also for example church run hospitals or charities. It is a common occurrence that the state DPAs have to forward certain complaints to the church institutions. In Article 91, the GDPR sanctions this system, provided that the church laws are in line with the GDPR.

Another sector that is not under the responsibility of the state DPAs are public broadcasting systems. The German constitutions does not only

[2] Available at: <https://www.bfdi.bund.de/ZASt/EN/Home/home_node.html>.

guarantee free press but also freedom of reporting by means of broadcasts and films (Article 5 Basic Law). From this freedom it is derived that no broadcasting system must be under the direct control of state authorities. In the area of personal data protection, specific positions have been created within the public broadcasting networks that are in charge of supervising personal data protection. While this can easily be justified when it comes to the content of media reporting, it is slightly surprising that also the database of all possible viewers and radio listeners that is used to collect respective fees, is supposed to fall under the freedom of reporting exception (Article 85).

By the same token, print media are to a large extent exempted from the application of the GDPR by State law (the basis for this exemption is Article 85 para 1 GDPR). To compensate for this lack of state supervisions, there is a body of voluntary self-control, the German Press Council. Its strongest measures are reprimands that are published. In addition, the assessment of the Press Council only encompasses alleged data protection violations by print media (including their web sites).

4. Some history

In 1970, the federal state of Hesse enacted the first DP Act worldwide; in 1971 the first DP Commissioner was appointed there. (This illustrates the phenomenon that the federal states can be testbeds and drivers for developments and policies that the Federation will adopt later.) The other regions and the Federation followed suit. The Commissioners were elected by (regional or federal) parliament at the suggestion of the respective government. Initially, the Commissioners with their tiny organizational units were only in charge for supervision of the public sector. They were considered as an instrument of internal control, similar to the Court of Auditors, supervising not finances but the use and the processing of personal data within the public sector. Similar to the Court of Auditors, they had no powers to intervene nor could they impose fines. Their strongest weapon was the annual report where they would publish their findings and could also criticize certain public bodies, although rarely by openly naming the institution.

In 1977, the Federal DP Act stipulated for the first time certain restrictions for the processing of personal data by private sector entities. This made it necessary to establish control mechanisms, namely setting up supervisory authorities that had the relevant powers, *e.g.* to carry out on-spot checks and to impose fines (Interestingly, at that time, the DPAs could only act upon a complaint; they had no powers to conduct on-spot checks and investigation that were not related to a complaint. Neither did they have the power to order to change the manner of data processing. It was assumed that the DPAs would report violations of the data protection act to the complainant who in turn could take further action). As explained above, due to reasons based in the constitution, these supervisory powers had to be carried out by the federal states (*Länder*). On the *Länder* level, the Data Protection Commissioners in charge for the public sector already existed and could have taken over the new tasks. However, at that stage, the new oversight responsibilities were not given to the Commissioners, since they were considered merely an instrument of internal control in the public sector. Instead, certain other existing authorities were assigned the additional responsibility of overseeing the implementation of personal data protection in the private sector. This was considered a responsibility similar to other oversight mechanisms over private companies, *e.g.* trade or hygienic supervision, thus, similar public authorities were vested with those new powers. Whilst in some federal states, a division within a ministry (usually the ministry of the interior) was given those responsibilities, in other states certain regional authorities that belong to the state administration were put in charge. In either model, the staff size of the supervisory units was very modest; in some states there was effectively only one person in charge of overseeing personal data protection in the private sector. While this seems strange in hindsight, it is worth pointing out that personal data protection was by far not as popular in the public perception as it is now. As a consequence, very few complaints were filed and had to be followed up.

This twofold structure of data protection supervision (internal oversight for the public sector by one institution and supervision of the private sector by another body) was maintained until the Directive 95/46/EC had to be transposed into national law. The Directive, following the model of the earlier Convention 108 of the Council of Europe, made no distinction between data protection in the private and the public sector. It made it clear however, that the DPAs in both sectors had to be completely independent. From the year 1996 onward, in the process transposing said Directive into German federal and regional law, most federal states merged the DPAs for the public and the private sector into one unit (with the state of Bavaria still being the exception with two different DPAs). This was done by concentrating the powers for supervision of both, the public and the private sector with the elected Data Protection Commissioners and their units. The necessary independence, as prescribed by the Directive was thought to be implemented through the way the DP Commissioners were elected by Parliament. They were elected for a certain period of time (typically for 5 to 8 years); in some regions there were limits on re-election so that the commissioners were only allowed to serve two periods. Revoking the appointment was quite difficult, requiring in some regions a qualified majority and in others a legal procedure similar to the one that had to be followed when removing judges from office (which is very hard to do). In some regions, efforts were made to achieve the complete independence required by the Directive by way of elevating the DPA to the level of "supreme regional authority", meaning that they were at the same level as Ministries or the Court of Auditors, with no superior institution above. But such independence was rarely achieved at that time and some DPAs, namely the federal one, remained technically under the Ministry of Home Affairs. The European Court of Justice, in its hallmark decision on the independence of DPAs under the Directive (Judgement of 9 March 2010, C-518/07), found that this situation was a violation of the "complete independence" required by the Directive, interpreting the required independence as follows: *"Contrary to the position taken by the Federal Republic of Germany, there is nothing to indicate that the requirement of independence concerns exclusively the relationship between the supervisory authorities and the bodies subject to that supervision. On the contrary, the concept of 'independence' is complemented by the adjective 'complete', which implies a decision-making power independent of any direct or indirect external influence on the supervisory authority."* (Judgement of the ECJ at para 19). In the aftermath of this court ruling, it became obvious that the DPAs eventually had to be "liberated" from any strand of supervision, and the respective legislative changes were enacted. This tendency gained even more momentum in the run-up to the fully entering into force of the GDPR which prescribes the required independence in even clearer terms. Consequently, most DPAs now have the status as or similar to supreme regional respectively federal authorities.

5. Data Protection and Freedom of Information

After the German reunification in 1990, some of the new federal states that had been part of Eastern Germany enshrined in their constitutions the guarantee of free access to public information. Through this process, freedom of information (FoI) laws were adopted in some federal states and eventually also on the level of the Federation. Previously, FoI had not been considered a relevant right in Germany, following the German tradition of protecting the public sector from too much public scrutiny. The fact that any decision by public bodies can be challenged before administrative courts was considered sufficient. When the FoI laws were created, the Data Protection Authorities were deemed to be the most appropriate oversight bodies for FoI. This basically followed the idea that FoI was the flip side of the coin of personal data protection. As Germany started from the principle of keeping administrative information arcane, it adopted quite naturally the idea of personal data protection. The concept of free access to public information came later and was considered more foreign to German public administration. However, the same institutions that had to ensure that personal data were not disclosed were tasked with the additional responsibility of making sure that FoI laws were followed. While at the beginning some saw this as problematic and even contradictory, by now the DPAs have become used to this double task. (It must be mentioned though that there are still some German federal states which have not adopted FoI laws as yet.) In other EU countries, the process went the other way around. For example, in Slovenia FoI came first and the respective institution was only later charged with the additional task as a DPA. In other countries again, the two areas are overseen by completely different authorities (*e.g.* in South Africa).

6. Internal organization of DPAs

While a lot has changed since the establishment of the first DPA in Germany, what has remained unchanged is the governing structure, consisting of one Commissioner elected by parliament. This is an interesting difference compared to other EU members such as France (or even EU candidate countries such as Montenegro) that have a collective governing body. The GDPR allows for both models, speaking of members of the supervisory authority in Article 53. While it certainly complies with democratic principles to have the commissioner elected by parliament, the fact that in most cases the governments propose only one person for election to the parliament has drawn some criticism recently. Other than for the election of the European Data Protection Supervisor, in most cases in Germany there is neither an open job advertisement nor is a shortlist of the applicants published. The current procedure in Germany entails the risk of political appointees, possibly rewarding long-serving party soldiers. Luckily, the GDPR at least requires that the incumbent has "qualifications, experience and skills, in particular in the area of the protection of personal data" (Article 53 para 1 point 4 GDPR). The GDPR had not been in force at the time when the former Federal Commissioner was elected who was said to have been a friend of Chancellor Merkel`s and who clearly had no track record in personal data protection when she got into office.

In terms of organizational structure, hierarchies are flat in most DPA offices in Germany. In most offices you'll find a number of divisions, each with varying numbers of staff, headed by a head of division. In the smaller DPAs (including the one in North Rhine-Westphalia, with a headcount of around 70 according to the organizational chart, which is probably the biggest on the state level since that state has most inhabitants), there is no additional layer, heads of divisions report directly to the Commissioner or in case of the temporary absence of the latter to the deputy. Only in the office of the Federal Commissioner and some State DPAs there is an additional layer between the heads of division and the Commissioners, the respective officers being referred to as heads of groups or departments (in the case of Berlin). At the office of the Federal Commissioner, there is also a stricter division between the roles of the Commissioner who has a more political agenda, and the Deputy or "Leading Civil Servant" who is more in charge of the internal management of the institution.

One distinctive feature of German DPAs as compared to DPAs in other countries is their internal organization. Traditionally, German DPAs have been organized alongside topics. *E.g.*, the Federal Commissioners Office used to consist of two "groups" with five to six divisions in each. Recently, after rapid growth in staff numbers, two more groups were added. Most divisions are responsible for data protection in certain areas, *e.g.* "Social Security and Health Services" or "Police and Intelligence Services". Each division has between 5 to 15 staffers of different career paths with most of them having a background in law. Those divisions are concerned with all supervisory activities in the respective field. This includes handling complaints, carrying out spot checks and investigations as well as advising on draft laws or IT projects in the area. In addition, one would also find some divisions with more cross-cut tasks, such as "European and International Affairs". Traditionally, there are also "IT-divisions" that deal with "Technological Data Protection and Data Security", normally staffed with IT specialists and computer scientists.

Recently, some DPAs have started to add other units and divisions with cross-cut tasks, such as legal services, enforcement (imposing fines and issuing orders). However, the topical organization is considered successful in pooling know-how on the respective areas. This is a significant difference compared to other countries where the internal structure follows the different activities of DPAs, *e.g.* control division, complaints handling division etc. For the sake of completeness it should also be mentioned that all DPAs have one or more central divisions that deal with internal matters such as personnel and the IT of the institution.

DPAs draft their own budgets, independent from the budgets of ministries. In some instances, the respective budget lines are included in the budget of the state parliament. In any event must the parliament approve of the budget and especially of any increases on personnel or other positions. Friendly relationships with political parties help a lot to facilitate the budget negotiations.

Since the process of appointing a DP commissioner in Germany is conducted in the political sphere, some incumbents have come from an activist background. Such Commissioners tend to understand their office not merely as the head of a supervisory authority but as a platform for campaigning in favor of data protection and privacy. These commissioners are approached most often by the media hoping they would make strong statements. However, other incumbents are more reluctant and pursue their offices in a more technical manner. Overall, promotion of personal data protection is an important task that all DPA must fulfill under the GDPR (see Article 57 para 1 lit. b).

Most commissioners have a law degree, as is the case with most civil servants in ministries and other bodies in the public administration in Germany. However, in recent years some Commissioners have been elected who graduated in computer sciences, i.a. the current Federal Commissioner Mr. Ulrich Kelber (who previously held the position of Secretary of State at the Federal Ministry of Justice).

The commissioners are free to recruit their own staff (although some gained this liberty only after the last round of amendments to the laws triggered by the European Court of law judgement and the GDPR). As was said for the commissioners, also most staff members have a background in law. However, German DPAs have begun early on to recruit also IT experts. The understanding is such that the tasks and responsibilities of a DPA can only be carried out effectively if this is done jointly by IT specialists and lawyers. Ideally, mixed teams would go on spot-checks or provide advice to controllers. One practical problem is posed by the fact that the private sector usually offers better salaries, mainly for IT experts. As with their bosses, most staffers have a very good knowledge of the subject matter and most of them are also very committed when it comes to personal data protection, seeing their job not just as some assignment but as a mission where they can actively promote and enforce fundamental rights. While this usually leads to good results in terms of performing their tasks and resolving their cases, it can be noted that in many German DPAs there is a certain lack of managerial skills. This has become more noticeable as the offices grow in size and number of staff.

7. Tasks and activities

Traditionally, three main areas of activities or tasks of German DPAs could be identified: Following up complaints, conducting investigations and advising on draft legislation, policies and IT projects. On top of that, educating the public and reaching out to data subjects as well as controllers has also been considered an important aspect of a DPA's work. Under the data protection regime that preceded the GDPR, legislators on both, national and state level had some leeway as to what tasks to include in the respective DP laws. While the former three tasks could be found in all laws, some laws defined extra activities or put an emphasis on outreach and education. In the northernmost German State, Schleswig-Holstein, the previous data protection act defined "service tasks" that the DPA had to conduct such as informing and advising citizens and providing professional training for controllers. To that end, an institution, the "Data Protection Academy" had been set up. In a separate regulation, the Schleswig-Holstein DPA was given the competence to issue "privacy seals" for IT products that are exemplary in terms of data protection compliance. A significant number of IT products were awarded with that seal, *e.g.* a web-based archiving system for documents.

When the GDPR fully entered into force, the tasks and responsibilities of DPA were prescribed conclusively for all DPAs in the EU. While most of the activities mentioned above could still be subsumed under the tasks prescribed in Article 57 GDPR, the issuing of privacy seals had to be stopped. Such seals are now regulated in the GDPR (Article 42, 43). Before further seals can be issued, coordinated criteria for the certification must be set up.

However, even under the GDPR, DPAs still enjoy some liberty when deciding what activities they want to use their financial resources and staff capacities on. Whilst the GDPR makes it clear that all complaints must be followed up on, DPAs can for example decide whether they want to focus on investigations or rather on providing advice and training for controllers.

8. Outlook

Although it could by no means have come as a surprise, given the two-year period since its enactment and the final entering into force, the GDPR overwhelmed the German DPAs. Only rarely had they managed to secure additional staff in advance. As a consequence, the existent staff had to deal with the sharp increase in complaints, requests for advice and data breach notifications. This made it virtually impossible to take on other tasks, such as on-spot checks and investigations that were not based on complaints. While in some quarters additional staff that was eventually agreed to be the respective parliaments helped to ease the situation, in other DPAs the situation remains tense. As a number of DPAs are struggling to meet their responsibilities in particular with regard to oversight in the private sector including all businesses in the region, the staff size of the Federal Commissioner has grown rapidly, although his office has only minor responsibilities vis-à-vis private sector entities. In some states there seems to be a growing fear that the Federal Commissioner might take over all or at least some of the responsibilities for the private sector. However, in order to do so, the constitution would need to be amended, and that can only be done with a two-thirds majority which is difficult to reach. In any event, the German DPAs will need to pool their resources more efficiently in order to better achieve their common goals. Personal data protection is in high demand, probably higher than ever. It must be hoped that the German DPAs will be given the resources and that they will muster the necessary strength to answer that demand. The answer should be threefold: exercising the supervisory powers including the new fines that can be much higher than before, promoting future instruments of data protection, such as privacy seals, data protection by design and reaching out to the public and in particular the digital natives.

References

ROSSNAGEL, Alexander (Hrsg.). Das neue Datenschutzrecht – Europäische Datenschutz--Grundverordnung un deutsche Datenschutzgesetze. 1. Aufl. Baden-Baden: Nomos, 2018.

SCHANTZ, Peter; WOLFF, Heinrich Amadeus. Das neue Datenschutzrecht – Datenschutz-Grundverordnung und Bundesdatenschutzgesetz in der Praxis. 1. Aufl. München: Beck, 2017.

SIMITIS, Spiros; DAMMANN, Ulrich; MALLMANN, Otto; REH, Hans-Joachim. Kommentar zum Bundesdatenschutzgesetz. 1. Aufl. Baden-Baden: Nomos, 1978.

Full Movement Beyond Control of Data: The Structure and Challenges Faced by the CNIL

Jean-Sylvestre Bergé

Introduction

The flows of people, goods and capital, which have considerably increased in recent history, are leading to crisis (*e.g.*, migrants, tax evasion, food safety), which reveal the failure to control them.

Much less visible, and not yet included in economic measurements, data flows have increased exponentially in the last two decades, with the digitization of social and economic activities.

A new space – Datasphere[1] – is emerging, mostly supported by digital platforms, which provide essential services reaching half of the world population directly. Their control over data flows raises new challenges and perspectives of data protection authorities and notably in France, of the CNIL[2].

Created in 1978, the *Commission Nationale Informatique et Libertés* (CNIL) is an independent administrative authority that exercises its functions with accordance to the French Data Protection Act of the 6th of January 1978, amended notably in 2004 and 2018. The European Union adopted in 1995 a directive aiming at approximating amongst the Member States the guaranteed protection to every person wherever in Europe their data

[1] J.-S. Bergé, S. Grumbach. The Datasphere and the Law: New Space, New Territories, Direito e mundo digital (eds. *M. Marinho and G. Ribeiro)*. In Revista Brasileira de Politicas Públicas, vol. 7 (3), december 2017, pp. III-XVII.

[2] Available at: <https://www.cnil.fr/>.

is being processed. A reform package on the data protection regime was presented in by the European Commission in January 2012. The General Data Protection Regulation (GDPR) was notably adopted in 2016[3] and is entered into force in 2018. The CNIL is a member of the Article 29 Data Protection Working Party (WP29)[4].

In this contribution, we consider the need and the difficulty for the CNIL to regulate the Datasphere as an emerging space and the different approaches followed notably in Europe.

We distinguish between three different very challenging situations[5]. We first consider data at rest, which is from the point of view of the location where data are physically stored (2.). We then consider data in motion, and the issues related to their combination (3.). Later, we investigate data in action, that is data as vectors of command of legal or illegal activities over territories, with impacts on economy, society as well as security, and raise governance challenges (4.). In a final section, we will examine the CNIL's ability to spawn in the face of these various challenges (5.).

1. Data at rest

Among one of the most relevant components of Datasphere are "personal data"[6] which are subject to extensive regulation not only in Europe but also in different parts of the world. Theoretically one could imagine that by setting rules on personal data one can (or should be able to) govern the Datasphere.

The first question that comes to the mind of a European continental lawyer is if a person owns his/her data? This brings us to analyse how, in

[3] Regulation (EU) 2016/679 of the European Parliament and of the Council of 27 April 2016 on the protection of natural persons with regard to the processing of personal data and on the free movement of such data, and repealing Directive 95/46/EC.

[4] Available at: <https://ec.europa.eu/newsroom/article29/news-overview.cfm>.

[5] For an analysis of these three different situations with a broader perspective (not limited to personal data), see J.-S. Bergé, S. Grumbach, V. Zeno-Zencovich, Datasphere, Data Flows beyond Control: Challenges for Law and Governance, (EJLC), *5 (2018) 144-178.*

[6] This is the definition provided by article 4 of the EU General Data Protection Regulation: "'personal data' means any information relating to an identified or identifiable natural person ('data subject'); an identifiable natural person is one who can be identified, directly or indirectly, in particular by reference to an identifier such as a name, an identification number, location data, an online identifier or to one or more factors specific to the physical, physiological, genetic, mental, economic, cultural or social identity of that natural person".

those legal systems, at the beginning of the 19th Century, the category of "personality rights" (name, reputation, image) started emerging[7]. When the first data protection laws are enacted towards the 1970s and 1980s it appeared natural, for continental lawyers to place "personal data" among personality rights.

But as one does not "own" one's name, one does not own entities even move impalpable as "personal data". One is reminded of Ulpian's golden maxim: "*Dominus nemo membrorum suorum videtur*" ("Nobody is the owner of one's limbs"). What the law confers upon individuals is the right to exclusive use and exploitation, and a series of remedies for unauthorized use and for injury.

The difficulty in applying traditional ownership models is evident considering that any digital entity – which is naturally composed of data – can be reproduced without limits rendering the idea of exclusivity modelled on the property of tangible objects quite an illusion[8]. Over the last 40 years, data protection laws have become increasingly complex. The GDPR and its various annexed pieces of legislation counts over 200 articles[9], of growing complexity[10].

[7] See G. Resta, Personnalité, Persönlichkeit, Personality. Comparative Perspectives on the Protection of Identity in Private Law, in *European Journal of Comparative Law & Governance*, 215 (2014).

[8] This view is expressed forcibly in Joshua A. T. Fairfield, *Owned. Property, Privacy, and the New Digital Serfdom*, Cambridge U.P. 2017.

[9] Regulation (EU) 2016/679 (cited at fn 4); Directive (EU) 2016/680 of the European Parliament and of the Council of 27 April 2016 on the protection of natural persons with regard to the processing of personal data by competent authorities for the purposes of the prevention, investigation, detection or prosecution of criminal offences or the execution of criminal penalties, and on the free movement of such data, and repealing Council Framework Decision 2008/977/JHA; Directive (EU) 2016/681 of the European Parliament and of the Council of 27 April 2016 on the use of passenger name record (PNR) data for the prevention, detection, investigation and prosecution of terrorist offences and serious crime. To these one must add the Proposal for a Regulation of the European Parliament and of the Council concerning the respect for private life and the protection of personal data in electronic communications and repealing Directive 2002/58/EC (Regulation on Privacy and Electronic Communications) (E-privacy Directive), COM (2017) 10 final.

[10] The implications of this normative over-growth have been clearly and convincingly set out by Bert-Jaap Koops. The Trouble with European Data Protection Law, Tilburg Law School Legal Studies Research Paper Series No. 04/2015. The abstract is sufficiently explicit: "The trouble with Harry, in Alfred Hitchcock's 1955 movie, is that he's dead, and everyone seems to have a different idea of what needs to be done with his body. The trouble with European data

Whatever may be the faint relationship with the traditional category of "personality rights" it is clear that once personal data enter the Datasphere they are mingled and mixed with zettabytes of other data making it practically impossible to track and control them. Metaphorically it is as if law of the sea were based on the principle of controlling every drop of water in the oceans according to its origin.

Surely individuals dispose only of a nominal entitlement, very cumbersome to enforce, because it may, in hypothesis, be possible to trace one of the many entities which process their data, but it is impossible to discover the hundreds of other databases in which they have been transferred and are used. It is therefore much more realistic to investigate the role of large entities, in the first place public bodies, that can exert a control over the bulk of personal data they collect and manage. But in these cases what is at stake is not "ownership" but a legally conferred right to collect, process and use that data.

Seen from the perspective of the Datasphere the continental European model is put to task, because whatever the nature of the rights individuals may have over their data, their enforceability appears to be, in most cases, illusory. Furthermore, the European model must compete with other, powerful models. First of all, the US one that, in practice, favours the extraction, by giant data companies, of the maximum of value from personal data. Therefore, one is not concerned so much of data belonging to individual, but of vast databases which are among the main components of the Datasphere. This approach appears to be much more appealing in those far-eastern systems where the founding block is not that of individual rights, but rather that of the general interest of the community[11].

protection law is the same. In several crucial respects, data protection law is currently a dead letter. The current legal reform will fail to revive it, since its three main objectives are based on fallacies. The first fallacy is the delusion that data protection law can give individuals control over their data, which it cannot. The second is the misconception that the reform simplifies the law, while in fact it makes compliance even more complex. The third is the assumption that data protection law should be comprehensive, which stretches data protection to the point of breaking and makes it meaningless law in the books. Unless data protection reform starts looking in other directions – going back to basics, playing other regulatory tunes on different instruments in other legal areas, and revitalizing the spirit of data protection by stimulating best practices – data protection will remain dead. Or, worse perhaps, a zombie."

[11] See D.L. Burk, Privacy and Property in the Global Datasphere, available at SSRN at https://papers.ssrn.com/sol3/papers.cfm?abstract_id=716862

The "personal data" model therefore appears to shrink in size, numerically and geographically.

The question therefore is if in the Datasphere certain traditional partitions of the law are still appropriate and functional, or if it is necessary to adopt a different, more dynamic, view also towards personal data seen in action, and in interaction.

2. Data in motion

The law is concerned with the question of the circulation of data in terms of the definition of the legal conditions of this circulation. A brief comparative overview suggests the following major elements at the European, national and international levels.

The general European Union system for the protection of personal data carries very high ambition to regulate the flow of data[12] and the specific national civil or criminal penalties for data leakage: the legal basis vary considerably from one area to another, depending on the nature of the data, the justification of its confidentiality or control[13].

The cross-border circulation of data poses specific problems of international law: public international law, whether to regulate these flows by international agreements or unilateral decisions of international scope (examples of decisions taken regarding transfer/sharing Transatlantic data: PNR[14],

[12] See in particular the GDPR (cited at fn. 4) and compare it with the French "Loi n° 2016-1321 du 7 octobre 2016 pour une République numérique" (Law for a Digital Republic) whose Part I is entitled: "The circulation of data and of knowledge".

[13] On this very ambivalent theme, see Ch. Lazaro and D. le Métayer, Control over Personal Data: True Remedy or Fairy Tale? (April 14, 2015), available at <https://arxiv.org/ftp/arxiv/papers/1504/1504.03877>.

[14] Circulation of PNRs is now regulated by Directive 2016/681. The EU has signed bilateral Passenger Name Record (PNR) Agreements with the United States, Canada and Australia. The EU has also signed a bilateral agreement with the US – Terrorist Finance Tracking Programme (TFTP) – regulating On the transfer of financial messaging data see the "Agreement between the European Union and the United States of America on the processing and transfer of Financial Messaging data from the European Union to the United States for the purposes of the Terrorist Finance Tracking Program" (in OJEU 27.7.2010, n. L 195). The Cour of Justice of the EU (ECJ, GC, 26 July 2017, Opinion 1/15) stated that the envisaged agreement with Canada on the exchange of PNRs is partially incompatible with the European Charter of Fundamental Rights.

Safe Harbour[15], Privacy Shield[16]); private international law (determination of the law applicable to the data circulating and the competent judge to settle any dispute relating thereto[17]); transnational law (the current joint ELI-ALI feasibility study on "Principles for a Data Economy)[18].

The total circulation beyond control of data is a phenomenon of great amplitude, which may be of a nature to grasp the law in its most varied constructions.

In an essentially exploratory way, it is interesting to lay the groundwork for a reflection on the legal nature of the phenomenon which could be carried out from a comparative perspective, in national, international and European law.

Here are the first points.

The phenomenon is rather a fact than a legal act[19]: essentially realized through a sequence of events (what lawyers call a legal fact) without their voluntary nature (what lawyers call a legal act) being required (since, by hypothesis, the circulation escapes the will of all actors).

This phenomenon is necessarily complex, it involves stakeholders at different levels, all highly interdependent, with subtle retroactions, therefore relating to "complex systems".

It is mainly concerned with mass flows, whether directly or indirectly caused by human's activity, which reach their own autonomy. This approach

[15] The Decision 2000/520 was adopted by the Commission on the legal basis of Article 25(6) of Directive 95/46 to allow the transfer of personal data from Europe to US which was considered as a "safe harbor". This decision was voided by the ECJ in the famous Schrems case (ECJ, 6 Oct. 2015, Case C-362/14) in consideration of the lack of protection of personal data in US.

[16] See the Commission Implementing Decision (EU) 2016/1250 of 12 July 2016 pursuant to Directive 95/46/EC of the European Parliament and of the Council on the adequacy of the protection provided by the EU-U.S. Privacy Shield. For a comparison of the US and EU systems in this field, see notably D. Svantesson, D. Kloza (eds), Trans-Atlantic Data Privacy Relations as a Challenge for Democracy, Intersentia, 2017. ; R. A. Miller (ed.), Privacy and Power. Transatlantic Dialogue in the Shadow of the NSA-Affair, Cambridge University Press, 2017.

[17] See for example, ECJ, 25 October 2011, eDate Advertising GmbH and Olivier Martinez, Cases C-509/09 and C-161/10.

[18] See the presentation at: <http://www.europeanlawinstitute.eu/projects/current-projects-feasibility-studies-and-other-activities/feasibility-studies/feasibility-studies-contd/article/feasibility-study-data-economy-together-with-the-american-law-institute-ali-1/?tx_ttnews%5BbackPid%5D=208862&cHash=ac9963de6ea0305bd94c0a8f7b444101>

[19] For an analysis of the circulation of the credits through contract, see F. Carnelutti, Teoria giuridica della circolazione, Cedam, Padova, 1933, esp. p. 72.

by the existence of the mass, questions the law. The legal regime of the mass could be different from the legal regime of the data, seed as single entities. It is certain that the legal treatment of the data in itself (according to its characteristics) does not exhaust the more general question of the legal regime of a mass of data. The treatment of mass can also be considered as such as a different object for the law. For example, the treatment of the mass of data by the "big data" perspective could coexist with the legal treatment of the individual data. The situation is the same with the approach of the mass of data by the "common good" concept (as air, water, high sea, etc.) which could cohabit with the question of the ownership of an individual data The treatment of mass can also be considered as such.

This phenomenon has a value (economic approach). This value can be the support of transactions (contracts) and of an organization (branch/ network). In the ordinary course, it is considered that the movement of persons or goods falls within the legal category of services (any contract of transport is a service contract). This category does not refer immediately to traffic but to the legal act which organizes it. It does not make it possible to account for the phenomenon that interests us here (by hypothesis, no contract governs total circulation beyond control). The question to be investigated then arises as to whether it is useful to speak of goods. This hypothesis questions the nature of the property and therefore its legal regime: an immaterial good (*res incorporales*), an abandoned good (*res derelictae*), likely to receive the qualification of a common good (*res communes*).

The phenomenon raises questions about the level of intervention required: individual or collective (both naturally but with a strong ascendant for collective intervention given the magnitude of the phenomenon) and especially private (each private agent deals with cases (public intervention: a State or a transnational corporation that unites a community of actors).

All of these issues can be addressed in very different legal environments. Questions on the legal nature of flows will be mainly considered at a national level. On these difficult subjects, which are closely linked to the categories of private law, it is difficult to reach a consensus at an international or European level. Questions relating to the existence of a new space, new relations to territories and possible common goods are clearly at the international level. But Europe often manages to define solutions before they even penetrate the spheres of international law. It is therefore important to rely on the dialectical game between international and European law to try to advance legal actions[20].

Total circulation beyond control does not necessarily call for legal intervention. If one compares this circulation with natural circulation (natural circulation of solids, liquids, gases in the traditional spheres of earth sciences: hydrosphere, lithosphere, atmosphere), the law can remain largely foreign to the phenomenon and intervene only in, for example, a tornado described as force majeure, a watercourse that alters a boundary, etc.

An important point of difference, however, is that the situations are not perfectly comparable. Data flow beyond control has a human origin, which cannot be treated as a natural phenomenon, for if it produces effects, humans may be held accountable[21]. Of course, this phenomenon has a strong collective dimension (even if it does not exclude individual acts). But it does call for two possible levels of intervention.

First, the phenomenon of total circulation beyond control can be understood as a risk that requires the involvement of risk management mechanisms. If the private mechanisms (internalization and socialization of risk by a simple internal calculation of costs and their assumption of responsibility) suffice to reduce it, then the law does not have to intervene. If not, public intervention is needed: sanctions/reparation (criminal law, civil law), socialization/metallization (compulsory insurance, creation of guarantee funds); risk management could justify hitherto unsuccessful policies on the taxation of data flows; all this presupposes a prior measurement of the risk, its characterization and therefore, at the first level, the recognition and definition of the total circulation of data beyond control.

Second, while the risks of full movement beyond control of data can be observed, it appears to be what is called an "invisible risk"[22]. One can apply to this phenomenon the reflections presented over the last forty years

[20] See M. Burri, The Regulation of Data Flows through Trade Agreements, 48 Georgetown J. Int'l L. 407 (2016).

[21] For a broader approach of these phenomena, see J.-S. Bergé, Total circulation: phenomena that escape the control of humanity (1/2), available at https://theconversation.com/total-circulation-phenomena-that-escape-the-control-of-humanity-79458.

[22] See J.-S. Bergé, Full Movement Beyond Control and Environmental Governance: Taking Silent Risk Seriously in A. Cubero and P. Masbernat (ed.), Protección del Medio Ambiente. Fiscalidad y otras medidas del Derecho al Desarrollo / Comparative Environmental Taxation & Regulation in the Framework of the Right to Sustainable Development – UAChile – USevilla – Thomson Reuters, 2019, pp. 155-167.

on the existence of a new geological era – the Anthropocene[23] – which would follow existing era: the Holocene. Both are marked by circulation phenomena that largely escape the control of man. Therefore, a connection could be established between these analysis and the largely ignored question of the total circulation of data produced by man and extending beyond his control. Among the aspects that should be attentively examined are those related to risk management of a global nature[24].

3. Data in action

An exchange of data is often associated to an exchange in the physical world. It is clearly the case for activities carried on digital platforms by users seeking goods or services, supported in particular by e-commerce as well as service platforms, such as those offering access to facilities for instance. Digital platforms are the main players of the Datasphere, they ensure a role of increasing importance, that results remotely on actions over territories. These actions have not only an economic impact; they also contribute to enforce new norms, and as such contribute to new forms of governance. They also concentrate an increasing share of the data available over any territory.

Digital platforms started to emerge as new actors in the mid 1990's. The first platforms were search engines, which revolutionized the access to knowledge, and e-commerce platforms, which deeply affected selling modes, followed later by social networks, which transformed interactions between actors as well as access to, and production of information. They

[23] P.J. Crutzen, E. F. Stoermer, The "Anthropocene", *IGBP Newsletter*, 2000, p. 17; for a recent reappraisal which looks at the most critical issues see J. Davies, The Birth of the Anthropocene, U. California Press, 2016.

[24] The EU 2008/114 Directive "on the identification and designation of European critical infrastructures and the assessment of the need to improve their protection" defines (at article 2) a 'critical infrastructure' as " asset, system or part thereof located in Member States which is essential for the maintenance of vital societal functions, health, safety, security, economic or social well-being of people, and the disruption or destruction of which would have a significant impact in a Member State as a result of the failure to maintain those functions". One could suggest that also data should fall within such definition by extending the scope of Recital 19 according to which "Information sharing regarding ECIs should take place in an environment of trust and security. The sharing of information requires a relationship of trust such that companies and organisations know that their sensitive and confidential data will be sufficiently protected."

offered extremely efficient and innovative solutions to traditional problems, such as finding information, connecting with others.

The main activity of platforms is to offer intermediation services in two-sided markets[25], that is markets with, on one side, producers of goods or services, and on the other side, their consumers. Platforms intermediate between producers and consumers and connect them. Apartment rentals or ride hailing services constitute good examples of such applications. The interaction between both sides of a market and a platform is exclusively digital: they only exchange data such as identity or payment information through applications and online portals. Thus, platforms tend to be able to scale quickly.

The example of Uber, which defines itself as a data company and not a ride-hailing service provider, illustrates the independence of platforms from specific infrastructures.[26] The company neither possesses cars nor hire drivers. Uber can easily target all the markets throughout the world, and abstract itself from a specific territory. Even if some platforms may rely on a more heavy infrastructure to deliver goods (the examples are prepared food delivery services such as Foodora or Deliveroo) or to gather customers for instance, all platforms rely on a set of digital procedures or algorithms which handle a problem most people face independently of the landscape of a specific territory. The numerous conflicts between platforms and local labour or business regulations for instance derive from this abstraction[27].

Platforms are creating ecosystems. They increase their abstraction from specific constraints, and provide basic services that can be used by third parties to offer their services. This is very close to what governments do by ensuring essential services, water, energy, communication, etc. to serve both individuals as well as corporations, to develop other services. No assumption is made on how the initial essential service is used. Even when platforms seem to target a specific market, they generate data that

[25] J-C. Rochet, J. Tirole, Platform Competition in Two Sided Markets, 2003 *Journal of the European Economic Association*, 1(4), 990.

[26] The literature on Uber is, by now, much too vast to be even summarized. For a few starting points see K. M. Wyman, Taxi Regulation in the Age of Uber, 20 N.Y.U. J. Legis. & Pub. Pol'y 1 (2017); R. Calo, A. Rosenblat, The Taking Economy: Uber, Information, and Power, n.6, 117 Columbia L. Rev. (2017).

[27] See K. Cunningham-Parmeter, From Amazon to Uber: Defining Employment in the Modern Economy, 96 Boston U. L. Rev. 1673 (2016)

allow them to become basic infrastructures for the development of other services. Transportation applications, for example, possess data on traffic jam or the state of the roads, which are necessary to understand the flows of people throughout cities and optimize resources consumption or quality of life. As such, they have turned out to be at the same time necessary partners and potential opponents to local governments.

Platforms have become so widely used that they offer essential services, without which our societies would hardly function anymore. They have so many users that the rules they impose on their favourite playing field, shake the course of world[28]. The debate around labour laws or the role of platforms in surveillance programs are only two examples of their importance. In a way, platforms govern users for instance, they influence who they connect with, the information they access but their governance departs from the traditional state based one as they do not rely on a heavy vertical bureaucracy and visible demonstrations of power. On the contrary, digital governance is based on almost invisible reticular data collection procedures and incentives.

Clearly, platforms have shifted governance. Everywhere, legacy actors try to take inspiration from them. Nonetheless, the respective role of platforms and legacy actors is yet under elaboration as proved by current conflicts and negotiation around the place of platforms. Different scenarios could be deployed at different places and we now try to depict them.

To a certain extent, platforms rely on the same material as modern governments: data. Statistics is the art of modelling the "things of states" with the appropriate mathematical tools, in order to influence them are a central tool or modern governing[29]. So are data, which feed statistics[30]. Statistics allow a new political rationality based on norms. It defines normal life expectancy, unemployment rates, etc. and influences political action to guide behaviours towards these norms. During the last two centuries, the capacity of governments to obtain precise knowledge of their population has regularly been upgraded, with increasingly detailed censuses and technological improvements such as the digitization of census in the

[28] K.J. Boudreau, A. Hagiu, Platform Rules: Multi-Sided Platforms as Regulators, in A. Gawer (ed.) *Platforms, Markets and Innovation*, Elgar, 2009, 163.

[29] M. Foucault, Security, Territory, Population, Springer, 2007.

[30] A. Desrosieres, The Politics of Large Numbers: A History of Statistical Reasoning, Harvard U.P., 1999.

1940's for instance. The raise of life quality and expectancy is a direct benefit of data collection and processing which support public health policies for instance.

Two important trends characterize the evolution of data driven governments nowadays. Firstly, the decline of the state supremacy in the control of data existing in its territory. The management of very detailed maps of the territory, augmented with all sorts of data on activities, economic, transportation, etc. and including pictures constitute a good example of the rise of platforms in the knowledge of the activity of the territory of a temporal accuracy unmatched by governments[31]. Their relative share of such data has thus declined continuously since the turn of the Millennium. Secondly, the increasing political request for transparency and accountability of government, which implies more openness of administration data, and continuous evaluation of public action. This constitutes a complete change in the principles of public data management, which were closed by design.

The globalisation of the world economy, which resulted from the implementation of the principles of a liberal economy, facilitated the movement of people, goods and capital. It gave increasing facilities to private corporations to expand globally, while decreasing the power of governments. Free movements of goods and capital constrained governments to adopt local rules that compete at a global scale. Such a competition progressively changed the political balance between concrete factual data and abstract political principles[32]. Numbers have acquired an increasing political legitimacy, at the same level as political principles, which lead various political scientists to speak about "governance by numbers"[33].

The second trend, which is also calling for more data, is the desire to have more transparency and accountability of public action. Political sys-

[31] I. R. de Siqueira, C. C. Leite, M.J. Beerli, Powered and Disempowered by Numbers: Data Issues in Global Governance, in 23 Global Governance 27 (2017)

[32] Ostrom, E., *Governing the Commons*, Cambridge University Press, 2015.

[33] A. Supiot, La gouvernance par les nombres. Cours au Collège de France 2012-2014, Fayard,, 2015; G. Verschraegen, Fabricating Social Europe: From Neocorporatism to Governance by Numbers, in The Evolution of Intermediary Institutions in Europe, Springer, 2015, p. 101; H. K. Hansen, T. Porter, What Do Big Data Do in Global Governance?, 23 Global Governance 31 (2017). There is an increasing amount of literature which is extremely critical towards public use of big data: *e.g.* C. O'Neil, Weapons of Math Destruction: How Big Data Increases Inequality and Threatens Democracy, Crown, New York, 2016

tems of Western democracies, as well as other political systems, are under the pressure of public opinion for an increased efficiency and reliability in the political sphere. Pierre Rosanvallon speaks of "counter-democracy", that is new forms of democratic powers, taking shape "in the age of distrust"[34]. He distinguishes three counter democratic powers: oversight, prevention and judgment that strongly rely on a new "utopia" of transparency. Therefore, evaluating public policies, and making public administration data open to the citizens are new political trends that governments have to take into account[35].

A tricky game is taking place between platforms and governments on the control over personal data, with subtle trade-offs related to national security and trust.

Platforms maintain a direct link with their users and are a portal to services, users and data. The direct link is fundamental in order not to lose data to other parties. Size matters for platforms, whose value follow a law "*à la Metcalfe*", with a quadratic dependency on the number of users[36]. The more users a platform has the more data it will get and the more attractive it will be, considering it is able to handle a large number of users. The necessity to possess a huge population of users may explain why there is a dominant platform which emerges in each sector. Indeed, to fully be a gatekeeper, a platform benefits from an essentially monopolistic position. As a platform becomes monopolistic, it gains enormous power and may conflict with public administrations.

Especially when it concerns the relationship between a community and a territory one can see the growing governance role of private platforms. The most obvious example is that of the many mobility platforms which suggest the fastest route to reach a certain destination or the choice between various means of transportation. The same can be said of those applications which suggest places, neighbourhoods, towns where it is more likely to find people with the same interests. The governance role is present not only in short term individual decisions. Inasmuch as they build

[34] P. Rosanvallon, Certain Turns of Modernity in Democratic Theory. In *Democratic Theorists in Conversation*. Palgrave, 2014.

[35] And for further issues see J. Collmann, S. A. Matei (eds), Ethical Reasoning in Big Data: An Exploratory Analysis, Springer, 2016.

[36] J. Hendler, J. Golbeck, Metcalfe's law, Web 2.0, and the Semantic Web, in 6 *Web Semantics: Science, Services and Agents on the World Wide Web*, 2008, 14.

behavioural patterns, they have long term social effects, influencing future choices[37].

In this line of long-lasting influence one can find the impact that platforms have on housing, health-care and educational choices; or on individual financial investments. The reliability of the information that is offered, and which orients choices, is a result of the quality of the data processed and of the tools which are used in managing the Datasphere.

4. CNIL's ability to spawn in the face of these various challenges

Are the three challenges presented above within the reach of a national authority such as the CNIL?

This is not a trial of this famous institution. The CNIL has done a remarkable job since its pioneering inception. And it has largely brought the protection of personal data into its European dimension.

The main point is how an independent national public authority like the CNIL could face the many challenges of the Datasphere?

Let us start by recalling some figures. The CNIL has 200 employees (including 80 IT specialists and 80 lawyers). Its annual budget is 18 million euros (15 million euros being devoted to staff costs). In its activity report for 2018[38], it is specified that the CNIL has received more than 11,000 complaints. This figure, which has increased very significantly (+32%), is the direct consequence of the entry into force of the GDPR. Over the same period, it carried out 310 inspections and imposed 11 financial penalties.

Let us compare Google's situation. In 2018, its annual turnover was $136 billion. Nearly 800,000 requests for dereferencing ("right to be delisted") have been submitted to it in Europe since 2014.

Finally, the last point of comparison: in January 2019, the CNIL sentenced Google to a record fine of 50 million euros.

[37] The issue falls within the growing request for "algorithm accountability": see the seven principles set out by the American Association for Computing Machinery (12.1.2017) "To Foster Algoritmic Transparency and Accountability", available at (https://www.acm.org/binaries/content/assets/public-policy/2017_usacm_statement_algorithms.pdf). For further refernces see A. Vedder, L. Naudts, Accountability for the Use of Algorithms in a Big Data Environment, 31 Int'l Rev. Law, Comp. Tech. 206 (2017) ; A. Rosenblat, T. Kneese, D. Boyd, Algorithmic Accountability, (17.3.2014) , available at https://datasociety.net/pubs/2014-0317/AlgorithmicAccountabilityPrimer.pdf

[38] https://www.cnil.fr/sites/default/files/atoms/files/cnil-39e_rapport_annuel_2018.pdf

In the light of these considerable differences, we are convinced that approaches must be changed.

Rather than starting from an illusion of control (the term "control" is used 223 times in the GDPR!), we must reverse the perspectives.

It must be recognized that data flow evolves in a general context of loss of control.

The question is no longer who controls what. The question is who bears the loss of control.

Actors as different as an individual, a GAFAM or a national authority such as the CNIL are all in the same position from this point of view!

La Agencia Española de Protección de Datos: Un Estudio Breve sobre su Naturaleza Jurídica, su Régimen Jurídico y su Estructura Tanto Estatal como Autonómica

Salvador Morales Ferrer

Introducción

La creación de la Agencia de Protección de Datos (AEPD) se produjo mediante la Ley Orgánica 5/1992, de 29 de octubre, de Regulación del Tratamiento Automatizado de los Datos de Carácter Personal[1],que contenía su diseño institucional básico, determinando sus funciones, órganos y régimen jurídico, por lo que fue un avance jurídico en el ámbito del legislador español y además establecía los límites en el uso de la informática, así como la Protección de Datos. Por lo que, Ley Orgánica 5/1992 desarrollaba el artículo 18.4[2]de la Constitución Española, este artículo se incardina en un precepto dedicado a la protección de la intimidad de los ciudadanos. Posteriormente, desde el ámbito de la Unión Europea, la Directiva 95/46/CE del Parlamento Europeo y del Consejo relativa a la protección de las personas físicas en lo que respecta al tratamiento de datos personales y a la libre circulación de estos datos[3], llego a rellenar el vacío existente en la

[1] Ley Orgánica 5/1992, de 29 de Octubre, de regulación de Tratamiento automatizado de Datos de Carácter personal. Jefatura del Estado. (BOE) Madrid. N. Boletín 262, pps. 37033-37045 <http://www.boe.es>. Buscar Documento BOE-A-1992-24189-BOE.es (Disposición Derogada).

[2] Constitución Española. (2003). Edición Especial. Editorial Aranzadi S.A. (Navarra). p.75, en su artículo 18.4 señala: "La ley limitará el uso de la informática para garantizar el honor y la intimidad personal y familiar de los ciudadanos y el pleno ejercicio de sus derechos".

[3] Directiva 95/46/CE del Parlamento Europeo y del Consejo relativa a la protección de las personas físicas en lo que respecta al tratamiento de datos personales y a la libre circulación

legislación comunitaria respecto de la protección de los datos personales. Por lo que, llegado el Siglo XXI el legislador español legisló la Ley Orgánica 3/2018, de 5 de diciembre de Protección de Datos Personales y garantía de derechos digitales[4] (LOPD), uniéndose con el legislador europeo mediante el Reglamento (UE) 2016/679, de 27 de abril de 2016, General de Protección de Datos (RGPD)[5]. Por otra parte, el legislador español conservo los Estatutos de la (AEPD), mediante el Real Decreto 428/1993. de 26 de marzo. por el que se aprueba el Estatuto de la Agencia de Protección de Datos[6]. Con el presente artículo se pretende realizar un análisis descriptivo en los efectos jurídicos tanto de las distintas normas de protección de datos, hasta la actualidad haciendo especialmente hincapié en la (AEPD) española respecto a su naturaleza jurídica, su régimen jurídico, estructura estatal y autonómica. El artículo está configurado de la siguiente forma: su introducción que aclara la fundamentación de la (AEPD), sus los antecedentes históricos de las distintas normas de protección de Datos y a la vez analiza la naturaleza jurídica de la (AEPD) española y, también aclara el régimen jurídico de la (AEPD) española. Al mismo tiempo, trata sobre el sistema financiero y presupuestario de la (AEPD) española, y esboza la estructura de la (AEPD) española, porque al mismo tiempo trata sobre las medidas cautelares aplicables al Consejo Consultivo de la (AEPD) española y, por último, analiza las funciones de las autoridades autonómicas de protección de datos y su función que ejercen.

de estos datos Publicado en DOCE Nº21, pps. 31-51. <http://www.boe.es>. Buscar Documento DUE-L-1995-81678. BOE.es (Disposición Derogada).

4 Ley Orgánica 3/2018, de 5 de diciembre de Protección de Datos Personales y garantía de derechos digitales. Boletín Oficial del Estado (BOE) Madrid. N. Boletín 294, pps. 119788-119857. <http://www.boe.es>. Buscar BOE-A-2018-16673. BOE.es.

5 Reglamento (UE) 2016/679 del Parlamento Europeo y del Consejo de 27 de abril de 2016 relativo a la protección de las personas físicas en lo que respecta al tratamiento de datos personales y a la libre circulación de estos datos y por el que se deroga la Directiva 95/46/CE (Reglamento general de protección de datos). <https://www.boe.es/doue/2016/119/L00001-0088.pdf>.

6 Real Decreto 428/1993. de 26 de marzo. por el que se aprueba el Estatuto de la Agencia de Protección de Datos. Ministerio de Relaciones con las Cortes y la Secretaria del Gobierno. (BOE) Madrid. N. Boletín 106, pps. 13244 -13250. <http://www.boe.es>. Buscar Documento BOE-A-1993-11252-BOE.es.

1. Antecedentes Jurídicos de la Agencia de Protección de Datos

La Ley Orgánica 15/1999, de 13 de diciembre, de Protección de Datos de Carácter Personal[7], (LOPD) en su artículo 35 enunciaba: "La Agencia de Protección de Datos es un ente de derecho público, con personalidad jurídica propia y plena capacidad pública y privada, que actúa con plena independencia de las Administraciones públicas en el ejercicio de sus funciones. Se regirá por lo dispuesto en la presente Ley y en un Estatuto propio, que será aprobado por el Gobierno", al mismo tiempo, el Real Decreto 428/1993. de 26 de marzo. por el que se aprueba el Estatuto de la Agencia de Protección de Datos[8] que aprueba el régimen estatutario en su artículo 1 señala: "La Agencia de Protección de Datos es un ente de Derecho público de los previstos en el artículo 6, apartado 5. del texto refundido de la Ley General Presupuestaria. aprobado por Real Decreto legislativo 1091/1988, de 23 de septiembre. que tiene por objeto la garantía del cumplimiento y aplicación de las previsiones contenidas en la Ley Orgánica 5/1992, de 29 de octubre, de Regulación del Tratamiento Automatizado de los Datos de Carácter Personal.", por lo que se debe enlazar con esta legislación mediante el Real Decreto legislativo 1091/1988, de 23 de septiembre. que tiene por objeto la garantía del cumplimiento y aplicación de las previsiones contenidas en la Ley Orgánica 5/1992, de 29 de octubre, de Regulación del Tratamiento Automatizado de los Datos de Carácter Personal[9]. en su artículo 6 apartado 5 manifiesta: "1. Son Sociedades estatales a efectos de esta Ley: 5. El resto de Entes del sector público estatal no incluidos en este artículo ni en los anteriores, se regirá por su normativa específica", por tanto, es un ente público la (AEPD) española. Por lo que, en su marco jurídico de la Agencia de Protección de Datos se

[7] Ley Orgánica 15/1999, de 13 de diciembre, de Protección de Datos de Carácter Personal. Boletín Oficial. Jefatura del Estado. (BOE) Madrid. N. Boletín 298, p. 43095. <https://www.boe.es/buscar/pdf/1999/BOE-a-1999-23750-consolidado-pdf>.

[8] Real Decreto 428/1993. de 26 de marzo. por el que se aprueba el Estatuto de la Agencia de Protección de Datos Boletín Oficial. Ministerio de Relaciones con las Cortes y la Secretaria del Gobierno. (BOE) Madrid. N. Boletín 106, pps.13244-13250. <http://www.boe.es>. Buscar Documento BOE-A-1993-11252-BOE.es.

[9] Real Decreto legislativo 1091/1988, de 23 de septiembre, que tiene por objeto la garantía del cumplimiento y aplicación de las previsiones contenidas en la Ley Orgánica 5/1992, de 29 de octubre, de Regulación del Tratamiento Automatizado de los Datos de Carácter Personal. Ministerio de Economía y Hacienda. (BOE) Madrid. N. Boletín 234, p. 28406. <http://www.boe.es>. Buscar Documento BOE-A-1988-22572. BOE.es.

regía en la Ley Orgánica 5/1992, de 29 de Octubre, de regulación de Tratamiento automatizado de Datos de Carácter personal[10] puesto que en su artículo 2 .1 Párrafo 1º señalaba: "La presente Ley será de aplicación a los datos de carácter personal que figuren en ficheros automatizados de los sectores público" y, al mismo tiempo el Real Decreto 1332/1994, de 20 de junio, por el que se desarrolla determinados aspectos de la Ley Orgánica 5/1992, de 29 de octubre, de regulación de tratamiento automatizado de los Datos de Carácter Personal[11], será efectiva mientras como menciona no sea contraría a Ley Orgánica 15/1999, de 13 de diciembre, de Protección de Datos de Carácter Personal[12], (LOPD) como menciona en su disposición transitoria tercera: "Hasta tanto se lleven a efectos las previsiones de la disposición final primera de esta Ley, continuarán en vigor, con su propio rango, las normas reglamentarias existentes y, en especial, los Reales Decretos 428/1993, de 26 de marzo[13]; 1332/1994, de 20 de junio[14]" ambos anteriormente citados por lo que estaban subordinados a la (LOPD). Por lo que, desde sus inicios la Agencia de Protección de Datos fue un ente de carácter público.

[10] Ley Orgánica 5/1992, de 29 de Octubre, de regulación de Tratamiento automatizado de Datos de Carácter personal. Jefatura del Estado. (BOE) Madrid. N. Boletín 262, p. 37039. <http://www.boe.es>. Buscar Documento BOE-A-1992-24189-BOE.es (Disposición Derogada).

[11] Real Decreto 1332/1994, de 20 de junio, por el que se desarrolla determinados aspectos de la Ley Orgánica 5/1992, de 29 de octubre, de regulación de tratamiento automatizado de los Datos de Carácter Personal. Ministerio de Justicia e Interior. (BOE) Madrid. N. Boletín 147, pps. 19199-19203. <http://www.boe.es>. Buscar Documento BOE-A-1994-14121-BOE.es.

[12] Ley Orgánica 15/1999, de 13 de diciembre, de Protección de Datos de Carácter Personal. Boletín Oficial. Jefatura del Estado. (BOE) Madrid. N. Boletín 298, p. 43099 <https://www.boe.es/buscar/pdf/1999.BOE-A-1999-23750-consolidado-pdf>.

[13] Real Decreto 428/1993. de 26 de marzo. por el que se aprueba el Estatuto de la Agencia de Protección de Datos Boletín Oficial. Ministerio de Relaciones con las Cortes y la Secretaria del Gobierno. (BOE) Madrid. N. Boletín 106, p.13245. <http://www.boe.es>. Buscar Documento BOE-A-1993-11252-BOE.es.

[14] Real Decreto 1332/1994, de 20 de junio, por el que se desarrolla determinados aspectos de la Ley Orgánica 5/1992, de 29 de octubre, de regulación de tratamiento automatizado de los Datos de Carácter Personal. Ministerio de Justicia e Interior. (BOE) Madrid. N. Boletín 147, pps. 19199-19203. <http://www.boe.es>. Buscar Documento BOE-A-1994-14121-BOE.es.

2. La Naturaleza Jurídica de la Agencia de Protección de Datos tras la Promulgación Ley Orgánica 3/2018, de 5 de diciembre de Protección de Datos Personales y garantía de derechos digitales

En este sentido, inicialmente cabe mencionar el Proyecto de Ley Orgánica de Protección de Datos de Carácter Personal en su artículo 44.1[15] que manifestaba: " La Agencia Española de Protección de Datos es una autoridad administrativa independiente de ámbito estatal, de las previstas en la Ley 40/2015, de 1 de octubre, de Régimen Jurídico del Sector Público, con personalidad jurídica y plena capacidad pública y privada", por tanto el legislador pensó dar un mayor uso a la Agencia Española de Protección de Datos (AEPD) primeramente por ser independiente de la autoridad administrativa estatal y, con plena capacidad jurídica pública y privada. De esta forma, quedo plasmado en la Ley Orgánica 3/2018, de 5 de diciembre de Protección de Datos Personales y garantía de derechos digitales[16] en su artículo 44 al señalar: "1. La Agencia Española de Protección de Datos es una autoridad administrativa independiente de ámbito estatal, de las previstas en la Ley 40/2015, de 1 de octubre, de Régimen Jurídico del Sector Público, con personalidad jurídica y plena capacidad pública y privada, que actúa con plena independencia de los poderes públicos en el ejercicio de sus funciones. Su denominación oficial, de conformidad con lo establecido en el artículo 109.3 de la Ley 40/2015, de 1 de octubre, de Régimen Jurídico del Sector Público, será «Agencia Española de Protección de Datos, Autoridad Administrativa Independiente» Se relaciona con el Gobierno a través del Ministerio de Justicia. 2. La Agencia Española de Protección de Datos tendrá la condición de representante común de las autoridades de protección de datos del Reino de España en el Comité Europeo de Protección de Datos 3. La Agencia Española de Protección de Datos y el Consejo General del Poder Judicial colaborarán en aras del adecuado ejercicio de las respectivas competencias que la Ley Orgánica 6/1985, de 1 julio, del Poder Judicial, les atribuye en materia de protección de datos personales en el ámbito de la Administración de Justicia", por lo que la norma

[15] Congreso de los Diputados. Boletín Oficial de las Cortes Generales. XII Legislatura. 9 de Octubre de 2018. Núm.13-3, p.29. <www.congreso.es/public_oficiales/L12/CONG/A/BOCG-12-A-13-1PDF>.

[16] Ley Orgánica 3/2018, de 5 de diciembre de Protección de Datos Personales y garantía de derechos digitales. Boletín Oficial del Estado (BOE) Madrid. N. Boletín 294, p. 11981. <http://www.boe.es>. Buscar BOE-A-2018-16673. BOE.es.

atiende al Proyecto de la Ley de Protección de Datos respecto a la Agencia de Española de Protección de Datos (AEPD), no obstante como tiene personalidad Jurídica propia y plena capacidad pública y privada se debe atender a la Ley 40/2015, de 1 de octubre, de Régimen Jurídico del Sector Público[17] así cabe mencionar el artículo 2.2 que señala:" 1. La presente Ley se aplica al sector público que comprende: a) Cualesquiera organismos públicos y entidades de derecho público vinculados o dependientes de las Administraciones Públicas", por lo que cabe destacar que es independiente de la autoridad administrativa estatal, pero relacionándose con el Ministerio de Justicia al hilo cabe mencionar al autor Gamero[18] que manifiesta: "habría de someterse cada entidad, invariablemente y en todo caso: las entidades instrumentales del Sector Público Por eso parece acertado afrontar el asunto con este enfoque funcional, atendiendo a la naturaleza de la actividad desempeñada", por lo que la normativa aplicable es la adecuada a la Agencia de Protección de Dato. Por otro lado, cabe mencionar la Sentencia del Tribunal de Justicia de Cataluña[19] en sus Fundamentos de Derecho Quinto menciona: "Ya se ha dicho que la norma configura del sector público", en si lo que atiende la Sentencia es al régimen del Sector Público referente a la (LPD). Por otro lado, Como indica la Ley Orgánica 3/2018, de 5 de diciembre de Protección de Datos Personales y garantía de derechos digitales[20] 44.1:" Su denominación oficial, de conformidad con lo establecido en el artículo 109.3 de la Ley 40/2015, de 1 de octubre, de Régimen Jurídico del Sector Público[21], será «Agencia Española de Protección de Datos, Autoridad Administrativa Independiente»", por lo que se tiene que acudir a la Ley 40/2015, de 1 de octubre, de Régimen Jurídico

[17] Ley 40/2015, de 1 de octubre, de Régimen Jurídico del Sector Público. Jefatura del Estado. Boletín Oficial del Estado (BOE) Madrid. N. Boletín 236, p. 15 <http://www.boe.es>buscar/act.php?id=BOE-A-2015-10566>. BOE.es.

[18] Gamero Casado, Eduardo (2018) (nª189). "¿El "retorno" al derecho administrativo?: manifestaciones en las leyes de procedimiento, régimen jurídico y contratos del sector público. Revista Española de Derecho Administrativo. Editorial Civitas Madrid. p.15.

[19] Sentencia del Tribunal de Justicia de Cataluña (Sala de lo Social, Sección 1º) (Ponente: IIlmo. Sr. D Adolfo Matías Colino Rey) JUR 2019/95696.

[20] Ley Orgánica 3/2018, de 5 de diciembre de Protección de Datos Personales y garantía de derechos digitales. Boletín Oficial del Estado (BOE) Madrid. N. Boletín 294, p.119818. <http://www.boe.es>buscar/act.php?id=BOE-A-2018-16673>.

[21] Ley 40/2015, de 1 de octubre, de Régimen Jurídico del Sector Público. Jefatura del Estado. Boletín Oficial del Estado (BOE) Madrid. N. Boletín 236, p.61. <http://www.boe.es>buscar/act.cphp?id=BOE-A-2015-10566>.

del Sector Público en su artículo 109.3[22] que señala: "Con independencia de cuál sea su denominación, cuando una entidad tenga la naturaleza jurídica de autoridad administrativa independiente deberá figurar en su denominación la indicación «autoridad administrativa independiente» o su abreviatura «A.A.I.»", por lo que en si (LPD), recurre como órgano independiente a reconocer sus siglas.

Por otra parte, cabe señalar que Ley Orgánica 3/2018, de 5 de diciembre de Protección de Datos Personales y garantía de derechos digitales[23] indica en su artículo 44:" La Agencia Española de Protección de Datos y el Consejo General del Poder Judicial colaborarán en aras del adecuado ejercicio de las respectivas competencias que la Ley Orgánica 6/1985, de 1 julio, del Poder Judicial, les atribuye en materia de protección de datos personales en el ámbito de la Administración de Justicia", al respecto la Ley Orgánica 6/1985, de 1 julio, del Poder Judicial[24] se aplica analógicamente el artículo 22.b que señala: "Con carácter exclusivo, los Tribunales españoles serán competentes en todo caso y con preferencia de cualquier otro, para conocer de las pretensiones relativas a las siguientes materias: personas jurídicas que tengan su domicilio en territorio español, así como respecto de los acuerdos y decisiones de sus órganos", Por lo que, al ser la Agencia Española de Protección de Datos una persona jurídica con residencia en Española colaborará con el Consejo del Poder Judicial.

3. El régimen jurídico de la Agencia de Protección de Datos Española

Como muy bien aclara la Ley Orgánica 3/2018, de 5 de diciembre de Protección de Datos Personales y garantía de derechos digitales en su artículo 46[25] al manifestar: "1. La Agencia Española de Protección de Datos se rige por lo dispuesto en el Reglamento (UE) 2016/679, la presente ley orgánica

[22] Ley 40/2015, de 1 de octubre, de Régimen Jurídico del Sector Público. Jefatura del Estado. Boletín Oficial del Estado (BOE) Madrid. N. Boletín 236, p. 15. <http://www.boe.es>buscar/act.php?id=BOE-A-2015-10566>. BOE.es.

[23] Ley Orgánica 3/2018, de 5 de diciembre de Protección de Datos Personales y garantía de derechos digitales. Boletín Oficial del Estado (BOE) Madrid. N. Boletín 294, p. 119818. <http://www.boe.es>buscar.BOE-A-2018-16673>. BOE.es.

[24] Ley Orgánica 6/1985, de 1 julio, del Poder Judicial Boletín Oficial del Estado Jefatura del Estado (BOE) Madrid. N. Boletín 157, p. 17. <http: //www.boe.es.BOE-A-1985-12666>. BOE.es.

[25] Ley Orgánica 3/2018, de 5 de diciembre de Protección de Datos Personales y garantía de derechos digitales. Boletín Oficial del Estado (BOE) Madrid. N. Boletín 294. p. 119826. <http://www.boe.es>buscar.BOE-A-2018-16673>. BOE.es.

y sus disposiciones de desarrollo. Supletoriamente, en cuanto sea compatible con su plena independencia y sin perjuicio de lo previsto en el artículo 63.2 de esta ley orgánica, se regirá por las normas citadas en el artículo 110.1 de la Ley 40/2015, de 1 de octubre, de Régimen Jurídico del Sector Público". Por lo que, cabe indicar que el presente artículo sobre la (AEPD) se rige mediante los dispuesto en el Reglamento (UE) 2016/679, la presente ley orgánica y sus disposiciones de desarrollo, al hilo cabe mencionar a la autora Dopazo[26] que manifiesta: "Asimismo en España, digno es subrayar la labor de la Agencia Española de Protección de Datos (AEPD). Y, en este sentido, de forma especial, hay que destacar la valiosa aportación procurada por reciente jurisprudencia europea e interna dictada en esta materia". Por otra parte, cabe mencionar el artículo 63.2 de la (LOPD) [27]que señala: "Los procedimientos tramitados por la Agencia Española de Protección de Datos se regirán por lo dispuesto en el Reglamento (UE) 2016/679, en la presente ley orgánica, por las disposiciones reglamentarias dictadas en su desarrollo y, en cuanto no las contradigan, con carácter subsidiario, por las normas generales sobre los procedimientos administrativos". Por lo cual, siempre que no atenten con efectos subsidiarios por las normas generales de procedimientos administrativos, por lo que se atenderá a Ley 40/2015, de 1 de octubre, de Régimen Jurídico del Sector Público[28] en su artículo 110.1 señala: "Las autoridades administrativas independientes se regirán por su Ley de creación, sus estatutos y la legislación especial de los sectores económicos sometidos a su supervisión y, supletoriamente y en cuanto sea compatible con su naturaleza y autonomía, por lo dispuesto en esta Ley, en particular lo dispuesto para organismos autónomos, la Ley del Procedimiento Administrativo Común de las Administraciones Públicas, la Ley 47/2003, de 26 de noviembre, el Real Decreto Legislativo 3/2011, de 14 de noviembre, la Ley 33/2003, de 3 de noviembre, así como el resto de las

[26] Dopazo Fraquio, Pilar (2018) (Nº68). "La protección de datos en el derecho europeo: principales aportaciones doctrinales y marco regulatorio vigente. (Novedades del Reglamento General de Protección de Datos). Revista Española de Derecho Europeo Editorial Civitas Madrid, p.115.

[27] Ley Orgánica 3/2018, de 5 de diciembre de Protección de Datos Personales y garantía de derechos digitales. Boletín Oficial del Estado (BOE) Madrid. N. Boletín 294, p.119826. <http://www.boe.es>buscar BOE-A-2018-16673>. BOE.es.

[28] Ley 40/2015, de 1 de octubre, de Régimen Jurídico del Sector Público. Jefatura del Estado. Boletín Oficial del Estado (BOE) Madrid. N. Boletín 236, p. 61. <http://www.boe.es>buscar/act.php?id=BOE-A-2015-10566>. BOE.es.

normas de derecho administrativo general y especial que le sea de aplicación. En defecto de norma administrativa, se aplicará el derecho común" ,por tanto, se aplicarán las leyes de procedimiento administrativo y, en su caso la norma administrativa de derecho común, por lo que hay que acudir para conocer mejor la normativa al Consejo Consultivo de la Comunidad Valenciana[29] que en su extracto de la doctrina señala: "El Consejo de Transparencia, Acceso a la Información Pública y Buen Gobierno (en adelante, el Consejo de Transparencia) es una entidad pública, pero dotada de cierta autonomía e independencia funcional en relación al ejercicio de sus atribuciones", por tanto una de las finalidades del régimen jurídico (AEPD), es la transparencia, Acceso a la información y el buen gobierno. Por otro lado, se debe destacar el artículo 2[30] de la Ley Orgánica 3/2018, de 5 de diciembre de Protección de Datos Personales y garantía de derechos digitales que señala: "El Gobierno, a propuesta de la Agencia Española de Protección de Datos, aprobará su Estatuto mediante real decreto". Puesto que la (AEPD), aunque sea un organismo independiente sus estatutos los puede modificar el gobierno español, aunque en la actualidad rige el Real Decreto 428/1993, de 26 de marzo[31], por el que se aprueba el Estatuto de la Agencia de Protección de Datos.

4. El régimen económico y presupuestario de la (AEPD) Española

De esta forma, desde el punto de vista de control financiero y presupuestario de la (AEPD), se debe distinguir entre control externo que ejercer el Tribunal de Cuentas, así lo menciona el artículo 46.7ª[32] de la (LOPD) al

[29] Consejo Consultivo de la Comunidad Valenciana. Transparencia, Acceso a la Información Pública y Buen Gobierno: consulta facultativa de la Conselleria de Transparencia, Responsabilidad Social, Participación y Cooperación, en relación con varios aspectos que se plantean respecto al carácter definitivo y la efectividad de las definiciones del Consejo de Transparencia (Jurisdicción: Vía administrativa). Dictamen Núm. 4/2018 de 10 de enero JUR 2018/230604.

[30] Ley Orgánica 3/2018, de 5 de diciembre de Protección de Datos Personales y garantía de derechos digitales. Boletín Oficial del Estado (BOE) Madrid. N. Boletín 294, p. 119800. <http://www.boe.es>buscar BOE-A-2018-16673>. BOE.es.

[31] Real Decreto 428/1993, de 26 de marzo, por el que se aprueba el Estatuto de la Agencia de Protección de Datos. Ministerio de Relaciones con Las Cortes y Secretaría del Gobierno. (BOE) Madrid. N. Boletín 106, pps. 13244-13250. <http://www.boe.es>buscar.BOE-A-1993-11252>. BOE.es.

[32] Ley Orgánica 3/2018, de 5 de diciembre de Protección de Datos Personales y garantía de derechos digitales. Boletín Oficial del Estado (BOE) Madrid. N. Boletín 294, p. 119819. <http://www.boe.es>buscar BOE-A-2018-16673>. BOE.es.

señalar: "Sin perjuicio de las competencias atribuidas al Tribunal de Cuentas" y el control interno la Administración General del Estado mediante su intervención como menciona el artículo 46.7º[33] :" la gestión económico-financiera de la Agencia Española de Protección de Datos estará sometida al control de la Intervención General de la Administración del Estado en los términos que establece la Ley 47/2003, de 26 de noviembre, General Presupuestaria" y, al mismo tiempo cabe mencionar el estatuto de la (AEPD)[34] en su artículo 33.3 que señala:" se ejercerá de conformidad con lo establecido en el artículo 17.1 de la Ley General Presupuestaria, con carácter permanente", por lo que cabe relacionar Ley 47/2003, de 26 de noviembre, General Presupuestaria[35] en su artículo 18.1º que señala: "La gestión de los demás ingresos de derecho público de las entidades del sector público estatal, no integrantes de la Hacienda Pública estatal, se someterá a lo establecido en esta sección, sin perjuicio de las especialidades establecidas en la normativa reguladora de dichas entidades y en la de los correspondientes ingresos", por lo que será mediante la gestión de la (AEPD), como ente público. Por otro lado el Tribunal de Cuentas actuará mediante auditorias que actuara la Intervención de la Administración del Estado y será remitido al Tribunal de Cuentas en este sentido cabe citar la Orden 1 de febrero de 1996 por la que se aprueba la Instrucción de operatoria contable a seguir en la ejecución del gasto en el Estado[36] en su Disposición Transitoria quinta que dispone: "La Intervención General de la Administración del Estado determinará mediante Resolución", por lo que se necesitará una Resolución para intervenir en la auditoria y balances que pueda tener la (AEPD).

[33] Ley Orgánica 3/2018, de 5 de diciembre de Protección de Datos Personales y garantía de derechos digitales. Boletín Oficial del Estado (BOE) Madrid. N. Boletín 294, p. 119819. <http://www.boe.es>buscar BOE-A-2018-16673>. BOE.es.

[34] Real Decreto 428/1993. de 26 de marzo. por el que se aprueba el Estatuto de la Agencia de Protección de Datos Boletín Oficial. Ministerio de Relaciones con las Cortes y la Secretaria del Gobierno. (BOE) Madrid. N. Boletín 106, p. 10. <http://www.boe.es>. Buscar Documento BOE-A-1993-11252-BOE.es.

[35] Ley 47/2003, de 26 de noviembre, General Presupuestaria. Jefatura del Estado. (BOE) Madrid. N. Boletín 284, p. 19. <http://www.boe.es>buscar/act.cphp?id=BOE-A-2003-21614>. BOE.es.

[36] Orden 1 de febrero de 1996 por la que se aprueba la Instrucción de operatoria contable a seguir en la ejecución del gasto en el Estado. Ministerio de Economía y Hacienda. BOE) Madrid. N. Boletín 34, p. 3. <http://www.boe.es>buscar BOE-A-1996-2627-BOE.es.

5. La estructura de la (AEPD) Española

La estructura de la (AEPD) española está contenido en el Real Decreto 428/1993. de 26 de marzo. por el que se aprueba el Estatuto de la Agencia de Protección de Datos[37] que señala en su artículo 11: "La Agencia de Protección de Datos se estructura en los siguientes órganos: 1. El Director de la Agencia de Protección de Datos. 2. El Consejo Consultivo. 3. El Registro General de Protección de Datos, la Inspección de Datos y la Secretaría General, como órganos jerárquicamente dependientes del Director de la Agencia". Por lo que, se debe desglosar las funciones que ejerce el Director de la (AEPD), a tenor de la (LOPD) en su artículo 48[38] señala: "La Presidencia de la Agencia Española de Protección de Datos estará auxiliada por un Adjunto en el que podrá delegar sus funciones, y que la sustituirá en el ejercicio de las mismas en los términos previstos en el Estatuto Orgánico de la Agencia Española de Protección de Datos. Ambos ejercerán sus funciones con plena independencia y objetividad y no estarán sujetos a instrucción alguna en su desempeño. Les será aplicable la legislación reguladora del ejercicio del alto cargo de la Administración General del Estado". Por tanto, en la nueva (LOPD), instituye al nuevo Director de la (AEPD), como subsecretario de la misma, con el apoyo del adjunto director, por lo que el director tendrá plena independencia y objetividad, por lo cual, este deberá oír al Consejo Consultivo en sus propuestas que realice al Director, por lo que ésta legitimado para dictar sus resoluciones, circulares y directrices, en si el director de la (AEPD), por lo tanto es la figura principal de la estructura.

a) El Consejo Consultivo

El Consejo Consultivo es un órgano colegiado que asesorará al director, por lo que realizará las propuestas con las distintas materias que competen a la (AEPD). Su estructura está compuesta según el artículo 49[39]

[37] Real Decreto 428/1993. de 26 de marzo. por el que se aprueba el Estatuto de la Agencia de Protección de Datos Boletín Oficial. Ministerio de Relaciones con las Cortes y la Secretaria del Gobierno. (BOE) Madrid. N. Boletín 106, p. 13246. <http://www.boe.es>. Buscar Documento BOE-A-1993-11252-BOE.es.

[38] Ley Orgánica 3/2018, de 5 de diciembre de Protección de Datos Personales y garantía de derechos digitales. Boletín Oficial del Estado (BOE) Madrid. N. Boletín 294, p. 119819. <http://www.boe.es>. Buscar BOE-A-2018-16673. BOE.es.

[39] Ley Orgánica 3/2018, de 5 de diciembre de Protección de Datos Personales y garantía de derechos digitales. Boletín Oficial del Estado (BOE) Madrid. N. Boletín 294, pps. 119820-119821. <http://www.boe.es>. Buscar BOE-A-2018-16673. BOE.es

de la nueva (LOPD): "a) Un Diputado, propuesto por el Congreso de los Diputados. b) Un Senador, propuesto por el Senado. c) Un representante designado por el Consejo General del Poder Judicial d) Un representante de la Administración General del Estado con experiencia en la materia, propuesto por el Ministro de Justicia. e) Un representante de cada Comunidad Autónoma que haya creado una Autoridad de protección de datos en su ámbito territorial, propuesto de acuerdo con lo que establezca la respectiva Comunidad Autónoma f) Un experto propuesto por la Federación Española de Municipios y Provincias g) Un experto propuesto por el Consejo de Consumidores y Usuarios. h) Dos expertos propuestos por las Organizaciones Empresariales i) Un representante de los profesionales de la protección de datos y de la privacidad, propuesto por la asociación de ámbito estatal con mayor número de asociados j) Un representante de los organismos o entidades de supervisión y resolución extrajudicial de conflictos previstos en el Capítulo IV del Título V, propuesto por el Ministro de Justicia k) Un experto, propuesto por la Conferencia de Rectores de las Universidades Españolas. l) Un representante de las organizaciones que agrupan a los Consejos Generales, Superiores y Colegios Profesionales de ámbito estatal de las diferentes profesiones colegiadas, propuesto por el Ministro de Justicia. m) Un representante de los profesionales de la seguridad de la información, propuesto por la asociación de ámbito estatal con mayor número de asociados. n) Un experto en transparencia y acceso a la información pública propuesto por el Consejo de Transparencia y Buen Gobierno ñ) Dos expertos propuestos por las organizaciones sindicales más representativas", Por lo que en sí están representados todos los organismos españoles en el Consejo Consultivo y, al mismo tiempo los integrantes deberán tener conocimientos especializados en esta materia de Derecho.

b) El Funcionamiento del Consejo Consultivo

Así, el Consejo Consultivo se reunirá todas las veces que decida la Presidencia o, semestralmente, al mismo tiempo estarán regulados por los estatutos de la (AEPD)[40] como muy bien se expresa el artículo 22 1º: "En defecto de disposiciones específicas del presente Estatuto, el Consejo Consultivo

[40] Real Decreto 428/1993. de 26 de marzo. por el que se aprueba el Estatuto de la Agencia de Protección de Datos Boletín Oficial. Ministerio de Relaciones con las Cortes y la Secretaria del Gobierno. (BOE) Madrid. N. Boletín 106, p. 13248. <http://www.boe.es>. Buscar Documento BOE-A-1993-11252-BOE.es.

ajustará su actuación, en lo que le sea de aplicación, a las disposiciones". Por lo que, las decisiones quedarán en inscritas en un fichero automatizado, por tanto se tiene que recurrir al artículo 50 de la nueva[41] (LOPD) que menciona: "La Agencia Española de Protección de Datos publicará las resoluciones de su Presidencia que declaren haber lugar o no a la atención de los derechos reconocidos en los artículos 15 a 22 del Reglamento (UE) 2016/679, las que pongan fin a los procedimientos de reclamación, las que archiven las actuaciones previas de investigación, las que sancionen con apercibimiento a las entidades a que se refiere el artículo 77.1[42] de esta ley orgánica, las que impongan medidas cautelares y las demás que disponga su Estatuto", al respecto cabe citar al autor Ruiz[43] que menciona: "Se ha planteado cuál es el bien jurídico protegido a través de las normas sobre el tratamiento automatizado de datos personales", por lo que aplicaran los artículos del Reglamento (UE) 2016/679, así cabe mencionar como se publicaran sus decisiones, por lo que el artículo 15[44] señala sobre el

[41] Ley Orgánica 3/2018, de 5 de diciembre de Protección de Datos Personales y garantía de derechos digitales. Boletín Oficial del Estado (BOE) Madrid. N. Boletín 294, pps.119820-119821. <http://www.boe.es>. Buscar BOE-A-2018-16673. BOE.es.

[42] Ley Orgánica 3/2018, de 5 de diciembre de Protección de Datos Personales y garantía de derechos digitales. Boletín Oficial del Estado (BOE) Madrid. N. Boletín 294, p.119829. <http://www.boe.es>. Buscar BOE-A-2018-16673. BOE.es señala: "Constituyen infracciones los actos y conductas a las que se refieren los apartados 4, 5 y 6 del artículo 83 del Reglamento (UE) 2016/679, así como las que resulten contrarias a la presente ley orgánica."

[43] Ruiz Miguel, Carlos (1994). (Nº84). "En torno a la Protección de Datos Automatizados". Revista de Estudios Políticos. Editorial Centro de Estudios Políticos y Constitucionales. Madrid. p.241.

[44] Reglamento (UE) 2016/679 del Parlamento Europeo y del Consejo de 27 de abril de 2016 relativo a la protección de las personas físicas en lo que respecta al tratamiento de datos personales y a la libre circulación de estos datos y por el que se deroga la Directiva 95/46/CE (Reglamento general de protección de datos) p. L119/43. <https://www.boe.es/doue/2016/119/L0001-0088.pdf>. En su artículo 15 señala: "1. El interesado tendrá derecho a obtener del responsable del tratamiento confirmación de si se están tratando o no datos personales que le conciernen y, en tal caso, derecho de acceso a los datos personales y a la siguiente información: a) los fines del tratamiento; b) las categorías de datos personales de que se trate; c) los destinatarios o las categorías de destinatarios a los que se comunicaron o serán comunicados los datos personales, en particular destinatarios en terceros u organizaciones internacionales; d) de ser posible, el plazo previsto de conservación de los datos personales o, de no ser posible, los criterios utilizados para determinar este plazo; e) la existencia del derecho a solicitar del responsable la rectificación o supresión de datos personales o la limitación del tratamiento de datos personales relativos al interesado, o a oponerse a dicho tratamiento; f) el derecho a presentar una reclamación ante una autoridad de control; g) cuando los datos personales

derecho de acceso que establece que el interesado tiene derecho a obtener del responsable del tratamiento su finalidad, Los destinatarios o las categorías de destinatarios a los que se comunicaron o serán comunicados los datos personales. El plazo previsto de conservación de los datos personales o los criterios utilizados para determinar este plazo. La existencia del derecho a solicitar del responsable la rectificación o supresión de datos personales, del derecho a la limitación del tratamiento de datos personales relativos al interesado, del derecho a oponerse a dicho tratamiento, y del derecho a presentar una reclamación a la autoridad de control. El origen de la información cuando los datos se hayan obtenido por el interesado. La existencia de decisiones automatizadas, con la elaboración de perfiles, y, si hubiese información significante y, el derecho a conocer, su importancia y sus consecuencias en su tratamiento y, por último, cuando se transfieran datos personales a un país ajeno a la UE o a una organización internacional, el interesado tiene derecho a ser informado de las garantías adecuadas que establece el reglamento para esta transferencia. Por otro lado, cabe mencionar la Resolución de la (AEPD)[45] en sus Fundamentos de Derecho Segundo menciona: "De conformidad con las funciones previstas en el Reglamento (UE) 2016/679 , de 27 de abril de 2016, General de Protección de Datos (RGPD), particularmente las que responden a los principios de transparencia y responsabilidad proactiva por parte del responsable del tratamiento", por lo que será el registro de protección de

no se hayan obtenido del interesado, cualquier información disponible sobre su origen h) la existencia de decisiones automatizadas, incluida la elaboración de perfiles, a que se refiere el artículo 22, apartados 1 y 4, y, al menos en tales casos, información significativa sobre la lógica aplicada, así como la importancia y las consecuencias previstas de dicho tratamiento para el interesado2. Cuando se transfieran datos personales a un tercer país o a una organización internacional, el interesado tendrá derecho a ser informado de las garantías adecuadas en virtud del artículo 46 relativas a la transferencia. 3. El responsable del tratamiento facilitará una copia de los datos personales objeto de tratamiento. El responsable podrá percibir por cualquier otra copia solicitada por el interesado un canon razonable basado en los costes administrativos. Cuando el interesado presente la solicitud por medios electrónicos, y a menos que este solicite que se facilite de otro modo, la información se facilitará en un formato electrónico de uso común. 4. El derecho a obtener copia mencionado en el apartado 3 no afectará negativamente a los derechos y libertades de otros". P. L119/43.

[45] Agencia de Protección de datos. Protección de Datos: datos: derechos: tutela: ejercicio del derecho de acceso y supresión: responsable que no atendió los derechos ejercitados: reclamación procedente (Jurisdicción: Vía administrativa). Resolución de 23 de marzo. JUR 2019/96642.

datos, su responsable al que corresponde velar por la publicidad con miras al ejercicio de información, acceso como anteriormente sea visto, rectificación como menciona el artículo 15[46] y, el artículo 16[47] relativo al derecho de rectificación y el artículo 17 derecho de supresión («el derecho al olvido») como bien indica en su apartado 1º: "El interesado tendrá derecho a obtener sin dilación indebida del responsable del tratamiento la supresión de los datos personales que le conciernan, el cual estará obligado a suprimir sin dilación indebida", en este sentido la autora Luquin[48] manifiesta: "La magnitud de la recogida y del intercambio de datos personales ha aumentado de manera significativa. La tecnología permite que tanto las empresas privadas como las autoridades públicas utilicen datos personales en una escala sin precedentes a la hora de realizar sus actividades Centrándonos en el «derecho a la desaparición digital», más conocido a nivel normativo, jurisprudencial y doctrinal como «derecho al olvido en internet el legislador comunitario reconoce a los interesados el derecho a que se rectifiquen los datos personales que les conciernen así como un derecho de «criba» o «desaparición digital» si la retención de tales datos infringe el Derecho de la Unión Europea o el de los Estados miembros aplicable al responsable del tratamiento concretando supuestos concretos para esta posibilidad. En particular, tienen derecho a que sus datos personales se supriman y dejen de tratarse si ya no son necesarios para los fines para los que fueron

46 Reglamento (UE) 2016/679 del Parlamento Europeo y del Consejo de 27 de abril de 2016, relativo a la protección de las personas físicas en lo que respecta al tratamiento de datos personales y a la libre circulación de estos datos y por el que se deroga la Directiva 95/46/CE (Reglamento general de protección de datos). <https://www.boe.es/doue/2016/119/L00001-0088.pdf>. P. L119/43.

47 Reglamento (UE) 2016/679 del Parlamento Europeo y del Consejo de 27 de abril de 2016, relativo a la protección de las personas físicas en lo que respecta al tratamiento de datos personales y a la libre circulación de estos datos y por el que se deroga la Directiva 95/46/CE (Reglamento general de protección de datos). <https://www.boe.es/doue/2016/119/L00001-0088.pdf>. P. L119/43. Señala en su artículo 16: "El interesado tendrá derecho a obtener sin dilación indebida del responsable del tratamiento la rectificación de los datos personales inexactos que le conciernan. Teniendo en cuenta los fines del tratamiento, el interesado tendrá derecho a que se completen los datos personales que sean incompletos, inclusive mediante una declaración adicional".

48 Luquin Berareche, Raquel (2018) (Nº11). "Algunas consideraciones sobre los límites del Derecho de la desaparición digital a la luz de la entrada en vigor del Reglamento (UE) 2016/679, de 27 de abril de 2016 (LCEur 2016,605). Revista Doctrinal. Editorial Aranzadi (Navarra), p. 114.

recogidos o tratados o si, de otro modo, han retirado su consentimiento, al hilo cabe mencionar la Sentencia del Tribunal de Justicia de la Unión Europea[49] Derecho Español 17 estima: "La AEPD consideró que estaba facultada para ordenar la retirada e imposibilitar el acceso a determinados datos por parte de los gestores cuando considere que su localización y difusión puede lesionar el derecho fundamental a la protección de datos y a la dignidad de la persona entendida en un sentido amplio, lo que incluye la mera voluntad del particular afectado cuando quiere que tales datos no sean conocidos por terceros". por lo que como menciona la sentencia es un derecho fundamental y, el artículo 18[50] (LOPD) sobre derecho a la limitación del tratamiento al respecto el autor Díaz[51] manifiesta: "El Responsable del tratamiento deberá optar entre limitar el tratamiento ponderando caso por caso el alcance de este derecho con el derecho a la libertad de expresión", el artículo 19[52] Obligación de notificación relativa a la rectificación o, supresión de datos personales o la limitación del tratamiento al respecto el autor Díaz[53] manifiesta: "En la práctica, este derecho tiene una dimensión para el ciudadano supone un reconocimiento de la pretensión de suprimir de inmediato la información" y, el artículo 20[54] finalmente derecho a la portabilidad de los datos en este sentido cabe citar al autor Díaz[55] que manifiesta: "La portabilidad de los datos es el otro nuevo derecho reconocido en el que se atribuye al interesado la facultad de «recibir

[49] Tribunal de Justicia de la Unión Europea (Gran Sala) (Sentencia del Tribunal de Justicia de la Unión Europea de 13 de mayo de 2014) (Ponente: M. Ilesic) TSJCE 2014/85.

[50] Ley Orgánica 3/2018, de 5 de diciembre de Protección de Datos Personales y garantía de derechos digitales. Boletín Oficial del Estado (BOE) Madrid. N. Boletín 294, p.119805. <http://www.boe.es>. Buscar BOE-A-2018-16673. BOE.es.

[51] Díaz Díaz, Efrén (2016) (Nº6). El nuevo Reglamento General de Protección de Datos de la Unión Europea y sus consecuencias jurídicas para las instituciones". Revista Aranzadi Doctrinal Editorial Aranzadi (Navarra), p.160.

[52] Ley Orgánica 3/2018, de 5 de diciembre de Protección de Datos Personales y garantía de derechos digitales. Boletín Oficial del Estado (BOE) Madrid. N. Boletín 294, p.119806. <http://www.boe.es>. Buscar BOE-A-2018-16673. BOE.es.

[53] Díaz Díaz, Efrén (2016) (Nº6)" El nuevo Reglamento General de Protección de Datos de la Unión Europea y sus consecuencias jurídicas para las instituciones". *Op. Cit.*, p.119.

[54] Ley Orgánica 3/2018, de 5 de diciembre de Protección de Datos Personales y garantía de derechos digitales. Boletín Oficial del Estado (BOE) Madrid. N. Boletín 294, pps.119806-119807. <http://www.boe.es>. Buscar BOE-A-2018-16673. BOE.es.

[55] Díaz Díaz, Efrén (2016) (Nº6) "El nuevo Reglamento General de Protección de Datos de la Unión Europea y sus consecuencias jurídicas para las instituciones". *Op. Cit.*, p.120.

los datos personales que le incumban, que haya facilitado a un responsable del tratamiento, en un formato estructurado y de uso habitual y de lectura mecánica y a transmitirlos a otro responsable del tratamiento sin que lo impida el responsable del tratamiento al que se hubieran facilitado los datos» .Este derecho no ha tenido unos antecedentes jurisprudenciales tan amplios" , el artículo 21[56] sobre el derecho de oposición. Por lo que se trata de una persona a oponerse al tratamiento de sus datos o, el cese de estos en estos casos: que los ficheros se usen con fines publicitarios o, que el tratamiento tenga por finalidad la adopción de una decisión referida al afectado, por lo que deberán hacerse constar los motivos que sean legítimos y fundados, relativos a una concreta situación personal de la persona afectada y, que justifiquen este derecho y, finalmente el artículo 22[57] que se refiere Decisiones individuales automatizadas, incluida la elaboración de perfiles por lo que, todo interesado tendrá derecho a no ser objeto de una decisión basada únicamente en el tratamiento automatizado, incluida la elaboración de perfiles, que produzca efectos jurídicos en él o le afecte significativamente de modo similar, por lo que será inaplicable, si hay un contrato entre el interesado y un responsable del tratamiento, y sí está autorizada por el Derecho de la Unión o, los Estados miembros que se aplique al responsable del tratamiento y que establezca asimismo medidas adecuadas para salvaguardar los derechos y libertades y los intereses legítimos del interesado o, se basa en el consentimiento explícito del interesado. Por lo cual estas normas serán aplicables (AEPD).

6. Las mediadas cautelares aplicables al Consejo Consultivo

Por lo que, el Consejo Consultivo también puede cometer actos que serán de medida cautelar como lo advierte el artículo 83 del (RGPD)[58] en sus

[56] Ley Orgánica 3/2018, de 5 de diciembre de Protección de Datos Personales y garantía de derechos digitales. Boletín Oficial del Estado (BOE) Madrid. N. Boletín 294, p.119807. <http://www.boe.es>. Buscar BOE-A-2018-16673. BOE.es.

[57] Ley Orgánica 3/2018, de 5 de diciembre de Protección de Datos Personales y garantía de derechos digitales. Boletín Oficial del Estado (BOE) Madrid. N. Boletín 294, pps. 119806-119807. <http://www.boe.es>buscarBOE-A-2018-16673>. BOE.es.

[58] Reglamento (UE) 2016/679 del Parlamento Europeo y del Consejo de 27 de abril de 2016, relativo a la protección de las personas físicas en lo que respecta al tratamiento de datos personales y a la libre circulación de estos datos y por el que se deroga la Directiva 95/46/CE (Reglamento general de protección de datos). <https://www.boe.es/doue/2016/119/L0001-0088.pdf>. P. L119/83.

apartados 4, 5, y 6 que señalan: "4. Las infracciones de las disposiciones siguientes se sancionarán, de acuerdo con el apartado 2, con multas administrativas de 10 000 000 EUR como máximo o, tratándose de una empresa, de una cuantía equivalente al 2 % como máximo del volumen de negocio total anual global del ejercicio financiero anterior, optándose por la de mayor cuantía: a) las obligaciones del responsable y del encargado; b) las obligaciones de los organismos de certificación; c) las obligaciones de la autoridad de control; 5. Las infracciones de las disposiciones siguientes se sancionarán, de acuerdo con el apartado 2, con multas administrativas de 20 000 000 EUR como máximo o, tratándose de una empresa, de una cuantía equivalente al 4 % como máximo del volumen de negocio total anual global del ejercicio financiero anterior, optándose por la de mayor cuantía: 6. El incumplimiento de las resoluciones de la autoridad de control a tenor del artículo 58 del (RGPD)[59], y el artículo 83 del (RGPD)[60] apartado 5, se sancionará de acuerdo con multas administrativas de 20 000 000 EUR como máximo o, tratándose de una empresa, de una cuantía equivalente al 4 % como máximo del volumen de negocio total anual global del ejercicio financiero anterior, optándose por la de mayor cuantía", al hilo el autora Martínez[61] manifiesta: "De ahí que la AEPD recomiende que para que todo esto sea gradual y escalonado y en mayo de 2018 no haya de repente un colapso de envío de comunicaciones para poder dar un consentimiento inequívoco y expreso, es importante aprovechar los dos años que quedan para la aplicación del RGPD, todas aquellas organizaciones que basen su consentimiento en un consentimiento tácito deberían empezar ya a adaptarse a las previsiones del Reglamento". Por lo que las sanciones serán de forma gradual respecto a las comunicaciones.

59 Reglamento (UE) 2016/679 del Parlamento Europeo y del Consejo de 27 de abril de 2016, relativo a la protección de las personas físicas en lo que respecta al tratamiento de datos personales y a la libre circulación de estos datos y por el que se deroga la Directiva 95/46/CE (Reglamento general de protección de datos). <https://www.boe.es/doue/2016/119/L00001-0088.pdf>. pps. L119/68-L119/80.

60 Reglamento (UE) 2016/679 del Parlamento Europeo y del Consejo de 27 de abril de 2016, relativo a la protección de las personas físicas en lo que respecta al tratamiento de datos personales y a la libre circulación de estos datos y por el que se deroga la Directiva 95/46/CE (Reglamento general de protección de datos). <https://www.boe.es/doue/2016/119/L00001-0088.pdf>. Pps. L119/82-L119/83.

61 Martínez Rojas, Ángela (2016) (Nº42) "Principales aspectos del consentimiento en el reglamento general de la protección de datos de la Unión Europea". Revista Aranzadi de derecho y nuevas tecnologías. Editorial Aranzadi (Navarra), p. 80.

7. Las autoridades autonómicas de la protección de datos, sus funciones

Así, en España está compuesta por comunidades autónomas (CC.AA.) por lo que en ambas CC.AA., tendrán sus autoridades de Protección de Datos por lo que cabe citar la Constitución Española de 1978 que expresa en su artículo 148.1.1[62]: "Las comunidades autónomas podrán asumir competencias en las siguientes materias: 1º Organización de sus instituciones de autogobierno". Por lo que, como establece el artículo 57 de la (LOPD), las autoridades autonómicas de Protección de Datos de Carácter Personal ejercerán sus funciones establecidas en los artículos 57.1[63] así lo advierte este artículo al señalar: "Sin perjuicio de otras funciones en virtud del presente Reglamento, incumbirá a cada autoridad de control, en su territorio" y, el artículo 58.1[64] señala." Cada autoridad de control dispondrá de todos los poderes de investigación" de la (RGPD), siempre con concordancia a la normativa autonómica cuando se refieran a estas situaciones o, a los tratamientos de protección de datos y, sean responsables de entidades del sector público correspondientes a su Comunidad Autónoma o Entidades locales de su Comunidad , tanto en la prestación directa o indirecta de tales órganos, por lo que, los tratamientos de Protección de Datos de Carácter Personal, por tanto pueden ser personas físicas , como personas jurídicas en el ejercicio de sus funciones de carácter público, tanto en materias que competen a la Administración Autonómica o, local, por lo que se aplicará el tratamiento de la protección de datos de carácter personal que estén previstos en sus distintos Estatutos de Autonomía.

[62] Constitución Española. (2003). *Op. Cit.*, pps. 163-164.

[63] Reglamento (UE) 2016/679 del Parlamento Europeo y del Consejo de 27 de abril de 2016 relativo a la protección de las personas físicas en lo que respecta al tratamiento de datos personales y a la libre circulación de estos datos y por el que se deroga la Directiva 95/46/CE (Reglamento general de protección de datos). <https://www.boe.es/doue/2016/119/L00001-0088.pdf>. P. L119/68.

[64] Reglamento (UE) 2016/679 del Parlamento Europeo y del Consejo de 27 de abril de 2016 relativo a la protección de las personas físicas en lo que respecta al tratamiento de datos personales y a la libre circulación de estos datos y por el que se deroga la Directiva 95/46/CE (Reglamento general de protección de datos). <https://www.boe.es/doue/2016/119/L00001-0088.pdf>. P. L 119/69.

a) La comunicación entre el Comité Europeo de Protección de Datos de protección y, las CC.AA.

Por lo que, sí la Presidencia de la (AEPD) si considera que un tratamiento de Protección de Datos de Carácter personal todo su conducto será a través de ellos todas las comunicaciones entre el Comité Europeo de Protección de Datos y las CC.AA., en lo que respecta a esta materia, tanto estas como las autoridades competentes, deberán someter su proyecto de decisión al Comité Europeo de Protección de Datos o, solicite un examen en relación al artículo 64.1.2(LOPD)[65], En este caso la (AEPD) estará asistida por un representante autonómico ante el Comité Europeo de Protección de Datos

Conclusiones

1º La Agencia Española de Protección de Datos es un órgano de Derecho de Derecho Público, con personalidad jurídica tanto pública como privada, que actúa con independencia mediante el ejercicio de sus funciones respecto a las Administraciones Públicas. Por lo que se, trata de una Administración independiente que tiene una relación con el Gobierno Español.

[65] Ley Orgánica 3/2018, de 5 de diciembre de Protección de Datos Personales y garantía de derechos digitales. Boletín Oficial del Estado (BOE) Madrid. N. Boletín 294, pps.119826-119827-119828. <http://www.boe.es>. Buscar BOE-A-2018-16673. BOE.es. Artículo 64. 1.2 señala: "Cuando el procedimiento se refiera exclusivamente a la falta de atención de una solicitud de ejercicio de los derechos establecidos en los artículos 15 a 22 del Reglamento (UE) 2016/679, se iniciará por acuerdo de admisión a trámite, que se adoptará conforme a lo establecido en el artículo 65 de esta ley orgánica" y respecto a los plazos para resolver en su párrafo 2 señala: "En este caso el plazo para resolver el procedimiento será de seis meses a contar desde la fecha en que hubiera sido notificado al reclamante el acuerdo de admisión a trámite. Transcurrido ese plazo, el interesado podrá considerar estimada su reclamación." Respecto al punto 2 del citado artículo señala: "Cuando el procedimiento tenga por objeto la determinación de la posible existencia de una infracción de lo dispuesto en el Reglamento (UE) 2016/679 y en la presente ley orgánica, se iniciará mediante acuerdo de inicio adoptado por propia iniciativa o como consecuencia de reclamación. Si el procedimiento se fundase en una reclamación formulada ante la Agencia Española de Protección de Datos, con carácter previo, esta decidirá sobre su admisión a trámite, conforme a lo dispuesto en el artículo 65 de esta ley orgánica Admitida a trámite la reclamación así como en los supuestos en que la Agencia Española de Protección de Datos actúe por propia iniciativa, con carácter previo al acuerdo de inicio, podrá existir una fase de actuaciones previas de investigación, que se regirá por lo previsto en el artículo 67 de esta ley orgánica." Y remitiéndonos a la misma norma el artículo 67. 1º párrafo 2º señala: "La Agencia Española de Protección de Datos actuará en todo caso cuando sea precisa la investigación de tratamientos que implique un tráfico masivo de datos personales".

2º La Agencia Española de Protección de Datos trata de que se cumpla la Ley de Protección de Datos de Carácter Personal, así como que se cumplan los derechos de información, acceso, oposición, supresión de Datos de Carácter Personal.

3º Respecto a las personas físicas su función es la de atención a sus peticiones o, reclamaciones de las personas afectadas en la prestación de la información que necesiten pues es un Derecho Fundamental, por lo que tiene que dar más información y conocimiento sobre estos Derechos de Protección de Carácter Personal.

4º Respecto a los encargados de los ficheros les corresponde las funciones autorizadas como la supresión de Datos de Carácter Personal o, recabar la información necesaria en función de su intervención sancionadora.

5º La Agencia Española de Protección de Datos en sus funciones le corresponde la emisión de informes dentro del ámbito de su normativa, así como disposiciones relativas a su potestad y, la adopción de normas reglamentarias.

6º Existen dos tipos de actividad un control externo respecto al Tribunal de Cuentas de España y otro control interno en el cual lo ejercita la intervención general de la Administración del Estado Español a través del Control financiero y presupuestario.

7º El director de la Agencia de Protección de Datos le corresponden estas competencias, con delegación expresa el secretario general de la Agencia de Protección de Datos. Por lo que, el Director General será independiente y no podrá recibir instrucciones de ninguna autoridad y, contará con la asistencia del Consejo Consultivo que en todo momento le auxiliará.

8º España tiene diversas Comunidades Autónomas, en la que están delegadas sus competencias por lo cual tendrán su Autoridad de Protección de Datos, los cuales serán también independientes para el ejercicio respecto a la Protección de Datos.

Referencias

Autores

Díaz Díaz, Efrén (2016) (Nº6) “El nuevo Reglamento General de Protección de Datos de la Unión Europea y sus consecuencias jurídicas para las instituciones”. Revista Aranzadi Doctrinal Editorial Aranzadi (Navarra).

Dopazo Fraquio, Pilar (2018) (Nº68). “La protección de datos en el derecho europeo: principales aportaciones doctrinales y marco regulatorio vigente. (Novedades del

Reglamento General de Protección de Datos). Revista Española de Derecho Europeo Editorial Civitas Madrid.

Gamero Casado, Eduardo (2018) (nª189). "¿El "retorno" al derecho administrativo': manifestaciones en las leyes de procedimiento, régimen jurídico y contratos del sector público? Revista Española de Derecho Administrativo. Editorial Civitas Madrid.

Luquin Berareche, Raquel (2018) (Nº11). "Algunas consideraciones sobre los límites del Derecho de la desaparición digital a la luz de la entrada en vigor del Reglamento (UE) 2016/679, de 27 de abril de 2016 (LCEur 2016,605). Revista Doctrinal. Editorial Aranzadi (Navarra).

Martínez Rojas, Ángela (2016) (Nº42) "Principales aspectos del consentimiento en el reglamento general de la protección de datos de la Unión Europea". Revista Aranzadi de derecho y nuevas tecnologías. Editorial Aranzadi (Navarra).

Ruiz Miguel, Carlos (1994). (Nº84). "En torno a la Protección de Datos Automatizados". Revista de Estudios Políticos. Editorial Centro de Estudios Políticos y Constitucionales. Madrid.

Legislación

Ley Orgánica 6/1985, de 1 julio, del Poder Judicial Boletín Oficial del Estado Jefatura del Estado (BOE) Madrid. N. Boletín 157. <http://www.boe.es>. BOE-A-1985-12666. BOE.es.

Real Decreto legislativo 1091/1988, de 23 de septiembre. que tiene por objeto la garantía del cumplimiento y aplicación de las previsiones contenidas en la Ley Orgánica 5/1992, de 29 de octubre, de Regulación del Tratamiento Automatizado de los Datos de Carácter Personal. Ministerio de Economía y Hacienda. (BOE) Madrid. N. Boletín 234. <http://www.boe.es>. Buscar Documento BOE-A-1988-22572. BOE.es.

Ley Orgánica 5/1992, de 29 de Octubre, de regulación de Tratamiento automatizado de Datos de Carácter personal. Jefatura del Estado. (BOE) Madrid. N. Boletín 262. <http://www.boe.es>. Buscar Documento BOE-A-1992-24189- BOE.es (Disposición Derogada).

Real Decreto 428/1993. de 26 de marzo. por el que se aprueba el Estatuto de la Agencia de Protección de Datos Boletín Oficial. Ministerio de Relaciones con las Cortes y la Secretaria del Gobierno. (BOE) Madrid. N. Boletín 106. <http://www.boe.es>. Buscar Documento BOE-A-1993-11252-BOE.es.

Real Decreto 1332/1994, de 20 de junio, por el que se desarrolla determinados aspectos de la Ley Orgánica 5/1992, de 29 de octubre, de regulación de tratamiento automatizado de los Datos de Carácter Personal. Ministerio de Justicia e Interior. (BOE) Madrid. N. Boletín 147. <http://www.boe.es>. Buscar Documento BOE-A-1994-14121- BOE.es.

Orden 1 de febrero de 1996 por la que se aprueba la Instrucción de operatoria contable a seguir en la ejecución del gasto en el Estado. Ministerio de Economía y Hacienda. BOE) Madrid. N. Boletín 34. p. 3. <http://www.boe.es>. Buscar BOE-A-1996-2627- BOE.es.

Ley Orgánica 15/1999, de 13 de diciembre, de Protección de Datos de Carácter Personal. Boletín Oficial. Jefatura del Estado. (BOE) Madrid. N. Boletín 298. <https://www.boe.es/buscar/pdf/1999/BOE-a-1999-23750-consolidado-pdf>.

Ley 47/2003, de 26 de noviembre, General Presupuestaria. Jefatura del Estado. (BOE) Madrid. N. Boletín 284. <http://www.boe.es>buscar/act.cphp?id=BOE-A-2003-21614>. BOE.es.

Ley 40/2015, de 1 de octubre, de Régimen Jurídico del Sector Público. Jefatura del Estado. Boletín Oficial del Estado (BOE) Madrid. N. Boletín 236. <http://www.boe.es>buscar/act.php?id=BOE-A-2015-10566>. BOE.es.

Congreso de los Diputados. Boletín Oficial de las Cortes Generales. XII Legislatura. 9 de octubre de 2018. Núm.13-3. <www.congreso.es/public_oficiales/L12/CONG/A/BOCG-12-A-13-1PDF>.

Ley Orgánica 3/2018, de 5 de diciembre de Protección de Datos Personales y garantía de derechos digitales. Boletín Oficial del Estado (BOE) Madrid. N. Boletín 294. <http://www.boe.es>. Buscar BOE-A-2018-16673. BOE.es.

Constitución

Constitución Española. (2003). Edición Especial. Editorial Aranzadi S.A. (Navarra).

Legislación Europea

Directiva 95/46/CE del Parlamento Europeo y del Consejo relativa a la protección de las personas físicas en lo que respecta al tratamiento de datos personales y a la libre circulación de estos datos Publicado en DOCE Nº21. <http://www.boe.es>. Buscar Documento DUE-L-1995-81678. BOE.es (Disposición Derogada).

Reglamento (UE) 2016/679 del Parlamento Europeo y del Consejo de 27 de abril de 2016 relativo a la protección de las personas físicas en lo que respecta al tratamiento de datos personales y a la libre circulación de estos datos y por el que se deroga la Directiva 95/46/CE (Reglamento general de protección de datos). <https://www.boe.es/doue/2016/119/L00001-0088.pdf>.

Jurisprudencia

Tribunal de Justicia de la Unión Europea (Gran Sala) (Sentencia del Tribunal de Justicia de la Unión Europea de 13 de mayo de 2014) (Ponente: M. Ilesic) TSJCE 2014/85

Sentencia del Tribunal de Justicia de Cataluña (Sala de lo Social, Sección 1º) (Ponente: Illmo. Sr. D Adolfo Matías Colino Rey) JUR 2019/95696

Tribunal de Justicia de la Unión Europea (Gran Sala) (Sentencia del Tribunal de Justicia de la Unión Europea de 13 de mayo de 2014) (Ponente: M. Ilesic) TSJCE 2014/85

Resoluciones

Consejo Consultivo de la Comunidad Valenciana. Transparencia, Acceso a la Información Pública y Buen Gobierno: consulta facultativa de la Conselleria de Transparencia, Responsabilidad Social, Participación y Cooperación, en relación con varios aspectos que se plantean respecto al carácter definitivo y la efectividad de las definiciones del Consejo de Transparencia (Jurisdicción: Vía administrativa). Dictamen Núm. 4/2018 de 10 de enero JUR 2018/230604.

Agencia de Protección de datos. Protección de Datos: datos: derechos: tutela: ejercicio del derecho de acceso y supresión: responsable que no atendió los derechos ejercitados: reclamación procedente (Jurisdicción: Vía administrativa). Resolución de 23 de marzo. JUR 2019/96642

Il Garante per la Protezione dei Dati Personali in Oltre Vent'anni di Attività: Indipendenza, Poteri, Funzioni

Federica Resta

1. La posizione ordinamentale del Garante

Già dal suo statuto ordinamentale, il Garante presenta talune specificità che ne dimostrano il ruolo affatto peculiare rispetto alle altre Autorità indipendenti. Depongono in tal senso non solo il dato relativo alla procedura di nomina del Collegio (mediante elezione parlamentare da parte dell'Aula e non del Presidente) che avviene, unicamente per il Garante, con voto limitato, proprio per assicurare il coinvolgimento anche delle minoranze nella scelta dei componenti, nel cui ambito è poi eletto, dallo stesso Collegio, il Presidente. Tutti elementi, questi, che dimostrano come lo stesso legislatore abbia compreso come un organo di tutela di un diritto fondamentale quale quello alla riservatezza debba essere necessariamente sottratto al 'dominio della maggioranza' e allo stesso circuito fiduciario su cui si regge l'azione governativa.

Ma soprattutto – come ribadito nell'indagine conoscitiva effettuata nella presente legislatura dalla I Commissione della Camera dei deputati – va rilevato come il Garante sia l'unica Autorità i cui atti devono essere impugnati non già dinanzi al giudice amministrativo ma, significativamente, dinanzi al giudice ordinario, a dimostrazione dell'incidenza che i provvedimenti del Garante hanno su diritti soggettivi, peraltro di rango fondamentale.

Infine, non può sottacersi il rilievo che il Garante assume in ambito sovra-nazionale, e che contribuisce a delinearne uno statuto di garanzia del tutto diverso e ben più pregnante di quello che caratterizza le altre Autorità indipendenti. È noto infatti che la Carta di Nizza (e quindi l'art. 16 TFUE) ha conferito rilievo costituzionale alle Autorità nazionali per la protezione dei dati personali: l'art. 8, comma 3, sancisce infatti che il rispetto delle regole a garanzia del diritto alla protezione dei dati personali "è soggetto al controllo di un'autorità indipendente".

E' evidente che, con l'entrata in vigore del Trattato di Lisbona – che equipara, quanto a valore giuridico, la Carta di Nizza ai Trattati – il Garante ha assunto rilievo costituzionale ex art. 117, comma primo, Cost., potendo rinvenire il suo fondamento non tanto e non solo nel Regolamento generale di protezione dati (GDPR), quanto piuttosto nell'art. 8, comma 3, della Carta di Nizza, che appunto non si limita a sancire taluni standard minimi di tutela dei dati personali, ma impone al legislatore nazionale l'istituzione di un'Autorità funzionale alla garanzia del diritto alla protezione dei dati.

Con il nuovo quadro giuridico europeo, poi, grazie al quale la disciplina di regolazione non solo del diritto alla protezione dati ma anche della stessa Autorità ha assunto un rango super-primario in ragione della matrice unionale diretta, si è introdotto un limite per la stessa discrezionalità del legislatore, che in questa materia deve muoversi all'interno della cornice unionale senza violarne o derogarne i principi, i quali assurgono peraltro al rango di norme interposte ai fini del controllo di costituzionalità ex art. 117, primo comma, Cost., come chiarito anche dalla Consulta con la sentenza n. 20 del 2019. A tale valutazione di compatibilità è, del resto, preordinato il parere che, ai sensi dell'art. 36, par.4, del GDPR e 28, paragrafo 2 della direttiva 2016/680 sul trattamento di dati per fini di polizia e giustizia penale, è necessario acquisire, rispetto alla normazione primaria suscettibile di incidere sulla materia. Non a caso, la quasi totalità dei pareri richiesti dal Parlamento in questo primo anno di applicazione della disciplina (ddl concretezza, videosorveglianza negli asili nido, legge anticorruzione, reddito di cittadinanza) si sono incentrati sul rispetto del principio di proporzionalità nel rapporto tra protezione dati ed esigenze contrapposte cui, appunto, anche il legislatore deve attenersi.

L'indipendenza delle Autorità nazionali di protezione dati, espressamente sancita dal nuovo quadro giuridico europeo ma anche dagli stessi Trattati (art. 16 TFUE) costituisce del resto l'oggetto di un costante monitoraggio da parte dell'Unione europea. Lo conferma, in primo luogo, la nota sentenza della CGUE 9 marzo 2010 in C- 518/07, in cui, su ricorso della Commissione, sostenuta dal Garante Europeo per la protezione dei dati personali, si è ravvisata, a carico della Germania, una violazione della norma di cui all'articolo 28 n. 1 della dir. 95/46, nella sottoposizione alla sorveglianza statale dei Garanti regionali, tale, quindi, da privarli della necessaria indipendenza. Inoltre, in favore della rilevanza (centrale nell'ambito degli obblighi contratti dagli Stati membri verso l'Unione europea) assunta dall'effettiva presenza e possibilità di funzionamento delle autorità di protezione dati depone anche la sentenza CGUE del 2014 con cui si è ritenuta contrastante con il requisito dell'indipendenza dell'Autorità di protezione dati la cessazione anticipata del mandato della stessa.

È, insomma, lo stesso quadro ordinamentale, interno ed europeo, a dimostrare la peculiarità del Garante, che è la sola Autorità indipendente indefettibile in quanto prevista (e non solo legittimata) dal diritto europeo di rango primario (oltre che, appunto, derivato).

2. Poteri e funzioni

Sin dalla sua istituzione, con l. 675/1996, al Garante sono stati attribuiti poteri di natura eterogenea: consultivi, decisori (con valenza spesso anche normativa), para-giurisdizionali, ispettivi e sanzionatori, che sono stati generalmente estesi nel passaggio dalla legge del 1996 al Codice del 2003 (d.lgs. 196), sino oggi al GDPR con la normativa di adeguamento (dlgs 101/2018).

Sotto il primo profilo, al parere obbligatori su atti amministrativi generali e normativi di rango secondario, si è aggiunto – con il GDPR e la direttiva 680 relativamente ai settori della giustizia penale e della polizia – il parere obbligatorio sulla legislazione primaria. Si tratta di una previsione particolarmente significativa, in quanto volta a garantire il rispetto della disciplina di protezione dati anche da parte del legislatore.

Anche i poteri decisori-provvedimentali si sono progressivamente estesi, con la previsione soprattutto di atti amministrativi generali, non di rado dotati- a dispetto della natura formale – anche di contenuto sostanzialmente normativo in quanto recante prescrizioni innovative dell'ordinamento vigente, generali e astratte. Con il d.lgs. 101, tuttavia, lo strumento delle autorizzazioni generali –particolarmente significativo sotto il profilo dell'efficacia – è stato tuttavia soppresso, pur continuando a prevedersi atti amministrativi generali.

Rilevanti sono i poteri para-giurisdizionali attribuiti al Garante, sin dalla sua origine, con funzioni di *adjudication*, ovvero di risoluzione di controversie e concessione di tutela rimediale avverso lesioni del diritto alla protezione dei dati personali. Le disposizioni previste dalla disciplina di protezione dati sono state poi, a volte, estese nel loro ambito applicativo dalla normativa complementare, come nel caso della legge n. 71 del 2017, che ha attribuito al Garante il potere di decidere sulle istanze avanzate da minori vittime di *cyberbullismo*.

All'Autorità, sin dalla sua istituzione, sono stati attribuiti poteri ispettivi e, in senso più generale, di controllo, particolarmente penetranti, estesi anche agli organi di intelligence, con la previsione finanche dell'inopponibilità del segreto di Stato, che rappresenta pressoché un unicum nella nostra legislazione e che è stata confermata, sino all'introduzione di una specifica riforma, dal d.lgs. 101 del 2018. Tali poteri sono stati tuttavia ridimensionati oggi, per espressa previsione di GDPR e direttiva 680, rispetto però ai soli trattamenti di dati personali svolti nell'esercizio della funzione giurisdizionale, sottratti al controllo del Garante (per esigenze di salvaguardia dell'indipendenza e della soggezione soltanto alla legge della magistratura) ancorché non all'applicazione della disciplina di protezione dati.

I poteri sanzionatori del Garante, pur attribuitigli sin dalla sua istituzione, sono stati notevolmente rafforzati dal GDPR, con la previsione di rilevanti sanzioni amministrative pecuniarie, di afflittività tale da poter essere configurate quali sanzioni punitive para-penali secondo la qualificazione operata dalla Corte europea dei diritti umani sin dalla sentenza Engel. L'effettività dell'azione del Garante è, peraltro, asseverata da sanzioni amministrative e penali per le condotte di inosservanza di provvedimenti prescrittivi o inibitori dell'Autorità.

Infine, con il GDPR è risultata decisamente più netta la vocazione europea del Garante, la cui azione è stabilmente inserita all'interno del sistema delle Autorità di protezione dati dei Paesi UE, coordinata a livello europeo tanto sul piano strettamente applicativo e interpretativo delle norme quanto sul piano strategico-operativo.

2.1. Risorse

Al fine di garantire la piena indipendenza del Garante nell'adempimento dei propri compiti è stato previsto che le spese di funzionamento dell'Autorità siano poste a carico di un fondo stanziato a tale scopo nel bilancio dello Stato e iscritto in apposita missione e programma di spesa del Ministero dell'economia e delle finanze. Il rendiconto della gestione finanziaria è stato attribuito al controllo della Corte dei conti.

I fondi per il funzionamento dell'Autorità sono quindi stanziati annualmente nella legge di bilancio; tuttavia, l' art. 156, comma 8, d.lgs. 196/2003 non prevede una formale consultazione dell'Autorità in ordine all'adeguatezza degli stanziamenti in sessione di bilancio. È ragionevole ritenere che tale coinvolgimento sia stato considerato implicito nella previsione generale di consultazione del Garante in fase di adozione di norme incidenti sulla materia.

3. Conclusione. La privacy, da right to be let alone a diritto alla libera costruzione del sé

Il Garante è, soprattutto, un'Autorità preordinata non prioritariamente all'esercizio di funzioni regolatore relativamente a interessi generali (benché come vedremo la protezione dati assuma anche una valenza metaindividuale), ma alla tutela di un diritto fondamentale, la cui natura sta progressivamente evolvendosi e acquisendo sempre maggiore rilievo. Mai come oggi, infatti, il nucleo forte di quella che Umberto Eco definì "privatezza" – dal *right to be let alone* di matrice borghese all'autodeterminazione informativa di oggi – rappresenta la condizione essenziale per una società davvero libera e democratica; un presupposto ineliminabile di quella dignità con il cui riconoscimento si apre la Carta di Nizza. Mai come oggi, infatti e molto più di ventidue anni fa, quando nasceva il Garante, la privacy (intesa in senso lato come riservatezza e protezione dati) può rappresentare una straordinaria garanzia contro le discriminazioni e le vecchie e nuove forme di stigmatizzazione sociale, che sempre più spesso presuppongono l'abusiva e infedele ricostruzione dell'altrui immagine e identità.

Certamente, per Warren e Brandeis il *right to be let alone* aveva un contenuto essenzialmente negativo e di matrice dominicale: era quello jus excludendi alios che si esauriva nel diritto a non subire ingerenze esterne nella propria vita privata, essenzialmente domestica e familiare. Oggi la privacy (intesa davvero come autodeterminazione informativa) ha invece un contenuto fortemente positivo e pro-positivo: è infatti, essenzialmente, la pre-condizione per potersi liberamente manifestare agli altri; il diritto a essere rappresentati nei valori e nelle convinzioni in cui si crede; nel modo di essere che corrispondere alla propria reale identità; in tutto ciò che ci appartiene. E', insomma, il nucleo forte dell'identità individuale, anche nella sua proiezione sociale e, quindi, la condizione necessaria della dignità.

Giungere, oggi, a riconoscere nella privacy il presupposto della libertà, della dignità e dell'identità personale è stato possibile grazie a un percorso che ha reso questo diritto da tradizionale appannaggio della classe borghese (il diritto a essere lasciati soli, appunto, di cui parla Faulkner) uno strumento di tutela delle classi più deboli contro le prevaricazioni e le discriminazioni. Significativamente – ricorda Rodotà- la prima norma sulla riservatezza nasce in Italia nel 1970, con lo Statuto dei lavoratori, che vietando il controllo a distanza e le indagini sulle opinioni politiche e sindacali protegge i lavoratori dalle penetranti ingerenze e discriminazioni di cui si sono troppe volte resi protagonisti i datori di lavoro.

Da quel momento in poi, quello che era nato come un diritto di matrice tipicamente borghese viene percepito e riconosciuto come una garanzia dei più deboli da vecchie e nuove discriminazioni; uno strumento di libertà da affermare contro l'autoritarismo della logica dell'uomo di vetro; di chi, cioè, sosteneva e sostiene che chi non ha nulla da nascondere non ha neanche nulla da tenere per sé. In quel contesto il diritto alla riservatezza ha iniziato ad assumere quel contenuto positivo e pro-positivo di scelta sulla propria auto-rappresentazione che lo caratterizza nettamente ancor oggi, nell'epoca post-fordista, del dominio dell'algoritmo (non solo) sui *riders*. Certo, oggi sono cambiate le forme del controllo: le schedature della Fiat hanno lasciato il posto al controllo sulle e-mail dei lavoratori, ma resta intatto il problema della difesa dell'intimità e dell'identità del soggetto più fragile perché privo di potere contrattuale. Lo hanno ben chiarito i provvedimenti con i quali il Garante ha interpretato – anche alla luce della giurisprudenza di Strasburgo – e novelle apportate dal *Jobs Act.*

E proprio oggi, di fronte all'aumento – tipico delle epoche di crisi- delle disuguaglianze sociali, la privacy (intesa appunto come autodeterminazione informativa) può rappresentare uno straordinario strumento per la garanzia di un corretto equilibrio tra mercato e individuo; informazione e opacità della vita privata; tecnica e vita; determinismo e libertà.

Così, di fronte al ricorso sempre più frequente alla biometria – che rende dato lo stesso corpo, mappa identitaria, luogo di rappresentazione delle scelte individuali – solo un consenso realmente informato e consapevole o garanzie adeguate quali quelle previste oggi con la tutela rafforzata conferita a tali dati dal GDPR, può proteggere la persona dal rischio di consegnare ad altri, a volte irrevocabilmente, tracce troppo importanti di sé. Su questo tema l'Autorità ha ricercato sempre – anche sulla scorta del lavoro fatto in sede europea – un equilibrio tale da garantire che il ricorso a questi delicatissimi dati rappresenti l'extrema ratio e che sia assicurata ogni cautela idonea a prevenire utilizzazioni abusive delle informazioni, furti d'identità o comunque pregiudizi per l'interessato.

Come pure davvero informato e consapevole dev'essere il consenso di chiunque si avvalga di quegli strumenti preziosissimi offerti dal progresso scientifico e tecnologico come, ad esempio, la telemedicina, il fascicolo sanitario elettronico, persino le data, che accanto a straordinarie opportunità comportano anche rischi non irrilevanti se non utilizzati nel modo più corretto. In questo senso, la privacy può davvero rappresentare una garanzia di libertà dell'uomo rispetto alla tecnica, da cui altrimenti potrebbe lasciarsi sopraffare. L'Autorità ha emanato importanti provvedimenti per la tutela del paziente, anticipando addirittura e sollecitando in alcuni casi (come quello del fascicolo sanitario elettronico) la tematizzazione di problemi di cui si sarebbe poi fatto carico il legislatore, nel tentativo di favorire il più possibile la ricerca, la sperimentazione e il progresso (di cui ciascuno ha diritto a fruire ai sensi dell'art. 15 del Patto di New York sui diritti economici e sociali), nel rispetto tuttavia della dignità e della riservatezza dell'interessato.

Rilevante è anche la tutela che il Garante è chiamato a garantire al cittadino-consumatore rispetto al potere del mercato e al tentativo delle società d'informazione commerciale di raccogliere quanto più possibile informazioni sui singoli, ricostruendone profili, abitudini di vita, scelte economiche. Su questo terreno, l'azione del Garante si è trovata ad affrontare, soprattutto di recente, continue modificazioni del quadro normativo, volte per lo più a limitare l'area di tutela del cittadino, per estendere, di converso, l'area del 'lecitamente praticabile' da parte delle imprese. Rispetto a questa tendenza, è auspicabile un ponderato bilanciamento tra l'esigenza – percepita dalle imprese soprattutto in un periodo di crisi- di riduzione degli oneri amministrativi e la tutela della riservatezza del consumatore; bilanciamento cui pervenire anche, auspicabilmente, all'esito di un confronto e di una comune riflessione tra l'Autorità, le parti sociali coinvolte e il Governo.

Non meno importante è l'equilibrio che può raggiungersi bilanciando trasparenza dell'azione amministrativa e riservatezza della persona. Il

Garante, con una linea asseverata anche dalla sentenza n. 20719 della Consulta, ha dimostrato come la privacy non contrasti, ma anzi possa contribuire a valorizzare la trasparenza dell'azione amministrativa, mediante un'adeguata selezione delle notizie davvero funzionali all'esercizio del controllo diffuso di legalità e al "governo della cosa pubblica in pubblico" (Bobbio), altrimenti ostacolato dal rischio di una opacità per confusione da eccesso informativo.

Non meno delicata, ma altrettanto importante, è l'azione che il Garante è chiamato a svolgere sul terreno del giornalismo, nella consapevolezza che proprio il bilanciamento tra libertà di stampa e dignità della persona è condizione essenziale per una società libera, democratica e pluralista. Con un'attività di revisione delle regole deontologiche dei giornalisti o quantomeno con una riflessione comune con l'ordine, si dovranno in particolare affrontare temi nuovi o nuovi aspetti di vecchie questioni, per garantire un giornalismo più maturo, più consapevole e al contempo più rispettoso della dignità dei soggetti coinvolti. In tal senso si dovrà riflettere molto sui trial by media, sulla mediatizzazione dei processi e sulla conseguente esigenza di garantire una selezione adeguata delle notizie di rilevanza pubblica, da rendere con le modalità maggiormente rispettose dell'altrui riservatezza, così da evitare quel 'giornalismo di trascrizione' che finisce per far scadere la qualità dell'informazione, violando al contempo la dignità degli interessati. Dovrà ancora affinarsi la posizione raggiunta sul diritto all'oblio – (interrogandosi sugli *hard cases* come l'omonimia o le chiavi di ricerca utilizzabili), per evitare che la complessità della vita e dell'immagine di una persona possa essere cristallizzata e ridotta a un dettaglio, magari anche poco significativo o, peggio, capace di stravolgere il senso e il progetto di un'intera esistenza.

Infine, un grande impegno che l'Autorità dovrà sostenere riguarda la tutela di soggetti deboli quali minori, migranti e detenuti (o internati); di tutti coloro, cioè, la cui fragilità -per natura o per circostanza – rischia di renderli davvero "nudi" di fronte all'autorità, al potere se non, addirittura, alla forza.

È proprio su questo, delicatissimo, terreno che il diritto alla protezione dei dati personali esprimerà il suo senso profondo, di pre-condizione di ogni altro diritto o libertà; presupposto per una società della dignità.

Bibliografia

SORO, Antonello. Persone in rete. I dati tra poteri e diritti. Roma: Fazi Editore, 2018.

RESTA, G. Il diritto alla protezione dei dati personali. *In:* SICA, Salvatore; CARDARELLI, Francesco; ZENO ZENCOVICH, Vincenzo (a cura di). *Il Codice dei dati personali.* Temi e problemi. Roma: Giuffré editore, 2004, p. 07 et seq.

FINOCCHIARO, Giusella (diretto da). *Il nuovo Regolamento europeo sulla privacy e sulla protezione dei dati personali.* Bologna: Zanichelli, 2017.

SICA, Salvatore; D'ANTONIO, Virgilio; RICCIO, Giovanni Maria (a cura di). *La nuova disciplina europea della privacy.* Padova: CEDAM, 2017.

A Autoridade de Proteção de Dados Pessoais Italiana em mais de 20 Anos de Atividade: Independência, Poderes e Funções

Federica Resta
Tradução por Kelvin Peroli

1. A situação do órgão de garantia

Em relação ao seu Estatuto, a Autoridade Garante italiana apresenta algumas especificidades que demonstram seu papel bastante peculiar, em comparação a outras autoridades independentes. Depreende-se, desse sentido, não só as questões relativas ao processo de nomeação do Colégio (mediante eleição parlamentar pela Câmara e não por nomeação presidencial), que ocorre, de forma exclusiva à autoridade, com voto limitado, para também assegurar o envolvimento das minorias na escolha dos membros, em cujo âmbito é depois eleito, pelo Colégio, o Presidente. Este é um dos elementos que demonstram que o próprio legislador compreendeu que um órgão de tutela de um direito fundamental como o da privacidade deve ser necessariamente subtraído do "*domínio da maioria*" e do círculo de confiança no qual se rege o governo.

Mas, sobretudo – como reafirmado na investigação efetuada pela presente legislatura da I Comissão da Câmara dos Deputados –, deve-se notar que a autoridade garante é a única autoridade cujos atos devem ser impugnados não perante o juízo administrativo, mas em face do juízo ordinário, à demonstração da incidência que os procedimentos da autoridade têm sobre os direitos subjetivos categorizados como de caráter fundamental.

Finalmente, não pode ser negligenciada a importância que a autoridade italiana assume em âmbito supranacional, contribuindo à delimitação de um estatuto de garantia totalmente diferente e mais significativo que aquele que caracteriza as outras autoridades independentes. É notório o fato de que a Carta de Nice[1] (e, por conseguinte, o art. 16 do Tratado sobre o Funcionamento da União Europeia – TFUE) conferiu às autoridades nacionais importância constitucional para a proteção de dados pessoais: o art. 8°, n. 3, afirma que o cumprimento das regras que garantem o direito à proteção dos dados pessoais *"está sujeito ao controle de uma autoridade independente"*.

É evidente que, com a entrada em vigor do Tratado de Lisboa – que equipara, em termos de valor jurídico, a Carta de Nice aos Tratados – a autoridade assumiu importância constitucional nos termos do art. 117, § 1° da Constituição da República Italiana, podendo encontrar seu fundamento não apenas no Regulamento Geral de Proteção de Dados (RGPD) da União Europeia, mas também no art. 8°, item 3, da referida Carta de Nice, que, de fato, não se limita a delimitar *standards* à tutela dos dados pessoais, mas impõe ao legislador nacional a obrigação de instituir uma autoridade funcional para a garantia do direito à proteção de dados.

Com o novo quadro jurídico da UE, a disciplina das regulações não apenas do direito à proteção de dados, mas também da própria autoridade, assumiu papel especial, em razão do Regulamento da UE, o qual introduziu um limite para a discricionariedade do legislador, que nesta matéria deve mover-se em conformidade ao quadro normativo da UE, sem violar e derrogar seus princípios, os quais, além disso, elevam-se ao *status* de normas interpostas aos fins de controle de constitucionalidade, nos termos do art. 117, §1° da Constituição da República Italiana, conforme também esclarecido na Sentença n. 20 de 2019. A essa valoração foi, além disso, pré-estabelecido que os pareceres devem ser (nos termos do art. 36, item 4, do GDPR, e do art. 28, item 2 da Diretiva (UE) 2016/680, relativa ao tratamento de dados para efeitos de prevenção, investigação, detecção ou repressão de infrações penais ou execução de sanções penais) realizados com respeito à padronização estabelecida, que pode ser suscitada sobre a matéria. Não por acaso, a quase totalidade dos pareceres solicitados pelo Parlamento neste primeiro ano de aplicação da matéria (às leis para a con-

[1] Nota do tradutor: a autora refere-se à Carta dos Direitos Fundamentais da União Europeia. A Carta foi formalmente adotada em Nice, em dezembro de 2000, pelo Parlamento Europeu, pelo Conselho e pela Comissão e encontra-se disponível, em português, em: <https://eur-lex.europa.eu/legal-content/PT/TXT/?uri=LEGISSUM%3Al33501>. Acesso em: 07 mar. 2021.

cretude das ações da administração pública e para a prevenção do absenteísmo, à vigilância por vídeo em jardins de infância, à lei anticorrupção e ao "*reddito di cittadinanza*[2]") concentraram-se no respeito ao princípio da proporcionalidade na relação entre a proteção de dados e as exigências contrapostas, as quais, é claro, também deve o legislador se ater.

A independência de uma autoridade nacional de proteção de dados, expressamente sancionada pelo novo quadro jurídico da UE, mas também pelos referidos Tratados (art. 16 do TFUE), constitui objeto de um constante acompanhamento por parte da União Europeia. Isto é confirmado, em primeiro lugar, pela conhecida decisão do Tribunal de Justiça da União Europeia (TJUE), de 09 de março de 2019 (C-518/07), na qual, a pedido da Comissão, apoiada pela autoridade garante da União Europeia para a proteção de dados pessoais, reconheceu-se pela Alemanha uma violação à norma a que se refere o art. 28, item 1, da Diretiva 95/46/CE, quanto à submissão à supervisão estatal de suas autoridades garantes regionais, privando-as, portanto, da necessária independência. Além disso, a favor da relevância (central no âmbito das obrigações compactuadas pelos Estados-membros com a União Europeia) assumida pela presença e possibilidade efetivas de funcionamento das autoridades de proteção de dados, a decisão de 2014 do TJUE considerou contrária à exigência de independência da autoridade de proteção de dados o término antecipado de mandato no órgão.

Em resumo, o próprio arcabouço orgânico, interno e da UE, demonstra a peculiaridade da autoridade de proteção de dados, que é a única autoridade independente indefectível, na medida em que está prevista (e não somente legitimada) pelo direito da UE, de nível primário (bem como, é claro, dele derivado).

2. Poderes e funções

Desde a sua instituição, com a Lei n. 675/1996[3], à autoridade garante foram atribuídos poderes de natureza diversa: consultivos, decisórios (muitas

[2] Nota do tradutor: "reddito di cittadinanza" é um programa do governo italiano que objetiva o auxílio à qualificação dos cidadãos e a busca por emprego, além de auxílio na complementação da renda. Cf. ITÁLIA. Ministero del Lavoro e delle Politiche Sociali. Cos'è il Reddito di cittadinanza? *Reddito di cittadinanza*. Disponível em: <https://www.redditodicittadinanza.gov.it/schede/dettaglio>. Acesso em: 08 mar. 2021.

[3] Nota do tradutor: Trata-se da Lei n. 675, de 31 de dezembro de 1996: "Tutela delle persone e di altri soggetti rispetto al trattamento dei dati personali".

vezes também com valor normativo), para-jurisdicionais, fiscalizatórios e sancionatórios, que eram geralmente estendidos, quando da passagem da Lei n. 675/1996 ao Código de Proteção dos Dados Pessoais de 2003 (Decreto Legislativo n. 196/2003)[4], até a entrada em vigor do GDPR, com a legislação de adequação italiana (Decreto Legislativo n. 101/2018)[5].

Quanto ao primeiro poder (consultivo), foi instituído um parecer obrigatório da autoridade sobre os atos administrativos gerais e normativos de nível secundário – com o GDPR e a Diretiva (UE) 2016/680, relativa ao tratamento de dados para efeitos de prevenção, investigação, detecção ou repressão de infrações penais ou execução de sanções penais. Se trata de uma previsão significativa, pois visa garantir a conformidade à matéria de proteção de dados também pelo legislador.

Além disso, os poderes decisórios foram progressivamente estendidos, com a previsão, sobretudo, dos atos administrativos gerais, não raro dotados – a despeito da natureza formal – também de um conteúdo substancialmente normativo, pois contêm prescrições inovadoras ao ordenamento vigente, gerais e abstratas. Com o Decreto Legislativo n. 101/2018, todavia, o instrumento das autorizações gerais – particularmente significativo em termos de eficácia – foi suprimido, embora os atos administrativos continuem a ser previstos.

Cf. ITÁLIA. Legge n. 675 del 31 dicembre 1996 – Tutela delle persone e di altri soggetti rispetto al trattamento dei dati personali. Pubblicato sulla *Gazzetta Ufficiale* n. 5 dell'8 gennaio 1997 – Suppl. Ordinario n. 3. Disponível em: <https://www.garanteprivacy.it/web/guest/home/docweb/-/docweb-display/docweb/28335>. Acesso em: 12 dez 2020.

[4] Nota do tradutor: Trata-se do Decreto Legislativo n. 196, de 30 de junho de 2003: "Codice in materia di protezione dei dati personali".
Cf. ITÁLIA. Decreto Legislativo n. 196 del 30 giugno 2003 – Codice in materia di protezione dei dati personali. Pubblicato nella *Gazzetta Ufficiale* n. 174 del 29 luglio 2003 – Supplemento Ordinario n. 123. Disponível em: <https://www.camera.it/parlam/leggi/deleghe/03196dl.htm>. Acesso em: 12 dez. 2020.

[5] Nota do tradutor: a autora refere-se ao Decreto Legislativo n. 101, de 10 de agosto de 2018.
Cf. ITÁLIA. Decreto Legislativo n. 101, 10 agosto 2018 – Disposizioni per l'adeguamento della normativa nazionale alle disposizioni del regolamento (UE) 2016/679 del Parlamento europeo e del Consiglio, del 27 aprile 2016, relativo alla protezione delle persone fisiche con riguardo al trattamento dei dati personali, nonche' alla libera circolazione di tali dati e che abroga la direttiva 95/46/CE (regolamento generale sulla protezione dei dati). Pubblicato nella *Gazzetta Ufficiale* n. 205 del 04 settembre 2018. Disponível em: <https://www.cliclavoro.gov.it/Normative/Decreto-Legislativo-10-agosto-2018-n.101.pdf>. Acesso em: 12 dez. 2020.

Relevantes são os poderes para-jurisdicionais atribuídos à autoridade garante, desde a sua origem, com funções de adjudicação, ou resolução de controvérsias e concessão de tutela repressiva contra os danos ao direito da proteção de dados pessoais. As disposições previstas na regulamentação de proteção de dados foram, por vezes, estendidas, em seu campo de aplicação, por normas complementares, como no caso da Lei n. 71/2017[6], que atribuiu à autoridade garante o poder de decidir sobre os pedidos representados de menores, vítimas de *cyberbullying*.

A autoridade, desde a sua instituição, recebeu poderes de fiscalização e, em um sentido mais amplo, de controle, particularmente profundo, estendido também aos órgãos de inteligência, prevendo-se até mesmo a inoponibilidade de segredo de Estado, o que é quase único em nossa legislação e que permaneceu até a introdução de uma reforma específica, empreendida pelo Decreto Legislativo n. 101/2018. Entretanto, esses poderes foram atualmente reduzidos, por disposições expressas do GDPR e da Diretiva (UE) 2016/680, no que diz respeito ao tratamento dos dados pessoais realizados no exercício da função jurisdicional, subtraídos do controle da autoridade garante (pelas exigências de salvaguarda da independência e da sujeição apenas à legislatura), até mesmo para quando não seja o caso da aplicação da matéria de proteção de dados.

Os poderes sancionatórios da autoridade garante, embora atribuídos desde a sua instituição, foram notoriamente reforçados pelo GDPR, com a previsão de relevantes sanções administrativas de multa, de modo que poderiam ser configuradas como sanções punitivas para-penais, segundo a classificação instituída pelo Tribunal Europeu de Direitos Humanos, desde a sentença do caso Engel[7]. A efetividade da ação da autoridade é, além disso, asseverada por sanções administrativas e penais para as condutas de inobservância de seus procedimentos prescritivos ou inibitórios.

[6] Nota do tradutor: trata-se da Lei n. 71, de 29 de maio de 2017: "Disposizioni a tutela dei minori per la prevenzione ed il contrasto del fenomeno del cyberbullismo."
Cf. ITÁLIA. Legge n. 71 del 29 maggio 2017 – Disposizioni a tutela dei minori per la prevenzione ed il contrasto del fenomeno del cyberbullismo. Pubblicato nella *Gazzetta Ufficiale* n. 127 del 03 giugno 2017. Disponível em: <http://www.astrid-online.it/static/upload/legg/legge-29-maggio-2017--n.-71.pdf>. Acesso em: 13 dez. 2020.

[7] Nota do tradutor: a autora refere-se ao caso *Engel and Others v. The Netherlands*, julgado em 08 de junho de 1976, pela Corte Europeia de Direitos Humanos. Disponível em: <http://hudoc.echr.coe.int/eng?i=001-57479>. Acesso em: 13 dez. 2020.

Finalmente, com o GDPR, demonstrou-se decididamente mais clara a vocação da autoridade garante italiana, cuja ação está firmemente inserida no sistema de proteção de dados das autoridades dos países da UE, que é coordenado, em nível da UE, tanto sobre o plano estritamente da aplicação e interpretação da norma quanto sobre o plano estratégico e operacional.

2.1. Recursos

A fim de garantir a plena independência da autoridade garante italiana no cumprimento de suas funções, foi previsto que as despesas de funcionamento da autoridade são imputadas a um fundo reservado para esse fim, no orçamento do Estado, e registrado em um programa especial de despesas do Ministério da Economia e das Finanças. O relatório de gestão financeira foi atribuído à auditoria do Tribunal de Contas.

Os fundos para o funcionamento da autoridade são, portanto, atribuídos anualmente pela lei orçamentária. Todavia, o art. 156, § 8° do Decreto Legislativo n. 196/2003, não prevê uma consulta formal à autoridade quanto a sua adequação às dotações na sessão orçamental. É razoável acreditar que esse envolvimento tenha sido considerado de forma implícita na previsão geral de consulta da autoridade na fase de adoção de regras incidentes sobre a matéria.

3. Conclusões: *privacy*, *right to be let alone* e o direito de livre construção do *self*

A autoridade garante é, sobretudo, uma autoridade pré-estabelecida não prioritariamente ao exercício das funções regulatórias em relação aos interesses gerais (embora, como veremos, a proteção de dados pessoais também assuma um valor meta-individual), mas para a proteção de um direito fundamental, cuja natureza está a evoluir progressivamente e a adquirir cada vez mais importância. Nunca como atualmente, de fato, o núcleo forte do que foi por Umberto Eco definido como "privacidade" – do "*right to be let alone*" de matriz burguesa à autodeterminação informacional atual – representa a condição essencial para uma sociedade verdadeiramente livre e democrática; um pressuposto indelével d'aquela dignidade com cujo reconhecimento se inicia a Carta de Nice. Nunca como atualmente, de fato, e muito mais do que há vinte e dois anos, quando criada a autoridade, a *privacy* (entendida em um sentido amplo como privacidade e proteção de dados) pode representar uma garantia extraordinária contra a discriminação e as velhas e novas formas de estigmatização social, que cada vez mais pressupõem a reconstrução abusiva e infiel da imagem e identidade dos outros.

Certamente, para Warren e Brandeis, o "*right to be let alone*" tinha um conteúdo essencialmente negativo e de matriz dominical: era o *jus excludendi alios* que se exauria no direito de não sofrer interferência externa em sua vida privada, essencialmente doméstica e familiar. Atualmente, a privacidade (compreendida, em verdade, como autodeterminação informacional) tem, ao contrário, um conteúdo fortemente positivo e propositivo: é, de fato, essencialmente a pré-condição para poder livremente manifestar-se aos outros; o direito de ser representado nos valores e nas convicções em que se acredita; no modo de ser que corresponde à identidade real da pessoa; em tudo que nos pertence. Em suma, é o núcleo forte da identidade individual, mesmo em sua projeção social e, portanto, condição necessária de dignidade.

Atualmente, para reconhecer na privacidade o pressuposto da liberdade, da dignidade e da identidade pessoal, tornou-se possível, graças a um percurso que tornou este direito prerrogativa tradicional da classe burguesa (o direito de ser deixado só, é claro, do qual aborda Faulkner) um instrumento de tutela das classes mais vulneráveis contra as prevaricações e discriminações. Significativamente – recorda Rodotà –, a primeira norma sobre privacidade nasceu, na Itália, em 1970, com o "*Statuto dei lavoratori*[8]", que, ao proibir o controle à distância e a investigar as opiniões políticas e sindicais, protegeu os trabalhadores das profundas interferências e discriminações das quais são muitas vezes os protagonistas.

A partir desse momento, o que nasceu como um direito de matriz tipicamente burguesa é percebido e reconhecido como uma garantia dos mais fracos sobre os velhos e os novos tipos de discriminação; um instrumento de liberdade de afirmação contra o autoritarismo da lógica do homem de

[8] Nota do tradutor: a autora refere-se à Lei n. 300, de 20 de maio de 1970: "Norme sulla tutela della libertà e dignità dei lavoratori, della libertà sindacale e dell'attività sindacale nei luoghi di lavoro e norme sul collocamento."
Cf. ITÁLIA. Legge n. 300 del 20 maggio 1970 – Norme sulla tutela della libertà e dignità dei lavoratori, della libertà sindacale e dell'attività sindacale nei luoghi di lavoro e norme sul collocamento. Pubblicatta nella *Gazzetta Ufficiale* n. 131, del 27 maggio 1970. Disponível em: <https://www.cliclavoro.gov.it/Normative/Legge_20_maggio_1970_ n.300.pdf>. Acesso em: 13 dez. 2020.

vidro; de quem, pois, sustentava e sustenta que aqueles que nada têm a esconder nem sequer têm nada para guardar para si mesmos. Nesse contexto, o direito à privacidade passou a assumir o conteúdo positivo e propositivo da escolha sobre a própria autorrepresentação, que ainda claramente o caracteriza atualmente, na era pós-fordista, do domínio do algoritmo (mas não apenas) sobre os prestadores de serviços de plataformas (ou trabalhadores). É claro, hoje as formas de controle se alteraram: os registros da *Fiat* deram lugar ao controle sobre os *e-mails* de seus trabalhadores, mas o problema de proteger a intimidade e a identidade do sujeito mais frágil permanece intacto, posto que privado de poderes contratuais. Deixaram isso bem claro as disposições interpretadas pela autoridade garante – também à luz da jurisprudência de Estrasburgo – e as novas, elaboradas pelo "*Jobs Act*".

E hoje, diante do aumento – típico das épocas de crise – das desigualdades sociais, a privacidade (entendida como autodeterminação informacional) pode representar um extraordinário instrumento à garantia de um correto equilíbrio entre mercado e indivíduo; informação e *opacidade* da privada; técnica e vida; determinismo e liberdade.

Assim, diante do uso cada vez mais frequente da biometria – que faz com que seja um dado o próprio corpo, um mapa identitário, lugar de representação das escolhas individuais –, apenas um consentimento verdadeiramente consciente e informado ou a presença de garantias adequadas, como as atualmente previstas, de tutela fortalecida, conferida a esses dados pelo GDPR, podem proteger a pessoa do risco de entregar a outrem, às vezes de forma irrevogável, traços importantíssimos de si mesmo.

Verdadeiramente informado e consciente deve assim ser o consentimento de qualquer um que se utilize desses instrumentos preciosíssimos oferecidos pelo progresso científico e tecnológico, por exemplo, a telemedicina, o registro eletrônico de saúde e até dos dados, que juntamente às extraordinárias oportunidades também envolvem relevantes riscos, se não utilizados da maneira mais correta. Nesse sentido, a privacidade pode, em verdade, representar uma garantia de liberdade do homem em relação à tecnologia, da qual poderia, de outra forma, restar impotente. A autoridade emitiu importantes procedimentos à tutela dos titulares, antecipando e solicitando, em alguns casos (como aquele do registro eletrônico de saúde) a tematização dos problemas que seriam depois demandados ao legislador, na tentativa de favorecer, tanto quanto possível, a investigação, a experimentação e o progresso (dos quais todos têm o direito de se beneficiar, nos termos do art. 15 do Pacto de Nova York sobre os direitos econômicos e sociais[9]), respeitando, todavia, a dignidade e a privacidade do interessado.

Relevante também é a tutela que a autoridade garante italiana é demandada a garantir ao cidadão-consumidor em relação ao poder de mercado e a tentativa das empresas da sociedade informacional de reunir o máximo possível de informações sobre os indivíduos, reconstituindo perfis, hábitos de vida e escolhas econômicas. Sobre esse campo, a ação da autoridade se viu afrontada, sobretudo recentemente, pelas contínuas modificações do quadro normativo, que visam principalmente limitar a área de tutela do cidadão, para estender, por outro lado, o campo das práticas legalmente aceitáveis pelas empresas. Em relação a essa tendência, é auspicioso ponderar um equilíbrio entre a exigência – percebida pelas empresas, sobretudo em períodos de crises – de reduzir os encargos administrativos e proteger a privacidade do consumidor; equilíbrio a alcançar também, desejosamente, o êxito no embate e na reflexão comum entre a autoridade, as partes sociais envolvidas e o governo.

Não menos importante é o equilíbrio que pode ser alcançado ao equilibrar a transparência da ação administrativa e a privacidade do indivíduo. A autoridade, com um tom asseverado também pela Consulta de Sentença n. 20/2019, demonstrou como a privacidade não contrasta, mas de fato pode contribuir a valorizar a transparência da ação administrativa, mediante uma adequada seleção das noções verdadeiramente funcionais

[9] Nota do tradutor: a autora refere-se ao Pacto Internacional sobre Direitos Econômicos, Sociais e Culturais, aberto à assinatura em Nova York, aos 19 de dezembro de 1966. O art. 15 do Pacto assim declara, *in verbis:*
"1. Os Estados Partes do presente Pacto reconhecem a cada indivíduo o direito de:
a) Participar da vida cultural;
b) Desfrutar o processo científico e suas aplicações;
c) Beneficiar-se da proteção dos interesses morais e materiais decorrentes de toda a produção cientifica, literária ou artística de que seja autor.
2. As Medidas que os Estados Partes do Presente Pacto deverão adotar com a finalidade de assegurar o pleno exercício desse direito incluirão aquelas necessárias à convenção, ao desenvolvimento e à difusão da ciência e da cultura.
3. Os Estados Partes do presente Pacto comprometem-se a respeitar a liberdade indispensável à pesquisa cientifica e à atividade criadora.
4. Os Estados Partes do presente Pacto reconhecem os benefícios que derivam do fomento e do desenvolvimento da cooperação e das relações internacionais no domínio da ciência e da cultura."

ao exercício do controle difuso de legalidade e ao "*governo della cosa pubblica in pubblico*"[10]; caso contrário, há o risco de uma opacidade pela confusão ocasionada pelo excesso de informações.

Não menos delicada é a ação que a autoridade garante é chamada a desenvolver no âmbito do jornalismo, no sentido de que o próprio equilíbrio entre liberdade de imprensa e dignidade da pessoa humana é condição essencial para uma sociedade livre, democrática e pluralista. Com uma atividade de revisão das regras deontológicas dos jornalistas, ou pelo menos com uma reflexão comum com a ordem, será necessário, em particular, enfrentar novos temas ou novos aspectos das velhas questões, para garantir um jornalismo mais maduro, mais consciente e, ao mesmo tempo, mais respeitoso à dignidade dos sujeitos envolvidos. Nesse sentido, deve ser em muito refletido sobre os julgamentos da mídia, sobre a midiatização dos processos e na consequente exigência de garantir uma seleção adequada de notícias de relevância pública, a serem feitos da maneira mais respeitosa à privacidade dos outros, de modo a evitar que o "*giornalismo di trascrizione*", que acaba por piorar a qualidade da informação, viole, ao mesmo tempo, a dignidade das partes interessadas. Deve ainda afinar sua posição com o direito ao esquecimento – (interrogando-se sobre os *hard cases* como a homonímia ou as chaves de busca utilizadas), para evitar que a complexidade da vida e da imagem de uma pessoa possa ser cristalizada e reduzida a um detalhe, malgrado também pouco significativo ou, pior, capaz de distorcer o significado e o projeto de uma inteira existência.

Finalmente, um grande compromisso que a autoridade deverá sustentar diz respeito à tutela dos sujeitos vulneráveis, como os menores, os imigrantes e os detentos (ou internados); de todos aqueles, isto é, cuja fragilidade – por natureza ou por circunstância – arrisca torná-los verdadeiramente "nus" frente à autoridade, pelo poder ou mesmo pela força.

É precisamente nesse delicadíssimo campo que o direito à proteção dos dados pessoais expressará seu profundo sentido, de pré-condição de qualquer outro direito ou liberdade; pré-requisito para uma sociedade de dignidade.

[10] Nota do tradutor: a autora refere-se à expressão de Norberto Bobbio, traduzida em português como "governo da coisa pública em público", no seguinte sentido: "Todos aqueles expedientes institucionais que obrigam os governantes a tomarem as suas decisões às claras e permitem que os governados vejam como e onde as tomam". Cf. BOBBIO, Norberto. *O futuro da democracia*. Tradução de Marco Aurélio Nogueira. São Paulo: Paz e Terra, 2000, p. 386.

Referências

SORO, Antonello. Persone in rete. I dati tra poteri e diritti. Roma: Fazi Editore, 2018.

RESTA, G. Il diritto alla protezione dei dati personali. *In:* SICA, Salvatore; CARDARELLI, Francesco; ZENO ZENCOVICH, Vincenzo (a cura di). *Il Codice dei dati personali.* Temi e problemi. Roma: Giuffré editore, 2004, p. 07 et seq.

FINOCCHIARO, Giusella (diretto da). *Il nuovo Regolamento europeo sulla privacy e sulla protezione dei dati personali.* Bologna: Zanichelli, 2017.

SICA, Salvatore; D'ANTONIO, Virgilio; RICCIO, Giovanni Maria (a cura di). *La nuova disciplina europea della privacy.* Padova: CEDAM, 2017.

A Independência da Comissão Nacional de Proteção de Dados

Francisco Pereira Coutinho

1. Crónica de uma decisão de desaplicação anunciada[1]

I. A 16 de maio de 2018, nas vésperas do início da aplicação do Regulamento Geral de Proteção de Dados (RGPD)[2], a presidente da Comissão Nacional de Proteção de Dados (CNPD) declarou, numa audição parlamentar, que:

> (...) Em junho (de 2018) já não há dinheiro para pagar os vencimentos dos trabalhadores da Comissão (Nacional de Proteção de Dados) (...). Nós, Estado português, que tivemos a primeira Constituição a consagrar o direito fundamental à proteção de dados, vamos passar pela vergonha de sermos aquele que não reforçou os meios da autoridade de proteção de dados, e que está praticamente obrigada a fechar portas quando o regulamento começar a ser aplicado[3].

[1] Este texto desenvolve palestra apresentada na conferência *"Desafios e Perspetivas das Autoridades de Proteção de Dados Pessoais e Privacidade"*, organizada na Faculdade de Direito de Ribeirão Preto da Universidade de São Paulo, Brasil, a 8 de novembro de 2019. São devidos agradecimento ao Filipe Brito Bastos, à Graça Canto Moniz, ao Luís Neto Galvão e ao Rui Tavares Lanceiro pela leitura crítica deste texto, que muito o valorizou. Eventuais incorreções que nele se encontrem são da minha responsabilidade exclusiva.

[2] O Regulamento (EU) 2016/679 do Parlamento Europeu e do Conselho, de 27 de abril de 2016, é o ato legislativo da União Europeia que estabelece as regras relativas à proteção das pessoas singulares no que diz respeito ao tratamento de dados pessoais e à livre circulação desses dados (art. 1º, nº 1, RGPD). É diretamente aplicável desde o dia 25 de maio de 2018, dois anos depois do início da sua vigência, que ocorreu a 24 de maio de 2016 (art. 99º RGPD). O RGPD revogou a Diretiva 95/46/CE, de 24 de outubro de 1995.

[3] Comissão de Assuntos Constitucionais, Direitos, Liberdades e Garantias, "Audição de Filipa Calvão, Presidente da Comissão Nacional de Proteção de Dados, sobre a questão da cedência ilegítima de dados pessoais pela rede social Facebook, assim como sobre as diligências tomadas

A notícia do encerramento iminente da entidade administrativa independente reconhecida como "a autoridade de controlo nacional" para efeitos da fiscalização da aplicação do RGPD em Portugal[4], revelar-se-ia manifestamente exagerada, como o demonstra a aplicação de coimas de €400.000 a um hospital público, a 9 de outubro de 2018, e de €107.000 a uma empresa privada, a 6 de maio de 2019[5].

A prova de vida definitiva da CNPD surgiria a 3 de setembro de 2019 ao declarar que, de forma a assegurar o primado do direito da União e a efetividade do RGPD, não iria aplicar várias normas da lei de execução do RGPD, cuja vigência se tinha iniciado semanas antes, a 9 de agosto de 2019[6].

II. A adoção de uma lei de execução resulta de o RGPD obrigar os Estados-Membros a intervir legislativamente para implementar o regulamento[7]; acresce a circunstância de estarmos perante um ato legislativo da União que tem "o corpo de um regulamento, mas a alma de uma diretiva"[8], na medida em que reconhece aos Estados-Membros alguma margem de conformação normativa em vários domínios[9].

pela CNPD para garantir a proteção dos dados pessoais dos utilizadores portugueses desta e de outras redes sociais", 16 de maio de 2019, 24:39 a 24:56.

[4] Art. 3º da Lei nº 58/2019, de 8 de agosto, que assegura a execução, na ordem jurídica portuguesa, do Regulamento (UE) 2016/679 do Parlamento e do Conselho, de 27 de abril de 2016, relativo à proteção das pessoas singulares no que diz respeito ao tratamento de dados pessoais e à livre circulação desses dados ("lei de execução").

[5] Cfr., respetivamente, a Deliberação nº 984/2018, de 9 de outubro, e a Deliberação nº 297/2019, de 6 de maio. No relatório de atividades relativo aos anos de 2017 e 2018, a CNPD relata que, no período de aplicação do RGPD relativo ao ano de 2018, aplicou 22 coimas no valor total de €408 990,40, a maior parte das quais dizia respeito a factos praticados antes de 25 de maio de 2018, pelo que lhes foi aplicado o regime contraordenacional previsto na Lei Geral de Proteção de Dados (Lei nº 67/98, de 26 de outubro), que previa molduras sancionatórias mais favoráveis aos arguidos (Comissão Nacional de Proteção de Dados, *Relatório de Atividades 2017/2018*, de 23 de abril de 2019, p. 28).

[6] Deliberação nº 494/2019, de 3 de setembro, pp. 2-11.

[7] Por exemplo, escolhendo um organismo de acreditação com um nível adequado em matéria de proteção de dados (art. 43º, nº 1, RGPD).

[8] García Mexía, Pablo, "La singular naturaleza jurídica del reglamento general de protección de datos de la EU. Sus effectos en el acervo nacional sobre protección de datos", in Piñar Mañas, José Luis (dir.), *Reglamento General de Protección de Datos – Hacia un nuevo modelo europeo de privacidad*, Reus, 2016, p. 34.

[9] *V.g.* o art. 8º, nº 1, RGPD, que permite que os Estados-Membros definam a idade com que as crianças podem ter acesso, sem carecer de consentimento dos seus representantes legais, à oferta direta de serviços da sociedade da informação, a qual pode variar entre 13 e 16 anos.

Portugal foi o antepenúltimo Estado-Membro da União Europeia a adotar legislação de implementação do RGPD[10]. O processo legislativo iniciou-se apenas em agosto de 2017 – quinze meses depois da entrada em vigor do RGPD e numa altura em que a Alemanha já tinha aprovado legislação federal de implementação do regulamento[11] – com a constituição de um grupo de trabalho a quem foi atribuída a tarefa de preparar a legislação requerida pelo RGPD[12]. Seguiu-se um processo de consulta pública que culminou com a apresentação de uma anteproposta de lei no final de 2017[13]. O Conselho de Ministros aprovou uma proposta de lei a 22 de março de 2018[14], tendo na altura a Ministra da Presidência e da Modernização Administrativa expressado o desejo de que "(seria) bom para todos que o RGPD e a proposta de lei pudessem estar disponíveis em simultâneo"[15]. A 3 de maio de 2018, a proposta foi objeto de críticas de natureza procedimental[16]

[10] De acordo com a Comissão Europeia, "GDPR Implementation. Update State of Play in the Member States (11/04/2019)", em abril de 2019 apenas a Eslovénia e a Grécia não tinham aprovado legislação de execução do RGPD. A lei grega (4624/2019) foi entretanto aprovada e publicada a 29 de agosto de 2019 (BROUMAS, Antonios, "GDPR Incorporated into Greek Law", *iapp*, 4 de outubro de 2019).

[11] *Bundesdatenschutzgesetz*, de 30 de junho de 2017.

[12] Despacho 7456/2017, de 24 de Agosto, da Presidência do Conselho de Ministros. A ausência de um representante da CNPD no grupo de trabalho foi criticada por MENEZES CORDEIRO, A. B., "Portugal: A Brief Overview of the GDPR Implementation", *European Data Protection Law Review*, 4, 2019, p. 536.

[13] O edital do processo de consulta pública pode ser consultado aqui.

[14] Ponto 1 do Comunicado do Conselho de Ministros de 22 de março de 2018.

[15] Conferência de Imprensa do Conselho de Ministros, de 22 de março de 2018, 11:38 a 11:40.

[16] Cfr. as intervenções da deputada Vânia Dias da Silva (CDS/PP), *Diário da Assembleia da República*, de 4 de maio de 2018, I Série, 80, p. 10 ["(...) é absolutamente inaceitável (...) que o Governo pressione o Parlamento para legislar à pressa numa matéria que já conhece há mais de dois anos e na qual há mais de dois anos poderia ter trabalhado. Não é aceitável, não é compreensível e nem sequer se entende o porquê (...) porque já todos conhecíamos esta matéria, todos sabíamos que o Regulamento entrava em vigor no dia 25 de maio (de 2018). O Regulamento previa uma moratória de dois anos para que todos se adaptassem. E o que aconteceu? O Governo ficou quieto, parado e à espera, não fez nada e, portanto, agora estamos todos a braços com problemas de implementação, que, obviamente, este Governo não quis acautelar não se entende bem porquê"], do deputado Carlos Abreu Amorim (PSD) *Diário da Assembleia da República*, de 4 de maio de 2018, I Série, 80, p. 11 ["O Regulamento Geral de Proteção de Dados é de 2016, mas a proposta que hoje debatemos só foi aprovada em Conselho de Ministros no final de março (de 2018) e só tivemos conhecimento dela em abril (de 2018). Foi tarde, muito tarde, para uma matéria com esta dimensão e impacto"] e do deputado António Filipe, *Diário da Assembleia da República*, de 4 de maio de 2018, I Série,

e substantiva[17] no plenário da Assembleia da República que, consequentemente, deliberou, por unanimidade, o seu regresso sem votação à Comissão de Assuntos Constitucionais, Direitos, Liberdades e Garantias[18]. Um texto de substituição da proposta de lei elaborado por esta Comissão foi (finalmente) aprovado pelo plenário da Assembleia da República a 14 de junho de 2019[19].

A CNPD participou nos trabalhos preparatórios da lei de execução através da apresentação de um extenso parecer sobre a proposta de lei e através da audição parlamentar da sua presidente, tendo-se pronunciado no sentido de que um número muito significativo de disposições da proposta de lei de implementação do RGPD violavam o direito da União Europeia[20].

III. O anúncio da recusa de aplicação de várias disposições previstas na lei de execução por uma entidade administrativa independente não foi bem recebido no parlamento. O presidente em exercício da Comissão de Assuntos Constitucionais, Direitos, Liberdades e Garantias da Assembleia da República (e também professor de direito constitucional), Pedro Bacelar de Vasconcelos, considerou estarmos perante uma decisão "inadmissível" porque "tomada de forma autónoma, sem sequer dar uma explicação prévia da desobediência perante o órgão de soberania a que (a CNPD) deve legitimidade", acrescentando que "(u)m órgão de autoridade do Estado que se coloca nesta posição ou se demite ou obtém (sic) esclarecimentos que justifiquem a sua continuidade. É algo que cabe ao parlamento decidir"[21].

80, p. 13 ["A proposta de lei que hoje discutimos, destinada a assegurar a aplicação em Portugal do Regulamento Geral da União Europeia relativo à proteção de dados pessoais e à livre circulação desses dados, chegou tarde e a más horas a esta Assembleia (...). Perante uma matéria tão complexa, extensa e inegavelmente importante, dado que é matéria de direitos fundamentais, não é exigível que esta Assembleia discuta e aprove em 15 dias o que o Governo demorou dois anos para discutir e aprovar"].

[17] Cfr. *Diário da Assembleia da República*, de 4 de maio de 2018, I Série, 80, pp. 7-15.

[18] *Diário da Assembleia da República*, de 5 de maio de 2018, I Série, 81, p. 45.

[19] Com os votos favoráveis do PSD, do PS e do deputado não inscrito Paulo Trigo Pereira e a abstenção do BE, CDS-PP, PCP, PEV, PAN (*Diário da Assembleia da República*, de 15 de junho de 2019, I Série, 96, pp. 37 e 38).

[20] Parecer nº 20/2018, de 2 de maio, e Comissão de Assuntos Constitucionais, Direitos, Liberdades e Garantias, "Audição da Comissão Nacional de Proteção de Dados", 27 de novembro de 2019, 00:58:56 a 01:01:10.

[21] Séneca, Hugo, "Parlamento admite que CNPD tem legitimidade para não aplicar lei da proteção de dados. No PS, fala-se em demissão", *Exame Informática*, de 26 de setembro de 2019.

Estas declarações comprometem o papel da CNPD enquanto "guardiã" do direito à proteção de dados na ordem jurídica portuguesa[22], resultante do mandato constitucional, previsto no art. 16º, nº 2, do Tratado sobre o Funcionamento da União Europeia (TFUE) e no art. 8º, nº 2, da Carta dos Direitos Fundamentais da União Europeia, de fiscalizar a observância das normas relativas à proteção das pessoas singulares no que diz respeito ao tratamento de dados pessoais. Revelam sobretudo desconhecimento da natureza das autoridades de controlo e, em particular, do estatuto de "total independência" de que estas estão investidas (art. 52º, nº 1, RGPD) (v. secção 2 deste artigo). Apresentam-se ainda particularmente graves porque têm origem num importante membro do órgão de soberania que manifestamente não tem provido a CNPD dos recursos necessários à prossecução eficaz das suas atribuições (art. 52º, nº 4, RGPD) (v. secção 3 deste artigo).

2. A independência das autoridades de controlo

2.1. A natureza das autoridades de controlo

A União Europeia organizou-se, desde a sua origem, de acordo com o princípio da subsidiariedade, que requer que as decisões sejam tomadas "ao nível mais próximo possível dos cidadãos" [art. 1º do Tratado da União Europeia (TUE)].

O RGPD concretiza o princípio da subsidiariedade ao determinar que os Estados-Membros devem criar autoridades nacionais de fiscalização da proteção de dados com a missão "de defender os direitos e liberdades fundamentais das pessoas singulares relativamente ao tratamento (de dados pessoais) e facilitar a livre circulação desses dados na União" (art. 51º, nº 1). A rejeição de uma solução federal, através da instituição de uma autoridade europeia de controlo da aplicação do direito da União nestes domínios nos Estados-Membros[23], terá resultado, para além de razões his-

[22] Tribunal de Justiça (da União Europeia), acórdão de 9 de março de 2010, *Comissão c. Alemanha*, C-518/07, EU:C:2010:125, para. 23.

[23] Os poderes de supervisão independente da Autoridade Europeia para a Proteção de Dados estão circunscritos ao controlo da aplicação do direito da União relativo à proteção de dados pessoais por instituições ou órgãos da União [art. 52º, nºs 2 e 3, do Regulamento (UE) 2018/1725 do Parlamento Europeu e do Conselho, de 23 de outubro de 2018, relativo à proteção das pessoas singulares no que diz respeito ao tratamento de dados pessoais pelas instituições e pelos órgãos e organismos da União e à livre circulação desses dados, e que revoga o Regulamento (CE) 45/2001 e a Decisão 1247/2002/CE].

tóricas[24], do reconhecimento de que as autoridades de controlo nacionais estão melhor posicionadas para, por um lado, interpretar as especificidades e restrições a regras do RGPD previstas no direito nacional e, por outro, para levar a cabo o fundamental exercício casuístico de ponderação do direito à proteção de dados com outros direitos fundamentais, como a liberdade de expressão e o acesso à informação[25], e com objetivos de interesse geral, como a transparência e a segurança interna e externa, no quadro de um ambiente tecnológico em permanente evolução.

As administrações nacionais têm, como corolário do princípio da cooperação leal[26], o dever de assegurar a "execução efetiva" do direito da União (arts. 197, nº 1, e 291º, nº 1, TFUE), atuando funcionalmente como "administração comum da União"[27]. Por esta razão, dir-se-ia, à primeira vista, que a CNPD seria mais um exemplo de autoridade administrativa inde-

[24] A *Commission Nationale Informatique et Libertés* (CNIL), a primeira autoridade administrativa independente de supervisão do direito à proteção de dados pessoais, foi criada em França em 1978 (González Fuster, Gloria, *The Emergence of Personal Data Protection as a Fundamental Right of the EU Law*, Springer, 2014, p. 65), muito antes de o art. 28º, nº 1, da Diretiva 95/46/CE, de 24 de outubro de 1995, relativa à proteção das pessoas singulares no que diz respeito ao tratamento de dados pessoais e à livre circulação desses dados, ter previsto a sua instituição obrigatória em todos os Estados-Membros. A CNPD, na altura designada como "Comissão Nacional de Proteção de Dados Pessoais Informatizados", foi também criada em momento anterior à Diretiva 95/46/CE pelo art. 4º, nº 1, da Lei nº 10/91, de 29 de abril.

[25] A dificuldade deste exercício de ponderação foi reconhecida pelo Tribunal de Justiça no acórdão de 24 de setembro de 2017, *CNIL*, C-507/17, ECLI:EU:C:2019:772, para. 67: "(...) o interesse do público em aceder a uma informação pode, mesmo dentro da União, variar de um Estado-Membro para outro, pelo que o resultado da ponderação a efetuar entre este, por um lado, e os direitos ao respeito pela vida privada e à proteção dos dados pessoais da pessoa em causa, por outro, não é forçosamente idêntico em todos os Estados-Membros".

[26] Art. 4º, nº 3, TUE. De acordo com o Tribunal de Justiça, "em matérias reguladas pelo direito da União (...), as autoridades públicas dos Estados-Membros estão vinculadas pelo princípio da cooperação leal. Por força deste princípio, tomam todas as medidas gerais ou específicas adequadas para garantir a execução das obrigações decorrentes dos Tratados ou resultantes dos atos das instituições da União e abster-se de qualquer medida suscetível de pôr em perigo a realização dos objetivos da União" (acórdão de 7 de novembro de 2013, *UPC Nederlandl*, C-518/11, ECLI:EU:C:2013:709, para. 59).

[27] Perez Fernandes, Sophie, "Administração Pública", in Silveira, Alessandra; Canotilho, Mariana e Madeira Froufe, Pedro (coord.), *Direito da União. Elementos de Direito e Políticas da União*, Almedina, 2016, p. 103, ou Tavares Lanceiro, Rui, *O Princípio da Cooperação Leal e a Administração. A Europeização do Procedimento de Acto Administrativo*, AAFDL Editora, 2019, pp. 279 e 280.

pendente criada ao abrigo do art. 267º, nº 3, da Constituição, a quem compete desempenhar o duplo papel de administração nacional e da União.

A natureza jurídica da CNPD distingue-se das restantes entidades administrativas independentes em virtude da sua instituição resultar diretamente do direito primário da União enquanto parte integrante fundamental do direito à proteção de dados – tanto o TFUE (art. 16º, nº 2) como a Carta (art. 8º, nº 2) referem que o cumprimento da regras relativas à proteção de dados pessoais está sujeita a fiscalização por uma autoridade independente –, e de as suas atribuições e competências estarem previstas no direito secundário (arts. 55º a 59º RGPD). Acresce a circunstância de fazer parte da "administração europeia compósita"[28], integrando o Comité Europeu para a Proteção de Dados (art. 68º, nº 3, RGPD), organismo da União que é também uma autoridade de controlo independente (arts. 68º, nº 1, 69º, nº 1, e 70º, nº 1, al. a), RGPD)[29], para além de participar nos procedimentos administrativos complexos de cooperação (arts. 60º a 62º) e do controlo de coerência (arts. 63º a 67º RGPD)[30].

[28] Lind, Anna-Sara e Reichel, Jane, "Administrating Data Protection – or the Fort Knox of the European Composite Administration", *Critical Quarterly for Administration and Law*, 2014, 1, pp. 46-54.

[29] O Comité Europeu para a Proteção de Dados sucedeu funcionalmente ao Grupo de Trabalho sobre a proteção das pessoas no que diz respeito ao tratamento de dados pessoais instituído pelo art. 29º da Diretiva 95/46/CE, órgão consultivo independente que cessou funções com o início de aplicação do RGPD. Inclui como membros um representante – que será, por regra, o respetivo diretor – das autoridades de controlo e a Autoridade Europeia de Proteção de Dados (art. 68º, nº 3, RGPD), integrando também nas suas atividades e reuniões representantes da Comissão Europeia (art. 68º, nº 5, RGPD). De modo a assegurar a aplicação uniforme do direito da União (e a impedir situações de *forum shopping*), o RGPD atribui-lhe competência decisória vinculativa nos casos previstos nas als. a) a c) do art. 65º. O Comité Europeu para a Proteção de Dados institucionaliza uma "cooperação institucional" que se distingue de outras formas de cooperação administrativa na União Europeia de natureza informativa (troca de informações) ou procedimental (procedimentos compostos) (v. Schmitt-Assmann, Eberhard, "Introduction: European Composite Administration and the Role of European Administrative Law", in Jansen, Oswald and Schöndorf-Haubold, Bettina (eds.), *The European Composite Administration*, Intersentia, 2011, p. 5).

[30] Sobre o tema dos procedimentos administrativos complexos de execução do direito da União, v. Otero, Paulo, *Legalidade e Administração Pública. O Sentido da Vinculação Administrativa à Juridicidade*, Almedina, 2003, pp. 479-482, ou Tavares Lanceiro, Rui, *O Princípio da Cooperação Leal e a Administração. A Europeização do Procedimento de Acto Administrativo*, cit., pp. 365 a 386.

As autoridades de controlo são, com efeito, um "fenómeno único na União Europeia"[31], na medida em que possuem um estatuto híbrido, que resulta de serem entidades que integram a organização administrativa nacional e simultaneamente exercerem atribuições semelhantes às de uma agência europeia[32].

2.2. A "total independência" das autoridades de controlo

I. De acordo com a jurisprudência constante do Tribunal de Justiça, a instituição nos Estados-Membros de autoridades de controlo independentes constitui um elemento essencial da proteção das pessoas singulares no que respeita ao tratamento dos seus dados pessoais[33]. A garantia de independência destas entidades visa assegurar a eficácia e a fiabilidade do controlo do cumprimento do direito à proteção de dados e deve ser interpretada à luz deste objetivo[34].

No exercício das suas funções, as autoridades de controlo devem poder agir de forma objetiva e imparcial. Tal implica estarem salvaguardadas de qualquer influência externa, direta ou indireta, oriunda tanto dos organismos controlados como do Estado[35]. No atual contexto de globalização económica e de evolução tecnológica, só assim se evitará o risco de as autoridades de controlo serem capturadas pelo interesse de grandes empresas de tecnologia e dos Estados no acesso indiscriminado a dados pessoais.

Para o Tribunal do Luxemburgo, a independência das autoridades de controlo deve ser completa: não é admissível qualquer influência exercida por organismos de tutela ou qualquer instrução ou qualquer outra influência externa que possam pôr em causa o cumprimento da sua tarefa de

[31] Hijmans, Hielke, *The European Union as a constitutional guardian of internet privacy and data protection*, Universidade de Amesterdão, 2016, p. 288.

[32] Idem, pp. 309-311.

[33] *Comissão c. Alemanha*, C-518/07, cit., para. 23; acórdão de 16 de outubro de 2012, *Comissão c. Áustria*, C-614/10, EU:C:2012:631, para. 37; acórdão de 8 de abril de 2014, *Comissão c. Hungria*, C-288/12, EU:C:2014:237, para. 48. V. também o considerando 117 do RGPD.

[34] *Comissão c. Alemanha*, C-518/07, cit., paras. 19 e 25. Neste sentido, v. também a Comunicação da Comissão ao Parlamento Europeu e ao Conselho, *Sobre o acompanhamento do programa de trabalho para uma melhor aplicação da diretiva relativa à proteção de dados*, de 7 de março de 2007, COM(2007) 87 final, p. 7 ["(...) qualquer falha a nível da (...) independência e competência (das autoridades de controlo) tem um impacto negativo considerável quanto ao respeito da legislação em matéria de proteção dos dados"].

[35] Tribunal de Justiça, *Comissão c. Alemanha*, C-518/07, cit., paras. 19 e 25.

estabelecer um justo equilíbrio entre a proteção do direito à vida privada e a livre circulação de dados pessoais[36]. Esta ponderação, que deve incluir também outros direitos fundamentais e interesses gerais, constitui uma atribuição fundamental das autoridades de controlo, que requer o exercício de um amplo poder discricionário de apreciação em domínios com grande complexidade técnica e, frequentemente, também de elevada sensibilidade política[37]. O simples risco de que um órgão político de tutela possa influenciar decisões das autoridades de controlo é, por si só, suficiente para impedir o exercício independente das suas funções[38].

O conceito de independência das autoridades de controlo não corresponde sequer ao exigente critério jurisprudencial de independência das entidades a quem é reconhecida a capacidade para suscitar questões prejudiciais ao Tribunal de Justiça[39], podendo inclusivamente dar-se o caso "em que uma autoridade nacional poderia ser considerada suficientemente independente para ser o órgão jurisdicional na aceção do artigo 267º TFUE, mas, ao mesmo tempo, como não sendo suficientemente independente para ser a autoridade de controlo na aceção (do art. 16º, nº 1, TFUE e do art. 8º, nº 2, da Carta)"[40].

II. A jurisprudência do Tribunal de Justiça encontrou amplo respaldo no RGPD, que requer que as autoridades de controlo atuem com "total independência" (art. 51º, nº 1), não podendo os seus membros estar "sujeitos a influências externas, diretas ou indiretas" ou solicitar ou receber instruções de outrem (art. 51º, nº 2), e devendo abster-se de qualquer ato

[36] Idem, para. 30.

[37] Hijmans, Hielke, *The European Union as a constitutional guardian of internet privacy and data protection*, Universidade de Amesterdão, 2016, pp. 315-316 e 330-331.

[38] Tribunal de Justiça, *Comissão c. Alemanha*, C-518/07, cit., para. 36.

[39] Tribunal de Justiça, *Comissão c. Áustria*, C-614/10, cit., para. 40. Sobre o conceito de independência de um "órgão jurisdiciona" na aceção do artigo 267º TFUE, v. Pereira Coutinho, Francisco, *Os Tribunais Nacionais na Ordem Jurídica da União Europeia: o Caso Português*, Almedina, 2013, pp. 70-78.

[40] Advogado-Geral Ján Mazák, conclusões de 3 de julho de 2012, *Comissão c. Áustria*, C-614/10, ECLI:EU:C:2012:406, para. 25 (nota de rodapé 10). Contra, Balthasar, Alexander, "«Complete Independence» of National Data Protection Supervisory Authorities – Second Try: Comments on the Judgment of the CJEU of 16 October 2012, C-614/10 (European Commission v. Austria), with Due Regard to its Previous Judgment of 9 March 2010, C-518/07 (European Commission v. Germany)", *Utrecht Law Journal*, 9, 3, 2013, p. 30, considerando inconcebível admitir a possibilidade de as autoridades de controlo possuírem um grau de independência superior aos tribunais competentes para conhecer recursos das suas decisões.

incompatível com as suas funções, não podendo durante o seu mandato desempenhar nenhuma atividade, remunerada ou não, que com elas seja incompatível (art. 51º, nº 3)[41].

A ideia, subjacente às declarações do Presidente da Comissão de Assuntos Constitucionais, Direitos, Liberdades e Garantias da Assembleia da República, de que a CNPD não poderia adotar a decisão de desaplicação da lei de execução sem consultar previamente o parlamento constitui uma violação do estatuto de "total independência" da autoridade de controlo portuguesa, que impede que esta esteja sujeita a influências externas ou que solicite instruções de outrem no seu processo decisório (art. 51º, nº 2, RGPD). Por sua vez, a sugestão de que a Assembleia da República poderia vir a demitir a CNPD em resultado da sua decisão configura uma violação do estatuto de inamovibilidade dos seus membros previsto no RGPD (art. 53º, nº 4, RGPD) e na lei de organização e funcionamento da CNPD (art. 5º, nº 1, da Lei nº 43/2004).

O estatuto de "total independência" da CNPD não prejudica a sua sujeição a mecanismos de responsabilização democrática, financeira e judicial (considerando 118 RGPD).

2.3. Meios de responsabilização das autoridades de controlo

I. Uma possível explicação para as declarações do Presidente da 1ª comissão parlamentar pode estar relacionada com a circunstância de a CNPD funcionar junto da Assembleia da República (art. 2º, nº 1, da Lei nº 43/2004), cujo orçamento financia, quase na totalidade, o seu funcionamento. A Assembleia da República participa também na escolha da CNPD, designando o seu presidente e dois vogais, juntamente com o governo (dois vogais) e os Conselhos Superiores da Magistratura e do Ministério Público (dois vogais) (art. 3º, nº 1, da Lei nº 43/2004).

Uma vez que o processo de designação das autoridades de controlo constitui um fator suscetível de afetar a sua independência, o art. 53º RGPD impõe um conjunto de condições gerais aplicáveis aos membros das autoridades de controlo que limitam a autonomia processual dos Esta-

[41] O estatuto de "total independência" das autoridades de controlo está também previsto no art. 15º da Convenção Modernizada do Conselho da Europa para a Proteção das Pessoas relativamente ao Tratamento Automatizado de Dados de Carácter Pessoal (Convenção nº 108 modificada pelo Protocolo de Alteração), adotada durante a 128ª sessão do Comité de Ministros do Conselho da Europa, a 18 de maio de 2018 (CM/Del/Dec(2018)128/5).

dos-Membros neste domínio. Esta condições foram cumpridas pelo legislador português que, para além de requerer que os membros da CNPD tenham "integridade e mérito reconhecidos"[42], faz intervir instituições representativas dos três poderes do Estado no seu processo de designação[43]. Esta é uma solução que, ao mesmo tempo que legitima democraticamente a CNPD, fortalece a sua independência, neutralizando o efeito da participação individual de órgãos de tutela na seleção dos seus membros.

II. A "total independência" das autoridades de controlo determina a impossibilidade de sujeição das mesmas a qualquer espécie de controlo parlamentar da sua atividade. Os Estados-Membros devem garantir que as autoridades de controlo dispõem de orçamentos anuais separados e públicos, os quais podem estar integrados no orçamento geral do Estado[44]. O único mecanismo de responsabilização democrática admitido pelo RGPD consiste na elaboração de um relatório anual de atividades, que deve ser apresentado ao parlamento e ao governo, ao mesmo tempo que é disponibilizado ao público, à Comissão Europeia e ao Comité Europeu de Proteção de Dados[45].

As autoridades de controlo estão, por outro lado, sujeitas à aplicação do direito do Estado-Membro que não afete a sua independência, designadamente as regras relativas ao controlo financeiro da sua atividade (art. 52º, nº 6, RGPD).

III. A independência das autoridades de controlo face ao poder político tem como contrapartida necessária a sujeição das suas decisões a controlo jurisdicional. Nos termos do art. 79º, nº 1, RGPD: "todas as pessoas singu-

[42] Proémio do art. 3º, nº 1, da Lei nº 43/2004. Esta disposição deve ser interpretada em conformidade com o art. 53º, nº 2, RGPD, que dispõe que os membros das autoridades de controlo devem possuir "as habilitações, a experiência e os conhecimentos técnicos necessários, nomeadamente no domínio da proteção de dados pessoais, ao desempenho das suas funções e ao exercício dos seus poderes".

[43] O art. 53º, nº 1, RGPD exige que os membros das autoridades de controlo sejam nomeados através de um processo transparente, deixando depois aos Estados-Membros a possibilidade de escolha sobre se a designação é feita pelo parlamento, pelo governo, pelo chefe de Estado ou por um organismo independente encarregado da nomeação.

[44] Art. 52º, nº 6, RGPD. A Lei nº 43/2004 reconhece à CNPD autonomia financeira (art. 2º, nº 2) e prevê a elaboração de um orçamento anual (art. 20º, nº 1).

[45] Art. 59º RGPD. Está assim ultrapassada a crítica de Garcia Marques e Martins, Lourenço, *Direito da Informática*, 2ª Edição, Almedina, 2006, pp. 365, à ausência de destinatários do relatório anual de atividades da CNPD, cuja elaboração estava prevista no art. 23º, nº 1, al. p), da Lei nº 67/98, de 26 de outubro.

lares ou coletivas têm direito à ação judicial contra as decisões juridicamente vinculativas das autoridades de controlo que lhes digam respeito".

2.4. Independência na prática: o exercício do "mandato *Costanzo*"

I. Na origem das declarações do Presidente da Comissão de Assuntos Constitucionais, Direitos, Liberdades e Garantias da Assembleia da República esteve a decisão da CNPD que recusou a aplicação de diversas normas da lei que procede à implementação do RGPD na ordem jurídica portuguesa com fundamento na sua manifesta incompatibilidade com o direito da União[46]. Apesar de reconhecer a existência de um "direito à resistência" à lei nacional, quando esta contraria o direito europeu, Bacelar de Vasconcelos considerou tal recusa "inadmissível" porque esse direito não pode ser invocado pela CNPD, a qual "não é propriamente um cidadão desprotegido, mas sim um órgão de autoridade de Estado, que foi constituído por via democrática, pelo Parlamento"[47].

Estas críticas não têm razão de ser; a decisão da CNPD merece aplauso, constituindo um exemplo de escola do exercício do "mandato *Costanzo*".

II. O RGPD é um regulamento "obrigatório em todos os seus elementos e diretamente aplicável em todos os Estados-Membros" (art. 288º TFUE). A aplicabilidade direta significa que a sua entrada em vigor e aplicação é "independente de qualquer medida de receção para o direito nacional"[48]. Os Estados-Membros estão, por isso, sujeitos ao dever de não obstruir a aplicabilidade direta do RGPD, designadamente copiando o seu texto para o direito interno quando tal não é necessário à luz dos critérios previstos na jurisprudência, ou interpretando-o ou acrescentando condições adicionais a regras diretamente aplicáveis ao abrigo do regulamento[49]. O cumprimento desta obrigação de não obstrução constitui condição indispensável para a aplicação uniforme do direito da União[50].

[46] Deliberação nº 494/2019, cit., pp. 2-11.

[47] SÉNECA, Hugo, "Parlamento admite que CNPD tem legitimidade para não aplicar lei da proteção de dados. No PS, fala-se em demissão", cit..

[48] Tribunal de Justiça, acórdão de 10 de outubro de 1973, 34/73, *Fratelli Variola*, ECLI:EU:C:1973:101, para. 10.

[49] Comunicação da Comissão ao Parlamento Europeu e ao Conselho, *Maior proteção, novas oportunidades – Orientações da Comissão relativas à aplicação direta do Regulamento Geral sobre a Proteção de Dados a partir de 25 de maio de 2018*, de 24 de janeiro de 2018, COM(2018) 43 final, p. 10.

[50] Tribunal de Justiça, *Fratelli Variola*, 34/73, cit., para. 10.

A aplicabilidade direta do RGPD não prejudica a necessidade de intervenção legiferante dos Estados-Membros destinada a garantir a sua implementação em vários domínios, por exemplo através da adoção de regras que conciliem o direito à proteção de dados pessoais com o direito à liberdade de expressão e de informação (art. 85º RGPD) ou com o acesso do público a documentos oficiais (art. 86º RGPD). Múltiplas disposições do RGPD reconhecem também aos Estados-Membros alguma margem de conformação normativa[51], que lhes permite manter ou adotar legislação específica (*v.g.* art. 6º, nº 2, RGPD), e, inclusivamente, manter ou acrescentar condições, ou mesmo limitações, à aplicação de regras previstas no RGPD (*v.g.* art. 9º, nº 4, RGPD). Uma vez que qualquer ato legislativo nacional adotado neste âmbito se destina a aplicar o direito da União (art. 51º da Carta), tem necessariamente de respeitar o direito primário, em particular o art. 16º TFUE e o art. 8º da Carta dos Direitos Fundamentais da União Europeia.

Sempre que autorizados a introduzir especificações ou restrições a regras previstas no RGPD, os Estados-Membros podem transpor elementos do RGPD para o direito nacional, mas apenas "na medida do necessário para manter a coerência e tornar as disposições nacionais compreensíveis para as pessoas a quem se aplicam" (Considerando 8 do RGPD). A reprodução textual do regulamento deve assim ser algo excecional, não podendo ser utilizada para acrescentar condições ou interpretações adicionais ao articulado do regulamento[52].

A CNPD identificou várias normas da lei de execução que constituem um obstáculo à aplicabilidade direta do RGPD: i) a definição do âmbito territorial de aplicação da lei de execução prevista no seu art. 2º, nºs 1 e 2, compromete a aplicação das normas procedimentais e de distribuição de competência entre as autoridades de controlo dos Estados-Membros previstas no RGPD, sempre que em causa esteja um tratamento transfronteiriço[53]; ii) a exclusão dos direitos de informação e de acesso quando

[51] Voigt, Paul e von dem Bussche, Axel, *The EU Data Protection Regulation (GDPR). A Practical Guide*, Springer, 2017, pp. 220-222 (Tabela 8.1.).

[52] Comunicação da Comissão ao Parlamento Europeu e ao Conselho, *Maior proteção, novas oportunidades – Orientações da Comissão relativas à aplicação direta do Regulamento Geral sobre a Proteção de Dados a partir de 25 de maio de 2018*, cit., p. 10.

[53] Contra, Menezes Cordeiro, A. B., "Portugal: A Brief Overview of the GDPR Implementation", cit., p. 536, considerando que o art. 2º, nº 1, da lei de execução consubstancia uma norma espacialmente autolimitada que se limita a definir o âmbito de aplicação da lei

a lei imponha ao responsável pelo tratamento ou ao subcontratante um dever de segredo que seja oponível ao próprio titular dos dados prevista no art. 20º, nº 1, da lei de execução não respeita o art. 23º do RGPD, ao não especificar a(s) finalidade(s) que visa salvaguardar e ao não cumprir as exigências previstas no nº 2 do art. 23º do RGPD; iii) a faculdade genérica reconhecida no art. 23º da lei de execução à administração pública de realizar tratamentos de dados pessoais para finalidades diferentes das que justificam a recolha dos dados contraria o princípio da finalidade (art. 5º, nº 1, al. b), RGPD) e não cumpre os requisitos impostos para a reutilização de dados previsto no nº 4 do art. 6º RGPD; iv) a determinação de que o consentimento do trabalhador não constitui requisito de legitimidade do tratamento dos seus dados se do tratamento resultar uma vantagem jurídica ou económica para o trabalhador [art. 28º, nº 3, al. a), da lei de execução] restringe o âmbito de aplicação da al. a) do nº 1 do art. 6º e da al. a) do nº 2 do art. 9º RGPD; v) vários aspetos do regime das contraordenações previsto nos arts. 37º, 38º e 39º da lei de execução violam o enquadramento sancionatório previsto no RGPD; vi) a relação de condicionalidade entre o consentimento e a execução de um contrato enquanto fundamentos de licitude autónomos para o tratamento de dados resultante do art. 61º, nº 2, da lei de execução é incompatível com a al. 11) do art. 4º e as als. a) e b) do art. 6º RGPD; vii) a previsão de que as normas que prevejam autorizações ou notificações de tratamento de dados à CNPD deixam de vigorar à data de entrada em vigor do RGPD (art. 62º da lei de execução) determina a aplicação retroativa do regulamento, violando o nº 2 do art. 99º RGPD.

Em consequência, de forma a assegurar o princípio do primado e a plena efetividade do RGPD, e uma vez não ser possível levar a cabo uma interpretação conforme ao direito da União[54], a CNPD deliberou que, nas situações de tratamento de dados pessoais que seja chamada a apreciar,

de execução portuguesa, não afetando o funcionamento do mecanismo do "balcão único" (*one-stop shop*).

[54] À luz do princípio da cooperação leal, a decisão de desaplicação de normas nacionais conflituantes com o direito da União é uma solução de último recurso, a utilizar apenas depois de se verificar que não ocorre antinomia aparente que pode ser resolvida através da interpretação das normas internas em conformidade com o direito da União (Tribunal de Justiça, acórdão de 22 de dezembro de 2010, *Rosa María Gaviero Gaviero*, C-444/09 e C-456/09, ECLI:UE:C:2010:819, para. 73). Sobre este tema, v. VERHOEVEN, Maartje, "The «Costanzo Obligation» of National Administrative Authorities in the Light of the Principle of Legality: Prodigy or Problem Child?", *Croatian Yearbook of European Law and Policy*, 5, 2009, pp. 67-69.

iria dar prevalência à aplicação das normas do RGPD sobre as normas da lei de execução que manifestamente as contrariam, restringem ou comprometem no seu efeito útil[55].

III. A CNPD fundou a decisão de desaplicação de várias normas da lei de execução no princípio constitucional do primado do direito da União, invocando para o efeito o célebre acórdão *Costa v. Enel*, em que o Tribunal de Justiça declarou que o valor "obrigatório" e a "aplicabilidade direta" dos regulamentos em todos os Estados-Membros prevista no art. 288º TFUE "seria destituída de significado se um Estado pudesse, unilateralmente, anular os seus efeitos através de um ato legislativo oponível aos textos (da União)"[56].

Um dos principais corolários da doutrina do primado, conjugada com o princípio da cooperação leal, é o chamado "mandato *Costanzo*": todas as instâncias de um Estado-Membro encarregadas de aplicar, no âmbito das respetivas competências, as disposições do direito da União têm a obrigação de garantir a plena eficácia dessas disposições, não aplicando, se necessário, no exercício da sua própria autoridade, qualquer disposição nacional contrária, sem pedir ou aguardar pela eliminação prévia dessa disposição ou por qualquer outro procedimento constitucional[57]. As autoridades administrativas têm assim o dever de superar antinomias normativas desaplicando o direito nacional conflituante com o direito da União, ainda que o princípio da separação de poderes lhes proscreva o poder de apreciar a legalidade de normas de direito interno[58]. Esta é uma decisão

[55] Deliberação nº 494/2019, cit., pp. 3-11.

[56] Acórdão de 15 de julho de 1964, *Costa v. Enel*, 6/64, ECLI:EU:C:1964:66, p. 556.

[57] Tribunal de Justiça, C-378/17, acórdão de 4 de dezembro de 2018, *Minister for Justice and Equality*, ECLI:EU:C:2018:979, para. 35, 38 e 39. Esta obrigação foi reconhecida pelo Tribunal de Justiça, em relação aos tribunais nacionais, no acórdão de 9 de março de 1978, *Simmenthal*, 106/77, ECLI:EU:C:1978:49, para. 22, e, em relação aos restantes órgãos do Estado, incluindo as autoridades administrativas, no acórdão de 22 de junho de 1989, *Costanzo*, 103/88, ECLI:EU:C:1989:256, para. 31. Sobre o alcance do "mandato ou obrigação *Costanzo*", v. Claes, Monica, *The National Courts' Mandate in the European Constitution*, Hart, 2006, pp. 266-278; Verhoeven, M. J. M., *The Costanzo Obligation: The Obligations of National Administrative Authorities in the Case of Incompatibility Between National Law and European Law*, Intersentia, 2011, e Tavares Lanceiro, Rui, *O Princípio da Cooperação Leal e a Administração. A Europeização do Procedimento de Acto Administrativo*, cit., pp. 304-328.

[58] Fragoso Martins, Patrícia, *Administrações Públicas Nacionais e Direito da União Europeia. Questões e Jurisprudência Essenciais*, Universidade Católica Editora, 2018, p. 84, refere, a este propósito, que "a jurisprudência europeia parece convidar ou impor a necessidade de repensar

que comporta riscos para a aplicação uniforme do direito da União, em virtude de ter de ser tomada sem a possibilidade de pedir a intervenção a título prejudicial do Tribunal de Justiça ao abrigo do mecanismo das questões prejudiciais previsto no art. 267º TJUE[59].

IV. A CNPD é o órgão criado para dar cumprimento à obrigação que recai sobre o Estado português de estabelecer uma autoridade de controlo nacional (art. 51º, nº 1, RGPD).

Enquanto órgão competente para controlar e executar a aplicação do RGPD no território português (arts. 55º e 57º, nº 1, al. a), RGPD) e para contribuir para a sua "aplicação coerente" em toda a União (art. 51º, nº 2, RGPD), a CNPD tem, por força dos princípios da cooperação leal e do primado do direito da União, a obrigação de assegurar, no âmbito do exercício dessas competências, o pleno efeito desse direito, não aplicando, se necessário, qualquer disposição eventualmente contrária da lei nacional[60].

Sempre que chamada a pronunciar-se sobre um litígio no quadro de um processo de reclamação (arts. 57º, al. f), e 77º, nº 1, RGPD), a intervenção da CNPD visa também assegurar a proteção jurídica que o direito da União confere aos titulares dos dados. Neste contexto, seria contraditório que estes pudessem invocar as disposições do direito da União num domínio específico perante o órgão a quem o direito nacional atribuiu a competência para dirimir litígios no domínio do direito da proteção de dados e que o referido órgão não tivesse a obrigação de aplicar aquelas disposições, afastando as de direito nacional que as contrariassem[61]. Acresce que, na eventualidade de a CNPD ser qualificada como um "órgão jurisdicional" na aceção do art. 267º (2) TFUE, pode submeter ao Tribunal de Justiça questões prejudiciais que envolvam a interpretação ou a apreciação de validade de disposições de direito da União nos litígios que seja chamada

os fundamentos, sentido e alcance do princípio nacional da legalidade, na sua dupla vertente de precedência da lei e de prevalência da lei". Como bem nota TAVARES LANCEIRO, Rui, *O Princípio da Cooperação Leal e a Administração. A Europeização do Procedimento de Acto Administrativo*, cit., p. 320, a jurisprudência *Costanzo* obriga à rejeição da "visão do princípio da legalidade que apenas equaciona a lei nacional, pois (esta) esquece que o direito da (União) integra, atualmente, o bloco de legalidade vinculativo da administração".

[59] DE WITTE, Bruno, "Direct Effect, Supremacy and the Nature of the Legal Order", in CRAIG, Paul e DE BÚRCA, Gráinne, *The Evolution of EU Law*, 2ª Edição, Oxford University Press, 2011, p. 333.

[60] Tribunal de Justiça, *Minister for Justice and Equality*, C-378/17, cit., para. 45.

[61] Tribunal de Justiça, *Costanzo*, 103/88, cit., para. 31.

a resolver; uma vez que está vinculada pelo acórdão proferido a título prejudicial pelo Tribunal de Justiça, deve dar imediatamente cumprimento ao mesmo, não aplicando, se necessário e no exercício da sua própria autoridade, as disposições contrárias da legislação nacional[62].

V. Mas podem as autoridades de controlo nacionais remeter reenvios prejudiciais para o Tribunal de Justiça?

A apreciação da competência para apresentar pedidos prejudiciais é uma questão que releva unicamente do direito da União[63]. A questão de saber se a entidade responsável pelo reenvio tem a natureza de órgão jurisdicional na aceção do artigo 267º TFUE é apreciada pelo Tribunal de Justiça com base num conjunto de elementos, como a origem legal do órgão, o caráter obrigatório e permanente da sua jurisdição, a natureza contraditória do processo, a aplicação, pelo órgão, de regras de direito, bem como a sua independência[64]. Para além disso, as entidades nacionais só podem pedir ao Tribunal de Justiça que se pronuncie se perante elas se encontrar pendente um litígio e se forem chamadas a pronunciar-se no âmbito de um processo que deva conduzir a uma decisão de caráter jurisdicional[65].

No processo *Comissão c. Áustria*, o governo austríaco argumentou que o Tribunal de Justiça, no acórdão *Dorsch Consult*[66], aceitou responder a questões prejudiciais suscitadas por entidade com uma natureza semelhante à comissão de proteção de dados austríaca[67].

À luz das garantias de autonomia e imparcialidade previstas no RGPD, não restam dúvidas sobre o preenchimento pelas autoridades de controlo nacionais do critério da independência, o qual constitui "a característica de diferenciação mais importante para distinguir entre um órgão jurisdicional nacional e uma autoridade administrativa"[68]. Também é pacífico o preenchimento dos critérios estruturais relativos à origem legal, permanência e aplicação de regras de direito. O mesmo sucede com a natureza contra-

[62] *Minister for Justice and Equality*, C-378/17, cit., para. 47.

[63] Advogada-Geral Juliane Kokott, conclusões de 20 de setembro de 2012, *Belov*, C-394/11, ECLI:EU:C:2012:585, para. 26.

[64] Acórdão de 27 de fevereiro de 2018, *Associação Sindical dos Juízes Portugueses*, C-64/16, EU:C:2018:117, para. 28.

[65] Acórdão de 14 de outubro de 1995, *Job Centre*, C-111/94, ECLI:EU:C:1995:340, para. 9.

[66] Acórdão de 17 de setembro de 1997, C-54/96, ECLI:EU:C:1997:41.

[67] Advogado-Geral Ján Mazák, *Comissão c. Áustria*, C-614/10, cit., para. 23.

[68] Advogada-Geral Stix-Hackl, conclusões de 11 de maio de 2006, *Wilson*, C-506/04, ECLI:EU:C:2006:311, para. 45.

ditória do processo que, não constituindo um critério absoluto[69], se pode considerar satisfeito com a existência de um direito de audiência prévia (*v. g.* o art. 121º do Código do Procedimento Administrativo), e, finalmente, com o requisito do caráter obrigatório da jurisdição, desde que este critério seja interpretado como dizendo respeito "ao caráter vinculativo das decisões da entidade de reenvio"[70]. No plano funcional, a possibilidade de recurso ao processo do art. 267º TFUE pressupõe a existência de um litígio, que é inerente a processos de reclamação perante autoridades de controlo, e requer que o órgão de reenvio exerça uma atividade jurisdicional.

O preenchimento do critério funcional relativo ao exercício de uma atividade jurisdicional pelas autoridades de controlo nacionais apresenta-se controvertido após o Tribunal de Justiça se ter pronunciado, no acórdão *Belov*, pela inadmissibilidade do reenvio prejudicial submetido pela comissão de defesa contra a discriminação da Bulgária[71]. O Tribunal do Luxemburgo considerou que a decisão que esta entidade era chamada a proferir no âmbito de um processo de reclamação se assemelhava, no essencial, a uma decisão de tipo administrativo e não revestia caráter jurisdicional, em virtude de o órgão de reenvio: i) ter competência para desencadear oficiosamente um processo no essencial semelhante ao que deu origem à reclamação; ii) poder ordenar a intervenção no processo de pessoas diferentes das arroladas pela reclamante; iii) ter a qualidade de recorrida no tribunal administrativo chamado a conhecer do recurso interposto da sua decisão; iv) poder anular a decisão uma vez interposto recurso da sua decisão no processo de reclamação, desde que tenha o acordo da parte a que essa decisão é favorável[72].

A partir da articulação do acórdão *Belov* com o acórdão *Schrems*[73], em que o Tribunal de Justiça não considerou a possibilidade de as autoridades de controlo submeterem reenvios prejudiciais sobre a validade de decisões de adequação da Comissão, pode-se concluir que as autoridades de controlo não podem ser consideradas "órgãos jurisdicionais" na aceção do art. 267º TFUE[74]. Os riscos para a uniformidade na aplicação do direito

[69] C-54/96, *Dorsch Consult*, cit., para. 31.

[70] Advogada-Geral Juliane Kokott, *Belov*, C-394/11, cit., para. 48.

[71] Acórdão de 31 de janeiro de 2013, C-395/11, ECLI:EU:C:2013:48.

[72] *Belov*, C-395/11, cit., paras. 46-52.

[73] Acórdão de 6 de outubro de 2015, C-362/14, ECLI:EU:C:2015:650, paras. 64-65.

[74] Neste sentido, MUIR, Elisa, *EU Equality Law: The First Fundamental Rights Policy of the EU*, Oxford University Press, 2018, pp. 190-193.

da União resultantes desta qualificação são mitigados pelo direito das pessoas singulares e coletivas à ação judicial contra as decisões juridicamente vinculativas das autoridades de controlo que lhes digam respeito (art. 78º, nº 1, RGPD). Nos termos do artigo 267º TFUE, o órgão jurisdicional nacional em que for intentada a ação tem a faculdade ou, se for caso disso, é obrigado a submeter um pedido de decisão prejudicial ao Tribunal de Justiça se for necessária uma decisão sobre a interpretação ou validade do direito da União (Considerando 143 RGPD). Em todo o caso, a circunstância de as autoridades de controlo não constituírem "órgãos jurisdicionais" na aceção do artigo 267º TFUE obviamente não as "dispensa da obrigação de garantir a aplicação do direito da União aquando da adoção das suas decisões e de não aplicar, se necessário, as disposições nacionais que se revelem contrárias a disposições do direito da União dotadas de um efeito direto, uma vez que tais obrigações vinculam, efetivamente, todas as autoridades nacionais competentes e não apenas as autoridades jurisdicionais"[75].

VI. Poder-se-ia discutir a legitimidade de uma decisão administrativa de desaplicação do direito nacional desconforme com o direito da União com uma natureza prospetiva. O "mandato *Costanzo*" constitui um desenvolvimento do "mandato *Simmenthal*" nos termos do qual se impõe aos órgãos administrativos nacionais a obrigação de atribuição de plena eficácia às normas da União "no âmbito das respetivas competências"[76]. Ora, ao contrário da atividade jurisdicional, o exercício da atividade administrativa não pressupõe sempre a aplicação do direito da União num caso concreto. A CNPD invocou o interesse "de assegurar a transparência dos seus procedimentos decisórios futuros e nesta medida contribuir para a certeza e segurança jurídicas"[77]. Trata-se, com efeito, de entendimento que se esteia no princípio da cooperação leal, contribuindo para a aplicação uniforme do direito da União, que se enquadra perfeitamente nas suas amplas atribuições de controlo e execução da aplicação do RGPD (art. 57º, nº 1, al. a), RGPD), bem como de pronuncia não vinculativa sobre medidas legislativas relativas à proteção de dados pessoais (art. 6º, nº 1, al. a), da lei da execução).

Apenas se lamenta que a apreciação da compatibilidade da lei de execução com o direito da União não tenha sido exaustiva. A CNPD circunscre-

[75] Tribunal de Justiça, acórdão de 21 de janeiro de 2020, *Banco de Santander*, C-274/14, ECLI:EU:C:2020:17, para. 78.

[76] Idem, paras. 38-39.

[77] Deliberação nº 494/2019, cit., p. 11.

veu a sua análise apenas às disposições da lei de execução mais relevantes e de aplicação mais frequente[78]. Acontece que no Parecer nº 28/2018, de 2 de maio, relativo à proposta de lei de execução, identificou infrações ao direito da União – algumas das quais qualificou como manifestas – em diversas disposições que estão previstas na lei de execução[79]. Por maioria de razão, à luz do princípio da certeza e da segurança jurídica, e de modo a contribuir para a aplicação uniforme do direito da União, a CNPD tinha a obrigação de indicar todas as normas da lei de execução que considera incompatíveis com o direito da União, não podendo circunscrever a sua apreciação a um juízo de prognose, necessariamente subjetivo, sobre a sua relevância ou a frequência de aplicação.

VII. O exercício pela CNPD do "mandato *Costanzo*" na Deliberação nº 494/2019, de 3 de setembro, contrasta frontalmente com o que precedeu decisão homóloga de desaplicação da Lei nº 32/2008, de 17 de julho, que transpôs a Diretiva 2006/24/CE do Parlamento Europeu e do Conselho, de 15 de março, relativa à conservação de dados gerados ou tratados no contexto da oferta de serviços de comunicações eletrónicas publicamente disponíveis ou de redes públicas de comunicações.

A 8 de abril de 2014, o Tribunal de Justiça declarou a invalidade da Diretiva 2006/24/CE com fundamento na violação do princípio da proporcionalidade na restrição que a diretiva opera no direito à privacidade e à proteção de dados pessoais consagrados nos arts. 7º e 8º da Carta[80]. No final de 2016, o tribunal do Luxemburgo esclareceria não ser admissível a aplicação de legislação nacional que preveja, para efeitos de luta contra a criminalidade, "uma conservação generalizada e indiferenciada de todos os dados de tráfego e de todos os dados de localização de todos os assi-

[78] Idem, pp. 1-2.

[79] Entre as quais se inclui o art. 4º, nºs 3 e 4 (natureza e independência), o art. 6º, al. d) (atribuições e competências), o art. 7º, nº 1 (avaliações prévias de impacto), o art. 8º (dever de colaboração), o art. 11º (funções do encarregado de proteção de dados), o art. 12º, nºs 3 e 4 (encarregados de proteção de dados em entidades públicas), o art. 13º (encarregados de proteção de dados em entidades privadas), o art. 14º, nºs 2 e 3 (acreditação e certificação); o art. 18º (portabilidade e interoperabilidade dos dados), o art. 21º (prazo de conservação de dados), art. 22º (transferências internacionais), art. 26º (acesso a documentos administrativos), o art. 28º, nº 2, nº 3, al. b) (relações laborais) e o art. 31º (tratamentos para fins de arquivo de interesse público, fins de investigação científica ou histórica ou fins estatísticos).

[80] Acórdão de 8 de abril de 2014, *Digital Rights Ireland, Ltd*, C-293/12 e C-594/12, ECLI:EU:C:2014:238, para. 69.

nantes e utilizadores registados em relação a todos os meios de comunicação eletrónica"[81].

A Lei nº 32/2018, de 17 de julho, obriga os fornecedores de comunicações eletrónicas a operar em Portugal a reter indiscriminadamente, durante um período de um ano, todos os dados de tráfego e de localização de todos os seus clientes, atribuindo à CNPD a competência para instruir processos de contraordenação e aplicar coimas resultantes da violação da obrigação de conservação destes dados pessoais (arts. 4º, 6º, 12º e 14º). Uma vez que se trata de lei que implementa direito da União na aceção do art. 51º, nº 1, da Carta[82], deve conformar-se com as exigências decorrentes dos direitos fundamentais garantidos na ordem jurídica da União[83]. À luz da jurisprudência *Digital Rights* e *Tele2*, o tratamento generalizado e indiferenciado de dados pessoais que a Lei nº 32/2008, de 17 de julho, impõe aos fornecedores de comunicações eletrónicas constitui uma ingerência desproporcionada "de grande amplitude e particular gravidade" nos direitos fundamentais à privacidade e à proteção de dados[84]. Esta "evidente incompatibilidade" com o direito da União[85], obriga todos os órgãos do Estado português a recusar a sua aplicação por força do princípio do primado[86].

Como reagiu a CNPD à declaração de invalidade do ato legislativo que foi considerado pela Autoridade Europeia para a Proteção de Dados como

[81] Acórdão de 21 de dezembro de 2016, *Tele2*, C -203/15 e C-698/15, ECLI:EU:C:2016:970, para. 112.

[82] Trata-se, com efeito, de uma lei de transposição que, após a cessação de efeitos da diretiva que lhe deu causa, se enquadra no âmbito de aplicação do art. 15º da Diretiva 2002/58/CE do Parlamento Europeu e do Conselho, de 12 de julho, relativa ao tratamento de dados pessoais e à proteção da privacidade no setor das comunicações eletrónicas (*Tele2*, C-203/15 e C-698/15, cit., paras. 75-81).

[83] Tribunal de Justiça, acórdão de 26 de fevereiro de 2013, *Fransson*, C-617/10, ECLI:EU:C:2013:105, para. 18.

[84] Tribunal de Justiça, *Digital Rights Ireland, Ltd*, C-293/12 e C-594/12, cit., para. 65.

[85] Silveira, Alessandra e Freitas, Pedro Miguel, "The Recent Jurisprudence of the CJEU on Personal Data Retention: Implications for Criminal Investigation in Portugal", *UNIO – EU Law Journal*, 3, 2, 2017, p. 53. No mesmo sentido, Guerra, Clara e CALVÃO, Filipa, "Anotação ao Acórdão do Tribunal de Justiça (Grande Secção) de 8 de abril de 2014", *Forum de proteção de dados*, 1, julho de 2015, p. 81.

[86] Silva Ramalho, David e Coimbra, José Duarte, "A declaração de invalidade da Diretiva 2006/24/CE: presente e futuro da regulação sobre conservação de dados de tráfego para fins de investigação, deteção e repressão de crimes graves", *O Direito*, 147, 3, 2015, p. 1040.

o mais invasivo para a privacidade dos cidadãos alguma vez adotado pela União Europeia[87]?

Começou por anunciar na Assembleia da República a necessidade de se preceder à "análise" da conformidade da Lei nº 32/2008, de 17 de julho, com o direito da União à luz do acórdão *Digital Rights* proferido semanas antes[88]. O período de reflexão prolongou-se por mais de três anos: i) a 26 de junho de 2015, em parecer sobre o regime de acesso a metadados pelos serviços de informação, a CNPD deu conta de que a "legitimidade" da base de dados criada pela Lei 32/2008, de 17 de julho, "não está ainda determinada na nossa ordem jurídica"[89]; ii) a 9 de maio de 2017, em parecer sobre iniciativa legislativa com o mesmo objeto, referiu que a desproporcionalidade da recolha indiscriminada de dados "faz perigar (...) a «validade»" da Lei nº 32/2008, de 17 de julho, à luz da Carta[90]. A reflexão terminou com a conclusão, anunciada em deliberação de 9 maio de 2017, de que "sendo certo que a declaração de invalidade da diretiva não implica diretamente a invalidade da lei nacional que a transponha", os Estados-Membros têm o dever de "reavaliar a conformidade com a Carta dos respetivos regimes nacionais de retenção de dados (...) à luz dos fundamentos expostos (pelo Tribunal de Justiça)", aqui se incluindo também o Estado português, considerando a CNPD ser seu dever "alertar a Assembleia da República para a necessidade de reavaliar a Lei nº 32/2008, de 17 de julho, em termos de

[87] Hustinx, Peter "The Moment of Truth for the Data Retention Directive", Conferência "Taking on the Data Retention Directive", 3 de dezembro de 2010, p. 1 ("A (Diretiva 2006/24/CE) é sem dúvida o instrumento mais invasivo para a privacidade alguma vez adotado pela União Europeia em termos de escala e do número de pessoas que afeta").

[88] Calvão, Filipa (Presidente da Comissão Nacional de Proteção de Dados), "Audiência sobre o relatório de atividades de 2012 e matérias que estejam no âmbito das suas competências", *Audiência Parlamentar Nº 51-CACDLG-XII*, 29 de abril de 2014, 17:39 a 17:48.

[89] Parecer nº 51/2015, de 26 de junho, p. 10.

[90] Parecer nº 24/2017, de 18 de abril, p. 20-21. A qualificação de uma incompatibilidade com o direito da como um problema de validade da lei nacional, ignora a jurisprudência do Tribunal de Justiça, segundo a qual não pode ser deduzido que "a incompatibilidade com o direito da União de uma norma de direito nacional posterior (tenha) por efeito tornar esta norma inexistente. Face a uma tal situação, o órgão jurisdicional nacional está, diferentemente, obrigado a afastar a aplicação da norma (...) (acórdão de 22 de outubro de 1998, *IN.CO.GE.*, C-10/97 a C-22/97, ECLI:EU:C:1998:498, para. 21). Por outras palavras, o princípio do primado tem como efeito a ineficácia e não a invalidade do direito nacional conflituante com o direito da União, decorrendo do princípio da cooperação leal o dever da sua desaplicação por todos os órgãos do Estado, incluindo as autoridades administrativas.

conformidade com a Carta"[91]. O "alerta" foi completamente ignorado: a Lei nº 32/2008, de 17 de julho, permanece em vigor e tem sido regularmente aplicada pelos tribunais[92].

[91] Deliberação nº 1008/2017, de 18 de julho, pp. 1 e 3.

[92] V., por exemplo, o acórdão do Tribunal da Relação de Lisboa de 28 de novembro de 2018, processo 8617/17.8T9LSB-A.L1-3, que obrigou a Vodafone a fornecer dados de tráfego retidos ao abrigo da Lei nº 32/2008, de 17 de julho, considerando que "a declaração de invalidade da Diretiva 2006/24/CE (...) não tem uma consequência automática sobre a validade do ato legislativo interno que a transpôs, porquanto o ato legislativo nacional tem uma fonte autónoma de validade e legitimidade, pois não se limitou a transpor tal diretiva, antes a densificando e aperfeiçoando ao direito interno, sendo que a análise do Tribunal de Justiça apenas incidiu sobre o texto da diretiva". Este aresto, que manifestamente confunde a vigência formal da Lei nº 32/2008, de 17 de julho, a qual se afigura pacífica, com o dever de os órgãos jurisdicionais nacionais a desaplicarem em resultado da sua incompatibilidade com a Carta, baseia-se no acórdão do Tribunal Constitucional nº 420/2017, de 13 de julho, processo nº 917/16. Decidindo em processo de fiscalização concreta, o Tribunal Constitucional não julgou inconstitucional a norma da Lei nº 32/2008 que estabelece o dever de os fornecedores de serviços de comunicações eletrónicas conservarem "os dados relativos ao nome e ao endereço do assinante ou do utilizador registado, a quem o endereço do protocolo IP estava atribuído no momento da comunicação", considerando que tal norma não viola o princípio da proporcionalidade decorrente do art. 18º, nº 2, da Constituição. Esta decisão merece algumas (necessariamente breves) observações. O art. 1º da Lei nº 32/2008, de 17 de julho, transpôs o art. 1º, nºs 1 e 2, da Diretiva 2006/24/CE, que requeria aos Estados-Membros a conservação de "dados conexos necessários para identificar o assinante ou o utilizador", entre os quais se incluem o nome e o endereço do assinante ou do utilizador registado a quem o endereço do protocolo IP estava atribuído no momento da comunicação (art. 5º, nº 1, 2), da Diretiva 2006/24/CE), enquadrando-se agora no âmbito de aplicação do art. 15º da Diretiva 2002/58/CE, de 12 de julho. Daqui resulta estarmos perante legislação nacional "inteiramente determinada" pelo direito da União na aceção do acórdão *Fransson* do Tribunal de Justiça (C-617/10, cit., n.º 29), o que significa que o juízo de proporcionalidade da restrição que impõe nos direitos à privacidade e à proteção de dados tinha de ser feito, em primeira linha, à luz da Carta e não da Constituição, cabendo, em última instância, ao Tribunal de Justiça e não, como aconteceu, ao Tribunal Constitucional. Mas ainda que se entenda que se trata de legislação nacional "não inteiramente determinada" pelo direito da União, o que permitiria ao Tribunal Constitucional aplicar os padrões de proteção dos direitos fundamentais previstos na Constituição, em nenhuma circunstância poderia dessa aplicação resultar um nível de proteção menos elevado do que aquele que é garantido pela Carta ou o comprometimento do primado, da unidade ou da efetividade do direito da União (Tribunal de Justiça: *Fransson*, C-617/10, cit., para. 29, ou acórdão de 26 de fevereiro de 2013, *Melloni*, C-399/11, ECLI:EU:C:2013:107, para. 60). Ora, os juízes do Palácio Ratton argumentaram que a desproporcionalidade da retenção indiscriminada de dados assinalada pelo Tribunal de Justiça nos acórdãos *Digital Rights* e *Tele2* diz respeito a dados de tráfego e de localização, mas "não exatamente sobre os dados de base" que estavam em causa neste processo (mas já não no processo julgado na Relação de Lisboa). Trata-se de uma interpreta-

O princípio do primado impunha à CNPD a adoção das medidas necessárias para garantir a plena eficácia do direito da União, o que implicava

ção muito discutível dos acórdãos *Digital Rights* e *Tele2*, que manifestamente exigia, à luz da jurisprudência *Cilfit* (acórdão de 6 de outubro de 1982, 283/81, ECLI:EU:C:1982:335, para. 16), a suscitação de uma questão prejudicial ao abrigo do art. 267º do TFUE sobre a conformidade com a Carta da conservação indiscriminada de "dados de base ou de rede". É que o acesso aos dados pessoais dos assinantes levanta questões de privacidade que não podem ser comparadas à consulta de "uma lista telefónica tradicional ou de uma base dados pública de matrículas de automóveis", pois "de forma a identificar o assinante a quem foram atribuídos endereços específicos de IP dinâmicos, o fornecedor de serviços de telecomunicações tem de aceder a dados retidos que dizem respeito a determinadas atividades de telecomunicação" (Tribunal Europeu dos Direitos Humanos, queixa nº 62357/14, acórdão de 14 de abril de 2018, *Benedik c. Eslovénia*, para. 108). A natureza controvertida desta questão foi também recentemente assinalada pelo Conselho, *Draft Council Conclusions on Improving Retention of Data for the Purpose of Fighting Crime Effectively*, de 27 de março de 2019, 7833/19, p. 2 ["(...) *tem sido argumentado* que as decisões do (Tribunal de Justiça nos acórdãos *Digital Rights* e *Tele2*) se aplicam apenas a dados de tráfico e de localização, e não aos dados dos assinantes" (itálico acrescentado)]. No acórdão nº 494/2019, de 18 de setembro, processo nº 26/2018, o Tribunal Constitucional perderia nova oportunidade para participar, pela primeira vez na sua história, no diálogo jurisprudencial que continuamente alimenta a evolução do direito da União Europeia; uma questão prejudicial sobre a conformidade com a Carta de legislação nacional que prevê uma obrigação geral de conservação de dados com o objetivo de proteger a segurança nacional, a defesa do território e a segurança pública – similar à colocada pelo Tribunal Constitucional belga no processo C-520/18 (*Ordre des barreaux francophones and germanophone*) – não foi sequer considerada porque se concluiu que, uma vez que a Lei Orgânica nº 4/2017, de 25 de agosto, regula apenas o acesso a metadados pelos serviços de informações, não era necessária pronuncia sobre a validade da Lei nº 32/2008, de 17 de julho, não obstante parecer claro que o efeito útil da apreciação de constitucionalidade está necessariamente comprometido se a lei que permite a conservação dos dados transmitidos aos serviços de informações não puder ser aplicada por ser desconforme ao direito da União. Não se compreende, por último, a referência feita pelo Tribunal Constitucional no acórdão nº 420/2017, de 13 de julho – e, influenciado por este, também pelo Tribunal da Relação de Lisboa – à Nota Prática do Ministério Público nº 7/2015, de 30 de dezembro, "Retenção de Dados de Tráfego e Lei nº 32/2008, de 17 de julho". Esta nota é um instrumento não vinculativo elaborado pelo gabinete de cibercrime da Procuradoria Geral da República que, baseando-se no argumento de que o resultado de um conflito normativo entre fontes nacionais e europeias não tem como efeito a invalidade do direito interno, exorta à aplicação da Lei nº 32/2008, de 17 de julho, concluindo, numa deriva securitária orwelliana não suficientemente fundamentada e abertamente contrária à jurisprudência do Tribunal de Justiça, que "a retenção de dados tem que ser indiscriminada, por um lado, e tem que abranger todos os cidadãos, por outro". Para uma crítica a esta nota prática, v. Silveira, Alessandra e Freitas, Pedro Miguel, "Implicações da declaração de invalidade da Diretiva 2006/24 na conservação de dados ("metadados") nos Estados-Membros da UE: uma leitura jusfundamental", *Revista de Direito Setorial e Regulatório*, 3, 1, 2017, pp. 291-293.

recusar a aplicação da Lei nº 32/2008, de 17 de julho, logo após a prolação do acórdão *Digital Rights*[93]. À autoridade administrativa especificamente mandatada para afastar legislação nacional que contrarie direito da União relativo à proteção de dados não lhe cabia pedir – essa é a prerrogativa, designadamente, do Provedor de Justiça[94] – ou aguardar pela eliminação prévia da Lei nº 32/2008, de 17 de julho, "por via legislativa ou por qualquer outro procedimento constitucional"[95]. Não se afigura, por isso, aceitável que o anúncio da desaplicação da Lei nº 32/2008, de 17 de julho, tenha surgido apenas em deliberação de 18 de julho de 2017[96], mais de 39 meses depois do acórdão *Digital Rights*!

A decisão de desaplicação da lei de execução menos de um mês depois da sua entrada em vigor parece significar que a CNPD não vai doravante

[93] A decisão do Tribunal de Justiça que declara a invalidade num processo prejudicial produz, na prática, efeitos *erga omnes*, projetando-se sobre todos os órgãos jurisdicionais, legislativos e administrativos (Silva Ramalho, David e Duarte Coimbra, José , "A declaração de invalidade da Diretiva 2006/24/CE: presente e futuro da regulação sobre conservação de dados de tráfego para fins de investigação, deteção e repressão de crimes graves", cit., p. 1022).

[94] Nos termos da al. b), nº 1, do art. 20º do Estatuto do Provedor de Justiça (Lei nº 9/91, de 9 de abril), ao Provedor de Justiça compete "assinalar as deficiências de legislação que verificar, emitindo recomendações para a sua interpretação, alteração ou revogação". Foi esse o propósito da Recomendação nº 1/B/2019, de 22 de janeiro, em que se solicita à Ministra da Justiça a alteração da Lei nº 32/2008, de 17 de julho, de modo a que o seu regime se adeque "com as exigências decorrentes da Carta dos Direitos Fundamentais da União Europeia, tal como foram interpretadas pela jurisprudência pertinente do Tribunal de Justiça". Em ofício de 4 de março de 2019, a Ministra da Justiça recusou iniciar um processo legislativo com este propósito junto da Assembleia da República, invocando a complexidade da matéria e a circunstância de a lei portuguesa "parece(r) assegurar, apesar de tudo medidas proporcionais suficientes entre os direitos conflituantes da intimidade da vida privada e da proteção dos dados pessoais, pelo que a decisão do TJUE (*Digital Rights*) não deverá afetar as investigações nacionais (sic), em conformidade com o Acórdão do Tribunal Constitucional nº 490/2017, de 13 de julho". A 26 de agosto de 2019, a Provedora de Justiça solicitou, ao abrigo do disposto no art. 281º, al. a), e nº 2, al. d), da Constituição, a fiscalização abstrata da constitucionalidade dos arts. 4º, 6º e 9º da Lei nº 32/2008, de 17 de julho, por violação do princípio da proporcionalidade na restrição dos direitos à reserva da intimidade da vida privada e familiar (art. 26º, nº 1) e ao sigilo das comunicações (art. 34º, nº 1) e por violação do direito a uma tutela jurisdicional efetiva (art. 20º, nº 1).

[95] Tribunal de Justiça, *Minister for Justice and Equality*, C-378/17, cit., para. 50.

[96] Deliberação nº 1008/2017, de 18 de julho, cit., p. 3, a qual também teve, à semelhança da Deliberação nº 494/2019, de 3 de setembro, uma natureza prospetiva, não obstante a CNPD ter referido a receção de "participações do Ministério Público de diversas comarcas por eventual incumprimento da Lei nº 32/2008, por parte de diversas operadoras de telecomunicações".

tergiversar na sua missão de fiscalização do cumprimento do RGPD na ordem jurídica portuguesa. Ironicamente, o exercício efetivo deste papel depende, em larga medida, dos recursos de que venha a ser provida pela Assembleia da República.

3. Os recursos das autoridades de controlo

3.1. Independência e efetividade

A criação de autoridades de controlo totalmente independentes em cada Estado-Membro constitui condição necessária, mas não suficiente, para assegurar a eficácia do controlo do cumprimento do direito à proteção de dados. O RGPD impõe aos Estados-Membros o dever de assegurar "que cada autoridade de controlo disponha dos recursos humanos, técnicos e financeiros, instalações e infraestruturas necessários à prossecução eficaz das suas atribuições e ao exercício dos seus poderes, incluindo as executadas no contexto da assistência mútua, da cooperação e da participação no Comité" (art. 52º, nº 4).

O princípio da efetividade do direito da União requer que os Estados-Membros forneçam às autoridades de controlo os meios necessários ao cumprimento das suas atribuições[97], que incluem lidar eficazmente com reclamações dos titulares dos dados, realizar investigações eficazes, tomar decisões vinculativas e impor sanções dissuasoras aos responsáveis pelo tratamento ou aos subcontratantes[98]. O cumprimento desta obrigação é, por outro lado, crucial para assegurar a aplicação uniforme do RGPD, pois o mau funcionamento de uma autoridade de controlo resultante da situação de subfinanciamento pode colocar em causa procedimentos administrativos complexos que integram autoridades de controlo de outros Estados-Membros.

3.2. Os recursos da CNPD

I. Num relatório de 2010 da Agência Europeia para a Proteção dos Direitos Fundamentais (FRA), a CNPD surge identificada, a par das suas congé-

[97] Hijmans, Hielke, *The European Union as a constitutional guardian of internet privacy and data protection*, Universidade de Amesterdão, 2016, p. 322.

[98] Comunicação da Comissão ao Parlamento Europeu e ao Conselho, *Maior proteção, novas oportunidades – Orientações da Comissão relativas à aplicação direta do Regulamento Geral sobre a Proteção de Dados a partir de 25 de maio de 2018*, de 24 de janeiro de 2018, COM(2018) 43 final, p. 12.

neres na Áustria, Bulgária, Eslováquia, Roménia, Chipre, França, Grécia, Holanda, Itália e Letónia, como uma das autoridades de controlo que não está "em condições de exercer na plenitude as suas atribuições em razão dos limitados recursos económicos e humanos de que (dispõe)"[99]. Estas lacunas foram também identificadas pela Comissão em 2012[100], que as invocou como uma das razões para a adoção do RGPD[101].

A entrada em vigor do RGPD, em maio de 2016, não levou a uma alteração significativa dos recursos da CNPD (Gráfico I).

Gráfico I
Evolução dos recursos humanos e financeiros da CNPD

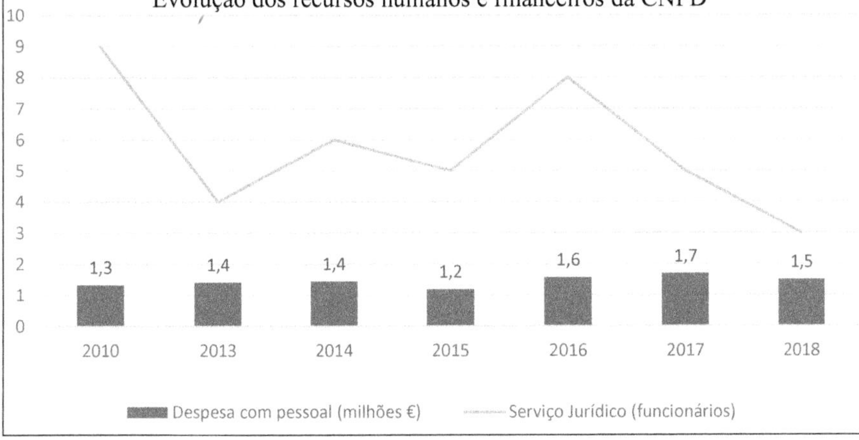

Fonte: relatórios de atividades da CNPD, disponíveis em: www.cnpd.pt.

[99] Fundamental Rights Agency, *Data Protection in the European Union: the role of National Data Protection Authorities*, European Union Agency for Fundamental Rights, 2010, p. 42.

[100] Comissão Europeia, *Proteção da privacidade num mundo interligado. Um quadro europeu de proteção de dados para o século XXI*, COM(2012) 9 final, de 25 de janeiro de 2012, p. 8 ("Os recursos e as competências das autoridades nacionais de proteção de dados variam consideravelmente entre os Estados-Membros").

[101] Comissão Europeia, *Proposta de Regulamento do Parlamento Europeu e do Conselho relativo à proteção das pessoas singulares no que diz respeito ao tratamento de dados pessoais e à livre circulação desses dados (regulamento geral sobre a proteção de dados)*, COM(2012) 11 final, de 25 de janeiro de 2012, p. 5 ["Segundo a avaliação de impacto, a execução (de um novo regulamento) deve conduzir, *inter alia*, a melhorias consideráveis quanto (...) à eficácia do controlo e da aplicação das regras em matéria de proteção de dados"].

O volume de despesa com pessoal da CNPD tem-se mantido estável desde 2010. Particularmente significativa vem a ser a redução para um terço do número de juristas, uma vez que estes são, a par dos técnicos de informática, os recursos humanos mais relevantes das autoridades de controlo[102]. Três juristas e quatro informáticos – num universo de 20 trabalhadores[103] – não são suficientes para responder às obrigações de supervisão que o RGPD impõe, justificando a afirmação da presidente da CNPD de que com estes recursos a autoridade de controlo portuguesa não tem condições "para fazer o que quer que seja no âmbito do regulamento que seja verdadeiramente uma tutela eficaz dos direitos fundamentais"[104].

A exiguidade dos recursos humanos da CNPD é manifesta quando observada em termos comparados (Gráfico II).

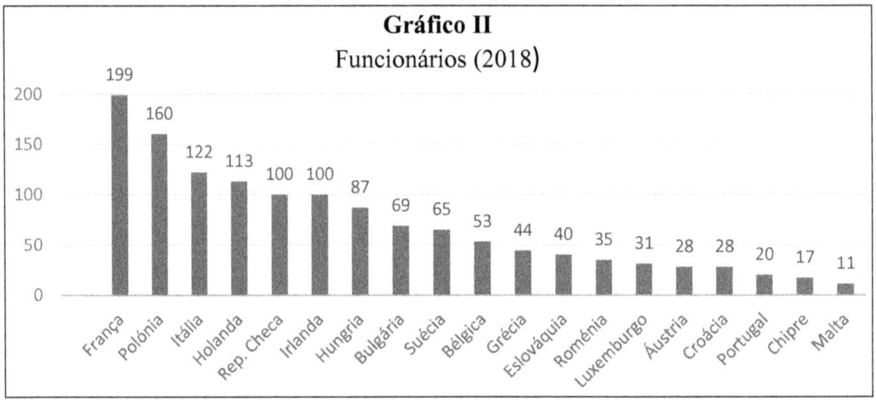

Fonte: EUobserver[105].

[102] Uma proposta de alteração do Parlamento Europeu previa a inclusão no considerando 120 RGPD da obrigação dos Estados-Membros garantirem, em particular, "as competências técnicas e jurídicas" das autoridades de controlo (Parlamento Europeu, *Relatório sobre a proposta de regulamento do Parlamento Europeu e do Conselho relativo à proteção das pessoas singulares no que diz respeito ao tratamento de dados pessoais e à livre circulação desses dados (regulamento geral de proteção de dados)*, de 21 de novembro de 2013, COM(2012)0011 – C7-0025/2012 – 2012/0011(COD), p. 47).

[103] Comissão Nacional de Proteção de Dados, *Relatório de Atividades 2017/2018*, cit., p. 34.

[104] Comissão de Assuntos Constitucionais, Direitos, Liberdades e Garantias, "Audição de Filipa Calvão (...)", 18 de maio de 2018, cit., 23:19 a 23:25.

[105] NIELSEN, Nikolaj e TEFFER, Peter, "Are EU data watchdogs staffed for GDPR", *EUobserver*, de 22 de maio de 2018. Não foram considerados os dados relativos à autoridade de controlo do Reino Unido (528,5 funcionários), uma vez que se trata de um Estado que entretanto abandonou a União Europeia, e os dados relativos à Alemanha (160,5 funcionários

Em número de funcionários, a autoridade de controlo portuguesa é uma das mais pequenas da União Europeia, sendo dez vezes mais pequena do que a francesa, cinco vezes mais pequena do que a holandesa e duas vezes mais pequena do que a eslovaca. Uma das explicações para a reduzida dimensão dos recursos humanos da CNPD pode estar correlacionada com a dimensão populacional de Portugal, pelo que se introduziu esta variável com o intuito de calcular o seu valor relativo. Os resultados são esclarecedores (Gráfico III).

Gráfico III

Funcionários por milhão de habitantes (2018)

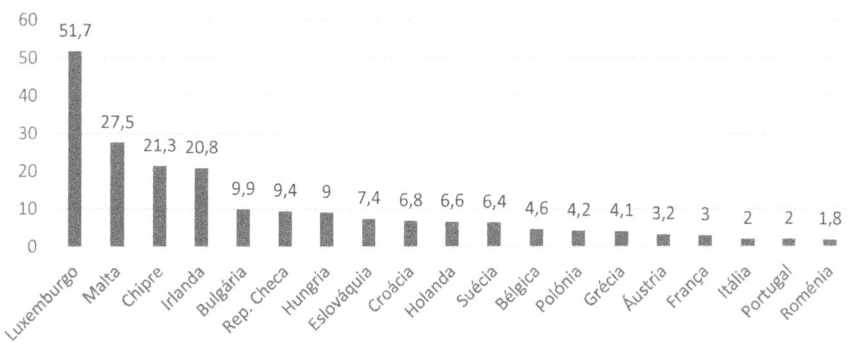

Fonte: EUobserver (funcionários)[106]; Eurostat (população)[107].

Uma vez que as exigências decorrentes da aplicação do RGPD são idênticas em todos os Estados-Membros, com a introdução do elemento de escala população seria lógico pressupor que Estados com menor população tivessem proporcionalmente um número mais elevado de funcionários nas respetivas autoridades de controlo. Com efeito, uma autoridade de controlo tem de empregar um número mínimo de funcionários para exercer eficazmente as atribuições que lhe são conferidas pelo RGPD. Por esta razão, seria expectável que os Estados-Membros da União com menos de um milhão de habitantes – Luxemburgo, Malta e Chipre – fossem também aqueles que apresentam um número relativo mais elevado de funcionários.

em 2017), Letónia (25 funcionários em 2017) e Dinamarca (35 funcionários em 2015), por não serem relativos a 2018.

[106] Ibidem.

[107] Eurostat, *Population on 1 January*.

O Gráfico III revela que a autoridade de controlo portuguesa tem um número relativo de funcionários apenas semelhante às autoridades italiana e romena, que corresponde a um décimo da irlandesa e a um quinto da búlgara, dois Estados-Membros que têm, respetivamente, dos custos laborais mais elevados e mais baixos da União[108].

A análise comparada da evolução dos recursos humanos entre o período da entrada em vigor e da aplicação do RGPD (2016-2018) revela, por outro lado, que os problemas de funcionamento da CNPD se têm vindo a agravar (Gráfico IV).

Gráfico IV
Evolução % dos recursos humanos das autoridades de controlo (2016-2018)

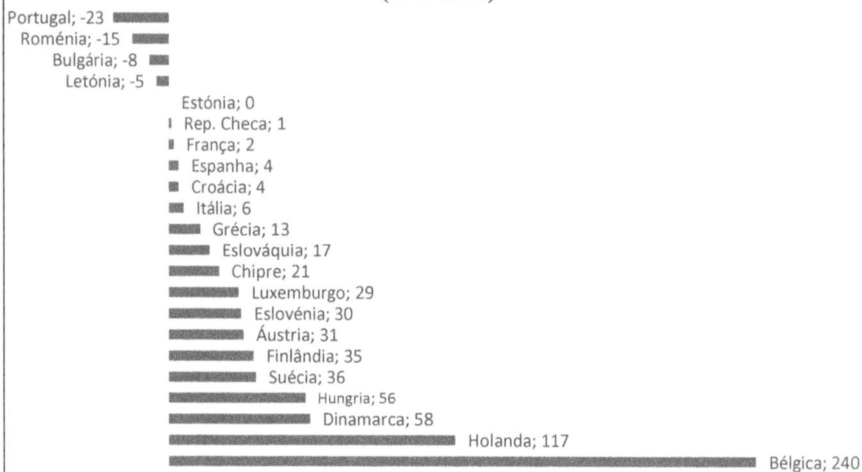

Fonte: Deloitte[109].

A maioria dos Estados-Membros antecipou o início de aplicação do RGPD reforçando, em alguns casos exponencialmente (Bélgica e Holanda), os recursos humanos das suas autoridades de controlo. Apenas quatro Estados-Membros estiveram em contraciclo, incluindo Portugal, que foi o Estado-Membro que, inexplicavelmente, mais desinvestiu no fortaleci-

[108] O custo horário estimado do trabalho no setor privado em 2018 foi de 5,4€ na Bulgária, 14,2€ em Portugal e 32,1€ na Irlanda (Eurostat, *Hourly labor costs, 2018*).

[109] Deloitte, *Report on EU Data Protection Authorities. Part 4. Resources*, p. 6.

mento dos recursos humanos da sua autoridade de controlo no período crítico de adaptação a um novo quadro regulatório[110].

Por último, a linha de regressão do Gráfico V, para além de demonstrar a existência de uma correlação estatística forte entre as variáveis população e número de funcionários das autoridades de controlo, apresenta a CNPD com um resultado estatístico anormal (*outlier*). Para se situar na média das autoridades de controlo de Estados-Membros com a dimensão populacional de Portugal, a CNPD teria de triplicar os seus recursos humanos.

Gráfico V

População e funcionários (2018)

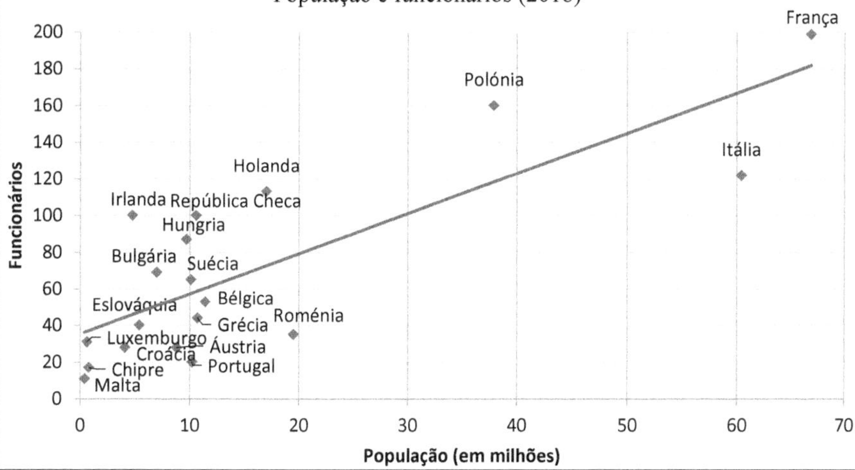

Fonte: EUobserver (funcionários)[111]; Eurostat (população)[112].

III. As alterações introduzidas pela lei de execução na lei de organização e funcionamento da CNPD são um passo decisivo para a criação de condições para o funcionamento efetivo da autoridade de controlo portuguesa.

[110] Neste sentido, a opinião de Luís Neto Galvão em entrevista a Frederico Pedreira, *Advocatus*, de 13 de dezembro de 2019, p. 35, "(...) o RGPD foi aprovado em 2016 e já antes de 2016 já era conhecido por todos que íamos ter uma alteração substancial do paradigma. (...) Portugal era conhecedor disso, até porque a proposta da Comissão Europeia era de 2012, tivemos um logo caminho de adoção e de 2016 para cá sabíamos que tínhamos de adotar um conjunto de medidas. Desde logo capacitar a CNPD para lhe permitir ser um veículo de difusão, divulgação, esclarecimento de questões relacionadas com o RGPD e nada se fez".

[111] Nikolaj Nielsen e Peter Teffer, "Are EU data watchdogs staffed for GDPR", cit.

[112] Eurostat, *Population on 1 January*.

A CNPD foi investida de autonomia financeira e administrativa (art. 2º, nº 1, da Lei nº 43/2004), garantia estrutural de independência, que vai finalmente permitir-lhe desenvolver o essencial da sua atividade sem depender de decisões administrativas de autorização de despesa oriundas de entidades que fiscaliza (e sanciona). Por outro lado, a orgânica da CNPD está agora adaptada ao modelo de supervisão criado pelo RGPD[113], destacando-se o surgimento dos departamentos de direitos e sanções, de inspeção e de relações públicas e internacionais (art. 22º, nº 1, als. a) a c) da Lei nº 43/2004).

Permanecem, contudo, constrangimentos à contratação de pessoal qualificado relacionados com a escassez de funcionários públicos com "elevada competência profissional e experiência válida para o exercício da função" que possam ser recrutados em comissão de serviço, requisição ou destacamento (art. 30º, nºs 2 e 3, da lei de execução). A qualidade do recrutamento externo pode também sair prejudicada pela pouca competitividade face ao setor privado das remunerações que podem ser pagas a consultores[114]. O reforço de recursos humanos estará, por último, fortemente condicionado enquanto se mantiverem as limitações à contratação de trabalhadores previstas em norma de execução orçamental (*v. g.* art. 157º do Decreto-Lei nº 84/2019, de 28 de junho).

Os problemas de funcionamento da CNPD vão também persistir se o seu orçamento não aumentar substancialmente. A drástica perda de receita própria, que passou de 2.668.155€ (2017) para 75.000€ (2019) em resultado da extinção da taxa de notificação de tratamentos, foi compensada por um aumento das transferências diretas do orçamento da Assembleia da República, que em 2019 compunham cerca de 93% das receitas da CNPD[115]. O início de aplicação do RGPD e a entrada em vigor da lei de execução não levou, no entanto, a qualquer incremento significativo do nível de despesa da autoridade de controlo portuguesa: para o ano de 2019, a CNDP previa um aumento da despesa de 15% (aproximadamente 300.000€) em relação a 2017[116]. Ainda que o RGPD tenha aumentado substancialmente o mon-

[113] Filipa Calvão, "O RGPD e o Papel da Comissão Nacional de Proteção de Dados", *Revista de Direito Administrativo*, 4, janeiro-julho de 2019, pp. 68-70.

[114] Aproximadamente €2.600/mês, nos termos dos arts. 31º, nº 1, 32º, nº 1, e do mapa I anexo à lei de execução.

[115] Comissão Nacional de Proteção de Dados, *Plano de Atividades 2019*, 30 de outubro de 2018.

[116] Comissão Nacional de Proteção de Dados, *Relatório de Atividades 2017/2018*, cit., p. 36 e *Plano de Atividades 2019*, cit., p. 18.

tante das coimas aplicáveis, as quais revertem em 40% para a CNPD (art. 42º da lei de execução), a capacidade inspetiva da CNPD – e o consequente aumento de receitas que naturalmente daí decorra – está dependente de um reforço de meios humanos que só pode ocorrer através do aumento das transferências orçamentais que recebe da Assembleia da República.

Mas qual deve ser então o orçamento da CNPD? Na ausência de indicadores que possam ser utilizados para mensurar o nível de adequação dos recursos das autoridades de controlo nacionais, o Grupo de Trabalho do Artigo 29º sugeriu um método de cálculo dos respetivos orçamentos, que deve resultar da soma de um montante fixo que cubra funções básicas de funcionamento, e um montante variável baseado numa fórmula relacionada com a população dos Estados-Membros, o PIB e o número de multinacionais estabelecidas no respetivo território[117].

Conclusões

A Comissão Europeia tem repetidamente declarado que não hesitará em utilizar todos os instrumentos que tem à sua disposição, incluindo ações por incumprimento, para garantir que as reformas legislativas adotadas pelos Estados-Membros no âmbito do direito da proteção de dados estão em conformidade com o direito da União e não se transformam num exercício de "sobrerregulamentação" (*gold-plating*)[118]. Em janeiro de 2018, advertiu que iria especificamente fiscalizar se os Estados-Membros "tomam as medidas necessárias previstas nos termos do (RGPD), se (se) atrasam a tomar essas medidas ou (se) recorrem às cláusulas de especificação previstas nos termos do regulamento de forma contrária ao regulamento"[119].

[117] Grupo de Trabalho do Artigo 29, *Opinion 1/2012 on the Data Protection Reform Proposals*, de 23 de março de 2013, WP 191, p. 17.

[118] Comunicado de Imprensa da Comissão Europeia, "General Data Protection Regulation shows results, but work needs to continue", de 24 de julho de 2019. A Comissão identifica o gold-plating com os custos desnecessários para as empresas e as entidades públicas causados pela ultrapassagem pelos Estados-Membros do "estritamente requerido pela legislação da (União), quando a transpõem para a ordem jurídica interna" [Comunicação da Comissão ao Parlamento Europeu, ao Conselho, ao Comité Económico e Social Europeu e ao Comité das Regiões, *Legislar melhor para obter melhores resultados – agenda da UE*, de 19 de maio de 2015, COM(2015) 215 final, p. 8].

[119] Comunicação da Comissão ao Parlamento Europeu e ao Conselho, *Maior proteção, novas oportunidades – Orientações da Comissão relativas à aplicação direta do Regulamento Geral sobre a Proteção de Dados a partir de 25 de maio de 2018*, cit., p. 10. A Comissão tem estado particular-

O silêncio da Comissão perante o manifesto preenchimento pelo Estado português de todas estas condições durante o conturbado – a adjetivação não me parece excessiva – processo de implementação do RGPD é, por isso, ensurdecedor.

A inércia da Comissão apresenta-se particularmente problemática porque a missão de assegurar a aplicação uniforme do RGPD e a tutela dos direitos que reconhece aos titulares de dados pessoais está, em primeira linha, entregue em Portugal a uma autoridade administrativa independente que tem problemas crónicos de funcionamento relacionados com a escassez dos seus recursos humanos.

A "guardiã do direito à proteção de dados" na ordem jurídica portuguesa está seguramente limitada, mas não completamente manietada, como o demonstra a decisão de desaplicação de parte da lei de execução do RGPD em cumprimento do mandato "*Costanzo*" ou a influência que teve no veto presidencial às alterações introduzidas no regime jurídico aplicável ao tratamento de dados pelo sistema judicial[120]. Mas a fiscalização efetiva do cumprimento do RGPD não passará de uma quimera enquanto a Assembleia da República não reforçar substancialmente as dotações orçamentais anuais que transfere para a CNPD. No atual contexto de conflito institucional entre a CNPD e o parlamento, tal reforço provavelmente só surgirá por via de um impulso externo que só a "guardiã dos Tratados" pode vir a dar.

mente atenta à implementação da Diretiva (UE) 2016/680, de 27 de abril, relativa à proteção das pessoas singulares no que diz respeito ao tratamento de dados pessoais pelas autoridades competentes para efeitos de prevenção, investigação, deteção ou repressão de infrações penais ou execução de sanções penais, e à livre circulação desses dados, tendo inclusivamente iniciado ações por incumprimento contra a Espanha (C-658/19) e a Grécia por atraso na transposição da diretiva. Portugal transpôs a Diretiva 2016/680 (mais de um ano fora de prazo) através da Lei nº 59/2019, de 8 de agosto.

[120] Casa Civil do Presidente da República, Ofício nº 9353, de 26 de julho de 2019. O Presidente da República considerou que a exclusão do Ministério Público do controlo da CNPD é desconforme ao RGPD, argumento invocado pela CNPD no Parecer nº 25/2018, de 28 de maio, sobre a Proposta de Lei 126/XIII/3ª(GOV), que "altera o regime jurídico aplicável ao tratamento de dados referentes ao sistema judicial".